Kurt Koffka

Zur Analyse der Vorstellungen und ihrer Gesetze

Verlag
der
Wissenschaften

Kurt Koffka

Zur Analyse der Vorstellungen und ihrer Gesetze

ISBN/EAN: 9783957009050

Auflage: 1

Erscheinungsjahr: 2016

Erscheinungsort: Norderstedt, Deutschland

Hergestellt in Europa, USA, Kanada, Australien, Japan
Verlag der Wissenschaften in Hansebooks GmbH, Norderstedt

Zur
Analyse der Vorstellungen und ihrer Gesetze

Eine experimentelle Untersuchung

von

Dr. phil. K. Koffka
**Privatdozent für Philosophie
an der Universität Gießen**

1912

Verlag von Quelle & Meyer in Leipzig

Herrn Professor Oswald Külpe

in dankbarer Erinnerung
an das Würzburger Sommersemester 1909

Vorwort.

Zwei Aufgaben charakterisieren den Problemkreis der
Psychologie: die deskriptive und psychophysische Untersuchung der einzelnen Bewußtseinsinhalte und die Erforschung der Gesetze, denen die Aufeinanderfolge dieser Inhalte unterliegt. An beiden Aufgaben will die folgende Untersuchung mitarbeiten: die Vorstellungen sollen eine deskriptive Klärung erfahren und die Faktoren, die ihre Sukzession beherrschen, sollen einer weiteren Analyse unterzogen
werden. Beide Probleme sind so alt wie die Psychologie
selbst und werden vermutlich so lange bestehen bleiben, als
es eine Psychologie geben wird.

Der Weg, auf dem hier der Zugang zum Problem versucht worden ist, reiht unsere Untersuchung in den Kreis
der Arbeiten ein, die als Arbeiten der Würzburger Schule
bezeichnet werden. In Würzburg liegen auch ihre Wurzeln,
dort wurden die ersten und meisten Versuche angestellt, und
der Kontakt mit dem Leiter der Schule, Oswald Külpe,
jetzt in Bonn, ist dem Verfasser nie verloren gegangen.

Alles einzelne über die Methode ist in der Einleitung
gesagt, hier muß nur noch die Ergänzung gerechtfertigt
werden, die die angegebenen Probleme durch das letzte Kapitel
und durch den ersten Teil der Einleitung erfahren haben.
Jenes stellt sich dar als eine Erweiterung des zweiten, in dem
die Deskription durchgeführt wird: der innige Zusammenhang zwischen Vorstellungen und Gedanken, der sich dort ergeben hatte, sollte in einem besonderen Erlebnis, das in
den Versuchen eine große Rolle gespielt hatte, gesondert
dargestellt werden, im Erlebnis des Verständnisses. Die ein-
leitenden Betrachtungen gehen dagegen über den Kreis dieser
Untersuchungen hinaus, sie wollen methodologische Fragen
treffen, die in jeder Psychologie von Bedeutung sind. Die
Berechtigung, diese Überlegungen an dieser Stelle zu ver-
öffentlichen, scheint mir dadurch gegeben, daß sie die Problemstellung im einzelnen schärfer erkennen lassen, daß sie somit das Verständnis unseres Standpunktes wesentlich erleich-

tern. Zu dem Handwerkszeug, mit dem sich der Forscher vertraut machen muß, gehören ja doch auch in erster Linie seine Begriffe, und eine Unklarheit über das Wesen der Begriffsbildung einer Wissenschaft muß mit Notwendigkeit Mißverständnisse schaffen.

Von äußern Umständen ist noch zu erwähnen, daß das zweite Kapitel als Gießener Habilitationsschrift im Sommer 1911 erschienen ist; es hat seitdem vornehmlich durch Berücksichtigung inzwischen erschienener Literatur einige Ergänzungen und Änderungen erfahren. Um das Auffinden der Zitate zu erleichtern, habe ich ein Namenregister beigefügt.

Es bleibt mir nur noch übrig, dankbar derer zu gedenken, die mich auf dem langen Wege dieser Arbeit direkt oder indirekt gefördert haben. Indem ich den Namen O s w a l d K ü l p e's diesem Buche voransetzte, wollte ich dem herzlichen Dank Ausdruck geben, den ich ihm schulde für die mannigfaltigen wissenschaftlichen Anregungen, die er stets zu spenden bereit war, für die wertvollen persönlichen Einflüsse, die über die streng wissenschaftliche Förderung hinaus mir Leben und Arbeiten in seinem Kreise unvergeßlich machten, und für das menschliche Interesse, das er mir auch in der Ferne immer erhalten und gezeigt hat. Mit Dankbarkeit gedenke ich auch meines alten Lehrers C a r l S t u m p f: er gab meinem wissenschaftlichen Denken den ersten Anstoß, die erste Leitung, und wenn ich auch jetzt manches Problem auf anderem Wege lösen möchte, als ich es von ihm lernte, so glaube ich doch eine gewisse Richtung nicht zu verlassen, auf die er den Schüler gewiesen. Ich nenne ferner meine lieben Frankfurter Kollegen W o l f g a n g K ö h l e r und M a x W e r t h e i m e r; dem Umgang mit ihnen verdanke ich eine große Bereicherung meines wissenschaftlichen Denkens; besonders verpflichtet bin ich ihnen für den Anteil, den sie an der Ausarbeitung der im Anfang der Einleitung mitgeteilten Gedanken haben. Was ich meinen V e r s u c h s p e r s o n e n schulde, habe ich in der Einleitung gesagt. Zum Schluß danke ich m e i n e r F r a u, die nicht nur mit unermüdlichem Eifer das ganze Manuskript abgeschrieben, sondern mir auch bei der Durcharbeitung stets ratend, fördernd und bessernd zur Seite gestanden hat.

G i e ß e n, im März 1912.

Inhaltsverzeichnis.

I. Vom Unterschied der Deskriptions- und Funktionsbegriffe.

Jedes Verfahren, das zu einem psychologischen Satze oder Begriffe führt, enthält an irgendeiner Stelle Erlebnisse. Gleichviel in welchem Gebiete der Psychologie ich Versuche anstelle, und mögen meine Methoden noch so objektiv sein, so lange ich Psychologie treibe, kann ich der Erlebnisse nicht entraten. Die Ausnahme, die die Tierpsychologie zu bieten scheint, ist keine wirkliche: denn entweder nehmen wir an, daß die Handlungen der Tiere, die wir beobachten, von Bewußtsein begleitet sind, — dann fügt sich diese Methode unserm Satz; oder aber wir verzichten auf jede Analogie mit menschlichen Handlungen (und ein solcher Verzicht wird sich mit immer größerer Notwendigkeit aufdrängen, je tiefer wir in der Tierreihe hinabsteigen), — dann aber hat es keinen Sinn mehr, von Tierpsychologie zu reden, und der Name Wissenschaft vom tierischen Verhalten, animal behaviour, ist der angemessene.

Dadurch, daß wir die Tierpsychologie, soweit sie sich diesen Namen mit Recht beilegt, in den Kreis der Verfahrungsweisen eingezogen haben, für die unser Satz gilt, haben wir schon implizite darauf hingewiesen, daß die Stellung des Erlebnisses in der psychologischen Forschung eine sehr verschiedene sein kann. Während das Erlebnis in der Tierpsychologie rein erschlossen ist, ist es das Zentrum der Erfahrung überhaupt, wenn ich z. B. Farbengleichungen herstelle.

Dieser Tatbestand macht es von vornherein wahrscheinlich, daß die psychologischen Begriffe, als Ergebnisse psychologischer Methoden, wesentlich verschiedener Art sind und eine wesentlich verschiedene Verwertung der Erlebnisse aufweisen, je nach der Rolle, die dem Erlebnis bei der Begriffsbildung zukam. Daß dies in der Tat so ist und worin der gemeinte Unterschied besteht, soll im folgenden gezeigt werden.

Es handelt sich also für uns darum, die Begriffsbildung der Psychologie zu zergliedern, und wir wollen dies zunächst an einer Reihe von Beispielen durchführen.

Wir beginnen mit Begriffsbildungen, wie sie schon einer vorwissenschaftlichen Psychologie möglich sind, wie sie von der Reflexionspsychologie ausgeführt wurden.

Durch Vergegenwärtigung möglichst mannigfacher Erlebnisse bin ich in der Lage, eine gewisse Ordnung unter diesen Erlebnissen herzustellen, indem ich etwa zunächst die Vorstellungen von den Gefühlen scheide. Innerhalb dieser beiden Gruppen kann ich wiederum rein durch Vergegenwärtigung von Erlebnissen neue Klassen aufstellen: ich trenne die unanschaulichen von den anschaulichen Inhalten, die Akte von den Erscheinungen, und innerhalb dieser wieder die Farben von den Tönen, beide von den Gerüchen und Geschmäcken usw. Innerhalb der Farben wieder kann ich rein erlebnismäßig scheiden zwischen den bunten und den tonfreien, zwischen gesättigten und ungesättigten, hellen und dunklen. Beispiele für solche Begriffsbildung lassen sich unzählige anführen.

Andererseits kann ich eine Reihe von Beobachtungen der folgenden Art machen: Ich höre eine Melodie zum ersten Male mit großem Vergnügen; auch das zweite und dritte Mal bereitet sie mir die gleiche Lust. Aber beim vierten Mal meine ich schon zu bemerken, daß meine Freude kleiner ist als früher, beim fünften Mal mag die Freude fort sein, und beim sechsten Mal mag ich gar schon Ärger verspüren. Indem ich über diesen Tatbestand reflektiere, kann ich zu den Begriffen der Gefühlsabstumpfung und -Umkehrung kommen.

Weiter: Ich erinnere mich an ein kürzlich vergangenes Ereignis. Jede Einzelheit ist mir gegenwärtig, ich sehe die Situation vor mir, höre die betreffenden Personen reden. Ein ganzes Jahr lang denke ich nicht wieder daran, bis mir aus irgendeinem zufälligen Grunde das Ereignis wieder einfällt; aber trotz aller Mühe vermag ich nicht, mir jede Einzelheit zurückzurufen, ja ganz wichtige Züge sind unwiederbringlich verloren, und auch das, was übrig geblieben ist, ist stark verblaßt und hat den prägnant anschaulichen Charakter meiner ersten Erinnerung eingebüßt. Besitze ich etwa noch einen direkten oder bei meiner ersten Erinnerung abgefaßten Bericht über jenes Ereignis, so werde ich feststellen können, daß vieles, was ich jetzt zu erinnern glaube, n i c h t oder doch nicht s o gewesen ist. Die Reflexion über diesen Tatbestand führt mich dazu, der Zeit Einfluß auf die Leistung des Gedächtnisses zuzuschreiben. Begriffe wie der der Gedächtnistäuschung resultieren.

Drittens: Immer und immer wieder mache ich die Erfahrung, daß ich bei fortgeschrittener Dämmerung Gegenstände, die auf meinem Tisch liegen, nicht finden kann, weil ihre Farben von der Unterlage nicht mehr zu unterscheiden sind. Trotzdem muß ich mir sagen, daß, solange überhaupt noch Licht in das Zimmer fällt, dieses in verschiedener Weise vom Untergrund und den Gegenständen darauf reflektiert wird, so daß auch bei der schwächsten Beleuchtung noch quantitativ und qualitativ verschiedenes Licht in mein Auge kommt. Dieser Unterschied wird aber, so muß ich schließen, so klein, daß ich ihn nicht mehr bemerke, und damit habe ich den Begriff der Schwelle gewonnen.

Stellen wir jetzt die beiden Beispielgruppen einander gegenüber: Wie verhalten sich in ihnen die resultierenden Begriffe zu den zugrunde liegenden Erlebnissen?

In der ersten Gruppe, das ist klar, enthält der Begriff nur Merkmale, die im Erlebnis selbst, dem er seine Bildung verdankt, jederzeit aufzufinden sind. Der Begriff tonfreie Farben umfaßt eine Reihe von Farberlebnissen, wie der Begriff Farbe alle Farberlebnisse umfaßt, der Begriff Erscheinung alle Erscheinungen, der Begriff Vorstellung alle Vorstellungen. In allen diesen Begriffen sind also E r l e b n i s s e   d i r e k t gefaßt.

Genau das Umgekehrte trifft für die zweite Gruppe zu: weder e r l e b e ich die Gefühlsabstumpfung oder Umkehrung, noch die Gedächtnistäuschung, noch die Schwelle so, wie ich eine Farbe erlebe. Mit diesen Begriffen setze ich vielmehr Erlebnisse mit andern Gegenständen in einen Zusammenhang, entweder wie hier in den beiden ersten Fällen mit a n d e r n Erlebnissen, oder wie im letzten Falle mit Reizen. Diese Begriffe enthalten also Merkmale, die in den Erlebnissen, aus denen sie gewonnen wurden, n i c h t   e n t h a l t e n sind.

Alle Begriffe, die Erlebnisse direkt fassen, wollen wir D e s k r i p t i o n s b e g r i f f e, alle Begriffe der zweiten Art F u n k t i o n s b e g r i f f e nennen.

Da beide Arten aus Erlebnissen abgeleitet werden, und zwar aus denselben Erlebnissen[1]), so kann ihre Verschiedenheit

---

[1]) So kann man etwa bei unserm letzten Beispiel aus demselben Erlebnis ebensogut den Begriff der Schwelle wie etwa den Begriff der wenig beleuchteten Farbe ableiten.

nur dadurch zustande gekommen sein, daß der Weg, der
vom Erlebnis zum Begriff führt, in beiden Fällen ein anderer
ist. Diesen Unterschied müssen wir also jetzt klarlegen.

Wir müssen dazu noch einmal Begriffsbildungen verfolgen,
aber diesmal nicht auf das Ziel, sondern auf den Weg achten,
und wir werden darum zweckmäßig an die Stelle unserer
früheren Beispiele, die dem vorwissenschaftlichen Denken mehr
oder weniger nahe standen, solche setzen, denen eine kunstvoll
ausgearbeitete Methodik zugrunde liegt. Der Weg wird dadurch länger, er bietet mehr Anhaltspunkte für die Betrachtung,
er wird auch mannigfaltiger, so daß das Verharrende bei allem
Wechsel deutlicher hervortritt.

Wir beginnen mit den Deskriptionsbegriffen:

Hier ist der Weg leicht zu überschauen, alles, was eine
verfeinerte Methodik dem oben kurz skizzierten Verfahren
hinzufügen kann, beläuft sich darauf, daß sie die Erlebnisse
in größerer Mannigfaltigkeit, feinerer Abgestuftheit dar-
bietet. Je mehr Erlebnisse ich habe, je feinere Unterschiede
zwischen ihnen vorhanden sind, um so sicherer kann ich meine
Scheidungen vornehmen, um so gewisser bin ich, daß meine
Begriffe nur homogenes enthalten. Aber letzten Endes kann die
verfeinerte Methodik für die Deskriptionsbegriffe nicht mehr
tun, als Möglichkeiten für Erlebnisse herstellen:
das unmittelbare Erleben und die Deskription
des unmittelbar Erlebten bleibt nach wie vor
die unausweichliche Bedingung jeder solchen
Begriffsbildung.

Ein nicht zu übertreffendes Beispiel für die Wahrheit dieses
Satzes enthält der Nachweis der Existenz von Intervallfarben
als gesonderte Erlebnisse[1]).

Wir behaupten also:

Alle Deskriptionsbegriffe stammen aus der
schlichten Wahrnehmung und Beschreibung
von Erlebnissen[2]).

---

[1]) Siehe W. Köhler: Akustische Untersuchungen I. Zeitschr. f. Psychol.
Bd. 54, 1909. S. 40 ff.

[2]) Wir vermeiden es, den Namen Selbstwahrnehmung zu gebrauchen,
da er auf die Erlebnisse, die ich beim Betrachten einer Farbe, beim Herstellen einer Farbengleichung habe, nicht wohl anwendbar ist. In der
Ablehnung des Namens „innere Wahrnehmung" folgen wir G. E. Müller:
Zur Analyse der Gedächtnistätigkeit und des Vorstellungsverlaufs. Zeitschr.
f. Psychol. Ergbd. 5. 1911. S. 83, Anm. 2.

Viel reicher an Variationen ist der Weg, der zum Funktionsbegriff führt.

Wir lassen uns wieder von Beispielen leiten:

Durch Einführung einer festbestimmten Aufgabe in das altbekannte Assoziationsexperiment (Methode der zufälligen Wortreaktion nach Müller[1])) werden die Resultate vollkommen verändert. Die reproduzierten Worte zeigen, abgesehen von der kleinen und im Laufe der Versuche immer kleiner werdenden Zahl von „Fehlreaktionen", eine Beziehung zur Aufgabe.

Unter der Aufgabe, einen übergeordneten Begriff zum Reizworte zu nennen, wird auf Donner nicht wie sonst in der großen Mehrzahl der Fälle mit Blitz, sondern etwa mit Naturerscheinung reagiert, und die von den Vpp. geforderte Beschreibung ihrer Erlebnisse während Vor- und Hauptperiode ergibt, daß in den ersten Versuchen häufig während der Hauptperiode falsche Worte und Gedanken an die Aufgabe ins Bewußtsein treten, daß aber allmählich solche eingeschobenen Bewußtseinsinhalte ausfallen, und prompt mit vollem Bewußtsein der Richtigkeit auf das Reizwort mit einem passenden Reaktionswort geantwortet wird.

Aus diesem Tatbestand wird gefolgert, daß die Aufgabe bestimmte Wirkungen auf den Reproduktionsprozeß auszuüben imstande ist, und es wird der Begriff der determinierenden Tendenz gebildet, um diese Wirkung zu fassen.

Nicht genug damit, man erzeugt gleichzeitig ihrer Stärke nach abstufbare Reproduktionstendenzen und kann dann durch Bestimmung des assoziativen Äquivalents ein Maß für die Stärke der determinierenden Tendenzen einführen, indem man feststellt, welche Stärke der assoziativen Reproduktionstendenz noch gerade durch die determinierende Tendenz überwunden werden kann.

Ein andres Beispiel: Man stiftet zwischen einer Silbe und zwei andern gleich oder verschieden starke Assoziationen und vergleicht die Treffer, die auf solche doppelt verbundenen Silben mit denen die auf einfach verknüpfte erfolgen, wobei besonders auch die Trefferzeit und die Angaben der Vpp. über ihre Erlebnisse berücksichtigt werden. Die Resultate führen zu den Begriffen der generativen und effektuellen Hemmung.

---

[1]) l. c. S. 62.

Oder: Man läßt Normalgewichte mit verschieden schweren Vergleichsgewichten vergleichen und bestimmt aus der Verteilung der Urteile mit Hilfe rein mathematischer Voraussetzungen und Deduktionen die Unterschiedsschwelle für die betreffenden Normalgewichte. —

Der Physiker mißt die auf eine Fläche auffallende Lichtmenge I_1 und die von der Fläche reflektierte R_1 und darauf ein zweites Paar I_2 und R_2, er findet, daß die Quotienten $\frac{I_1}{R_1}$ und $\frac{I_2}{R_2}$ ja überhaupt alle Quotienten $\frac{I}{R}$ einander gleich sind, und kommt zum Begriff des Remissionsvermögens. Dabei ist das Remissionsvermögen selbst nie beobachtet worden. Ebenso aber ist auch die Unterschiedsschwelle im psychophysischen Versuch nicht beobachtet worden. Beobachtet waren immer nur Erlebnisse, die mit dem Urteil endeten. Und genau das gleiche gilt natürlich für die Begriffe der generativen und effektuellen Hemmung und der determinierenden Tendenz.

Beobachtet war auch hier nur das Klangbild der Reizsilbe und die Vorgänge, die sich bis zum Aussprechen der Treffersilben anschlossen, zu denen sehr wohl Erlebnisse quälender Leere gehören können; beobachtet waren im ersten Beispiel auch nur wieder die Erlebnisse, die mit der Vorperiode anfangend, mit der Reaktion abgeschlossen werden, und auch hier können Erlebnisse auftreten, die etwa als ein zielstrebiges Getriebensein zu beschreiben sind.

Solche Erlebnisse nun, wie wir sie eben hervorhoben, das Erlebnis quälender Leere beim Bestehen einer Hemmung oder das des zielstrebigen Getriebenseins unter der Wirkung einer Determination mögen es nahelegen, unserer Ableitung zu widersprechen: die Hemmung bzw. die Determination sei sehr wohl auch erlebt, man hätte eben auch Hemmungs- bzw. Determinationserlebnisse. Trotzdem ist klar, daß es sich hier um Äquivokationen unerlaubter Art handelt. Eine Hemmung, die ich erlebe, und eine Hemmung, die ich aus Versuchsergebnissen ableite, sind so verschieden wie Farbe und Lichtstrahl, wie Ton und Luftschwingung[1]).

---

[1]) Allgemein kann man sagen: das Erleben von Zusammenhängen ist nicht identisch mit dem Zusammenhang von Erlebtem. Wir wollen also durchaus nicht etwa Zusammenhangserlebnisse in Abrede stellen. Sie sind dann natürlich in Deskrip-

Nicht das Erlebnis der Hemmung meine ich, wenn ich von generativer und effektueller Hemmung spreche, sondern die Tatsache, daß eine Silbe, die mit einer andern assoziativ verbunden ist, eine Verbindung mit einer dritten schwerer eingeht, als sie die Verbindung mit der andern eingegangen ist, bzw. daß die Reproduktion einer Silbe von einer andern aus dann schwerer erfolgt, wenn diese andre mit zwei, als wenn sie nur mit einer assoziiert war. Und Analoges gilt von der Determination.

Die Begriffe, die uns unsre letzten Beispielsanalysen geliefert haben, stimmen also mit den oben abgeleiteten Funktionsbegriffen durchaus überein, sie fassen Zusammenhänge, in denen Erlebnisse stehen, nicht Erlebnisse selbst.

Achten wir nun auf das Charakteristische des Weges, der uns zu diesen Begriffen führte.

Ihrem Wesen nach konnten wir sie mit physikalischen Begriffen in Parallele setzen. Gilt nun diese Parallele auch für die Methode, mit der sie gewonnen wurden?

Für den Positivisten kann dies keinem Zweifel unterliegen, aber auch für den Vertreter eines Realismus läßt sich leicht der Nachweis führen.

Was liegt in unserm physikalischen Beispiel als Material der Begriffsbildung vor? Bestimmte Werte von I und R, diese Werte sind aber nur der Ausdruck für bestimmte Beobachtungen, und diese sind letzten Endes doch wieder Erlebnisse, etwa Gleichheitserlebnisse zwischen Helligkeiten zweier Photometerflächen. Darüber, daß am Anfang — und auch am Ende — jeder Induktion die Erfahrung als Erlebnis steht, kann sich auch der strengste Realismus nicht hinwegsetzen — er tut sich damit ja auch keinen Abbruch. Das nächste Material ist also schließlich auch für den Physiker ein Erlebnis, und nur was er daraus macht, ist kein Erlebnis[1]) mehr.

Genau das gleiche nun findet bei der Bildung der Funk-

---

tionsbegriffen faßbar. Auf ganz ähnliche Gesichtspunkte kam übrigens schon Ebbinghaus in seiner Abhandlung: Über erklärende und beschreibende Psychologie. Zeitschr. f. Psychol. Bd. 9 1896. S. 161—205. Vgl. etwa S. 192. Vgl. auch die mir noch während der Korrektur zu Gesicht gekommene Arbeit von A. Michotte und C. Ransy, Contribution à l'étude de la mémoire logique, Extrait des annales de l'Institut supérieur de Philosophie de Louvain, 1912, S. 12/13.

[1]) Unsere Ableitung wird im übrigen gar nicht gestört, wenn man an die Stelle von Erlebnis Ding setzt, was vielen Physikern näher liegen mag. Auch dann gilt es, daß aus Dingen — Nichtdinge erschlossen werden.

tionsbegriffe statt. Irgendwo sind auch Erlebnisse da, auch sie werden, soweit es möglich ist, zunächst zahlenmäßig gefaßt: Verteilungskurven der psychophysischen Urteile, Zahl und Verteilung der Treffer nebst Länge der Trefferzeiten in Verbindung mit der Zahl der Wiederholungen, Zahl der richtigen Reaktionen und Reaktionszeit bei gebundener Reproduktion. Diese objektiven Daten sind die unmittelbaren Ausgangspunkte für unsere Funktionsbegriffe.

Wenn wir an unsre ersten Beispiele denken, an jene also, die nicht der streng wissenschaftlichen Methodik, sondern der gewöhnlichen psychologischen Reflexion entnommen sind, so scheint es, als ob der Prozeß der Begriffsbildung kürzer wäre als eben geschildert, daß nämlich die objektive zahlenmäßige Fassung der Erlebnisse dort fortfiele und die Begriffsbildung sich unmittelbar an das Erlebnis anschlösse. Es handelt sich hier aber in der Tat nur um einen Schein. Wenn auch eine zahlenmäßige Bearbeitung dort noch nicht vorhanden ist, so tritt doch schon eine Objektivation verbunden mit Größenvergleichung ein, die sich als methodologische Vorstufe der zahlenmäßigen Fassung erweist. Nicht daß ich jetzt die Gegenstände auf meinem Tisch nicht finde, läßt mich den Begriff der Schwelle aufstellen, sondern der Vergleich dieser Tatsache damit, daß ich bei besserer Beleuchtung nicht erst zu suchen brauche; nicht daß ich jetzt Erinnerungsvorstellungen bestimmter Art habe, führt mich zum Begriff der Gedächtnistäuschung, sondern der Vergleich dieser Vorstellungen mit früheren, ohne daß diese früheren jetzt erlebt werden[1]); nicht daß mich eine Melodie kalt läßt oder ärgert, zu den Begriffen der Gefühlsabstumpfung, sondern der Vergleich dieser Tatsache mit der andern, daß ich mich früher über die Melodie gefreut habe. Zwischen Erlebnis und Begriffsbildung ist also auch hier ein Mittelglied eingeschoben: die Erlebnisse werden als Tatsachen gefaßt, geradeso, wie in der physikalischen Begriffsbildung die Gleichheit zweier Helligkeiten als Tatsache gefaßt wurde. Die letzten Beispiele zeigen nur gegenüber unsern andern psychologischen und noch mehr gegenüber den physikalischen eine viel weniger vollkommene und verfeinerte Objektivation.

Vielleicht läßt sich der große Fortschritt, den die moderne

---

[1]) In unserm Beispiel hatte ich ja nur aus einem aufgezeichneten Bericht von ihnen Kenntnis.

Psychologie gerade auf dem Gebiet der Funktionsbegriffe
gegenüber der alten Psychologie erreicht hat, auf die Verfeine-
rung in der Objektivierung zurückführen. Nur hier hat Zählen
und Messen einen Sinn, das schlichte Erlebnis ist nach wie
vor unmessbar.

Dem Satz über die Bildung der Deskriptionsbegriffe stellen
wir gegenüber:

Alle Funktionsbegriffe haben zu 'ihren
Grundlagen irgendwie objektivierte Erlebnisse. Die Begriffsbildung selbst ist der von
physikalischen Begriffen[1] wesensgleich.

Die Objektivierung läßt die verschiedensten Stufen nicht
nur in der Exaktheit und Feinheit, sondern auch in der Genese
erkennen.

Während in den Reflexionsbeispielen die reinen Erlebnisse objektiviert werden, stehen in den methodischen Beispielen der Objektivierung schon objektive Gegebenheiten mehr
oder weniger leitend zur Seite. Reaktions- und Trefferzeiten
sind rein objektive Gegenstände, die ausgesprochenen Reaktionsworte, Treffer und Urteile haben wenigstens eine objektive Seite an sich. Stütze ich mich lediglich auf Ausdrucks-
bewegungen, wie bei manchen ältern Anwendungen der Aus-
drucksmethode und prinzipiell in der Tierpsychologie, so
ist mein Material schon rein objektiv, die Objektivierung ist
schon vollzogen, ehe ich mein Material in die Hand bekomme.

Der Einwand, der den vorstehenden Ausführungen gegenüber erhoben werden wird, ist der der Trivialität. Wozu so
lange Auseinandersetzungen, um Selbstverständliches zu sagen!
Dieser Einwand läßt sich aber widerlegen, und zwar am besten
dadurch, daß man aufzeigt, was für eine unheilvolle Rolle die
mangelhafte Berücksichtigung unserer Unterscheidungen in
der Forschung gespielt hat.

Es bleibt uns also noch die Aufgabe, an Beispielen, die
wir der Literatur entnehmen, zu zeigen, wie in der Begriffsbildung und dementsprechend auch in der Erklärung Deskrip-

---

[1] Man könnte einwerfen, daß es doch auch in der Physik andre als
Funktionsbegriffe gäbe. Doch geht die Tendenz der Physik seit Galilei
dahin, alle ihre Begriffe in Funktionsbegriffe umzuformen, sodaß als die
prägnant physikalische Begriffsbildung die Bildung von Funktionsbegriffen angesehen werden kann.

tions- und Funktionsbegriffe vermischt worden sind. Als gutes Beispiel bietet sich der Begriff der Aufmerksamkeit[1]) dar.

Im allgemeinen spielt er die Rolle eines Funktionsbegriffes: absolute wie Unterschiedsschwellen sind von bestimmten Bedingungen abhängig, von denen eine Aufmerksamkeit genannt wird; das gleiche gilt von der Güte des Lernens und der Treue des Behaltens und in vielen andern Hinsichten. Ebbinghaus und Külpe haben eine solche Funktionalbestimmung ihrem Begriff der Aufmerksamkeit mehr oder weniger deutlich zugrunde gelegt.

Andrerseits gibt es einen bestimmten Bewußtseinszustand, den man als den Zustand der Aufmerksamkeit hinstellt, so daß also auch ein Deskriptionsbegriff Aufmerksamkeit möglich wird.

Am prägnantesten wird eine solche Bestimmung des Begriffs von Titchener vertreten.

Wir hätten somit die Möglichkeit, einem Funktions- und einem Deskriptionsbegriff den Namen Aufmerksamkeit beizulegen und es wäre dann eine reine Frage der Nomenklatur, zu entscheiden, welcher Begriff tatsächlich so genannt werden soll.

So wäre es, wenn die Forschung nicht von Menschen, sondern von reinen Intellekten getrieben würde. Da nun aber einmal Forscher Menschen sind, liegt es nur allzu nahe, die beiden Begriffe, die denselben Namen haben, für einen Begriff zu halten, auch wenn man zunächst ausdrücklich seinen Begriff nur in einem Sinne definiert hat. Dies ist nun tatsächlich der Fall gewesen, ja, wir dürfen es wohl ruhig sagen, kein Psychologe wird von sich mit Sicherheit behaupten können, daß er nie eine solche Verwechslung begangen habe. Wir wollen sie an zwei Stellen aufzeigen, die für die psychologische Forschung eine größere Bedeutung haben, nämlich in dem großen Werk Wundts[2]) und in dem modernsten aller Lehrbücher, dem von Titchener[3]).

Bei Wundt heißt es: „Neben dem Gehen und Kommen

_____

[1]) Da dieser für die Psychologie so äußerst wichtige Begriff bis jetzt noch wenig geklärt ist, dürfte den folgenden Auseinandersetzungen auch eine gewisse Bedeutung in dieser Hinsicht zukommen.

[2]) W. Wundt: Grundzüge der physiologischen Psychologie. III 5, 1903.

[3]) E. B. Titchener: A Text-Book of Psychology. New York 1910. Der erste Teil ist bereits ins Deutsche übersetzt als Lehrbuch der Psychologie (übers. v. Dr. O. Klemm) Leipzig 1910; so daß das Buch wohl auch bei uns einen gewissen Einfluß erlangen kann. Wir zitieren nach der englischen Ausgabe des ganzen Buches.

der Gefühle und Vorstellungen nehmen wir in uns in wechselnder Weise mehr oder weniger deutlich eine Tätigkeit wahr, die wir die Aufmerksamkeit nennen" (l. c. S. 331). Nach dieser Definition wäre die Aufmerksamkeit ein reiner Deskriptionsbegriff, der jederzeit im Erlebnis aufgezeigt werden könnte.

Andrerseits aber wird von Wirkungen der Aufmerksamkeit gesprochen: „Nur Eindrücke, die über der Intensitätsschwelle liegen, können die Apperzeptionsschwelle überschreiten; doch damit dies geschehe, muß die subjektive Funktion der Aufmerksamkeit hinzukommen" (l. c. S. 339).

Dieser Satz ist aber ein Funktionssatz: die Aufmerksamkeit bewirkt, daß ein Eindruck über die Apperzeptionsschwelle tritt. Aufmerksamkeit ist also hier Funktionsbegriff, das Wirken kann nicht wahrgenommen, nur erschlossen werden[1]).

Daß es sich hier wirklich um zwei verschiedene Dinge handelt, ist Wundt nicht entgangen, wohl aber, daß er tatsächlich zwei ganz verschiedene Begriffe gebildet hat: „Nach allem diesen sind Aufmerksamkeit und Apperzeption Ausdrücke für einen und denselben psychologischen Tatbestand[2]). Den ersten dieser Ausdrücke wählen wir vorzugsweise, um die subjektive Seite dieses Tatbestandes, die begleitenden Gefühle und Empfindungen zu bezeichnen; mit dem zweiten deuten wir hauptsächlich die objektiven Erfolge, die Veränderungen in der Beschaffenheit der Bewußtseinsinhalte an" (l. c. S. 341).

Wundt legt also zweifellos größern Nachdruck auf die Einheit als auf die Verschiedenheit, schon die Prädikate „vorzugsweise" und „hauptsächlich" lassen daran keinen Zweifel aufkommen. Was für ein einheitlicher Tatbestand ist es aber, der eine subjektive und eine objektive Seite hat? Ist es jene in uns wahrgenommene Tätigkeit, zu der dann Veränderungen der Inhalte hinzutreten? Hier ist ein einheitlicher Tatbestand, an dem eine subjektive und eine objektive Seite zu unterscheiden wäre, aber nicht aufzuzeigen. Jene Tätigkeit ist ein Subjektives und ist gleichzeitig Aufmerksamkeit, subjektiv (d. h. immer: erlebt) sind gleichfalls die veränderten Empfindungen, sie sind aber nicht Aufmerksamkeit, sondern Aufmerksamkeitsobjekte. Objektiv und auch wieder Aufmerk-

---

[1]) Um Verwechslungen auszuschließen vergleiche man S. 6 Text und Anm.

[2]) Diese Sperrung ist im Gegensatz zu den übrigen von mir.

samkeit, oder besser jetzt Apperzeption ist die Veränderung, die die Inhalte erfahren haben, diese Veränderung ist aber keine Seite des Tätigkeitsgefühls, das wir ja als subjektive Aufmerksamkeit hinstellten. Es bleibt also die Scheidung in Subjektives und Objektives, aufgegeben werden muß jene von Wundt angenommene Einheit, auf die die Namen „Aufmerksamkeit" oder „Apperzeption" „je nach dem Standpunkt der Betrachtung" (l. c. S. 341) angewendet werden. Wir haben vielmehr zwei verschiedene Begriffsbildungen, einen Deskriptions- und einen Funktionsbegriff. Die Vermischung dieser beiden hat natürlich eine Reihe wichtiger Konsequenzen, so die Auffassung jeder Apperzeption als Willensvorgang. Der springende Punkt ist auch hier die Aufnahme des Wirkens in den Deskriptionsbegriff (S. 342).

Titchener, zu dem wir uns jetzt wenden, will Aufmerksamkeit rein als Deskriptionsbegriff gebrauchen: „Letzten Endes und in einfachsten Ausdrücken ist Aufmerksamkeit identisch mit sinnlicher Klarheit."[1]

Aber diesem Autor steht kein anderer Weg offen, er kennt in der Psychologie überhaupt nur Deskriptionsbegriffe: „Was immer die Aufmersamkeit ist, sie muß beschrieben werden in Ausdrücken von Bewußtseinsvorgängen, Empfindungen, Vorstellungen (images) und Gefühlen und muß erklärt werden in Ausdrücken physiologischer Bedingungen" (l. c.).

Daß dem Verfasser unser ganzer Unterschied überhaupt völlig unbekannt ist, geht auch daraus hervor, daß er die Entscheidung zwischen den verschiedenen Definitionen der Aufmerksamkeit, funktionalen und deskriptiven nach unserer Terminologie, der Erlebniswahrnehmung (introspection) zuschiebt (l. c. S. 266). Er sieht also nicht einmal die Möglichkeit, auch solche Begriffe zu bilden, deren Eigenschaften im Erlebnis nicht enthalten sind, über die die schlichte Erlebniswahrnehmung darum auch nichts entscheiden kann. So muß aus Titcheners Definition unausweichlich ein äquivoker Gebrauch des Wortes folgen, in dem doch wieder der Funktionalbegriff Aufmerksamkeit zum Vorschein kommt. Bei der Diskussion, ob der Steigerung der Klarheit eines Inhalts auch die Steigerung seiner Intensität parallel geht, findet sich z. B. folgender Satz: „Man kann mit Aufmerksamkeit einen schwa-

---

[1] l. c. S. 267. Die Sperrung ist von mir.

chen Klang hören, den man nicht hören kann, wenn man nicht aufmerksam ist." [1])

Setzen wir, was wir ja tun können, für das Wort Aufmerksamkeit das bei T i t c h e n e r identische Wort Klarheit ein (s. oben), so lautet der Satz: Ist ein schwacher Klang klar, so ist er unter Umständen [2]) hörbar, während er nicht hörbar ist, wenn er nicht klar ist!

Hieraus folgt schon, daß unter gewissen Umständen Klarheit da sein kann ohne den Inhalt, der klar sein soll. Was ist also klar in dem in der Anmerkung geschilderten Fall? Und, vor allem, besagt etwa der Satz T i t c h e n e r s , wenn wir die Substitution machen, das gleiche, was er ohne die Substitution für die Mehrzahl der Psychologen besagt? Das wird doch auch T i t c h e n e r nicht behaupten wollen!

Gewöhnlich versteht man den Satz so, daß es bestimmte Bedingungen psychophysischer Natur gibt, die eine Herabsetzung der absoluten Schwelle zur Folge haben und daß diese Bedingungen vom Willen nicht unabhängig sind. Wenn T i t - c h e n e r einwendet, das sei eine Erklärung, keine Beschreibung, und eine Erklärung wolle er ja auch geben, nur rein physiologisch, so ist folgendes zu entgegnen: Dieser Einwand ist mehrdeutig, er kann besagen, Aufmerksamkeit ist psychologisch Deskriptionsbegriff und faßt bestimmte Erlebnisse, die ich physiologisch erklären muß. Diese Erklärung hätte dann nichts andres zu tun, als die Klarheit als Eigenschaft einer Empfindung einer Eigenschaft der physiologischen Erregung zuzuordnen, gerade so, wie man etwa den Farbton blau einer Erregung in der Blau-Gelb-Substanz (um einen kurzen Ausdruck zu wählen) zuordnet. Dann ist der Einwand natürlich kein Einwand mehr, denn dann ist auch die physiologische Erklärung nicht in dem Sinn eine Erklärung, wie unser Begriff Aufmerksamkeit ein Erklärungsbegriff war.

Wenn aber T i t c h e n e r sagen will, d a s verstehe er n i c h t unter einer physiologischen Erklärung der Aufmerksamkeit, diese müsse vielmehr erklären, w a r u m ein Inhalt klar wurde auf Kosten anderer — und seine Erklärung durch ab-

---

[1]) l. c. S. 280. Ich übersetze möglichst wörtlich ohne Rücksicht auf gutes Deutsch, um etwaigen Einwänden zu entgehen.

[2]) Daß diese Einschränkung gerechtfertigt ist, ergibt sich daraus, daß es auch so schwache akustische Reize gibt, daß wir sie selbst bei gespanntester Aufmerksamkeit nicht hören könnten. So drücken sich wenigstens alle Psychologen aus.

wechselnde kortikale Bahnung und Hemmung tut dies in der Tat —, dann ist zu sagen: dieser physiologische Begriff der Aufmerksamkeit hat mit dem psychologischen T i t c h e n e r s nicht mehr gemein als den Namen. Dieser Begriff leistet allerdings das, was wir von einem Aufmerksamkeitsbegriff verlangen, er erklärt z. B. die Herabsetzung der Schwelle, er ist aber auch kein Deskriptionsbegriff mehr, sondern ein Funktionsbegriff.

Während die erste physiologische Erklärung physiologische Vorgänge angab, die mit der Klarheit synchron sind, gibt die zweite solche an, die ihr vorhergehen. Wir haben also tatsächlich zwei ganz verschiedene Begriffe, einen Deskriptionsbegriff Aufmerksamkeit = Klarheit, und einen Funktionsbegriff Aufmerksamkeit = Bahnung und Hemmung. Da T i t c h e n e r aber diese beiden Begriffe nicht geschieden hat, kommt er in eine Reihe von Schwierigkeiten, so in seiner Theorie der willkürlichen Aufmerksamkeit, die ihn zu der Konsequenz führt, daß, je größer die Anstrengung, um so niedriger der Grad der Aufmerksamkeit ist (l. c. S. 295). Es ist hier nicht unsre Aufgabe, T i t c h e n e r s Aufmerksamkeitstheorie zu kritisieren, sie diente nur als Beispiel, daß der von uns eingeführte Unterschied nicht so ganz trivial ist, daß seine Vernachlässigung gefährliche Folgen haben kann[1]).

Statt T i t c h e n e r s Theorie der Aufmerksamkeit hätten wir auch seine Assoziationstheorie heranziehen können, bei

---

[1]) Vielleicht ist ein kurzer Hinweis am Platze, wie sich unsre Funktionsbegriffe zu den physiologischen Erklärungen T.'s verhalten. Psychologisch leisten sie genau dasselbe, nur präjudizieren sie viel weniger. Was für eine Realität ihnen zukommt, bleibt unbestimmt, genug, daß sie die realen Erlebnisse in gesetzmäßige Zusammenhänge bringen. Will man auf die Realität dieser Begriffe eingehen, so ist der Rekurs auf die Physiologie naheliegend und oft genug auch für weitere Problemstellung fruchtbar. In einer Zeit aber, wo die physiologischen Vorgänge fast alle noch hypothetisch sind, worauf T. auch mehrfach hinweist (bes. S. 395) scheint der Gebrauch von Funktionsbegriffen erkenntnistheoretisch und ökonomisch einwandfreier als eine Physiologisierung. Unsere Begriffe haben für die Psychologie eben auch Bedeutung ohne Deutung auf Natur. Sie lassen sich ganz im positivistischen Sinne gebrauchen, wobei man seine Hypothese mit viel weniger Ballast beschwert, als wenn man à tout prix Bekanntes durch völlig Unbekanntes erklären will. Man bedenke doch auch, wie groß unsere Kenntnis von Reproduktions- und Perseverationstendenzen, wie von residualen Verschmelzungen ist, und daß es nicht eine einzige physiologische Theorie gibt, die auch nur annähernd alle Tatsachen um-

der sich die gleiche Begriffsvermischung vorfindet (vgl. l. c., bes. S. 377 ff.).

Wir wollen nur noch ein Beispiel aus Titcheners Buch heranziehen, weil seine Lehre hier im stärksten Widerspruch steht zu den Anschauungen, die im folgenden vertreten sind, wir meinen den Begriff der Bedeutung: meaning. Bedeutung wird allen Wahrnehmungen gegenüber den Empfindungen als charakteristisch zugeschrieben (S. 367). Was ist Bedeutung? „Bedeutung ist psychologisch immer Zusammenhang (‚meaning, psychologically is always context‘ l. c.). Ein Bewußtseinsvorgang ist die Bedeutung eines andern Bewußtseinsvorgangs, ‚if it is that other's context‘[1]). Und context in diesem Sinne ist einfach der Bewußtseinsvorgang, der zu dem gegebenen Vorgang hinzukommt aus der Situation, in der sich der Organismus befindet.‘‘

Ursprünglich ist die Situation physikalisch (also kein Bewußtseinsvorgang) und die Bedeutung kinästhetisch: Der Organismus reagiert durch Bewegung auf die Situation, und die charakteristischen Empfindungen dieser Bewegungen g e b e n dem Vorgang, der im Blickpunkt des Bewußtseins steht, Bedeutung, s i n d psychologisch seine Bedeutung. Man könnte schon hierin einen Widerspruch sehen; aber prinzipiell fragen wir: ist jetzt der Begriff Bedeutung noch ein Deskriptionsbegriff, was er doch unzweifelhaft sein müßte?

Wir ziehen zur Beantwortung noch eine andre Stelle heran, um uns der Meinung des Autors auch ganz zu versichern:

Bei der Charakterisierung der Wahrnehmung wird an dritter Stelle angegeben: der Wahrnehmungsinhalt hat einen fringe, einen Hintergrund, einen context, und dieser context ist das psychologische Äquivalent der logischen Bedeutung (l. c. S. 371). Was heißt das aber, der context oder Hintergrund ist die Bedeutung des im Zentrum der Aufmerksamkeit stehenden Inhalts? Ist die Bedeutung erlebt? Erlebt werden ja aber nach Titchener nur Empfindungen, Vorstellungen

---

faßt. Vgl. hierzu E. Becher, Gehirn und Seele. Die Psychologie in Einzeldarstell. hrsg. v. Ebbinghaus † und Meumann. Bd. 5. 1911. S. 161—237. Sehr wichtige Beiträge zu dieser Frage finden sich auch bei Müller und Pilzecker, Experimentelle Beiträge zur Lehre vom Gedächtnis. Zeitschr. f. Psychol. Ergbd. I. 1900. § 53 bes. S. 283 ff., wo die Notwendigkeit von Funktionsbegriffen betont, dabei allerdings für einen speziellen Fall eine physiologische Definition als zurzeit einzig mögliche hingestellt wird.

[1]) Ich ziehe vor, das nicht zu übersetzen.

und Gefühle. Das Zusammensein von context, dunklen Wahrnehmungen und zentralen Inhalten ist noch kein Erleben des Zusammenseins, ich erlebe nur gleichzeitig a und b, nicht aber die Verbindung zwischen beiden. Gerade das lehnt ja Titchener ab. In seinem oben angeführten Beispiel des Urzustandes heißt es, daß die Bewegungsempfindungen die Bedeutung des am stärksten bewußten Teiles der Situation sind. Was ist mehr da als die bloße Sukzession oder Simultaneität?

Es hat eben auch hier eine Vermischung von Funktions- und Deskriptionsbegriffen stattgefunden: auf der einen Seite steht die Tatsache, daß Worte und auch andre Wahrnehmungsinhalte je nach dem Zusammenhang ganz verschiedene Bedeutung haben und man schließt daraus, daß der Zusammenhang auf die Bedeutung Einfluß hat. Zusammenhang ist aber dann als Funktionsbegriff gebraucht. Andererseits kann man Bedeutung so beschreiben, daß man sie als fringe des anschaulichen Inhalts bezeichnet; hier haben wir also einen reinen Deskriptionsbegriff. Schließlich kann auch der Zusammenhang als solcher im „fringe" gegeben sein, und aus diesen drei Tatsachen, zwei deskriptiven und einer funktionalen, entsteht dann die Titchenersche Theorie.

Ganz allgemein ist die Konsequenz dieser Vernachlässigung unsres Unterschiedes bei Titchener die, daß sein Begriff der Analyse von Bewußtseinsinhalten völlig unklar bleibt, und seine Begriffe sind daher meist weder reine Deskriptions- noch reine Funktionsbegriffe, sondern enthalten in unglücklicher, versteckter Mischung beide Elemente[1]).

Ein letztes Beispiel führen wir an, um noch einmal zu zeigen, wie viele Einwände, die gegen die Denkpsychologie erhoben werden, auf Vermischung von Funktions- und Deskriptionsbegriffen zurückgehen. Wir meinen den Begriff der Gesamtvorstellung, die als Obervorstellung den Vorstellungsablauf beeinflußt, bei Moskiewicz[2]): „Ist ein Vorstellungsablauf nicht auf ein Ziel gerichtet, so treten die einzelnen konstellierenden Vorstellungen gar nicht ins Bewußtsein, und nur die Resultate dieser konstellierenden Wirkung, eben die

---

[1]) Charakteristisch hierfür ist auch die Ablehnung besonderer Forminhalte l. c. S. 372 f.

[2]) G. Moskiewicz: Zur Psychologie des Denkens (Erste Abhandl.) Arch. f. d. ges. Psych. Bd. 18. S. 305—341. 1910.

schließlich reproduzierte Vorstellung wird bewußt" (l. c. S. 338). „Aufgaben ... bewirken also ein Zusammenfassen von Vorstellungen zu Vorstellungsgruppen, denen eine gewisse Einheit zukommt. ... Wir haben hier die zusammenfassende Funktion der Seele vor uns [Anm. verweist auf Stumpf], als deren Korrelat, also als Gebilde, solche Gesamtvorstellungen auftreten." „... die Einzelvorstellungen, welche eine Gesamtvorstellung bilden, brauchen zu derselben Zeit gar nicht gemeinsam im Bewußtsein vorhanden zu sein. Ihre Zusammengehörigkeit besteht dann nur darin, daß jede Einzelvorstellung assoziative Verknüpfung mit demselben Gesichtspunkt hat, daß daher diese Vorstellungen der Reihe nach reproduziert werden, sobald dieser Gesichtspunkt wachgerufen wird" (l. c. S. 340, 341).

Die Konfundierung tritt so deutlich zutage, daß wenige Worte genügen. Der Begriff der Gesamtvorstellung entsteht aus dem Bedürfnis, Zusammenhänge zwischen einzelnen Erlebnissen herzustellen, ist also ursprünglich Funktionsbegriff. Der Name Vorstellung wird nun aber gewöhnlich für einen Deskriptionsbegriff gebraucht, und vielleicht ist dieser unglückliche Name daran schuld, daß nun plötzlich aus der Gesamtvorstellung auch noch ein Deskriptionsbegriff wird, ein Gebilde. Die Folge ist nun wieder, daß dieser Deskriptionsbegriff höchst merkwürdige Eigenschaften hat, so z. B. daß er auch unbewußt da sein kann. Gerade in diesem Punkte ist ja die Begriffsbildung der Denkpsychologie so viel schärfer: Aufgabe als Bewußtseinsgegebenheit ist Deskriptionsbegriff, determinierende Tendenz als Wirkung der Aufgabe ist Funktionsbegriff. Beide Begriffe durch den der Obervorstellung zu ersetzen, kann eben aus prinzipiellen Gründen nicht gehen.

II. Die Aufgaben und Methoden der folgenden Untersuchungen.

Der Zweck dieser Arbeit ist es, die Elemente und Faktoren zu untersuchen, die den Ablauf unsres psychischen Geschehens ausmachen. Es mußte also auf experimentellem Wege ein solcher Ablauf künstlich hervorgerufen werden, andererseits mußte die Einheitlichkeit des Verfahrens dadurch wenigstens festgelegt werden, daß der Ausgangspunkt der Erlebnisabläufe bei den verschiedenen Vpp. der gleiche war.

Als nächstliegende Methode boten sich die sogen. Assoziationsversuche, bei denen die Vp. auf einen ihr optisch oder akustisch gebotenen Reiz in irgendeiner Weise zu reagieren hat[1]). Diese Methode ist bisher in zwei Hauptformen ausgebildet, von denen die eine, von Müller Methode der zufälligen Wortreaktionen genannt, darin besteht, daß die Vp. auf ein Wort mit einem andern ihr zunächst einfallenden Wort reagiert. Auch hier lassen sich wieder zwei Hauptformen unterscheiden, je nachdem man in die Instruktion aufnimmt, daß die Reaktion möglichst schnell zu erfolgen habe oder nicht[2]). Diese Methode wird im allgemeinen als die der f r e i e n Reproduktion bezeichnet und ihr die der g e b u n - d e n e n Reproduktion gegenübergestellt, die darin besteht, daß das von der Vp. auszusprechende Wort gewisse Bedingungen zu erfüllen hat, etwa einen übergeordneten Begriff nennen soll.

Für unser Hauptproblem war eine freie Reproduktion die geeignetere; wir wollten die Faktoren kennen lernen, die solche Erlebnisabläufe beherrschen, die nicht schon von vornherein durch die gestellte Aufgabe determiniert sind. Daß hierfür jedoch die Methode der zufälligen Wortreaktionen auch nicht in Frage kam, ist ebenso klar. Denn die zahlreichen Untersuchungen, die mit dieser Methode angestellt worden sind, haben zur Lösung unseres Problems nur wenig beigetragen. Die Reaktion vollzieht sich bei dieser Methode so schnell, daß von einem eigentlichen Erlebnisablauf kaum gesprochen werden kann. Dafür ermöglichte sie eine Reihe anderer Resultate, wie die Entdeckung des Häufigkeitsgesetzes[3]), und vor allem ergab sie für praktische Zwecke der Individualpsychologie Gesichtspunke. Es ließen sich auch, wenn auch in äußerst mühsamer Weise, eine Reihe von Gesetzen über

---

[1]) Der Name Assoziationsversuche ist ganz ungeeignet. Daß er auf der einen Seite zu weit ist, hebt schon G. E. Müller l. c. S. 62 Anm. hervor, daß er aber auch zu eng ist, um die verschiedenen Verfahrungsweisen zu decken, die wir im Text zusammenfassend beschreiben, ist klar. Als solch allgemeiner Name kommt natürlich auch der von Müller für eine bestimmte Form der Methode vorgeschlagene nicht in Betracht. Vielleicht wäre der Name noetische Reaktionen möglich, der einerseits diese Versuche als Reaktionsversuche charakterisiert, andererseits darauf hinweist, daß diese Reaktionen intellektuelle Vorgänge enthalten.

[2]) Vgl. E. Meumann: Über Assoziationsexperimente mit Beeinflussung der Reaktionszeit. Arch. f. d. ges. Psych. Bd. 9. S. 117—150, 1907.

[3]) Vgl. A. Thumb und K. Marbe: Experimentelle Untersuchungen über die psychologischen Grundlagen der sprachlichen Analogiebildung. Leipzig 1901.

das mechanische Gedächtnis mit dieser Methode ableiten[1]). Und schließlich beruht auf ihr wenigstens teilweise jenes Verfahren, das von M. Wertheimer als Tatbestandsdiagnostik in die Psychologie eingeführt worden ist[2]).

Woran liegt es nun, daß diese Methode zur Untersuchung des natürlichen Vorstellungsablaufs so wenig geeignet ist, während sie doch auf den ersten Blick dieser Aufgabe adäquat scheinen möchte? Augenscheinlich daran, daß sie ihren Namen „freie Reproduktion" nicht mit Recht trägt: Unter den unzähligen möglichen Vorstellungen, die zu der Bezugsvorstellung, dem Reizwort, hinzutreten können, wird durch die Aufgabe eine ganz bestimmte Auswahl verlangt. Nur Worte dürfen zur Reaktion benutzt werden. Die Ergebnisse haben also Bedeutung immer nur in bezug auf diese Aufgabe und lassen sich nicht auf den Vorstellungsablauf allgemein anwenden. Und weiter: Durch die Aufgabe, mit Worten zu reagieren, werden andre Vorstellungen, die sich sonst an das Rzw. anschließen würden, zurückgedrängt; in den Fällen, in denen die Aufgabe am stärksten wirksam ist, erfolgt automatisch eine Wortreaktion, in andern Fällen, in denen etwa eine visuelle Vorstellung auftritt, ist sie ein reines Nebenprodukt, die eigentliche Reaktion erfolgt ganz unabhängig von ihr und nur relativ selten kommt sie durch visuelle Vorstellungen vermittelt zustande[3]).

Sollte unsere Methode für unser Problem mehr leisten, so mußte sie demnach in einem prägnanteren Sinn eine freie Reproduktion ermöglichen. Andererseits konnte aber natürlich nicht von jeder Aufgabe abgesehen werden, denn sonst wäre wieder ein irgendwie einheitliches Verhalten nicht zu

---

[1]) Vgl. A. Wreschner: Die Reproduktion und Assoziation von Vorstellungen. Zeitschr. f. Psychol. Ergbd. 3. 1907—09. Der Verf. kommt darüber hinaus zu einer Reihe sehr bemerkenswerter allgemeiner Folgerungen, auf die wir später zurückkommen.

[2]) Für Literaturangaben vgl. man die umfassende Darstellung dieses Gegenstandes bei O. Lipmann: Die Spuren interessebetonter Erlebnisse und ihre Symptome. Beiheft 1 d. Zeitschr. f. angew. Psychl. 1911.

[3]) Vgl. A. Mayer und J. Orth: Zur qualitativen Untersuchung der Assoziation. Zeitschr. f. Psychol. Bd. 26. 1901. S. 7—14 und Wreschner l. c. S. 219. Mayer und Orth sind wohl die ersten, die an die Methode der zufälligen Wortreaktion in der Absicht herangingen, die Bewußtseinsvorgänge in der Hauptperiode zu studieren. Für unsere Behauptung ist ihr Resultat nur teilweise verwendbar, da nicht untersucht worden ist, wie oft die eingeschobenen Inhalte zur Reaktion führten, und wie oft sie nur nebenher liefen.

erzielen gewesen, die Vp. hätte z. B. so vorgehen können,
daß sie das gerufene Wort gar nicht beachtete, vielmehr
ihren Gedanken ungestört nachging. Die Aufgabe mußte
nur so beschaffen sein, daß sie den Erlebnissen der Vp. einen
möglichst großen Spielraum ließ, daß die Erlebnisse, die
sich an das Rzw. anreihten, außer von diesem möglichst nur
durch die natürliche Denk- und Vorstellungsweise bestimmt
wurden, daß also die Aufgabe als solche eine möglichst geringe Wirkung ausübte.

Der Autor suchte dies dadurch zu erreichen, daß er den
Vpp. vorschrieb, das Rzw. möglichst passiv anzuhören bzw.
das Reizbild möglichst passiv anzusehen, und abzuwarten,
bis sich eine Vorstellung daran anschlösse. Nur wenn diese
Vorstellung ein Wort wäre, oder zur Aussprache eines solchen
drängte, sollte mit einem eigentlichen Reaktionswort geantwortet werden[1]). Wie weit eine solche Instruktion ein wirklich natürliches Verhalten zur Folge hatte, wird aus der Beschreibung der Resultate hervorgehen.

Die Instruktion enthielt außerdem stets die Aufforderung,
nachträglich die Erlebnisse zu beschreiben[2]). Die Protokolle,
die außer Rzw. und Reaktionsvorstellung auch diese Beschreibungen wörtlich enthalten, bilden mit Unterstützung der mit
einer Fünftelsekundenuhr gemessenen Reaktionszeiten das Material, aus dem die Resultate abgeleitet werden müssen. Daß
sich der Versuchsleiter bemühte, die Terminologie seiner Vpp.
zu verstehen, braucht wohl kaum hervorgehoben zu werden,

---

[1]) Der genaue Text der verschiedenen Instruktionen ist an den
betr. Stellen mitgeteilt. Inzwischen ist eine Arbeit erschienen, in der
eine Instruktion benutzt wird, die der in unserer Reihe I gebrauchten
völlig entspricht: Rusk, Experiments on Mental Associations in Children.
British Journ. of Psychol. III. S. 358. Früher hat schon Isserlin,
Assoziationsversuche an Manisch-Depressiven, Monatsschr. f. Psychol. u.
Neur. Bd. 22, 1907, darauf hingewiesen, daß man seine Vpp. nicht
durch die Vorschrift, mit einem Wort zu reagieren, in ihrer Freiheit
beschränken soll. Er denkt dabei vornehmlich, oder auschließlich, an
längere Sätze, wie sie bei Psychotikern häufig sind.

[2]) Es handelt sich also bei all diesen Versuchen augenscheinlich um
zwei Aufgaben, von denen die zweite nach Erfüllung der ersten einsetzt.
Wie sich diese beiden Aufgaben zueinander verhalten, ob sie in das
Verhältnis von Haupt- und Nebenaufgabe zueinandertreten und was für
Folgen dies dann für ihre Erfüllung hat, ist, wie Westphal mit Recht
bemerkt, eine methodologisch höchst wichtige und brennende Frage. Vgl.
E. Westphal: Über Haupt- und Nebenaufgaben bei Reaktionsversuchen.
Arch. f. d. ges. Psychol. Bd. 21. S. 223. 1911.

ebensowenig, daß immer dann, wenn Zweifel möglich waren, das Protokoll vorgelesen wurde[1]), dagegen sahen wir von einem Verfahren ab, das neuerdings O k a b e in Vorschlag gebracht hat[2]). Dieser Forscher stellte nämlich einen Extrakt aus den Einzelaussagen jeder Vp. her und legte diesen dann der Vp. zur Begutachtung vor. Dadurch wird indes die Garantie für eine richtige Deutung der Protokolle durch den Vl. nicht gewonnen. Die Vp. kann nach längerer Zeit, und schon mehrere Tage sind in diesem Sinn als längere Zeit anzusehen, kein einigermaßen sicheres Urteil darüber abgeben, ob die ihr vorgelesene Darstellung ihrem innern Verhalten entspricht, und dies um so weniger, als sie immer nur Einzelerlebnisse gehabt hat, während ihr ein Bild geboten wird, das aus der Vereinigung vieler Einzelerlebnisse gewonnen wurde. Es ist darum besser, solche methodischen Hilfsmittel, die nur scheinbar die Exaktheit erhöhen, zu vermeiden, um so mehr, als die Vpp. dadurch angeregt werden, sich in künftigen Fällen schon selbst ein solches Allgemeinbild von ihrem Verhalten zu schaffen, was natürlich von unheilvollem Einfluß sein kann.

Unser Material besteht also in der Hauptsache aus Aussagen, die der rückschauenden Erlebniswahrnehmung der Vpp. entstammen[3]). Daß ein solches Material methodologisch nicht einwandfrei ist, ist mir wohl bewußt. Selbst unter Berücksichtigung der fünf methodologischen Vorschriften für die Prüfung der Zuverlässigkeit von Aussagen, die W e s t p h a l[4]) nach Vorlesungen von Prof. K ü l p e mitteilt, bleibt noch genügend Unsicherheit zurück, um unsere Methode an Exaktheit und Zuverlässigkeit der Methode der Sinnes- und Gedächtnispsychologie weit nachzustellen. Gilt dies im ge-

---

[1]) Wie es Müller l. c. S. 94 vorschreibt.

[2]) T. Okabe: An Experimental Study of Belief. Amer. Journ. of Psychol. Bd. 21. S. 594.

[3]) Die Aussagen der Vpp. beziehen sich natürlich lediglich auf den Reproduktionsvorgang, keinesfalls auf die zugrunde liegenden Assoziationen. Es scheint mir ein prinzipiell verfehltes Unternehmen, wenn Wreschner (l. c. 261) auf Grund der Selbstbeobachtung eine Einteilung der Assoziationen gibt. Es verstößt dies schon gegen unsere Scheidung der Deskriptions- und Funktionsbegriffe (vgl. bes. l. c. S. 278); außerdem machen mich aber auch meine eigenen Ergebnisse noch in andrer Weise bedenklich: in den Fällen, in denen bei mir ähnliche Reaktionsweisen auftraten wie bei Wreschner, konnte gerade der Grund der Reproduktion nicht angegeben werden, so daß die Annahme naheliegt, die Vpp. W.'s seien durch ständiges Fragen in dieser Hinsicht stark beeinflußt worden.

[4]) l. c. S. 239 u. 240.

wissen Maße schon für Gewinnung von Deskriptionsbegriffen, so in noch höherem Maße für die Bildung der Funktionsbegriffe, da ja die hierzu notwendige Objektivation der Erlebnisse nur durch Reaktionszeiten, sonst durch keine äußern Daten gestützt wird. Dies alles zugegeben, läßt es sich doch nicht leugnen, daß zurzeit eine Methode wie die unsrige zur Untersuchung unsrer Probleme nicht nur die beste, sondern wohl überhaupt die einzig vorhandene ist. Jede Verbesserung dieser Methode, wie sie z. B. von A c h für die Untersuchung der Willensvorgänge durchgeführt ist [1]), würde von allen Forschern auf unserm Gebiet mit Freuden begrüßt werden.

Genügt es nun aber, daß unsere Methode die gegenwärtig beste ist [2]), um ihren Gebrauch zu rechtfertigen, muß man nicht vielmehr dem Einwand zustimmen, der sagt: man soll eben ein Gebiet nicht eher angreifen, als man eine gute Methode hat, exakt darauf zu arbeiten?

Aus zwei Gründen müssen wir einer solchen Forderung widersprechen:

1. Hätte die Wissenschaft von jeher diesen Grundsatz befolgt, so wäre sie nicht da, wo sie heute steht; gerade dadurch, daß man zunächst mit unzulänglichen Mitteln an Aufgaben herangeht, stellt sich heraus, worin diese Methoden unzulänglich sind, was für Verbesserungen sie erfordern. Die Ergebnisse, die sie liefern, sind nicht wertlos, auch sie stellen sich als eine Stufe dar im Gang der Wissenschaften, und ein um so größeres Verdienst würden sich die Forscher auf diesem Gebiete zusprechen, je früher ihre Ergebnisse durch exaktere überholt würden. Nur so, nicht aber durch Warten, werden neue Methoden gefunden.

2. Der obige Einwand könnte noch dadurch gestützt werden, daß man auf die zahlreichen und fruchtbaren Probleme hinweist, die heute schon der Bearbeitung mit exakten Methoden offen stehen. Warum dann sich in unsicheres Gebiet wagen, wenn man in sicherem noch viel leisten kann?

Die Antwort hierauf wird zeigen, welche wissenschaftliche Notwendigkeit die Denkpsychologie war, wie sie die Psycho-

---

[1]) Auch die Methode der gebundenen Reproduktion, wie sie zuerst J. Watt, Experimentelle Beiträge zu einer Theorie des Denkens. Arch. f. d. ges. Psychol. Bd. 4, 1905 einführte, bedeutete einen gewaltigen Schritt vorwärts.

[2]) Daß sie die Methode der Reflexionspsychologie übertrifft, dürfte auch von ihren schärfsten Gegnern zugegeben werden.

logie rettete aus einer Mechanisierung des Geistigen, wie sie hinauswies auf Gebiete, die sich nicht dem Schematismus der Assoziation fügen. Die Gefahr, die drohte,. war groß: „Die Zweckmäßigkeit der benutzten Reihen für psychologische Experimente ist ohne Zweifel um so größer, je geringer die Anzahl von Hilfsvorstellungen ist, die den Vorgang der Auffassung und Einprägung begleiten; denn je mehr die Reproduktion Leistung des m e c h a n i s c h e n[1]) Gedächtnisses ist, um so besser lassen sich die wirksamen Gesetze erkennen. Bei dem Einprägen und Behalten von Reihen, bei denen viele Hilfen möglich sind, h e r r s c h e n n a t ü r l i c h d i e s e l b e n p s y c h o l o g i s c h e n G e s e t z e v o r, nur gestaltet sich deren Erkenntnis in diesem Falle schwieriger . . .“[2]).

Woher nimmt dieser Forscher die Gewißheit, mit der er die Unterordnung unseres Vorstellungsablaufes unter mechanische Gesetze behauptet? Daraus, daß auf dem Gebiete des mechanischen Gedächtnisses eine Reihe von Resultaten vorlag, daß die Forschung lediglich sich mit dem mechanischen Gedächtnis befaßte. Unter solchen Umständen war es notwendig, daß eine Tür geöffnet wurde und der Blick schweifen konnte in andre Gebiete, daß gezeigt wurde, die Wege der zurzeit bevorzugten Forschungen sind nicht die einzigen, es gibt noch andre Probleme, die der Vergessenheit entzogen werden müssen.

Noch einige Einzelheiten über unsere Methode.

Jede der Reihen I—III und VI—VII[3]) enthielt 50 Reizwörter, die mit Ausnahme der von Reihe III der Sammlung des Würzburger Instituts entstammten. Konkrete Substantiva sind in der Mehrzahl, um jedoch einige Abwechslung hineinzubringen, enthalten die Reihen auch einige Verba, Adjectiva und die Reihen I und II auch je ein Adverb. Reihe III wurde von mir besonders zusammengestellt. Zu je 10 konkreten und abstrakten Substantiven, Verben und Adjektiven wurden noch 10 stark mehrdeutige Wörter hinzugefügt, hier auch sehr abstrakte bevorzugt, wie auch solche, die dem Interessenkreis meiner Vpp. besonders nahe standen. Über

---

[1]) Die Sperrungen sind von mir.
[2]) A. Pohlmann: Experimentelle Beiträge zur Lehre vom Gedächtnis. Berlin 1906. S. 21. Auch bei Bleuler findet sich ein ähnlicher Ausspruch. Diagnostische Assoziationsstudien. Journal f. Psychol. und Neurol. Bd. 3. S. 51.
[3]) Siehe unten.

die Bilder, die in Reihe IV und V verwendet wurden, ist das
Nötige an Ort und Stelle gesagt[1]).

Mit freier Instruktion, Reihen I—V, wurden im ganzen
896 Einzelversuche ausgeführt, die sich auf die einzelnen Reihen
folgendermaßen verteilen: Reihe I: 348 mit 7 Vpp.; Reihe II:
277 mit 7 Vpp.; III: 158 mit 5 Vpp.; IV: 67 mit 2 Vpp.; V:
46 mit 1 Vp.[2])

Außer diesen wurden noch zwei Reihen, VI und VII, mit
gebundener Reproduktion durchgeführt, bei denen die Reaktionsvorstellung (RV) mit der Bezugsvorstellung oder einer andern Vorstellung im Verhältnis der Ähnlichkeit stehen sollte,
um einmal von dieser Seite den Einfluß der Ähnlichkeit
auf die Reproduktion zu untersuchen. Die Darbietung erfolgte auf akustischem Wege. Reihe VI ergab 99, Reihe VII
98 Einzelversuche, jeweils mit 2 Vpp., im ganzen wurden also
197 Versuche mit gebundener Reproduktion ausgeführt.

Schließlich sei noch die mit 1 Vp. durchgeführte Ergänzungsreihe I a erwähnt, bei der die Instruktion der Reihe I
noch den Zusatz erhielt, daß die Vp. möglichst schnell reagieren solle. Diese Reihe ist nicht selbständig behandelt,
sondern nur gelegentlich der Besprechung der latenten Einstellung im Kap. III mitgeteilt.

An der Reichhaltigkeit unsres Materials kann demnach
wohl nicht gezweifelt werden. So wichtig nun eine solche
Reichhaltigkeit auch ist, so erschwert sie doch auch die Bearbeitung im hohen Maße. Denn mit fertigen Gesichtspunkten an das Material heranzugehen, ist hier nicht möglich. Die Gesichtspunkte der Bearbeitung müssen dem Material erst selbst entnommen werden und erst dies bearbeitete
Material kann dann zur theoretischen Fortbildung benutzt
werden. Für jeden neuen Gesichtspunkt mußten die Protokolle wieder von neuem durchgesehen werden. Meine Kenntnis der Protokollhefte kam zeitweilig dem Auswendigwissen

---

[1]) Die Reizworte (Rzw.) und zwei Proben der Bilder sind im Anhang
abgedruckt. Daß die in der Arbeit angegebenen Nummern der Versuche
nicht mit den Nummern der Rzwe. im Anhang und auch bei den verschiedenen Vpp. nicht durchweg übereinstimmen, liegt daran, daß gelegentlich einmal die Reihenfolge geändert werden mußte, wenn z. B.
die Vp. das Wort schon vorher gesehen hatte.

[2]) Die Ungleichmäßigkeit dieser Zahlen ergibt sich aus der Detail-
behandlung. Zu den Zahlen der Reihen IV und V, für die nur 27
resp. 28 Bilder benutzt wurden, sei noch bemerkt, daß auch alle Versuche
mit dem gleichen Bild bis zu seiner Erkennung mitgezählt worden sind.

nahe. Die lange Zeit, die zwischen Versuchen und Publikation verging, erklärt sich aus dieser Schwierigkeit.

Eine ähnliche Schwierigkeit wie für die Bearbeitung besteht nun auch für die Darstellung. Zunächst muß das Material möglichst vollständig vorgelegt, erst dann kann die Theorie entwickelt werden. Die erste Aufgabe führt nun in ein besonderes Dilemna: auf der einen Seite gilt es, dem Leser einen möglichst genauen Einblick zu gewähren in den Gang der Bearbeitung, ihm möglichst viel vom Rohmaterial, von den Protokollen, mitzuteilen. Auf der andern Seite muß aber auch die Klippe der ermüdenden Langeweile vermieden werden, muß die Übersichtlichkeit gewahrt bleiben.

Wie weit der Vf. sein Schiff mit Erfolg zwischen Scylla und Charybdis hindurchgesteuert hat, wagt er nicht zu entscheiden. Daß er es an Mühe nicht hat fehlen lassen, mag ihm auszusprechen verstattet sein. Zunächst hat er wenigstens die Hauptreihen I—III so ausgearbeitet, daß er keinen Versuch unberücksichtigt gelassen hat. Erst dann, als er sah, daß eine solche Darstellung die Geduld selbst des langmütigsten Lesers erschöpfen würde, hat er sich zu Kürzungen entschlossen. Im Zweifelsfalle hat er lieber zu viel als zu wenig stehen lassen, denn wenn eine Untersuchung wie die unsrige Wert haben soll, so muß klar ersichtlich sein, woraus und mit welchen Mitteln die Resultate abgeleitet sind.

Folgende Herren und Damen nahmen an den Versuchen teil:

An den Reihen I—III Herr Privatdozent Dr. B ü h l e r, Frau Dr. phil. M. K o f f k a, Herr Professor O g d e n, Herr K. S c h r ö d e r, Herr Pfarrer S t ä h l i n; an den Reihen I—II außerdem noch die Herren Dr. A n s c h ü t z und P. R a y m u n d u s D r e i l i n g O. F. M.

An den Reihen IV—VII Herr Dr. B e e r, an Reihe Ia und IV Frau Dr. K o f f k a, an Reihe VI und VII Frau Dr. phil. G r ä f i n v o n W a r t e n s l e b e n.

Die meisten Vpp. waren schon in Selbstbeobachtung bei psychologischen Versuchen geübt. Der einzige Neuling war Dr. Be, der aber sehr schnelle Fortschritte machte und sich zu einem guten Beobachter entwickelte. Die Herren Schr. und St. nahmen gleichzeitig an einer Reihe von andern Versuchen teil, die damals im Würzburger Institut stattfanden, so daß auch sie einen hohen Grad von Übung besaßen.

Die Versuche verteilen sich über $1\,^{1}/_{2}$ Jahre. Die Reihen I—III wurden im Sommersemester 1909 im psychologischen Institut zu Würzburg ausgeführt, dem letzten Semester, in dem Herr Prof. Külpe die Leitung des Instituts inne hatte, Reihe IV, V und Ia, sowie VI und VII mit Dr. Be im Wintersemester 1909/10 im gleichen Institut, Reihe VI und VII mit Fr. v. W. im Sommersemester 1910 im psychologischen Institut der Akademie für Sozial- und Handelswissenschaften zu Frankfurt am Main.

Im allgemeinen wurde zweimal wöchentlich Versuchsstunde abgehalten, jeweils eine knappe Stunde, mit Dr. A. jedoch nur einmal, mit Prof. O. dreimal. · Die Zahl der auf einen Versuchstag fallenden Versuche war, abgesehen von Reihe I a, eine sehr beschränkte, überschritt nur in Ausnahmefällen 10, so daß der Einfluß, den die Versuche aufeinander ausgeübt haben, als sehr klein zu bemessen ist [1]).

Alle meine Vpp. nahmen mit großem Interesse an den Sitzungen teil und gaben sich alle erdenkliche Mühe, ihrer Aufgabe gerecht zu werden. Jene Stunden waren wohl der schönste Teil der ganzen Arbeit. Das Vertrauen, das der Versuchsleiter den Vpp. entgegenbringt, das Vertrauen, das auch die Vpp. im weitesten Maße dem VI. schenkten, brachte es mit Notwendigkeit mit sich, daß auch persönliche Beziehungen zwischen uns angebahnt und befestigt wurden, und abgesehen von dem Gewinn, den diese Versuche etwa für die Wissenschaft bringen sollten, haben sie mir einen großen persönlichen Gewinn gebracht. Dies hier auszusprechen, glaube ich meinen Vpp. schuldig zu sein.

---

[1]) Bei Wreschner schwankte die Zahl im Durchschnitt zwischen 40 und 50. l. c. S. 30.

I. Kapitel.

Die Versuchsresultate.

§ 1. Reihe I.

Wenn wir die Wirkung einer so freien Instruktion, wie der unsrigen, gegenüber den bis jetzt verwandten „freien" Instruktionen bestimmen wollen, so müssen wir uns an Reihe I halten, die im übrigen mit den sonst ausgeführten Reproduktionsversuchen übereinstimmt.

Die Instruktion zu Reihe I hieß genau: „Ich werde Ihnen ein Wort zurufen. Hören Sie dies ganz passiv ohne irgend·welche Erwartung an, und geben Sie mir die Vorstellung an, die sich in unmittelbarem Anschluß daran bei Ihnen ein-stellt. Ist diese Vorstellung keine Wortvorstellung, oder drängt sie nicht von selbst zur Aussprache eines Wortes, so beenden Sie den Versuch mit dem Worte ‚ja' und teilen mir dann die betreffende Vorstellung mit. Darauf beschreiben Sie mir möglichst genau, was Sie während des Versuches erlebt haben. Noch einmal, verhalten Sie sich so passiv wie möglich, stellen Sie Ihre Aufmerksamkeit nicht in eine bestimmte Richtung, sondern nehmen Sie das Ihnen zuge-rufene Wort ganz unbefangen und unvoreingenommen auf."

Diese Instruktion wurde jedesmal vor Anfang der Versuche ver·lesen. Wehrte sich in den letzten Stunden die Vp. gegen das Verlesen, weil sie den Wortlaut des Textes schon ganz genau kannte, so wurde wenigstens sein Hauptinhalt kurz rekapituliert.

Bei jeder Vp. kamen die gleichen 50 Reizworte zur Verwendung. Mit Prof. O. machte ich die letzten 10 Versuche in englischer Sprache. Am ersten Versuchstage wurden je nach Bedarf einige Vorversuche vorausgeschickt.

Es sind also zwei Reaktionsweisen möglich, die bisher übliche mit dem Reaktionswort oder, falls der Bewußtseinsinhalt nicht motorischer Art wäre, das Wort „ja". Dabei wurde der Vp. ausdrücklich klar gemacht, daß meinen Zwecken die eine Weise so gut entspräche wie die andere, daß sie sich nicht also doch auf eine der beiden absichtlich einstellen sollte. Daß unabsichtlich bestimmte Einstellungen trotzdem eine Rolle gespielt haben, werden wir bald sehen.

1. Quantitative Analyse.

Untersuchen wir zunächst die gemessenen Zeiten, wie sie in Tabelle 1 S. 29 angegeben sind. Sie schwanken für die 7 Vpp. zwischen 1,2 sec und 3,6 sec im arithmetischen Mittel (AM), und 1,0 sec bis 3,3 sec im Zentralwert (Z).

Den niedrigsten Wert hat Frau K., den höchsten Herr Dr. B. Die mittleren Variationen (m. V.) liegen zwischen 0,3 sec, Frau K., und 1,0 sec, Dr. B. Unter 2 sec Reaktionszeit hatten im ganzen 2 Vpp., über 2 sec 5 Vpp., wenn man die AM berücksichtigt, bei den Z ist das Verhältnis 3 : 4.

Wreschner gibt als AM für gebildete Vpp., die allein zu unseren Versuchen herangezogen wurden, 1437 σ an, d. h. 1,4 sec. Seine Zahl stimmt also, wenn man die verschiedenen Messungsmethoden, besonders auch die von ihm angegebenen individuellen Differenzen berücksichtigt (vgl. seine Tabelle l. c. S. 48 Vp. VI), mit der kleinsten unserer Zahlen gut überein, während unsere größte Zahl mehr als doppelt so groß ist. Woran liegt nun das Verhalten dieser Zahlen?

Auch hierfür zunächst einen quantitativen Beleg. Es verhalten sich nämlich die Zahlen der Ja-Reaktionen (JR) zu denen der Reaktionen mit Reaktionswort (WR) bei unserer kürzesten Zeit (Frau K.) wie 0 : 50, bei unserer längsten Zeit (Dr. B.) wie 50 : 0[1]). D. h. also: die Reaktion von Frau K. bei Reihe I entspricht der von Wreschner gegebenen „freien" Instruktion, die von Dr. B. aber nicht, sondern sie ist augenscheinlich infolge unserer freien Instruktion verändert. Die nähere Begründung hierfür wird sich weiterhin bei Betrachtung der Aussagen ergeben.

---

[1]) Diese Zahlen sind höher als die in der Tabelle stehenden, da zur Berechnung einige Versuche fortfallen mußten.

Tabelle 1.

Vp	JR				WR				Alle Versuche	
	Z	AM	mV	n	Z	AM	mV	n	Z	AM
Frau K.	—	—	—	—	1,0	1,2	0,3	48	1,0	1,2
Dr. A.	1,8	1,8	0,7	42	—	—	—	1	1,8	1,8
Prof. O.	de. 2,1 | eng. 1,7	de. 2,4 | eng. 1,6	de. 1,0 | eng. 0,3	de. 34 | eng. 10	—	—	—	—	1,8	2,2
Herr St.	2,2	2,3	0,49	40	1,8	2,1	0,48	11	2,2	2,3
P. R.	2,8	2,8	0,73	35	2,4	2,6	0,43	13	2,6	2,7
Herr Schr.	3,0	2,9	0,71	41	2,8	2,8	0,77	7	2,9	2,9
Dr. B.	3,3	3,6	1,0	46	—	—	—	—	3,3	3,6

In der 1. Vertikalkolumne stehen die Namen der Vpp., in der 2.—5. der Zentralwert (Z), das arithmetische Mittel (AM), die mittlere Variation (mV) der Reaktionszeiten in sec. und die Anzahl (n) der Reaktionen mit Ja (JR), in der 6.—9. die gleichen Angaben für die Reaktionen mit einem Reaktionswort (WR), in der 10. u. 11. Z und AM für alle Versuche.

Tabelle 2.

Tag	Frau K.		Dr. A.		Prof. O.		Herr St.		P. R.		HerrSchr.		Dr. B.	
	AM	mV	AM	mV	AM	mV	AM	mV	AM	mV	AM	mV	AM	mV
I	1,5	0,4	1,5	0,5	3,9	0,95	2,6	0,4	2,3	0,87	3,6	0,71	3,3	0,71
II	1,1	0,19	2,0	0,62	3,1	1,08	1,9	0,38	3,1	0,75	3,4	0,48	2,8	0,68
III	1,0	0,19	2,6	0,68	1,5	0,23	2,3	0,3	2,4	0,62	2,8	0,78	3,8	0,89
IV	—	—	2,3	0,34	1,5	0,28	2,1	0,48	2,8	0,62	2,3	0,40	4,4	1,44
V	—	—	1,4	0,39	—	—	2,6	0,54	2,9	1,04	2,4	0,45	3,5	0,70
VI	—	—	—	—	—	—	—	—	2,8	0,49	—	—	—	—

Die Tabelle gibt eine Übersicht über den Verlauf der AM und mV an den einzelnen Versuchstagen für alle Vpp. Es sind jeweils alle in Tab. 1 berechneten Versuche, also JR und WR, herangezogen.

Auch der zeitliche Verlauf der Zahlen weist starke individuelle Unterschiede auf. Zur Veranschaulichung dienen die Tabellen 2 und 3. Ein Kleinerwerden der Zahlen mit der Zeit ist nur in 3 Fällen zu beobachten (Frau K., Herr Schr., Prof. O.). Dabei ist der einfachste Fall der von Frau K., wo deutlich am ersten Tage die Übung bemerkbar wird. Die ersten 10 Versuche liegen sämtlich mit Ausnahme des 8. über dem Durchschnitt, der 8. hat den Durchschnittswert; später kommen nie mehr Werte vor, die größer sind als 1,6 sec und nur 3 Reaktionen erreichen diesen Wert, während unter den ersten 10 Versuchen 2 Reaktionen mit größeren Zeiten und 5 zu 1,6 sec vorkommen. Mit den ersten 10 Versuchen ist aber der Einübungsprozeß einigermaßen abgeschlossen, was sich ja schon aus dem sehr niedrigen Wert der mV für alle Versuche, 0,3 sec, ergibt.

Bei Herrn Schr. ist der Übungsprozeß erst am 4. Tage ab-

Tabelle 3.

Tag	Frau K.		Dr. A.		Prof. O.		Herr St.		P. R.		HerrSchr.		Dr. B.	
	JR	WR	JR	WR	JR	WR	JR	WR	JR	WR	JR	WR	JR	WR
I	—	15	4	1	8	—	11	—	6	—	7	2	10	—
II	—	18	10	—	12	—	6	3	4	—	7	4	12	—
III	—	17	6	—	10	—	8	3	11	—	10	—	12	—
IV	—	—	9	—	19[1]	—	10	2	6	3	12	—	10	—
V	—	—	18	—	—	—	5	2	4	3	6	2	7	—
VI	—	—	—	—	—	—	—	—	4	7	—	—	—	—

Die Tabelle enthält eine Übersicht über die Verteilung der JR und WR an den einzelnen Tagen für alle Vpp. Die erste Horizontalreihe bei Dr. A. heißt also z. B., daß er am ersten Tage 4 JR und 1 WR lieferte. Hier sind sämtliche Versuche überhaupt verwertet.

Aus Tabelle 3 geht gleichzeitig hervor, wieviel Versuche an jedem Versuchstage angestellt wurden (Summe JR und WR).

geschlossen. Bei Prof. O. endlich sinken die Zahlen nach dem 2. Tage ganz plötzlich. Die Erklärung für das Verhalten dieser Zahlen kann gleichfalls erst die quantitative Analyse geben. Bei den Vpp. Dr. A., Dr. B., St. schwanken die Zahlen auf und ab, bei P. R. schließlich findet ein stetiges Wachsen der Zahlen mit der Zeit statt, wovon nur der 2. Tag eine Ausnahme macht, der zu lange Zeiten aufweist. Dieser Wert ist aber aus nur 4 Versuchen gewonnen und besitzt nicht allzuviel Gewicht. Die Zahlen für den ersten und zweiten Tag, dritten und vierten Tag, fünften und sechsten Tag sind 2,6 sec, 2,6 sec, 3,5 sec. Parallel damit geht eine Zunahme der WR, deren Zeitwerte aber ziemlich gleichmäßig bleiben.

Die Verteilungskurven entsprechen dem dargelegten Verhalten. Frau K. hat einen sehr hohen Gipfel, der nach der kurzen Seite zu liegt, Herr St. und Dr. B. ebenfalls, gemäß der regellosen Verteilung. Doch trifft dies so bei Herrn St. nur für die JR zu, bei seinen WR liegt der Hauptgipfel beim kürzesten Wert, und die WR sind weniger weit zerstreut, zwischen 1,6 sec und 3,6 sec gegenüber den zwischen 1,2 sec und 4,4 sec liegenden JR.

Prof. O. schließlich hat bei den deutschen Versuchen den Gipfel unmittelbar hinter dem Anfang, einen 2. niedrigeren etwa in der Mitte, bei den englischen eine einigermaßen gleichmäßige Verteilung über das ganze Gebiet. Die übrigen Vpp. haben ausgesprochen mehrgipfelige Kurven, Herr P. R. nur für seine JR, während seine WR-Kurve einen Gipfel genau in der Mitte hat.

Alle diese Verhältnisse werden bei der spätern Besprechung verständlich.

---

[1]) Hierin sind die 10 englischen Versuche enthalten. Ich war erst im Lauf der Versuche auf den Gedanken gekommen, englische an die deutschen anzuschließen und wollte nicht zu viel Zeit verlieren. Bei den Reihen II und III war das Schema vorher entworfen, und es kamen dort nie deutsche und englische Versuche am gleichen Tage vor.

2. Qualitative Analyse.

An der Hand der Aussagen der einzelnen Vpp. wollen wir jetzt die Wirkung unserer freien Instruktion auf die Qualität des Reproduktionsvorganges betrachten und damit zugleich für die quantitativen Verhältnisse ein möglichst vollständiges Verständnis zu erlangen suchen.

a) Vp. Frau K.
Wir beginnen mit Frau K., die in quantitativer Hinsicht ein extremer Fall war. Bei ihr traten nur WR auf.

Ein Überblick über ihre Aussagen und Reaktionen führt zu dem ganz auffallenden Ergebnis, daß die Vp. bei unsrer freien Instruktion einen Reaktionstypus zeigt, der einer Einstellung auf „so schnell als möglich reagieren" (Meumann[1])) zu entsprechen scheint. Dafür, daß diese Einstellung tatsächlich bestand, sprechen, abgesehen von den niedrigen Werten der AM und mV, noch folgende Punkte:

1. gibt die Vp. in der Mehrzahl der Fälle, 37 von 50, an, daß das Reaktionswort „automatisch" oder „von selbst" kam (16 Fälle automatisch, 21 von selbst[2])), und damit hängt es auch zusammen, daß nur WR vorkamen;

2. treten eine Anzahl von Perseverationen auf, 5 im ganzen, von denen 4 auf den letzten Versuchstag mit 17 Versuchen fallen, was deutlich für eine Einstellung auf schnelles Reagieren spricht, wenn man die folgende Analyse und Punkt 5 berücksichtigt[3]);

3. sind die Reaktionsworte in den meisten Fällen sehr naheliegend, Sattel—Pferd, Brauerei—Bier, Mark—Pfennig, um nur einige zu nennen;

4. treten einige rein formale Assoziationen in Kraft, 5 im ganzen;

5. endlich gab die Vp. am 3. Tage an, schlecht disponiert zu sein. Wäre die Einstellung nicht so gewesen, wie wir es vermuten, d. h. eine formale, oberflächliche, so wäre eine Verlängerung der Zeiten zu erwarten gewesen. Das Gegenteil tritt ein. Die Zeiten sind im AM kleiner als das Gesamtmittel, nur 1,0 sec, und die kürzeste aller Reaktionen, Berg—Tal

---

[1]) Vgl. Meumann, l. c. S. 117—150.
[2]) Wie diese Ausdrücke zu verstehen und zu unterscheiden sind, wird demnächst gezeigt werden.
[3]) Diese 5 Perseverationen sind bei der Zahl der automatisch oder von selbst stattfindenden Reaktionen noch nicht mitberücksichtigt.

mit 0,6 sec findet sich an diesem Tage. Dabei zeigen sich viele Perseverationen.

Diese Punkte scheinen mir beweisend für die von mir angenommene Einstellung, und dies wird noch klarer werden, wenn wir das Verhalten der andern Vpp. betrachten. Gehen wir jetzt näher auf die einzelnen Punkte ein.

Erstens versuchte die Vp. zwischen „automatisch" und „von selbst" zu unterscheiden. Sie nennt 2 Merkmale für die automatische Reaktion. Bei der Reaktion: dumm — Kopf (15) lautete die Angabe: „Hörte das Rzw., sagte darauf Kopf und hatte dabei das Bewußtsein, daß es dazu gehört.... Nicht rein automatisch. Beim rein automatischen tritt das Verständnis des Gesagten erst nachträglich auf"[1]). Auch die zweite Angabe der Vp. stammt von einem Fall, wo die Reaktion „nicht automatisch, aber auch ohne mein Zutun" eintrat.

Hier vermißte die Vp. „den Ruck, den ich bis jetzt immer automatisch nannte". Schließlich sprach die Vp. im Anfang beim 2. und 3. Versuch vom Rededrang. Die 2 Fälle gehören zweifellos zu den automatischen und geben in Verbindung mit den übrigen Erscheinungen ein gutes Bild vom Zusammenhang der automatischen Reaktion mit der Einstellung auf schnelles Reagieren. Während nämlich in der ersten Reaktion Puppe—Sand, 2,4 sec, visuelle Vorstellungen eingeschoben sind und für die Reaktion in Betracht kommen, so wird im 2. und besonders im 3. Versuch ausdrücklich angegeben, daß Motorisches und Visuelles ganz unabhängig voneinander waren[2]).

Die automatische Reaktion ist also ein Zeichen für die Einstellung auf schnelles Reagieren, weil sie sich mit einem geringen Grade von Verständnis begnügt, oder schon vor dem Eintritt des Verständnisses erfolgt, weil dabei ein Ruck, ein Drang zur Reaktion zu beobachten ist und drittens, weil die Vorstellungen, die den Ablauf verzögern könnten[3]) nicht beachtet und daher immer seltener werden.

Die Reaktionen, die „von selbst" kamen, dürfen wir wohl als nur graduell von den automatischen verschieden ansehen. Denn einmal ist auch hier das Verständnis noch kein sehr vollständiges. Als Beleg dafür dient eine „von selbst" Reaktion, bei der die Vp. ausdrücklich angab, es sei in dieser Reaktion eine Pause vorhanden gewesen in der sie sich etwas mit dem Verständnis beschäftigte, jedoch sei bei dem Verständnis noch kein in Beziehungsetzen zu andern Dingen gegeben gewesen. Zudem ist die Zeit auch hier kurz, nur 1,0 sec.

Auch folgende Angabe spricht für die Einstellung auf schnelles Reagieren. Beim 49. Versuch: Pille—Gift sagt die Vp. „In der Pause zwischen Rzw. und RW suchte ich das Wort Pille zu verstehen. Das gelang mir nicht, wenigstens nicht so genau, wie ich wollte, von selbst, unabhängig davon kam das RW, ohne jede Beziehung...." Die Vp. bemühte sich also hier um ein inhaltliches Eingehen auf das Rzw. Die alte Einstellung ist aber zu stark und hat es bei der schlechten Dis

---

[1]) Hierauf kommen wir im letzten Kapitel zurück.
[2]) Vgl. hierzu Wreschner l. c. 196 f.
[3]) Vgl. Mayer und Orth l. c. S. 4.

position der Vp. (Versuch fand am 3. Tage statt, siehe dazu S. 31) nicht schwer, sich doch durchzusetzen.

Wir werden also nicht nur die automatischen, sondern auch in geringerem Grade die „von selbst" Reaktionen als Zeichen für die Einstellung auf schnelles Reagieren betrachten dürfen.

Wir kommen zum 2. Punkt: zur Perseveration. Sie findet sich am 1. und 2. Tag mit je einem Fall und am 3. Tag mit 3 Fällen Die Zeiten sind für 2 Fälle des 3. Tages 1,0 sec, für den Fall des 2. Tages 1,2 sec. Die beiden andern Fälle dauerten länger: 1,6 sec am 3. und 2,6 sec am 1. Tag, beide Male gibt eine Störung durch sensugene Faktoren die Erklärung, im letzten Falle durch Hustenreiz. Den Aus-sagen nach kam das Reaktionswort 2 mal automatisch, 3 mal von selbst. Die Angaben über das Auftreten von Perseverationen lehren uns noch ein andres: Zum 43 Versuch Skelett—Berg 2,6 sec bemerkt die Vp.: „Über das Rzw. war ich sehr überrascht. Ich suchte mir ein Skelett vor-zustellen — nebenher antwortete ich ein Wort, das gerade auf meine Zunge kam...." Berg war im 37. Versuch das Rzw. gewesen und hatte schon einmal, im 40. Versuch als RW perseveriert, war also in hoher Bereitschaft. Für uns ist das interessant, daß der Reaktionsprozeß von dem Denk- und Willensprozesse — denn als solchen bezeichnete die Vp. das Vorstellenwollen ausdrücklich — losgelöst ist, eben infolge der von uns vermuteten Einstellung.

Schließlich sei noch einmal darauf hingewiesen, daß am 3. Tage, an dem die Vp. schlecht disponiert war, am häufigsten Perseverationen auftraten, ohne daß die Zeiten verlängert waren.

Der 3. Punkt, die Bevorzugung naheliegender Reaktionen, bedarf keiner weiteren Erläuterung, da seine Beziehung zur schnellen Reaktion auf der Hand liegt [1]).

Die formalen Assoziationen die wir an 4. Stelle nannten, waren 4 mal Wortergänzungen, — unter diesen eine in umgekehrter Richtung (Maschine—Dampf) — und eine Klangassoziation.

Die Zeiten für die 4 Wortergänzungen sind 0,8 sec, 1,0 sec, 1,2 sec und 1,4 sec; 3 mal kam die Reaktion „automatisch", 1 mal bei 1,2 sec „von selbst". In allen 4 Fällen ist die Reaktion sehr naheliegend. Etwas anders steht es mit der Reaktion Buch—Tuch (22), die mit 1,6 sec eine verhältnismäßig lange Zeit aufweist. Die Angaben der Vp. lauteten hier: „Ich hatte vorher gerade intensiv den Ofen angesehen. Verstand das Rzw. dem Sinne nach nicht. Im Vordergrund war der akustische Eindruck des u. Dann eine Pause, in der nichts war. Dann kam RW von selbst, mit dem Bewußtsein, daß es sich reimt. Ich wußte auch, daß Tuch nichts mit Buch zu tun hatte." Die Vp. war also abgelenkt, und statt sich auf die Bedeutung zu konzentrieren, wird, um Zeit zu sparen, auf das rein Klangliche hin reproduziert.

Der 5. und letzte von uns angeführte Punkt ist in seiner Bedeutung eigentlich schon auseinandergesetzt worden. Die Erklärung für die Ver-kürzung der Reaktionszeiten bei schlechter Disposition der Vp. sehen wir darin, daß die Vp. sich eine Einstellung angeeignet hat, die ihr die Erfül-

---

[1]) Vgl. hierzu Thumb-Marbe, l. c. und P. Menzerath, die Bedeutung der sprachlichen Geläufigkeit oder der formalen sprachlichen Beziehung für die Reproduktion. Zeitschr. f. Psychol. Bd. 48. 1908.

lung der Instruktion erleichtert, und daß sie bei erschwerten Umständen (schlechter Disposition) besonders ausgiebigen Gebrauch von dieser Erleichterung macht, die dadurch um so größer ist, als gerade in der Ermüdung perseverierende Vorstellungen besonders nahe liegen.

Somit ist wohl bewiesen, daß trotz freier Instruktion sich bei der Vp. Frau K. die Einstellung gebildet hat, schnell zu reagieren. Diese Einstellung hatte eine Reihe von Eigentümlichkeiten zur Folge, die wir ihrerseits als Kennzeichen für eine solche Einstellung benutzen konnten.

Führen wir die Untersuchung des Materials unter dem gleichen Gesichtspunkt fort, so wird uns der Schluß auf das Bestehen noch anderer Einstellungen nahe gelegt.

So traten bei der Vp. Frau K. nur WR auf, während in der Instruktion die Wahl zwischen diesen und den JR freigelassen war. Wir vermuten daher eine Einstellung auf WR, und diese ist verständlich bei einer Einstellung auf schnelles Reagieren, zu deren Bestätigung sie dann noch dient. Die Reaktion geht natürlich aus mannigfachen Gründen schneller, wenn mit einem Wort reagiert wird; einmal mag wohl das Verbleiben in derselben (akustomotorischen) Sphäre mitsprechen, dann kommt aber noch hinzu, daß der Prozeß bei WR am einfachsten ist, da sonst erst auf eine andre Vorstellung hin ja gesagt werden muß. Die beiden Einstellungen: schnell zu reagieren und mit WR zu reagieren, verbinden sich also sehr leicht, sind aber doch voneinander zu trennen.

Noch eine dritte Einstellung ergibt sich aus dem Material mit großer Wahrscheinlichkeit. In 14 Fällen, d. h. 28 Proz., ist nämlich das RW ein Synonym des Rzw. (z. B. Prüfung—Examen).

Zum erstenmal tritt das beim 6. Versuch auf. Hier erfolgt nach 2,8 sec, der längsten überhaupt vorgekommenen Zeit, die Reaktion Jurist—Rechtsanwalt, ohne daß die Vp. etwas über den Verlauf angeben kann, außer daß das RW nach einer Pause von selbst kam. Der Versuch liegt noch im Stadium des Übungsprozesses, die kürzesten der bis dahin erreichten Zeiten sind zweimal 1,4 sec im 3. Versuch und bei der vorangegangenen formalen Reaktion Schach—Matt. Das nächste Mal finden wir diese Erscheinung beim 12. Versuch, nach dem beim 11. eine Perseveration aufgetreten war. Die Reaktion Semmel—Brot ist besonders kurz, 0,8 sec, es folgen auf sie 2 andre der gleichen Art, Spatz—Sperling und Grund—Boden, von je 1,0 sec. Daß im letzten Fall auch die geläufige Redensart „Grund und Boden" wirksam gewesen ist, kann nicht ausgeschlossen werden, andrerseits aber dürfte diese Wortverbindung dadurch besonders nahe gelegen haben, daß sie Synonyme verbindet.

Am 2. Tage kamen solche Fälle am häufigsten vor, 6 mal unter

18 Versuchen. Sie begannen mit Zug—Bahn (18. Versuch), dann kam 2 Versuche später Prüfung—Examen (20. Versuch) und Rübe—Kraut (21. Versuch). Diese letzte Reaktion scheint ohne weiteres nicht hierher zu gehören. Hier hilft aber die Aussage der Vp. weiter: „Beim Hören des Rzw. oder unmittelbar nachher wußte ich, daß Rübe eine Ackerfrucht ist... Dann kam von allein das Wort Kraut. Indem ich es sagte, wußte ich aber, daß ich auch eine Ackerfrucht genannt habe."

Zwei Versuche später findet sich ein neuer Fall: Stand—Beruf, wo auch wieder zum Bewußtsein kam: „daß ich damit die eine Bedeutung des Rzw. wiedergab."

Auch Versuch 27 mächtig—reich, zu dem die Vp. keine Erklärung geben konnte, obwohl ich sie ausnahmsweise besonders dazu aufforderte, dürfte wohl hierher gehören, und dann wieder Versuch 31 laufen—gehen. Am letzten Tage endlich kam beim dritten Versuch (Nr. 36) die sehr kurze Reaktion Burg—Festung 0,8 sec, 2 Versuche später rauben—plündern. In den Versuchen Nr. 45 und 46 sagen—reden und Gespann—Pferd haben wir die letzten beiden Fälle, von denen der zweite wieder erst durch die Aussage als hierher gehörig erkannt wird. Die Vp. gab nämlich an: „Ich sah ein ganz verschwommenes Bild eines Wagens mit den Pferden. Das RW war eine andre Benennung der Pferde."

In 6 Fällen war sich die Vp. bewußt, auf das Rzw. dasselbe oder etwas ähnliches zu sagen, in den übrigen 8 Fällen tat sie es ohne ihr Wissen.

Die hier dargelegten Fälle deuten also auf eine weitere Einstellung, nämlich die, das RW so zu wählen, daß es gleichen oder ähnlichen Sinn hat wie das Rzw. Dafür spricht 1. das häufige Vorkommen dieser Reaktionsweise (28 Proz. gegenüber den von Wreschner in seinem großen Material gefundenen 5,57 Proz., l. c. S. 262), 2. die Verteilung der Fälle. Hierzu noch einige Erläuterungen: Zum erstenmal tritt eine solche Reaktion bei einem schwierigen Rzw. auf, verbunden mit langer Zeit. Hier ist die Lösung der Aufgabe erst auf diesem Wege gelungen.

Als das nächste Mal mit einem Synonym reagiert wird (was diesmal wohl im Rzw. zum mindesten m i t begründet sein wird), gelingt die Reaktion besonders schnell, so daß dieselbe Lösungsweise gleich noch 2 mal angewendet wird. Damit ist die Einstellung perfekt geworden und determiniert die Reaktion in vielen Fällen, auch wo sie zunächst einen andern Verlauf zu nehmen scheint, wie in Nr. 46 (s. oben).

Fassen wir nun noch die Qualität der Rzw. ins Auge, so zeigt sich, daß unsre Fälle bei schwierigen Rzw. häufig vorkommen und deren Zeiten herabdrücken. Von den 14 Fällen entsprechen als Rzw. 3 Verben, 3 mehrdeutige Substantiva, 2 Abstrakta, 5 Konkreta und 1 Adjektivum. Berücksichtigen wir noch die Ungleichförmigkeit des Materials, wonach 33 Konkreta, 7 Abstrakta, 7 Verba, 2 Adjektiva, 1 Adverbium vorkommen, so ergibt sich, daß in der Tat unsre Einstellung bei schwierigen Rzw. leichter wirksam wurde als bei leichten. Nehmen wir hierzu die Tatsache, daß in 8 Fällen angegeben wurde, das Rzw. sei von selbst und in 4 Fällen, es sei automatisch gekommen, während nur in 2 Fällen mitbestimmende Bewußtseinsinhalte dazwischen traten (Nr. 23 und 46), so werden wir geneigt sein, auch diese Einstellung mit der primären, schnell zu reagieren in Zusammenhang zu bringen.

Aber auch mit der andern aufgezeigten Einstellung, der auf WR, können wir diese dritte in Verbindung bringen, wie der oben zitierte Versuch Nr. 46 zeigt: Das visuelle Bild eines bespannten Wagens war dort schon im Bewußtsein und hätte der Instruktion gemäß die Reaktion „ja" auslösen sollen; um nun doch ein Reaktionswort zu finden, wird wieder ein Synonym verwendet.

Wir können also nach dem Dargestellten 3 Einstellungen annehmen, die die Reaktionen der Vp. bestimmt haben. Es fragt sich nun, was für Gebilde sind diese Einstellungen? Wenn wir auch ausführlich und kritisch diese Frage erst in einem spätern Abschnitt[1]) beantworten können, so ist es doch schon hier nötig, sich über die Natur dieser Einstellungen klar zu werden.

Was war nun bei ihnen das Gemeinsame? Sicherlich dies, daß sie in den Reproduktionsvorgang bestimmend eingriffen, daß also die reproduzierte Vorstellung nicht lediglich aus Reproduktion durch Assoziation entstanden war. Wir denken sofort an den Begriff der Aufgabe. Aufgaben haben ja die gleiche Wirkung, die den 3 von uns konstatierten Einstellungen zukam. Aufgaben lösen determinierende Tendenzen aus, die in den assoziativ-reproduktiven Vorstellungsverlauf eingreifen. Auch unsre Einstellungen sind in letzter Linie von den Aufgaben aus bestimmt, wir werden daher nicht fehl gehen, wenn wir sie als d e t e r m i n i e r e n d e T e n d e n z e n ansprechen.

Noch ein Zweites war unsern 3 Einstellungen oder wenigstens den 2 letzten gemeinsam. Da in der Aufgabe der Instruktion kein Hinweis auf diese Einstellungen lag, im Gegenteil, der 2. Einstellung durch den Wortlaut der Instruktion

---

[1]) Im dritten Kapitel.

direkt entgegengewirkt wurde, kann man wohl annehmen, daß die Aufgabe, die sich die Vp. selbst, vor allem in der Vorperiode, stellte, keinen solchen Hinweis enthielt.

Wir haben es also mit einer neuen Art von determinierenden Tendenzen zu tun, mit solchen nämlich, die nicht einem auf ihre Erfüllung gerichteten Willensentschluß ihre Entstehung verdanken, und die häufig überhaupt keine andere Wirkung auf das Bewußtsein ausüben als die Erweckung der RV. Um diese Eigenschaften hervorzuheben, wollen wir derartige Tendenzen künftig „latente Einstellungen" nennen.

Wir haben auch eine Verbindung der Einstellungen kennen gelernt: eine Einstellung begünstigte die Durchführung der andern. Dabei war die letzte, die also die beiden andern erleichterte (Reaktion mit Synonymen), die speziellste, die erste, die durch die beiden andern unterstützt wurde (möglichst schnelles Reagieren), die allgemeinste. Auch diese aber ist als Erleichterung gegenüber .der allgemeinen Aufgabe anzusehen, da sie eine besonders oberflächliche Lösung zur Folge hat. So schadet auch schlechte Disposition der Vp. nicht, ja diese wird durch stärkere Wirksamkeit der Einstellung überkompensiert (s. o. S. 33).

Das Ergebnis der Untersuchung ist also, daß die Einstellung der Vp. trotz der freien Instruktion keine freie war, daß sie sich vielmehr, wohl unter dem Einfluß der Zeitmessung[1]), auf schnelles Reagieren eingestellt hatte, womit 2 weitere latente Einstellungen mehr oder weniger eng verbunden waren; ferner, daß die Vp. mit Hilfe dieser latenten Einstellungen keine Schwierigkeit hatte, die Instruktion zu erfüllen.

Wir werfen nun noch einen Blick auf die Reaktionsworte, aber nicht in bezug auf ihre Qualität oder Verbindung mit den Rzw., sondern unter einem dynamischen Gesichtspunkt.

Nach der Instruktion sollten die Vorstellungen angegeben werden, die sich in unmittelbarem Anschluß an das Rzw. einstellten. Wir wollen zusehen, wie die Vp. diesen Teil der Aufgabe erfüllte!

Die Zahl der Fälle, in denen sich das Rw. ohne andre Inhalte an das Rzw. anschloß, wobei zuweilen noch kleine

---

[1]) Vgl. Wreschner l. c. S. 26.

Pausen dazwischen traten, betrug nur 20, also nicht die Hälfte aller Fälle. Dazu kamen noch 6 Fälle, in denen nebenher und unabhängig vom RW visuelle Vorstellungen auftraten, und zwar 3 mal das Bild des geschriebenen Wortes, 3 mal eine schematische Vorstellung, die Rzw. und RW enthielt, z. B. im Versuch 2 Stern—Nacht wurde gleichzeitig mit dem RW ein ganz schematisches Bild eines Sterns auf blauschwarzem Hintergrund, der den Nachthimmel darstellte, ausgelöst.

In den übrigen Fällen traten Zwischenglieder auf, und zwar 8 mal das Schriftbild des Rzw., 1 mal ein verschwommenes Bild des durch das Rzw. bezeichneten Gegenstandes, bei Fahne—Berg, 1 mal eine blasse Vorstellung des RW und zwar nur beim 1. Versuch und auch hier in Verbindung mit dem Schriftbild.

Dagegen war eine Vorstellung, die Rzw. und RW enthielt, 3 mal eingeschoben, z. B. bei Sichel—mähen, wo das verschwommene Bild von einem Mann mit einer Sichel auf einem Felde dazutrat; 1 mal unter diesen 3 Fällen war gleichzeitig das Schriftbild des Rzw. vorhanden. Eine Verbindung von eingeschobenem Rzw.-Schriftbild und dem RW nebenhergehendem RW-Schriftbild fand 2 mal statt, die noch kompliziertere Verbindung von eingeschobenen Rzw.- und RW-Schriftbildern zusammen 1 mal, ein Schriftbild und eine Gegenstandsvorstellung des Rzw. zusammen ebenfalls 1 mal. Eine Gegenstandsvorstellung des RW verbunden mit einem Wissen war 1 mal eingeschoben, bloßes Wissen in den 6 im ganzen noch übrig bleibenden Fällen. Rechnen wir selbst diese letzten mit den an erster und zweiter Stelle aufgeführten Fällen zusammen, was 32 ergibt, so behalten wir immer noch 18 Fälle, in denen sich zwischen Rzw. und RW nicht zur Reaktion benutzte Vorstellungen einschoben.

Am häufigsten waren diese die Schriftbilder der Rzw., im ganzen 14 mal. Das ist für den Typus der Vp. charakteristisch. Klangbild und Schriftbild sind bei ihr so innig verknüpft, daß das Auftreten des Schriftbildes nicht als eine neue sich anschließende Vorstellung aufgefaßt und daher auch nicht zur Reaktion benutzt wird. Aber auch die 7 Fälle, in denen Gegenstandsvorstellungen[1] zwischen Rzw. und RW

---

[1] So sollen künftig die Vorstellungen genannt werden, die den durch das Rzw. bezeichneten Gegenstand darstellen. · Sie sind nicht

traten, konnten nicht zu einer JR führen. Im ersten Versuch, wo die Einstellung noch nicht wirksam gewesen ist, ist die WR wohl durch das Schriftbild veranlaßt, später war die Einstellung zu stark, als daß sich die Bilder zur Reaktion hätten durchsetzen können. Dabei kam der Vp. nie der Gedanke, etwa das Bild als Reaktionsvorstellung (RV) zu benutzen. Für die Verstärkung der Einstellung im Lauf der Zeit spricht noch die Tatsache, daß die Zahl der eingeschobenen Vorstellungen mit der Zeit abnimmt; das Rzw. ist am 1. Tag 7 mal, am 2. 6 mal, am 3. 1 mal in einem Schriftbild repräsentiert, wozu noch am 2. und 3. Tag je eine Gegenstandsvorstellung und am 1. und 3. Tag eine bzw. zwei Rzw. und RW enthaltende Vorstellungen treten, so daß die Prozentzahlen für Vorstellungen an den 3 Tagen 53, 39, 24 sind.

Das gleiche zeigt sich bei den Schriftbildern der RW, am 1. Tag traten 4 auf, am 2. Tag 2, am 3. Tag nur 1. Diese Nebenprodukte werden mit der Zeit immer seltener, die Einstellung beseitigt sie fortgehend.

Über die Fälle, in denen Zustände von Wissen, oder, wie wir kurz mit B ü h l e r [1]) sagen wollen, Gedanken, eingeschoben waren, gehen wir an dieser Stelle hinweg. Bemerkt sei nur noch, daß allein die Fälle gezählt sind, in denen solche Gedanken wirklich e i n g e s c h o b e n waren, während wir diejenigen außer acht gelassen haben, bei denen die Vp. angab, sie hätte beim Aussprechen des Rw. dieses oder jenes Wissen gehabt.

Wir fassen also zusammen: Auch die Wahl der Reaktionsvorstellung hängt nicht lediglich von der Instruktion ab, sondern ist noch durch andre Umstände bedingt, von denen wir zwei kennen gelernt haben, nämlich die zu enge gewohnheitsmäßige Verknüpfung, die rein negativ wirkte, und das Vorhandensein einer festen Einstellung, die sowohl positiv wie negativ wirken kann.

Unter unserm dynamischen Gesichtspunkt können wir auch noch das Auftreten von Pausen behandeln, das die Vp. im ganzen 11 mal angab. In vielen Fällen wurde die

---

zu verwechseln mit den Sachvorstellungen, deren Gegensatz Wortvorstellungen sind.

[1]) K. Bühler, Tatsachen und Probleme zu einer Psychologie der Denkvorgänge. I. Über Gedanken. Arch. f. d. ges. Psychol. Bd. 9, S. 297—365. 1907.

Pause als völlige Leere beschrieben, in andern war sie durch die Beschäftigung mit dem Rzw. ausgefüllt.

Wir haben somit auch die qualitative Wirkung der Instruktion auf Vp. Frau K. dargelegt und können noch im Rückblick die quantitative damit in Einklang setzen. Die kurze Zeit und die kleine mV erklären sich ohne weiteres aus der Einstellung auf schnelles Reagieren. Daß damit auch die hochgipfelige Streuungskurve erklärt ist, liegt auf der Hand. Auch daß der Gipfel nach dem kurzen Ende verschoben ist, versteht sich von selbst, da ja immer bei solchen Versuchen infolge mangelnder Übung und durch Störungen verursacht, einige verhältnismäßig große Werte auftreten.

b) Vp. Herr Schr.

Wir wenden uns jetzt zur Vp. Herrn Schr., der ja in quantitativer Hinsicht dem andern Extrem nahe stand. Die Vp. mit den längsten Zeitwerten, Dr. B., hier zu behandeln, ist aus Gründen der qualitativen Analyse nicht ratsam.

Bei Herrn Schr. finden wir auf den ersten Blick ein ganz andres Bild. Statt relativer Einfachheit eine große Mannigfaltigkeit im Prozeß der Reproduktionen wie in der Qualität der Reaktionen.

Wir beginnen hier mit dem Gesichtspunkt, mit dem wir bei Frau K. aufhörten. In den Vorversuchen, die ich am 1. Tag vorausschickte, zeigte sich nämlich, daß die Vp. sehr häufig unmittelbar nach dem Hören des Rzw. eine diesem entsprechende visuelle Gegenstandsvorstellung hatte und mit ihr reagierte. Das war auch noch beim ersten eigentlichen Versuch der Fall. Es trat dann ein Besinnen auf ein Wort, das zu antworten wäre, hinzu, wenn nicht unmittelbar mit ja auf die betreffende durch das Rzw. direkt ausgelöste Vorstellung reagiert wurde. Wir haben hier eine Ähnlichkeit und eine Verschiedenheit mit der vorigen Vp. Hier wie dort stellten wir eine enge Verknüpfung zwischen Rzw. und einer visuellen Vorstellung fest, dort dem Schriftbild, das aber nie zur Reaktion benutzt wurde, während bei dieser Vp. trotz der engen Verknüpfung durch den Übergang vom Wort zum Gegenstand ein neues Moment hinzukam. Mir schien aber ein Verfahren, wie das von Herrn Schr. ursprünglich angewendete, nicht günstig. Entweder, im Falle er sich auf bloßes Jasagen beschränkte, wäre das Material sehr einförmig ausgefallen, oder, wenn er nach einem Reaktionswort gesucht hätte, hätte sich leicht eine Einstellung ausbilden können, die dann ihrerseits den natürlichen Prozeß verdeckt hätte. Ich gab darum nach den ersten Versuchen die etwas veränderte Instruktion, die Vp. solle die unmittelbar mit dem Hören des Rzw. gegebene Gegenstandsvorstellung nicht rechnen. Dies erwies sich als ein guter Ausweg. Die Reaktionen, die die Vp. von jetzt an lieferte, sind sehr reichhaltig und lassen doch einige leitende Prinzipien erkennen.

Befassen wir uns zunächst mit der unmittelbaren Wirkung der veränderten Instruktion, wie sie aus den Angaben der Vp. hervorgeht. Gleich beim zweiten Versuch[1]), dem ersten mit der neuen Instruktion, Stern—Himmel, war der Verlauf so, daß die Vp. das nächtliche Himmelsgewölbe mit zahlreichen Sternen sah und sich dann erst das Rw. anschloß. Dazu wurde angegeben: „Ich hätte auf die visuelle Vorstellung allein nicht reagiert, da sie keinen Fortschritt bedeutete." Die Wirkung der Instruktion ist also sehr stark; 2 Versuche später finden wir eine ganz entsprechende Angabe, die ihrer Deutlichkeit wegen auch ausführlich mitgeteilt sei: Rzw. Schach, JR, und zwar mit der visuellen Vorstellung eines bestimmten Bildes zweier Schachmeister. Dazu die Aussage: „Simultan mit dem Verständnis die visuelle Vorstellung eines Schachbrettes rechts von mir, . . . einige Zeit später waren auch die Figuren, schwarze und weiße, regellos verteilt wie im Spiel auf dem Brett. Hierbei noch nicht das Gefühl von etwas Neuem, daher auch noch nicht reagiert." Erst dann taucht das zur Reaktion dienende Bild auf.

Beim nächsten Versuch wirkte die Instruktion noch stärker. Auf das Rzw. Jurist sah die Vp. nach einiger Zeit das Bild eines ihr bekannten Juristen: „In dem Augenblick kam mir der Gedanke, sollst du jetzt ja sagen? und dann machte ich mir klar, daß das ein Fortschritt wäre. Alles dies ohne Worte und Bilder." Wir haben hier denselben Vorgang, nur nach der positiven Seite. Dieselbe Erscheinung zeigt sich im Versuche 6 und 7. Allmählich aber wurde der Vorgang eingeübt. Am ersten Versuch des 3. Tages (15) gab die Vp. an, daß das Ja zum Schluß jetzt ganz automatisch käme.

Damit stimmt überein, daß WR nach einer Reihe von JR immer besonders auffielen. Hier sei nur Versuch III er-

---

1) Die JR-Versuche sind in Reihe I mit arabischen, die WR mit römischen Ziffern gezählt.

wähnt (nach 9 Versuchen am 2. Tage), bei dem der Vp. „kurz vor dem Aussprechen einfiel, daß ich wieder mit einem Wort reagiere".

Die spätern hierher gehörigen Fälle werden wir erst weiter unten bei der Diskussion der Einstellungen behandeln, hier sei nur noch einmal die Tatsache der automatisch gewordenen Ja-Reaktionen betont, der wir noch häufig begegnen werden.

Gehen wir jetzt auch auf die objektive Wirkung der Instruktion ein.

Gegenstandsvorstellungen traten alles in allem in 18 Fällen auf, wobei der erste Versuch noch mitgezählt ist. Dazu gehören 6 von 8 WR. Eine der beiden andern WR hatte das Rzw. „wo", so daß hier das Vorkommen einer Gegenstandsvorstellung unmöglich war. Bei der andern dieser zwei WR ist es zweifelhaft, ob sie hierher gerechnet werden soll oder nicht: Versuch III, Semmel—Brot, 4,6 sec. Die Angabe lautete: „Zuerst eine Pause. Dann ein allmähliches Auftauchen eines Bäckerladens mit allerlei Brot auf dem Ladentisch . . .".

Von den 12 übrigen Versuchen mit Gegenstandsvorstellungen zeigen 7 einen übereinstimmenden Verlauf, indem hier die allgemeine Gegenstandsvorstellung individuelle Züge annimmt, und so eine der Vp. bekannt wird. Z. B. Versuch 34, Brücke, Vp. gibt an: „Von Anfang an eine gewisse visuelle Allgemeinvorstellung Brücke, die verschiedene Möglichkeiten und Ansätze hatte, sich nach einer bestimmten Seite hin zu individualisieren . . . bis auf einmal die Bogen mit den deutlichen Schatten kamen und mir dadurch erst klar wurde, daß es sich um die Mergentheimer Brücke handelte."

Da auch noch 3 weitere Fälle den eben besprochenen sehr nahe stehen, so drängt sich die Vermutung auf, daß in den Fällen, in denen sich an das Rzw. eine Gegenstandsvorstellung anschloß, zwei Hauptmöglichkeiten von Reaktionen bestanden, entweder die Benennung dieser Vorstellung, was im allgemeinen zur WR, oder die Individualisierung, was zur JR führte. Die JR kommen erst vom 3. Tage an vor.

Die 2 noch fehlenden Fälle hatten einen ganz andern Verlauf, indem vom Rzw. selbst neue Reproduktionstendenzen ausgingen.

Ob die Zahl der Fälle, in denen sich die Gegenstandsvorstellung an das Rzw. anschloß, durch unsre modifizierte Instruktion kleiner geworden ist, läßt sich nicht entscheiden, doch möchte ich es für wahrscheinlich halten. Immerhin beweist ihre Verteilung an den verschiedenen Tagen, ihre Zunahme gegen Ende, daß, etwa mit wachsender Übung im Befolgen der Instruktion, solche Fälle nicht ganz zurücktraten, und daß sie eine der Vp. natürliche Reaktionsweise darstellen.

War infolge unsrer veränderten Instruktion das Nichtreagieren auf die nächste Gegenstandsvorstellung nur natürlich, so kommen aber auch Fälle vor, die für eine Auswahl aus Vorstellungen, die sich an das Rzw. anschließen, sprechen.

In 16 Fällen nämlich traten Vorstellungen auf, die nicht bloße Gegenstandsvorstellungen waren und die doch nicht zur Reaktion benutzt wurden. In 6 von diesen Fällen hatte sich auch eine Gegenstandsvorstellung eingeschoben, in 4 Fällen war das Eingeschobene ein Komplex, der auch deutlich Gedankliches enthielt.

Wenn wir diese Fälle näher betrachten, so kommen wir dazu, zwei Ursachen zu unterscheiden, aus denen die betreffenden Vorstellungen unterdrückt wurden. Bei der ersten handelt es sich um visuelle Vorstellungen, im ganzen 6 Fälle, 2 WR und 4 JR. Hier ist das entscheidende Moment zur Unterdrückung die geringe Intensität der Vorstellung, ihre Blässe, Undeutlichkeit, Farblosigkeit, Mangel an individuellen Zügen oder ihre Flüchtigkeit. Ein Beispiel: Versuch 38, Sichel, 2,8 sec. Reagiert wurde auf die visuelle Vorstellung des Milletschen Bildes: Die Ährenleserin; der Verlauf war so, daß zunächst eine Gegenstandsvorstellung von Sichel auftrat, dann der Gedanke an die Tätigkeit, die durch die Sichel ausgeführt wird, dann unbestimmt und ziemlich blaß das Bild eines Menschen, wie er mit der Sichel Gras mäht und sich dabei niederbückt. Als Unterschied zwischen dieser und der Reaktionsvorstellung bezeichnet die Vp. vor allem die verschiedene Intensität und Deutlichkeit. Wir haben hier also eine andre Ursache für das auch schon bei Frau K. beschriebene Phänomen.

Bei der zweiten Art der Unterdrückung, mit 10 Versuchen, handelt es sich um akustomotorische Vorstellungen. Einen solchen Fall erwähnten wir bereits: Versuch 15. Als ein andres Beispiel diene Versuch 24, Rzw. Beutel; Reaktionsvorstellung ein Känguruh, wie es die Vp. einmal auf einem Bild gesehn hat. Die Angabe lautete: „Zuerst ein Wissen, daß Beutel etwas sackartiges, dann Beuteltier als Wort und im Anschluß daran das Bild."

Zur Erklärung dieser Fälle werden wir an die bei Frau

K. besprochenen ähnlichen denken müssen. Dort war eine
so starke Einstellung auf motorische Reaktion vorhanden,
daß visuelle Vorstellungen gar nicht zur Reaktion dienen
konnten. Der umgekehrte Prozeß, den wir hier beobachten,
JR mit wirkungslos gebliebener akustomotorischer Vorstellung,
wird daher auch hier das Bestehen einer Einstellung wahrscheinlich machen, und zwar handelt es sich in diesem Falle um Einstellungen auf visuelle Vorstellungen. Dafür spricht in erster
Linie das Nichtbeachten der eingeschobenen akustischen Vorstellungen. Sehen wir uns hierzu die Aussagen bei einigen
dieser Versuche an. Versuch 40, Gespann, 3,0 sec: Reaktionsvorstellung ein Hofwagen auf der Brücke von Schwerin. Die
Aussage lautete: „Zunächst eine visuelle Allgemeinvorstellung von Pferd und Wagen. Dann ging der größte Teil der
Zeit damit drauf, daß mir plötzlich — ohne daß wir vorher davon gesprochen hatten — der Gedanke kam, mal
wieder mit einem Wort zu reagieren. Das Wort Kutscher
ging mir sogar schon durch den Sinn, und ich weiß gar nicht,
warum ich es nicht ausgesprochen habe. Ich wartete statt
dessen, bis wieder ein deutliches visuelles Bild kam."

Hier unterliegt die Absicht der Vp. einem Zwange, eben
der Einstellung, während an sich die eine wie die andre Reaktion gleich natürlich gewesen wäre, wie oben (S. 42) gezeigt.

Betrachten wir jetzt die Fälle 29—31.

Gleich im ersten ist zum Rzw. kränken das akusto-
motorische Wortbild „kränkeln" reproduziert und dann
auf eine visuelle Vorstellung eines Krankenzimmers reagiert
worden. Ich machte nun die Vp. nach dem Versuch darauf
aufmerksam. Die Folge davon zeigte sich beim nächsten
Versuch. Rzw. Burg, Reaktionsvorstellung: die Nürnberger
Burg von einem der Höfe aus. Die Aussage hierzu lautete:
„Sehr befangen durch den Gedanken, ob ich nicht mit einem
Wort reagieren könnte. Dachte einen Augenblick das Wort
Burgherr, dann merkte ich aber sofort, daß das etwas sehr
Gemachtes wäre, nur dadurch hervorgerufen, daß ich ein
Wort haben wollte. Nun kam die visuelle Allgemeinvorstel-
lung Burg und individualisierte sich zur Reaktionsvorstellung."

Der Prozeß, der zur eigentlichen Reaktion führte, ist
ein der Vp. geläufiger (s. o.), das Eingeschobene ist sehr
interessant, weil es einen neuen Gesichtspunkt abgibt, aus
dem heraus Vorstellungen nicht zur Reaktion benutzt wurden.

Und es zeigt ferner, daß sich bei dem Verhalten unserer Vp. unnatürliche Prozesse nicht leicht ausbilden konnten.

Im nächsten Versuch 31, Rzw. mächtig, wo auf den Begriff von Gott mit schwachem akustischen Anklang reagiert wurde, war wieder Akustisches eingeschoben, aber auch hier kam es nur zu einem Schwanken, ob die Vp. nicht mit dem Wort Gott reagieren sollte.

Alles dies weist in der Tat darauf hin, daß eine Einstellung bestand, mit visuellen Vorstellungen zu reagieren, derzufolge die Anzahl der WR herabgesetzt worden ist. Doch kann die Einstellung nicht sehr stark gewesen sein, vor allem nicht im Vergleich mit der von Frau K., sonst wäre ein so· plötzliches Durchbrechen der Tendenz zu der andern Reaktionsweise, wie wir es bei Versuch 40 beobachteten, nicht möglich gewesen, ebensowenig daß die beiden letzten Versuche WR lieferten.

Ein andres muß noch bei Betrachtung der Reaktionen von Herrn Schr. ins Auge fallen, die große Zahl von individualisierten Vorstellungen, die sich häufig (15 mal) als RV direkt an das Verständnis des Rzw. anschlossen, 34 im ganzen. Doch scheint das wirklich eine Eigentümlichkeit dieser Vp. zu sein und nicht die Folge einer Einstellung.

Zu bemerken ist ferner noch eine Tatsache, die uns ebenfalls bei andern Vpp. begegnen wird, nämlich, daß Herr Schr. häufig mit dem bloßen Wortverständnis Mühe hatte, ohne die Schuld des Versuchsleiters, wie er selbst versicherte. Drei verschiedene Fälle lassen sich unterscheiden.

Erstens kann das rein Klangliche an sich der Auffassung Schwierigkeiten bereiten. Die Vp. beschrieb das so, daß beim Hören zunächst nur ein bestimmter Laut ohne Verständnis da ist. Als Erklärung für dies Phänomen gibt die Vp. selber das Übermaß der Erwartung an. Bei Versuch VI. Spatz hieß es: „Zuerst hatte ich einen kurzen Augenblick mit dem Wortklang zu tun, das lag wohl an der zu großen Erwartungsspannung, denn ich faßte zunächst das Sp getrennt auf und dann erst das Wort in seiner Gesamtheit."

Daß diese Erklärung wahrscheinlich zutrifft, ergibt sich aus der zweiten Art der hierher gehörigen Fälle. Hier liegt die Schwierigkeit darin, daß die Vp. nach den ersten Lauten ein andres Wort erwartet, als das tatsächlich ausgesprochene [1]). Z. B. Versuch 23, Rzw. Mark: „Im Anfang durch meine Schuld falsch gehört, Markt erwartet, und es dauerte, bis ich mich auf Mark zurückschraubte." Dies bestätigt augenscheinlich die Erklärung, die die Vp. selbst für das Phänomen gab.

---

[1]) Besonders hierzu, aber auch zu den übrigen Punkten vgl. den Abschnitt über die Auffassung des Reizworts bei Wreschner, l. c. S. 103 bis 139, bes. III.

Schließlich drittens kann es vorkommen, daß die Vp. zunächst wirklich lautlich schlecht versteht und erst an andern Worten herumprobiert
wie bei Versuch 13, Rzw. Prüfung: „Zuerst falsch verstanden, ganz
undeutlich zunächst als Pulver ausgelegt, dann richtig als Prüfung aufgefaßt."

Ob diese letzte Art von Fällen, zu denen mit Sicherheit nur der
zitierte gerechnet werden kann, durch die Schuld des Versuchsleiters
mitbedingt ist, läßt sich natürlich nicht entscheiden. Zu erwähnen ist
nur noch, daß die Fälle lautlicher Behinderung im Laufe der Versuche
abnehmen, die beiden Hälften verhalten sich wie 9:3.

Das Vorkommen von Pausen gab die Vp. in 5 Fällen an,
und zwar nur an den ersten beiden Tagen. Näher beschreiben
konnte sie die Pausen nicht. Sie bildeten eine gewisse Leere,
doch sei damit die Beschreibung noch nicht erschöpft.

Das Bild, das uns die Reaktionsweise von Herrn Schr.
bot, ist somit ein ganz andres als das von Frau K: Bei ihm
war die Wirkung der Instruktion, besonders nach einer kleinen
Modifikation, die beabsichtigte. Im großen und ganzen zeigen
uns die Versuche sein natürliches Verhalten, wenn auch, wie
wir sahen, einige Reaktionsweisen andern gegenüber etwas
bevorzugt wurden. Dabei ist aber nicht zu vergessen, daß
die durch die Einstellung bevorzugten Reaktionsweisen auch
die an sich bevorzugten waren, so daß das Bild auch nach der
quantitativen Seite hin einigermaßen getreu ist. Qualitativ
war sehr interessant, wie die Wirkung der Instruktion, die
zunächst von Bewußtsein begleitet war, nachher aus dem
Bewußtsein schwand und automatischen Charakter annahm —, ferner die verschiedenen Gesichtspunkte der Wahl
von Vorstellungen zur Reaktion. Als ein wichtiges Kennzeichen der Vp. müssen wir endlich den Entwicklungsgang
ihrer Vorstellungen ansehen, der vom Allgemeinen zum Individuellen führte.

Wir blicken nun noch auf die quantitativen Verhältnisse zurück.
Daß die repräsentierenden Werte ziemlich hohe sind, verstehen wir jetzt,
wo wir den ganzen Prozeß kennen, sehr wohl. Auch die Übung konnten
wir erkennen an dem Nachlassen der rein lautlichen Störung, die gerade
die Zeit sehr erhöht. Es bleibt noch die Streuungskurve zu besprechen.
Für beide Reaktionsarten ist sie sehr ähnlich, mit vielen Gipfeln, wenn
man für die Zeitwerte der Abszisse als Einheit 0,2 sec benutzt, mit
e i n e m sehr hohen Gipfel, wenn man als Einheit 1,0 sec nimmt. In
diesem Falle liegt der Gipfel beide Male genau in der Mitte. Betrachten
wir aber einmal die dreigipfelige Kurve der JR — die mehrgipfelige der
WR kommt bei der geringen Anzahl von Fällen nicht in Betracht, —
so müssen wir nach dem Grunde ihrer Vielgipfeligkeit fragen. Die
3 Gipfel der Kurve liegen bei 2,2 sec, bei 3,0—3,4 sec und bei 4,2 sec.
Der folgende ist immer um eins kleiner als der vorhergehende. Die

Erklärung dafür ist aber nach unserer qualitativen Analyse nicht schwer.
Wir haben so verschiedene Faktoren des Reproduktionsprozesses kennen
gelernt, daß wir erwarten können, daß jedem, oder wenigstens den
wichtigsten unter ihnen, bestimmte Zeitwerte entsprechen, die eben die
3 Gipfel unserer Kurve hervorbringen. Wir fassen die AM bei verschiedenen Prozessen ins Auge: Die längsten Zeiten haben die Versuche,
in denen klangliche Störung auftrat und in denen Pausen beobachtet
wurden, mit 3,4 sec. Von den einzelnen Werten fällt auf den ersten
Gipfel 1, auf den zweiten fallen 6, und auf den dritten 2. Daran
schließen sich die Fälle mit eingeschobener visueller Vorstellung mit
3,2 sec, kein Fall auf dem ersten Gipfel und ein Fall auf dem zweiten
Gipfel, es folgen die Fälle mit eingeschobener akustischer Vorstellung
mit 3,0 sec und zwar 2 Fälle auf dem ersten Gipfel und 5 Fälle auf
dem zweiten Gipfel. Alle diese sind höher als das Gesamtmittel. Darunter liegen nur die Fälle, in denen eine Gegenstandsvorstellung des
Rzw. auftrat. Hier haben die JR, wenn man die Fälle, in denen einer
der bereits erwähnten Faktoren hinzutrat, nicht berücksichtigt 2,0 sec
und die WR unter gleicher Bedingung 2,1 sec im arithmetischen Mittel.
Zusammen liefern sie für den ersten und zweiten Gipfel je einen Wert.
Der eine Fall des eingeschobenen Rzw.-Schriftbildes fällt auf den ersten
Gipfel. Diese Darstellung zeigt also, wie weit die verschiedenen Faktoren,
die häufig genug miteinander kombiniert auftraten, auch auf die Zeiten
ihren Einfluß ausüben, und gleichzeitig, wie man auch mit der Fünftelsekundenuhr ganz brauchbare Zeitwerte messen kann.

c) Vp. Herr St.

Wenden wir nun die gewonnenen Gesichtspunkte auf
Herrn St. an.

Hier ist sofort die Tatsache hervorzuheben, daß, mit
2 Ausnahmen, in allen Fällen nicht auf die erste Vorstellung
reagiert wurde, sondern entweder eine Gegenstandsvorstellung
vom Rzw. oder eine oder mehrere eingeschobene Vorstellungen oder auch Gedanken oder Kombinationen von Gedanken und Vorstellungen zwischen Rzw. und Reaktion
eingeschoben waren. Häufig ist der Prozeß dabei so, daß
sich Gedankliches unmittelbar als Erlebnis an das Rzw.
anschließt, und dann eine schon ziemlich bestimmte und
mit individuellen Zügen ausgestattete Vorstellung hinzutritt, so daß man nicht immer sicher ist, daß man es wirklich
mit Gegenstandsvorstellungen in dem oben (S. 38) definierten
Sinne zu tun hat. Trotzdem traten noch 21 visuelle
Gegenstandsvorstellungen des Rzw. auf, eine visuelle Wortvorstellung und eine kinästhetische Vorstellung. (Versuch VIII. fallen: „Tendenz ging zunächst dahin, selber zu
fallen. Allgemeinempfindung des Fallens"...) Der Verlauf
ist in 14 von diesen Fällen mit Gegenstandsvorstellung so, daß
sich die allgemeine Gegenstandsvorstellung individualisiert,

wobei diese Individualisierung sehr weit gehen kann, so daß
ganze Erinnerungskomplexe auftreten.

Ein Beispiel für viele: Versuch 30, Berg 1,2 sec. „Zunächst ganz
unbestimmte allgemeine visuelle Vorstellung von etwas, das auf beiden
Seiten hinaufgeht, dann die Reaktionsvorstellung, und zwar ein ganz
bestimmter Berg der das hintere Riestal abschließt. Ich stand auf einer
bestimmten Schleuse."

Auch der Versuch mit der dem Rzw. entsprechenden kinästhetischen
Vorstellung (VIII.) hatte einen ähnlichen Verlauf. Es folgte hier auf
diese Vorstellung ein Suchen nach einer Örtlichkeit und es fiel der Vp.
ein, „daß mal vom schiefen Turm in Pisa etwas fallen gelassen wurde."
Darauf kam eine visuelle Vorstellung dieses Turms und die Reaktion Pisa.

Wir treffen also eine Reaktionsform wieder, die wir bei
Herrn Schr. ausführlich besprochen haben:

Auf das Rzw. folgt eine Gegenstandsvorstellung, die sich
dann individualisiert. Die andre Weise von der Gegenstandsvorstellung zur Reaktion zu kommen, nämlich durch eine
Benennung, finden wir nur in 3 Fällen, die dadurch ausgezeichnet sind, daß die Vorstellungen besonders deutlich
und reich sind.

Z. B. Nr. II Rzw. Grund: „Grund spezifizierte sich sofort als Grund
eines Wassertümpels und ich sah da allerhand Grünes auf dem Grund, und
besann mich einen Augenblick, wie man das nennen könne, und kam
dann auf das Wort Moos (RW) aber nur als eins unter andern."

Diese Fälle mit Benennung der Gegenstandsvorstellung sind bei
dieser Vp. aber viel seltener als bei der Vp. Schr., sie tendiert in
noch höherem Maße auf individuelle Vorstellungen, wie im Verlauf noch
deutlicher werden wird.

In 3 von den 4 übrigen Versuchen mit Gegenstandsvorstellungen
traten lediglich Ergänzungen des visuellen Bildes auf, im 4. war die
Vorstellungsproduktion überhaupt lahm gelegt.

Der Entwicklungsgang vom Allgemeinen zum Individuellen kommt aber außer in den besprochenen 15 Fällen
auch noch in 9 andern Fällen vor, eben in solchen, in denen
eingeschobene Vorstellungen resp. Gedanken auftraten. Nicht
mehr als eine einzige Vorstellung war eingeschoben bei Versuch 15, Prüfung, wo sich nach einiger Zeit die Vorstellung
eines Tisches bildete, um den Leute herumsitzen, dies individualisierte sich dann zu einem bestimmten Prüfungszimmer in
dem die Vp. eine Prüfung bestanden hat.

In andern Fällen waren v i e l e Vorstellungen eingeschoben, entweder sämtlich allgemeiner Natur oder auch schon
teilweise individuell.

Ein Beispiel Nr. 4 Schach 2,6 sec: die Vp. sagt aus: „Nach einigem
Besinnen auf die Bedeutung kam zunächst die visuelle Vorstellung eines

Schachbrettes, dann kam ganz blaß die visuelle Vorstellung von bestimmten Schachfiguren, die halb aus der Schachtel ausgepackt waren; dann die Reaktionsvorstellung" und zwar war das keine einheitliche Vorstellung, sondern nebeneinander die Wortvorstellung des Namens eines der Vp. bekannten Schachspielers, mit Gedanken an diesen und die visuelle Vorstellung des Zimmers, in dem die Vp. zum letzten Male Schach gespielt hat.

Wir wenden uns jetzt zu einer kurzen Betrachtung der übrigen Reaktionsweisen. In doppelter Weise findet sich in andern Versuchen mit den bis jetzt besprochenen eine Ähnlichkeit. In 2 Fällen besteht diese darin, daß nacheinander eine allgemeine und eine individualisierte Vorstellung auftreten, die aber beide vom Rzw. aus hervorgerufen sind.

Z. B.: Versuch 2 Stern 2,0 sec. Die Vp. gibt an: „Zunächst habe ich einen aus Goldpapier geschnittenen Stern gesehen. Da fiel mir ein, daß das ein Stern in einer ganz sekundären Bedeutung ist, und daß primär Stern etwas ganz andres ist. Darauf kam die Reaktionsvorstellung eines ganz bestimmten leuchtenden Sternes an einem schon dunklen Himmel. Dabei ganz von fern und. sehr blaß die Erinnerung an einen bestimmten Abend, wo ich mit einem bestimmten Menschen den Stern betrachtete." Hier sind eigentlich zwei Gegenstandsvorstellungen da, von denen die zweite, individualisierte, zur WR führte, ein weiteres Zeichen für die Bedeutung, die dem Individuellen bei dieser Vp. zukommt. Es findet sich noch ein analoger Fall in Nr. V, Rzw. laufen.

Eine Reihe von Fällen endlich (6 im ganzen) stehen mit den Hauptfällen dadurch in Zusammenhang, daß im Anschluß an das Rzw. individuelle Momente auftreten, und zwar ganz unvermittelt oder wenigstens in direktem Anschluß an das Verständnis. Entweder wurde sofort auf die erste solche Vorstellung reagiert, oder es folgten eine Reihe von individualisierten Vorstellungen aufeinander.

Ein Beispiel für die erste Möglichkeit ist Nr. 13, Zug, 1,6 sec. Hier war gleich das visuelle Bild eines Eisenbahnzuges da, auf einem bestimmten Damm. Reagiert wurde auf einen Teil dieses Bildes.

Außer den 3 Fällen, in denen die Gegenstandsvorstellung benannt wurde (s. o. S. 48) kamen noch einige andre Versuche ohne individuelle Vorstellungen vor. Bei Versuch 14, Band 2,0 sec, trat wenigstens eine Spezialisierung ein, indem zunächst etwas schmales langes und dann ein Studentenband gesehen wurde.

In 2 andern Versuchen wurden nacheinander verschiedene Richtungen wirksam, ähnlich wie in dem früher (s. o.) zitierten Versuch 2, nur waren die Vorstellungen durchweg allgemein. Damit haben wir ein genügendes Bild von den Versuchen der Vp. St. entworfen und legen uns nun die Frage

vor, warum die Vp. nicht, wie es doch in der Instruktion
stand, mit der ersten auftretenden Vorstellung reagiert hat.

Eine Angabe, die eine Erklärung hierfür bringt, lieferte
die Vp. in Versuch Nr. 10, Rzw. Zucht (vgl. Kap. II S. 248
und 254), hier war die Vorstellung zu allgemein für den
Begriff des Rzw., als daß sie zur Reaktion genügt hätte.

Einen andern Grund lieferte Versuch X, Rzw. mächtig,
wo die Vp. angab, daß Mangel an Eindringlichkeit und
Stärke der ersten Vorstellung die Reaktion verhindert habe.
Umgekehrt wurde als Grund f ü r die Reaktion bei Versuch III das Auffallende, Hervorstechende angeführt.

Ein letzter Grund, der eine Vorstellung davon ausschloß,
RV zu werden, kann der Mangel an Individualität sein. Ein
Beispiel ist in Kap. II auf S. 204 zitiert, I 33, der weitere
Verlauf findet sich auf S. 207.

Wir haben damit einen deutlichen Hinweis, daß die Vp.
Anforderungen intellektueller Art an die Vorstellungen stellt,
die sie erfüllen müssen, um das volle Gewicht zur Reaktion
zu erlangen. Das Mindeste, was dazu nötig ist, ist Klarheit,
sehr oft aber auch muß die Vorstellung in bestimmter Weise
individualisiert sein, einen bestimmten Ort haben, oder auch
in bestimmter Beziehung zur Bedeutung des Rzw. stehen.

Über die Wirkung der Instruktion, wie sie der Vp. zum
Bewußtsein kam, liegt nicht viel Material vor.

In zwei Fällen IV und VII war ein Willensimpuls zur
WR nötig.

Dagegen wurde später, Versuch 36, angegeben, daß das
„ja" sagen ganz mechanisch von statten ging.

Dies weckt die Frage, ob· sich vielleicht eine Einstellung
auf JR gebildet habe. Bestätigt würde diese Vermutung durch
die eben erwähnte Tatsache, daß die Vp. eines besonderen
Impulses dazu bedurfte, WR zu liefern, ferner, daß die Vp. in
3 Fällen, im Versuch 25, 29 und 34, zwar auf die akustische
Vorstellung eines Wortes, aber doch mit „ja" reagiert hat.

So liegt die Annahme einer latenten Einstellung nahe,
wenn auch diese Einstellung nicht sehr stark war und keinen
bestimmenden Einfluß auf den Verlauf der Versuche gehabt
haben wird.

Werfen wir nun noch einen Blick auf die quantitativen Verhältnisse. Daß die Zeiten länger sind als bei Frau K. verstehen wir
ohne weiteres, aber auch, daß sie kürzer sind als bei Herrn Schr. Denn
einmal traten Erschwerungen des Verständnisses durch den bloßen Klang

viel seltner auf, und dann ist der Prozeß viel einheitlicher in der Richtung des Fortschritts von der allgemeinen zur individualisierten Vorstellung.

Dies Überwiegen eines Reaktionstyps bringt es auch mit sich, daß die Streuungskurve einen hohen Gipfel hat.

Übung konnten wir auch bei der qualitativen Analyse nicht nachweisen, wie sie ja auch in den Zahlen sich nicht zeigte. Dies spricht dafür, daß der Reaktionstypus der Vp. natürlich war, keine Leistung von ihr forderte, die sie nicht bequem ausführen konnte. Die andre Kurve der WR mit dem Gipfel am Anfang läßt sich daraus ableiten, daß die Versuche einige Fälle haben, in denen Abweichungen vom Typus vorkommen, so z. B. wenn die Vp. mit Willensimpuls das Bild zur Reaktion benutzt, was die Zeit naturgemäß verlängert. —

d) Vp. Herr P. R.

Einen gänzlich veränderten Reaktionstypus zeigt Herr P. R., zu dem wir uns nun wenden.

Mit Herrn Schr. und Herrn St. stimmt sein Verhalten darin überein, daß auch er fast nie mit der sich unmittelbar anschließenden Vorstellung reagiert. Bei ihm sind die eingeschobenen Erlebnisse aber andrer Art, erstens sind sie im großen und ganzen komplizierter, zweitens haben sie eine andre Bedeutung. Von vornherein geht Herr P. R. auf ein genaues Verständnis des Rzw. aus, und mit der Erlangung dieses Verständnisses ist in der Hauptsache der ganze Prozeß abgeschlossen. Genauer werden wir in einem spätern Kapitel hierauf zu sprechen kommen, jetzt wollen wir nur den Prozeß schildern, ohne auf sein theoretisches Interesse für den Verständnisvorgang einzugehen. Fast in allen Versuchen — nur 6 Ausnahmen, in denen sich die Reaktionsvorstellung unmittelbar an das Rzw. anschloß, kommen vor — war zum mindesten ein gedanklicher Verständnisakt gesondert bewußt. Häufig trat aber ein „genügendes Verständnis" nicht sofort ein. Die Vp. schritt dann dazu, den Begriff zu definieren und sprach, mehr oder minder vollständig, eine Definition. Damit ist aber der Prozeß noch nicht abgeschlossen, zum vollen Verständnis gehört, daß die Vp. noch eine „Anschauung", d. h. eine Vorstellung hat, die den Begriff tragen, ihn repräsentieren kann; diese Vorstellung dient als Reaktionsvorstellung.

Als Beispiel Versuch 5, Jurist, 3,0 sec. Die Vp. sagte aus: „Zuerst kam kein visuelles Bild, und ich suchte mir den Inhalt des Wortes klar zu machen durch eine Definition. Ich sprach nämlich „ein Mann, der sich mit Rechtsprechung befaßt." Dann kam als Ergänzung die Reaktionsvorstellung, das visuelle Bild eines Freundes von mir, der Rechtsanwalt ist, ziemlich schematisch. Damit hatte ich das Wort erst ganz erfaßt."

Ganz ähnlichen Verlauf haben noch 4 andre Versuche.

Es konnte nun auch vorkommen, daß die Veranschaulichung nicht gelang. Dann wurde dadurch ein Begriffsträger herangezogen, daß die Vp. innerlich ein passendes Wort sprach. Zwei ganz ähnliche Fälle liegen vor.

Z. B. Versuch 27, laufen, 4,0 sec. „Ich verstand das Wort und sprach dabei innerlich Tätigkeit. Die Veranschaulichung gelang nicht. Ich stellte mir einen Knaben vor, aber er lief nicht. Dann ging ich weiter, und mit vielen Hemmungen ergab sich die Reaktionsvorstellung, das innerlich gesprochene Wort Laufkäfer, dem auch das visuelle Bild eines nicht laufenden Laufkäfers folgte."

Auch die Definition kann versagen und dann eine Vorstellung Ersatz leisten.

Versuch 19, Buch, 2,6 sec. „Ich kannte den Inhalt des Wortes und suchte ihn mir klar zu machen, kam aber zu keiner guten Definition und ging dazu über, mir eins von meinen Büchern vorzustellen. Es kam als Reaktionsvorstellung mein 3. Band der physiologischen Psychologie von Wundt."

Unter Umständen kann die Vorstellung von vornherein eine motorische sein, wenn nämlich das Rzw. abstrakt ist, so bei Versuch 32, fallen, 2,6 sec.

Hier kam zunächst die Definition als eine Tätigkeit, die in der Physik behandelt wird[1]), und darauf klangen an Fallgesetze und Bewegungsgesetze; dies war schon recht befriedigend. Die Vp. sprach innerlich als Reaktionsvorstellung „Fallgesetze, Galilei".

In andern Fällen kam die Vp. nicht über die Definition hinaus und reagierte dann mit einem Wort derselben, Versuch VIII, Rzw. wo — RW Ortsbestimmung 2,4 sec und Versuch XII, Rzw. werden — RW sein, 2,0 sec.

Die Vp. definierte: „Entwicklung des Seins, Korrelat zu sein; dazu gab sie noch an, daß sie sich vergeblich um eine Beziehungsvorstellung bemüht habe. Dem nahe stehen die Versuche 34 zeichnen 3,6 sec und 28 kränken 3,8 sec, wo die Vp. nach einem andern eingeschobenen Vorgang die Definition selbst als Reaktion ansah. Es schloß sich nämlich im Versuch 34 mechanisch an das Rzw. das innerlich ausgesprochene Wort Zeichenlehrer. D a m i t r e a g i e r t e d i e Vp. n i c h t, w e i l d a s V e r s t ä n d n i s z u u n g e n ü g e n d w a r. Nun kam eine Definition und dann die WR, weil die Beziehung fehlte. Ähnlich war der Vorgang beim Versuch 28.

In 6 weiteren Fällen, in denen Definitionen auftraten, war der Verlauf durch die Wirkung verschiedener Reproduktionstendenzen verwickelter.

Alles in allem ergeben sich somit 20 Fälle, in denen Definitionen auftraten. In allen diesen konnte von einem Vorgang,

---

[1]) Vgl. die genauen Angaben in Kap. II, S. 288/90.

den man als Reproduktion von Vorstellungen auf Grund einer
früheren Assoziation bezeichnet, nicht die Rede sein, und
doch haben wir Fälle, die ohne die genauen Aussagen der Vp.
einen typischen so aufzufassenden Verlauf gezeigt hätten,
z. B. Pille—Medizin.

Bei dem Auftreten der Vorstellungen konnten wir hier
ganz andre Gesetze beobachten, als die bisher als Assoziations-
und Reproduktionsgesetze bekannten, wir sahen, daß die Vorstellungen in ihrem Auftreten durchaus nicht durch andre Vorstellungen bedingt sein müssen, sondern, daß der Vorstellungsablauf in erster Linie von Zwecken abhing, die die Vp. sich
gesetzt hatte, daß also Gedanken die notwendigen Bedingungen
von Vorstellungen waren.

Kehren wir zu unserm Material zurück. In über 40 %
aller Fälle (20 von 48) hatten wir einen gemeinsamen Grund-
zug konstatieren können; das Bemühen der Vp. um ein klares
Verständnis, das im allgemeinen aus 2 Prozessen: der sprachlichen Definition und der sinnlichen Veranschaulichung
bestand.

Ganz nahe stehen diesen 20 Fällen 3 andre, in denen zwar
keine ausdrücklich ausgesprochene Definition vorkam, wohl
aber ein geordneter Verständnisakt und ein darauf folgender
Prozeß abschließender Veranschaulichung.

Z. B. Versuch 4, Schach, 1,6 sec. (Nur den hierher gehörigen
Teil der Aussage teilen wir an dieser Stelle mit, weiter unten mehr
aus diesem interessanten Versuch.) Die Vp. gab an: „Ziemlich deutliches
Erfassen des Wortes. Zunächst kein visuelles Bild und deshalb mußte
ich mir in irgendeiner Weise den Sinn erst vergegenwärtigen. So kam
ich, teils suchend, teils assoziativ, auf das Wort Schachspiel und dann zur
Reaktionsvorstellung, ein flüchtiges Bild von einem bestimmten Schach-
brett, das wir in unserm Kloster haben. Es war nicht sehr klar, auch
keine Figuren dabei; trotzdem hat auch hier das visuelle Bild das Verständnis befestigt und erhöht... Das akustisch aufgenommene
Wort gibt mir die Richtung an, in der ich suchen
muß, darin besteht zunächst das ganze Verständnis.
Ich kann dies zwar erhöhen, aber wohl nicht ohne
visuelles Bild vollständig machen." Hier tritt also an
Stelle der bisher beobachteten ausdrücklichen Definition das eine Wort
Schachspiel.

In den beiden andern Fällen, 2 und 24, fehlt auch noch die eingeschobene Wortvorstellung und die Vp. sucht gleich nach dem ersten
Verständnis nach einer Anschauung, um dieses klar zu machen.

Als Rudimente desselben Prozesses werden wir nun noch
eine Reihe andrer Reaktionen auffassen dürfen, 8 im ganzen.
Für sie ist es charakteristisch, daß in irgendeiner Weise ein

Verständnisakt voranging und dann eine Veranschaulichung
visueller oder auch nur motorischer Art eintrat.

Die besprochenen 31 Fälle kennzeichneten den Haupttypus der Vp., es bleibt übrig zuzusehen, was sonst für
Reaktionen vorkamen. Eine auffallende Gruppe bilden die
Versuche, bei denen viele Reproduktionstendenzen wirksam
wurden: 7 von 9 solchen Fällen führten zu sprachlich naheliegenden Reaktionen, z. B. Stand—Ordensstand, Sattel—Sattel-
pferd, nachdem das Bewußtsein der Vieldeutigkeit vorausgegangen war: Hier geht so viel in der Vp. vor, so viele
Tendenzen drängen sich, daß schließlich diejenige die Oberhand behält, die auch noch durch sprachliche Geläufigkeit
begünstigt ist.

Zwei Versuche weichen hiervon ab, Nr. 17, Prüfung, 2,8 sec, wo
gleich von Anfang an eine Richtung als Hauptrichtung charakterisiert
war, die Nebenrichtungen verdrängte und zur visuellen Vorstellung eines
bestimmten Examinators als RV führte; ferner Nr. 23, Brust, 3,2 sec,
wo aus vielen eine nicht sehr naheliegende, wohl aber durch Konstellation
bevorzugte Richtung auf Achilles als RV durchdrang.

Nur ein einziger unter allen Versuchen deutet auf Perseveration: Versuch III Meister—Goethe 2,6 sec. Vorausgegangen war Versuch II Besen—Goethe.

Wir kommen nun zu 6 Fällen, in denen sich die Reaktions-
vorstellung unmittelbar an das Rzw. anschloß. In zweien
davon wird mit der sich einfach an das Rzw. anschließenden
Gegenstandsvorstellung reagiert: Nr. 12, Spatz 2,0 sec und
Nr. 18, Rübe 1,6 sec. Bei Nr. 15, Zug 1,6 sec tritt erst das
Wort Eisenbahn und gleich darauf das visuelle Bild eines
Zuges auf. In den Versuchen 1, 3 und 21: Puppe, Wald,
Birke, alle mit 1,4 sec, erscheinen sofort stark lustbetonte
Erinnerungsvorstellungen. Es sind dies die 3 kürzesten Ver-
suche, die überhaupt vorkamen.

Es fehlt noch 1 Versuch: Nr. 10, Zucht 2,4 sec. Hier
gab die Vp. an, den Versuch ohne Reaktionsvorstellung abgebrochen zu haben. Betrachten wir aber ihre Aussage genau:
„Sprach sofort innerlich Zuchthaus. Dabei klang das visuelle
Bild des Zuchthauses in M. an, das wir vor kurzem angesehen
haben, ebenso mechanisch wie die Wortergänzung. Dann
ging ich davon ab, ich wollte das Wort verstehen.
Die Sache war Unlust betont, ich wußte auch, daß ich mit
dem Wort hätte reagieren müssen und brach den Versuch ab."
Wir sehen also, daß tatsächlich RV und RW da waren,

nur nicht benutzt wurden, und nur dadurch, daß der Prozeß
nicht recht weiter ging, wurde sich die Vp. dieser Tatsache
bewußt. Nun haben wir aber schon in der überwiegenden
Mehrzahl aller Versuche gesehen, daß zwischen Rzw. und RV
Vorstellungen eingeschoben waren, die nicht zur Reaktion
benutzt wurden. Wir hatten, dies im vorangehenden die
Wahl von Vorstellungen genannt, und können nun gleich
noch einiges hierher Gehörige hinzufügen. Bei andrer Gelegenheit zitierten wir schon die Aussagen bei den Versuchen
27, 34 und 10 (S. 52 und 54), hier sei noch einmal auf Versuch 4, Rzw. Schach (vgl. S. 53) zurückgegriffen.

Die Vp. gab hier an: „Zwischendurch kam die Frage, als Gedanke,
warum reproduzierst du nicht einfach Schacht? Dabei war ein klares
schematisches Bild der Schächte, die ich ganz vor kurzem gesehen habe.
Dies hemmte, aber ich verwarf es in bewußtem Willensakt. Alles dies
unanschaulich, nur von einigen Muskelempfindungen begleitet.“

Es ist, so können wir zusammenfassend sagen, für die
Vp. P. R. charakteristisch, daß sie eine Wahl der Vorstellungen
trifft, und zwar nicht nach ihrer Deutlichkeit, sondern nach
ihrem Verständniswert. Der ganze Typus der Vp. ist
ein durchaus intellektueller, das Verstehen ist für sie das
wichtigste, und Vorstellungen, die dem nicht entgegen-
kommen, können nur selten als Reaktion durchdringen. Ferner
sucht die Vp. nach einem vollen Verständnis, das im allgemeinen für sie erst mit Anschauung abgeschlossen ist. Dabei
scheint es, als ob diese Anschauung nicht notwendig eine
visuelle Vorstellung sein müßte, auch motorische Vorstellungen, innerlich gesprochene Worte können genügen, wenn
sie mit ausreichender Deutlichkeit auf konkrete Dinge gehen.
Solche Reaktionen treten erst im Laufe der Reihe auf, nehmen
dann aber ständig an Zahl zu. Es stehen nämlich gegen das
Ende der Versuche, wie aus Tab. 3 S. 30 hervorgeht, bedeutend mehr WR als im Anfang, sie beginnen überhaupt
erst am 4. Tage und übertreffen am letzten Tage die JR
beträchtlich. Dazu kommt ferner, daß auch die JR mit
Wortvorstellungen gegen Ende zunehmen, Versuch Nr. 13
ist der erste Fall; von da ab verhalten sich die JR mit
Worten zu denen mit Bildern wie 12:10, wozu noch 2 Fälle
kommen, die eine Vereinigung beider Arten von Vorstellungen
enthalten.

Dies scheint im Sinne unsrer früheren Ausführungen auf
Einstellungsphänomene zu deuten, und zwar möchten wir den

Tatbestand so auffassen, daß die 2. Hälfte eine natürlichere Verteilung aufweist, als die erste, d. h. daß im Anfang eine schwache Einstellung auf visuelle Vorstellungen wirksam gewesen war. Einmal steht dies auch mit den Vorgängen bei andern Vpp. in Zusammenhang, dann deuten auch die Angaben der Vp. selbst dahin. Die Vp. war vorher in einem andern Institut bei Reaktionsversuchen beteiligt gewesen, in denen mit Worten reagiert werden mußte, so daß das Neue dieser Versuche ihre Aufmerksamkeit besonders fesselte. Dazu kommt, daß die Vp. im Anfang und auch später angab, das Reagieren mit den RW habe sie oft als Störung empfunden, indem dadurch das natürliche Abklingen des Prozesses verhindert würde. Dies unterstützt die Einstellung auf Vorstellungen[1]). Die Einstellung war denn auch schon so stark, daß der Vorsatz der Vp. vor dem Versuch, wenn möglich mit einem Wort zu reagieren, durchbrochen wurde, wie in dem schon (S. 54) zitierten Versuch 15, Zug, wo erst das Wort Eisenbahn kam, dann aber doch noch eine RV auftrat, obwohl die Vp. vorher ausdrücklich den angegebenen Vorsatz gefaßt hatte.

Indem wir also hier eine latente Einstellung vermuten, sagen wir doch nichts gegen unsre früheren Aufstellungen über den Typus der Vp. Es bleibt trotzdem zu Recht bestehen, daß in sehr vielen Fällen das volle Verständnis erst durch die Anschauung, als visuelle Vorstellung, gegeben ist, so kamen auch in der 2. Hälfte 4 Versuche vor (24, 26, 27, II), in denen sich noch nachträglich visuelle Vorstellungen einstellten. Der Mangel an Visuellem gegen das Ende hin, hängt wohl auch mit der Wahl des Rzw. zusammen. Es kamen mehr abstrakte und vieldeutige vor, wodurch der Prozeß ja, wie wir gesehen haben, etwas verschoben wurde. Über die eingeschobenen Vorstellungen selbst ist wenig zu sagen, was nicht aus den zitierten Protokollen ohne weitres ersichtlich wäre. Visuelle Vorstellungen, innerlich gesprochene Worte, Gedanken und Kombinationen von diesen können auch

---

1) Wir müssen hier unterscheiden zwischen der Einstellung auf JR und der auf visuelle Reaktionen. Nur diese letzte wollen wir behaupten. Die WR sind der Vp. unbequem, wie sie mehrfach angibt. Trotzdem wendet sie sie zuweilen absichtlich an, n a t ü r l i c h kommen sie wohl lediglich als Wortergänzungen vor. Diese Abneigung gegen WR hat wohl zu der Einstellung auf visuelle Vorstellungen im Anfang beigetragen. Die JR ist der Vp. sehr natürlich, schon beim 5. Versuch gibt sie an, daß das Ja automatisch kommt.

hier wieder dazwischentreten, eben in der so oft beschriebenen zweckerfüllenden Funktion.

Schließlich sei noch erwähnt, daß die Vp. häufig durch das Rzw. überrascht wurde, 8 mal im ganzen, entweder weil das Wort sehr nahe, oder weil es sehr fern lag, oder sehr abstrakt war.

Der Typus dieser Vp. hat sich uns sehr einheitlich dar-gestellt. Sein Bestreben geht auf ein möglichst vollständiges Verständnis und im Erreichen des Verständnisses besteht sein „Reproduktionsprozeß". Dabei kommt es recht häufig zu eingeschobenen individualisierten visuellen Vorstellungen (17 mal), doch tun allgemeine visuelle und unter Umständen auch Wortvorstellungen denselben Dienst.

Vorstellungen, die nicht eingeschoben waren, sondern sich direkt an das Rzw. anschlossen, waren nur selten zu beobachteten, darunter waren 3 Fälle wegen ihrer stark indi-vidualisierten Vorstellungen, die zugleich einen lustbetonten Komplex der Vp. angehörten, bemerkenswert.

Weiter war interessant, daß sprachliche Reproduktionen nur dann auftraten, wenn eine Fülle von Reproduktionstenden-zen miteinander konkurrierten.

Werfen wir jetzt noch einen Rückblick auf die quantitativen Er-gebnisse. Die Zahlen wachsen im Lauf der Zeit, das gilt aber nur für die JR. Solange überhaupt noch keine WR auftraten, also in den ersten 2 Tagen, blieben die Zeiten einigermaßen konstant (vgl. Tab. 2 S. 29), wobei der 2. Wert nur aus 4 Versuchen stammt, so daß er mehr oder weniger zufällig ist. Erst dann tritt die Steigerung ein, gleichzeitig wurden die JR und noch mehr die visuellen Reaktionen seltner, nach Analogie des Geläufigkeitsgesetzes liegt es nahe zu schließen: es treten weniger geläufige JR auf, die geläufigen ergeben jetzt vorwiegend WR Damit wäre die Verlangsamung der JR gegen den Schluß erklärt. Die WR blieben ziemlich konstant, ihr Verlauf war auch, wie wir gesehen haben, im großen und ganzen ähnlich, indem Teile der Defi-nition oder diese selber häufig als WR dienten, oder aber eine sprach-liche Reaktion sich durchsetzte, was nicht allzu verschiedene Werte ergab. Die Streuungskurven sind nun für die verschiedenen Arten ganz verschieden. Während, wie nach dem Vorangegangenen zu erwarten, die Kurven der WR einen stärker ausgeprägten, in der Mitte liegenden Gipfel hat, hat die Kurve der JR 4 Gipfel, von denen die beiden ersten höheren, sowie die beiden letzten tieferen gleich hoch sind. Dies ent-spricht der beobachteten Fülle von verschiedenen Reaktionsweisen, die zwar einen Grundtypus aufwiesen, aber ihm nur mehr oder weniger voll-ständig entsprachen. Wir haben die genaue Analyse einer solchen Kurve bei Herrn Schr. durchgeführt und können uns hier auf diese allgemeinen Hinweise be-schränken.

c) Vp. Prof. O.

Auch für diese Vp. ist es charakteristisch, daß es ihr auf das Verständnis des Rzw. ankommt; nur begnügt sie sich mit einem viel niedrigeren Grade von Verständnis als Vp. P. R., häufig benutzt sie die bloße Bekanntheit des Rzw. zur Reaktion und nie verfällt sie etwa darauf, den Begriff kunstgerecht zu definieren (das gilt für Versuche mit deutschem [1—40] ebenso wie für die mit englischem [41—50] Rzw.). Daher geben auch die Aussagen dieser Vp. reiches Material für die Theorie des Wortverständnisses, worauf wir in einem spätern Kapitel eingehen werden. Hier betrachten wir im einzelnen die auftretenden Reaktionsformen.

Eine ist der Hauptform von Vp. P. R. sehr ähnlich: An das Rzw. schließt sich das Erlebnis der Bekanntheit oder des Verständnisses — (die Vp. unterschied diese beiden Erlebnisse, worauf wir später ausführlich eingehen müssen) — und dieses konzentriert sich in einer visuellen Vorstellung. So verliefen 10 Versuche mit vorausgegangner Bekanntheit, alle deutsch und 6 Versuche mit vorausgegangnem Verständnis, darunter einer englisch. Die abschließende Vorstellung war in 14 Fällen eine allgemeine des Rzw.-Gegenstandes; nur zweimal war sie individualisiert, beide Male aber dafür sehr blaß. Über die Funktion der abschließenden Vorstellung liegt in den Aussagen der Vp. nicht allzuviel vor. Trotzdem können wir uns einen Begriff davon machen, wenn wir verschiedene Fälle nebeneinander stellen. Es scheint nämlich, daß, wo die bloße Bekanntheit voranging, die Vorstellung der eigentliche Bedeutungsträger wurde.

Z. B. Versuch 33, Bogen, 1,4 sec. „Diesmal war zu Anfang eine Bekanntheit, dann das Wissen, daß es Verschiedenes bedeuten kann, gleich dabei die RV von einem Regenbogen. Gleich darauf, also nach der Reaktion, kamen noch visuelle Bilder von einem Papierbogen und von einem Ellenbogen." Hier werden also die Bedeutungen, die zunächst nur als Möglichkeiten im Bewußtsein waren, durch die Vorstellungen realisiert.

Versuch 22, Kuh, 1,4 sec. „Von Anfang an bekannt, und ich hatte die Tendenz, zu reagieren. Dann kam mir der Gedanke, ich sollte mehr auf das Verständnis eingehen. Da kam RV das dunkle visuelle Bild einer Kuh." Also auch hier Verständnis gleich visuellem Bild. Endlich noch eine Instanz, die von der negativen Seite die Sache beleuchtet, Nr. 19, Buch, 2,4 sec. Die RV war ein dunkles visuelles Bild eines Buches. Die Vp. gab dazu an: „Eigentlich hätte ich auf die Bekanntheit reagieren können.... ich brauchte auch keine Vorstellung, weil es so bekannt war."

Dies wird genügen um unsre Aufstellung von der Funktion der abschließenden Vorstellung, wenigstens bei vorausgegangner Bekanntheit, zu stützen: Aber auch bei vorausgegangenem Verständnis scheint die abschließende Vorstellung dieselbe Funktion gehabt zu haben; dafür spricht, wenn auch keine direkte Aussage der Vp., so doch die genaue Analyse der Fälle. In 5 von 6 Versuchen geht nämlich eine Störung dem Verständnis voraus oder nebenher, nur in einem Fall, Nr. 3, Wald 6,2 sec, war dies nicht so. Hier war aber auch die Vorstellung so schwach, daß die Vp. sie nur vermutungsweise als visuelle bezeichnete und mit Sicherheit nur angeben konnte, daß in dem Verständnis gegenständliche Elemente eingeschlossen waren.

Nicht visuelle Vorstellungen, aber doch Richtungen auf solche, folgten der Bekanntheit resp. dem Verständnis in 4 Versuchen.

Z. B. Nr. 7, Brauerei, 3,4 sec. Hier war zunächst die Bekanntheit im Bewußtsein und unmittelbar darauf die Richtung auf eine bestimmte Brauerei, in der die Vp. häufig gewesen war und die sie am Abend gerade besucht hatte. Vorstellungen waren dabei aber n i c h t im Bewußtsein.

Im Versuch 11, Semmel, 1,8 sec, führte die Richtung in der Nachperiode auch zur Aktualisierung der visuellen Vorstellung.

In zahlreichen Fällen (16 im ganzen) war aber auch der Prozeß mit der bloßen Bekanntheit resp. dem Verständnis abgeschlossen. In 4 von diesen Fällen war eine Störung des Versuchs eingetreten, die eine „verfrühte" Reaktion zur Folge hatte. Nr. 35, Rzw. dumm, 1,4 sec: „Ich meinte zuerst, es sollte „dunkel" werden; dann erst als dumm aufgefaßt, es war bekannt und ich habe darauf reagiert, und zwar zu rasch, weil die Störung vorausgegangen war." Hier war der Prozeß also eigentlich noch nicht ganz abgeschlossen, als die Tendenz zur Reaktion die Oberhand gewann (s. u.). In zwei andern Fällen war es die große Bekanntheit, die die Reaktion ohne Vorstellung hervorrief, z. B. in Nr. 49, rob (rauben und gleichzeitig Abkürzung von Robert, dem Rufnamen der Vp.), führte diese persönliche Beziehung zur Reaktion.

Bei den 10 übrigen Fällen, in denen mit dem Verständnis reagiert wurde, unterscheiden wir 2 Formen: solche, in denen die Vp. bemüht war, Vorstellungen hervorzubringen und es ihr nicht gelang, und solche, in denen sie von vornherein auf das

bloße Verständnis reagierte. Den ersten Typ zeigen 3 Versuche. Eine Vermittlung zwischen beiden Typen ist Versuch 50.

Engine, 1,4 sec: „The word was immediately recognized and understood. I tried to find an association, but it did not come. Then I
thought, this was not necessary, I did understand it already."

Den zweiten Typus zeigen deutlich wieder 3 Versuche,
in einem davon (27) trat in der Nachperiode noch ein visuelles
Bild hinzu.

Bemerkenswert ist, daß von den 10 Versuchen, in denen
mit dem Verständnis reagiert wurde, 5 englisch waren (also
50 % der englischen), und daß ferner das Verhältnis der
Versuche, in denen Erlebnisse der Bekanntheit oder des
Verständnisses eingeschoben waren, zu denen wo sie die Reaktion auslösten bei der Bekanntheit gleich 12 : 6, beim Verständnis gleich 8 : 10 ist. Dies spricht wieder dafür, daß bei
der Vp. die Vorstellung häufig Bedeutungsträger wird, bei
der Bekanntheit ist das notwendiger als beim Verständnis,
daher das Überwiegen der Vorstellungen dort.

Mit den besprochenen Versuchen haben noch einige andre
den gemeinsamen Grundtypus und nur etwas verschiedenen
Ablauf. Bei Nr. 17 und 30, Prüfung, 2,6 sec und Meister,
2,4 sec, traten zwei verschiedene Richtungen nebeneinander
auf, das eine Mal ohne, das andre Mal mit nachträglicher
Vorstellung.

Etwas anders ist es im Versuch 10, Zucht, 3,2 sec. Hier war das
Rzw. zunächst völlig unbekannt, dann schien es der Vp. ein bekanntes
Wort zu sein, aber noch ganz ohne Sinnverständnis. U n d   a l s   s i e
e s   p r ä z i s   m a c h e n   w o l l t e,   k a m   e i n e   v i s u e l l e   V o r -
s t e l l u n g   d e s   W o r t b i l d s   i n   d e u t s c h e n   L e t t e r n.
Die besprochenen 39 Versuche haben uns den Grundtypus der Vp.
klar gemacht, wir gehen jetzt zu den noch ausstehenden 11 Versuchen
über. In 6 von diesen schloß sich die RV unmittelbar an das Rzw. an,
und zwar war sie dreimal eine allgemeine visuelle Vorstellung und je
einmal eine individualisierte visuelle und eine motorische Wortvorstellung.
Dabei handelt es sich viermal um einfache Gegenstandsvorstellungen, bei
Nr. 41 dem ersten Versuch mit englischem Rzw. kam die deutsche Übersetzung Obst.
Zwei Fälle kamen endlich vor, in denen die Vp. überhaupt die Bedeutung nicht verstand, Nr. 4, wo sie wenigstens die Bedeutung kennen
zu müssen glaubte und Nr. 12, wo jede Bekanntheit fehlte.

Der Grundtypus dieser Vp. zeigt also wieder, wie bei
Vp. P. R., eine Wahl von Vorstellungen nach intellektuellen
Zwecken, nur ist hier von Wahl nie in dem Sinne die Rede,

daß zwischen mehreren Vorstellungen gewählt würde, sondern lediglich in dem Sinne, ob überhaupt eine Vorstellung auftritt oder nicht (vgl. die zitierten Versuche 19, 22, 50).

Die davon abweichenden Versuche ergaben nichts Neues. Sie zeigen, daß die Assoziationen zwischen Wort und Bild häufig sehr stark sind, so daß dieses selbst bei andrem Reaktionstypus durch jenes unmittelbar hervorgerufen werden kann. Wenn wir uns erinnern, daß dies bei den Vpp. Schr. und St. die Regel war, so wird uns der Unterschied ihres Typus von dem der beiden zuletzt besprochenen Vpp. noch klarer.

Wir heben endlich noch einige andre Merkmale des Reaktionsprozesses hervor, die neben den bis jetzt beschriebenen hergingen. Vor allem: die sehr starke determinierende Tendenz zur Reaktion. Es wurde der Vp. nämlich in vielen Fällen (8) bewußt, daß sie reagieren müsse, sie wurde zur Reaktion gedrängt und mußte sie förmlich hemmen. Dazu kommen noch die schon zitierten Fälle, wo die Vp. zu rasch reagierte, weil es, der vorausgegangenen Störung wegen, schon zu lange gedauert habe. Da diese Reaktionstendenzen zuweilen den Reproduktionsvorgang hemmten, gab ich nach dem 13. Versuch die Instruktion, sich nicht so stark durch die Tendenz ja zu sagen beeinflussen zu lassen; dies hatte jedoch keinen Erfolg, da die Tendenz schon zu stark geworden war. Sie trat z. B. immer dann noch auf, wenn die Vp. mit dem Verständnis nicht fertig wurde, es wurde ihr dann stets nach einiger Zeit bewußt, daß sie reagieren müsse. Auch finden wir hier wieder, was wir schon bei Vp. P. R. gesehen haben, daß die Reaktionsvorstellung durch die Reaktion gehemmt wurde, und zwar hier schon durch das bloße ja, während bei P. R. vorwiegend die WR so wirkte.

Daß bei ungestörtem Abklingen des Prozesses zuweilen noch in der Nachperiode visuelle Bilder auftraten, erwähnten wir schon (vgl. Versuch 11, 17, 27). In Nr. 22, Kuh, und 36, Fahne, entwickelt sich das schon vorhandene visuelle Bild in der Nachperiode im ersten Fall zu einem Plakat, im zweiten zu einer Fahne. Schließlich kam in der Nachperiode einmal ein englisches dem deutschen Rzw. ähnliches Wort ins Bewußtsein, Nr. 38, Skelett und skillet (Pfanne) in der Nachperiode.

Besonders im Anfang der Versuche beschrieb die Vp. ein Nachklingen des Rzw., in den ersten 15 Versuchen zwölfmal, später nur noch bei 2 englischen Rzw.

Perseverationserscheinungen konnten wir nur bei 2 Ver-

suchen feststellen, und zwar bei den ersten beiden englischen,
wo die deutsche Reaktion perseverierte.

Werfen wir noch einen Rückblick auf die quantitativen Verhältnisse. Die Durchschnittswerte für die beiden letzten Versuchstage nach
eingetretener Übung sind sehr niedrig. Die Übung und Verkürzung
vom 3. Tage an (21. Versuch) fällt auch mit dem Aufhören der klanglichen Nachwirkung zusammen, die, wie wir schon bei Vp. Schr. zeigten,
verlangsamend wirkt. Die Zeiten sind natürlich keine Reproduktionszeiten im üblichen Sinne, da eigentliche Reproduktionen ja überhaupt
nicht vorkamen. Die Streuungskurve hat einen ziemlich hohen Gipfel
nahe beim Anfang und streckt sich dann noch ziemlich weit hinaus.
Konstruieren wir jedoch die Kurve für die ersten und letzten beiden
Tage gesondert, so stimmt damit nur diese überein. Hier ist der
Verlauf eingeübt, während in den beiden ersten Tagen noch mehr Störungen eintraten. Ein weiterer Faktor für die große Häufung am
Anfang, der zum Überwiegen der einfachen Reaktionsform hinzukommt,
ist wohl die starke Wirkung der determinierenden Tendenz zur Reaktion.

f) Vp. Dr. B.

Dr. B. weist einen ganz neuen Reaktionstypus auf. Er
reagiert nämlich in fast allen Fällen mit einer allgemeinen
Gegenstandsvorstellung des Rzw., die meistens sehr lückenhaft ist. Eingeschobene Vorstellungen sind darum höchst
selten, nur 6 visuelle und eine motorische.

Dafür wird in der Mehrzahl der Fälle angegeben, daß sich
die Vorstellung entwickelt habe oder wenigstens, daß die
Richtung, in der die Vorstellung sich entwickeln würde im
Bewußtsein war (28 Fälle). Die Endvorstellung selber ist
ferner in 24 Fällen durch große Unvollständigkeit in
ihrem anschaulichen Charakter ausgezeichnet, während sie
gedanklich durchaus klar ist. Eigentümlich ist auch die Angabe der Vp., daß, obwohl die Vorstellung gar keine individuellen Merkmale gehabt habe, doch das eigne Ich der
Vp. irgendwie mit ihr in Verbindung gewesen sei, so, daß der
Standpunkt der Betrachtung deutlich war. Wir haben ähnliche Angaben bis jetzt nur bei individualisierten Vorstellungen
angetroffen.

Greifen wir einen Versuch als Beispiel heraus: Nr. 20, Buch,
2,4 sec. „Ein Schwanken wie ein Suchen nach einem bestimmten Ziel.
Nicht ein gedankliches Ziel, sondern ganz konkret nach einem Orte,
wo die Vorstellung des Buches sich entwickeln sollte. Es kam dann
ein Buch, auf dem Tisch aufgeschlagen: Nicht eine Spur von Schrift-
zeichen bemerkt, auch über den Inhalt nichts gewußt"[1]).
Für die Entwicklung typisch ist die folgende Angabe: Versuch 8,

---

[1]) Über die Lokalisation dieser Vorst. vgl. Kap. II S. 220.

Ornat, 2,6 sec: „Die Entstehung des Bildes wird vielfach d u r c h d a s
V e r s t ä n d n i s g e l e i t e t."

Wie willkürlich bei der Vorstellung Details herausgegriffen und
andre vernachlässigt werden, sei durch Versuch 17, Band, 2,7 sec, illustriert:
hier war das Maßgebende eine Blickbewegung entlang an einem Ding,
das als Band um einen Arm gemeint war. Dabei war der Stoff des
Bandes wie der ganze übrige zum Arm gehörige Körper völlig unbekannt,
wohl aber die Breite des Bandes und daß es am linken Arm war,
bewußt.

Die Beschreibung dieser Reaktionen mag zunächst insofern Bedenken erregen, als man einwenden wird, dieselbe
Reaktionsweise habe auch Herr Schr. gehabt, und sie sei
dort nur infolge der veränderten Instruktion (s. S. 41) eine
andre geworden. Das ist aber nicht so, denn Vp. B. konnte
die von Vp. Schr. so leicht entwickelte Reaktionsweise, nach
der nicht mit der sich an das Rzw. anschließenden Gegenstandsvorstellung reagiert werden sollte, überhaupt nur mit
der größten Schwierigkeit und in ganz andrer Art ausführen.

Nach dem 23. Versuch gab ich Dr. B. die entsprechend veränderte Instruktion. Er gab in Versuch 24, Kuh, 3,8 sec, an: „Direkte
Richtung auf ein Tier, das sich zur Kuh entwickelte. Die Instruktion
wirkte nun in der Art, daß ich jetzt meinen Blick fortwandte, da sah
ich in einer Entfernung einen Hirtenknaben, den Blick auf die Kuh
gerichtet..." In Versuch 25, Bogen, 6,4 sec, gelang es der Vp. trotz
aller Mühe nicht, über das visuelle Bild eines gekrümmten Stockes hin-
fortzukommen. Versuch 26, Brust, 7,4 sec, hat wieder einen ganz
analogen Verlauf wie Versuch 24, in dem ganz bewußt unter der Wirkung der Instruktion die Aufmerksamkeit von der ersten Vorstellung
abgewendet wird. Diese Ergebnisse, die Gezwungenheit des Ablaufs
mit den abnorm hohen Zeiten veranlaßten mich die Instruktion wieder
zurückzunehmen. Erwiesen war durch die drei eingeschobenen Versuche, daß der oben beschriebene Reaktionstypus sich von dem der Vp.
Schr. durchaus unterscheidet und nicht in einen neuen übergeführt
werden kann. Bei den neuen Versuchen trat einfach zu den alten
Elementen willkürlich etwas Neues hinzu, und das zu untersuchen lag
nicht im Zweck unsrer I. Versuchsreihe.

Aber auch in den ersten 23 Versuchen war der Ablauf
kein ganz natürlicher, sondern auch dort entstand die visuelle
Vorstellung hauptsächlich unter dem Einfluß der Instruktion.
Im Anfang (Versuch 6 und 8) gab die Vp. dies zweimal an,
obwohl sie wie S e g a l nachgewiesen hat, einen ausgeprägt
visuellen Vorstellungstypus besitzt.

Die 4 Fälle, in denen statt einer allgemeinen Gegenstandsvorstel-
lung eine individualisierte auftrat, unterscheiden sich sonst in gar keiner
Weise von den übrigen. Es handelte sich um landschaftlich bestimmte
Gegenstände (den Guttenbergerwald, die Mainbrücke u. dgl.).

Der Reaktionsprozeß wurde übrigens nicht immer in gleichem Stadium der Entwicklung abgebrochen. Z. B. Versuch 46, mächtig, 3,4 sec: „Erst rein gedankliche Richtung auf die Sphäre, dann Richtung nach einem erhöhten Orte, wo etwas mächtiges erscheinen sollte. Es kam mir das Wort König dafür, ein König sollte es auch werden. Auf das Wort hin abgebrochen." Während hier doch noch eine akustische Vorstellung vorhanden war, fehlte bei Versuch 2, Stern, 2,7 sec, jede Vorstellung, es wurde auf die bloße Richtung hin reagiert.

In 4 Fällen gab die Vp. auch noch an, daß sie neben dem Bild eine akustische Bereitschaft hatte, d. h. akustische mit dem Bild zusammenhängende Eindrücke erwartete, wie z. B. das Zwitschern eines Spatzes und die tiefe Stimme eines stämmigen Mannes. In einem Falle Nr. 50, Sattel, wurde sogar tatsächlich das Knistergeräusch des Sattels beim Reiten gehört.

Wir wenden uns jetzt zu den Versuchen, in denen sich visuelle Elemente zwischen Rzw. und Reaktion einschoben. In mehreren Fällen handelt es sich um eine etwas ausführlichere Entwicklung im bisherigen Sinne.

So trat beim Versuch 36, Burg, 5,6 sec, während des Versuchs, aber erst in der Nachperiode bewußt, ein Standpunktswechsel ein. Zunächst entwickelte sich oben auf einer Höhe eine Burg, dann war der Standpunkt oben und die Vp. sah nun einen Ritter den Burgberg hinanreiten.

In einigen Fällen geht die Entwicklung in einer ganz bestimmten Richtung vor sich.

In Versuch 43, Sichel, 3,6 sec, kam sehr bald die einfache Gegenstandsvorstellung einer Sichel, ohne Unterlage oder Hintergrund; „es ging dann seitlich, da war ein Getreidefeld und nun wurde die Sichel von einer menschlichen Hand am Getreide gehandhabt." Und ganz ähnlich Versuch 22, dumm, 2,6 sec: „Es hat eine Zeitlang gedauert bis etwas kam... Ich habe nach einem Objekt gesucht und zwar gleich nach einem dummen Kind; es kam erst eine schematische selbst gebildete Vorstellung, die ich nicht hätte im Leben lokalisieren können. Sie sollte hier im Institut sein, wohl eins von den Kindern, mit denen Herr W. hier arbeitet, von denen ich aber noch keins gesehen habe. Dann kam die RV, ein häufig von mir gesehenes idiotisches Kind...."

Der Gang dieser beiden Versuche und einiger andrer hat einen ähnlichen Vorstellungsverlauf, wie wir ihn früher bei Vpp. St. und Schr. ausführlich beschrieben haben: Entwicklung vom Allgemeinen zum Speziellen. Charakteristisch ist beide Male das Auftreten einer ganz allgemeinen Gegenstandsvorstellung des Rzw., die dann durch eine andre Vorstellung mit mehr Einzelheiten ersetzt wird.

Ein Streit mehrerer Reproduktionstendenzen findet sich in Versuch 28, Mark, 4,8 sec.

„Große Mannigfaltigkeit von Richtungen. Zunächst kleine Pause, weil ich meinte, das Wort sei doch falsch ich hatte dabei die Richtung auf

Markt. Dies abgewiesen mit dem Bewußtsein, daß das gar nicht gemeint sei, sondern etwas andres. Darnach 2 Möglichkeiten, zwischen denen ich schwankte, Knochenmark und Münze. Beides auch visuell."

Dies führt uns zur Betrachtung des Werts der Vorstellungen. Sie stehen durchweg in einem bestimmten Verhältnis zur Bedeutung des Rzw., entwickeln sie sich ja (vgl. S. 63) an der Hand des Verständnisses. Sie repräsentieren das Verständnis, müssen, wie es in dem eben zitierten Versuch heißt, das darstellen, „was gemeint ist", müssen der Sache gerecht werden (Nr. 36). Sie haben also eine ganz ähnliche Bedeutung wie für Vp. P. R. und Prof. O., nur daß sie im Grunde für die Vp. B. gar nicht nötig sind, sondern nur unter dem Einfluß der Instruktion entstehen. Vp. beschreibt den Vorgang der Vorstellungsentwicklung einmal als ein von einem Ziel geleitetes Suchen. Das Verständnis ist schon da und genügt eigentlich. Nur unter Wirkung der Instruktion (S. 63) kommt eine Vorstellung zustande, die aber zum Verständnis nichts hinzubringt (Nr. 8), das Verständnis nur illustriert. Diese eindeutige Beziehung zwischen Verständnis und Bild wird immer wieder hervorgehoben.

Die Vp. drückte es einmal so aus (Nr. 10): „Das Bild entstand unter der Direktion der Bedeutung. Dies nicht näher zu beschreiben. Es ist nicht ein reines Phantasieren, sondern eine bestimmte Richtung, in der es läuft."

Diese letzten Feststellungen zeigen uns den Zusammenhang zwischen Vp. Dr. B. und den frühern Vpp. Es wird vor allem deutlich, wie bei unserer Vp. die RV nicht etwa ganz mechanisch durch Reproduktion infolge früherer Assoziation ins Bewußtsein tritt, sondern unter dem Zwang der Instruktion vom Wissen geleitet entsteht. Die entstehende Vorstellung kann dann ihrerseits Reproduktionstendenzen auslösen, so waren in einigen wenigen Fällen zwischendurch rein assoziativ reproduzierte Vorstellungen eingeschoben, z. B. in Versuch 36, Burg, ein Bild der Würzburger Festung. Aus der Entstehung der Vorstellungen erklärt sich auch ihre eigentümliche Beschaffenheit: Ihre phänomenale Lückenhaftigkeit und ihr Reichtum an gewußten Beziehungen.

Als gutes Beispiel hierfür diene uns der Versuch 41: fallen. Die Vp. sah einen fallenden Körper. „Er fiel nicht auf. Ich verließ es, das Auffallen interessierte mich nicht, es fand im Erlebnis nicht statt." Man sieht, wie stark der Einfluß des Verständnisses ist. Zum Fallen gehört das Aufschlagen physikalisch aber nicht logisch. In dem Bilde fehlt es, während es nach der Assoziationslehre hätte dabei sein sollen.

Damit haben wir den Reaktionstypus des Herrn Dr. B. in ganz
einheitlicher Weise beschreiben können. Diese Einheitlichkeit spiegelt
sich auch in der Streuungskurve gut wieder. Sie hat einen hohen
Gipfel, der näher am Anfang liegt. Die Entwicklung konnte eben an
verschiedenen Stellen durch die Reaktion unterbrochen werden, zuweilen
wurde sehr lange gewartet, in andern Fällen wieder ziemlich rasch
reagiert.

g) Vp. Dr. A.

Auch die letzte Vp., Dr. A., hat einen recht einheitlichen
Reaktionstypus, der im einzelnen jedoch äußerst schwer zu
beschreiben ist. Die Funktion der Vorstellungen ist bei dieser
Vp. dieselbe wie bei den zuletzt besprochenen: die Vorstellung ist Repräsentant des Verständnisses. Neu ist nur,
wie diese Repräsentation erreicht wird. Da ist es nun charakteristisch für Dr. A., daß seine Vorstellungen ein Gemisch
sind aus visuellen Gegenstandsvorstellungen, visuellen und
akustischen Wortvorstellungen und endlich aus sehr schwer
zu beschreibenden Bewegungsvorstellungen, wohl visueller
Natur. Das akustische Element ist stark beteiligt. Schon
beim Anhören des Rzw. wurden bestimmte Laute aus dem
Gesamt-Klangbild herausgehoben, z. B. bei Nr. 6 „Brauerei"
war in erster Linie das „Brau" in zweiter das „rei" herausgehoben. Dem entspricht auch die Form des visuellen Bildes,
das häufig unvollständig oder ganz verzerrt erscheint. All
dies steht dabei wieder im Eindruck der Vp. in Zusammenhang mit dem Gegenstand.

Wir müssen einige Zitate folgen lassen, um überhaupt nur verstanden zu werden. Versuch 2, Stern, 2,2 sec: „Zunächst eine Bewegung aufwärts zu einem hellen Punkt. Die Bewegung ohne bewegtes
Etwas, aber doch sehr anschaulich. Dabei das Wortbild Stern sehr
lebendig, besonders das „er". Das Wortbild auch akustisch. Das
visuelle Wortbild nur sehr unbestimmt lokalisiert, der Stern sehr bestimmt . . . ."

Oder Versuch 18, Buch, 1,6 sec: „Aufgeschlagenes Buch und
links daneben das Wortbild Buch. Das u als ob es das Aufgeschlagensein charakterisiert und in das Buch hineinfällt."

Hier ist vor allem wieder die Beziehung zwischen Wort- und
Gegenstandsvorstellung deutlich. Wir haben oben gesagt, daß
die Vorstellungen der Vp. das Verständnis repräsentieren. Dies
bedarf jedoch noch einer Ergänzung. Worte werden von
der Vp. nicht nur intellektuell erfaßt, so daß sie nur den
Begriff angeben, auf das Gewußte zielen; vielmehr lösen sie
eine Fülle von Bewußtseinslagen aus, die vielleicht, wenigstens teilweise, als Gestaltqualitäten aufzufassen sind. Sie

schließen sich zum Teil direkt an das rein Klangliche an. Das u repräsentiert das Aufgeschlagensein des Buches, oder, wie es in Versuch 12, Spatz, 1,2 sec, heißt: das Wort paßt sehr gut zum Rücken und Schwanz des Tieres. Wie sich solche Bewußtseinslagen im einzelnen bilden, ist nicht zu übersehen. Doch lassen sich ähnliche einfachere Fälle zum besseren Verständnisse heranziehen: Es wird den meisten Menschen möglich sein, zu entscheiden, ob ein bestimmter Name für irgendeinen Menschen, den sie kennen, paßt.

Bei der Vp. Dr. A. ist es demnach so, daß das Wort eine Bewußtseinslage auslöst, von der die eigentliche Bedeutung nur ein Teil ist, und die sich sonst noch aus einer Reihe phänomenaler Bestandteile zusammensetzt. Die tatsächlich auftretenden und von der Vp. beschriebenen Vorstellungen sind nur analysierte Elemente, die Bewußtseinslage als solche ist ein andres, wie die Melodie mehr ist, als die einzelnen Töne, um dies alte Beispiel heranzuziehen.

Die verschiedenen Elemente, die die Reaktionsvorstellung konstituieren, kommen nur selten ganz gleichzeitig ins Bewußtsein. In vielen Fällen findet eine deutliche Entwicklung statt, z. B. in Versuch 19, Stand, 3,8 sec, wo sich aus dem Wortbild, in dem die Richtung von rechts nach links lag, das Sachbild entwickelte. Überhaupt ist im Verlauf das Wortbild fast immer das primäre.

Von einer Wahl von Vorstellungen in dem Sinne, daß etwa eine Vorstellung zur Repräsentation der Bedeutung verworfen würde, kann hier nicht die Rede sein. Solche mehr intellektuelle Wahl liegt der Vp. ganz fern. Die auftretenden Vorstellungen geben immer Elemente der Bewußtseinslage wieder und werden daher immer angenommen, so unvollständig sie sein mögen.

So tritt z. B. bei Versuch 43, mächtig, 1,2 sec, die Vorstellung eines marschierenden Mannes auf, von dem der Kopf nicht gesehen wurde.

In anderm Sinne könnte man aber von einer Wahl sprechen. Es gibt Fälle, denen wir auch schon früher begegnet sind, wo die Vp. zuerst ein andres Wort versteht, aber weiß, daß es nicht stimmt. Dann treten Gegenstandsvorstellungen erst auf, wenn die Vp. das richtige Wort erfaßt hat.

Z. B. Nr. 25, Beutel, 2,6 sec: „Zuerst Beute verstanden, dazu nichts vorgestellt als das Wort, ich wußte, daß es einen Sinn hat, daß es aber nicht stimmte. Dann mit dem Verständnis des richtigen Wortes die Vorstellung eines Beutels."

Dies spricht von neuem für die Erkenntnisfunktion der Vorstellungen, indem nur solche Vorstellungen auftreten, die im Augenblick r i c h t i g sind, also Erkenntniswert haben.

Auch die Richtung der Aufmerksamkeit auf Teile der Vorstellung hängt von der Bedeutung ab.

Versuch 9, dumm, 1,4 sec: die Vorstellung war die eines ziemlich blöden Menschen, der durch eine Straße ging. Dabei ging die Aufmerksamkeit auf die tief im Gesicht sitzende Mütze und auf das vor sich hin Dösen.

In einem Versuch, beim Rzw. Mark, trat ein Wettstreit von Reproduktionstendenzen auf, denen 3 verschiedene vollbewußte Bedeutungen entsprachen.

Es sei noch eine sehr interessante Beobachtung angeführt, die zeigt, wie eine nicht voll zum Durchbruch gekommene Reproduktionstendenz die tatsächlich realisierte beeinflussen kann. Nr. 15, Zug, 2,4 sec: „.... Ganz undeutlicher Gedanke an die Vieldeutigkeit und zwar an den Ort Zug in der Schweiz. Dann kam die RV, ein Eisenbahnzug, der von links hinten nach rechts vorn fuhr... Ich wußte, daß dies in der Schweiz war." Die eine Wortbedeutung beeinflußt hier die andre nicht eigentlich im anschaulichen Material, sondern nur durch einen Wissensakt; war ja auch ursprünglich nur das Wissen um die Bedeutung im Bewußtsein, und nicht schon eine dementsprechende Vorstellung.

Die quantitative Betrachtung endlich zeigt ein nicht sehr hohes AM und eine Streuungskurve mit zwei gleich hohen Gipfeln dicht hinter dem Anfang und einen nicht so hohen, aber breiten, weiter gegen Ende. Die beiden ersten Gipfel entsprechen den beiden einfachsten Arten des Vorgangs: unmittelbar der ganze Komplex und schnell hintereinander Wortbild und Gegenstandsbild. Zur Verlängerung der Zeit tragen die verschiedensten Faktoren bei: Wettstreit von Reproduktionstendenzen, Betrachten der Vorstellungen, Haften am Klanglichen oder irgendwelche andren Störungen.

3. Z u s a m m e n f a s s u n g.

Haben wir somit die Ergebnisse unserer ersten Instruktion besprochen, so wollen wir nun noch zusammenfassend darstellen, wie sich diese Ergebnisse von denen unterscheiden, die mit der bisher üblichen Instruktion gewonnen wurden.

Der erste auffallende Unterschied war die Verlängerung der Reaktionszeiten bei der Mehrzahl der Vpp. Dies wies schon auf ganz anders geartete Bewußtseinsprozesse hin und die qualitative Analyse bestätigte vollauf unsre Vermutung. Dadurch, daß nicht mit einem Wort reagiert werden mußte,

konnte die Entwicklung von Vorstellungen untersucht werden.
Wir konnten so vor allem die fundamentale Tatsache heraus-
arbeiten, daß im normalen Ablauf der psychischen Prozesse
eine Folge von Vorstellungen rein auf assoziativ-reproduktiver
Grundlage nicht statthat. Es wurde immer wieder von
neuem deutlich, daß das Bestimmende für das psychische Geschehen nicht die Vorstellungen sind, sondern Inhalte ganz
andrer Art, die wir mit Bühler Gedanken nannten. Die
Vorstellungen mußten bestimmte Bedingungen erfüllen, wenn
sie gewählt werden sollten oder sie wurden direkt als
Ergänzung des Verständnisses hervorgerufen. Daß dabei die
Assoziationsgesetze auch eine Rolle spielen, soll natürlich nicht
geleugnet werden.

Für den Gesichtspunkt der Wahl der Vorstellungen, den
wir so häufig anwenden konnten, zeigt sich ganz deutlich der
Vorteil unsrer Instruktion. Daß nämlich zwischen Rzw und
RW sich sehr häufig andre Vorstellungen einschieben, ist
eine längst bekannte Tatsache (Mayer-Orth, Menzerath,
Wreschner), doch war es bisher immer selbstverständlich, daß sie nicht Reaktionsvorstellungen waren, da ja mit
Worten reagiert werden mußte[1]). Erst für uns wird die Unterdrückung solcher Vorstellungen Problem, da die Reaktion
mit der sich unmittelbar anschließenden Vorstellung durch
die Instruktion vorgeschrieben war.

Auch die Tatsache der latenten Einstellungen konnte
bei unsrer Instruktion viel leichter entdeckt und in ihrer
Bedeutung gewürdigt werden. Die Bevorzugung der WR
gegenüber den JR bei Vp. Fr. K., verbunden mit der so sehr
viel kürzern Reaktionszeit führte auf die erste Vermutung
einer solchen Einstellung.

Nach diesem kurzen Überblick über die Wirkung unsrer
Instruktion im Gegensatz zu der üblichen und der Rekapitu-
lation ihrer allgemeinsten Ergebnisse wenden wir uns zu den
Versuchen unsrer II. Versuchsreihe.

§ 2. Reihe II.

Die erste Instruktion sollte ursprünglich dazu dienen, den
Anschluß von Vorstellungen an Wahrnehmungen (die Reiz-

---

[1]) Immerhin werden zuweilen auch beim gewöhnlichen Assoziationsexperiment die zuerst auftretenden Worte nicht zur Reaktion benutzt,
doch sind diese Fälle äußerst selten. Wreschner fand in seinem
großen Material nur 0,43% (l. c. S. 208).

worte) zu studieren. Eine zweite Reihe sollte sich hauptsächlich mit dem Problem befassen, in welcher Weise Vorstellungen auf Vorstellungen folgen. Tatsächlich hatten wir schon
bei der ersten Reihe solche Zusammenhänge untersuchen
können, und sie hatten uns zu einigen unsrer wichtigsten
Ergebnisse geführt. Immerhin bot die II. Reihe Gelegenheit,
in weit ausgiebigerem Maße solche Vorstellungsabläufe zu
studieren, so daß wir von ihr Bestätigungen und Ergänzungen
der I. Reihe erwarten dürfen.

Die Instruktion der II. Reihe lautete: „Ich werde Ihnen
ein Wort zurufen. Im Anschluß daran wird wie bisher bei
Ihnen eine Vorstellung auftreten. Geben Sie mir diese Vorstellung noch n i c h t an, sondern warten Sie bis sich an
diese Vorstellung eine zweite angeschlossen hat. Diese geben
Sie mir in der früheren Weise an, also entweder unmittelbar
durch das betreffende Wort oder nach Beendigung der Reaktion durch ja. Verhalten Sie sich wieder so passiv wie
möglich."

Der Fortschritt gegenüber der ersten Instruktion ist ohne
weiteres klar: erst die zweite im Bewußtsein auftretende Vorstellung soll zur Reaktion benutzt werden. Der Satz „darauf
wird wie bisher eine Vorstellung bei Ihnen auftreten" hatte
vielleicht den Charakter einer Aufgabe, einer Suggestion.
Dies wurde durch Erläuterung möglichst bekämpft, indem
ich darauf hinwies, daß die Vp. nun nicht etwa eine Vorstellung absichtlich hervorrufen sollte, sondern sie solle so
lange warten, bis erst eine und dann eine andre Vorstellung
ins Bewußtsein getreten sei, wobei die Qualität der Vorstellungen, ob visuell oder akustisch oder motorisch, ganz belanglos wäre. Hervorstechend ist wieder die Freiheit der Instruktion, es wird nichts weiter verlangt als ein Abwarten.
Besteht die Lehre der Assoziationspsychologen zu Recht, so
muß solch ein Abwarten gar keine Schwierigkeiten haben,
an die Wahrnehmung a des Rzw. muß sich eine Vorstellung b
anschließen, an diese eine Vorstellung c und damit kann die
Reaktion erfolgen[1]). Von solchen Anschauungen ging wohl
S c r i p t u r e[2]) aus. Wir werden sehen, daß sie nicht zutreffen. Der Mangel jeder eigentlichen Aufgabe macht sich

---

[1]) Ein hier sehr nahe liegender Einwand wird im Anfang vom
III. Kapitel besprochen werden.
[2]) E. W. Scripture: Über den assoziativen Verlauf der Vorstellungen
Phil. Stud. 7.

bei einigen Vpp. in noch viel stärkerem Grade bei der neuen Instruktion als bei der alten bemerkbar, und erst durch das Wirksamwerden von determinierenden Tendenzen kommt die Reaktion zustande.

Vor der detaillierten Besprechung des qualitativen Verlaufs geben wir eine Übersicht über die quantitativen Verhältnisse.

1. Quantitave Analyse.

Die Versuche wurden an denselben Vpp. in derselben Weise durchgeführt, doch konnte ich nicht bei allen die ganze aus 50 Rzw. bestehende Reihe vollenden. Bei Herrn P. R. mußte ich mich auf 28, bei Herrn Dr. A. gar auf 5 Versuche beschränken. Mit Prof. O. ging ich diesmal so vor, daß ich ihm in den 2 ersten Versuchstagen die 25 ersten Worte in deutscher Sprache zurief, in den 2 letzten Tagen die 25 letzten Worte in englischer Sprache. An diesen Tagen wurde auch die Instruktion auf englisch verlesen, das Protokoll in englischer Sprache aufgenommen und überhaupt kein deutsches Wort gesprochen.

Zunächst teile ich in Tabelle 4 die Durchschnittswerte Z und AM wie die mittleren Variationen bei den einzelnen Vpp. mit. In Tabelle 5 stehen die Differenzen der AM und

Tabelle 4.

Vp.	JR				WR				Alle Versuche	
	Z	AM	mV	n	Z	AM	mV	n	Z	AM
Dr. A.	2,6	2,7	0,3	4	—	—	—	0	2,6	2,7
Herr St.	2,6	2,7	0,6	46	—	—	—	0	2,6	2,7
Prof. O.	de. 3,2 | eng. 2,8	de. 3,7 | eng. 2,7	de. 1,2 | eng. 0,5	de. 16 | eng. 12	—	—	—	0	2,9	3,3
Herr Schr.	3,6	3,8	0,9	42	3,0	3,3	0,8	7	3,6	3,7
P. R.	3,8	4,1	0,7	13	3,6	3,6	0,7	15	3,7	3,8
Frau K.	6,0	7,9	3,28	20	4,4	4,6	0,97	30	5,0	5,9
Dr. B.	6,7	7,5	2,5	48	—	—	—	0	6,7	7,5

Tabelle 4 ist völlig analog Tabelle 1 gebaut.

Z der beiden Reihen (natürlich immer Reihe II minus Reihe I) und zwar der Einfachheit halber nur auf die Ergebnisse aus allen Versuchen bezogen. Die Vpp. sind nach der Größe der Zahlen angeordnet. Ziehen wir zum Vergleich noch Ta-

Tabelle 5.

Differenzen von Reihe II minus Reihe I.

	H. St.	Dr. A.	H. Schr.	Prof. O.	P. R.	Dr. B.	Frau K.
A M	0,4	0,6	0,8	1,1	1,1	3,9	4,7
Z	0,4	0,8	0,7	1,1	1,1	3,4	4,0

Die erste Zeile enthält die Namen der Vp., die zweite die Differenzen der AM, die dritte die Differenzen der Z.

belle 1 S. 29 heran, so sehen wir folgende Veränderungen: 1. Während die AM bei Reihe I zwischen 1,2 und 3,6 lagen, fallen sie jetzt in die Zone 2,7—7,5, der kürzeste Wert der II. Reihe ist ebenso lang, wie der drittletzte der ersten, und der längste jener übertrifft den längsten dieser um mehr als das Doppelte. Das spricht von vornherein dafür, daß wir es hier mit reicheren Bewußtseinsprozessen zu tun haben, daß also die Instruktion wirklich zweckentsprechend war. Auch die mittlern Variationen sind gewachsen, halten sich aber bei 5 Vpp. immer noch auf recht niedriger Höhe. Was aber vor allem auffällt, das ist die Änderung in der Reihenfolge der Vpp. Frau K., die bei Reihe I an erster Stelle stand, ist an die vorletzte gerückt und wird nur noch von Dr. B. übertroffen (mit Ausnahme der AM der JR). Frau K. hat auch die größte Veränderung ihrer Durchschnittswerte aufzuweisen, wie aus Tabelle 5 hervorgeht. Die 5 übrigen Vpp. behalten im großen und ganzen ihre Stelle bei, nur tauschen Prof. O. und Vp. St. die Plätze.

Betrachten wir ferner die Größe der Verlängerung der Zeitwerte in Tab. 5, so finden wir, daß Vp. St. die geringste Zunahme aufweist, ihm folgen Dr. A. und Herr Schr., wobei auf die Resultate des Dr. A. der wenigen Versuche wegen nicht allzuviel zu geben ist. Etwas größer sind die Veränderungen bei Prof. O. und P. R., die wir in eine neue Gruppe ordnen möchten, und sehr beträchtlich sind die Zahlen in der letzten Gruppe gewachsen, die Dr. B. und Fr. K. umfaßt.

Wir können aus Vergleich von Tab. 1 und 4 auch ersehen, wie weit sich der Reaktionsmodus verschoben hat, d. h. wie weit die Zahlen der JR und WR sich verändert haben. Zunächst sehen wir, daß die Vpp. die in Reihe I keine (oder nur eine einzige) WR hatten, auch diesmal nie mit einem Reaktionswort reagierten. Dazu kommt hier noch die Vp. St., die in der I. Reihe noch 11 WR hatte. Beträchtlich abgenommen hat die Zahl der WR ferner bei Fr. K., 18 gegen 50, während sie bei Herrn Schr. etwa die gleiche geblieben ist. Bei Herrn P. R. haben die WR dagegen außerordentlich zugenommen, es sind 3 mehr als in Reihe I, obwohl nur wenig mehr als halb so viel Versuche gemacht wurden; er hatte 22 JR weniger.

Betrachten wir jetzt die Mittelwerte der einzelnen Versuchstage, die in der Tabelle 6 angegeben sind, so läßt sich eine auf Übung deutende Verkürzung der Reaktionszeiten nur bei 2 Vpp., Herrn Schr. und St., feststellen.

Tabelle 6.

Tag	Dr. A.		Herr St.		Prof. O.		Hr. Schr.		P. R.		Frau K.		Dr. B.	
	AM	mV	AM	mV	AM	mV	AM	mV	AM	mV	AM	mV	AM	mV
I	2.7	0,3	3,9	0,6	3,6	1,0	4,7	1,0	3,6	0,5	5,4	1,7	6,2	0,6
II	—	—	2,9	0,7	3,8	1,3	4,1	0,9	3,4	0,9	4,5	1,2	9,5	0,9
III	—	—	2,6	0,1	2,7	0,3	4,1	1,2	3,8	0,0[1]	4,7	0,9	7,2	1,8
IV	—	—	2,3	0,4	2,6	0,8	3,2	0,6	4,2	0,6	6,5 (5,1)[2]	2,5 (0,5)	8,7	3,5
V	—	—	2,3	0,5	—	—	3,5	0,6	4,1	0,9	9,2 (7,5)	3,4 (1,7)	7,2	2,8
VI	—	—	2,7	0,5	—	—	—	—	—	—	—	—	5,7	1,9
VII	—	—	2,7	0,8	—	—	—	—	—	—	—	—	—	—

Bei Herrn Schr. ist der Übungseinfluß am größten, demnächst bei Vp. St. Vp. O. hat ein starkes Zurückgehen der Zahlen vom 2. auf den 3. Tag, da dies aber gleichzeitig der Übergang von den deutschen zu den englischen Versuchen ist, dürfte die Übung weniger dabei von Einfluß gewesen sein. Innerhalb der beiden ersten resp. beiden letzten Tage sind die Zahlen fast konstant. Bei allen übrigen Vpp. schwanken die Zahlen auf und ab, so daß keine Gesetzmäßigkeit zu erkennen ist; bemerkenswert ist nur noch das Anwachsen der Werte von Frau K. an den beiden letzten Versuchstagen, das auch dann noch deutlich ist, wenn man, wie in den eingeklammerten Werten, die längsten Zeiten nicht berücksichtigt. Tabelle 7 zeigt wie Tabelle 3 die Verteilung der JR und WR an den einzelnen Tagen und gibt gleichzeitig an, wie viele Versuche jeweils in einer Versuchsstunde vorgenommen wurden.

Tabelle 7.

Tag	Dr. A.		Herr St.		Prof. O.		Hr. Schr.		P. R.		Frau K.		Dr. B.	
	JR	WR	JR	WR	JR	WR	JR	WR	JR	WR	JR	WR	JR	WR
I	5	0	4	0	13	0	6	6	7	1	8	5	8	0
II	—	—	6	0	12	0	6	0	2	4	0	11	7	0
III	—	—	5	0	12	0	7	0	2	0	1	9	5	0
IV	—	—	7	0	11	0	16	4	0	7	3	4	9	0
V	—	—	7	0	—	—	7	3	2	3	8	1	15	0
VI	—	—	10	0	—	—	—	—	—	—	—	—	5	0
VII	—	—	10	0	—	—	—	—	—	—	—	—	—	—

[1]) Nur 2 Versuche.

[2]) Die beiden eingeklammerten Wertpaare ergeben sich, wenn man am IV. und V. Tage jeweils den größten aus der Reihe der übrigen weit herausfallenden Wert fortläßt (nämlich 15,0 resp. 23,6 sec).

Zur Betrachtung der Streuungskurven gehen wir die Vpp. in der Reihenfolge der Tabelle 3 durch, wobei Dr. A. fortbleiben muß. Bei Vp. St., bei dem die Werte der II. Reihe gegenüber denen der I. am wenigsten verändert sind, fällt es sofort auf, daß auch die Streuungskurven große Ähnlichkeit haben. Beide Male ist ein deutlicher nur wenig gegen den Anfang hin verschobener Gipfel vorhanden, dem in beiden Kurven ein schwaches Minimum vorausgeht. Dabei ist auch der Streuungsbereich gleich groß und nur um 0,2 sec verschoben, er umfaßt 3,2 sec. Die Ähnlichkeit im Verhalten der Vp. gegenüber beiden Instruktionen kommt also schon hier zum Ausdruck. Größer ist schon der Unterschied in der Verteilungskurve bei Herrn Schr. Zwar sind auch hier wieder 3 Gipfel vorhanden, aber diesmal ist der mittlere der höchste und auch sonst zeigt der Verlauf keine Ähnlichkeit mit der früheren Kurve. Der Streuungsbereich ist von 3,6 auf 5,0 gestiegen. Für Prof. O. ist das Versuchsmaterial zu verschieden, um einen Vergleich der beiden Kurven zuzulassen, außerdem kamen eine Reihe von Fehlversuchen vor, die nicht zur Berechnung verwertet wurden, so daß das Material nicht sehr groß ist. Zu erwähnen ist jedoch der Unterschied zwischen der deutschen und der englischen Verteilungskurve, daß in der deutschen Kurve der Gipfel auf dem ersten kleinsten Wert liegt, in der englischen dagegen auf der längern Seite. Dies liegt vor allem daran, daß sehr kurze Werte, die bei den englischen Versuchen vorkommen, bei den deutschen ganz fehlen, dort liegt der kürzeste Wert auf 1,4 sec, hier auf 2,4 sec. Bei P. R., wo allerdings wieder erheblich weniger Versuche zur Verfügung stehen, ist gleichfalls bei der Abszisseneinheit von 0,2 sec keine rechte Übereinstimmung zu erkennen. 75 % aller Werte liegen hier zwischen 2,6 und 4,4 sec, in Reihe I dagegen zwischen 1,6 und 3,4 sec. Die Verteilungskurven über der Abszisseneinheit von 1,0 sec bei beiden Reihen sind fast geometrisch ähnlich. Also trat in der II. Reihe eine Verschiebung von 1,0 sec ein, siehe Tabelle 5. Der Streuungsbereich wuchs nur von 3,4 auf 3,8 sec.

Wenig Übereinstimmung finden wir zunächst bei Dr. B., vor allem wegen der viel größeren Streuung. Aus der Kurve mit der Abszisseneinheit 0,2 sec, die also genau die erhaltenen Werte wiedergibt, ist hier gar nichts zu sehen. Zeichnet man eine neue Kurve mit der Einheit von 1 sec, so hat auch diese noch 4 ausgeprägte Gipfel, während die entsprechend umgezeichnete Kurve der I. Reihe einen ganz hohen spitzen Gipfel trägt. Zeichnet man die Kurve der I. Reihe über einer Abszisse von 0,5 sec Einheit, so ähnelt diese Kurve der oben erwähnten von Reihe II schon mehr. Nun ist ja die mittlere Variation der Reihe II mehr als doppelt so groß als bei Reihe I, so daß bei Berücksichtigung dieser Tatsache in der Größe der Abszisseneinheit immerhin eine Ähnlichkeit konstatiert werden kann. Auch der Streuungsbereich ist mehr als doppelt so groß wie bei Reihe I: 12,6 gegen 5,6 sec.

Bei Fr. K. endlich läßt sich ein Vergleich der beiden Kurven gar nicht durchführen. Die Streuungskurve ist bei der II. Reihe ganz flach ohne richtige Gipfel. Mit einer Ausnahme liegen sämtliche WR zwischen 2,6 und 6,4 sec, ein Versuch erzielte den Wert von 8,2 sec. Die JR streuen viel mehr, nämlich von 3,0 bis 23,6. Elf von ihnen, also über 50%, liegen jedoch zwischen 3,0 und 6,2 und sechs weitere noch unter 10 sec, so daß nur drei ganz herausfallen mit 13,2 sec, 15,0 sec und 23,6 sec. Das Maximum der WR liegt bei 4 sec, das der JR bei 5 und 6 sec.

Wir haben damit einen Überblick über die zeitlichen Verhältnisse der Reaktionen bei unsrer II. Instruktion gegeben. Wir sahen, daß sie bei einigen Vpp. im wesentlichen dieselben wie bei der I. Instruktion geblieben waren, daß sie sich aber bei andern Vpp. vollkommen verändert hatten. Die Gründe für diese Erscheinung müssen wir wieder in der qualitativen Analyse suchen, zu der wir uns jetzt wenden.

2. Qualitative Analyse.

Wir besprechen die Vpp. in der Reihenfolge der Tabelle 5, nur Dr. A. wird wegen der geringen Zahl von Versuchen an den Schluß gestellt.

a) Vp. Herr St.

Waren bei dieser Vp. die Ergebnisse der neuen Reihe quantitativ denen der ersten sehr ähnlich, so fragt es sich, ob dieser Übereinstimmung des zeitlichen Ablaufs auch eine qualitative der Inhalte entspricht? In der Tat sind die Versuche der neuen Reihe auch qualitativ denen der alten sehr ähnlich.

In Reihe I war es für die Vp. charakteristisch gewesen, daß sich fast nie die RV unmittelbar an das Rzw. anschloß, sondern daß meistens Zwischenerlebnisse auftraten und ein Vorstellungsablauf vom Allgemeinen zum Individuellen, vom Rzw. über die Zwischenerlebnisse zur RV bzw. dem RW, stattfand.

Ebenso ist es in Reihe II. Nur in wenigen Fällen, 10 im ganzen, schloß sich die erste die Aufgabe erfüllende Vorstellung (V_1) ohne irgendwelche Zwischenerlebnisse an das Rzw. an. Als V_1 wurde also nicht immer die tatsächlich erste Vorstellung bezeichnet, sondern die, welche von der Vp. als V_1 angesehen, als V_1 gerechnet wurde. Daß sich eine V_1 hier öfter unmittelbar an das Rzw. anschloß als in Reihe I, liegt wohl daran, daß in Reihe I häufig ein eingeschobener Inhalt nicht zur Reaktion geeignet war, während er in Reihe II, wo erst mit der 2. Vorstellung reagiert werden sollte, als V_1 ausreichte. 7 von unsern 10 Fällen haben in der Tat denselben Verlauf wie viele Versuche der Reihe I: An das Rzw. schließt sich die visuelle Gegenstandsvorstellung und diese wird durch individuelle, den persönlichen Erinnerungen der Vp. angehörige Vorstellungskomplexe ersetzt.

Z. B. Versuch 32, Fliege, 2,2 sec: V_1 war die visuelle Vorstellung einer Fliege an der Wand, RV eine bestimmte ägyptische Fliegenpatsche.

Dabei kann die RV wieder eine sehr detaillierte, gedanklich reich ausgestattete Erinnerung sein, wie etwa in Versuch 20, liegen, 2,0 sec, wo
gleichfalls hintereinander V_1 und RV auftraten. V_1 war die visuelle
Vorstellung eines Soldaten, der sehr ausgestreckt auf einer Pritsche
liegt, RV die Erinnerung an eine Partie Karten, wo der Mitspielende
sagte, Ober liegt, woran sich eine Reihe von Witzen schloß.

Diese Versuche bringen nichts Neues zu dem schon in
der vorigen Reihe aufgezeigten Haupttypus hinzu, sie verlaufen
ohne e i n g e s c h o b e n e gedankliche Inhalte, nur in Nr. 37
ging das Denken an die RV dieser selbst voran. Die Zeitwerte sind AM = 2,3, Z = 2,2, mV = 0,30, alle erheblich
kleiner als die entsprechenden der ganzen Reihe und von derselben Größenordnung wie in Reihe I.

14 Versuche zeigen bei sonst ähnlichem Verlauf einge-
schaltete Erlebnisse zwischen dem Rzw. und der eine Gegenstandsvorstellung darstellenden V_1. Diese Erlebnisse können
mannigfacher Art sein; meistens waren es gedankliche, zum
Verständnis gehörende Inhalte, die zuweilen zum Schwanken
zwischen mehreren Bedeutungen oder Reproduktionstendenzen
führten, außerdem gelegentlich auch Richtungserlebnisse
und Gefühle; eine Vorstellung kommt nur einmal vor und
zwar eine akustomotorische Wortvorstellung in Versuch 26,
Katalog, 1,6 sec:

Hier schloß sich zunächts das Wort Bibliothek an, womit der Sinn
des Rzw. gekennzeichnet war, V_1 war dann das visuelle Bild eines
Katalogschranks in irgendeiner Bibliothek, RV der Zettelkatalog im
Studierzimmer des Bruders der Vp.

Der spätere Verlauf dieser 14 Fälle war verschieden.
8 mal erfolgte der Übergang von der V_1 zur RV ohne Vermittlung, in 2 Fällen trat die Bewußtseinslage des Suchens
dazwischen, 4 mal waren Inhalte gedanklicher Art eingeschoben.

Eine gewisse Abweichung von der gradläufigen Entwicklung vom
Allgemeinen zum Individuellen zeigt dabei nur Versuch Nr. 9, Rzw.
Zeug. Hier war zwischen Rzw. und V_1 ein Schwanken zwischen 2 Reproduktionstendenzen eingeschoben, die denn auch nacheinander verwirklicht wurden: V_1, ein Stück Tuch, RV das Zeughaus in Augsburg.
Dies ist eigentlich schon eine Ausnahme von unserm Schema, insofern
hier zwei verschiedene Tendenzen nacheinander wirksam werden, von
denen die individualisierte die RV ist. Zwei ähnliche Fälle hatten wir
in Reihe I Nr. 2 und V S. 49 schon angetroffen.

Betrachten wir nun noch die Zeitmittel dieser Gruppe:
Z = 2,6, AM = 2,46, mV = 0,27. Diese Werte liegen zwischen
der Gesamtreihe II und I. Der Z-Wert fällt zwar mit dem

Z-Wert der ganzen Reihe zusammen, dafür liegt aber das AM näher an dem der I. Reihe. Die kleine mV beweist die Berechtigung, diese Versuche in eine Gruppe zu ordnen.

Wesentlich Neues gegenüber den Versuchen der I. Reihe ergaben diese 21 Versuche also eigentlich nicht. Daß die der eingeschobenen Gegenstandsvorstellung entsprechende V_1 häufiger ausgestaltet und durch begleitende Bewußtseinslagen charakterisiert ist, liegt eben an der selbständigeren Bedeutung, die der Gegenstandsvorstellung als V_1 gegenüber der bloßen eingeschobenen Vorstellung zukommt.

Im wesentlichen stimmen noch 4 weitere Versuche mit den beschriebenen überein, von denen wir Nr. 4, Schwert, 3,4 sec, der für das Verhalten der Vp. recht charakteristisch ist, ausführlich zitieren: Es war zunächst die gedankliche Auffassung da, daß das eine Waffe zum Zuschlagen sei[1]). Dann kam der Vp. der Gedanke und das Wort Held und dann ein paar Helden am Rhein, von denen einer Siegfried war; dies die V_1. Nun der Gedankenlauf: „Siegfried und Helden" — die als Vorstellungen gegeben waren — „die haben allerhand miteinander erlebt, die kenne ich ja, man kann es sogar auf dem Theater sehen, er ist sogar erschlagen worden." Damit kam die RV: die Vorstellung des letzten Aktes der Götterdämmerung im Augsburger Stadttheater.

Wir wenden uns jetzt zu den Fällen, in denen zu den Vorgängen, die wir schon aus Reihe I kennen, neue Erlebnisse hinzukamen, in denen V_1 nicht mehr die wirklich erste Vorstellung war, sondern wo ihr eingeschobene Gegenstandsvorstellungen vorausgingen, die in ihr schon individuelles Gepräge erhielten. In der RV geht dann dieser Verlauf weiter, so daß wir hier einen neuen Prozeß zu studieren haben.

9 Fälle verliefen so: auf eine allgemeine Gegenstandsvorstellung folgte eine individualisierte Vorstellung als V_1, an diese schloß sich die RV an.

Z. B. bei Versuch 2, Dorf, 4,2 sec, hatte die Vp. zunächst eine nicht sehr klare visuelle Vorstellung von einem Dorfe in hügliger Landschaft. Dann kam als V_1 das Dorf wo sie gestern gewesen war, und als RV der Weg von dem Dorf in den Wald, auf dem die Vp. sehr oft und auch gestern gegangen war.

Die quantitativen Werte dieser Versuche sind: Z = 3,0, AM = 3,0, mV = 0,73; sie liegen über dem Gesamtmittel der Reihe. Die mittlere Variation ist dabei gegenüber den zwei ersten Gruppen beträchtlich gestiegen, dies hängt mit dem Übergang der V_1 zur RV zusammen, der sich auf sehr verschiedene Weise vollzog.

---

[1]) Fälle so spezialisierten Verständnisses finden sich öfters, vgl. Kap. IV.

Greifen wir zunächst 6 Fälle heraus, in denen Erlebnisse zwischen V_1 und RV nicht eingeschoben waren. Denselben Verlauf wie der eben zitierte Versuch 2 hatten noch 2 andere, Nr. 17 und 41: das in V_1 dargestellte Erlebnis wird fortgesetzt und eine losere Kontiguität ist auch noch in den 2 Versuchen 3 und 30 vorhanden.

Anders verlief Versuch 33, Tulpe, 1,8 sec: an das Rzw. schloß sich die visuelle Allgemeinvorstellung von rot und gelb, wohl auch als Gegenstandsvorstellung aufzufassen, worauf als V_1 und RV zwei ganz verschiedene bestimmte Tulpen folgten.

Wir kommen jetzt zu den 2 Versuchen, in denen zwischen V_1 und RV eigene Erlebnisse auftraten. Sie schließen sich gut an den zuletzt zitierten Versuch an.

Wir zitieren zunächst ausführlich Nr. 43, Dach, 2,8 sec: „Ich sah eine ganze Menge Dächer nacheinander in großer Verschiedenheit. Zuerst ein ganz einfaches Hausdach, dann kam ein Zwiebeldach, dann ein Helmdach, wobei auch das Wort gegenwärtig war. Das verdichtete sich zu V_1: Irgendein einzelner Kirchturm mit einem Zwiebeldach. Ich besann mich wo das ist, akustisch kam Mergentheim, ich meinte aber Tauberbischofsheim, während der Turm, wie mir jetzt nachträglich einfällt, in Lauda ist. Dann kam RV: Der Blick auf Würzburg mit der Menge blauer Schieferdächer, aber keins davon sehr genau herausgehoben."

Der Prozeß läuft hier im großen und ganzen in einer Richtung, nämlich so, daß immer neue Repräsentanten für den Begriff auftauchen. Zuerst sind sie nicht individualisiert und werden nicht als V_1 oder RV angesehen, dann bekommen sie individuelles Gepräge und werden damit zu E r f ü l l u n g s - v o r s t e l l u n g e n, wie wir kurz alle Vorstellungen nennen wollen, die einen Teil der Aufgabe erfüllen. Eingeschaltet in die Reihe ist nun der Wiedererkennungsprozeß bei V_1, der einen doppelten Fehler darstellt[1]).

Sehr ähnlich ist der Versuch 35, Hut, 4,0 sec. Auch hier tritt eine Reihe von einzelnen Repräsentanten des Rzw. auf, die in einem individuellen zur Reaktion führen. In diesem Fall unterbricht V_1 die Entwicklung, die sich nach ihr weiter fortsetzt, indem die erste Gegenstandsvorstellung gleich einen Erinnerungskomplex, eben V_1 hervorruft.

Hierher gehört auch noch der letzte Versuch 10, Bahnhof, 2,4 sec. Gemeinsam mit den drei letzten Versuchen ist ihm die Fülle von Repräsentationen des Rzw., gemeinsam der Anfang mit einer ganz schematischen Allgemeinvorstellung, gemeinsam die RV mit der Vorstellung eines individuellen Repräsentanten des Rzw.; verschieden ist nur V_1, indem als solche eine Reihe von nacheinander auftretenden individualisierten Vorstellungen angesehen wird. Es handelt sich um eine

---

[1]) Im Kap. IV kommen wir hierauf zurück.

Reihe britischer Bahnhöfe, wobei die Entwicklung von Süden nach Norden ging. Hier fehlt noch die selbständige V_1, an die sich dann die RV schließt, so ist dieser Prozeß undifferenzierter, gewissermaßen eine Vorstufe zu den drei zuletzt besprochenen Versuchen[1]).

Neu ist in unsern 9 Versuchen im Gegensatz zu denen der I. Reihe der Fortschritt von einer schon individualisierten Erfüllungsvorstellung zu einer andern. Am einfachsten verlaufen die Versuche 2, 3, 17, 30, 41. Hier liegt der Reproduktion eine Kontiguitäts-Assoziation von Vorstellungen zugrunde. Dabei ist zu bemerken, daß nicht nur die Vorstellungen aufeinander folgten, sondern daß diese Vorstellungen immer nur Teile ganzer Bewußtseinskomplexe waren, deren übrige Teile rein gedanklichen Charakter und zwar den gedanklicher Erinnerungen trugen.

Die Versuche 10, 33, 35, 43 (s. o.) haben dagegen einen total andern Ablauf. Hier werden nebeneinander zwei Determinationstendenzen wirksam, die eine, die immer neue Repräsentanten des Begriffs hervorbringt, die andre, die diese individualisiert.

Wir haben somit aus 34 Versuchen ein Bild von dem Typus der Vp. St. gewonnen und wollen nun an den noch übrig bleibenden 15 Versuchen zeigen, was für Abweichungen von dem Typus vorkamen.

Zunächst greifen wir 7 Fälle heraus, die es charakterisiert, daß die Repräsentationsvorstellungen sämtlich individualisiert sind.

In den Versuchen 25 und 47 schlossen sich an das Rzw. ohne Zwischenglieder zwei individualisierte Repräsentationsvorstellungen an: auf „Wäsche" folgten 2 verschiedene Stellen, an denen Badewäsche ausgebreitet liegt, auf „klimmen" 2 alpine Szenen. Die Zeiten sind auch sehr kurz, 1,8 und 1,4 sec. Hier ist also einfach das Zwischenglied, die allgemeine Gegenstandsvorstellung ausgefallen.

Die übrigen Fälle sind komplizierter, es treten größere Erinnerungskomplexe zutage und vielfach auch Erlebnisse, die für uns besonderes Interesse haben.

Zitieren wir Nr. 31, faul, 2,0 sec: „Zunächst Konstatierung, daß Adjektiv, und Suchen nach einem Träger, ein Erlebnis, das ich in den Satz zusammenfassen könnte: was ist faul." Es folgen 2 Erlebnisse, die den Begriff faul illustrieren (vgl. Kap. II, S. 227).

Diese Aussage zeigt, daß es nicht unsre Willkür war, wenn wir das Auftreten einer Reihe von Sachvorstellungen,

---

[1]) Die einzelnen Teile des Versuchs finden sich im II. Kap. an verschiedenen Stellen beschrieben (s. S. 209, 216, 221).

die dem Rzw. entsprachen, auf die Wirksamkeit von Repräsentationstendenzen zurückführten. Wir sehen aus dieser
Aussage, daß die Vp. darauf gerichtet war, Repräsentanten
für den Begriff hervorzubringen. Und diese Aussage steht
nicht etwa vereinzelt da. Man schlage hier die ganz besonders charakteristische Aussage der Vp. zu Nr. 8 (zitiert im Kap. II
S. 230) nach. Auch die Individualisationstendenz kann in Verbindung mit der Repräsentationstendenz zu solchen Erlebnissen führen, wie in Nr. 27, Rzw. „Trinkgeld", wo die Frage
erlebt wurde, „wo habe ich etwas Besondres mit Trinkgeld erlebt?" Das Verhältnis dieser Erlebnisse zu den entsprechenden
determinierenden Tendenzen kann erst im III. Kapitel behandelt werden.

Von den übrig bleibenden Versuchen sind noch zwei
Gruppen von Interesse. 4 Versuche enthalten nämlich nur
e i n e Vorstellung (RV), die V_1 ist rein gedanklich, und als
RV tritt eine zum Rzw. im Verhältnis der Repräsentation
stehende allgemeine Vorstellung auf.

Bemerkenswert ist in dem hierhergehörigen Versuch 14
die fernliegende Auffassung des Rzw. mahnen als Manen,
entsprechend einem Versuch in Reihe I, Nr. 37, wo sagen
als Sagen aufgefaßt wurde. 2 Ursachen lassen sich hierfür
aufzeigen, erstens, daß als Rzw. meistens Substantiva kamen
und zweitens, daß die Vp. Substantiva am liebsten hatte, weil
sie am leichtesten waren. Dieser Umstand, Erleichterung der
Aufgabe, spricht dafür, daß auch diese Auffassungsweise als
latente Einstellung anzusehen ist, während wir ja sonst die
latente Einstellung von der apperzeptiven streng scheiden.
Es könnte die apperzeptive Einstellung dadurch verstärkt worden sein, daß sie als latente wirkte.

Endlich finden sich 2 Versuche, in denen Klangassoziationen eine Rolle spielen.

Versuch 19, Grotte: V_1 war das Bild einer Nachbildung der
blauen Grotte von Siederhof, die die Vp. einmal gesehen hatte; RV
akustisch mit schwachen visuellen Spuren „Krottenseer Höhle", wobei
die Vp. angab, daß dies teilweise infolge des sprachlichen Anklangs
gekommen sei.

Der andere Versuch dieser Gruppe ist als Fehlversuch anzusehen,
da die Vp. hier nur eine Vorstellung hervorbringen konnte. Das Rzw.
hieß „wie". Die Vp. war von Anfang an unfähig, etwas damit anzufangen.
„Rettender Gedanke, vielleicht heißt's Vieh. Der Unterschied von W
und V visuell. Dies verworfen. Die einzige Assoziation war die sprachmotorische des französischen Wortes oui. Versuch als aussichtslos aufgegeben." Interessant ist hierbei die Tatsache, daß die Vp. gar nicht

auf den Gedanken kam, das erste Erlebnis, das doch Vorstellungen eingeschlossen hatte, als V_1 zu rechnen. Es war verworfen worden, war also nicht intentional, so daß es für die „Wahl“ nicht in Betracht kam.

Fassen wir noch einmal die Resultate von Reihe II kurz zusammen: Wir fanden 1. Versuche, die überhaupt nicht prinzipiell von denen von Reihe I verschieden waren, indem hier die dort nur eingeschobene Gegenstandsvorstellung als V_1 benutzt wurde. 2. Versuche, in denen zu dem alten Tatbestand noch Neues hinzukam, nämlich die sich an die individualisierte V_1 schließende RV. Hier konnte der Prozeß so sein, daß der Komplex RV vom Komplex V_1, sagen wir, reproduziert wurde oder wir trafen auf eine allgemeine Gesetzmäßigkeit, es wurde eine andre individualisierte Repräsentation hervorgebracht. Dies offenbart uns eine neue Eigentümlichkeit der Vp., die die Tendenz hat, eine Fülle von Repräsentationen hervorzubringen, wozu sich, wie auch in Reihe I, die andre determinierende Tendenz gesellte, die Vorstellungen egozentrisch zu wählen.

Betrachten wir noch die Richtung des Ablaufs. Zwei verschiedene Arten in bezug auf den Fortschritt von V_1 zur RV haben wir angedeutet: Der Übergang kann einmal durch die Kontiguität verursacht sein, oder der allgemeinen Gesetzmäßigkeit der Häufung von Repräsentationen folgen. In diesem Falle müssen wir noch unterscheiden, ob die Entwicklung in einer Linie verlief, etwa wie in Versuch 10 (vgl. S. 78), oder ob verschiedene Richtungen nacheinander zur Geltung kamen, was besonders klar bei mehrdeutigen Worten zutage trat.

Dabei macht es keinen Unterschied, ob der Versuch die abgekürzte (Reihe I entsprechende) oder vollständige Form zeigt. Liegt die vollständige Form vor, so kann der Richtungswechsel 2 mal eintreten, nach der Gegenstandsvorstellung und nach V_1. Es kommen alle möglichen Fälle vor, Richtungswechsel nach Gegenstandsvorstellung, nach V_1, nach beiden; am häufigsten der 2. Fall.

Es liegt nun die Frage nahe, ob nicht diese mehrfach erwähnten Determinationen auf Repräsentation und Egozentrizität gemäß dem an früherer Stelle bemerkten latente Einstellungen sind? Beide Tendenzen sind nicht durch die Aufgabe hervorgerufen, beide unbewußt und unwillkürlich. Trotzdem werden wir diese Frage verneinen. Wir haben ausführlich besprochen, wie latente Einstellungen zur Erleichterung der Aufgabe entstehen. Hier haben wir es dagegen mit einer Grundeigenschaft der Vp. zu tun, wenigstens was die Egozentrizität betrifft, während die Repräsentationstendenz allgemeinere Bedeutung hat.

Wohl aber werden wir annehmen können, daß die schon in Reihe I ausgebildete latente Einstellung auf JR auch hier beharrte. Daß eine starke Hemmung gegenüber WR bestand, geht aus 2 Versuchen hervor. In Nr. 7, „schneiden", war mit der visuellen RV das Wortbild „Operationssaal" ganz deutlich gegeben, „es war dem sprechmotorischen gegenüber aber geradezu eine Hemmung gegeben". Auch in Versuch 12, „Land", war mit der visuellen RV das Wort „Karte" gegeben und als RW gemeint, es wurde aber doch mit Ja reagiert. Die latente Einstellung auf JR ist immer fester geworden, es ist in Reihe II keine einzige WR vorgekommen, während das doch in Reihe I 11 mal der Fall war.

Wir kommen nun auf die Wahl von Vorstellungen zu sprechen. Die Gründe, aus denen in Reihe I Vorstellungen verworfen, oder, wie wir jetzt sagen können, nicht zu Erfüllungsvorstellungen benutzt wurden, waren im großen und ganzen zwei: Mangel an Individualität und Mangel an Eindringlichkeit. Dasselbe findet sich in Reihe II wieder, hier müssen wir es freilich mehr aus dem vorliegenden Tatbestand erschließen, als daß wir direkte Angaben darüber haben.

Solche finden sich in Nr. 5, Marmelade, und 35, Hut; die letzte lautete: „auf die andern Vorstellungen nicht reagiert, weil sie wieder verschwanden, nicht langten."

Daß die Wahl der Vorstellungen aber eine sehr große Rolle gespielt hat, leuchtet ohne weiteres ein, haben wir doch immer und immer wieder von eingeschobenen Vorstellungen sprechen müssen, deren Vernachlässigung durch Mangel an Individualität erklärt wird.

Allgemeine Vorstellungen waren eingeschoben zwischen Rzw. und V_1 und zwischen V_1 und RV. Dabei ist nun aber zu beachten, daß als V_1 eine allgemeine Gegenstandsvorstellung stehen konnte, als RV — außer wenn sie die erste überhaupt auftretende Vorstellung war — nie. Die egozentrische determinierende Tendenz wirkt also stärker auf die Reaktionsvorstellung als auf die Erfüllungsvorstellung allgemein.

Woran liegt es nun, ob die allgemeine Gegenstandsvorstellung V_1 wird oder nicht? Überblicken wir die verschiedenen Fälle, so finden wir ausnahmslos, daß dann, wenn die Gegenstandsvorstellungen nur eingeschoben waren, sie etwas äußerst Flüchtiges, Allgemeines, Blasses hatten, während die als V_1 angesehenen entweder ziemlich deutlich und mit Detail ausgestattet waren, oder aber sonst irgendwie das Bewußtsein beschäftigten, sei es, daß Gedanken vorausgegangen waren, sei es, daß sie eine Fülle von unklaren Einzelheiten enthielten.

Als Beispiel für die nicht V_1 gewordene allgemeine Vorstellung sei an Versuch 33, Tulpe, erinnert (s. S. 78), als Beispiel für die eine Art der V_1 an Versuch 20, liegen (s. S. 76), für die andre Art sei Versuch 29, „fahren" zitiert; hier war V_1 zwar die bloße visuelle Vorstellung eines Gefährts auf einer Landstraße, aber es war vorausgegangen (nach der Konstatierung, daß das Rzw. ein Verbum), daß Bewußtsein zweier Möglichkeiten: „entweder etwas Fahrendes oder mich selbst fahrend zu sehen."

Es gibt eine Ausnahme, aber sie ist die beste Bestätigung. Versuch 34, Polster, 3,0 sec. Hier war V_1 ganz blaß und allgemein, ein gepolsterter Sitz, dann RV ein bestimmtes Sofa, aber hier gab die Vp. an: „Lange dabei verweilt, weil ich dachte, es werde noch eine Vorstellung kommen." Die Gegenstandsvorstellung ist also nicht als Erfüllungsvorstellung gemeint gewesen, nur nachträglich als V_1 bezeichnet, weil nicht zwei eigentliche Erfüllungsvorstellungen gekommen sind.

Das Zusammenwirken der beiden determinierenden Tendenzen auf Repräsentation und Individualisierung können wir nun so darstellen: Im allgemeinen wird zunächst die Repräsentationstendenz wirksam. Ist die dadurch hervorgerufene Vorstellung von genügendem Gewicht, so ist damit eine Erfüllungsvorstellung gegeben, ohne daß die andre determinierende Tendenz einzusetzen braucht. Ist die Vorstellung zu fließend, beansprucht sie zu wenig psychische Energie, so wird sie nicht zur Erfüllungsvorstellung und nun tritt die egozentrische Determination hinzu, es entsteht unter der Wirkung der beiden Determinationen die Erfüllungsvorstellung. Werden beide Tendenzen von vornherein wirksam, so kommt sofort eine individualisierte V_1 zustande. Im Übergang von V_1 zu RV können nun entweder wieder beide Tendenzen wirksam sein — wird die Repräsentationstendenz vorher wirksam, so ist die dadurch hervorgerufene Vorstellung n i e Erfüllungsvorstellung — oder aber die egozentrische allein, verbunden mit Reproduktionstendenzen.

Es geht daraus hervor, daß direkt auf Erfüllung der Aufgabe nur die egozentrische Tendenz gerichtet ist, während die andre einem besonderen Zweck dient, indem sie mit dem Verständnis eng verknüpft ist.

b) Vp. Herr Schr.

In Reihe I hatten wir der Vp. Schr. eine etwas veränderte Instruktion gegeben, da sie anfänglich mit der sich an das Rzw. anschließenden Gegenstandsvorstellung reagiert hatte, was keine reiche Ausbeute versprach (vgl. S. 40). Diesmal erhielt sie dieselbe Instruktion wie die andern Vpp.

Das zuerst in die Augen springende Moment bei den Ergebnissen der neuen Reihe ist der große Einfluß, den Gedanken auf den Prozeß ausübten. Es ist nicht ein Versuch da, in dem der Prozeß Rzw.—V_1—RW ohne eingeschobene Zwischenglieder verlaufen wäre und nur e i n e r, in dem nicht auch Gedanken oder wenigstens Richtungen als Bewußtseinslagen eingeschoben waren.

Zwischenerlebnisse fehlten zwischen Rzw. und V_1 nur 4 mal, zwischen V_1 und RV (RW) 13 mal, doch ist hierzu zu bemerken, daß die Vp., wie sie mehrmals hervorhob, den ersten Teil des Prozesses, bis V_1, viel besser erinnern, beschreiben konnte als den zweiten Teil, so daß die angegebene Zahl wohl den wahren Tatbestand übertrifft[1]).

Wir betrachten zunächst die 7 Fälle, in denen V_1 eine Gegenstandsvorstellung, RV ein individualisierter Komplex war. Hierzu gehören zunächst 3 von den 4 Fällen, in denen sich die V_1 direkt an das Rzw. anschloß.

Nr. 42, Gemeinde, 3,6 sec: „V_1 kam sehr bald"; die Vorstellung einer ziemlich weißen Kirche. RV war die Erinnerungsvorstellung einer Situation vor einer ganz bestimmten Kirche. Dazwischen waren aber verschiedene Prozesse eingeschoben, einmal das Wissen des dogmatischen Begriffs Gemeinde und zweitens nach V_1 unter der Nachwirkung des Rzw. eine Ergänzung von V_1, indem nämlich nun Leute in die Kirche gingen. Diese neue Vorstellung (veränderte V_1) ist dann eigentlich zur RV individualisiert worden. Hier haben wir, abgesehen von dem nebenhergehenden Wissen, einen ziemlich reinen Vorstellungsverlauf vom Allgemeinen zum Individuellen. Versuch 44, Seil, 3,6 sec: V_1 war die visuelle Vorstellung eines starken Taues, RV die der Seilerbahn in Rostock. Dazwischen eingeschoben war „Gedankliches über Herstellung, vielleicht auch Tendenz zum Aufsteigen der akustischen Vorstellung Seiler, jedenfalls Gedanke, der auf das betreffende Handwerk

---

1) Diese Angabe dürfte für die Theorie der rückschauenden Erlebniswahrnehmung von Interesse sein; a priori würde man das Umgekehrte erwarten.

tendierte." Hier steht die Entwicklung deutlich unter Leitung von Gedanken.

Bei dem Gemeinsamen, das diese 3 Versuche haben, ist doch auch ihre große Verschiedenheit zu erkennen, und diese Mannigfaltigkeit ist überhaupt charakteristisch für die Vp. Es kommen bei ihr außerordentlich viele Faktoren mitbestimmend in Betracht, so daß die Versuche viel von dem unnatürlichen Charakter der Laboratoriumsexperimente verlieren.

In den 4 andern Fällen waren vor V_1 Inhalte eingeschoben, die mit dem Verständnis zu tun hatten, sei es, daß es sich um ein rein gedankliches Erfassen oder um die uns aus Reihe I bekannte akustische Schwierigkeit durch Voraneilen handelte.

Der Übergang zur RV vollzog sich auf verschiedene Weise, auch so, daß die Gegenstandsvorstellung ergänzt, in eine Umgebung gebracht wurde (Nr. 46, Gelenk).

Wir besprechen jetzt die 9 Fälle, in denen V_1 wieder Gegenstandsvorstellung, RV aber auch allgemein war. Durchweg waren vor V_1 Erlebnisse eingeschoben. In einigen Fällen sind beide Erfüllungsvorstellungen Repräsentanten des Rzw.

Z. B. Versuch 19, Gamasche, 4,4 sec: „Das erste war eine gedankliche Beziehung zu Fuß, Bein. Dann kam akustisch Galosche, mit dem Bewußtsein, daß es etwas andres ist, aber etwas, was man sich sehr leicht damit zusammen vorstellen kann." Dann V_1 die visuelle Vorstellung einer Kindergamasche und RV die visuelle Vorstellung eines sehr auffallend gekleideten (nicht bestimmten) Herrn mit sehr hellen Gamaschen.

Der Versuch lehrt uns mehreres: Es liegt hier eine Wahl von Vorstellungen vor, das Akustische „Galosche" wurde nicht als V_1 angesehen, offenbar weil es nicht eine Repräsentation von Gamasche war. Das heißt aber, es besteht die Tendenz bei der Vp., sich den gedanklich erfaßten Begriff auch vorstellungsmäßig zu repräsentieren. Daher die vielen Gegenstandsvorstellungen. Im übrigen haben wir hier den Verlauf mit mehrfacher Repräsentation, wie wir ihn bei Vp. St. kennen lernten.

Eine andre Gruppe bilden die Versuche 6, 7, 23. Hier schließt sich an die Auffassung des Rzw. eine Gegenstandsvorstellung und diese erweitert sich dann zu einer allgemeinen Vorstellung, etwa Nr. 6, Fusel, 2,6 sec: V_1 ein gefülltes Schnapsglas erweitert zu RV ein Kutscher mit einem Schnapsglas in der Hand. Diese Gruppe hat im Durchschnitt sehr niedrige Werte, s. u.

In einer andern Gruppe von Fällen bilden Gedanken über V_1 den Übergang zur RV.

Nr. 31 und 34, Schild, 2,8 sec und Fliege, 3,4 sec, haben sehr ähnlichen Verlauf. Erst die Auffassung, dann eine Gegenstandsvorstellung, dann ein sich daran anschließender Gedanke: daß der Buckel mit Edelsteinen verziert war, resp. womit man Fliegen fängt und nun die entsprechende RV.

Endlich findet sich noch ein Versuch, der einem der zwei Hauptreaktionstypen der Vp. in Reihe I entspricht: Nr. 45, Dach, 3,8 sec: V_1 Gegenstandsvorstellung RV Benennung. Die lange Dauer erklärt sich durch eingeschobene Erlebnisse.

Das Neue, das die 16 Versuche dieser Reihe, in denen V_1 Gegenstandsvorstellung war, gegenüber ähnlichen Versuchen der Reihe I auszeichnet, liegt einmal darin, daß diesmal der Prozeß viel reicher, komplizierter war. Aber auch in der Art des Überganges von der Gegenstandsvorstellung zur zweiten können wir die Feststellungen von Reihe I ergänzen. Die Benennung fanden wir nur einmal, zur Individualisation kam noch die Ergänzung und endlich lernten wir Fälle kennen, in denen nach V_1 auftretende Gedanken die RV hervorriefen. Diese Fälle sind besonders wertvoll, da in ihnen ein richtiger gedanklicher Fortschritt zu beobachten ist.

Die quantitative Betrachtung, der ja bei der großen Verschiedenheit der Prozesse nicht allzuviel Wert zukommt, liefert folgende Resultate: Sämtliche 16 Versuche mit der Gegenstandsvorstellung als V_1 haben als AM 3,4 sec, als Z 3,5 sec, liegen also etwas unter dem Gesamtmittel aller Versuche und dem der JR, etwas über dem der WR, es ist in ihnen auch nur eine WR enthalten. Die mV zu 0,61 ist nicht unerheblich kleiner als die der Tabelle 4.

Bei Gegenüberstellung der Fälle mit individueller und allgemeiner RV ergibt sich aber folgendes Bild: für individuelle RV ist AM = 3,7 sec, Z = 3,6 sec, mV = 0,50 sec, für allgemeine RV ist AM = 3,2 sec, Z = 2,8 sec, mV = 0,64 sec, die 2. Gruppe verlief also nicht unerheblich schneller als die erste. Ferner unterschieden wir in der ersten Gruppe Fälle, bei denen sich V_1 direkt an das Rzw. schloß, und solche bei denen Erlebnisse eingeschaltet waren. Im ersten Fall erhalten wir AM = 3,3 sec, Z = 3,6 sec, mV = 0,43 sec, (n = 3), im zweiten AM = 3,95 sec, Z = 3,8 sec, mV = 0,55 sec (n = 4), die zweite Gruppe dauerte, wie zu erwarten, deutlich länger als die erste.

War RV allgemein, so haben die Fälle, wo sich RV unvermittelt an V_1 anschloß, diese ergänzt, die kürzesten Zeiten AM = 2,5 sec, Z = 2,6 sec, mV = 0,23 sec (n = 3), die Fälle, wo an V_1 sich Gedanken anschlossen, die RV führten, haben AM = 3,3 sec, Z = 3,4 sec, mV = 0,50 sec (n = 3).

Wir kommen also zu folgender

Tabelle 8.

RV allgemein		RV individuell	
Übergang direkt	Übergang d. Ged.	V_1 direkt	V_1 vermitt.
AM Z	AM Z	AM Z	AM Z
2,5 2,6	3,3 3,4	3,3 3,6	3,95 3,8

Über dem Gesamtmittel liegt nur die letzte Gruppe, alle übrigen mehr oder weniger darunter.

Wir wenden uns nun zu den 7 Fällen, wo vor V_1 schon eine Gegenstandsvorstellung eingeschoben war. In 5 von diesen waren beide Erfüllungsvorstellungen individualisiert, ohne immer visuell zu sein. Greifen wir die 3 ganz visuellen 11, 12, 25 heraus.

Versuch 25, Kellner, 3,0 sec. Hier ist zuerst eine allgemeine Gegenstandsvorstellung, die sich zu einem bestimmten Kellner in einem bestimmten Lokal individualisiert (V_1) worauf eine andre Ansicht des Lokals folgt (RV). Auf 11 und 12 kommen wir später (S. 90) zu sprechen.

In den beiden andern Fällen war V_1 akustomotorisch.

In der Entwicklung Rzw.—Gegenstandsvorstellung—V_1 bestätigen diese Versuche, die uns bekannte Tatsache: der Fortschritt zu RV geschah allgemein durch Kontiguität.

Die beiden letzten Fälle unsrer größern Gruppe sind verschieden. In dem einen, Nr. 35, Tulpe, folgt auf die individualisierte V_1 der Gedanke an Pflanzen einsetzen und es folgt RV die visuelle Vorstellung, einer Blumenzwiebel, die Entwicklung V_1 — RV vollzieht sich also auf bekannte Weise. Im andern Fall, 4, Schwert, in dem V_1 nur eine Erweiterung der Gegenstandsvorstellung war, wird nach eingeschobenem Gedanken plötzlich mit dem RW gladius abgebrochen.

Diese Versuche dauerten viel länger als die vorher beschriebenen, ihr AM ist 4,3, $Z = 3,8$ sec, sehr groß ist ihre $mV = 1,04$ sec.

Erinnern wir uns an Reihe I, so möchte es scheinen, daß auch dort schon gleiche Fälle vorkamen, daß Reihe II hier also kaum einen Fortschritt gegenüber Reihe I bedeutet. Gab es doch auch dort 6 Fälle, in denen außer der visuellen Gegenstandsvorstellung noch andre Vorstellungen zwischen Rzw. und RV (RW) eingeschoben waren (vgl. S. 43). Doch waren dort die zwischen dem Rzw. und der RV auftretenden Vorstellungen durchweg sehr blaß oder für den Vorgang gänzlich belanglos, hätten nie als Erfüllungsvorstellungen dienen können.

Es ist also nicht das gleiche, ob ein Ablauf von Vorstellungen 3 Glieder enthält, von denen eines oder von denen 2 Erfüllungsvorstellungen sind. Das zeigt sich auch ganz deutlich an den Zeitwerten. Die für die Versuche von Reihe I bleiben weit hinter den eben wiedergegebenen zurück, AM = 3,0, Z = 2,9.

In einer neuen Gruppe von Fällen (14 Versuche) sind beide Erfüllungsvorstellungen individualisiert, ohne daß eine allgemeine Gegenstandsvorstellung vorangeht. In 9 von ihnen sind beide Erfüllungsvorstellungen visuell, in 3 nur V_1, in 2 nur RV.

Wir teilen einiges über die Aufeinanderfolge der Vorstellungen mit.

Zwischen Rzw. und V_1 waren, mit einer Ausnahme, wieder Gedanken eingeschoben. 11 mal war wieder die Auffassung der Vp. vorangeeilt, es war schon ein andres Wort als das Rzw. akustisch ins Bewußtsein getreten.

In bezug auf die Entwicklung V_1—RV greifen wir 3 Typen heraus. In einer Gruppe von 3 Versuchen tritt als V_1 die Vorstellung von einer bestimmten Person oder der Gedanke an sie verbunden mit einer individualisierten akustischen Vorstellung auf, als RV die Vorstellung der Gemeinschaft, in die die V_1 gehörte. Es handelt sich also wieder um Ergänzung, wie wir sie schon antrafen. Die Zeit dieser Versuche ist kurz, AM = 2,8, Z = 2,6, mV = 0,53.

In 3 andern Fällen wird die Vermittlung zwischen V_1 und RV von Gedanken übernommen; ein Beispiel sei kurz zitiert:

Nr. 29, Katalog, 3,6 sec: V_1 das visuelle Bild eines bestimmten Antiquariatskatalogs. „Da dachte ich daran, daß ich in letzter Zeit speziell mit St. viel über antiquarische Bestellungen gesprochen habe", da kam RV die Situation, wie die Vp. eine Bücherbestellkarte in den Briefkasten wirft.

Unterschieden sind diese Fälle von den vorigen auch dadurch, daß V_1 mehr den Charakter der Repräsentation des Begriffes hat, während bei den frühern Fällen sofort eine ganz genaue Erinnerung auftrat, die mit dem Rzw. nur lose verknüpft war.

In der dritten Gruppe endlich werden Konstellationen wirksam, die auch nach V_1 einen Richtungswechsel hervorrufen.

Die übrigen Fälle stehen den 3 Gruppen teils mehr oder weniger nahe, teils lassen sie eine latente Einstellung erkennen und werden darum später (S. 90) behandelt.

Wenden wir uns nun zu der letzten großen Gruppe von Fällen, 9 im ganzen, wo V_1 eine allgemeine akustische Vorstellung war. In 5 Fällen ist RV visuell individualisiert, 2 mal durch Nachwirkung früherer Versuche, 3 mal ist der Verlauf so, daß sich ziemlich äußerlich an das Rzw. ein andres Wort als V_1 und an dieses eine sehr individualisierte, repräsentative Vorstellung anschließt. Die Versuche sind auch alle 3 dadurch ausgezeichnet, daß zwischen Rzw. und V_1 komplizierte Erlebnisse eingeschaltet sind.

In den übrigen Versuchen blieb das Wichtige am Ablauf meist im Gedanklichen, 2 mal findet sich noch ein Abbrechen und Neuanfangen.

Auch ein Fehlversuch trat auf, d. i. ein Versuch, wo die erste Vorstellung als RW benutzt wurde, und zwar ebenso wie bei Vp St. beim Rzw. wie 1,8 sec. Hier war sofort die Erinnerung an den entsprechenden Versuch der I. Reihe, doch konnte die Vp. nicht das RW von damals finden und reagierte nun mit wo, dem damaligen Rzw., selbst.

Wir heben zum Schluß noch einmal die Hauptprinzipien heraus, nach denen wir die Versuche der Vp. Schr. geordnet haben.

Wir faßten zunächst die Fälle zusammen, in denen V_1 eine Gegenstandsvorstellung des Rzw. war; wir fanden hier wie in Reihe I einen doppelten Ablauf vor: entweder Individualisierung oder Benennung, aber auch noch eine neue Möglichkeit der Entwicklung: an V_1 schlossen sich Gedanken, die zu RV führten; d. h. die Vorstellungen, die schließlich auftreten, stehen in so engem Zusammenhang mit vorher aufgetretenen Gedanken, daß wir den Gedanken einen, nicht assoziativ-reproduktiven, Einfluß auf den Vorstellungsverlauf zuzuschreiben getrieben werden, und zwar so, daß die Gedanken determinierende Tendenzen auslösen, die eben den Reproduktionsprozeß beeinflussen.

Im III. Kapitel werden wir diese Ansicht ausführlich begründen.

In eine zweite Gruppe ordneten wir die Versuche, in denen sich zwischen Rzw. und V_1 eine Gegenstandsvorstellung eingeschoben hatte. Meistens waren dann beide Erfüllungsvorstellungen individualisiert.

Einen neuen Typus bildeten die Fälle, in denen sich eine Erinnerungsvorstellung unmittelbar, d. h. ohne Repräsentationstendenz an das Rzw. anschloß und sich dann erweiterte. Diese Fälle waren die zeitlich kürzesten.

Als letztes Prinzip konnten wir endlich noch erkennen, daß Gedanken, die nach V_1 auftraten, sich nicht an V_1, sondern an das Rzw. anschlossen, so daß ein „Abbrechen" stattfand, das Rzw. enthielt eine neue Bedeutung, die wieder repräsentiert wurde.

Einige allgemeine Charakteristika seien noch einmal erwähnt: das mehrfache Auftreten von der Vp. geläufigen Vorstellungen, der Einfluß, den frühere selbst lang zurückliegende Versuche übten, Schwierigkeit mit dem Verständnis durch Vorauseilen der Vp.

Fragen wir uns, welches die wichtigsten unter all den Tendenzen waren, so ist es wohl die Tendenz zu individualisieren und die Repräsentationstendenz gewesen. Diese Frage führt uns schon zum Gesichtspunkt der Wahl der Vorstellungen: ebenso wie in Reihe I verhindern Flüchtigkeit, Undeutlichkeit, daß eine Vorstellung Erfüllungsvorstellung wird. Mangel an Individualität wurde in Reihe II nicht angegeben, wohl aber Fehlen der repräsentativen Funktion.

Sehr stark wirkte die Instruktion. Einmal gab die Vp. an, wie sie weiter getrieben wurde zu etwas Neuem (Versuch 11), ein andermal daß „immer etwas mitgeht, was aufpaßt, wann es Zeit (sc. zur Reaktion) ist". Wir haben hier also noch eine von der Aufgabe als solcher ausgehende Tendenz, die nach der Lösung zielt.

Eine latente Einstellung auf JR können wir im Anfang konstatieren, die wohl von Reihe I her perseverierte. 2 mal hintereinander, Versuch 4 und 5, war RV akustomotorisch und drängte zur Aussprache, trotzdem wurde mit Ja reagiert.

Eine neue seltsame latente Einstellung hat sich am zweiten Tage gebildet, die allerdings nur an diesem Tage auftrat. Der 2. Versuch des Tages, Nr. 8, Spielbank, 3,2 sec, verlief so: eingeschobene akustische Vorstellung Spielhölle, V_1 visuelles Bild vom Spielsaal in Monte Carlo, dies entwickelt sich so weiter, daß die Richtung hinaus zur Terrasse ging, als RV der Blick von der Terrasse aufs Meer visuell gegeben war. In Versuch 10, Zeug, 4,8 sec, wiederholt sich dieser Prozeß: V_1 das Zeughaus in Berlin, dann eine Richtung und als RV der in der Nähe befindliche Lustgarten. Auch die beiden übrigen Versuche dieses Tages, 11 und 12, hatten den gleichen Ablauf.

Es liegt also augenscheinlich eine richtige l. E. vor, eine einmal mit Vorteil benutzte Lösungsweise wird bis zum Schluß des Versuchstages angewendet.

c) Vp. Prof. O.

Die II. Versuchsreihe mit Prof. O. wurde, wie schon erwähnt, in 4 Tagen durchgeführt, in den ersten beiden Tagen

Versuch 1—25 in deutscher, in den letzten beiden Versuch 26—48 in englischer Sprache. Wir behandeln die deutschen und englischen Versuche gemeinsam.

In Reihe I war es für die Vp. charakteristisch gewesen, daß das Verständnis des Rzw. ihr Hauptinteresse gehabt hatte und Vorstellungen immer als Träger des Verständnisses zu betrachten waren. Häufig war es aber gar nicht zu Vorstellungen gekommen (vgl. S. 59).

Die neue Instruktion machte ein solches Verhalten unmöglich, da ja 2 Vorstellungen oder doch 2 getrennte Bewußtseinsinhalte verlangt wurden. Die Folge war eine ungeheuer große Zahl von Fehlreaktionen, d. h. solchen, in denen nur eine oder gar keine Erfüllungsvorstellung im Bewußtsein gewesen war. Es waren 20 solche Fälle, 9 deutsche, 11 englische, also über 40 % aller Versuche. Wir gehen zunächst auf die Versuche mit richtigen Reaktionen ein.

Über die Bedeutung, die bei der veränderten Instruktion die Vorstellungen hatten, stehen uns eine Reihe von Aussagen der Vp. zu Gebote, aus denen klar hervorgeht, daß auch diesmal wie in Reihe I die Vorstellungen nur eine repräsentative Funktion und an sich gar keinen Wert haben. Im Anfang (Versuch 8) gab die Vp. direkt an „V_1 soll immer das Rzw. vorstellen". Weitere typische Angaben finden sich im nächsten Kapitel auf Seite 245. Diese direkten Angaben werden, noch durch indirekte bestätigt: in Versuch 23, Kellner, 2,6 sec, kam gleich als V_1 eine dunkle Gegenstandsvorstellung; darauf reagierte die Vp. fälschlicherweise und gab an: „mir kam in den Kopf, man braucht keine zweite Vorstellung, das ist schon Kellner." Die repräsentative Funktion der Vorstellung ist also erfüllt, und damit begnügt sich die Vp. Ebenso wird in Versuch 18 und 19 angegeben, daß die Vorstellungen überflüssig, nebensächlich seien, weil sie das Verständnis nicht klarer machten.

Auf eine dritte Weise wird unsre Behauptung bestätigt, nämlich durch Versuche, bei denen die Vorstellung der Bedeutung nicht oder nicht völlig entsprach. Versuch 1, Schwank, 13,0 sec (!): V_1 war eine Annonce mit dem Wort Fest; hier störte es, „daß V_1 das Verständnis nicht illustrierte"; keine RV.

Ein andermal (Versuch 10) meinte die Vp., wenn ihre V_1 richtig wäre, müßte das Rzw. anders lauten (Rzw. rufen, V_1 Prof. Külpe, der gerade einen Ruf bekommen hatte); die Vp. dachte, „wenn es sich um Külpe handelt, müßte es b e rufen heißen." Im Versuch 37 stellte die Vp.

die Überlegung an, ob sie mit einer Vorstellung reagieren dürfe, sie entschied sich positiv, da die Vorstellung zwar nicht ganz adäquat, aber auch nicht ganz inadäquat sei.

Sehen wir uns jetzt die Vorstellungen selber an. V_1 war mit ganz wenig Ausnahmen eine Gegenstandsvorstellung; unter den 28 richtigen Fällen 24 mal, davon 23 mal allgemein, 1 mal individuell, indem auf Bahnhof gleich der Würzburger Bahnhof auftauchte.

Von den 4 abweichenden Fällen ist in Nr. 37 V_1 noch in einem zurückgebliebenen Stadium, da der Verständnisakt als V_1 benutzt wird, Gegenstandsvorstellung ist dann RV.   In Nr. 10 hat die visuelle individualisierte Vorstellung wenigstens teilweise repräsentativen Charakter. In Versuch 22 ist in V_1 neben dem Verständnis das Schriftbild gegeben, und in Nr. 39 endlich eine andre Vorstellung, die aber noch unter dem Drang der Instruktion erzeugt wurde.

Individuelle Vorstellungen als RV traten nur 6 mal im ganzen auf.

Bei der Untersuchung über die Art und Weise der Aufeinanderfolge der 2 Erfüllungsvorstellungen greifen wir aus den 17 (10 + 7) Fällen, in denen V_1 Gegenstandsvorstellung und RV allgemeine visuelle Vorstellung war, diejenigen heraus (13), in denen die Entwicklung in einer Richtung verlief, und unter ihnen wieder 11 gleiche Fälle, in denen RV eine Ergänzung zu V_1 darstellt.

Z. B. Nr. 4, Schwert, 2,4 sec, wo V_1 das Bild eines Schwertes war und RV das eines Ritters; oder Nr. 25, Horn, 3,4 sec, wo auf die Gegenstandsvorstellung V_1 das visuelle Bild des Kopfes einer Kuh als RV hinzutrat. Unter Umständen geht die Ergänzung auch so vor sich, daß etwas sehr Undeutliches deutlicher wird, wie in Nr. 35, jewel, wo V_1 etwas ganz Unbestimmtes war, woraus ein Ring und schließlich als RV ein Perlring wurde. Numerisch ergeben sich folgende Werte:

Tabelle 9.

	alle Versuche n = 11	deutsche n = 6	englische n = 5
AM	2,78	3,1	2,3
Z	2,8	3,2	2,2
mV	0, 5	0,4	0,5

Die Zahlen sind also im AM durchweg kleiner als die entsprechenden der Tab. 4, im Z für die deutschen Versuche gleich, sonst auch kleiner, für die deutschen ist die mV nur ein Drittel der mV aller Versuche, während die mV der englischen ebenso groß ist wie die entsprechende sämtlicher englischen Versuche. Dazu ist aber zu bedenken, daß in den beiden längsten Fällen 3,8 deutsch, 3,0 englisch die

Vp. angab, sie habe zu spät reagiert; berücksichtigen wir dies, so werden alle Werte (mindestens die AM und mV) noch kleiner und es ist klar, daß wir es mit einer Gruppe von Versuchen mit verhältnismäßig leichtem Verlauf zu tun haben. Dazu paßt vortrefflich eine spontane Angabe der Vp. bei dem nicht in diese Gruppe gehörenden Versuch 36: „The progress from one image to another is not a natural one with me, except in the case, where I join parts of one object."

In 2 weiteren Fällen tritt zwar wieder zunächst eine solche Ergänzung ein, sie wird aber nicht zur RV benutzt; in einem Fall kam vielmehr eine andre, in der gleichen Richtung liegende Vorstellung, während in den andern ein Richtungswechsel eintrat, so daß RV mit dem Rzw. in Zusammenhang stand. Damit haben wir bereits den Übergang zu einer neuen Gruppe von Versuchen vollzogen: V_1 vis. Gegenstands-, RV vis. Allgemeinvorstellung, beide vom Rzw. aus bedingt. Z. B. Nr. 46, tun, wo als V_1 und RV die Gegenstandsvorstellungen der beiden Bedeutungen (Faß und Gewicht) auftraten.

Noch in 7 andern Fällen war V_1 Gegenstandsvorstellung; 5 mal war RV dann individualisiert.

Z. B. Versuch 19, Grotte, 5,4 sec, V_1 eine Gegenstandsvorstellung, in RV wurde nun in dieser Grotte ein Kopf gesehen und das neue Bild sollte eine Lionardosches Gemälde darstellen.

Die beiden andern Fälle sind charakteristisch dafür, wie die Vp. ihre Aufgabe zu erfüllen versuchte und für die Auswege, die sie fand, wenn keine Vorstellungen auftraten.

Nr. 33, bolster (Polster), 2,8 sec: V_1 Gegenstandsvorstellung, dann infolge des Klanglichen, das nach oyster hin klang, Überlegung, ob der Versuchsleiter auch wirklich bolster gesagt hat. Diese Überlegung benutzt die Vp. nun als RV!

Nr. 27, catalogue, 2,4 sec. V_1 Gegenstandsvorstellung. Dann Schließen der Augen, um das Bild zu entfernen und ein neues zu erhalten: „this shutting out of the V_1 of a kinaesthetic sort seemed sufficient to serve as RV."

Wir haben diese beiden Versuche nicht zu den Fehlversuchen gerechnet, weil die Vp. die Aufgabe erfüllt zu haben glaubte und ja auch tatsächlich 2 verschiedene Bewußtseinsinhalte den Charakter als Erfüllungsvorstellung erhielten. Die eigentliche Aufgabe war in ihnen natürlich nicht erfüllt.

Wir wenden uns jetzt zur Besprechung der wirklichen Fehlversuche. Hier müssen wir diejenigen, bei denen wenigstens e i n e Vorstellung auftrat, von denen unterscheiden, wo überhaupt Vorstellungsmäßiges nicht beobachtet werden konnte; ihre Zahl verhält sich wie 11 : 9.

In 10 Fällen trat V_1 als Gegenstandsvorstellung auf. Es fragt sich, warum ging der Prozeß nicht über V_1 hinaus? Die Vp. gab in Nr. 1, 21, 36, 47 an, daß sie vergeblich auf eine weitere Vorstellung gewartet habe; 3 mal reagierte sie sehr bald, nämlich nach 3,2 sec, 2,8 sec, 2,4 sec, nur im ersten Versuch wartete sie sehr lange: 13,0 sec. Der Grund für das Ausbleiben muß in diesen Fällen in der Beschaffenheit der V_1 gesucht werden. Diese war zu blaß, oder sie gehörte dem kinästhetischen Gebiete an, oder schließlich sie stand nicht im richtigen Verhältnis zum Verständnis.

In Versuch Nr. 41, rope, lag die Schuld daran, daß die Vp. zwischen 2 Worten als Rzw. schwankte: ob es rope oder robe sein sollte. Sie hatte auch Gegenstandsvorstellungen von beiden, „but I did not attend to them, as I wanted to find out, which was the proper word".

In Nr. 23 und 13 lag für die Vp. gar kein Bedürfnis vor, über V_1 hinauszugehen.

In 3 Fällen 30, 31, 40 war der Grund für den Fehlversuch rein äußerlicher Natur, indem eine Störung durch sensugene Faktoren den Ablauf unterbrach.

Schließlich bleibt noch Versuch 8 übrig, der einen andern Verlauf hatte. Die Vp. faßte das Rzw. Zeug ganz allgemein auf, wie Ding. Dann kam allmählich V_1, ohne daß die Vp. den Grund kannte, das visuelle Bild einer kleinen Wage. Nun überlegte sich die Vp., ob ihre Auffassung des Rzw. auch die richtige sei und reagierte schließlich nach der langen Zeit von 13,4 sec.

Diese 11 Fehlversuche stellen eine treffliche Ergänzung und Bestätigung der richtigen Versuche dar, und zeigen, wie nahe die Versuche von Reihe II denen von Reihe I stehen: der Vp. ist es immer in erster Linie um das Verständnis zu tun, beachtet sie doch in Versuch 41 (s. o.) die beiden Gegenstandsvorstellungen gar nicht, so daß sie nicht zu Erfüllungsvorstellungen werden konnten.

Wir besprechen jetzt die Fälle, in denen überhaupt keine Vorstellung auftrat.

Zunächst Nr. 43, joint (Gelenk), 3,6 sec. Hier faßte die Vp. erst die Bedeutung des Wortes auf, die es im slang Gebrauch hat, dann merkte sie, daß das nicht die gewöhnliche Auffassung sei, und wurde dadurch verwirrt und die Tendenz zur Reaktion wurde siegreich. Nachträglich aber kam noch eine Gegenstandsvorstellung eines Knochens.

In 4 andern Fällen kam die Vp. nicht über das bloße Verständnis hinaus. Am einfachsten war es bei Versuch 20, streng, wo die Vp. nach dem Verständnis auf eine Vorstellung vergeblich wartete und nach 4,6 sec abbrach. Bei Nr. 16 und 34 ging dem richtigen Verständnis ein falsches voraus (Nr. 16, faul zuerst als fowl, Huhn, aufgefaßt). Am kompliziertesten war Versuch 28, tip (Trinkgeld), der erst nach 8,0 sec zur Reaktion führte. Hier war zunächst „motor expectancy" mit „slight emotional tinge". Dann ein Suchen und Wissen, daß die Vp. noch nichts gefunden habe. Schließlich siegte wieder die Reaktionstendenz zu einer Zeit, wo nur die Auffassung des Worts als Trinkgeld deutlich war, ganz dunkel daneben auch noch die Bedeutung Spitze.

In Nr. 45 und 48 trat wieder eine äußere Störung ein, in Nr. 17 und 24 Gamasche und Abtei war der Vp. das deutsche Rzw. unbekannt. Beide Male traten Klangassoziationen, der Vp. bekannte Wörter, auf, die aber nicht als Erfüllungsvorstellung benutzt wurden.

Wie wir sahen, hat sich die Vp. die Erfüllung der Aufgabe sehr gewissenhaft vorgenommen, und mehrmals kam ihr während der Hauptperiode auch die Aufgabe zum Bewußtsein.

In Versuch 2 war nach V_1 gleich das Erlebnis da, „es muß noch etwas dazukommen", und in vielen andern Versuchen war, wie erwähnt, das Streben nach Vorstellungen bewußt. Sehr lehrreich hierfür ist die Angabe der Vp. bei Nr. 47: „I seemed to have a feeling as though after apprehending the word, that there should two kinds of experiences come to mind, and that after these two the reaction is to come." Wir müssen also auf eine sehr intensive Vorbereitung schließen. Das Bewußtwerden der Aufgabe zeigt sich auch in den Fällen, wo die Vp. überlegt, ob sie eine oder schon zwei Vorstellungen gehabt hat (Angabe bei Nr. 12 und 29). Endlich wurde im 2. Teil der Versuche die starke Tendenz zur Reaktion häufig bewußt, und zwar immer bei Fehlversuchen, wenn der Fortgang ins Stocken geraten war. So gab die Vp. bei Nr. 28, 30, 43 an, daß die zu stark gewordne Reaktionstendenz die Unterbrechung des Versuchs herbeiführte.

Noch andres kommt für die Dynamik des Vorstellungsablaufs in Betracht. Es scheint, als ob die Vorstellungen im allgemeinen ruckweise plötzlich kamen und verschwanden, indem entweder die eine die andre verdrängte (Nr. 11) oder 'die Ausschließung in andrer Weise abrupt vor sich ging durch Blinzeln (Nr. 27) oder durch Herabfallen eines Vorhangs (Nr. 44). Einmal löschte RV die V_1 auch nur teilweise aus (Nr. 18).

Von der Wahl der Vorstellungen haben wir schon gesprochen, auch gezeigt, daß die Vp. nicht sehr hohe Anforderungen an ihre Erfüllungsvorstellungen stellte.

Interessant ist noch Versuch 5, Marmelade. Hier war V_1 eine Büchse mit Marmelade, RV ein Löffel: „Dies schien mir nicht so geeignet zu sein ... da kam der Gedanke hinzu, er sollte Marmelade in sich haben." Darauf wurde reagiert. Diese Angabe ist wichtig als ein Hinweis darauf, daß auch in dem Fall, wo eine RV als Ergänzung zu V_1 auftrat, doch die Beziehung zum Rzw. das Maßgebende ist, daß also RV auch noch repräsentative Funktion hat.

Die Versuche der II. Reihe haben uns also kein prinzipiell neues Resultat gebracht. Dafür boten sie eine glänzende Bestätigung der aus Reihe I abgeleiteten Sätze und gewährten uns tiefere Einblicke in die Natur der betrachteten Prozesse.

d) Vp. Herr. P. R.

In Reihe I war es für diese Vp. charakteristisch gewesen, daß sie sich um ein möglichst ausführliches Verständnis bemühte und dies mit Hilfe von Definitionen und Vorstellungen zu erreichen suchte. Den gleichen Prozeß beobachten wir hier. Jedesmal schließt sich an das Rzw. ein gedanklicher Verständnisprozeß, der mehr oder weniger ausgeprägt ist, vom bloßen Bewußtsein der verschiedensten Richtungen, wie bei Nr. 8, Zeug, bis zum speziellen gefühlsbetonten Verständnis, etwa bei Nr. 19, liegen.

In 17 Fällen, also 61 %[1]), waren Definitionen des Rzw. im Verlauf enthalten.

Es fragt sich nun, wie vollzieht sich der Fortschritt, der Übergang von V_1 zur RV?

Zunächst fällt auf, daß von den 15 Fällen, in denen V_1 eine Definition war, 8 mal eine WR erfolgte, wobei 2 mal auch visuelle Vorstellungen auftraten, und daß außerdem RV 6 mal nur motorische Inhalte enthielt, dagegen nur 1 mal rein visuelle Vorstellungen in RV gegeben waren.

Betrachten wir zunächst die 8 WR. An 7 von ihnen läßt sich ein gemeinsamer Zug konstatieren. Es tritt zuerst das Verständnis auf, dann eine Definition, die einmal (Nr. 18, Grotte) noch eine erfüllende Vorstellung enthält, und dann kommt plötzlich akustomotorisch RW, etwa so, wie im gewöhnlichen Assoziationsexperiment sich das RW an das Rzw. anschließt. In den Fällen, wo visuelle Inhalte dabei sind, 3 und 17, sind sie bloße Verdeutlichungen des zunächst auftauchenden Wortbildes.

Einige Beispiele: Versuch 17, Gedicht. Zuerst Verständnis, dann Streben nach größerer Klarheit, das zur Definition führte (V_1). Nun kam wieder ohne gedankliche Vermittlung RW Goethe, damit visuell die berühmte Goethebüste und zwar bezogen auf das Literaturgeschichtsbuch der Vp. Hier ist die Reproduktion Gedicht—Goethe sehr nahe liegend, kam doch Goethe bei gleichem Rzw. noch bei 3 andern Vpp.

---

[1]) Wegen Zeitmangels konnten mit Vp. P. R. nur 28 Versuche durchgeführt werden (vgl. Tab. 4).

(Schr., O. und Fr. K.) vor [1]). Oder Nr. 19, liegen, wo nach einem Verständniserlebnis und einer Definition als V_1 von selbst als RW „Bett" kam.

Das AM dieser Fälle beträgt 4,1 sec, ihr Z 4,0 sec, bei einer mV von 0,76 sec.

Von den Fällen, in denen es zwar nicht zur WR kam, wo aber die RV doch akustomotorisch war, gehören 4 Fälle hierher.

Versuch 4 und 10 stimmen noch darin überein, daß bei ihnen als RV Anfänge sehr bekannter Lieder auftraten. (Schwert: Du Schwert an meiner Seite; rufen: Es braust ein Ruf wie Donnerhall.) Nicht sehr verschieden von diesen vier ist noch Versuch 9, Bahnhof, wo nach der Definition (V_1) als RV ein durch Konstellation naheliegendes Wort kam.

Diese Fälle sind prinzipiell nicht von den eben besprochenen WR-Fällen geschieden, was auch in den Zahlen zum Ausdruck kommt: AM = 4,4 sec, Z = 3,8 sec, mV = 0,8 sec (Nr. 10 fällt mit 6,0 sec aus den übrigen heraus und verschuldet die hohe mV). Die Werte beider Gruppen zusammen sind AM = 4,2, Z = 3,9, mV = 0,77 (n = 12), also etwas höher als die Werte der Tabelle 4.

Im Verlauf der Versuche setzen sich die WR erst allmählich durch, um dann das Feld zu behaupten. Nun sahen wir in Reihe I, daß die JR der Vp. natürlicher ist als die WR, wenn jetzt WR doch die Oberhand gewinnen, so liegt das eben an der Natur des Prozesses, der zur 2. Erfüllungsvorstellung führt. Dieser Prozeß ist eine Verbindung zweier akustomotorischer Vorstellungen, unabhängig von den übrigen, für die Vp. charakteristischen Bestandteilen. Auch dieser Punkt spricht also dafür, daß die Art, wie die RV im allgemeinen gebildet wurde, keine natürliche war.

In den 3 Fällen mit Definition als V_1, die anders als das Gros verliefen, trat einmal eine doppelte Definition auf, einmal ein Bedeutungswechsel und einmal wurde eine assoziative Reproduktionstendenz wirksam, Nr. 15, Pulver, wo nach der Definition V_1 als RV das Bild des Mönches Berthold auftrat.

Damit haben wir die Fälle überblickt, in denen eine Definition als V_1 diente. Eine solche kam aber auch an andrer Stelle vor, obwohl viel seltner. 2 mal war sie vor V_1 eingeschoben; in Versuch 10, rufen, war sie zu allgemein, so daß als V_1 erst eine bessere Definition gerechnet wurde

---

[1]) Vgl. ferner F. Reinhold, Beiträge zur Assoziationslehre auf Grund von Massenversuchen. Zeitschr. f. Psychol. 54. 1909. S. 192.

(Wahl!). 3 mal war eine Definition auch nach V_1 eingeschoben.

Zwei Fälle, in denen die nicht genaue Definition V_1 verbessert
wurde, gehören zu der besprochenen Hauptgruppe, der dritte, Nr. 14,
Halbmond, 2,8 sec, hatte folgenden Verlauf. Hier kam nach dem
Verständnis, das nicht begrifflich klar gemacht werden konnte, V_1 die
Gegenstandsvorstellung einer Mondsichel (in der Heimat der Vp. wird
als Neumond die erste Sichel bezeichnet). Daran schloß sich sofort
eine Erklärung: kann mathematisch berechnet werden, und dieser Gedanke führte zur WR Astronomie. Der Versuch ist insofern interessant,
als hier die begriffliche Klärung durch die Gegenstandsvorstellung erleichtert wird und den Prozeß in eine ganz bestimmte Bahn lenkt.

Schließlich trat eine Definition auch zweimal als RV auf, Nr. 5
besprachen wir schon, den andern Fall werden wir gleich kennen lernen.

Wir gehen nun zu den Fällen über, in denen V_1 akustomotorisch war, ohne Definition zu sein.

Hier sind 5 Versuche dadurch charakterisiert, daß die
Vieldeutigkeit des Rzw. der Vp. sofort zum Bewußtsein kam.
In Reihe I war unter diesen Umständen das Auftreten naheliegender akustomotorischer Wortvorstellungen die Regel gewesen, und so ist es auch hier.

Z. B. Nr. 1, Rzw. Zwang, 3,8 sec, V_1 Zwangsvorstellung. Nr. 8,
Zeug, 3,4 sec, V_1 Zeughaus. RV kann nun in verschiedener Weise
gebildet werden. Einmal, Nr. 8, tritt eine nachträgliche Definition
einer bestimmten Bedeutung auf; bei Nr. 1, wo sich V_1 gleich in ein
visuelles Bild umgesetzt hatte, bleibt es im visuellen, und in den
übrigen drei Malen ist auch RV ein naheliegendes Wort, z. B. Nr. 24,
Horn, V_1 Goldenes Horn, RV Hornochs, 4,0 sec. Bei Nr. 12 ist V_1
bei Nr. 28 RV durch die Konstellation begünstigt. Die Werte für
die 5 Versuche sind 3,4 sec im AM und Z bei einer mV von 0,2 sec.
Diese Versuche verlaufen also rascher als der Durchschnitt.

Wir finden aber auch noch in andern Fällen einen deutlichen Einfluß der Konstellation, 11, 25, 27, wo alle drei Male unmittelbar vorher-
gegangene Erlebnisse in die Erfüllungsvorstellung eingingen. Z. B.
Versuch 11, Gehalt, 3,0 sec: „Wort sofort verstanden und an die Kämpfe
im preußischen Abgeordnetenhaus über die Gehälter der Geistlichen
und Lehrer gedacht" (das war damals gerade aktuell und für die Vp. von
besonderem Interesse). Dann kam V_1 geistlich und RW Kampf.

Betrachten wir im Überblick die Ergebnisse. Der Grundtypus der Vp., den wir in Reihe I konstatiert hatten, herrschte
auch in Reihe II wieder vor: das Rzw. soll nicht nur verstanden, sondern auch begrifflich geklärt werden. Dagegen
war das Auftreten einer Anschauung zur Vervollständigung
diesmal viel seltener als in Reihe I. Statt dessen wurde, wie
wir gesehen haben, der Übergang von V_1 zu RV so vollzogen, daß ohne jeden Zusammenhang mit V_1 als RV ein

Wort auftrat, das auch im gewöhnlichen Assoziationsexperiment direkt als RW vorkommen könnte. Wir verstehen sehr gut, daß es der Vp. nach ihrem allgemeinen Habitus schwer fallen mußte, zu einer 2. Erfüllungsvorstellung fortzuschreiten.

Diese schwierige Aufgabe wird also durch diese bestimmte Lösungsweise erleichtert, wir können daher wohl das Bestehen einer latenten Einstellung konstatieren. Deutlich wird dies auch aus der Verteilung. Die Nummern der 12 Fälle sind nämlich die folgenden: 3, 4, 6, 9, 10, 16, 17, 18, 19, 20, 21, 23, und auch die Tatsache, daß eine WR am Anfang steht, also die latente Einstellung eingeleitet hat, wie die andern, daß zum Schluß, wo die Einstellung besonders stark ist, lediglich WR vorkommen, kann zur Bestätigung unserer Vermutung verwendet werden (s. S. 97). Da naheliegende Worte auch in Reihe I, und diesmal als V_1 auftraten, wenn das RW mehrdeutig, also schwierig war, so könnte man auch diesen Vorgang auf eine latente Einstellung zurückführen. In diesem Falle wurde sie für die Bildung der V_1, im erstern für die Bildung der RV wirksam. Dadurch verlieren die Versuche die Bedeutung als Beispiele eines natürlichen Vorstellungs- bzw. Gedankenablaufs der Vp., geben aber dafür ein neues eklatantes Beispiel für die Wirksamkeit der latenten Einstellung.

Doch können auch die Versuche mit der latenten Einstellung den Typus der Vp. nicht ganz verleugnen, ja sie tragen sogar mit zu seiner Charakteristik bei. So tritt häufig, wie wir uns erinnern, neben dem als RW dienenden Wort eine repräsentierende Vorstellung auf. Dies Wort wird also zwar nicht durch eine ausführliche Definition geklärt, wohl aber eine Anschauung. Dies war schon in Reihe I der Fall gewesen, wo für schlechte Definitionen Anschauungen eingetreten waren (vgl. S. 52). Daß hier nun sofort diese Anschauung auftritt, mag daran liegen, daß es sich hier nicht um das Rzw., also um das die Aufgabe repräsentierende Wort, sondern um die RV handelt. Hier genügt die bloße Anschauung vollkommen, nicht ein einziges Mal gab die Vp. an, daß sie versucht habe, zu einer begrifflichen Klärung zu kommen, was doch beim Rzw. so oft der Fall war.

Was die Wahl der Vorstellungen anbetrifft, so konstatierten wir in Reihe I, daß sie sich nach dem Verständniswert der Vorstellungen vollzog; ähnliches gilt auch hier: wir denken an Versuch 10 mit der vor V_1 eingeschobenen zu vagen

Definition (s. S. 97). Noch ein andrer Gesichtspunkt ist maßgebend, die Vp. will im allgemeinen mit der 2. Erfüllungsvorstellung etwas Neues bringen, darum werden viele Zwischenerlebnisse einfach gar nicht als Erfüllungsvorstellungen in Betracht gezogen.

Wie in Reihe I konnten wir auch hier den Einfluß der Konstellation nachweisen. Sonst ist noch zu bemerken, daß im allgemeinen die Vp. zunächst innerlich das Rzw. wiederholte und an dieser Klangvorstellung das Verständnis erlebte, ehe sie weiterging.

Auch aus Reihe II gewannen wir also viel wichtiges Material über den Verständnisakt, das in einem späteren Kapitel verwertet werden soll.

e) Vp. Dr. B.

Wir erinnern uns, daß schon in Reihe I Dr. B. die Erfüllung der Aufgabe schwer geworden war. Er hatte fast durchweg auf Gegenstandsvorstellungen reagiert, die jedoch nicht aus der Natur der Sache heraus entstanden waren, sondern sich nur unter dem Einfluß der Instruktion entwickelten. Wir werden darum nicht erstaunt sein, daß diese Vp. erst recht in Reihe II große Schwierigkeit hatte, die Aufgabe zu erfüllen.

Verhältnismäßig leicht kam noch V_1 in der überwiegenden Mehrzahl aller Fälle (44) eine Gegenstandsvorstellung; hier spielt wohl die durch Reihe I gewonnene Übung mit. Aber es sind auch Fälle da, wo schon die Schwierigkeit dieses Teils der Aufgabe bewußt wurde.

So gab die Vp. in Nr. 22, Ehre, 10,2 sec, direkt an, daß V_1 unter dem bewußten Einfluß der Instruktion als Versinnlichung der Bedeutung zustande kam. In den Versuchen 28, Trinkgeld, 13,8 sec und 29, Schild, 6,4 sec, beschrieb die Vp. den Prozeß näher (Nr. 28): „Es hat furchtbar lange gedauert, bis V_1 kam.... Ich wußte, daß ich die Bedeutung kenne und mir klar machen kann. Schließlich mit dem Gedanken: na, wenn's denn sein muß, V_1." Eine andre Aussage zeigt uns, wie der Prozeß verläuft, wenn es nicht zur Vorstellung kommt, Nr. 48, streng, 3,4 sec, wo die Vp. sich als V_1 mit der bloßen Richtung auf eine Vorstellung begnügte: „Ein bißchen faul, an einer bestimmten Stelle habe ich es einfach sein lassen und bin zu dem andern übergegangen. Ich wußte, was kommen sollte, es wäre ein Mann gekommen, der die Strenge ausgedrückt hätte." Die Vp. hat also auch ohne voll entwickelte Vorstellung ihr volles, sogar schon repräsentiertes Verständnis und bedarf durchaus keiner Vorstellung. Der Versuch hat auch einen auffallend schnellen Verlauf, ein ebenso kurzer Zeitwert ist überhaupt nur noch einmal vorhanden.

Viel schwieriger wird es der Vp. aber noch, auch eine 2. Vorstellung zu erzeugen. Immer wieder hebt sie hervor, daß die RV nur unter dem bewußten Einfluß der Instruktion kam, während an sich gar kein Grund vorlag, weiterzugehen. Erst ganz zum Schluß hören diese Angaben auf; bis zum 32. Versuch liegen 14 vor.

Besonders störend empfand die Vp. zunächst den Konflikt zwischen den 2 Bestandteilen der Aufgabe, wonach einerseits das Auftreten von 2 Vorstellungen, andrerseits volle Passivität verlangt wurde. Es wurde dadurch direkt ein gewisser Widerspruch gegen die Aufgabe ausgelöst. Dadurch erklären sich auch ohne weiteres die hohen Durchschnittswerte dieser Vp.

Wie vollzog sich nun aber schließlich der Übergang zur RV? Denken wir an 2 Versuche der Reihe I, in denen die veränderte Instruktion, wie erwähnt, in mancher Hinsicht Ähnlichkeit mit Reihe II geschaffen hatte (vgl. S. 63), so vollzog sich der Übergang von der Gegenstandsvorstellung zur RV (entsprechend dem von der V_1 zu RV in Reihe II) so, daß die Gegenstandsvorstellung erweitert wurde, zu Kuh trat der Hirt, zur Brust der Säugling hinzu.

Diese Art des Übergangs findet sich aber in Reihe II nur in 4 Fällen und nur am Anfang der Reihe wieder (Nr. 2, 5, 6, 9, Gruppe A in Tab. 10).

Tabelle 10.

Die erste Vertikalkolonne enthält die verschiedenen Gruppen, die nächste die Mittelwerte, die letzte die Anzahl der Fälle:

Gruppe	AM	Z	mV	n
A (Erweiterung)	7,0	7,0	0,95	4
B (nach Räs. neue Bedeutung)	8,2	9,2	2,9	7
B_1 lang	10,8	10,6	1,05	4
B_2 kurz	4,8	4,4	1,26	3
C (von Anfang an 2 Richtg.)	5,4 (4,6)	4,8 (4,2)	1,4 (0,76)	6 (5)
D (2 Räs.)	7,2	6,8	2,44	19
D_1 Ende	4,6	4,0	1,00	7

Als Beispiel diene Nr. 2, Dorf, 6,4 sec: als V_1 entwickelte sich schnell das Bild eines Dorfes. Es kamen dann Zwischenerlebnisse, die sich auf die Instruktion bezogen und nun kam der eigentliche Fortschritt. „So blieb ich bei dem Bilde, das sich ausgestaltete und ziemlich deutlich wurde. Auf einmal kam rechts hinten ein Berg, worauf mein Blick dorthin wanderte. Darauf reagiert."

Diese unnatürliche Reaktionsweise tritt nach dem 9. Versuch nicht mehr auf. Statt dessen können wir, abgesehen von einer Restgruppe, 3 Hauptarten unterscheiden, nach denen die Reaktion vollzogen wurde; ihnen allen liegt aber, wie wir später sehen werden, etwas Gemeinsames zugrunde.

Wir beginnen mit Gruppe B (Tab. 10), die uns bei andern Vpp. schon begegnet ist: nach der Repräsentation des Verständnisses durch V_1 kommt der Vp. eine andre Bedeutung des Rzw. zum Bewußtsein, die nun wieder in der RV repräsentiert wird. 7 solcher Fälle liegen vor.

Zwei Beispiele, Nr. 17, Pulver, 4,4 sec: „Auf V_1 gleich gerichtet gewesen, hat sich in unmittelbarem Anschluß entwickelt, eine pulvrige Masse auf einem Stein, die mit einem Puff auseinanderfährt. Nun mehr-mals das Rzw. in ihrer Stimme gehört, gewußt, Pulver kann noch eine andre Bedeutung haben. Ein wenig gesucht, dann kam RV, weißes Pulver im Glas, wie in der Apotheke." Nr. 35, Polster, 12,6 sec: „Gleich die Richtung auf eine Matratze oder etwas ähnliches, wie Sofa. Wußte noch nicht, was es werden sollte. Schließlich hat sich V_1 entwickelt, das visuelle Bild einer Matratze. Sehr lange dabei verweilt, es ent-wickelte sich nicht weiter. Als die Spannung zu groß wurde, kam akustisch Polster und dann akustisch Fettpolster. Zuerst der Sinn, dann fiel es mir ein. Dann kam RV visuell ein Mensch mit einem dicken Fettpolster, der daliegt und operiert wird." An diesem Versuch be-merken wir noch die Richtung, die V_1 antizipiert, was uns gleichfalls schon bekannt ist, wie die große für den Prozeß charakteristische Spannung.

Auffallend ist der große Zeitunterschied bei den 2 Beispielen; er geht durch die ganze Gruppe B hindurch, 3 Versuche gehören zur kurzen, 4 zur langen Form (vgl. Tab. 10).

Die mV der Untergruppen sind weit weniger als halb so groß, wie die der ganzen Gruppe, die AM- und Z-Werte der Untergruppen sind gleichfalls so verschieden, daß die längere Gruppe mehr als doppelt so lange dauert wie die kürzere.

Gruppe C (Tab. 10) verläuft so, daß von Anfang an 2 Rich-tungen der Vp. bewußt werden, die ohne Schwierigkeit nach-einander zu V_1 und RV führen. Hier gab die Vp. durchweg an, daß sie Lust verspürt hätte, da jetzt gleich 2 Vorstellungen da waren, so daß sie nicht zu suchen brauchte.

Es sind 6 Fälle, sie verlaufen mit Ausnahme von Nr. 12 alle gleichmäßig. Bei Nr. 12, Gehalt, 9,4 sec, nimmt V_1 die Aufmerksam-keit so stark in Anspruch, daß zum Übergang zu RV noch einmal das Rzw. anklingt. Dieser Versuch ist der weitaus längste der Gruppe und verschuldet, daß AM erheblich höher ist als Z, hat überhaupt eine Erhöhung der Werte, besonders AM und mV zur Folge (vgl. Tab. 10, wo die in Klammern gesetzten Zahlen die Werte für die fünf andern Ver-suche angeben).

Als Beispiel für den Verlauf diene Nr. 8, Spielbank, 5,6 sec: „V_1 wurde etwas eher deutlich als RV, aber das andre war schon mit da. Bewußtsein, ich kann das eine oder das andre nehmen. Lust, weil schon 2 Vorstellungen da waren, so daß ich nicht zu warten brauchte." (Vgl. auch den im III. Kap. kurz zitierten Versuch 25, S. 299.

Am zahlreichsten vertreten ist endlich eine letzte Gruppe D mit 19 Versuchen. Hier vollzog die Vp. den Fortschritt so, daß sie nach der ersten Repräsentation (V_1) eine andre suchte.

Z. B.: Nr. 4, Schwert, 5,0 sec: V_1 kam ziemlich schnell als visuelles Bild eines Ritters mit einem Schwert, der Übergang ging so vor sich: „das Schwert bildete den Übergang und war auch das, was sich in der RV zuerst entwickelte. Es wurde gedanklich festgehalten, während das andre sich vorschob. Der Zusammenhang der beiden Bilder ist der: Schwert in anderm Verhältnisse." RV war dabei das visuelle Bild von einem Schmied mit einem Schwert auf dem Amboß.

Ähnlich hieß es etwa bei Nr. 16, mahnen, 6,8 sec, wo als V_1 das visuelle Bild einer ihr Kind mahnenden Mutter und als RV eines die Gemeinde mahnenden Predigers erschien: „der Übergang war gedanklich: jemand anders mahnt."

In Nr. 34 gab die Vp. sogar an, es als bequemen Handgriff zu benutzen, dieselbe Sache zweimal zu versinnlichen.

In Versuch 41, Gemeinde, 10,0 sec, trat eine Art Vermischung mit Gruppe B ein. Zuerst kam wieder V_1 das einen Bürgermeister in seinem Dorf darstellte, dann die Bewußtseinslage: anderes; aber nun kam zunächst die andre Bedeutung in religiösem Sinne und diese verdichtete sich erst zu RV. Dieser Versuch hat einen das Mittel beträchtlich übersteigenden Wert (vgl. Tab. 10), während sonst diese Versuche gegen Schluß schneller gehen als im Anfang. Unter D_1 sind nämlich noch einmal die Versuche von Nr. 34 an zusammengefaßt, wobei nur Versuch 41 ausgeschlossen ist. Warum dieser Versuch länger dauern mußte, sahen wir, er gehört nicht mehr zum reinen Typus dieser Gruppe. Sämtliche Werte von D_1 sind nun erheblich niedriger als die von D, worin sie ja auch enthalten sind [1]). Dabei würde Gruppe D_1 noch kleiner werden, wenn sich nicht bei Nr. 47, klimmen, ein störendes Zwischenerlebnis eingeschoben hätte.

Die Tabelle lehrt uns, daß am schnellsten der Prozeß dann verläuft, wenn von Anfang an zwei Richtungen bewußt sind (C) oder wenn sich an die Repräsentation einer Bedeutung sofort die einer andern schließt (B_2), am langsamsten, wenn der Übergang von einer Bedeutung zur andern nicht glatt vor sich geht (B_1). Die Gruppe, in der 2 verschiedene Repräsentanten desselben Begriffs benutzt werden, verläuft anfänglich langsam, zum Schluß am allerschnellsten, was als Übungsphänomen anzusprechen ist; diese Lösungsweise hatte oft ge-

---

1) Auf die Mitteilung der Werte der Versuche bis Nr. 34 exkl. haben wir verzichtet, weil sie nicht den Charakter einer Gruppe tragen, sondern sowohl lange wie kurze Werte enthalten.

holfen, war ein „Handgriff" geworden (s. o.) und wurde nun immer häufiger benutzt. Es liegt ein ähnlicher Tatbestand vor, wie bei der latenten Einstellung, nur ist der Vorgang dem Willen nicht ganz entzogen.

Allen 3 besprochenen Gruppen B, C, D ist ein Zug gemeinsam: es handelt sich bei allen darum, für einen Begriff Anschauungen zu finden. Keinmal geht hier die RV als Fortsetzung von V_1 über diese hinaus, wie es in Gruppe A der Fall war; vielmehr ist es allein die Repräsentationstendenz, die zur Erfüllungsvorstellung führt. Sind 2 verschiedene Bedeutungen des Rzw. im Bewußtsein, so tritt für beide eine Repräsentation ein, ist nur eine Bedeutung vorhanden, so wird diese nach verschiedenen Richtungen hin repräsentiert.

Diese Ähnlichkeit kommt auch dadurch zum Ausdruck, daß alle 3 Gruppen kurze Reaktionen ermöglichen, wenn nicht andre Faktoren verzögernd wirken. Die Zeitwerte der 3 kurzen Untergruppen von B, C und D sind AM $= 4{,}6$ sec, Z $= 4{,}2$ sec, mV $= 0{,}92$. Die mV ist fast nur ein Drittel der mV aller Versuche (s. Tab. 4 S. 71).

Wir haben nun noch die 8 Versuche der Restgruppe zu besprechen, in denen der Übergang von V_1 zur RV in andrer Weise erfolgte.

Drei Versuche stehen der Gruppe B nahe, bei Nr. 18 und 22 ist an der kritischen Stelle eine akustische Vorstellung eingeschaltet. Nr. 18, Gamasche, 5,8 sec, nach V_1 ak. Galosche, das, als es sachlich dem Rzw. ähnlich erkannt wurde, zu einer visuellen Vorstellung führte, Nr. 22, Ehre, 10,2 sec, nach V_1 als Ehre in der Stimme des Versuchsleiters. „Nun ein bißchen damit gespielt, Ehre, Ähre akustisch. Die Aufmerksamkeit war auf den sinnlichen Klang gerichtet." RV, das visuelle Bild eines Ährenfeldes, worin e i n e besonders betrachtet war.

Anders liegt es in Versuch 14, Maler, 9,8 sec. Hier wird die zweite Bedeutung abgewiesen und nun tritt RV auf, wohl so, wie in Gruppe D: Maler in anderm Verhältnis, ohne daß dies der Vp. zum Bewußtsein kam.

Zwei Versuche kommen vor, wo nacheinander 2 Richtungen wirksam wurden, ohne daß diese beiden Richtungen von vornherein im Bewußtsein gewesen wären (wie in Gruppe C). Beidemal ist RV eine akustische Ergänzung: Nr. 37, Maul, 16,0 sec hat als RV Maulheld, Nr. 40, sehen, 6,4 sec, hat als RV hören. Voran ging beide Male eine Gegenstandsvorstellung (vgl. besonders die interessante von Nr. 40, Kap. II, S. 251).

Bei Nr. 37 gab die Vp. an: „Habe schließlich beendet mit RV. Es fiel mir ein, daß ja auch ein Wort die Sache abschließen kann. Erst kam dieser Einfall, dann RV. Sehr unbefriedigend." Dabei bestand V_1 in einer Sukzession der verschiedensten Repräsentationen, Vp. erinnert sich nur an Eselsmaul und Raubtiermaul. Trotz dieser v i e l e n Vorstellungen sucht die Vp. doch nach einer z w e i t e n E r - f ü l l u n g s vorstellung, die übrigen werden eben als e i n e Erfüllungs-

vorstellung gerechnet, ein neues Beispiel dafür, was zu einer Erfüllungsvorstellung gehört.

Ein Fall erinnert fast an die Anfangsgruppe A, nur ist hier die
Beziehung der RV zum Rzw. enger als dort.

Endlich ließ sich in 3 Versuchen ein wirklicher Fortschritt
über V_1 hinaus konstatieren, und zwar durch gedankliche Vermittlung:

Nr. 39, Fell, 7,2 sec: „Nach V_1 der visuellen Vorstellung eines
Tieres (s. Kap. II, S. 209), entwickelte es sich so weiter, daß akustisch
kam: über die Ohren ziehen (sc. Fell). Dies Dynamische kam zu
V_1 hinzu, als ob das Tier abgehäutet würde, RV entwickelte sich, als
das, was man aus dem abgezogenen Fell machen kann; ein Zimmer
mit einem Bett und davor ein Fell."

Komplizierter war Nr. 28, Trinkgeld, die entscheidende Stelle ist
im Kap. II, S. 264 zitiert.

Wir haben sämtliche Fälle, in denen V_1 eine visuelle Gegenstandsvorstellungen des Rzw. war, überblickt unter dem Gesichtspunkt des
Fortschrittes zur RV. Wir müssen jetzt noch auf einige andre Gesichtspunkte kurz eingehen.

Nicht immer sind die Gegenstandsvorstellungen allgemeiner Natur
gewesen; es traten 10 Fälle auf, in denen sie individualisiert waren
und zwar in örtlicher Richtung; nur einmal, Versuch 19, Gedicht, trat
eine bestimmte Person (Schiller) auf. Die individualisierten Gegenstands-
Vorstellungen erfüllenn, wie wir schon in Reihe I sahen, genau dieselbe
Funktion wie die allgemeinen; sie sind fast immer naheliegend, häufig
in Würzburg oder in der eignen Wohnung der Vp. Sechsmal waren
beide Vorstellungen individualisiert, je zweimal nur eine. Auffälig ist
es nun, daß 9 Fälle zur Gruppe D gehören (nur Nr. 10 nicht).

Die 3 noch nicht erwähnten Versuche reihen sich den Gruppen A,
B und D, ohne etwas wesentlich neues zu bringen, an:

Schließlich liegt auch ein Fehlversuch vor und zwar wieder bei
dem Rzw. wie (Nr. 38), wo die Vp. glaubte, falsch verstanden zu
haben und nach 3,2 sec abbrach.

Nach unserm Überblick über alle Versuche wenden wir
uns wieder zu einer allgemeinen Charakteristik.

Selten treten bei dieser Vp., im Gegensatz zu den bisher
besprochenen, eingeschobene Vorstellungen auf; das war uns
schon in Reihe I aufgefallen. Besonders selten sind eingeschobene Vorstellungen vor V_1 — wir beobachteten nur
Wiederholung des Rzw. und Nachklingen des Rzw. an dieser
Stelle. Zwischen V_1 und RV ist häufiger ebenfalls nur die
Wiederholung des Rzw., sonst traten noch eingeschobene
akustische Vorstellungen auf (z. B. Nr. 18, S. 104, oder Nr. 20,
wo die Vorstellung die Formulierung des Gedankens ist, indem der für die Gruppe D charakteristische Übergang auch
akustisch präsent war in den Worten: „andere Grotte!"). Sehr
selten waren visuelle Vorstellungen hier eingeschoben: es

war dann etwas zu V_1 hinzugekommen, was der Vp. nicht genügte, um es als eine neue Vorstellung aufzufassen, das neue wurde mit dem alten zusammen immer noch als eine Vorstellung behandelt.

Dies führt uns zum Gesichtspunkt der Wahl. Die 2. Erfüllungsvorstellung mußte also gegenüber der ersten den Charakter von etwas Neuem tragen; beide Erfüllungsvorstellungen mußten in engster Beziehung zum Rzw. stehen.

So führte in dem oben (S. 104) zitierten Versuch 18, Rzw. Gamasche, die nach V_1 eingeschobene akustische Vorstellung Galosche erst dann zu einer RV, als die sachliche Ähnlichkeit zum Rzw. festgestellt worden war.

Im Anfang traten ferner nur visuelle Vorstellungen als Erfüllungsvorstellungen auf. In V_1 ändert sich dies bis zum Schluß nicht, als RV haben wir in Nr. 37 zum erstenmal eine akustische Vorstellung (Maul—Maulheld); später noch 3 mal: Nr. 40, 46, 48. In Nr. 37 hatten wir gesehen (S. 104), wie nach langem vergeblichen Warten schließlich der Gedanke kam, es reiche auch eine Wortvorstellung zur RV aus und daraufhin reagiert wurde. In Nr. 46 trat dies Wissen nachträglich zum Akustischen hinzu und gab nun die Reaktion frei, während in Nr. 40 und 48 die akustische Reaktion glatt vonstatten ging. Es liegt also jedenfalls eine Bevorzugung der visuellen Elemente vor, die wohl schon von Reihe I herstammte und durch die Instruktion gestärkt worden ist. Hier kann es sich nicht um eine latente Einstellung zur Erleichterung der Aufgabe handeln. Vielmehr hätte die Vp. schneller und leichter reagieren können, wenn sie nicht auf visuelle Vorstellungen eingestellt gewesen wäre. Es liegt also hier eine durch die Aufgabestellung wie durch Beharrung mitgesetzte Determination vor, die erst zum Schluß, als sie gar zu schwierig zu erfüllen ist, durchbrochen wird.

Was die Dynamik der Versuche betrifft, so war es auch hier wie in Reihe I sehr häufig der Fall, daß die Vorstellungen sich entwickelten.

Ein zweites für den Ablauf charakteristisches Moment betonten wir gleichfalls schon: die große Spannung, die besonders durch Befolgung der in der Instruktion vorgeschriebenen Passivität allmählich entstand. Es wird die Tendenz zur Reaktion mit fortschreitender Zeit immer stärker, wie wir dies auch bei Vp. O. gefunden hatten, ohne daß jedoch aus diesem Grunde je eine Fehlreaktion erfolgt wäre, wie so oft bei O.

Auch die Vorstellungen selbst ähneln denen von Reihe I

sehr, sowohl was ihre Lückenhaftigkeit wie auch was ihre Bedeutungsmäßigkeit anbetrifft. Auf eins sei aber noch hingewiesen. Schon in Reihe I hatten wir den auffallenden Widerspruch beobachtet, daß die Vp., obwohl sie visuell veranlagt ist, nur unter dem Einfluß der Instruktion visuelle Vorstellungen bildete (vgl. S. 63). Diesmal können wir noch hinzufügen, daß auch von den Vorstellungen keine neuen Vorstellungen reproduktiv hervorgerufen wurden. Die Vp. ist also trotz guter visueller Anlage doch vorstellungsarm, d. h. Vorstellungen spielen in der Ökonomie ihres psychischen Geschehens keine hervorragende Rolle, wie etwa bei den Vpp. St. und Schr.

Das Hauptergebnis von Reihe II bestand schließlich darin, daß die Vp. eigentlich nur auf eine Weise der Instruktion gerecht werden konnte, nämlich so, daß sie 2 Repräsentanten hervorbrachte. Hierfür lagen 3 Möglichkeiten vor: 1. mit der Repräsentation V_1 fällt der Vp. eine andre Bedeutung des Rzw. ein, die nun in RV repräsentiert wird. 2. Von Anfang an sind 2 Richtungen bewußt, die nacheinander zur Reaktion führen. 3. Wenn diese beiden Fälle nicht zutrafen, so wurden 2 charakteristisch verschiedene Repräsentationen desselben Begriffs erzeugt. Ein Weitergehen findet also in diesem Haupttypus nicht statt. Dies konnte nur ganz selten beobachtet werden und zwar, außer den wenigen durch die Instruktion veranlaßten Fällen (Gruppe A), durch Gedanken vermittelt. Hier liegen also wieder die so besonders interessanten Fälle vor, in denen ein gedanklicher Fortschritt erzielt wird.

f) Vp. Frau K.

Wir wenden uns jetzt zur Vp. Fr. K., deren Zeiten gegenüber denen der Reihe I den größten Zuwachs aufwiesen, die auch absolut sehr hoch sind und in den Werten für die JR die Werte von Vp. Dr. B. erreichen. Wir werden von vornherein erwarten, daß diesem quantitativen Unterschied auch ein qualitativer im psychischen Prozeß entspricht, jedoch findet sich diese Annahme durchaus nicht bestätigt.

Sehen wir erst einmal zu, wie die Vp. der Aufgabe gerecht wurde. Da bemerken wir, daß in den ersten Versuchen nach V_1 eine Pause, eine Leere eintrat, in der die Vp. mit Bewußtsein auf eine neue Vorstellung wartete. In den ersten 16 Versuchen liegen 6 solche Angaben vor. Nach Versuch 16 findet sich keine solche Angabe mehr, der Prozeß war ein-

Tabelle II.

Art der Beziehung	AM							Z							mV							n						
	V_1	RV			beide			V_1	RV			beide			V_1	RV			beide			V_1	RV			beide		
		a	b	c	a	b	c		a	b	c	a	b	c		a	b	c	a	b	c		a	b	c	a	b	c
Nahe liegend	5,1	4,0	4,4	4,2	4,0	4,4	4,1	4,8	4,2	4,4	4,3	4,2	4,4	4,3	1,50	1,06	0,63	0,84	1,06	0,80	1,08	18	7	7	14	7	3	10
Wortergänzung	5,5	4,6	8,2	6,4	4,6	8,2	6,4	5,5	4,6	8,2	6,4	4,6	8,2	6,4	0,86	—	—	1,80	—	—	1,80	10(11)	1	1	2	1	1	2
Satzverbindung	4,2 (7,2)	4,5	—	4,5	4,6	—	4,6	4,2 (4,6)	4,5	—	4,5	4,6	—	4,6	0,40 (4,00)	0,1	—	0,1	—	—	—	2 (3)	2	—	2	1	—	1
Synonymität	3,4	3,4	—	3,4	—	—	—	3,4	3,4	—	3,4	—	—	—	0,4	—	—	—	—	—	—	2	1	0	1	0	0	0
Klang	4,9	4,8	3,8	4,3	4,8	—	4,8	5,1	4,8	3,8	4,3	4,8	—	4,8	0,65	—	—	0,50	—	—	—	4	1	1	2	1	0	1
Konstellation	4,7	3,0	—	3,0	3,0	—	3,0	4,8	3,0	—	3,0	3,0	—	3,0	1,17	0	—	0	—	—	—	3	2	0	2	1	0	1
Summe	4,9	4,2	4,3	4,3	4,4	4,4	4,4	4,8	4,4	4,3	4,4	4,5	4,4	4,4	1,21	1,06	0,63	0,87	1,13	1,07	1,11	39(41)	14	9	23	11	4	15
V_1 u. R verschiedene Beziehung	—	—	—	—	—	—	4,0	—	—	—	—	—	—	4,0	—	—	—	—	—	—	0,38	—	—	—	—	—	—	8
Beziehungen zu V_1 RV anders	6,0	—	—	—	—	—	—	5,7	—	—	—	—	—	—	0,99	—	—	—	—	—	—	16(18)	—	—	—	—	—	—

Die Tabelle gibt eine Übersicht der Versuche, in denen V_1 oder RV oder beide in den in der ersten Vertikalkolumne genannten Beziehungen zum Rzw oder V_1 standen. Angegeben sind AM, Z, mV und Anzahl der Fälle (n). Die Abteilungen a, b, c unter RV und „beide" beziehen sich jeweils darauf, daß die Beziehung zwischen RV und dem Rzw (a), oder zwischen ihm u. V_1 (b) stattfand. In c findet sich die Summe der Fälle. Die Rubrik „beide" enthält die Fälle, in denen dieselbe Beziehung für V_1 wie RV wirksam war. Die Fälle, in denen zwar beide Erfüllungsvorstellungen unter einer der angegebenen Beziehungen zustande kamen, aber unter verschiedenen, sind summarisch in der vorletzten Horizontalreihe mitgeteilt. Da 7 Kombinationen vorkamen, so fällt auf 6 Gruppen nur je 1 Fall, auf die siebente 2, so daß eine einzelne Aufführung überflüssig war. Die letzte Horizontalreihe gibt die Zahlen für die Versuche, in denen nur V_1 unter einer der angegebenen Beziehungen stand. Da bei RV eine solche Beziehung nur wirksam wurde, wenn schon in V_1 eine Beziehung gewirkt hatte, so muß eine entsprechende Angabe für die RV fehlen.

geübt worden. Dem entspricht ein Rückgang in der Zahl der JR und eine Zunahme der WR, wie aus Tab. 7 (S. 73) hervorgeht. Am 4. Tag tritt wieder ein Wachsen der JR ein, es sind schon wieder 43 % und am letzten Tag überwiegen sie die WR wieder ganz bedeutend. Am 2. und 3. Tag ist also der Prozeß am gleichförmigsten.

Sehen wir uns nun die Reaktionen selber an. Sofort fällt wieder das große Überwiegen von Worten als Erfüllungsvorstellungen auf. Zur Übersicht aller hier in Frage kommenden Verhältnisse ist Tab. 11 angefertigt, deren Bedeutung aus der darunter stehenden Erklärung ohne weiteres verständlich ist. V_1 war 40 mal eine Wortvorstellung[1] (2 Fälle wurden bei der Berechnung nicht verwertet, weil in ihrem Verlauf Abweichungen von der Regel eintraten, die ein völliges Herausfallen der Werte ergaben, Nr. 4 mit 13,2 sec und Nr. 44 mit 23,6 sec).

RV war 22 mal[2] eine Wortvorstellung; von diesen 22 Fällen sind 21 WR, eine Ausnahme macht nur Nr. 3, wo mit Ja reagiert wurde. Von den 40 Fällen, in denen V_1 eine Wortvorstellung war, sind dagegen 13 JR, darunter die schon erwähnten 2 sehr langen.

Tatsächlich sind nun sämtliche Fälle, in denen RV eine Wortvorstellung war, auch solche, in denen V_1 ein Wort enthielt, während das Umgekehrte nicht gilt, es bleiben vielmehr 18 Fälle übrig, in denen nur V_1 Wortvorstellung war. Betrachten wir jetzt noch die Verteilung auf die einzelnen Tage:

Tab. 12 gibt die Fälle, in denen V_1 und in denen RV Wortvorstellungen waren, in absoluten Zahlen (a) und in Prozenten (r) sämtlicher an dem betreffenden Tage ausgeführten Versuche an.

Tabelle 12.

Tag	V_1		RV	
	a	r	a	r
1	12	92	6	46
2	10	91	7	64
3	9	90	8	80
4	4	57	1	14
5	5	56	0	0
Alle	40	80	22	44

[1] V_1 n = 41 in Tabelle 11 erklärt sich daraus, daß eine Konstellation enthaltender Versuch mit visueller V_1 auftrat.

[2] RVc n = 23 erklärte sich wie V_1n.

Hier sehen wir, daß die Fälle, in denen V_1 Wortvorstellungen waren viel gleichmäßiger über den ganzen Bereich verteilt sind als die, in denen RV ein Wort war: Die erste Art ist immer mit über 50% vertreten, von jedem der ersten 3 Tage fallen alle mit einer Ausnahme in diese Gruppe. In der 2. Gruppe findet zunächst ein Steigen dieser Fälle absolut und relativ genommen statt, am 3. Tag ist das Maximum erreicht und nun tritt ein plötzlicher Abfall ein, am 4. Tag tritt nur noch ein Fall, am 5. Tag keiner mehr auf. Auch dies weist darauf hin, daß sich der Prozeß gegen Schluß der Versuche ändert, und wir erkennen ferner, daß die Veränderung hauptsächlich im 2. Teile des Prozesses im Übergang von V_1 zu RV zu suchen ist.

Denken wir jetzt noch einmal an die Ergebnisse von Reihe I. Dort hatten wir die Einstellung auf schnelles Reagieren nachgewiesen und als Symptome dafür die folgenden Punkte hervorgehoben: die Reaktion kam automatisch oder von selbst, die RW waren sehr naheliegend, es kamen Wortergänzungen, Klangassoziationen und Perseverationen vor. Außerdem zeigten wir neben dieser Einstellung noch eine solche, mit synonymen Worten zu reagieren. Auf unser neues Material der Reihe II nun lassen sich die meisten dieser Gesichtspunkte anwenden. Wir beschränken uns auf die, die eine Beziehung von Rzw. und Erfüllungsvorstellung darstellen, den Gesichtspunkt des Automatischen und der Perseverationen lassen wir beiseite, da sie hier eine zu geringe Rolle spielen. Dafür fügen wir 2 neue Gesichtspunkte hinzu: 1. Die Erfüllungsvorstellungen waren zwar nicht Ergänzungen des Rzw., standen aber mit ihm in engem Redezusammenhang, wie etwa Schild (Rzw.) und Schirm (V_1). 2. Die Erfüllungsvorstellungen waren durch Konstellation bedingt. Diese Gesichtspunkte finden sich in Tab. 11.

Betrachten wir zunächst die absolute Zahl der Fälle. Am häufigsten fanden sich sowohl als V_1 wie als RV naheliegende Wortverbindungen, z. B. Nr. 11, rufen—schreien (4,4 sec), eine Reaktion, die im Assoziationslexikon von Reinhold mit 15,7 % die bevorzugteste ist (vgl. Reinhold, a. a. O. S. 198), Nr. 22, liegen—sitzen—stehen, wo die Verbindung sitzen—stehen bei Menzerath mit 27,5% die bevorzugteste ist (vgl. Menzerath, a. a. O. S. 30).

Die hierher gehörigen Fälle von V_1 bilden 44 % aller V_1 in Tab. 12, die von RV stehen mit 61 % noch mehr voran. Das RW war ebensooft zum Rzw. wie zur V_1 naheliegend (ebensoviel a- wie b-Fälle), wobei wir alle Fälle als a-Fälle gerechnet haben, bei denen eine Beziehung zum Rzw. vor-

lag, gleichviel, ob außerdem auch noch eine zu V_1 vorhanden war oder nicht.

Zeitlich sind die beiden Gruppen durchaus verschieden. Die RV
stehen mit AM = 4,2, Z = 4,3 dem kurzen Ende nahe, sie werden
werden an Schnelligkeit nur durch Synonymität oder Konstellation über-
troffenn, wofür aber sehr wenig Fälle vorliegen. Umgekehrt ist és bei
V_1, sie liegen nahe am andern Ende und werden an Langsamkeit nur
noch übertroffen von den Wortergänzungen. Dies erklärt sich aber
leicht, denn wir sahen, daß es 18 Fälle gibt, in denen zwar V_1, nicht
aber RV unter einer der angegebenen Beziehungen zustande kam. Diese
Fälle dauerten nun erheblich länger als die andern, vgl. die letzte
Horizontallinie der Tabelle mit Summe RVc, die gleichzeitig die Summe
aller der V_1-Fälle darstellt, in denen auch RV durch irgendeine der
in Frage kommenden Beziehungen entstanden war. Von den 18 Fällen,
in denen V_1 ein dem Rzw naheliegendes Wort war, gehören 5 in diese
Gruppe. Das AM dieser Fälle beträgt 7,2 sec, ihr Z 6,8 sec. Ferner
kamen außerdem 6 Fälle am ersten Tage vor (2 davon JR), an denen
besonders häufig Pausen in den Verlauf eingeschoben waren. Die
Werte für diese Versuche sind AM = 4,8, Z = 4,8, während die übrig-
bleibenden 7 Versuche bedeutend niedrigere Werte aufweisen, AM
= 3,7, Z = 3,4, so daß der verlängernde Einfluß der angegebenen
Faktoren ganz klar ist. Die Fälle in denen beide Erfüllungsvorstellungen
naheliegende waren, entsprechen genau den RV-Fällen.

Die Wortergänzungen stehen der absoluten Zahl des Vor-
kommens nach bei V_1 an zweiter Stelle und werden auch bei
RV nur von den naheliegenden RW übertroffen.

Die lange Dauer der V_1-Fälle läßt sich wieder reduzieren, da
sieben nach V_1 atypisch (d. h. anders als in Tab. 11 angegeben) verliefen, AM sinkt zwar nur wenig, auf 5,4 sec, der Z aber beträchtlich, auf 4,5 sec. Die ungewöhnlichen hohen Zeitwerte, die in dieser
Gruppe die RVc aufweisen, sind ohne jede Bedeutung, da von den
2 Einzelversuchen, aus denen sie gewonnen sind, einer, wie ersichtlich
(RVb), sehr lang ist. Im übrigen werden wir gerade auf diese Gruppe
später ausführlich eingehen.

Dieser Gruppe nahe steht die nächste, die Satzverbindungen. (Der hohe unter V_1 eingeklammerte Wert kommt
zustande, wenn man den ersten, mit 13,2 sec ganz aus der
Reihe fallenden Wert mitrechnet.) An Häufigkeit des Vor-
kommens als V_1 stehen an dritter Stelle die Klangassoziationen,
z. B. Zwang—bang, Grotte—Motte.

Die Synonymität, die in Reihe I eine so große Rolle
spielte, trat hier nur selten auf, 3 mal im ganzen, dabei fallen
die kleinen Zeitwerte für V_1 sowohl wie für RV auf, die Einzelwerte sind 3,0, 3,4, 3,8 sec.

In einem der 3 Fälle folgte eine Klangassoziation, in
den 2 andern waren optische Elemente eingeschoben, sodaß

eher eine Verlängerung der Zeit zu erwarten wäre; es ist daher kein durch die geringe Zahl von Fällen begünstigter Zufall, daß die Synonymitätsreaktionen die kürzeste Zeit in Anspruch nahmen, wir müssen daher wohl noch eine Nachwirkung der latenten Einstellung von Reihe I annehmen.

In 3 Fällen wurde Konstellation wirksam. Z. B. Nr. 18, Gamasche — Bergtour — Kletterstiefel (veranlaßt durch Reisepläne), wo beide Erfüllungsvorstellungen durch dieselbe Konstellation bewirkt waren.

Man sieht sofort aus der Tabelle, daß ganz allgemein die a-Fälle häufiger als die b-Fälle sind, d. h. daß sich die betreffende Beziehung häufiger an das Rzw. anschloß als an die V_1. Besonders auffällig ist dies in den Fällen, wo beide Erfüllungsvorstellungen unter derselben Beziehung entstanden sind. Hier ist das Verhältnis $a:b = 11:4$, d. h. ist V_1 vom Rzw. aus in einer bestimmten Weise entwickelt worden, und wird dieselbe Beziehung bei der Bildung der RV wirksam, so schließt sich jene auch am häufigsten wieder an das Rzw. an.

Die Fälle dagegen, in denen V_1 und RV nach verschiedenen Prinzipien gebildet wurden, zeigen das umgekehrte Verhältnis; hier überwiegen die b-Fälle, $a:b = 3:5$. Dabei haben diese Fälle kleine Zeitwerte und vor allem eine erheblich kleinere mV (s. die vorletzte Horizontalreihe der Tab. 11). Unter diesen 8 Fällen befinden sich nun aber die 3, in denen an einer Stelle eine Synonymitätsreaktion erfolgte und die die kürzesten Zeiten aufwiesen. Lassen wir diese aus dem Spiel, so erhalten wir als AM 4,3 sec, Z 4,4 sec, also Werte, die mit den Fällen völlig übereinstimmen, wo dieselbe Beziehung 2 mal wirksam wurde, nur die mV = 0,28 sec ist wesentlich kleiner. Bedenken wir jetzt noch, daß nach Fortlassung der Synonymitätsfälle das Verhältnis $a:b = 0:5$ wird, so läßt sich der mit dem obigen korrespondierende Satz aufstellen: Werden V_1 und RV nach verschiedenen Beziehungen erzeugt, so schließt sich RV in der Regel an V_1, nicht an das Rzw. an, und der Verlauf ist in diesem Falle am gleichmäßigsten. Es entspricht also im allgemeinen der Beharrung der Beziehung, Beharrung des Ausgangspunktes, Wechsel der Beziehung, Wechsel des Ausgangspunktes.

Fassen wir die Ergebnisse dieser detaillierten Betrachtungen zusammen, so ist deutlich, daß die Vp. zunächst was V_1 anbetrifft, ihren Typus nicht geändert hat: es werden wieder Worte als Erfüllungsvorstellungen benutzt, die aus irgendeinem Grunde sehr naheliegen.

Wie verhält es sich nun mit dem neuen Teil der Aufgabe, mit der Bildung der 2. Vorstellung? In fast 50 %, nämlich in 22 Versuchen, genau so: es wird wieder ein Wort gefunden, das in einer der angegebenen Beziehungen zum Rzw. oder seltener zur V_1 steht, es findet also einfach eine Wiederholung des Prozesses statt, nicht ein Fortschritt, wie wir ihn bei andern Vpp. konstatieren konnten. Der Vorgang ist also rein durch das Experiment hervorgerufen und gibt keine Aufschlüsse über den Verlauf im gewöhnlichen Denken.

Lassen sich nun auch in Reihe II, außer den bereits erwähnten, von Reihe I her nachwirkenden, latente Einstellungen aufweisen? Sehr wahrscheinlich scheint es ohne weiteres, daß die in Reihe I bestehende Einstellung auf WR perseveriert hat und zwar vor allem für die Bildung von V_1. Durch diese Einstellung ist ja der ganze Ablauf zu erklären, sie schließt einen andern aus, da von vornherein die Richtung auf Worte ging. Daß so oft assoziativ naheliegende Worte auftraten, stützt diese Annahme, ebenso das Auftreten von Klangassoziationen, die einen Ersatz boten, wenn keine Vorstellung sehr nahe liegt.

Sehr charakteristisch für den durch diese latente Einstellung bestimmten Ablauf ist Nr. 31, Schild—Schirm—Mantel. V_1 trat auf mit dem Gedanken an Schild und Schirm, war auch nur in dieser Bedeutung aufgefaßt. Trotzdem kam sofort RW, worüber die Vp. denn auch erstaunt war. Sie gab dabei ausdrücklich an, mit voller Bestimmtheit versichern zu können, daß Schirm in der alltäglichen Bedeutung nicht im Bewußtsein war. Der Fall zeigt ganz deutlich, wie stark die Einstellung wirkte; es wurden einfach Reproduktionstendenzen überwertig, die im Sinne der Einstellung wirken, ohne daß sie für das Bewußtsein in Betracht gekommen sind.

Sind die beiden angegebenen Beziehungen enge assoziative Verknüpfung und Klangassoziation allgemeine Hilfsmittel zur Durchführung der latenten Einstellung auf Worte, so läßt sich aber auch noch eine neue untergeordnete latente Einstellung nachweisen, nämlich die, Wortergänzungen zu wählen. Gegen diese Auffassung scheint die lange Zeitdauer dieser Versuche zu sprechen; wir haben zwar schon oben eine Reduktion vornehmen können (S. 111), die Analyse der einzelnen Fälle wird aber die Berechtigung dieses Verfahrens auch rein qualitativ dartun.

Das erste Mal trat eine Wortergänzung (WE) am ersten Tage auf, Nr. 13, Land, wo sofort als V_1 Zunge kam, „als ob ich es direkt zu Ende sage". Auf diese schnelle Reaktion folgte aber eine Pause, „ich wartete auf eine Vorstellung und dachte an Landzunge, ich suchte gewissermaßen nach einer Vorstellung dafür, aber doch nicht so, als ob ich eine andre Vorstellung zurückgedrängt hätte." Als RV kam dann eine undeutliche visuelle Gegenstandsvorstellung.

Es ist deutlich, daß die 6,2 sec nicht auf *Kosten* der WE zu setzen sind, daß diese vielmehr sehr schnell die erste Erfüllungsvorstellung herbeiführte.

Der nächste Versuch mit WE folgte am 2. Tage, Nr. 17, Pulver, auch hier trat sofort V_1 Faß auf, worauf eine Störung durch sensugene Faktoren erfolgte, die wieder die Zeit auf 6,2 sec erhöhte. Die nächsten vier entsprechenden Versuche (Nr. 26, 28, 32, 33) fanden am 3. Tage statt. Die beiden ersten hatten kurze Zeiten, 4,2 und 4,4 sec; den Versuch 31, Schild, mit 3,8 sec, ziehen wir wegen seiner offensichtlichen Ähnlichkeit mit den übrigen Fällen hier heran, während wir ihn in der Tabelle zu den Satzverbindungen gezählt haben. In dem wichtigen Versuch 32, faul, 5,2 sec, gab die Vp. an: „...dann ein großes Chaos von Vorstellungen, visuell ein Grau, aus dem nichts zu ersehen war. Dann kam aus dem Chaos heraus irgendwo auftauchend V_1: das Wort Baum, und ich wußte dabei, daß es Faulbaum gibt, aber sonst nichts. Dann kam sehr bald das Wort Lebens (RV) und ich sagte es, dabei wußte ich schon, daß es Lebensbaum gibt, sonst nichts." Hier war die Erfüllung der Aufgabe also schwierig, und zwar, wie die Vp. meint, durch die Wirksamkeit zu vieler Tendenzen. Da gelingt nun die Erfüllung und zwar für beide Vorstellungen, mit Hilfe von WE (vgl. hierzu das Verhalten von Vp. P. R. in Reihe I und II bei vieldeutigen Wörtern S. 54, 99). Zu bedenken ist, daß am selben Tag schon 3 solche Fälle vorausgegangen waren, einer unmittelbar und zwar mit sehr ·kurzer Zeit. Nach unsern früheren Erörterungen haben wir schon hier den klaren Tatbestand der latenten Einstellung, die gerade bei schwierigen Aufgaben zutage tritt. Die lange Zeit ist also hier ein Argument f ü r nicht g e g e n die latente Einstellung.

Noch deutlicher geht sie aus weitern Versuchen hervor. In Nr. 33, Beere—Wald, gab Vp. an: „ich wußte, daß es das Wort Waldbeere gibt und zwar ganz bekannt, während ich jetzt glaube, daß es das gar nicht gibt." Es werden jetzt also unter dem Zwang der Einstellung schon neue Wortverbindungen gebildet. Wald liegt an sich bei Beere wohl nahe, daß aber nun Waldbeere als ein Wort aufgefaßt wird, ist nur unter der Wirkung der latenten Einstellung recht begreiflich. Die lange Dauer des Versuchs, 5,4 sec, erklärt sich wieder daraus, daß eine visuelle Gegenstandsvorstellung von Wald folgt.

Der nächste Versuch, Nr. 39, Schmuck—Stück, hatte eine relativ kurze Zeit, 4,8 sec, obwohl RV visuelle Gegenstandsvorstellung war.

Interessanter ist der nächste Versuch, Maul—halten—tier, 4,6 sec. Die Vp. gab an: „Sofort V_1 als Ergänzung, worüber ich mich sehr ärgerte. Während ich mich noch ärgerte, war auch schon RV da, hier wurde das Wort Tier auch wieder klein geschrieben gesehen. Dabei dunkel ein Maultier und Treiber. Durch Ärger wurde die Reaktion verzögert." Hier ist also ganz deutlich, wie völlig unabhängig vom Willen der Vp. die latente Einstellung herrschend geworden ist und wie sie die Erfüllung der Aufgabe leicht bewerkstelligt. Die Zeit von 4,6 sec ist mit Rücksicht auf den Unlustaffekt und die visuellen Zutaten durchaus kurz zu nennen.

Nun kommt ein andres Stadium. Versuch 44, Weizen, 23,6 sec (!), zeigt deutlich den Übergang. V_1 Mehl—Brot, beide als WE. „Ich dachte, daß das Rzw. mit Mehl weitergehen würde, gleich darauf wußte ich auch, daß Brot WE wäre. Beide Worte akustomotorisch gegenwärtig, auch die ganzen Worte, nicht aber das Wort Wortergänzung. Dies nur gedacht." Nach einer ganz langen Zwischenzeit, in der allerhand Gedanken über die Instruktion auftraten, kam endlich RV das visuelle Bild unsres Dienstmädchens, wie es Brot bäckt (Phantasievorstellung) und es wurde reagiert mit den Worten „Tina bäckt Brot". Hier ist also eine Wahl von Vorstellungen vorhanden. Wie in Versuch 40 sind 2 Wortergänzungen da, sie werden aber nicht als zwei, sondern nur als e i n e Erfüllungsvorstellung gerechnet.

Diese Art des Übergangs bleibt auch in den zwei folgenden Versuchen 45 und 47 mit 5,6 und 5,8 sec.

Ist ein solcher Nachweis einer latenten Einstellung an sich schon interessant, so gewinnt er noch an Bedeutung dadurch, daß es sich hier um dieselbe Vp. handelt, die in der I. Reihe ein so ausgesprochenes System von latenten Einstellungen benutzte. Man könnte daran denken, daß es deutlich ausgeprägte individuelle Unterschiede gibt in dem Grade, wie Vpp. latente Einstellungen zur Lösung von Aufgaben benutzen und würde damit ein neues psychographisches Merkmal gewinnen.

Wir kennen jetzt die Fälle, in denen b e i d e Erfüllungsvorstellungen nach einem der angegebenen Prinzipien gebildet wurden, die 18 Fälle, in denen n u r V_1 so entstand, müssen wir jetzt noch auf die Entwicklung von RV hin untersuchen.

Da fällt sofort auf, daß 7 von diesen 18 Versuchen in einer uns schon bekannten Weise verlaufen sind, nämlich so, daß RV eine visuelle repräsentierende Vorstellung war. Diese Fälle nehmen gegen Ende der Versuchsreihe zu, auf die letzten 2 Tage mit 18 Versuchen fallen 4, auf die 3 ersten Tage mit 32 Versuchen nur 2.

Dreimal repräsentiert RV die V_1 (Nr. 4, 13, 33), einmal einen sich an V_1 anschließenden Gedanken (45) zweimal sowohl das Rzw. wie V_1 (39 und 49) und nur einmal das Rzw. selbst (38). Andrerseits haben den Hauptanteil an den 7 Fällen diejenigen, wo V_1 Wortergänzung war (13, 33, 39, 45).

Diesen Fällen nahe stehen 2 weitere, in denen V_1 repräsentiert und dann das Bild oder ein Teil davon benannt wurde:

Z. B. Nr. 37, Tulpe—Beet (V_1), — visuelles Bild eines kleinen Gartens — Garten (RW). Vp. gab dann an: „das Wort gehört für mich sehr mit dazu."

Die übrigen Versuche haben kein Interesse, charakteristisch ist vielleicht noch, daß die Vp. zweimal auf die Wahrnehmung störender Geräusche reagierte.

Von diesen 18 Versuchen sind 5 WR (10, 15, 16, 17, 20), ein einziger ist kürzer als das Mittel, Nr. 10, wo V_1 Wortergänzung ist, 3,6 sec. Die übrigen, in denen die Entstehung von RV schwierig war, dauerten viel länger; die Werte für die 5 Versuche sind: AM = 5,5, Z = 5,6 sec, also 1 sec länger als die Werte der Tab. 4 (S. 71).

Es bleiben uns, nach diesem Überblicke über sämtliche in der Tabelle 11 aufgeführten 41 Versuche, noch 9 Versuche übrig, die zum großen Teil ganz unverständlich sind.

Am deutlichsten tritt in ihnen die Repräsentationstendenz zutage und zwar bei der RV.

Am einfachsten verlief noch Versuch 46, „wie“, der den meisten Vpp. solche Schwierigkeiten gemacht hatte. Das Rzw. wird als Frage, als wenn man etwas nicht verstanden hat, aufgefaßt, V_1 ja RW doch; 4,2 sec.

Ein Fehlversuch kam gegen Schluß vor, indem sich gar keine Vorstellung einfand.

Nach unsrer Betrachtung der Versuche im einzelnen können wir uns nun allgemeinen Gesichtspunkten zuwenden.

Sehr selten traten eingeschobene Vorstellungen auf, während Gedankliches oder auch Bewußtseinslagen der Leere, des Wartens häufig eingeschoben waren.

Trotzdem können wir auch hier den Gesichtspunkt der Wahl anwenden. Wir zeigten schon bei der latenten Einstellung auf Wortergänzungen, daß die Vp. allmählich nicht mehr mit 2 nach diesem Prinzip gebildeten Erfüllungsvorstellungen zufrieden war, ja schon über die erste Ärger verspürte. Aber schon in den Versuchen 21 und 22, in denen die Erfüllungsvorstellungen sehr naheliegende Worte waren (streng—milde—gerecht und liegen—sitzen—stehen), gab die Vp. an, daß die Worte spontan nacheinander kamen und fügte hinzu „öder Versuch“. Ähnlich gab sie in Nr. 38 Polster—Stuhl an: „V_1 mit Unlust, weil ich mich über so naheliegende Reaktionen ärgere.“ Ebenso Ärger in Versuch 40 bei der Wortergänzung Maul—halten. Es setzt also eine Opposition gegen den durch die Einstellungen immer flacher werdenden Verlauf des Prozesses ein, die Vp. verlangt also doch mehr von der Erfüllungsvorstellung als bloße Worte. Zum mindesten sollen wohl die Erfüllungsvorstellungen in einem vernünftigen Zusammenhang zum Rzw. stehen, so prüft die Vp. in Nr. 35, Beere, die V_1 Wald darauf, ob Beere auch zu Wald paßt und ein andermal in Nr. 6, mahnen, wo V_1 durch

Perseveration zustande gekommen war, ist „im Bewußtsein der unlustbetonte Gedanke, daß V_1 gar nicht hierher paßt". Dies spricht dafür, daß auch diese Vp. einen mehr natürlichen Reaktionstypus gezeigt hätte, wenn nicht Reihe I vorangegangen wäre, in der sich eben die Einstellung ausgebildet hatte.

Ganz interessant sind 2 Fälle, wo die Vp. nach einer visuellen Gegenstandsvorstellung wartete, ob noch etwas käme, und dann, als das nicht der Fall war, mit jener reagierte. Es werden also Vorstellungen, die eigentlich keine Erfüllungsvorstellungen sind faute de mieux zu solchen gemacht.

Zum Schluß sei noch der außerordentlich geringe Grad von Verständnis hervorgehoben, den die Vp. erreicht. Es geht das so weit, daß der Zusammenhang zwischen Rzw. und V_1 nicht bemerkt wird, wie z. B. bei Horn—Ochse, Löwe—Tiger. Doch ist hier das Verständnis nicht ganz unwirksam geblieben. Denn wenn jede Beziehung fehlt, so ist die Vp. erstaunt.

g) Vp. Dr. A.

Wir wenden uns jetzt noch ganz kurz zu den 5 mit Dr. A. ausgeführten Versuchen. In Reihe I waren die RV durchweg Repräsentationen gewesen. Dasselbe gilt in Reihe II von allen Versuchen mit Ausnahme des ersten, als V_1 treten Gegenstandsvorstellungen des Rzw. auf. RV wird dann so gebildet, daß sie eine Ergänzung zu V_1 ist.

Z. B. Nr. 2, Dorf, 2,4 sec: V_1 war eine Gegenstandsvorstellung, „es ging dann nach beiden Seiten auseinander zur RV, etwas ausgedehntem, was nachträglich Feld zu nennen ist." Oder Nr. 4, Schwert, 2,8 sec, V_1 ein Soldat (lückenhaft) RV Schwert von diesem Soldaten. Hier ist eigentlich die Gegenstandsvorstellung erst mit RV fertig.

Nr. 1, Zwang, verläuft anders: deutlich war nur das gedankliche Verständnis, über das die Vp. nicht hinauskam. Als V_1 trat nun ein visuelles Schriftbild des Wortes auf.

Diese Versuche lehren uns nichts Neues, sie sind Beispiele für die Repräsentationstendenz. Der Vollständigkeit halber haben wir sie aufgeführt.

3. Zusammenfassung.

Obwohl alle Vpp. in vielen Fällen nicht anders reagierten als in Reihe I, so konnten wir doch aus Reihe II eine Anzahl neuer Gesichtspunkte und Ergebnisse gewinnen.

Dadurch, daß z w e i Vorstellungen gebildet werden sollten, gewannen wir den Begriff der E r f ü l l u n g s v o r s t e l l u n g.

Es ist dies ein Ergebnis, das unter dem schon in Reihe I aufgestellten Gesichtspunkt der Wahl zustande kommt. Nicht nur ist es für eine Vorstellung nötig, ganz bestimmte Eigenschaften zu haben, wenn sie als RV dienen, sondern dies gilt viel allgemeiner für jede Vorstellung, die eine Aufgabe erfüllen soll. Dabei konnten wir aber einen Unterschied in der Wertigkeit der verschiedenen Erfüllungsvorstellungen feststellen, so, daß die RV die V_1 an Wertigkeit übertrifft: Vorstellungen, die als RV nicht hinreichen, können noch als V_1 benutzt werden. Dazu kommt nun auch der Unterschied dieser Erfüllungs- von den Bezugsvorstellungen, den Rzw.

Ein weiteres wichtiges Resultat gewannen wir aus der Untersuchung des Übergangs von V_1 zu RV. Wir fanden, daß er durch Gedanken vermittelt werden konnte und daß diese Gedanken in den Vorstellungsverlauf eingriffen. Gedanken als Bewußtseinstatsachen haben also gleichzeitig dynamische Wirkung durch Determination. Die Repräsentationstendenz war eine solche Determination, die uns besonders häufig in diesen Versuchen begegnete.

Schließlich konnten wir durch Reihe II Ergebnisse der Reihe I bestätigen, so vor allem die latente Einstellung, für die wir reiches Material vorfanden.

§ 3.   Reihe III.

Die III. Reihe war nicht im ursprünglichen Versuchsplan enthalten, sondern wurde von mir aus 2 Gründen hinzugefügt: 1. hatte die II. Reihe nur teilweise ihren Zweck erfüllt, den Fortschritt von der 1. zur 2. Erfüllungsvorstellung aufzuzeigen; dies sollte nun durch Hinzufügung einer 3. Erfüllungsvorstellung erreicht werden; 2. hatte der Ablauf häufig etwas Gequältes, Unnatürliches gehabt, dies sollte durch einen Hinweis in der Instruktion vermieden werden. Die Instruktion lautete demnach folgendermaßen:

„Wie bisher werde ich Ihnen ein Wort zurufen. Stellen Sie sich darauf ganz so ein wie bisher und fassen Sie das Rzw. energisch auf. Es werden dann also wieder Vorstellungen auftreten. Warten Sie diesmal bis zur 3. Vorstellung und brechen Sie erst dann den Versuch mit dem betreffenden Wort oder mit Ja ab. Beschreiben Sie mir nachher möglichst genau Ihr Erlebnis. Bemühen Sie sich, wenn Sie das Rzw. verstanden haben, Ihre Vorstellungen bzw. Gedanken möglichst natürlich ablaufen zu lassen und beeilen Sie sich nicht, zu reagieren. Auch wenn keine Vorstellung kommt, braucht Sie das nicht zu beunruhigen. Geben Sie ganz dem natürlichen Lauf nach!"

Die Mahnung, das Rzw. energisch aufzufassen, erwies sich als notwendig, weil die Vpp. sonst allzu leicht abschweiften. Daß ich in der 2. Hälfte von Vorstellungen bzw. Gedanken sprach, kann man nicht als suggestive Beeinflussung deuten; waren doch bei allen Vpp. Reihe I und II vorangegangen, in deren Instruktionen immer nur von Vorstellungen die Rede gewesen war und doch waren sich dabei alle Vpp. von selbst über den Unterschied von Vorstellungen und Gedanken klar geworden. Viel eher wäre es eine Beeinflussung gewesen, wenn ich nur von Vorstellungen gesprochen hätte.

Um die Störung durch Sinnesreize möglichst einzuschränken, hielt die Vp. in Reihe III während der eigentlichen Versuche die Augen geschlossen.

1. Quantitative Analyse.

Die ganze Reihe wurde nur mit einer Vp., mit Frau K., durchgeführt, nur wenige Versuche (8) fehlen bei Prof. O., bei dem wie in Reihe II die Versuche von Nr. 26 an in englischer Sprache stattfanden. Mehr als die Hälfte der Versuche (26) machte noch Herr Schr. mit, etwas weniger Herr St. (23) und nur 17 Dr. B.

Tabelle 13.

Vp	JR				WR				Alle	
	Z	AM	mV	n	Z	AM	mV	n	Z	AM
Herr Schr.	6,2	6,3	1,61	20	7,1	7,6	1,4	6	6,4	6,5
Prof. O.	de.|eng. 8,8|8,8	de.|eng. 9,2|9,3	de.|eng. 1,2|1,7	de.|eng. 19|17	—	—	—	0	8,8	9,2
Herr. St.	8,4	9,0	2,6	21	7,4	7,4	—	1	8,6	8,9
Dr. B.	9,0	10,4	3,3	17	—	—	—	0	9,0	10,4
Frau K.	33,8	35,5	11,86	49	—	—	—	0	33,8	35,5

Tab. 13 entspricht den Tabellen 1 und 4.

Die numerischen Ergebnisse stehen in Tab. 13 u. 14. Es finden sich zum Teil andere Werte als eben angegeben, weil die Fehlversuche für die Tabellen nicht mit berücksichtigt

wurden. Es fällt sofort die Vergrößerung aller Werte auf.
Der kleinste Wert von Reihe III (Vp. Schr.) liegt fast so
hoch wie der größte von Reihe II. Alle übrigen Werte der

T a b e l l e 14.

	Herr Schr.	Dr. B.	Prof. O.	Herr St.	Frau K.
AM	2,8	2,9	5.9	6,2	29,6
Z	2,8	2,3	5,9	6,0	28,8

Tabelle 14 entspricht der Tabelle 5, sie gibt die Zunahme der
AM und Z für alle Versuche an, die Reihe III gegenüber Reihe II
aufweist.

Reihe III übertreffen den höchsten von Reihe II sehr beträchtlich. Die Reihenfolge der Vpp. hat sich völlig geändert, dagegen ist die Zone, in der die Mittelwerte liegen, kleiner geworden, wenn wir von dem ganz herausfallenden Wert von
Frau K. absehen ($10,4 - 6,5 = 3,9$ gegen $7,5 - 2,7 = 4,8$
im AM und $9,0 - 6,4 = 2,6$ gegen $6,7 - 2,6 = 4,1$ im Z).
Der Unterschied tritt im Z stärker hervor, was darauf zurückzuführen ist, daß die Streuung nach oben außerordentlich
groß ist. Tab. 15 gibt eine Übersicht über die Maximal-
zonen in den Reihen II und III.

T a b e l l e 15.

	Herr Schr.	Prof. O.	Dr. B.	Herr St.	Frau K.
Reihe II	5,4	5,8	12,6	3,2	21,0
Reihe III	7,6	9,6	16,8	9,4	67,6
Differenz	2,2	3,8	4,2	6,2	46,6

Man sieht, jede Vp. hat in Reihe III eine größere Streuung als in Reihe II. Auffallend ist ferner die Tatsache, daß
für Prof. O. diesmal die deutschen und englischen Werte
völlig übereinstimmen, während in Reihe II noch ein deutlicher Unterschied zu erkennen war. Die mV ist diesmal
für die englischen Versuche größer als für die deutschen. Es
liegt dies daran, daß die Maximalzone bedeutend größer ist,
9,6 gegen 4,2, während die Mittelzone kleiner ist, 1,2 gegen
2,2. D. h. also in einem gewissen Bereich sind die englischen
Versuche gleichmäßiger verteilt als die deutschen, doch

kommen bei ihnen sowohl nach den kurzen wie nach den langen Zeiten die größeren Abweichungen vor.

Wir betrachten jetzt noch, wie sich die ganzen Wertreihen der Reihe II und III zueinander verhalten, was eine Ergänzung zu der auf Mittelwerte gestützten Betrachtung darstellt. In Tab. 16 ist angegeben, wieviel Versuche der Reihe II in die Zone der Reihe III fallen und umgekehrt, a bedeutet absolute, r Prozentzahlen. Die Vpp. sind nach dem Grade der Übereinstimmung geordnet.

Tabelle 16.

Es fallen von	Dr. B.		Herr Schr.		Prof. O.		Frau K.		Herr St.	
	a	r	a	r	a	r	a	r	a	r
Reihe III in Zone R. II	15	88	19	74	3	8	10 (6)	20 (12)	0	0
Reihe II in Zone R. III	36	75	31	62	4	14	3	6	0	0

Bei Prof. O. fallen nur deutsche Versuche der Reihe II in den Bereich der Reihe III, die englischen liegen sämtlich darunter. Bei Frau K. sind in der oberen Reihe die eingeklammerten Werte unter Fortlassung der 3 höchsten Werte berechnet. Bei Herrn St. allein fallen die beiden Reihen ganz auseinander, der höchste Wert von Reihe II ist 4,6, der niedrigste von Reihe III 5,0 sec.

Der Reaktionsmodus hat sich insofern geändert, als nur noch Herr Schröder häufiger WR anwendete.

Die Verteilung der Zeitwerte und der Reaktionsformen auf die einzelnen Tage ist in der üblichen Weise in den Tabellen 17 und 18 angegeben.

Tabelle 17.

Tag	Herr Schr.		Prof. O.		Herr St.		Dr. B.		Frau K.	
	AM	mV	AM	mV	AM	mV	AM	mV	AM	mV
I	7,8	0,83	8,7	1,3	8,2	2,0	13,4	4,9	38,9	13,2
II	7,8	2,1	8,5	0,9	7,3	1,4	8,2	1,2	38,7	18,2
III	5,9	0,7	10,1	0,6	10,3	2,3	—	—	40,6	14,4
IV	5,3	1,3	10,4	1,9	13,4	2,5	—	—	(46,9) 30,7[1]	(28,5) 3,1[1]
V	4,9	1,06	7,8	1,5	10,0	1,3	—	—	33,2	8,0
VI	—	—	—	—	—	—	—	—	53,0[2]	25,8[2]
VII	—	—	—	—	—	—	—	—	28,7	11,9

[1] Ein Versuch mit 159 sec ist nicht berücksichtigt.
[2] Nur 2 Versuche.

Tabelle 18.

Tag	Herr Schr.		Prof. O.		Herr St.		Dr. B.		Frau K.	
	J	R	J	R	J	R	J	R	J	R
I	4	2	5	0	4	1	7	0	6	0
II	4	2	11	0	5	0	10	0	6	0
III	2	1	8	0	4	0	—	—	8	0
IV	6	0	10	0	5	0	—	—	8	0
V	4	1	8	0	4	0	—	—	12	0
VI	—	—	—	—	—	—	—	—	2	0
VII	—	—	—	—	—	—	—	—	8	0

Es zeigt sich, daß die beiden Vpp. Schr. und B., die nach Tab. 14, den kleinsten Unterschied gegenüber Reihe II aufweisen, auch insofern zusammengehören, als sie die einzigen sind, bei denen die Werte von Tag zu Tag fallen. Zwar liegen bei Dr. B. nur 2 Tage vor, doch ist dafür der Abfall besonders deutlich auch in der mV.

Die Streuungskurven, die für Fr. K. über einer Abszisseneinheit von 5 sec, für die andern Vpp. über einer solchen von 1 sec gezeichnet wurden, haben sämtlich einen ausgesprochenen Gipfel, der im allgemeinen nach dem kurzen Ende zu, und nur bei Prof. O. ziemlich genau in der Mitte liegt.

2. Qualitative Analyse.

a) Vp. Herr Schr.

Wir beginnen mit Herrn Schr., der numerisch die geringste Änderung gegenüber Reihe II aufzuweisen hat. Waren schon die Versuche der II. Reihe äußerst kompliziert gewesen, so gilt dies noch mehr von Reihe III. Die Mannigfaltigkeit ist hier so groß, daß es schwer ist, überhaupt zu Gruppen zu kommen.

Wir wenden uns zunächst zu den Fällen, wo V_1 eine Gegenstandsvorstellung des Rzw. war: es sind im ganzen 7, davon war 3 mal die Gegenstandsvorstellung individualisiert. Nur 1 mal kam dabei V_1 direkt, ein anderes Mal nach der durch Voraneilen entstandenen klanglichen Schwierigkeit, sonst waren Gedanken über die Bedeutung vorher eingeschoben.

In Reihe II lernten wir 5 Haupttypen der Entwicklung von V_1 zu RV kennen: Individualisierung, Spezialisierung durch Ergänzung, mehrfache Repräsentation, gedankliche Vermittlung und einfache Benennung. In Reihe III finden wir dieselben Arten, nur die Ergänzung ausgenommen, doch ist die Bedeutung der gedanklichen Faktoren gestiegen.

In 3 Fällen ist V_2 und RV, in 3 andern RV allein individualisiert; nur in einem Fall (Nr. 14) sind V_2 und RV allgemein, dafür ist V_1 individuell. Am reinsten wurde die Individualisation wirksam in Nr. 9, Kanzel, 11,0 sec. Er entspricht völlig dem früher so oft vertretenen Schema: V_1 Gegenstandsvorstellung, nun starke Tendenz zur Individualisierung mit mehreren Möglichkeiten dazu; V_2 nun eine der Vp. sehr nahe liegende Kanzel. Der Übergang zur RV ist hier nun relativ einfach: es treten mit der akustomotorischen Vorstellung Predigt eine Reihe von Gedanken über den Prediger der betr. Kirche auf, während V_2 andauert. Schließlich verändert sich V_2 zu RV dadurch, daß es Erinnerungscharakter annimmt: „insofern, als ich mich dabei wußte in einer ganz bestimmten Situation, nach Schluß des Gottesdienstes im Gespräch mit einem Bekannten." Hier haben die Gedanken auf die Entwicklung der Vorstellungen keinen erkennbaren Einfluß gehabt; allein wirksam ist vielmehr das Prinzip der fortschreitenden Individualisation gewesen.

Die mehrfache Repräsentation kommt zur Geltung in

Nr. 24, Anstand, 4,8 sec: „Zuerst doppelte Bedeutung, Anstand auf der Jagd und feine Sitte. Die erste Bedeutung führte zu V_1 einem bestimmten Anstandsgerüst im bayrischen Gebirge. Dann trat die andre Bedeutung hervor, verbunden mit einer innerlichen Wiederholung des Rzw. Daran schloß sich V_2 (Anstandsregeln (akustomotorisch), daran unmittelbar RV visuell das Schild eines Tanzmeisters, das ich vorhin gesehen habe." Dieser Versuch ist typisch für die Wirksamkeit der zwei Bedeutungen, die beide zu ihrem Recht kommen. Während aber die erste unmittelbar zu einer visuellen individualisierten Gegenstandsvorstellung führt, ist der Prozeß bei der zweiten komplizierter: das Rzw. wird wiederholt, in V_2 ergänzt. V_2 hat damit schon einen gewissen repräsentativen Charakter, der aber durch die Individualisierung in RV noch vervollständigt wird.

In 3 Versuchen ist die Vermittlung gedanklich.

Einfach verläuft Nr. 18, Hobel: V_1 visuelle Gegenstandsvorstellung; „nun kam der Gedanke an die Tätigkeit, die damit ausgeführt wird, dann V_2 visuelles Bild einer Schreinerwerkstätte: eine Person deutlich, die an einem großen Balken steht und an dessen oberer Seite hobelt, aber ohne Bewegung. Dann Gedanke an die heilige Familie, den Zimmermannssohn. Dann RV: visuelle sehr undeutliche Vorstellung eines Bildes: in einer Zimmermannswerkstatt Joseph und Jesus. Deutliches Bewußtsein, daß es ein bestimmtes Bild wäre, ohne zu wissen welches." Der Verlauf bis V_2 ist uns aus früheren Versuchen bekannt. Der Gedanke an die mit einer Vorstellung zusammenhängende Tätigkeit ist schon mehrfach das vermittelnde Glied gewesen (z. B. Reihe II Nr. 44, vgl. S. 84).

Interessant wegen der direkten Beeinflussung der Vorstellung durch Gedanken ist der Versuch 12, Teich. Nach V_1: Dutzendteich in Nürnberg, kam der Gedanke Kahn, Boot, Kahnfahrt. Dabei veränderte sich V_1 deutlich zu V_2: der Dutzendteich mit Booten bedeckt, sehr lebhafte Bewegung im Ganzen. „Dann der Gedanke daran, daß es in den Zeitungen hieß, daß Zeppelin wegen der vielen Boote nicht auf dem Teich landen konnte und nun RW: Zeppelin."

Trotz des recht verschiedenen Ablaufs dieser 7 Versuche sei ein numerischer Überblick über sie gegeben: AM = 6,1, Z = 5,4, mV = 1,76. Die Werte liegen unter dem Mittel der Tab. 13, die mV ist dagegen größer als dort. Sehen wir indes von dem ersten in diese Gruppe fallenden Versuch ab (Nr. 9 mit seinem Wert von 11,0 sec), bei dem, wie wir sahen, Gedanken, die auf die Entwicklung ohne Einfluß blieben, die Zeit verlängerten, so ergibt sich AM = 5,3, Z = 5,1, mV = 1,0. Diese Werte haben einen viel natürlicheren Zusammenhang, AM und Z sind nicht mehr so verschieden, wie in der ersten Berechnung, und mV ist erheblich gesunken und kleiner als in Tab. 13. Da die 7 Fälle sich über die Tage 2—5 verteilen, so müssen wir die einzelnen Versuche mit den Tagesmitteln vergleichen, und sehen dann, daß die Werte etwa einander entsprechen, daß also auch unsre 7 Fälle einen Übungsfortschritt zeigen.

Sonst traten visuelle Gegenstandsvorstellungen nur noch 3 mal auf, 1 mal vor V_1, wie so häufig in den vorigen Reihen, und 2 mal als V_2.

Im ersten Fall, dem ersten Versuch der Reihe, Streichholz, 9,0 sec, kommt die Vp. aus dem Kreise, der durch das Rzw. bezeichnet ist, nicht hinaus; es treten Ergänzungen und eine Benennung hinzu.

Interessanter ist Versuch 25, wo die eigentliche Gegenstandsvorstellung erst als V_2 auftrat, Meißel, 4,4 sec. V_2 und RV sind hier Gegenstandsvorstellung und Ergänzung, vorher war der Gedanke an einen Mitschüler der Vp. mit einem ähnlichen Namen eingeschoben, der zu der Vorstellung des Hauses und Gartens des Betr. führe.

Wir gehen jetzt dazu über, die Repräsentationstendenz auch in den Fällen zu untersuchen, wo sie nicht zu einer Gegenstandsvorstellung des Rzw. geführt hat.

Wir beginnen mit V_1. 2 mal, bei Versuch 17 und 20, war an dieser Stelle das Rzw. durch ein andres Wort repräsentiert, ein Vorgang, der bei Vp. P. R. eine große Rolle gespielt hat.

In Nr. 20, heimlich, 4,0 sec, wurde das Rzw. im Sinn von heimisch aufgefaßt mit Lustbetonung. Es kam als V_1 akustomotorisch Heimat. In Nr. 17 ist der repräsentative Charakter von V_1 deutlicher: Protektion, 7,6 sec. „Zuerst der Begriff aufgefaßt in etwas schlimmem, verächtlichem Sinn. Dann gedankliche Beziehung zu der Protektion, wie sie speziell mit Studenten-Korporationswesen zusammenhängt, V_1 akustomotorisch Korps. Dann verband sich der Gedanke mit hohen Ämtern, V_2 visuelle Vorstellung des Ganges im Innern des Münchener Kultusministeriums. Dies blieb einige Zeit, bis wieder die ganze Gegend dazu kam, bis zum Odeonsplatz. RV ‚München‘ akustomotorisch." Hier ist recht interessant, wie die gedankliche Vermittlung zu V_2 führt. Der eingeschobene Gedanke ist nur eine Fortsetzung des vorangehenden und im engsten Zusammenhang zum Rzw. Er wird dann wieder in V_2 repräsentiert, genau wie die früheren Gedanken in V_1. RV endlich ist Benennung eines eingeschobenen Inhaltes. In Nr. 4, Attribut, 7,6 sec, ist V_1 repräsentativ nicht mehr eigentlich zum Rzw., sondern zu der Sphäre, in die das Rzw. gedanklich hineingetragen wird.

Wir wenden uns jetzt zu den Fällen, in denen V_2 repräsentative Funktion hatte.

In Nr. 13 repräsentiert V_2 akustomotorisch das Rzw., nachdem als V_1 eine durch Perseveration begünstigte Klangassoziation aufgetreten war: weichlich—Teich (erster Versuch des betr. Tages). Dann merkte die Vp., daß sie damit ganz vom Sinne des Rzw. abkäme und rief sich dies ins Bewußtsein zurück. Auffassung als nachgiebig gegen die eigne Körperlichkeit. Nun kam V_2 akustisch Lauheit (dies war Rzw. des ersten mit der Vp. überhaupt gemachten Versuchs gewesen, 2 Mon. vorher!). RV war dann rein gedanklich, ein Wissen um die verschiedenen Mittel, mit denen man gegen die Verweichlichung ankämpft.

Der Versuch ist ganz klar, auffällig ist nur das Auftreten von Worten, die früher einmal in Versuchen vorgekommen sind. In dieselbe Gruppe gehört auch der S. 123 zitierte Versuch 24, Anstand.

Wir kommen jetzt zu den Fällen, in denen V_1 durch V_2 repräsentiert war, Nr. 10 und 26. Beide Male werden akustische Vorstellungen repräsentiert, die mit dem Rzw. zusammen ein Zitat ergeben.

Z. B. Nr. 26, lassen, 6,6 sec. V_1 Innsbruck ich muß dich lassen akustomotorisch, V_2 Innsbruck visuell, RV visuell Situation auf dem Bahnhof von Innsbruck.

Häufiger als die V_1 selbst waren in V_2 zwischen V_1 und V_2 eingeschobene Gedanken repräsentiert.

Drei solcher Fälle kennen wir schon, Nr. 12 (S. 123), Nr. 17 (S. 124), Nr. 18 (S. 123). Analog verläuft Nr. 19 Quelle. Akustomotorisch wurde der Gedanke repräsentiert in Nr. 3, handeln (V_1 Handlung), wo V_2 dem Gedanken an die Angestellten einer Handlung Ausdruck gab.

Sehr selten hatte RV repräsentative Funktion, nur 1 mal visuell und 3 mal akustomotorisch.

Visuell war es in dem eben zitierten Versuch Nr. 3. An die V_2 schloß sich der Gedanke an ein in Nürnberg gesehenes Theaterstück, das in diesen Kreisen spielt und dieser Gedanke findet in RV seine Anschauung.

Schließlich tritt 1 mal im Anschluß an V_2 ein Gedanke auf, der gleich repräsentiert und im RW benannt wird:

Nr. 2, 7,2 sec, brav—bravus—bravo—Italiener. Zwischen V_1 und V_2 eingeschoben der Gedanke an Italien, visuelles Bild eines Platzes in Genua, der mit Menschen angefüllt war.

Wir geben in Tab. 19 einen Überblick über die Verteilung der Repräsentation auf die einzelnen Vorstellungen.

In der ersten Vertikalkolumne steht die Qualität der Vorstellungen. Es folgen in den Vertikalkolumnen die verschiedenen in Betracht gezogenen Vorstellungen, wobei diejenigen, die nie repräsentativen Charakter hatten, weggelassen sind. E I heißt die vor V_1 eingeschobene Vorstellung, E II und E III entsprechend.) Die vier letzten Kolumnen enthalten die Fälle, in denen die repräsentative Funktion mehrmals auftrat, auch hier sind nur die tatsächlich vorgekommenen Kombinationen angegeben, die betr. Fälle aber sämtlich schon früher mitgezählt. Was die Summen betrifft, so diene noch folgendes zur Erklärung:

Tabelle 19.

Vorst.	E I	V_1	V_2	E III	R V	V_1 u.V_2	V_2 u. RV	V_1 u. RV	V_1 u.V_2 u. RV
vis.	1	8	8	1	1	1	0	0	0
akustom.	0	3	3	0	4	0	0	0	0
Summe	1	10	11	1	4	3	1	2	1

klärung: Summe V_1 ist nur 10, obwohl die einzelnen Vorstellungen $8 + 3$ sind. Dies liegt daran, daß einmal, bei Nr. 4, die Repräsentation sowohl visuell wie akustisch war, so daß der eine Fall in 2 Teile zerlegt wurde. Umgekehrt ist es mit der Summe der Kombinationen, sie ist größer als die Summanden. Dies liegt daran, daß ich in das Feld visuell nur die Fälle eintragen wollte, wo beide Vorstellungen visuell waren (entsprechend akustomotorisch). Zur Summe kommen also die Fälle hinzu, wo eine Vorstellung visuell, die andre akustomotorisch war.

Aus der Tabelle ersieht man, daß V_1 und V_2 ziemlich gleich oft repräsentativ wirkten, sehr viel seltener RV und am seltensten eingeschobene Vorstellungen.

Die Untersuchung der Zeitwerte der in Tab. 19 verzeichneten Gruppen ergibt zu wenig, als daß sie hier als Tabelle mitgeteilt werden dürfte, besonders, da die häufig sehr geringe Anzahl von Versuchen, die in eine Gruppe fallen, zuweilen in verschiedenen Übungsstadien liegen. Im allgemeinen erscheint aber die Zeit um so kürzer, je eher die Repräsentation auftritt und auch mehrfaches Auftreten der Repräsentationstendenz scheint die Zeit abzukürzen.

Wir gehen jetzt zur Betrachtung der Benennungsfunktion[1] über. Sie fällt nur 1 mal, noch dazu im selben Versuch (Nr. 1), auf V_1 und V_2, dagegen 5 mal auf RV. Dabei wird 2 mal V_2, 3 mal die nach V_2 eingeschobene Vorstellung benannt.

Wir sprechen, um den Unterschied klar zu machen, von Benennung dann, wenn auf eine visuelle Vorstellung oder auch eine Gefühlslage ein Wort folgt, das entweder die ganze Vorstellung oder einen Teil davon ausdrückt, von motorischer Repräsentation dann, wenn dem Wort ein Gedanke vorangeht.

Wir zitieren Nr. 8, meiden, 10,4 sec: „dann stellte sich akustisch ein: Scheiden und Meiden und dann noch ein Gedanke an das Volkslied. Dann tauchte RW auf: ‚Volkslied', als Kundgabe der Stimmung." Hier

---

[1] Das Wort Funktion natürlich nicht im Sinne der Funktionspsychologie gebraucht.

ist der ganze durch die Wortvorstellung scheiden und meiden angeregte Komplex benannt worden. Die besprochenen Versuche fallen sämtlich in die ersten 2 Versuchstage, haben daher relativ lange Zeiten, AM $= 8,3$ und Z $= 8,0$ sec. Auffällig ist aber, daß die Werte der 5 Versuche das Tagesmittel besonders im AM nicht unwesentlich übersteigen (um 0,5 sec) bei der nicht sehr hohen mV von 0,86.

In 3 Fällen waren sämtliche Vorstellungen stark individualisiert.

Am einfachsten ist Nr. 21 (wobei zu beachten, daß die Vp. Nürnberger), Bratwurst, 3,4 sec. Nach starkem Bekanntheitsgefühl traten hintereinander als V_1 und V_2 visuelle Vorstellungen der beiden bekannten Nürnberger Lokale, des Bratwurst-Herzl's und des Bratwurst-Glöckle's auf. Hier wird von Anfang an die Konstellation wirksam (die kurze Zeit), der Übergang zu RV vollzieht sich aber wieder unter Leitung eines Gedankens.

Im Versuch Nr. 7 ist neu das Auftreten einer formalen Assoziation, der Wortergänzung in V_1, Gerichtssitzung. Solche formale Assoziation wurde auch wirksam in Nr. 15 bei dem schwierigen Rzw. Existenz—Examen—Ex—Exlibris. Hier hat sich die Vp. einfach auf die erste Silbe festgelegt (ähnlich V_1 und V_2 bei Versuch 2. S. 125). Die Vp. benutzt also bei schwierigen Worten solche Hilfsmittel zur Lösung der Aufgabe, wie wir sie in der latenten Einstellung bei andern Vpp. kennen gelernt haben.

Merkwürdig ist auch die V_2 in dem schon zitierten Versuch 8 (s. o.): „Zuerst sehr lange mit dem akustischen zu tun gehabt. Es wollten sich die verschiedensten Sachen vordrängen, z. B. avoid. Dann auf einmal auf eine ganz unerklärliche Weise V_1 akustomotorisch: tadeln—vituperare." Dies ist wohl so zu erklären, daß die Tendenz zur Übersetzung, die, wie aus der Richtung auf avoid hervorgeht, bestand, statt zu dem richtigen vitare zu dem falschen ähnlichen vituperare geführt hat. Eine solche Tendenz zum Übersetzen trat öfter auf, wir zitierten schon Versuch 2, ferner auch in Versuch 5, vergessen, 8,0 sec. Hier auch zuerst die Tendenz zur lateinischen Übersetzung „fand kein Wort, wußte aber, daß es ein Deponens ist."

Nach Überblickung aller Versuche gehen wir jetzt noch auf einige allgemeine Gesichtspunkte ein. Zunächst verfolgen wir die eben erwähnten formalen Assoziationen. Die Tendenz zur Übersetzung ließ sich 3 mal nachweisen (Nr. 2, 5, 8). Reine Klangassoziationen traten 4 mal auf (Nr. 2 s. o.) Nr. 3, handeln, wo sich nach dem richtigen Verständnis als Substantiv Hanteln aufdrängte, ferner in Nr. 13 (s. S. 125) und Nr. 15 (s. S. 127), 3. von den betr. Rzw. sind Adjektiva, eines das schwierige Abstraktum Existenz. Eine WE findet sich nur 1 mal in dem eben zitierten Versuch 7. Ob diese Fälle genügen, um das Bestehen einer latenten Einstellung zu behaupten, scheint unsicher. Das ist jedoch klar, daß gerade die formalen Lösungsweisen leicht bei schwierigen Rzw. benutzt wurden.

Dafür, daß im Anfang eine latente Einstellung bestanden hat, die später überwunden wurde, spricht eine Angabe, die die Vp. in Nr. 23 bei dem schwierigen Rzw. ethisch machte, wo der Versuch qualitativ reichhaltig verlief. „Irgendwann kam auch der Gedanke, aha, diesmal mit ethisch geht's anders als neulich mit Existenz."

In Reihe II konnten wir einmal eine merkwürdige latente Einstellung konstatieren, die eine räumliche Verschiebung von V_1 nach V_2 bewirkte. Ein ähnlicher Vorgang trat in Reihe III 2 mal auf, am 4. Versuchstage, wo die nach V_2 auftretende visuelle Ausbreitung der Örtlichkeit in RV benannt wurde (vgl. S. 124) und am 5. Tage 1 mal, wo die Erweiterung der Örtlichkeit im gedanklichen blieb und nur durch den Namen repräsentiert wurde. Wir haben es hier wohl mit einem Rest der damals wirksamen Tendenz zu tun, und es ist möglich, daß diese Tendenz bei längerer Fortsetzung der Versuche stärker zum Ausdruck gekommen wäre.

Wenn wir die 3 mit der Vp. Schr. durchgeführten Reihen zusammen betrachten, so fällt das starke Zunehmen des akustomotorischen Elements auf. In Reihe I traten fast ausschließlich visuelle Vorstellungen auf, in Reihe II war schon eine starke Zunahme der akustomotorischen zu konstatieren, die in Reihe III noch fortgesetzt wurde. Ein gewisses Übergewicht bewahrt noch das visuelle Element insofern, als zwar in 5 Versuchen alle 3 Erfüllungsvorstellungen rein visuell waren, während sie nur 2 mal rein aus akustischen Elementen bestanden. Je komplizierter also der Prozeß wird, um so mehr treten akustomotorische Spuren auf, jeder einzelne Gedanke führt nicht zur visuellen Repräsentation, vielmehr tritt oft eine Wortvorstellung dafür ein.

Deutlich war ferner in Reihe III gegenüber Reihe II eine Zunahme in der gedanklichen Vermittlung zwischen den einzelnen Erfüllungsvorstellungen. Dadurch konnten wir denn auch die Repräsentationstendenz an den verschiedensten Stellen untersuchen. Es zeigten sich ferner im großen und ganzen alle schon früher aufgetretenen Gesetzmäßigkeiten: Individualisierung, Ergänzung, Benennung, ja auch die starke Perseverationstendenz früherer Versuche (vgl. S. 125) und latente

Einstellungen. Viel stärker als in Reihe II trat der Faktor der Benennung auf und zwar hauptsächlich in RV, wo die Repräsentation am wenigsten wirksam wurde. Es spricht das wieder für die verschiedene Wertigkeit der Erfüllüngsvorstellungen.

Fragen wir uns zum Schluß: ist der Prozeß, den wir im allgemeinen in Reihe III kennen lernten, ein natürlicher, wie er dem gewöhnlichen Denken der Vp. entspricht? Wir können dies wohl bejahen, besonders im Hinblick auf eine Aussage der Vp. in Versuch 24 (cf. S. 123): „Die Versuche jetzt einigermaßen natürlich. Eine gewisse Befangenheit vom Anfang hat sich jetzt ganz verloren." „Einigermaßen natürlich" und nicht ganz so, eben weil das Rzw. unvermittelt in den gerade vorhandenen geistigen Gesamtzustand hineinfällt. Interessant ist für uns auch die Angabe der „anfänglichen Befangenheit", die das Entstehen der anfänglichen latenten Einstellung mit erklärt.

b) Vp. Dr. B.

Der Vp. Dr. B. war bisher die Erfüllung der Aufgabe am schwersten unter den Vpp. geworden und er war ihr in sehr wenig natürlicher Weise nachgekommen. Wenn ich daher oben (S. 118) zur Begründung der III. Instruktion auseinandersetzte, daß sie gegeben wurde, um den Prozeß natürlicher zu gestalten, so hatte ich dabei in erster Linie diese Vp. im Auge. Es ist daher wichtig, ob dieser Zweck wirklich erreicht worden ist. Sehen wir uns daraufhin die Aussagen der Vp. an.

Der erste Erfolg war der, daß die Vp. sich Zeit ließ und sich nicht mehr gehetzt fühlte. Gleich beim ersten Versuch gab sie an: „Habe das Rzw. nachgesprochen in aller Gemütsruhe." Jedoch gleich nach dem nächsten Versuch ging die alte Klage wieder an: „Ich habe das Bewußtsein, daß die Bilder nur kommen, weil sie kommen müssen." So einfach war also mein Zweck nicht zu erreichen, ich nahm daher, wie schon früher zuweilen, Zuflucht zu einer Nebeninstruktion, in der ich die Vp. aufforderte, sich nicht auf Vorstellungen einzustellen, sondern Gedanken auch als Erfüllung der Aufgabe zu zählen. Auch jetzt noch bestehen Schwierigkeiten. Im nächsten Versuch zwar treten als V_1 und V_2 nur gedankliche Inhalte auf, in Nr. 4 aber kommt wieder die Angabe: „Nicht natürlich, sehr schwer das Wort festzuhalten, wohl wegen des immer noch vorhandenen Strebens nach Vorstellungen."

Dies wird aber überwunden. Schon beim nächsten Versuch bemerkt die Vp.: „Hätte mich wohl auch sonst so passiv verhalten können." In Nr. 9 heißt es schon „einigermaßen natürlich" und dies bleibt die Regel, die aus der negativen Aussage bei Nr. 14 hervorgeht: „Dies wieder weniger natürlich." Beim letzten Versuch, Nr. 17, sagte die Vp. instantan: „Ganz natürlicher Verlauf." Darnach dürfen wir wohl mit Recht annehmen, daß bei der Vp. Dr. B. durch die III. Instruktion mit einem entsprechenden Zusatz die Reaktionsweise zu einer natürlichen geworden ist, also dieser eine Zweck der Reihe III erreicht wurde.

Einen weiteren allgemeinen Gesichtspunkt eröffnet uns folgendes: Es finden sich nämlich 6 Fälle, in denen die Vp. keine 3. Vorstellung bzw. Gedanken hat, sondern schon auf die 2. Vorstellung bzw. Gedanken reagiert. Dabei ist die Vp. sich nur 1 mal bewußt, die Aufgabe nicht gelöst zu haben (Nr. 6), in den andern Fällen gibt sie dies nicht an. Es liegt dies daran, daß diesmal im Gegensatz zu den früheren Versuchen der Verlauf so reichhaltig war, so viele eingeschobene Glieder auftraten, daß die Vp. nicht mehr eine Zählung vornahm, sondern reagierte, wenn sie den Eindruck hatte, es wäre genug. Darum rechnen wir diese Fälle nicht als Fehlversuche.

Charakteristisch hierfür ist Nr. 5, vergessen, wo trotz der langen Zeit von 22,2 sec (der längsten überhaupt) und drei deutlichen Vorstellungskomplexen die Vp. angab: „Bloß abgebrochen um abzubrechen"; dieser Versuch nähert sich schon (s. o.) dem natürlichen Verhalten.

Schließlich sei noch auf einen dynamischen Faktor aufmerksam gemacht, der für die ganze Reihe charakteristisch ist. Es wurde nämlich sehr häufig (10 mal) am Anfang das Rzw. mehrfach wiederholt. Das lag einmal daran, daß die Vp. jetzt dazu Zeit hatte (cf. S. 129). Die eigentliche Bedeutung dieser Wiederholung wird uns aber erst aus andern Aussagen klar:

Besonders deutlich ist Versuch Nr. 3: „Das Rzw. ein paarmal innerlich ausgesprochen. Das ist so eine Erleichterung, was nicht wesentlich stört und woran man sich doch halten kann."

Der letzte Teil der Aussage zeigt die Bedeutung des Rzw. als Bezugsvorstellung, an die sich die Aufgabe anknüpft. Wenn diese deutlich ist, so verhilft das zur Lösung.

Ganz ähnlich hieß es bei Nr. 4, das Rzw. sei wiederholt worden, „um es festzuhalten, da es gar nicht so recht dableiben wollte."

Zuweilen kann das Wiederholen jedoch auch schaden, wenn es ganz mechanisch wird, wie in Nr. 5, wo die Vp. angab: „Das erste war infolge der Einstellung, daß ich eine kurze Zeit lediglich das Rzw. wiederholt habe."

Wir wenden uns jetzt zur Betrachtung der Reaktionen im einzelnen. Als V_1 traten 10 mal visuelle Gegenstandsvorstellungen auf. Außerdem noch 3 mal eine akustische Repräsentation des Rzw. Wir untersuchen jetzt die Entwicklung auf die Formen A bis D der Tabelle 10 hin (cf. S. 101).

Daß A nicht vorkommt, ist zu erwarten, da schon in Reihe II diese Form bald ganz verschwand. Relativ häufig ist dagegen B, d. h. es treten nacheinander mehrere Bedeutungen auf (4 Fälle).

Z. B. Nr. 7, Gericht, 6,4 sec; zunächst visuelle Gegenstandsvorstellung des Würzburger Gerichtsgebäudes, „eine Vorstellung, die gar nicht klar wurde, ein Gebäude teils von außen, teils von innen." Im Anschluß an eine Wiederholung des Rzw. in der schon die Ähnlichkeit mit Gerücht auffiel, kam die Bedeutung Gericht—Essen. Dann wurde wieder gespielt Gericht, Gericht, Gerücht und mit diesem Wort als RV (im Sinne von fama) reagiert. Es fällt die Ähnlichkeit mit Versuchen der Reihe II auf. Einmal, daß der Bedeutungswechsel sich an eine Wiederholung des Rzw. anschließt, dann aber auch die Bedeutungsänderung durch klangliche Verschiebung (cf. Reihe II Nr. 22, S. 104). Hier sind die zwei letzten Bedeutungen durch die Worte selbst repräsentiert, während V_1 visuelle Repräsentation ist. In Nr. 4 treten drei akustomotorische ·Repräsentationen auf. Der Verlauf ist (cf. S. 129) nicht natürlich und dauert sehr lange (21,4 sec). V_1 war akustomotorisch: Attribut der kaiserlichen Macht, V_2 die Auffassung als grammatischer Begriff mit dem Wort Verbum, RV die Auffassung als metaphysischer Begriff mit dem Wort Spinoza. Zu V_1 hieß es, d a ß   d i e   s p e z i e l l e   B e d e u t u n g   n i c h t   a n d e r s   a l s   d u r c h   S p r e c h e n   k l a r   g e m a c h t   w e r d e n   k o n n t e , zu V_2, daß d a d u r c h   d i e   B e d e u t u n g   f e s t g e l e g t   w u r d e .

Diese Aussage ist interessant für das Wesen der akustomotorischen Repräsentation, die bei V_1 und V_2 gekennzeichnet wird.

Nach den Aussagen der Vp. scheint diese Gruppe keine natürliche Verhaltungsweise der Vp. zu enthalten. In Nr. 3 fehlt eine solche Angabe, dafür geht die Entwicklung bis V_2 nach der Form C vor sich:

Rzw. handeln, 9,4 sec: „Von vornherein Bewußtsein der Doppeldeutigkeit, zuerst im Gegensatz zu überlegen, zögern. Es war auch etwas in Bereitschaft, eine Figur, die stramm geworden wäre, ob das Muskelempfindungen waren, weiß ich nicht. Nun fiel mir ein, daß ich es ja gar nicht nötig hatte, ein Bild zu machen. Nun wurde die andre Bedeutung klar im Sinne von Handel treiben; nichts vorgestellt. Es fiel in die Zeit ab und zu das akustische Rzw. Nachdem ich es wieder einmal so ausgesprochen hatte, hatte es die Bedeutung von hanteln mit RV, optisch das Aufheben der Arme in der hiesigen Turnhalle lokalisiert." Interessant ist hier das gehemmt werden der Gegenstandsvorstellung. V_2 ist dann gar nicht repräsentiert. RV ist dadurch zu verstehen, daß der Süddeutsche in der Aussprache von handeln und hanteln keinen Unterschied macht (cf. dieselbe Erscheinung bei Vp. Schr. u. St., S. 127/142.

Wir kommen zu den 3 Fällen der Gruppe D:

In Nr. 8 gilt das Prinzip nur für den ersten Teil der Reaktion, RV entsteht wieder durch Spielen mit dem Worte. Nr. 15, Geschwindig·keit, 7,4 sec. „Verständnis gleich physikalisch. Eine Reihe von Bildern schloß sich an als Versinnlichungen. V_1 visuell ein Eisenbahnzug, der dahin fuhr, ohne Detail, nur Repräsentation für Geschwindigkeit. V_2 visuell, etwas in der Luft, Kanonenkugel, vor allem die Bahn. Dann das Bewußtsein, daß es noch viel schnellere Dinge gibt. Damit reagiert."

Nr. 17, Gletscher, 8,0 sec. „Zunächst Richtung an einer Eiswand hinauf (V_1). Dann hatte ich einen höheren Standpunkt, sah eine Spalte, aus der Männlein und Weiblein herausstiegen, Reminiszenz wohl an Chamonix. Dann hat sich das wiederum gewandelt, RV visuell die Aussicht vom Gorner Grat als Bild, wie ich es vor ein paar Tagen gesehen habe." Der Versuch fand am 21. Juli statt, also kurz vor den Sommerferien und die Vp. stand unmittelbar vor einer Schweizer Reise. Der Versuch wurde als ganz natürlich beschrieben. Auch Nr. 15 hatte einen recht natürlichen Verlauf, sodaß wohl das Prinzip der mehrfachen Repräsentation der Vp. naheliegt. Es ist darum verständlich, daß diese Lösung in Reihe II immer öfter angewendet wurde.   •

Es bleiben noch 5 Fälle übrig, wo V_1 eine visuelle Gegenstandsvorstellung und einer, wo sie akustomotorisch repräsentierend war. In 4 von diesen Fällen traten Erinnerungskomplexe auf, in Nr. 1 2 mal, als V_2 und RV, in den übrigen Fällen nur als RV, wobei zu bemerken ist, daß in Nr. 9 nur 2 Vorstellungen vorhanden waren.

Z. B. Nr. 12, Teich, 8,8 sec: visuelle Gegenstandsvorstellung. Dann V_2, akustisch Ente. „Sie sollte auf dem Teich sein. Dann akustisch quak." Daran schloß sich eine komplexe Erinnerung an ein Kolleg der Vp. über die Kindersprache.

1 mal fand eine Benennung statt. 1 mal endlich kam der Verlauf: Gegenstandsvorstellung—Individualisation vor.

Nr. 2, brav, 13,6 sec. Die Vp. faßte nicht ·ganz sicher auf, schwankte zwischen brav und Graf und entschied sich für das letztere. Als V_1 visuelles Bild von einem Ritter in einem Hohlweg, dabei Gedanke an ·Raubritter. Darauf sprungartiger Übergang zu einem Bild aus dem Simplizissimus, das die Vp. in der letzten Zeit gesehen hatte. Hier gab die Vp. aber an, daß die Bilder nur infolge der Instruktion kamen (s. S. 129).

Wir wenden uns jetzt zu 3 besonders interessanten Versuchen, Nr. 10, 11, 13, in denen uns ein wirklicher Gedankengang rein entgegentritt, d. h. wo die Vorstellungen eine ganz sekundäre Bedeutung haben. Alle 3 lehrreichen Fälle wollen wir ausführlich zitieren.

In Nr. 11 setzt eine gedankliche Erinnerung ein: lernen, 7,6 sec. „Nachgesprochen, dann Richtung auf ein lernendes Kind. Dann Erinnerung daran, daß ich heute früh gerade an das Lernen gedacht hatte und zwar an das Buch von Meumann, „Ökonomie und Technik des Lernens" und weitere Erinnerung, daß Wundt in seinem letzten Aufsatz davon gesprochen hatte." Zwei sehr spärliche Vorstellungen stützten die Erinnerung, die Situationen, in denen die Vp. die beiden Arbeiten gelesen hatte, die eine am selben Morgen in ihrem Zimmer, die andre in der Universitätsbibliothek. Hier treten keine neuen Gedanken auf, vielmehr handelt es sich um einen alten Gedankenablauf. Die Bilder sind bloße Begleiterscheinungen, die mit dem Wesen des Prozesses höchstens insofern zu tun haben, als sie den Erinnerungscharakter des Komplexes wiedergeben.

Alte Gedankenreihen treten auch in Nr. 13 auf, Existenz, 7,6 sec. „Lange keine Vorstellung; das Wort akustisch und motorisch gehabt. V_1 Existenz Gottes akustomotorisch. Daran schloß sich einmal, daß man früher die Existenz und Essenz trennte mit V_2 akustomotorisch essentia, außerdem die Richtung auf die Gottesbeweise und damit auf einen Professor, der durch Leugnung der Gottesbeweise Ungelegenheiten gehabt hat. RV der Name dieses Professors." Hier haben wir im Anschluß an V_1 die doppelte Richtung, entsprechend der Gruppe B. Beide Richtungen werden ein Stück verfolgt, erst die eine, dann die andre und beide werden in Worten repräsentiert.

Anders ist Nr. 10, Politik, 7,2 sec. „Nachgesprochen, dann Richtung nach Berlin, V_1 Bülow akustisch und visuell. Das Bild wohl eine Reminiszenz aus der Zeitung. In die Entwicklung der Bilder fiel der Gedanke: auch ein andrer Bülow ging. Wanderte erst nach Wien, optisch nach rechts; dann kam mir zum Bewußtsein halt! nein, das ist es ja nicht. Darauf nach Paris, RV Clémenceau akustisch." Dieser Fall entspricht der Gruppe D, mehrfache Repräsentation, und hat vor allem große Ähnlichkeit mit vielen Versuchen der Reihe II, wo sich der Übergang von V_1 zu V_2 vollzog durch den Gedanken: ein andres derselben Art (vgl. S. 103). Aber während dort dieser Gedanke nur im Interesse der Lösung der Aufgabe auftrat, tritt er hier von selbst aus sachlichen Gründen auf. Diese Art der Gedankenführung ist durchaus natürlich und es stimmt gut dazu, daß wir vorhin fanden, daß die entsprechende Gruppe D, wo die gedankliche Vermittlung fehlte oder wenigstens nicht so deutlich hervortrat, der Vp. besonders natürlich zu sein scheint. Die Vorstellungen dieser Vp. bringen zu den Gedanken nichts neues hinzu, sondern geben ihnen nur einen Kern. Dazu sind bei dieser Vp. Worte vollkommen genügend, das Auftreten der visuellen Vorstellung für den ersten Gedanken muß wohl auf ihre hohe Bereitschaft geschoben werden.

Wir haben damit die Versuche von Dr. B. überblickt und ein viel einheitlicheres Bild entrollen können, als bei der Vp. Schr. Es braucht nicht mehr viel hinzugefügt zu werden. Wir weisen darauf hin, daß eine Eigentümlichkeit, die sich in Reihe II fand, auch für Reihe III charakteristisch ist, nämlich die Individualisation durch Lokalisation. Auch im übrigen konnten wir ja die große Ähnlichkeit der beiden Reihen erkennen, nur war eben der Verlauf in Reihe III viel weniger ungünstig von der Instruktion beeinflußt. Zur Bildung einer latenten Einstellung wäre es einmal leicht gekommen. Wir erinnern uns, daß in den Versuchen 7 und 8 (S. 131 u. 132), die nicht am selben Tage stattfanden, die RV durch Spielen mit dem Klang des Rzw. hervorgebracht wurde, und zwar war die neue Vorstellung in Nr. 8 schon wesentlich mehr vom Rzw. verschieden als in Nr. 7 (Nr. 7: Gericht—Gerücht, Nr. 8: meiden—meien—meinen RV). Wenn man dabei noch an Nr. 3 denkt, Rzw. handeln, wo die Auffassung als Hanteln zur Reaktion verhalf, so wird man einen Fortschritt konstatieren müssen: Zunächst nur sehr starker Bedeutungswechsel und Wechsel in der Orthographie ohne eigentlichen Klangwechsel (s. o. S. 132), dann geringe Klangänderung zu dem andern hinzukommend, und schließlich eine erhebliche Änderung des klanglichen Charakters. Alle drei Male setzte dieser Vorgang ein, wenn der eigentliche Prozeß zu einem Abschluß gekommen war, wenn es also schwierig war, eine dritte Vorstellung zu erzeugen. Diese Ermöglichung bzw. Erleichterung einer schwierigen Aufgabe läßt diesen Vorgang als latente Einstellung erscheinen.

Die Einstellung hat sich nicht behaupten können, dem Sinne der Instruktion gemäß verzichtete die Vp. später auf eine gewaltsam erzeugte dritte Vorstellung und brach lieber nach 2 Erfüllungsinhalten den Versuch ab.

Der Hauptfortschritt gegenüber den früheren Reihen liegt darin, daß die Versuche der Vp. natürlicher sind, viel mehr ihr Verhalten außerhalb des Experiments widerspiegeln, und darum mit größerem Recht eine Verallgemeinerung der Resultate zulassen. Wir sahen, daß eine bestimmte Art des Denkens der Vp. sehr nahe liegt, nämlich die mehrfache Repräsentation, und wir sahen hier auch den Wert, den ein solches Denken für das begriffliche Verständnis haben kann.

Außerdem konnten wir Fälle von reinen Gedankenläufen konstatieren, in denen Vorstellungen eine ganz untergeordnete Rolle spielen.

Wenn wir jetzt noch einmal darauf hinweisen, daß die Zeitwerte dieser Reihe nur wenig von denen der Reihe II abwichen, wie aus

Tab. 14 (S. 120) und noch stärker aus Tab. 16 (S. 121) hervorgeht[1]). werden wir den Grund dieses Verhaltens einsehen: waren doch in Reihe II die langen Werte wesentlich durch das unnatürliche Warten auf Vorstellungen verursacht, das durch die Instruktion in Reihe III beseitigt worden war.

c) Vp. Prof. O.

Mit dieser Vp. konnte ebenfalls nicht die ganze Reihe, sondern nur 24 deutsche und 18 englische Versuche durchgeführt werden. Die Ergebnisse sind sehr reich und interessant. Es traten wieder einige Fehlversuche auf (darum die abweichende Zahl der n in Tab. 13), in der Besprechung der Resultate wollen wir jedoch nur 2 solche Fälle ausscheiden, in denen die Vp. das Rzw. nicht verstand, die übrigen aber mit den richtigen Versuchen zusammen behandeln, da der Übergang ein stetiger ist, so daß die Entscheidung einen willkürlichen Charakter tragen würde. Daß in Tab. 13 nur 17 statt 18 englische Versuche verzeichnet sind, liegt daran, daß im letzten Versuch die Zeitmessung versagte.

Wir betrachten zunächst allgemein, wie die Vp. die Aufgabe erfüllte, ehe wir zur Besprechung der einzelnen Versuche übergehen. Eine große Reihe von Angaben steht hierüber zur Verfügung. Wie von allen Vpp. bisher wurde auch von dieser in einigen Fällen der Verlauf als unnatürlich bezeichnet, es wurde häufig angegeben, daß sie nach Vorstellungen gesucht habe. Schon im ersten Versuch kam nur V_1 glatt, dann wurde etwas gesucht und der ganze Verlauf als unnatürlich bezeichnet. In 2 Fällen suchte die Vp. direkt nach Bildern; typisch dafür ist Nr. 2, handeln, wo die Vp. sich vollkommen klar über die Bedeutung als Geschäft ist. Bei einer andern Form des Suchens kommt es der Vp. nur darauf an, weiterzukommen, etwas Neues anzuknüpfen (4 Aussagen). Die beiden ersten Male kam dann auch etwas, die beiden letzten, bei den englischen Versuchen, blieb es erfolglos. Noch eine dritte Art von Suchen lernen wir kennen: In Nr. 15 wird gesucht, den richtig aufgefaßten Begriff (Existenz) zu bestimmen, in Nr. 34 und 24 versucht die Vp. ein Beispiel zu geben, jedoch ohne Erfolg.

In 7 Fällen wirkte das Bewußtsein der Aufgabe während der Hauptperiode noch in anderer Weise, nämlich so, daß

---

[1]) Sehen wir von den beiden höchsten aus den übrigen Reihen herausfallenden Werten (21,4 und 22,2 sec) ab, so wird das Verhältnis noch günstiger.

sich die Vp. überlegte, ob sie reagieren dürfe. So z. B. in Nr. 9: „Bewußtsein, das sind erst 2 Vorstellungen, du sollst 3 haben." Fast genau so hieß es in dem englischen Versuch Nr. 35. In Nr. 39 wird dagegen konstatiert, daß 3 Inhalte dagewesen waren. Im großen und ganzen nehmen diese Angaben gegen Ende der Versuche zu, statt wie bisher abzunehmen, in dem englischen Teil finden sich 4 gegen 3 im deutschen. Gleichzeitig tritt aber auch allmählich eine Änderung im Verhalten ein, in Nr. 31 und 41 entscheidet sich die Vp. dafür zu reagieren, einfach weil sie findet, daß es genug ist. Das Bewußtsein der richtigen Zahl der Erfüllungsvorstellungen fehlt also hier, eine Tatsache, die die Vp. schon in Nr. 27 angegeben hatte. „With these experiments of Reihe III no consciousness of the number." Daß dies nicht für alle Versuche gilt, haben wir ja gesehen, es ist aber für die Beurteilung des ganzen Reaktionstypus doch sehr charakteristisch. Hierher gehört noch Nr. 36, wo die Vp. angab, reagiert zu haben, ohne zu wissen, ob es korrekt sei.

Noch auf eine andre Eigentümlichkeit führen uns diese Aussagen über die Prüfung der Erfüllung der Aufgabe. In Nr. 16 gab die Vp. an, daß sie sich vor der Reaktion besonnen habe, daß es sich um diese 2 Dinge (die beiden erlebten Inhalte) handelt. Es liegt hier also eine Wirksamkeit des Teils der Aufgabe vor, der sich auf die Beschreibung der Erlebnisse bezieht. Auch dies spielt eine große Rolle. Die Vp. spricht von einem introspektiven Moment (Nr. 37) und mißt ihm einen großen Einfluß auf den Verlauf der Versuche bei. Trotzdem werden die Versuche dadurch aber nicht immer unnatürlich. In Nr. 17 machte die Vp. eine diesbezügliche sehr interessante Angabe. Sie unterschied dort 3 verschiedene Verhaltungsweisen, eine rein introspektive, eine rein aktive — schneller Entschluß, bei dem jede Introspektion ausgeschlossen ist — und endlich eine zwischen diesen Ektremen liegende. Diese dritte ist die der Versuche, und „insofern möchte ich den Ablauf jetzt natürlich nennen".

Viertens wird die Aufgabe in der schon in Reihe II beobachteten starken Tendenz zur Reaktion wirksam. 2mal gab die Vp. an, sich bemüht zu haben, nicht zu reagieren und 1mal zwischendurch mehrfach die Tendenz ja zu sagen erlebt zu haben, so daß sie auch innerlich mehrmals ja gesagt habe. Schließlich war die Aufgabe noch durch das Rzw. wirksam, in Nr. 18, Protektion, wo der ganze Ablauf auf die englische Bedeutung des Wortes hin erfolgte (Schutzzoll), während nebenbei immer noch das Rzw. deutsch im Bewußtsein war, mit dem Wissen, daß die deutsche Bedeutung durch den Vorstellungsablauf nicht getroffen sei.

Einige Male tritt dann noch eine eigentümliche Verhaltungsweise auf: 5 mal sagte die Vp. zu dem ihr wohlbekannten Rzw. innerlich ja bzw. yes[1]).

Wir haben damit ein Bild davon gewonnen, wie die Vp. die Aufgaben dieser Reihe löste. Ehe wir uns der Einzelbetrachtung der Versuche zuwenden, sei nur noch eine Aussage erwähnt, die für die Beurteilung der kommenden Zitate wichtig ist; in Nr. 38 gab die Vp. nämlich an: „My description does always strike no more than the most prominent features of the experiment," alle Aussagen geben also bloß ein Gerippe des wirklichen Verlaufs.

Es war charakteristisch für diese Vp. gewesen, daß ihre Vorstellungen ausschließlich oder in erster Linie repräsentative Bedeutung hatten. Wir werden also auch diesmal erwarten, daß mindestens V_1 in der großen Mehrzahl aller Fälle Gegenstandsvorstellung oder doch wenigstens repräsentativ ist. Dies trifft auch vollkommen zu und wir werden zunächst diese Fälle besprechen und zum Schluß noch die übrig bleibenden hinzufügen.

Wir beginnen mit den Fällen, in denen eine mehrfache Repräsentation vorlag, 13 im ganzen. In 8 von ihnen wird dieselbe Bedeutung 2 mal repräsentiert. Die Fälle finden sich erst vom 3. Tag an, nur 2 liegen in der deutschen Hälfte, die übrigen 6 in der englischen.

Z. B. Nr. 24, der letzte deutsche Versuch, häßlich, 9,8 sec. „Erst aufgefaßt, dann gesucht, etwas Häßliches zu finden. Richtung erst auf eine häßliche Frau. Dann kam als V_2 eine Erinnerungsvorstellung an eine Plastik, die ich heute morgen bei Herrn K. gesehen habe. Dann der Gedanke, daß ist jetzt auf häßlich gekommen, ist es denn häßlich? Herr K. hat uns doch auf manches Schöne dabei aufmerksam gemacht und man kann es ja wohl auch schön nennen. Deutliche Richtung auf Schönheit; reagiert."

Die zweite visuelle Vorstellung ist hier individualisiert und man könnte versucht sein, diesen Fall als Individualisation zu beschreiben. Doch widerstrebt dem die ganze Aussage. V_2 kam nicht in Beziehung zu V_1, sondern, wie die Vp. ausdrücklich während der Hauptperiode beobachtete, in Beziehung zum Rzw. Interessant ist nun der gedankliche Fortschritt, der auch etwas von dem schon vorhin erwähnten introspektiven Moment an sich trägt.

---

[1]) Vgl. hierzu die Bemerkung von G. E. Müller, über die Begrüßung des Rzw. l. c. S. 382.

In Nr. 25, amiable, wurden zwei Personen als Träger dieser Eigenschaft vorgestellt.

Nr. 29, style, 9,6 sec, zeichnet sich durch den Einfluß des Gedanklichen aus (s. Kap. II, S. 265).

Numerisch liegen diese Versuche mit einem AM von 9,7 und einem Z von 9,4 sec etwas über dem Gesamtmittel der Tab. 13, dabei ist die mV erheblich kleiner, nur 0,63 sec.

Etwas anders gestaltet sich die mehrfache Repräsentation in Nr. 19, Quelle, 10,6 sec, wo die erste mangelhafte Repräsentation (visuelles Bild eines Brunnens) durch eine zweite gute (visuelles Bild einer Waldquelle) ersetzt wird. Nach V_1 trat ein richtiges Urteil auf: das ist keine Quelle. Die Vp. hatte in der letzten Zeit Quelle und Brunnen verwechselt, was diesen Versuch erläutert.

Den bisher besprochenen Versuchen, denen auch noch 2 andre nahestehen, ist es eigentümlich, daß die Vp. eigentlich überhaupt nicht vom ersten Begriff fortkommt, aller Fortschritt, wo ein solcher vorhanden ist, besteht in der größeren Klärung dieses Begriffs. Etwas andres ist es höchstens in den 2 noch ausstehenden Fällen. Hier wurden 2 verschiedene Bedeutungen repräsentiert.

Am einfachsten in Nr. 2, brav, wo die Vp. das Wort zunächst als das englische raft (Floß) auffaßte und als V_1 eine visuelle Gegenstandsvorstellung davon hatte. Dann faßte sie das Wort, wie sie meinte, richtig auf als Graf und hatte wieder eine Gegenstandsvorstellung, nämlich das visuelle Bild eines ihr bekannten Grafen. Jetzt wurde sie gestört und reagierte. Dieser Versuch ist mit 7,4 sec der kürzeste von allen mit mehrfacher Repräsentation.

Erheblich komplizierter ist der andre, Nr. 26, consider, 13,6 sec: „Gave me a little shake. Immediately the thought: what? afterwards all full of words. V_1 consideration spoken, connected the thought that this refers chiefly to money. ˙Back to consider; it all depends on what being considered. Sort of relationship to what we are now doing. A good many words in here." Charakteristisch ist das Streben nach Verständnis, das Fragen nach dem „was", das uns auch schon begegnet ist; ebenso auch wieder die Fülle von vergessenen Wortvorstellungen.

Alle 13 Fälle mit mehrfacher Repräsentation haben ein AM von 10,0 sec, ein Z von 9,6 sec (mV = 1,1), liegen also wesentlich über dem Durchschnitt aller Fälle.

Wir wenden uns jetzt zu 8 Versuchen, in denen vorstellungsmäßig nur ein Element da war. In 2 Gruppen ordnen sich diese Fälle zu gleichen Teilen ein, je nachdem ob die voraufgegangene Auffassung mit der, die V_1 repräsentierte, übereinstimmte oder nicht.

Wie zu erwarten, sind die Zeitwerte der ersten Gruppe erheblich kürzer als die der zweiten (von der wegen Versagens der Stoppuhr nur 3 Werte zur Berechnung zur Verfügung stehen). Die Werte sind in folgender Tabelle niedergelegt:

Tabelle 20.

Auffassung	A M	Z	mV
gleich	7,8	7,9	0,45
verschieden	10,3	9,4	1,67

Ein Beispiel für die erste Gruppe ist Nr. 41, puzzle, 8,4 sec, wo die Vp. versuchte, eine „reference" zu finden, was zu V_1 führte, der visuellen Vorstellung von 2 Kindern, die ein puzzle (Zusammensetzspiel) ausarbeiten. Weiter fand die Vp. nichts. In Nr. 14 brach sie nach V_1 ab, weil sie durch die Glocken gestört wurde.

Ein Beispiel für die zweite Gruppe ist Nr. 34, custom, 12,6 sec. „Understood. First reference to customs, to pay duty on travelling things when you go back to America. Then thought, that this is a particular use of the word and that there was a more general one. So V_1 Sitte (visual written) knew it was german. Tried to get an example, but did not succeed. Finally gave it up."

Auch für diese Fälle ist es wieder charakteristisch, daß die Vp. nicht weiter kam. Dieselbe Erscheinung finden wir auch noch in 2 andern Fällen, wo ein großer Komplex auftrat, der einmal sogar zu mehreren Vorstellungen, das andre Mal zu mehreren Gedanken führte.

Nr. 7, Gericht, 7,0 sec. Nach etwas verzögerter Auffassung kam V_1 visuell: ein Richter mit Robe und Barett, dann V_2, jemand der vor dem Gericht steht, niedriger als der Richter, und schließlich, nachdem sich die Vp. bemüht hatte, nicht zu reagieren (s. o.) RV eine Wanduhr im selben Komplex.

Unter dem Gesichtspunkt des Nichtweiterkommens können wir auch noch eine andre Gruppe von 5 Fällen betrachten, in denen zwar mehrere Momente im Bewußtsein waren, die aber alle ziemlich abrupt und unnatürlich aufeinander folgten und nichts wesentlich Neues hinzubrachten.

Z. B. Nr. 38, fiddle, 5,8 sec. Gleich V_1 visuelle Gegenstandsvorstellung einer Fidel „then a reference to violin and third a reference to a german word, which I did not get quite clearly, with image of Fid." Dazu gab die Vp. an: „Quite a noticeable break between the three and the course was rather artificial."

Es bleiben nur 2 Fälle übrig, in denen ein wirklicher Fortschritt zustande kam, und zwar in Gestalt einer Individualisierung, Nr. 33 und 35 (8,5 und 8,0 sec), schoolbench und seashore, wo sich die Gegenstandsvorstellung zu einer der Vp. wohlbekannten entwickelte.

Wir haben damit sämtliche 30 Fälle überblickt, in denen V_1 Gegenstandsvorstellung war oder wenigstens ausgesprochen repräsentativen Charakter hatte.

In 3 Fällen tritt nun eine Gegenstandsvorstellung vom Rzw. an einer späteren Stelle auf, alle 3 Male sind die vorher auftretenden Inhalte durch Konstellation bevorzugt.

Nr. 9, Kanzel 7,4 sec. Das Wort kam der Vp. bekannt vor und sie bemühte sich zu wissen, um was es sich eigentlich handelt. „Dann kam das englische Wort chancellor und zwar visuell gedruckt, mit dem Wissen, „das bedeutet etwas ziemlich Bestimmtes für mich, eine bestimmte Art von chancellor." In dieser Bedeutung hatte chancellor wie die Vp. nachher angab, im letzten Winter für sie eine Rolle gespielt. Nun bemühte sich die Vp. aber weiter um das Verständnis von Kanzel, was zu V_9 einer visuellen Gegenstandsvorstellung führte. Nun Erinnerung an die Aufgabe, Bewußtsein erst 2 Vorstellungen gehabt zu haben und Hinzufügen als RV: einen Prediger auf der Kanzel.

Auch in den übrigen 7 Versuchen kam die Vp. nicht über das Rzw. hinaus, einmal blieb sie sogar bei einer bloßen Bekanntheit stehen, ohne zu wirklichem Verständnis zu kommen, in andern Fällen spielen persönliche Beziehungen eine Rolle.

Die zwei Fehlversuche endlich, die aus Unkenntnis des Rzw. hervorgingen, „meiden" und „Teich", bringen nichts Interessantes hinzu.

Als Hauptcharakteristikum dieser Versuche ergab sich die Tatsache, daß die Vp. bei dem Rzw. stehen bleibt und dies durch mannigfaltige Beziehungen zu klären sucht. Dabei spielen Gedanken eine große Rolle. Die mehrfache Repräsentation, die bei Dr. B. so wichtig gewesen war, ist es auch bei dieser Vp. Stimmt eine Vorstellung nicht mit der Auffassung der Vp. überein, so wird sie als falsch beurteilt, eben weil die Vp. immer das Rzw. bestimmen will, weil sie immer geneigt ist, zu fragen, was bedeutet es? Die Vp. gab dies direkt in Nr. 17 an: „Diesmal war mir ganz deutlich, daß, wenn ich unter diesen Bedingungen denke, es leicht akustomotorisch vor sich geht. Ich sage leicht innerlich: was bedeutet es, und das überhaupt, nicht nur in diesen Versuchen."

Es ist uns also gelungen, auch bei dieser Vp. die Bedingungen des Experiments denen des gewöhnlichen Lebens zu nähern, so daß wir auch auf Grund dieser Versuche zu allgemeinen Schlüssen berechtigt sind.

Allgemein fanden wir, daß wie in den frühern Reihen so auch diesmal, die Vorstellungen nur einen Hilfscharakter tragen, daß ihnen selbständige Bedeutung nicht zukommt. Wir fügen noch ein Beispiel hinzu, das sich auf die motorische Wortvorstellung bezieht: in Nr. 36 gab die Vp. an: „Good many auditory images, which I can't remember; they served to clarify the understanding." Hier auch wieder die schon von uns betonte Tatsache, daß die Worte vergessen werden und nur die Bedeutungen im Gedächtnis bleiben. Diese Wortvorstellungen traten übrigens erst allmählich so häufig auf, vgl. den eben zitierten Versuch 17, es bildete sich eben erst allmählich eine richtige Anpassung an die Versuchsbedingungen aus.

Für das Verhältnis der Vorstellungen zur Bedeutung ist auch noch folgende Aussage charakteristisch, Nr. 9, Kanzel (s. o. S. 140), wo die Vp. zur Gegenstandsvorstellung angab: „nicht sehr bestimmt, weil ich nicht sicher war." Also Parallelität: Unsicherheit in der Beziehung (Auffassung) — Unbestimmtheit in der Vorstellung. Analog dürfte auch der S. 138 zitierte Versuch 19 aufzufassen sein.

Hingewiesen sei noch auf die häufig auftretende Ichbeziehung, die im Verlauf der Vorstellungen und Gedanken eine Rolle spielt.

Vergleichen wir die Resultate dieser Reihe schließlich noch mit denen der Reihe II, so finden wir eine große Übereinstimmung, nur ist diesmal der Prozeß ausführlicher, reicher an Beziehungen.

Das Verständnis des Rzw. ist allein maßgebend, es wird in Reihe III etwas weiter geführt als in Reihe II, ein Hinausgehen darüber kommt beide Male fast nie vor: Auch in den äußern Merkmalen finden sich Übereinstimmungen. So das ruckweise Auftreten von Vorstellungen, wenn die Aufgabe schwierig zu erfüllen, der Verlauf unnatürlich war (in Reihe III seltner als in Reihe II). Schließlich auch wieder die starke Tendenz zur Reaktion, die jedoch gleichfalls gegenüber der Reihe II zurückgegangen ist.

d) Vp. Herr St.

Vp. St. hat einen völlig andern Typus. Über die Wirkungsweise der neuen Instruktion liegen bei ihr nicht allzu viele Aussagen vor. Gleich zunächst in Nr. 1 machte sich der Einfluß dadurch geltend, daß die Vp. angab, sie wüßte, daß es auf Zeit gar nicht ankäme und daß sie daher auf ein Wort zur Reaktion wartete. Es ist dies übrigens die einzige WR der ganzen (23 Versuche umfassenden) Versuchsreihe. Im allgemeinen gelang die Erfüllung der Aufgabe leicht, in Nr. 20 wurde der Verlauf natürlich genannt, ist es aber wohl auch sonst im großen und ganzen gewesen. 2 mal nur kam die Vp. nicht recht weiter, in Nr. 8 sprach sie von einiger Ratlosigkeit, in Nr. 22 mußte sie lange suchen. Die Richtung, die zum Fortschritt drängte, wurde zuweilen bewußt, am interessantesten in Nr. 12, Teich, wo die Vp. angab, die Tendenz gehabt zu haben, nach einem b e s t i m m t e n Teich hingezogen zu werden, also ein Bewußtwerden der bei dieser Vp. in Reihe II ausdrücklich konstatierten Individualisationstendenz.

Wir gehen nun gleich zur Besprechung der einzelnen Versuche über und beginnen mit den Fällen, wo V_1 eine Gegenstandsvorstellung des Rzw. war, 8 im ganzen.

In 7 von diesen Versuchen sind die beiden andern Erfüllungsvorstellungen individualisiert, sie entsprechen also der Gruppe von Reihe II in der den beiden individualisierten Erfüllungsvorstellungen eine eingeschobene Gegenstandsvorstellung vorausging; nur in einem Fall (Nr. 21) trat nur e i n e individualisierte Vorstellung auf und zwar als RV.

E i n e f o r t s c h r e i t e n d e I n d i v i d u a l i s a t i o n findet sich in Nr. 4, Attribut, 5,6 sec. Zuerst wurde das Rzw. in der grammatikalischen Bedeutung aufgefaßt, dann fiel der Vp. die andre Bedeutung als Symbol für ein Götterbild ein, die in V_1 ihre Anschauung fand. „Irgendein Heiligenbild (s. Kap. II, S. 209), mit einem Attribut." Dies verdichtete sich zu V_2 einem ägyptischen Götzenbild, das immer bestimmter wurde und daran schloß sich RV, der Saal im britischen Museum, wo die Vp. diese gesehen hatte mit den ägyptischen Figuren. Es ist dies eine fortschreitende Individualisation, aber zugleich eine Erweiterung, örtlicher Art. In dieser Beziehung ist Nr. 9, Kanzel, 7,0 sec, ähnlich.

In 3 Fällen sehen wir eine m e h r f a c h e R e p r ä s e n t a t i o n. In Nr. 8, meiden, 6,8 sec, werden zwei ganz verschiedene Bedeutungen des Wortes repräsentiert, es tritt nach V_1 ein direkter Bedeutungswechsel ein: V_1 war: einer Sache ausweichen mit einer blassen visuellen Vorstellung (s. Kap. II, S. 251). Es trat nun die Erinnerung ein, daß in manchen Haushaltungsschulen die Mädchen „Maiden" genannt werden, dazu V_2 Gegenstandsvorstellung, Mädchen mit großen, weißen Schürzen. Dann auf einmal akustisch in der richtigen Melodie als RV: scheiden und meiden tut weh.

In Nr. 21 ist der Bedeutungswechsel nicht so stark ausgeprägt. Geschwindigkeit, 9,6 sec. Ganz schnell hintereinander das Verständnis, erst im populären dann im physikalischen Sinn, die beide als V_1 und V_2 visuell repräsentiert werden (s. Kap. II, S. 212 und 293).

Eine Fülle von verschiedenen Repräsentationen mit ständigem Bedeutungswechsel bringt endlich Nr. 7, Gericht, 6,8 sec, auch hier ist RV individualisiert, das Gerichtsgebäude in Edinburgh.

In zwei andern Fällen, 12 und 19, individualisiert RV die V_1, dazwischen ist ein andres individuelles Erlebnis als V_2 eingeschaltet: Nr. 12, Teich, 8,4 sec: V_1 visuell ein großer Teich in einem Park, V_2 bestimmte Szene aus einem Märchen in einem Park, RV ein ganz bestimmter Teich.

In Nr. 3 endlich findet der Fortschritt V_2—RV gedanklich statt: handeln, 6,4 sec. Auffassung zunächst als Erwerbszweig, dann sofort als Hanteln und damit eine visuelle Gegenstandsvorstellung. Dies führte zu V_2, einem Mädchen am Trapez in einer der Vp. wohlbekannten Turnhalle. „Nun Gedanke, wie gut es wäre, wenn Mädchen überhaupt mehr körperliche Übung treiben würden, als es der Fall ist. In Zusammenhang damit RV: visuelle Vorstellung des Damenschwimmbades, Blick von meiner Wohnung aus." RV repräsentiert hier also den Gedanken, der sich an RV angeschlossen hat.

Zweimal war eine v i s u e l l e G e g e n s t a n d s v o r s t e l l u n g v o r V_1 e i n g e s c h o b e n, die sich dann schon in V_1 individualisierte: Nr. 15 und 18. In Nr. 15, Halle, folgt nun der Bedeutungswechsel zum Städtenamen und eine neue Gegenstandsvorstellung, darauf als RV der egozentrische Einschlag, eine Erinnerung, die sich an Halle in Westfalen knüpft. In Nr. 18, Quelle, wird die individualisierte V_1 durch V_2 und RV erweitert.

Die 7 übrigen Fälle, in denen V_1 individualisiert war, unterscheiden sich nicht wesentlich von den bis jetzt besprochenen. I n 5 F ä l l e n s i n d a l l e E r f ü l l u n g s v o r s t e l l u n g e n v o m R z w. a u s h e r v o r g e r u f e n. Z. B. Nr. 17, hobeln, 13,8 sec. „Zunächst V_1 visuelles Bild einer Hobelbank. Ich sah jene Schnitzbank, an der wir als Kinder oft gesessen sind, mit dem deutlichen Bewußtsein, daß das eigentlich keine Hobelbank ist. Dann Gedanke, daß man hobeln auch von einem Menschen sagen kann, vor allem im Partizip, d. h. ungehobelt war gegenwärtig, vielleicht auch bloß an einen bestimmten Menschen gedacht. V_2 akustomotorisch Knigge, verbunden mit der visuellen Vorstellung des Trödelmarktes in Augsburg, wo ich das Buch das erste Mal sah. Diese ganze Sache deutlich als Exkursion bewußt. Rückkehr zum eigentlichen hobeln, RV visuell Schreinerwerkstatt, in der ich heute morgen etwas bestellt habe, damit ein ganzer Komplex von Vorstellungen und Gedanken, die damit zusammenhängen."

Diese Versuche erinnern durch das Nichthinauskommen über das Rzw. wieder an den Typus der Vp. Prof. O.

Es bleiben noch 6 Versuche übrig. Eine m e h r f a c h e R e p r ä s e n t a t i o n läßt sich noch in zwei von ihnen, Nr. 2 und 13, konstatieren, beide Male ist V_1 akustisch bestimmt, Nr. 2 brav, V_1 das Lied vom braven Mann, Nr. 13, Existenz, V_1 Spinoza. Dann trat Bedeutungswechsel ein, der in Nr. 2 zu einer nicht passenden V_2 führte, worauf erst durch erneuten Bedeutungswechsel RV entstand: visuell ein Lehrer, der zu einem Schüler sagt brav. In Nr. 13 dagegen entsprach schon V_2 (s. Kap. II, S. 235) der neuen Bedeutung. Darnach trat eine Leere ein und schließlich erschien visuell eine Flasche mit rötlich braunem Inhalt, dabei gewußt, das ist eine Essenz." Hier wurde also eine im Unterbewußtsein gebliebene Assoziationstendenz plötzlich durch Ideation wirksam. Auffallend ist in diesen beiden Versuchen, daß die RV, wie doch sonst ausnahmslos, nicht individualisiert war.

Recht unnatürlich verlief Nr. 14, weichlich, 11,8 sec. „Sofort war mit kolossaler Plötzlichkeit V_1 da: visuell die Stelle auf der Karte, wo Sparta liegt, von Athen her kommend. Dabei Gedanke an die Spartaner; Buben herumlaufen gesehen. Gedacht, das ist eine Assoziation durch Kontrast. Dann versuchte ich davon loszukommen, kam aber nicht los, wollte auf etwas andres kommen, wußte, daß auf ein falsches Gleis geraten. Dann probierte ich, ob ich mich nicht durch eine kleine Reise befreien könnte und befand mich plötzlich im Piräus.

V_2 visuell der Piräus. Davon wollte ich wieder irgendwie loskommen, kam aber nur nach Salamis gedanklich. Gedanke an die Seeschlacht. Akustomotorisch Themistokles, Perikles. RV visuell der Kopf des Perikles." Ersichtlich hat hier das introspektive Moment gestört. Merkwürdig ist die Art, wie Vp. bewußt einen Kunstgriff anwendet. Wir haben hier ein Gegenstück zur latenten Einstellung.

Blicken wir noch einmal zurück, so finden wir auch hier in Reihe III ebenso wie in Reihe II zwei Haupttendenzen, die die Reaktion beherrschen: Individualisation und Repräsentation, deren Zusammenhang auch wieder dadurch zutage tritt, daß spätere Repräsentationen fast immer individualisiert sind. Die erhebliche Verlängerung der Prozesse liegt einfach daran, daß die Vp. sich Zeit läßt und mehr Vorstellungen hervorbringt, als unbedingt nötig wäre, besonders den egozentrischen Einschlägen geht sie so lange nach, bis sie zu einem Abschluß geführt haben, um erst dann wieder zum ursprünglichen Wege zurückzukehren. Auch treten die zwischen den Vorstellungen liegenden Gedanken deutlicher hervor und werden weiter ausgesponnen.

Eine Tatsache aber ist uns hier in Reihe III häufig begegnet und verdient besondere Betrachtung: In vielen Versuchen konnten wir einen Bedeutungswechsel des Rzw. konstatieren, der entweder vor V_1 oder im späteren Verlauf oder auch mehrmals auftrat. Es liegen im ganzen 10 Versuche vor, in denen dies zur Beobachtung kam, also fast 50 %.

Das erste Mal geschah das in Nr. 2, brav, und zwar während des Versuchs zweimal (cf. S. 143), und ermöglichte schließlich die Reaktion mit der langen Zeit von 12,6 sec. Der Bedeutungswechsel ist hier nicht sehr stark, es handelt sich mehr um Nuancen. In den beiden nächsten Versuchen, 3 und 4, tritt der Bedeutungswechsel vor V_1 auf und zwar so, daß beide Male die schwerere, abstraktere Bedeutung durch die leichtere konkretere ersetzt wird (cf. S. 142). Beide Versuche liegen mit 6,4 und 5,6 sec sehr erheblich unter dem Gesamtmittel. Das nächste Mal tritt der Prozeß in Nr. 7, einem vieldeutigen Wort, Gericht, auf. Hier wird durch dies Verfahren eine Fülle von Vorstellungen (7) erzeugt und trotzdem bleibt auch hier die Dauer des Versuchs nicht unerheblich unter dem Gesamtmittel (6,8 sec). In Nr. 13, wo wir einen ähnlichen Prozeß wiederfinden, wird, wie oben erwähnt, das schwierige Wort Existenz plötzlich ganz konkret aufgefaßt im Sinne kümmerliche Existenzen, arme Leute. Nr. 15, Halle, ist wieder vieldeutig und der Bedeutungswechsel tritt prompt ein; 6,2 sec. In Nr. 17, Hobel, geht der Bedeutungswechsel zur schwereren, übertragenen Bedeutung über, die zu V_2 führt. Um RV hervorzubringen, kehrt die Vp. wieder zur ersten Bedeutung zurück. Die Folge ist eine lange Zeit, 13,8 sec.

Ähnlich ist es in Nr. 19, heimlich, nur tritt hier außerdem noch vor V_1 ein Bedeutungswechsel ein, heimelig ((heimisch) wird zu heimlich. Lange Zeit, 14,4 sec. In Nr. 21 Bedeutungswechsel von wissenschaftlichem und populärem Gebrauch des Worts, nachdem vor V_1 beide Bedeutungen in umgekehrter Reihenfolge dagewesen waren.

In Nr. 23 endlich findet sich zwar kein eigentlicher Bedeutungswechsel, aber doch nach V_1 ein Übergreifen in ein neues Gebiet, das mit RV wieder verlassen wird V_1 und RV der Vp. bekannte Gletscher, V_2 ein Reklamebild, auf dem ein Gletscher abgebildet ist.

Die Zahl dieser Fälle, wie die Art ihres Auftretens legt es nahe, hier an latente Einstellung zu denken. Die Entstehung durch Erleichterung der Aufgabe ist deutlich, interessant ferner, wie die Einstellung am Schluß so stark ist, daß sie auch unzweckmäßig wirkt (Nr. 17).

Fragen wir nun, wodurch diese latente Einstellung entstanden ist, so werden wir sie wohl als abhängig von der Repräsentationstendenz auffassen müssen. Gerade die mehrfache Repräsentation wird durch den Bedeutungswechsel erleichtert.

e) Vp. Frau K.

Gleich von vornherein muß hier bemerkt werden, daß bei dieser Vp. die Instruktion der Reihe III insofern versagte, als es nicht gelang, einen auch nur annähernd natürlichen Ablauf zu erzielen. Zwar spielt auch bei dieser Vp. der Teil der Instruktion eine Rolle, in dem es heißt, die Vp. solle sich nicht beunruhigen, wenn keine Vorstellungen kämen, 2 Angaben (Nr. 1 und 38) liegen vor, doch genügt dies Wissen der Vp. nicht. Die große Schwierigkeit für sie ist, an das Rzw. mit ihren Gedanken anzuknüpfen und eine längere passende Reihe hervorzubringen. Schon in Reihe II war, besonders im Anfang, angegeben worden, daß in der Mitte des Versuchs eine mehr oder weniger große Leere entstand. Diese Angabe findet sich jetzt über die ganze Versuchszeit verstreut. In 26 Versuchen, also in mehr als der Hälfte aller Fälle, sind solche Pausen mindestens einmal während des Verlaufs aufgetreten, in 5 Fällen an 2 verschiedenen Stellen. Vor V_1 wurde eine Leere nur 2 mal angegeben, vor V_2 15 mal und vor RV 14 mal.

Einige Aussagen seien kurz angeführt: Nr. 11, lernen. „Nach V_2 kam eine ganz lange Leere, in der nichts war; sehr unlustbetont." Nr. 47, Fach: „Nach V_1 eine etwas quälende Leere."

Hier haben wir auch schon einen Grund für die ungewöhnlich lange Dauer. Wir kommen dafür aber noch zu weiteren Gründen: es war äußerst charakteristisch, daß die Vp. sehr bald vom Rzw. abschweifte und auf ganz andere ihr naheliegende Komplexe kam. Nachdem ich das in den 3 ersten Versuchen beobachtet hatte, fügte ich den Zusatz in die Instruktion ein, das Rzw. solle energisch erfaßt werden, einen Zusatz, den ich dann allen andern Vpp. gleich von vornherein mit in der Instruktion vorlas (vgl. S. 118). Trotzdem schweifte die Vp. auch nachher noch 11 mal ab und zwar bis zum letzten Versuchstag, und es waren fast stets dieselben Gedankengänge, die sich immer wieder aufdrängten. Der einzige Erfolg der Instruktion war, daß der Vp. häufig der Teil der Instruktion zum Bewußtsein kam, der das energische Erfassen des Rzw. vorschrieb, wodurch dann das Abschweifen verhindert wurde.

Z. B. Nr. 10, Politik: „Nach V_1 war es mir, als ob ich jetzt abschweifen würde; da erinnerte ich mich, daß ich das Rzw. deutlich beachten sollte." Fast wörtlich ebenso in Nr. 11.

Noch einen andern Vorgang inhibierte das Bewußtwerden dieses Teils der Instruktion, einen Vorgang, der mit am meisten den natürlichen Ablauf störte und die Zeit so ungeheuer verlängerte, nämlich das außergewöhnlich starke Hervortreten des introspektiven Moments. Wir haben die Wirksamkeit dieses Faktors schon bei der Vp. St. und noch mehr bei der Vp. Prof. O. kennen gelernt, bei Frau K. spielt er jedoch eine weit größere Rolle.

Das erstemal findet sich eine diesbezügliche Angabe in Nr. 3, Attribut, wo sich die Vp. wunderte, daß ihr gar kein Beispiel einfiel.

Gleich im nächsten Versuch gab sie an: „Nach V_1 dachte ich noch einen kleinen Moment weiter an das Wort, absichtlich. Dann kam mir der Gedanke, daß ich unfähig bin, daß ich mir unter einem Wort nichts vorstellen kann, wenn ich es möchte... Darauf dachte ich, daß ich so oft an K. denken werde, weil du mir gesagt hast, daß er auch die Reihe machen wird." Hier tritt also Reflexion über die Aufgabe und ihre Erfüllung ein, ebenso ist es im nächsten Versuch Nr. 5, nur wird hier diese Reflexion zur Erfüllungsvorstellung benutzt: „V_2: das wird mir jetzt schon langweilig."

Ganz anders wird es nun in Nr. 8. Hier wieder dieselben abschweifenden Gedanken, wie schon so oft, dazu die folgende Angabe: „Folgende Worte waren im Bewußtsein: ‚ich dachte an K. und B.', dann hatte ich die Worte: ‚Ich dachte an B.'" Das gleiche kommt im nächsten Versuch 9, Kanzel, zum Durchbruch. Als V_1 und V_2 tauchte das Wort Predigt und Vikar auf, die mehrmals wiederholt wurden: „Darauf erschien in meinem Bewußtsein folgendes: ‚Ich hatte immer Predigt und Vikar als Gedanke, aber wohl auch motorisch'. Weiter, ‚ich dachte, daß du sagen wirst, das geht nicht, ich denke doch aber mit »ich dachte«. Das geht sehr gut.'" Das Erlebnis wird also zunächst von der Vp. im Sinne der späteren Aussage betrachtet, dazu tritt dann im letzten

Versuch noch eine Reflexion über diese Betrachtung, hervorgerufen durch meine Kritik dieser Angaben.

Dieselbe Betrachtungsweise während des Versuchs findet sich in Nr. 13 Existenz: „Nach V_1 sah ich ein deutliches Bild vom Wort Exzellenz. Dann war motorisch da: ‚ich dachte an K.‘ Dann weiter motorisch: ‚Ich bekam einen Schreck‘. Dabei der Affekt und das Wissen weshalb.“

In diesen Fällen steht das ganze Erlebnis also in erster Linie unter der von der Aufgabe ausgehenden Tendenz, die Bewußtseinsvorgänge zu beschreiben. Dadurch wird natürlich der ganze Versuch gestört und unbrauchbar. Diese Tendenz wurde jedoch unterdrückt, schon im zuletzt zitierten Versuch bekam die Vp. einen Schreck über ihr Durchdringen und später kam diese Störung auch nie mehr vor.

Wohl aber trat das introspektive Moment auch später noch in anderer Weise auf, nämlich als Reflexion über die Lösung der Aufgabe, wie wir sie schon bei den Versuchen 4 und 5 kennen gelernt haben.

In Nr. 9 trat nach V_2 eine Leere auf: „Während dieser Leere fiel mir der Satz ein: Damit ist der Vorrat erschöpft. Dies gedacht, vielleicht auch motorisch. Als Kritik gemeint...“ In Nr. 16 tritt diese Reflexion wieder gelegentlich der Bewußtseinsleere ein, die Vp. vergleicht ihr Verhalten mit dem von Imbezillen und Idioten, was durch Konstellation nahe lag, da sie in diesen Tagen eine Arbeit zu referieren hatte, die sich mit geistesschwachen Personen beschäftigt. Die Reflexion fand schließlich in RV ihren Ausdruck: Unlustbetonung.

Auch in Nr. 28 und 49 wird in der Reflexion die Konstellation wirksam, die Vp. findet, daß ihre V_1 (Rzw. enträtseln V_1 rätselhafte Sphinx) ein guter Anfang einer ideenflüchtigen Reihe sei, was gleichfalls in den Seminarübungen eine Rolle spielte; in Nr. 49 erinnert sie sich, daß die Vpp. B ü h l e r s sich ähnlich verhalten haben.

Eine andre Art der Introspektion spielt endlich noch eine Rolle, die Vp. gab viermal an, sie wüßte, daß sie mit dem Rzw. nichts anfangen könnte.

Die introspektive Tendenz, sei es, daß sie als Reflexion über die Aufgabe und ihre Erfüllung auftrat, sei es, daß sie sich direkt auf Wiedergabe der Erlebnisse richtete, hat also eine große, sehr schädliche Rolle in diesen Versuchen gespielt. Was die zweite erwähnte Form dieser Tendenz betrifft, so ist sie nicht so unnatürlich, wie es zunächst den Anschein hat und wie es mir auch schien, als ich die Aussagen zu Protokoll nahm. Sehr bald konnte ich nämlich als Vp. ähnliches erleben, bei Versuchen, bei denen die Hauptperiode sehr lange dauerte und wo alles auf eine genaue Beschreibung der Erlebnisse ankam. Es ist dann diese Tendenz eine Reaktion gegen die Gefahr zu vergessen, die in der Dauer des Vorgangs liegt, eine Reaktion, die aber ein schlimmeres Übel ist als das, was sie beseitigen will. Dadurch werden jedenfalls der Hauptperiode zeitliche Grenzen gesetzt; andererseits wird aber auch die Hauptperiode durch das Auftreten introspektiver Tendenzen enorm verlängert. Die 3 hierher gehörigen Versuche 8, 9 und 13 haben Werte, die zu den längsten überhaupt vorgekommenen gehören: 74,4, 56,0 und 58,2 sec.

In Nr. 8 wirkte die Instruktion so, daß sich die Vp. in der nach V_1 aufgetretenen Leere die ganze Instruktion ins Gedächtnis zurückrief und überlegte, wie sie war.

2 mal (Nr. 3 und 5) wurden Erfüllungsvorstellungen als solche konstatiert. Nr. 3, Attribut: „Fiel mir ein, daß dies die 2. Vorstellung sei, das störte aber nicht."

Wir haben damit gesehen, was für Hemmungen dem natürlichen, glatten Ablauf dieser Versuche entgegenstanden. Wir gehen jetzt noch dazu über, die andern wichtigen Faktoren herauszuarbeiten, die die Reaktionen bestimmten.

Wir greifen dazu auf Tab. 11 S. 108 zurück, und wollen zusehen, ob auch in Reihe III die dort aufgeführten Faktoren einen nachweisbaren Einfluß gehabt haben.

Da ergibt sich zunächst, daß einfache naheliegende Wortverbindungen nicht vorkamen, wohl aber Wortergänzungen und Satzverbindungen, und zwar sind die WE ziemlich ebenso häufig wie in Reihe II, als V_1 (7) als V_2 (3) und als RV (4), während die SV sehr an Zahl zugenommen haben, als V_1 (10), als V_2 (1) und als RV (4).

Betrachten wir die beiden Arten der Verbindung als einen Faktor, so kamen 7 Fälle vor, in denen dieser Faktor mehr als einmal wirksam wurde, 2 Fälle, wo alle 3 Erfüllungsvorstellungen nach diesem Prinzip gebildet waren. Von den 7 Fällen liegen 6 in der zweiten Hälfte der Versuche, was, wie wir sehen werden, charakteristisch ist. Sehen wir uns aber zunächst einige Beispiele an:

Nr. 17, hobeln: V_1 Gurken hobeln (Würzburger Ausdruck, der als solcher der Vp. auffällig war), V_2 Holz hobeln, RV Hobelbank. Nr. 33, Glocke: V_1 Glocke läute, Glocke läute (Zeile aus einem der Vp. wohlbekannten Gedicht), RV Lied von der Glocke.

Nr. 47, Fach: V_1 fachmännischer Betrieb, RV Fachschule.

Nr. 48, Empfindung: V_1 Empfindung und Vorstellung, V_2 Sinnesempfindung.

Nr. 49, exakt: V_1 exakte Forschungsmethode, V_2 exaktes Arbeiten, RV exaktes Sprechen.

Der letzte Fall scheint eigentlich nicht hierher zu gehören, handelt es sich doch um keine geläufigen Wortverbindungen. Aber wir müssen hier ebenso wie in Reihe II ein Fortbestehen der Einstellung auf WR annehmen. Dafür spricht die große Zahl von Wortvorstellungen, die als Erfüllungsvorstellungen auftraten, und vor allem auch der lose Zusammenhang, in dem diese Wortvorstellungen zum Rzw. standen (vgl. auch die Klangassoziationen unten). Diese Einstellung wird am schnellsten durch naheliegende Worte verwirklicht, zu denen eben diese Wortverbindungen wie die Klangassoziationen gehören. Bei unsern Rzw. lassen sich Wortverbindungen häufig leichter als Klangassoziationen anwenden, wie z. B. bei dem Rzw. Wissenschaft, wo die Vp. folgendermaßen reagiert: V_1 motorisch: schaft, die mit Eifer sucht, was Leiden schafft; erst darauf visuell der Anfang des Satzes: Eifersucht ist eine Leidenschaft." Hier wird also ganz einfach sinnlos an das „schaft" eine wohlbekannte Fortsetzung angeschlossen. V_2 ist Wissenschaftstheorie, wieder also eine Wortverbindung.

Dieses Anschließen von Worten an das Rzw. wird nun auch da benutzt, wo es eigentlich nicht assoziativ nahe liegt, eben wie in den Fällen 17 und 49 und ferner in Nr. 42, Pflicht, V_1 Pflichterfüllung, Pflichtgefühl, V_2 Pflichten einer guten Versuchsperson.

Es liegt also, wie auch in Reihe II, eine latente Einstellung auf diese Wortverbindungen vor, die gegen Schluß der Versuche immer stärker wird. Einen parallelen Fall zu den Versuchen 17, 42 und 49, wo eine Wortverbindung künstlich geschaffen wird, hatten wir übrigens auch schon in Reihe II angetroffen (cf. S. 114).

Wir kommen zur nächsten Rubrik der Tabelle 11, zur Synonymitätsbeziehung; es liegen nur 2 Fälle vor. Nr. 14 weichlich V_1 schwammig und Nr. 19 heimlich V_2 im Verborgenen. Diese Versuche erlauben keine weiteren Schlüsse, nur das läßt sich sagen, daß diese Beziehung, die in Reihe I eine so große Rolle gespielt hat, hier ganz zurückgetreten ist.

Die nächste Klasse, die Klangassoziationen, ist wieder ziemlich zahlreich vertreten, als V_1 haben wir 7 Fälle, als V_2 3, als RV 1 und noch einen eingeschoben vor V_1. Sie liegen meist in der ersten Hälfte der Versuche, wenigstens für V_1 scheinen die Wortverbindungen die Klangassoziationen verdrängt zu haben, als eine noch leichtere Erfüllungsweise, der Bedeutung nach gehören die beiden Klassen jedoch eng zusammen.

Einige Beispiele: Nr. 13: Existenz, V_1 Exzellenz (s. o.).
Nr. 25, lassen: V_1 Lasten und ganz besonders interessant ist:
Nr. 19, heimlich: V_1 Heim visuell geschrieben und gleichzeitig die visuelle Vorstellung von einem Herrn, der ganz ähnlich heißt.

Am wichtigsten für diese Versuchsreihe war aber der letzte Faktor, die Konstellation. In nicht weniger als 23 Fällen spielte sie eine Rolle, und zwar 3 mal als V_1, 16 mal als V_2, 18 mal als RV und 1 mal eingeschoben vor V_2.

Dabei trat die Konstellation ausschließlich als V_1 nur einmal auf, und auch hier ist es fraglich, ob man den Versuch so beschreiben kann oder ob es nicht richtiger wäre, den Einfluß der Konstellation auf alle drei Erfüllungsvorstellungen anzunehmen.

Nur auf V_2 wirkte die Konstellation 3 mal, nur auf RV 5 mal. In den meisten Fällen waren sowohl V_2 wie RV durch Konstellation bedingt, 2 mal alle 3 Erfüllungsvorstellungen. Hier waren es beide Male 3 verschiedene Komplexe, die auftraten, und zwar als Repräsentationen der Worte.

Von den 11 Fällen, in denen die Konstellation 2 Erfüllungsvorstellungen hervorrief, war es 9 mal derselbe Komplex, der V_1 und RV zugrunde lag, nur zweimal kamen nacheinander verschiedene Komplexe zum Durchbruch. Im ganzen spielten 7 Komplexe eine Rolle; es waren feste Vorstellungsgruppen, mit einer Ausnahme, wo die Konstellation durch die jüngste Vergangenheit gegeben war.

Die Komplexe waren nicht alle gleichwertig; der Komplex, der überhaupt am häufigsten auftrat, veranlaßte in der überwiegenden Mehrzahl der Fälle das früher erwähnte Abschweifen, das sonst nur noch in einem andern Komplex stattfand, während die übrigen Komplexe in anderer Weise wirksam wurden.

Wir kommen nun noch zu weitern Faktoren, die dazu beitragen, den Ablauf einerseits kompliziert, andrerseits unnatürlich zu gestalten. Vom 40. Versuch an ändert nämlich die Vp. in 6 Fällen die Richtung ihrer Reaktion.

In Nr. 40 und 41 tritt dies nur einmal auf; in Nr. 40 nach V_1 Zurückkehren zum Rzw. und etwas Neues damit anfangen, nachher Abschweifen; in Nr. 41 nach V_2 dasselbe Zurückkehren zum Rzw. In Nr. 46 gelten, wird das Rzw. dreimal in verschiedener Weise aufgefaßt, in Nr. 47, Fach, tritt V_2 und RV durch Richtungsänderung auf, eine dritte Richtungsänderung ist vor RV eingeschoben (s. S. 148). Auch Nr. 48 und 49 haben wir schon zitiert (s. S. 148), wo dasselbe Prinzip zweimal maßgebend wurde.

Dies neue Verfahren ist dabei am häufigsten mit den Wortverbindungen verknüpft, aber auch mit der Klangassoziation; es scheint also eine neue latente Einstellung in der Ausbildung gewesen zu sein, die die alte unterstützte. Damit haben wir wieder einen neuen Beweis für die Unnatürlichkeit dieser Versuche. Die Vp. will mit der Aufgabe fertig werden, faßt sie als Aufgabe eines Experiments auf, daß man möglichst einfach erledigen soll und sucht dies nun auf die verschiedenste Weise zu erreichen.

Auch die Repräsentationstendenz spielte im Verlauf dieser Versuche eine Rolle. Trat sie auch hinter den andern Tendenzen an Bedeutung zurück, so läßt sie sich doch häufig genug nachweisen. Daß die Worte, die primär als Erfüllungsvorstellungen auftraten, oft in visuellen Bildern ihre Repräsentation finden, haben wir schon gesehen. Diese Fälle seien hier außer acht gelassen, ebenso wie jene, in denen irgendein Gedanke von einem zu ihm passenden (repräsentativen) Bild gefolgt war. Wir betrachten nur die Fälle, in denen das Rzw. selbst visuell repräsentiert wurde. Daß die Tendenz hierzu gar nicht so schwach gewesen sein kann, geht aus manchen Angaben der Vp. hervor.

In Nr. 3, Attribut, ist die Vp. verwundert, daß ihr gar kein Beispiel einfällt, in Nr. 32, bedenken, will sie irgendeine Vorstellung damit verbinden: in Nr. 31 gibt sie an: „Ich wollte mit dem Rzw. eine Vorstellung verknüpfen, fand aber keine. Im Wort selbst lag die Tendenz zum Suchen."

Tatsächlich traten als V_1 8 visuelle Repräsentationsvorstellungen auf, 7 von ihnen Gegenstandsvorstellungen; einmal, Nr. 32, bedenken: die Schriftbilder der beiden Worte Bedenken und bedenken. Als V_2 kamen nur 2 Fälle vor, als RV 3. An sich wäre ein gleichmäßiges Abnehmen wahrscheinlicher. Die Zunahme in RV erklärt sich wohl dadurch, daß zuweilen der abschweifende Gedanke durch ein Zurückkehren zum Rzw. durchbrochen wurde.

Zuweilen wurde die Repräsentationstendenz an mehreren Stellen wirksam, wie in Nr. 31, häßlich (s. o.). Als V_1 trat das visuelle Bild der sehr häßlichen Reinmachefrau des Instituts auf, V_2 und RV waren rein motorisch: häßliches Gesicht, häßliche Entstellung. Wir haben früher eine Anzahl solcher repräsentierenden motorischen Vorstellungen kennen gelernt. Andrerseits erinnern wir uns an das, was wir vorhin bei dieser Vp. über die Wortverbindungen ausgeführt haben, wo wir fanden, daß unter dem Zwang der Einstellung Wortverbindungen gebildet wurden (cf. S. 149).

Hier scheint es nun ganz ähnlich zu liegen, und es erhebt sich die Frage, sollen wir bei Versuch 31 die Wirksamkeit der Einstellung auf Wortverbindungen annehmen, oder aber, wenn wir hier den Einfluß der Repräsentationstendenz anerkennen, hätten wir das nicht auch oben tun müssen? Die Schwierigkeit löst sich durch folgende Überlegung. In beiden Fällen sind die beiden Tendenzen beteiligt gewesen. Gerade dadurch, daß auch die Repräsentationstendenz erfüllt wurde, konnte die Wortbildungstendenz in dieser eigentümlichen Weise wirksam werden. Wir haben also hier wieder eine neue Art von Verbindungen zwischen determinierenden Tendenzen. Die Fälle traten gegen Schluß der Versuche auf, wo gleichzeitig häufig der Richtungswechsel zu beobachten war. Auch die meisten Fälle der Repräsentationstendenz fallen in die 2. Hälfte,

9 von 12. Es scheint also, daß sie allmählich stärker wurde und zwar als Tendenz zur mehrfachen Repräsentation. In den letzten Versuchen werden nun auch die Worte häufig durch visuelle Bilder ergänzt, ein neues Zeichen für die Wirksamkeit repräsentativer Tendenzen.

Durch diesen Faktor können wir also eine Reihe von Einzelheiten in Zusammenhang bringen und erklären. Vielleicht hätte durch seine Verstärkung bei längerer Fortsetzung der Reihe ein Wandel der Reaktion in der Richtung auf das Natürliche hin Platz greifen können. So sind diese Versuche nur charakteristisch für die Fülle von determinierenden Tendenzen und deren enger Verbindung; sie eröffnen einen Ausblick auf die Mannigfaltigkeit und Kompliziertheit unsres psychischen Geschehens; sie liefern einen wertvollen Beitrag zur Psychologie der Aufgabe und ihrer Lösung.

3. Zusammenfassung.

Überblicken wir zum Schluß noch kurz die Ergebnisse der III. Versuchsreihe. Ihr Hauptresultat liegt in einer Bestätigung der Ergebnisse von Reihe II sowohl im allgemeinen Zusammenhang als auch für jede Vp. besonders. Dieselben Faktoren wirkten in dieser wie in der II. Reihe. Bei einer Vp., der die Erfüllung der Aufgabe in Reihe I und II sehr schwer geworden war, gelang es uns, hier den Ablauf natürlicher zu gestalten, nur eine Vp. konnte in Reihe III nicht zu einer natürlichen Reaktionsweise kommen, sie liefert dafür einen Beitrag zur Psychologie der Aufgabe. 2 Faktoren: der gedankliche Faktor und die latente Einstellung traten in Reihe III bei der Verlängerung des Gedankens- und Vorstellungsablaufs stärker hervor; bei allen Vpp. war es ein Hauptunterschied gegenüber der Reihe II, daß die Gedanken eine größere Rolle spielen, die Vorstellungen mehr zurücktreten, von einer reinen fortlaufenden Reproduktion auf Grund von Assoziation war noch weniger die Rede. Dies ist auch der Grund für den zweiten Punkt. Die Reihe ist in mancher Hinsicht schwieriger, darum treten häufiger latente Einstellungen auf und in mannigfacherer Form als bisher. Die Bedeutung der latenten Einstellung ist im Verlauf der Versuche immer deutlicher geworden.

§ 4. Ergänzungsversuche mit optischen Reizen.

War der Anfang eines jeden Vorstellungsverlaufs in den Reihen I—III notwendigerweise ein Wort, also ein Symbol, so sollten in den Reihen IV—V, die in allem übrigen den Reihen I—II entsprachen, optische Bilder, also selbständige Gegenstände, an diese Stelle treten. In Anlehnung an Heilbronner[1]) wählte ich einfache Zeichnungen einfacher Objekte, da mir jedoch die Auswahl Heilbronners zu klein erschien, mir auch für meinen Zweck nicht zusagte, so entnahm ich die Bilder, einem Vorschlag des Autors folgend, einem Werk über Selbstunterricht im Zeichnen[2]). Ich wählte aus diesem Werk 55 Bilder aus, 27 für Reihe IV, 28 für Reihe V, die ich auf Pergamentpapier durchpauste. Die Bilder wurden dann mit Hilfe des Würzburger Projektionsapparates[3]) auf einen weißen Schirm projiziert. Ein, nicht sehr genauer, Momentverschluß diente zur Begrenzung der Exposition. Der Verschluß war normaliter auf $1/4$ sec eingestellt, erkannte die Vp. bei dieser Zeit nicht, so wurde der Versuch mit verlängerter Expositionszeit wiederholt. Leider standen mir von den 7 Vpp., die sich an den Wortversuchen beteiligt hatten, bei diesen nur noch eine zur Verfügung, Frau K., und auch mit ihr wurden aus äußern Gründen nur 17 Versuche von Reihe IV, Reihe V überhaupt nicht, durchgeführt. Beide Reihen vollständig konnte ich nur mit einer Vp., Dr. Be., durchgehen. Da die Versuche, die zwar für den Erkennungsprozeß wie für die Gestaltauffassung eine Reihe interessanter Ergebnisse lieferten, für unser Problem nur wenig Neues brachten, so wurde von einer Wiederholung mit andern Vpp. abgesehen.

Reihe IV.

Die Instruktion dieser Reihe lautete: „Es wird auf dem weißen Schirm ein optischer Reiz erscheinen; fassen Sie diesen ganz passiv ohne irgendwelche Erwartung auf und geben Sie mir die Vorstellung an, die sich in unmittelbarem Anschluß daran bei Ihnen einstellt. Ist diese Vorstellung keine

---

[1]) Zur klinisch-psychologischen Untersuchungstechnik. Monatsschrift f. Psychiatr. u. Neurol. 17 (115—132).

[2]) J. van Dyck: Wie lerne ich zeichnen? Zeichenvorbilder für Schule und Haus. Leipzig, K. F. Köhler, 3 Bde.

[3]) Vgl. A. Grünbaum: Über die Abstraktion der Gleichheit, Arch. f. d. ges. Psych., Bd. 12, 1908, S. 247.

Wortvorstellung, so beenden Sie den Versuch mit dem Worte Ja und teilen mir dann die betr. Vorstellung mit. Darauf beschreiben Sie mir möglichst genau, was Sie während des Versuchs erlebt haben. Noch einmal, verhalten Sie sich so passiv wie möglich, stellen Sie Ihre Aufmerksamkeit nicht in eine bestimmte Richtung, sondern sehen Sie das Bild ganz unvoreingenommen und unbefangen an!"

Einige Vorversuche wurden vorangeschickt, um die Vp. mit der Aufgabe vertraut zu machen. Die Zeit vom Moment der Exposition bis zur Reaktion wurde wie bisher mit einer Fünftelsekundenuhr gemessen.

1. Quantitative Analyse.

Tab. 21 enthält eine Übersicht über die quantitativen Ergebnisse sowohl für die einzelnen Versuchstage, wie, in der letzten Horizontalreihe, für die ganze Reihe.

Tabelle 21.

Tag	Vp. Fr. K.				Vp. Dr. Be.			
	AM	Z	mV	n	AM	Z	mV	n
I	1,6	1,6	0,06	5	4,07	5,1	1,05	4
II	1,8	1,8	0,20	2	3,1	3,4	0,9	3
III	1,3	1,2	0,18	3	2,8	2,8	0,47	6
IV	—	—	—	—	2,5	2,4	0,85	4
V	—	—	—	—	1,4	1,2	0,36	5
Alle	1,5	1,6	0,18	10	2,8	2,8	1,08	22

Zur Berechnung sind nur die Versuche herangezogen worden, bei denen gleich bei der ersten Exposition das Rzw. erkannt wurde. Dadurch sinkt die Zahl der n gegenüber den oben angegebenen Werten. Bei Frau K. ist außerdem einmal noch versehentlich die Zeitmessung fortgefallen.

Vergleichen wir diese Zahlen mit den entsprechenden der Reihe I (Tab. 1 s. S. 29), so sehen wir, daß Frau K. zwar etwas höhere Werte hat als dort, aber immer noch niedrigere als alle andern Vpp. Dr. Be. hat genau die gleichen Werte wie die 5. Vp. der Reihe I, steht also an drittletzter Stelle. Die mV ist bei Frau K. kleiner als irgendeine der Tab. I, was wohl in erster Linie auf der geringen Zahl der Versuche beruht, bei Dr. Be. größer als irgendeine dort, was wohl mit Sicherheit auf die mangelnde Übung zurückzuführen ist.

Bei Fr. K. ist ein Einfluß der Übung nicht zu bemerken, wohl aber bei Dr. Be., dessen AM und Z ständig und dessen mV mit einer Ausnahme fallen. Die Unterschiede zwischen dem letzten und ersten Tag sind bei ihm für alle 3 Werte ganz erheblich.

Die Maximaldifferenz ist für Fr. K. äußerst klein, sie beträgt nur 0,8, da alle Werte zwischen 1,2 und 2,0 sec liegen. Für Dr. Be. beträgt sie 4,4 (1,0 bis 5,4), doch sinkt sie auf 3,0, wenn man von den 3 höchsten nur am ersten Tag auftretenden Werten absieht. Die Verteilung endlich ist bei Fr. K. so, daß 60% aller Werte 1,6 sec betragen, die übrigen sind wahllos um diesen Wert verstreut. Bei Dr. Be. ist der Kurvengang unregelmäßig mit sieben kleinen Gipfeln, entsprechend der immer wachsenden Übung.

2. Qualitative Analyse.

a) Vp. Frau K.

Von den 11 Fällen, in denen bei der ersten Exposition das Bild richtig erkannt wurde, zeigen 7 den gleichen Verlauf. Nach dem Erkennen tritt als RW die Benennung auf.

Z. B. Nr. 1: „Ich sah ein Bild, das ich als Baum erkannte, dann das Wort." Der Einfachheit dieser Reaktion entsprechend weisen diese Versuche auch die kürzesten Werte auf, sie schwanken zwischen 1,2 und 1,6 sec, und die 3 kürzesten Werte der ganzen Reihe gehören hierher (AM = 1,4 sec, Z = 1,5 sec, mV = 0,17 sec). Trotz dieser kurzen Zeit können im Erkennungsvorgang doch bestimmte Momente besonders betont sein, so gab die Vp. bei Nr. 9 an, es wäre ihr aufgefallen, daß die Kommode klein sei. Nicht wesentlich hiervon weicht auch Nr. 4 ab. Hier ist nur schon vor den Erkennungsvorgang eine akustomotorische Reproduktion eingeschoben: „RW Degen. Zuerst wollte ich noch vor dem eigentlichen Erkennen das Bild, Pfeil nennen. Dann erkannte ich es und sagte RW", 1,6 sec.

Mit dem Erkennungsvorgang parallel geht also hier ein Reproduktionsvorgang, der sogar noch vor jenem zum Bewußtsein gelangt: also eine vollkommene Analogie zum Lesevorgang[1]).

Etwas komplizierter ist Nr. 13. Die Vp. faßte das Bild erst als Gesicht auf, wollte mit Auge reagieren, wozu sie auch schon ansetzte, erkannte dann aber an der eckigen Form die Maske und sagte dies Wort. 1,6 sec.

In Versuch 5 wurde ähnlich wie in Nr. 4 die Benennung Fenster ausgesprochen, ehe der Erkennungsvorgang abgeschlossen war.

In Nr. 8 ist aus der Aussage nichts zu entnehmen, die Vp. gab an: „RW kam einfach", doch ist die Zeit 2,0 sec ziemlich lang.

Nr. 16 endlich brachte erst in der Nachperiode die Erkennung. Die Vp. reagierte noch mit „weiß nicht", wir haben also hier den Übergang zu den Versuchen, die mehrfache Exposition brauchten.

---

[1]) Vgl. C. F. Wiegand: Untersuchungen über die Bedeutung der Gestaltqualität für die Erkennung von Wörtern. Zeitschr. f. Psych., Bd. 48, 1908, S. 235.

Von den übrigen Versuchen hatte nur noch 12 b denselben Verlauf. [1]
In 12 a hatte die Vp. mit „Pfeil" reagiert, mit dem Bewußtsein, daß dies
nicht ganz richtig sei. In der Nachperiode, beim Betrachten des Nach-
bildes glaubte sie zu erkennen, daß es ein Wegweiser sein soll." Die
Erinnerung hieran spielte auch in 12 b eine Rolle, doch wurde diese Auffassung verworfen. „Ich hatte den Eindruck von etwas Knorrigem. Baum."
Dies war auch RW. 2,4 sec.

Nr. 7 wurde erst bei der 5. Exposition (7 e) erkannt, als das Bild
während des ganzen Versuchs exponiert blieb. Auf die Erkennung, die rein
visuell ohne Benennung erfolgte, wurde sofort mit ja reagiert (11,0 sec).
Die Schwierigkeit lag hier darin, daß die verschieden verlaufenden Striche
die einheitliche Auffassung störten. Die ersten Reaktionen waren auch
„Linie". „Krikel Krakel". Die übrigen 3 Expositionen wurden überhaupt
nicht erkannt (s. Anhang).

In Nr. 10 trat bei der 6. Exposition wenigstens der richtige Gedanke
auf, doch schien diese Auffassung nicht zu stimmen.

In Nr. 6 b kommt es noch zu einer Gestaltauffassung: „Denke
immer an Windmühle, als ob der Wind durch die Fächer weht, obwohl
ich weiß, daß es keine Windmühle ist."

Nr. 17 c brachte nur eine Wortreproduktion: Staket: „Erkannte es
eigentlich nicht; faßte es als Komplex von Strichen auf, dann kam das
Wort ganz von selber, daher schon das Gefühl des Nichtstimmens."

Also wieder ein Beispiel der Wirksamkeit solcher visuellen Komplexe
direkt auf das akustomotorische Gebiet.

Der eigentliche Reaktionsvorgang ist in allen Fällen ziemlich derselbe einfache Prozeß. Wie mit dem Wort bei vielen
Vpp. eine Objektvorstellung, so ist hier mit dem Bild die
Benennung assoziiert, und diese Bedingung beherrscht durchweg den Prozeß [2]).

b) Vp. Dr. Be.

Diese Vp. zeigt kein so einheitliches Verhalten. Dies
liegt wohl zum großen Teil an ihrer Auffassung der Aufgabe.
In den ersten Tagen genügte ihr nämlich die bloße Benennung
des erkannten Bildes nicht, sie suchte vielmehr mit andern
visuellen Bildern zu reagieren.

Z. B. Nr. 22: RW Spaziergänger (3,6 sec): „Zu spät reagiert, das
Wort stellte sich gleich ein, aber ich habe nach Erinnerungen gesucht.
Es kam aber keine, darum reagiert."

Es finden sich im ganzen nur 4 Versuche, in denen die
Vp. ohne weitres mit der Benennung reagierte. Von den

---

[1]) Mit den Indices a, b, c... ist die Nummer der Exposition bezeichnet, a heißt die erste, b die zweite usw.

[2]) Das gleiche Resultat findet sich implizite in der Arbeit v. H. S.
Langfeld: Suppression with Negative Instruction, Psychol. Bull. Vol. VIII,
1910, 200—208. Dem Plan dieser Arbeit lag sogar die Voraussetzung eines
solchen Verhaltens zugrunde.

analogen Fällen der Frau K. unterschieden sie sich dadurch, daß der Erkennungsprozeß stark abgekürzt ist. „Das Aussprechen war während des Erkennens", gab die V.p. bei Nr. 4 an. Die Zeiten dieser Versuche sind denn auch kurz und bleiben beträchtlich unter dem Gesamtmittel, AM = 1,6, Z = 1,6, mV = 0,3.

Daß diese Fälle ganz am Ende der Reihe vorkommen, spricht schon dafür, daß der Prozeß sich allmählich vereinfachte; so daß in den beiden letzten Versuchen die Vp. schon auf die bloße Erkennung hin reagierte: Nr. 27: „Ja gesagt auf das Erkennen, das ist ein Mann mit einer Kapuze." Diese beiden Versuche, die kürzesten von allen, dauerten nur 1,0 sec.

Daß umgekehrt der Prozeß Erkennen—Benennen anfänglich nicht so einfach verläuft, lehrt Nr. 18, wo die Vp. nach 2,2 sec mit Ja reagierte und als RV das Wort Dienstmädchen angab: „Ich sah das Bild und sagte sofort darauf innerlich Dienstmädchen. Darauf bildete ich mir die Vorstellung Dienstmädchen auf Grund meines Wortes. Ich fand es merkwürdig, daß das Bild zum Wort Dienstmädchen geführt hat, denn meine Vorstellung Dienstmädchen ist ganz anders."

Auf den eingeschobenen Vergleichsvorgang werden wir noch zurückkommen.

Noch ein weiterer Typus wird uns bei den Versuchen klar, in denen der Reiz unmittelbar erkannt wurde: Das Erkannte wird sofort visuell identifiziert und ruft nun als solches eine Reihe von Erinnerungen hervor. In einigen Fällen treten sogar 2 verschiedene solche Individualisierungen auf, von denen aber die eine überwiegt und als RV in Betracht kommt.

Die 6 hierher gehörigen Versuche liegen zeitlich viel früher als die bisher besprochenen, sie finden sich nur an den ersten 3 Versuchstagen. Z. B. Nr. 8: „Erkannte sofort das Gitter und hatte sofort die Vorstellung des Luxembourg Gitters in Paris. Dies sofort ins Bild hinein verlegt. Sofort kamen Erinnerungen an Personen. Das Gitter stellte eine Fülle von Erlebnissen dar." 4,0 sec.

Und als Beispiel für verschiedene Komplexe Nr. 4: „Ich erkannte zunächst den Säbel. Darauf stellte ich erst jede Tätigkeit ein und freute mich darüber. Darauf dachte ich an einen Brieföffner auf meinem Schreibtisch, der diese Form hat. Erst daran gedacht, dann gesehen. Dann dachte ich an meinen Bruder, der ihn mir geschenkt hat. Ob auch visuell, weiß ich nicht... Zwischendurch noch eine andere Vorstellung, so ein Florett, das ich mal in Paris gesehen habe. Das Bild verschwand, als ich mich gegen das Florett für den Brieföffner entschieden hatte." 5,4 sec.

Die absoluten Werte für die Zeiten sind in diesen Versuchen entschieden über dem Gesamtmittel[1]), AM = 3,7, Z = 3,4, mV = 0,8. Ziehen wir zum Vergleich die Werte aus den 3 ersten Tagen heran, die sowohl für AM wie für Z 3,4 sec betragen, so zeigt sich im AM immer noch ein kleines Überwiegen unserer Werte.

Die Versuche lehren uns auch einiges über den Vorgang der Reaktion selbst. Die Aufgabe, mit der ersten auftretenden Vorstellung zu reagieren, wird in ihrer Wirksamkeit gestört durch Faktoren anderer Art. So vergleicht die Vp. häufig ihre auftretende Vorstellung mit dem exponierten Bild. Bei dem oben besprochenen Versuch 15 machte sie noch die Angabe: „Bei den meisten Versuchen geht in mir eine Diskussion vor: ich bin trotz aller Passivität bestrebt, meine Vorstellungen auf ihre logischen Verknüpfungen mit den Wahrnehmungen zu vergleichen." Wir haben hier also ein Analogon zu der Wahl der Vorstellungen, die wir in Reihe I—III kennen lernten und die die Erfüllungsvorstellung von der Nichterfüllungsvorstellung schied.

Weiter läßt sich ersehen, daß die Vp. in diesen ersten Versuchstagen sehr stark auf visuelles Vorstellen eingestellt war. In Nr. 9 spricht sie von einer willkürlichen Anstrengung, Vorstellungen zu gewinnen und in Nr. 8 gibt sie an, so mit der Vorstellungsarbeit beschäftigt gewesen zu sein, daß sie nicht zum Jasagen komme.

An diese Gruppe reiht sich Nr. 19 an, wo die Vp. nach Erkennen des Männerkopfes das Bild als Karrikatur des Mondes auffaßte (3,0 sec). Alle diese Fälle enthalten, mehr oder weniger deutlich Vorgänge, die zu den Ähnlichkeitsassoziationen gezählt werden. Unter diesem Gesichtspunkt werden wir in Kap. III darauf zu sprechen kommen.

Wesentlich Neues ergeben die übrigen Versuche, bei denen eine Exposition genügt, nicht. Es kam zweimal vor (11,13), daß das Bild selbst gleich individuell aufgefaßt wurde. Ferner war die Erkennung in verschiedenen Fällen nur teilweise richtig. Einmal führte sie dabei zur Benennung (18), in den beiden andern Fällen (3 und 6) schritt die Vp. nur zu einer bestimmten falschen Auffassung vor. 2 Fälle endlich (1 und 5) enthalten Störungen durch äußere Umstände.

Die Fälle, in denen nicht gleich beim erstenmal erkannt wurde, sind bei Dr. Be. relativ seltener als bei Fr. K. Trotz der viel größeren Zahl von Versuchen kamen auch bei ihm nur 5 Fälle vor, während bei

---

[1]) Wobei allerdings Versuch 2 unberücksichtigt bleibt. Hier finde ich die Zeit 1,4, die bei einem so reichen Verlauf, wie er aus der Beschreibung der Vp. hervorgeht, unmöglich ist. Es muß also im Niederschreiben oder Knipsen der Uhr ein Versehen vorliegen. Das gleichmäßige Knipsen der Uhr und des Gummiballs von Momentverschluß mußte nämlich erst eingeübt werden.

Fr. K. außerdem noch der Fall hinzukommt, wo erst in der Nachperiode erkannt wurde. Von diesen Fällen sind 4 beiden Vpp. gemeinsam. Die Figuren, die Dr. Be. nicht gleich erkannte, wurden auch von Fr. K. nicht bei der ersten Exposition (oder doch erst in der Nachperiode) erkannt [1]), außerdem erkannte aber Fr. K. 2 Figuren nicht, die Be. erkannte.

Wie bei Fr. K. wurde auch bei Vp. Dr. Be. Nr. 7 erst erkannt, als es dauernd exponiert war, beim viertenmal (7 d). Die Reaktion, die mit dem Wort Kuh erfolgte, dauerte 15 sec. Vorher war noch das französische vache eingeschoben. Sehr charakteristisch ist es, daß die Vp., als sie erkannte, verwundert war, es nicht früher erkannt zu haben. Die Gestalt ist, sobald sie r i c h t i g aufgefaßt wird, ganz eindeutig, und nur die einheitliche Zusammenfassung ist schwierig (s. o.). In der vorausgehenden Exposition war in (7 b) die Ähnlichkeit mit einem Kinderdrachen aufgefallen und darauf die Vorstellung eines solchen aufgetreten.

Nr. 10 und 16 verliefen sehr ähnlich. Es wurde jeweils bei der 2. Exposition erkannt, nachdem bei der ersten eine falsche Erkennung vorausgegangen war, und bei der zweiten Exposition begann der Versuch mit dem Wiedererkennen der a-Fälle. Beide Male wurde auch die falsche Auffassung in den a- wie die richtige in den b-Fällen individualisiert.

Ganz ähnlich ist auch 17 a, b, nur ist zunächst b nicht mehr als eine Wiederholung von a (Wäscheleine, die dann in bestimmte Umgebung kommt), und erst in der Nachperiode wird richtig erkannt.

Nr. 20 endlich brauchte die meisten Expositionen, 5. In den ersten 3 sah Vp. lediglich Striche, in 20 d ganz richtig Pappeln an einer Hecke. In 20 e wiederholte sich die Entwicklung Striche — Pappeln — die Vp. vergleicht nun diese Auffassung mit dem dauernd exponierten Bild und lehnte sie ab.

Als Gesamtergebnis läßt sich zusammenfassen, daß diese Vp. hauptsächlich visuelle Reproduktionen nach dem Prinzip des Ähnlichkeitsassoziation zeigte, während bei Frau K. die motorische Reproduktion das Hervorstechende war.

Ferner ist klar, daß der Rückgang in den Zeitwerten nicht nur auf Kosten der Übung zu setzen ist, sondern, vor allem für die letzten 2 Tage, auf die Entwicklung einer völlig neuen einfacheren Reaktionsweise.

Reihe V (Dr. Be.).

Die Instruktion dieser Reihe lautete: „Es wird ein optischer Reiz wie bisher auf dem Schirm erscheinen. Darauf wird wie bisher eine Vorstellung bei Ihnen auftreten. Geben Sie mir diese Vorstellung noch nicht an, sondern warten Sie, bis sich an diese Vorstellung eine zweite angeschlossen hat. Diese

---

[1]) Eine von Be. nicht gleich erkannte Figur bekam Fr. K. gar nicht zu sehen.

geben Sie mir in der früheren Weise, also unmittelbar durch das betr. Wort, oder nach Beendigung der Reaktion durch Ja an. Verhalten Sie sich wieder so passiv wie möglich."

1. Quantitative Analyse.

Die quantitativen Ergebnisse sind in der folgenden Tabelle 22 dargestellt.

Tabelle 22 (Dr. Be.).

Tag	AM	Z	n	mV
I	4,0	4,0	1	—
II	1,8	1,8	5	0,44.
III	3,2	2,8	5	1,28
IV	2,9	2,8	7	0,64
Alle	2,7	2,6	18	0,90

Vergleichen wir die Werte für alle Tage mit den entsprechenden von Reihe IV, so finden wir eher eine kleine Verkürzung (AM gleich, Z 0,2 sec kürzer), doch kehrt sich diese um, wenn man jeweils den ersten Tag ausschließt. Wir erhalten dann:

Tabelle 23.

Reihe	AM	Z
IV. 2—5	2,4	2,2
V. 2—4	2,6	2,4

so daß eine unbedeutende Verlängerung der Werte in Reihe V zu konstatieren ist.

Die Verteilungskurve weist 2 Gipfel auf, einen von 4 Werten auf 1,8, den andern von 3 Werten auf 2,8. Kein anderer Wert kommt öfter als 1 mal vor. Die relativ kleine Anzahl der verwerteten Versuche beruht auf den Fehlversuchen[1]), dazu kommt, daß versehentlich eine Zeitmessung ausgefallen ist. Die Maximaldifferenz schließlich ist diesmal etwas kleiner als in Reihe IV, sie beträgt $5,2 - 1,2 = 4,0$ gegen $5,4 - 1,0 = 4,4$ sec. Vergleichen wir diese Zahlen nun noch mit den entsprechenden der Reihe II (Tab. 4, S. 71), so ergibt sich, wenn wir Tabelle 22 berücksichtigen, daß Dr. Be. in Reihe IV der Vp. St. in Tab. 4 gleichsteht, also die kürzesten überhaupt vorgekommenen Zahlen aufweist. Ziehen wir Tab. 23 in Be-

---

[1]) So erklärt sich der auffallende Umstand, daß am 1. Tage nur ein Versuch berechnet werden kann, daraus, daß die Vp. zu Nr. 2 sechs Expositionen nötig hatte.

tracht, so findet sich keine Vp. in Tab. 4 mit so kleinen Zahlen. Auch die Zunahme gegenüber der vorangehenden Reihe ist bei Vp. Be. kleiner als bei irgendeiner Vp. der Tab. 5.

2. Qualitative Analyse.

Ein Reaktionstypus, Erkennung und gleich darauf Benennung des Bildes, ist bei der Vp. Dr. Be. in Reihe V der maßgebende, während er ja in Reihe IV nicht sehr häufig gewesen war. In den meisten (11) Fällen folgte auf eine akustomotorische V_1 auch eine akustomotorische RV; 8 von diesen Fällen haben es wieder gemeinsam, daß RV vorwiegend assoziativ reproduziert wurde und zwar blieb der Prozeß durchweg auf akustomotorischem Gebiet, während in 3 Fällen noch eine visuelle Reproduktion hinzutrat.

Z. B. Nr. 8: „Ich sah die Zeichnung, sprach innerlich V_1, Thermometer, und dann RV, Fa... Celsius." 1,4 sec.

Die Werte für diese 8 Versuche sind: AM = 2,1, Z = 2,0, mV = 0,38. Mit Tabelle 23 verglichen (der erste Tag kam nicht in Betracht), erweisen sie sich kürzer als das Gesamtmittel, entsprechend ihrem einfachen Verlauf.

In 4 andern Versuchen mit akustomotorischem Ablauf geht nach V_1 der Prozeß nicht assoziativ weiter, statt dessen tritt eine neue Benennung ein, und zwar wird in Nr. 16 und 22 ein Teil des Ganzen gesondert benannt, in Nr. 23 als V_1 ein auffallender Teil, Pelerine, und erst als RV das Ganze, policeman.

Z. B. Nr. 22: „Die Wahrnehmung des Hauses; dann V_1 Bauernhaus und RV Hütte, beides akustomotorisch; dazwischen eine Leere, 4,6 sec.

Als Ergänzung seien noch 4 Versuche erwähnt, in denen die Angabe eines besonderen Erkennungsvorganges fehlt. In Nr. 1 trat sofort akustomotorisch Heugabel auf, dann die Überlegung, daß die Aufgabe eine 2. Vorstellung verlange. Infolge von Überlegungen kam dann der Name eines Dorfes, 4,0 sec. In Nr. 3, dessen Zeitmessung leider fehlt, kamen hintereinander ohne visuelle Begleiterscheinungen „Christus", „Kreuz". Endlich Nr. 4: „V_1 Schiff" kam sofort, dann gleich RV, an den Magnetberg des Märchens gedacht, Magnetberg auch ausgesprochen. Weil das Schiff so nahe am Berg vorbeifuhr. Vorher habe ich nur den Berg gesehen." Zur Erläuterung muß gesagt werden, daß dasselbe Bild unmittelbar vorher schon einmal gezeigt worden war, daß die Vp. aber unaufmerksam gewesen war, so daß ich den Versuch wiederholte, ohne ihn als Fehlversuch zu rechnen. Bei der ersten Exposition war nur das große Dreieck bemerkt worden, daß die Haltetaue des Mastes darstellen soll. Dies Dreieck wird in der 2. Exposition, wo sonst richtig das Schiff erkannt wird, gesondert aufgefaßt, als eine 2. Gestalt: Berg, eine Tatsache, die für die Theorie der Gestaltbildung sehr interessant ist. Die sehr kurze Zeit 1,2 sec (die kürzeste überhaupt) erklärt

sich wohl aus der vorangegangenen vergeblichen Exposition. (S. die Fig·
im Anhang.)

In Nr. 17 wurde schließlich ausdrücklich angegeben, daß eine eigentliche Erkennung überhaupt nicht eingetreten sei. Hier wurden vielmehr
nur die Worte Pforte und Kreuz reproduziert (als V_1 und RV) und zwar
sowohl die Schrift- wie die Lautbilder.

**In den 2 noch fehlenden Versuchen geht der Verlauf nach
der Erkennung auf dem Wege der Ähnlichkeitsassoziation
weiter, analog den Fällen in Reihe IV.**

**Die Fehlversuche fallen diesmal in 2 Gruppen. Außer
denjenigen nämlich, die eine wiederholte Exposition erfor-
derten, gehören auch die Fälle hierher, in denen der Prozeß
über die Erkennung oder über V_1 nicht hinausging.**

4 solche kamen vor: In allen ist die Erkennung glatt und richtig
vollzogen, in 14 und 15 tritt auch noch die Benennung hinzu und in 15
wird auf diese Benennung hin reagiert (1,8 sec), während in Nr. 14 der
Prozeß nicht weiterging, so daß die Vp. nach 10,4 sec mit „nein" abbrach.
In Nr. 7 trat nach der Erkennung völlige Leere ein, die Vp. brach nach
5,4 sec ab. In Nr. 6 fehlt die Zeitmessung, auch hier wurde nach dem
Erkennen unterbrochen, erwähnt sei nur noch, daß das Erkennen ein
individualisiertes war: der Tempel wurde sofort als Chambre des députés
aufgefaßt.

Es bleiben noch die 6 Fälle mit mehr als einer Exposition übrig.

Nr. 2 sei ausführlich zitiert:

2 a: „V_1 und RV unmittelbar hintereinander, Halbkugel, Weltkugel
motorisch." Exp. ¼ sec.

2 b: V_1 Weltkugel, RV Eierschale. „Weiß nicht, ob es wirklich
eine Eierschale war, ganz ohne Suchen und Anstrengung." Exp. ½ sec.

2 c: „Sehr zerstreut, nichts." Exp. ½ sec.

2 d: V_1 Eierschale, RV Küken, motorisch. „Ganz natürlich ergab sich
eins aus dem andern. Die Zeichnung bedeutet für mich Eierschale. Auch
eine Prüfung ergab nichts andres." Exp. 1 sec.

2 e: „V_1 ganz verworren visuelle Vorstellung von Eierschale und
Weltkugel. RV Wagenrad motorisch." Exp. 2 sec.

2 f: V_1 Weltkugel motorisch. RV Papierhut, motorisch und visuelle
Vorstellung eines solchen..." „Dann den doppelten Rand gesehen. Dadurch ging die obere Gestalt der Halbkugel verloren." Exp. 2 sec.

2 g: V_1 Käseglocke, RV Wölbung: „Ich hatte die Wahrnehmung
zunächst ganz ohne Auffassung, dann tauchte das Wort Käseglocke auf,
ehe ich eigentlich erkannte. Es lag wohl daran, daß ich diesmal plastisch
nicht einen Kreis, sondern eine Kugel sah. Gleichfalls in Zusammen·
hang damit sagte ich Wölbung... Wußte gar nicht, daß es eine Käse·
glocke ist." Die Vp. war sogar erstaunt darüber, als ich sagte, daß dies
richtig sei. Exp. bis zur Reaktion 4,2 sec.

Auffallend ist zweierlei: das Überwiegen der akustomotorischen
Seite und die starke Perseveration. Das Motorische wird zunächst immer
vor der Erkennung ausgelöst, es beeinflußt dann gewöhnlich im nächsten
Versuch die Auffassung. Einmal 2 f scheint in RV auch eine Ähnlichkeitsassoziation wirksam gewesen zu sein.

Eine fortschreitende Erkennung, in manchen Zügen ähnlich wie die eben mitgeteilte, findet sich auch in Nr. 25 a u. b.

Zweimal kam die richtige Erkenntnis nicht zustande, zweimal wurde gar nicht erkannt. In Nr. 10 macht sich wieder der Einfluß der visuellen Ähnlichkeitsassoziation geltend.

Wir haben somit auch Reihe V überblickt. Eine Parallele zur Reihe II stellen diejenigen Fälle dar, in denen eine mehrfache Benennung stattfindet, entsprechend der mehrfachen Repräsentation früher.

3. Zusammenfassung der Reihen IV und V.

Im ganzen haben uns die Versuche mit optischen Reizen zweierlei Neues gebracht: 1. Die noch vor dem Erkennen ausgelöste motorische Reproduktion des Namens, die sich bei Leseversuchen schon häufig gezeigt hatte. 2. Die wichtige Tatsache, daß rein visuelle Reproduktionen erfolgen, die als Ähnlichkeitsassoziation anzusehen sind.

§ 5. Versuche mit eingeengter Reproduktion.

In den zwei Reihen mit gebundener Reproduktion war die RV dadurch determiniert, daß sie einer andern Vorstellung, dem Rzw. (in Reihe VI entspr. Reihe I und IV) oder der V_1 (in Reihe VII entspr. Reihe II und V) ähnlich sein sollte. Die Art der Ähnlichkeit gab ich nicht besonders an, die Aufgabe wurde durchweg so aufgefaßt, daß inhaltlich ähnliche Vorstellungen gebildet wurden.

Die zwei Vpp. Dr. Be. und Frau v. W. führten beide Reihen vollständig durch.

Von den Rzw. wurden zwei Adjektiva, falsch und komisch, in beiden Reihen verwendet.

Reihe VI.

Die Instruktion dieser Reihe lautete: „Ich werde Ihnen ein Wort zurufen. Reproduzieren Sie darauf eine diesem Wort ähnliche Vorstellung und beenden Sie den Versuch (wie bisher) durch das Reaktionswort, wenn ein solches im Bewußtsein ist, sonst durch Ja. Beschreiben Sie nachher Ihre Erlebnisse.“

1. Quantitative Analyse.

Die quantitativen Ergebnisse sind in Tabelle 24 niedergelegt.

Tabelle 24.

Tag	Vp. Dr. Be.				Vp. v. W.			
	AM	Z	mV	n	AM	Z	mV	n
I	2,2	2,1	0,42	12	7,1	5,8	2,63	6
II	1,8	1,8	0,47	11	5,7	5,1	1,85	4
III	1,3	1,3	0,18	14	9,1	8,6	2,03	9
IV	2,0	2,0	0,44	11	14,6 (8,2)	11,0 (8,4)	7,98 (2,36)	8 (5)
V	—	—	—	—	16,6 (8,3)	10,5 (9,0)	11,78 (2,50)	10 (7)
VI	—	—	—	—	9,0 (7,2)	5,6 (5,4)	4,87 (3,05)	9 (8)
Alle	1,8	1,7	0,50	48	11,9 (7,8)	8,6 (7,6)	6,39 (4,37)	46 (39)

Das erste, was in die Augen fällt, ist der enorme Unterschied in den Werten von Dr. Be. und Frau v. W. Er zeigt schon, daß wir es mit ganz verschiedenen Verhaltungsweisen der beiden Vpp. zu tun haben. Dr. Be's Werte sind selbst im Vergleich zur Tab. 1 (S. 29) niedrig; sie würden dort an zweiter Stelle stehen. Die Werte nehmen in den 3 ersten Tagen ständig ab und steigen am letzten Tag wieder über den Wert des zweiten. Die mV ist ziemlich klein und sinkt am 3. Tag mit der größten Versuchszahl noch ganz beträchtlich. 2 Fälle des 1. Tages sind in der Berechnung fortgefallen, da ihre Zeiten ganz aus der Reihe der übrigen herausfallen: Nr. 4 und 14 mit 5,0 bzw. 9,4 sec. Die·Maximaldifferenz beträgt nämlich 3,4 — 1,0 = 2,4 sec. Die Verteilung ist so, daß ein Gipfel von 10 Werten auf 1,2 sec, ein zweiter von 7 Werten auf 2,0 sec liegt, und daß 34 Werte, also 71 %, zwischen 1,2 und 2,0 sec liegen.

Bei der Vp. v. W. sind vom 4. Tage an jeweils 2 verschiedene Werte angegeben. Von diesen bezieht sich der erste auf alle aufgezeichneten Werte, der zweite, eingeklammerte, stellt eine Reduktion dar, bei der alle Werte über 15,0 sec nicht mehr berücksichtigt sind. Ordnen wir die Werte der Größe nach, so ergibt sich nämlich als Maximaldifferenz von 1 bis 39: 15,0 — 2,0 = 13,0 und von 40 bis 46: 41,8 — 20,6 = 21,2. Hinter 15,0 ist also eine Lücke, die eine gesonderte Berechnung des ersten Teils rechtfertigt.

Auffallend ist, daß die hohen Werte erst vom 4. Tage an auftreten und am 6. wieder fast verschwinden. Was noch die Verteilung anbetrifft, so liegen zwischen 4,8 und 5,2 sec 9 Werte, also knapp 20%. Der Vergleich mit dem analogen Wert bei Dr. Be. ist für den ganzen Unterschied sehr charakteristisch. Erhöhen wir, um die Zahlen besser vergleichbar zu machen, bei Vp. v. W. die Zone gleichfalls auf 5 Werte, indem wir noch 5,4 und 5,6 hinzunehmen, so erhalten wir 11 Werte, die immer noch nicht 24% ausmachen. In die gleiche Zone fallen bei Vp. v. W. also etwa nur $1/_3$ so viel Werte wie bei Dr. Be. und die untere Grenze dieser Zone liegt absolut genommen bei Vp. v. W. viermal so hoch wie bei Vp. Dr. Be.

2. Qualitative Analyse.

Bei der Betrachtung der qualitativen Ergebnisse werden wir in dieser wie in der folgenden Reihe das Hauptgewicht auf den Teil des Prozesses legen, der gegenüber Reihe I und II neu ist; wir werden also den Gesichtspunkt der Ähnlichkeitsbeziehung zwischen RV und Rzw. voranstellen, wie diese Beziehung zustande kommt, wie sie beschaffen ist. Die übrigen Vorgänge werden wir nur streifen und besonders Charakteristisches hervorheben.

a) Vp. Dr. Be.

Diese Vp. reagierte in sämtlichen Fällen mit WR, die RV war also durchweg ein Wort; und zwar war dies Wort entweder richtig oder falsch in Beziehung zur Aufgabe. In beiden Fällen konnte dies bemerkt oder nicht bemerkt sein. Ferner kamen Fälle vor, in denen eine augenscheinlich falsche Reaktion von der Vp. für richtig gehalten wurde, und solche, in denen die Vp. das Wort zwar nicht für ganz richtig, aber auch nicht für ganz falsch hielt.

In Tabelle 25 geben wir eine Übersicht über diese Verhältnisse:

Tabelle 25.

Art	AM	Z	mV	n
r b	2,0	1,8	0,52	36
r u	1,3	1,3	0,15	8
r f	1,9	2,0	0,41	6
f b	[5,0	2,2]	—	2
f u	1,4	1,4	0,27	3

Zu oberst stehen die richtigen und als solche bemerkten Fälle r b, zu denen wir auch die Fälle rechnen, in denen das Wort nicht für ganz richtig, aber auch nicht für falsch gehalten wurde. Sie entsprechen ziemlich genau den Durchschnittswerten von Tab. 24, nur sind die absoluten Werte um 0,1 sec höher. Es folgen die richtigen unbemerkten, r u, zu denen wir auch 4 Fälle gerechnet haben, in denen die Ähnlichkeit während des Aussprechens, also nach dem Stoppen der Uhr, zum Bewußtsein kam. Ihre Werte sind sämtlich die niedrig-

sten; 7 von ihnen fallen auf den 3. Versuchstag (der ja gleichfalls ein Minimum darstellt), der erste, höchste (1,6) auf den
2. Tag. Danach stehen die tatsächlich falschen aber als richtig bewußten Fälle (r f), die über dem Mittel liegen. Der
Fehler der Vp. liegt in einer zu großen Weitherzigkeit gegenüber dem, was als Ähnlichkeit zu gelten habe, derzufolge sie
alle möglichen andern Beziehungen so auffaßt. Die nun kommenden falschen und als solche bemerkten, f b, sind nicht
zu einem Wert vereinigt, die beiden wirklich erhaltenen Werte
sind vielmehr in die Tabelle übernommen worden. Am Schluß
stehen die falschen unbemerkten, f u, die den richtigen unbemerkten fast gleich kommen[1]). Am schnellsten ging es also
immer dann, wenn über Richtigkeit oder Falschheit nichts
im Bewußtsein war, am langsamsten, wenn ein Widerspruch
vorlag: r f und f b.

Im einzelnen betrachten wir nun die r b - Fälle, und zwar
so, daß wir mit den kürzesten Zeiten beginnen und von diesen
aus von Stufe zu Stufe bis zu den längsten fortschreiten.

Der kürzeste Wert 1,0 sec, findet sich hier nicht; so schnell verlief die Reaktion nur, wenn über Richtigkeit oder Falschheit nichts bemerkt
wurde (je 1 ru- und fu-Fall). 5 Fälle weisen dafür die Zeit von 1,2 sec
auf. In 3 von diesen gab die Vp. an, das RW sei mechanisch gekommen
(dieselbe Angabe bei allen u-Fällen mit 1 Ausnahme). Zweimal war
dabei bloß ein allgemeines Bewußtsein der Ähnlichkeit vorhanden, einmal war auch die Art der Ähnlichkeit bewußt. In den 2 andern Versuchen mit so kurzer Zeit waren außer der speziellen Ähnlichkeitserkenntnis
noch gedankliche Vorgänge: die Richtung, in der gesucht werden mußte,
enthalten, so daß der Ablauf hier kein rein mechanischer war und die
kurze Zeit sich aus der Geläufigkeit der Verbindung oder dem Bestehen
einer Einstellung (s. u.) erklärt.

Die 5 Versuche stellen uns den Gipfel der Übung dar: die Richtigkeit kommt noch zum Bewußtsein, es ist jedoch keine Prüfung mehr erforderlich. Zunächst ist noch die Art der Ähnlichkeit gegeben (21),
später genügt dann das allgemeine Wissen um die Ähnlichkeit (24, 44).
Über die Wirkung der Einstellung werden wir später sprechen. Hier sei
nur darauf hingewiesen, daß von den 3 mechanisch verlaufenen Versuchen
2 auf den 2. Tag fallen, der an Kürze der Zeiten vom dritten noch übertroffen wird. Es ist dies kein Widerspruch gegen unsere Behauptung,
daß diese Versuche das Maximum an Übung darstellen, denn im dritten
Tag ist dies Maximum bereits überschritten; es kommen dort die zahlreichen Fälle vor, in denen das Bewußtsein der Richtigkeit zu spät eintritt, die dadurch zwar schneller gehen, aber dafür auch nicht mehr im
vollen Maße der Aufgabe entsprechen.

---

[1]) Ein Fall, in dem die Falschheit erst nachträglich bemerkt wurde,
ist natürlich mitberechnet.

Gehen wir zu den Fällen über, die 1,4 sec dauerten. 2 von diesen (27, 30) erfolgten auch hier mechanisch, dabei war das Bewußtsein der Ähnlichkeit spezialisiert, das eine Mal außerdem noch eine Erinnerung eingeschoben. Ein dritter Fall ist nicht ganz klar und sei daher über-gangen (Nr. 45). Die beiden zuerst erwähnten Fälle stehen an 2. und 5. Stelle des 3. Versuchstags und ähneln den Versuchen des 2. Tages.

1,6 sec dauerten 4 Versuche. Hier findet sich nur einmal die An-gabe, daß das RW von selbst kam (Nr. 2). Ehe es aber ausgesprochen wurde, wurde es ganz ausführlich „als ähnlich akzeptiert". Die 3 andern Versuche 9, 38, 41 haben schon einen komplizierten Verlauf: In 38 und 41 konnte die Vp. zunächst nicht finden, was sie suchte, in 9 spielten Hemmungen eine Rolle.

1,8 sec. Ein Versuch (13) erinnert an Nr. 2 der vorigen Gruppe; Maß— Gewicht. RW kam gleich. Nun trat aber ein sehr ausführliches Prüfungs-verfahren ein. Die 3 übrigen Fälle mit 1,8 sec sind alle verschieden: In Nr. 25 konnte die Vp., obwohl sie gleich das richtige visuelle Bild hatte, das richtige Wort nicht finden; in Nr. 46 machte sich vor dem Re-produktionsvorgang, der wieder ziemlich mechanisch erfolgte, eine Er-innerung geltend; in Nr. 16 endlich, dem 2. Versuch des 2. Tages, schwankte die Vp. beim Rzw. Taille, wie sie das Wort für den Zweck der Aufgabe am besten auffassen solle; das Wort Bluse kam dann noch vor der Entscheidung. Alle 3 Fälle sind Modifikationen des Haupttypus.

2,0 sec. Von 5 Versuchen sind 3 sehr ähnlich (6, 7, 47): in ihnen tritt ein ganz bestimmt gerichtetes Suchen auf; z. B. Nr. 6: Wirtschaft— Restaurant: „Suchte nach einem gleichbedeutenden Worte." In Nr. 7 und 47 waren auch noch andere Inhalte zwischen Rzw. und RW ein-geschoben, zweimal Erinnerungen, einmal zunächst die visuelle Vorstellung des im Rzw. bezeichneten Dinges. Ein anderer Versuch dieser Gruppe 25 verlief ähnlich wie einer der vorigen (28), wo die Zeit mit dem Suchen nach dem richtigen Namen verging. Im letzten endlich (Nr. 45) ist die lange Zeit nur als Hemmung gegenüber einer Einstellung zu verstehen, wie wir später sehen werden.

2,2—2,6 sec. 3 Versuche aus dem ersten Versuchstage, die sich deutlich als Versuche eines niedrigen Übungsgrades erweisen. Einmal (Nr. 11) 2,4 sec tritt wieder das Schwanken zwischen den Auffassungen ein, das aber nicht durch das automatische Auftauchen des richtigen Wortes unterbrochen wird. In den 2 andern Fällen wird zwischen ver-schiedenen Reproduktionen mit Überlegung gewählt.

2,8 sec. Auch in Nr. 12 ist ein Konflikt zwischen 2 Reproduktionen vorhanden, eine schon akzeptierte wird durch eine besser scheinende Re-produktion verdrängt, ein Vorgang, der später nie vorkam. Die beiden andern Fälle (42, 50) gehören zum letzten Versuchstag und sind wieder als Hemmungen gegen Einstellungen anzusehen.

3,2—3,4 sec. Ebenso ist es mit Nr. 49. In Nr. 10 tritt wieder eine falsche Vorstellung auf, die verworfen wird; Nr. 17 endlich ist wohl nur durch Unaufmerksamkeit der Vp., die einen angefangenen Gedankengang noch im Versuch beendete, zu einem so hohen Zeitwert gekommen.

Diese Betrachtungsweise hat uns gezeigt, wie die Übung bis zum Ende des 2. Tages zunahm, dann aber überschritten wurde. Den großen Rückschritt des 4. Tages haben wir

noch nicht voll erklären können. Er wird aber aus den
folgenden Überlegungen klar werden; zwei Fragen sind nämlich noch zu beantworten: 1. Wie ist die Ähnlichkeit beschaffen, die zwischen Rzw. und RV besteht? 2. Wie steht
es mit den schon erwähnten Einstellungen? Die Beantwortung
der ersten Frage wird ohne weiteres zur Lösung der zweiten
führen.

Bei den richtigen Fällen, zu denen wir jetzt auch die (rf)
zählen, in denen eine falsche Lösung für richtig gehalten wurde,
war die Beziehung zwischen Rzw. und RV im allgemeinen
ein Koordinationsverhältnis. Dies tritt in verschiedenen Formen auf; entweder das RW ist eine bloße Übersetzung des
Rzw. (z. B. neigen—pencher, Nr. 39) oder es ist ein Synonym
(Nr. 33, beschauen—betrachten), wobei als Übergang die Ein-
setzung eines Fremdwortes anzusehen ist (Nr. 31, Gedeck—
Couvert).

Eine andre häufige Art von Koordination ist so beschaffen,
daß die beiden Wörter häufig in Verbindung auftreten (Nr. 27,
Minute—Sekunde).

An diese Gruppe reihen sich die Fälle an, in denen auf
ein Adjektiv mit seinem Gegenteil geantwortet wird (Nr. 50,
wahr—falsch); was bekanntlich die häufigste Reaktion ist (vgl.
T h u m b - M a r b e).

Es bleiben dann noch Fälle übrig, für die keine der genannten Beziehungen zutrifft (z. B. Nr. 25, Fahrrad—Automobil).

Daß außerdem noch andre Verhältnisse vorkamen, die
eigentlich aber nicht mehr als richtig zu gelten haben, wurde
schon erwähnt. Es handelt sich um Überordnung, Unterordnung und Bildung des Ganzen zum Teil.

T a b e l l e 26.

Verhältnis	AM	Z	mV	n
Übersetzung	2,4	2,4	0,9	6
Synonym	1,6	1,5	0,32	10
Synonym nahe	2,6	2,6	0,45	4
Koord. geläufig	1,3	1,2	0,19	9
(Koord. synon.)	(1,2)	(1,2)	(0,05)	(4)
Koord. allg.	2,0	2,0	0,24	5

Tabelle 26 enthält eine Übersicht über die wichtigsten
Arten. Die kürzesten Zeiten haben die geläufigen Koordina-

tionen, unter ihnen diejenigen, die gleichzeitig noch eine annähernde Synonymität enthalten[1]) (vorletzte Reihe, die in der vorangehenden auch mit berechnet ist), z. B. Stahl—Eisen oder tanzen—springen. Unter dem allgemeinen Durchschnitt stehen sonst nur noch die Synonyma, während alle übrigen Kategorien ihn mehr oder weniger übertreffen. Dabei ist auffallend, daß die Übersetzungen so viel höhere Werte haben als 'die Synonyma, und vor allem ihre hohe mV. Beides wird sich gleich erklären.

Betrachten wir nämlich die Fälle, in denen das RV ein Synonym oder eine Übersetzung des Rzw. war mit Einschluß der Fälle, die sich der Synonymität nur mehr oder weniger nähern, Reihe 3 und 5 der Tab. 26, so erhalten wir 3 Gruppen: die erste am ersten Tage, bestehend aus den Versuchen 5—7 und 9—12, also aus 7 Versuchen (50% aller Versuche dieses Tages), die mit einer ganz kurzen Unterbrechung eine Reihe bilden; die zweite Gruppe am dritten Tage, umfassend die Versuche 26, 29—33, 35, 36, 39, also 9 Versuche (64,3% aller an diesem Tage) wieder stark zusammengehäuft; die dritte endlich am vierten Tage enthaltend die Versuche 41—44, 46, 49, also 6 Versuche (54,5% des Tages).

T a b e l l e 27.

Gruppe	AM	Z	mV	n
I·	2,3	2,2	0,41	7
II	1,2	1,2	0,09	9
III	2,1	1,9	0,63	6

Tab. 27 gibt die Zeitwerte der Gruppen an. Gruppe II ist weitaus die kürzeste und übertrifft die andern noch durch Kleinheit der mV. Am 2. Tage finden sich nur 2 Fälle, die eine der Synonymität ähnliche Reaktion haben (16 und 17). Das Ergebnis dieser Darstellung läßt sich dahin zusammenfassen: eine bestimmte Reaktionsweise, die wir kurz als Synonymität charakterisieren wollen, wird am 1. Tag häufig hintereinander benutzt, tritt am 2. Tage zurück, um am 3. und 4. Tag eine große Rolle zu spielen. Dabei erfordert sie anfänglich relativ lange Zeit, am dritten Tag dagegen bewirkt sie nicht nur eine äußerst kurze, sondern auch eine sehr gleichmäßige Reaktion, am letzten Tage endlich steigen die Werte an, die mV wird sogar größer als am ersten Tag.

. [1]) Der Leser wird erstaunt sein, diese Fälle nicht unter der Rubrik: „der Synonymität nahe", zu finden. Doch ist bei diesen 4 Fällen, wie bei allen der drittletzten Reihe die geläufige Verbindung erwiesen, was bei der andern Kategorie nicht der Fall ist. So erklärt sich die Reaktion öde—leer (1,0 sec) daraus, daß die Vp. in dieser Zeit häufig den Anfang der Genesis in verschiedenen Übersetzungen gelesen hatte, in denen sich diese Zusammenstellung findet. Die 4 Fälle mit geläufiger Verbindung zu einer Gruppe zusammenzufassen, rechtfertigt sich auch hinlänglich durch die Zahlenwerte, vor allem durch die besonders kleine mV.

Dies Verhalten legt es nahe, an latente Einstellung zu denken. Sehen wir uns die Versuche daraufhin an. Die 4 ersten Versuche der Reihe enthalten eine zunehmende Verlängerung der Zeiten von 1,8—5,0 sec, veranlaßt durch die mangelhaften Lösungen. Mit Nr. 5, der ersten Synonymitätsreaktion (faul—träge) sinkt die Zeit gleich auf 2,2 sec, dabei gab die Vp. an: „Suchte unwillkürlich nach einem Wort, das denselben Sinn hätte." Nr. 6 (Wirtschaft—Restaurant) bringt eine weitere Verkürzung der Zeit auf 2,0 sec. Die Vp. suchte wieder „nach einem gleichbedeutenden Worte". Obwohl nun die Vp. darauf aufmerksam gemacht wurde, daß sie sich ihre Aufgabe schon spezialisiert habe, findet im nächsten Versuch doch derselbe Vorgang mit Bewußtsein statt (verlassen—einsam, 2,0 sec). Im nächsten Versuch ist der Verlauf kompliziert, Nr. 9 bringt aber schon die bis dahin schnellste Reaktion, 1,6 sec, Sammlung—collection, wo die Vp. ursprünglich das Fremdwort Collection aussprechen wollte, und ganz mechanisch, wohl mit veranlaßt durch ein s'il vous plait des VL das ihr sehr naheliegende französische Wort benutzte. In den nächsten 2 Versuchen dient nun die Synonymität (im ersten Fall Übersetzung) dazu, die Schwierigkeit zu heben, die im ersten Falle durch eine falsche Reproduktion, im zweiten durch die Schwierigkeit des Rzw. entstand. Die Zeiten steigen daher auf 3,2 und 2,4. Auch im letzten Versuch des Tages ergab sich ein Konflikt mehrerer Vorstellungen, 2,8 sec. Der erste Versuch des 3. Tages bringt die Reaktion Geige—Violine 1,2 sec und beim Aussprechen bemerkt die Vp., „daß es eigentlich nicht die früher von ihr benutzte Ähnlichkeit sei, sondern eine Aneinanderreihung von synonymen Worten". Der nächste Versuch ist eine sehr geläufige Koordination (Sekunde—Minute) der darauffolgende (Compot—Confiture) nähert sich schon wieder der Synonymität. Nun kommt der entscheidende Versuch öde—leer, 1,0 sec, der (s. o. S. 169 Anm.) ein synonymitätsähnliches Verhältnis aufweist. Die 4 nächsten Versuche (mit 1,4, 1,4, 1,2, 1,2 sec) gehen nun nach dem Synonymitätsschema. Die drei ersten gehen ganz mechanisch, erst während des Aussprechens wird die Synonymität bewußt: Harem—Serail, Gedeck—Kuvert, Arznei—Medikament. In Nr. 31 gab die Vp. an: „Ich habe bei diesem Versuch den Eindruck, als ob mir jemand das Wort ins Ohr sagte und ich es nur wiederholte. Das soll aber nicht heißen, daß ich es vorher höre." Den 3 Versuchen ist auch noch eine gleichartige Spezialisierung der Synonymität gemeinsam (Fremdwort). In Nr. 33, beschauen, wo dieser Ausweg versagt, wurde das Suchen nach einer Synonymität wieder bewußt. Nr. 34 bringt die geläufige Reaktion Himmel—Erde (1,0 sec), die die Einstellungsreihe unterbricht. Nr. 35, Empfindung—Gefühl, 1,2 sec, scheint jedoch wieder hierher zu gehören, da der Vp. zunächst bewußt wurde, daß die beiden Wörter häufig fälschlich als Synonyma gebraucht werden. Nr. 36, springen, brachte zunächst das Schriftbild der französischen Übersetzung, und dann ganz plötzlich tanzen, das sowohl synonym wie geläufig ist. Die nächsten 2 Rzwe. Gebirge und Stanze unterbrechen die Reihe von neuem, und erst am letzten Versuch des Tages wird die Einstellung wieder wirksam, neigen—pencher, 1,4 sec. Die Vp. gab an: „Beim Aussprechen hatte ich die Neigung penchieren zu sagen." Der 4. Tag ist dadurch ausgezeichnet, daß die Vp. mit der Synonymität unzufrieden ist. Gleich beim ersten in Frage kommenden Versuch 41 spricht sie von „ziemlich läppischer Ähnlichkeit". Sehr charakteristisch für das Wesen der Einstellung ist ferner folgendes: Nr. 41 war die Reaktion Stolz—fierté, 1,6 sec. Das RW kam nach einigem Suchen in anderer Richtung und zwar mit dem Bewußtsein der Synonymität, nicht der Übersetzung. Ebenso war es im nächsten Versuche, Vogel—oiseau, 2,8 sec, wo wieder das Verhältnis als Synonymität aufgefaßt wurde. Vorher trat die englische Übersetzung ‚bird‘ auf, es wurde aber verworfen, „weil ich nicht sicher war und ich es nicht gesucht habe". Die letzte Aussage heißt wohl nichts andres, als daß das Wort der Einstellung auf französische Worte nicht entsprach, denn die RW kamen auch durchaus ungesucht. Nr. 43 Hals—cou, 2,0 sec. Die Vp. gab an: „kam einfach und ich ärgerte mich". Die in Anbetracht des einfachen Verlaufs lange Zeit kann nur auf einer Hemmung durch den Widerwillen gegen die jetzt übermächtige Einstellung beruhen. Der Ärger erklärt sich aus dem Scheitern eines Willensimpulses.[1] Nr. 44, Stahl—Eisen, 1,2 sec. Die geläufige Verbindung mag den Hauptanteil an der schnellen Reaktion haben, denn der Vp. war sie nur als ähnlich, nicht als fast synonym bewußt. Nr. 45, komisch—lustig, 1,4 sec, ist keine einfache Synonymitäts-reaktion. Der Verlauf ist hier aus der kurzen Aussage nicht zu rekonstruieren. Wohl aber 46, Sultan—Türke, wo die Vp. mit Türke nur wieder den Sultan meinte. Am Schluß des Versuchs auch wieder Ärger. In Nr. 47, Kiefer—Tanne, 2,0 sec, wo keine Synonymität vorliegt, verrät sich die Einstellung doch noch darin, daß die Vp. französisch mit „sapin" reagierte. Ebenso ist es in Nr. 48, wo auf Fett statt mit Speck mit lard geantwortet wird (2,0 sec). In Nr. 49 kommt die Einstellung wieder zur vollen Geltung: Stiefel—bottine. Die Vp. versuchte lange vergeblich ein andres Wort zu finden, aber bottine verharrte im Bewußtsein, so daß sie nach 3,4 sec damit reagierte. In Nr. 50 wird die Einstellung zwar wieder wirksam, führt aber nicht zur Reaktion: wahr—falsch. „Sagte innerlich fausse (!). Dann vrai, dann RW. Die französischen Worte verworfen, weil ich mir diesmal fest vorgenommen hatte, deutsch zu reagieren." Die Stärke der Einstellung zeigt sich darin, daß trotz diesem Vorsatz zunächst wieder eine der Einstellung entsprechende Vorstellung auftaucht.

Demnach ist das Bestehen einer latenten Einstellung sicher. Unwillkürlich hat sie sich entwickelt, durch Erfolge setzt sie sich fest, um schließlich gegen den sie verwerfenden Willen das Feld zu behaupten. Sie determiniert die Reaktion nicht nur durch Auswahl der RW, sondern auch durch die Gegenständlichkeit[2] der Intentionalität, die dem RW zukommt. Die Übersetzungen wurden als Synonyma aufgefaßt. Wenn wir doch die Übersetzungen von den eigentlichen Synonymen sonderten, so hatte das seinen Grund darin, daß die eigentlichen Synonyma vorzugsweise während des glatten Ablaufs auftraten, die Übersetzungen dagegen hauptsächlich am Schluß, wo starke Hemmungen einsetzten. Daher die verschiedenen Werte und die große mV der Übersetzungen.

---

[1] Vgl. N. Ach: Über den Willensakt und das Temperament, Leipzig 1910, S. 271.

[2] Das Nähere hierüber in Kap. III.

Es hat sich bestätigt, daß die Lösung der Aufgabe am 2. Tage das Maximum der Übung erreichte. Es ist dies der einzige Tag, an dem sich keine latente Einstellung nachweisen läßt und der dabei doch ein relativ kurzes Zeitmittel zeigt.

Wir finden aber noch ein andres Ergebnis von großer Wichtigkeit: die inhaltliche Ähnlichkeit scheint als solche die Reproduktion nicht zu erleichtern. Tabelle 26 enthält in der Rubrik: allgemeine Koordination nur 5 Fälle, und diese haben relativ hohe Zeitwerte. Weitaus die meisten Reaktionen kamen unter Mitwirkung andrer Faktoren zustande, der Geläufigkeit, der Wortverbindung und der Einstellung[1]). Der große Einfluß der Geläufigkeit geht noch aus einer Reihe von Fehlreaktionen hervor:

In mehreren Fällen wurde nämlich mit einer einfachen Wortergänzung reagiert, 2 mal in richtiger, 2 mal in rückläufiger Folge: Nr. 40, Friseur—Gehilfe; Nr. 15, Bruch—Oder. Dazu kommt noch der Fall Himmel—Erde und 2 Adjektiva, auf die mit ihrem Gegenteil reagiert wurde. Dabei ist die Fehlerhaftigkeit der Reaktion nur beim 1. Versuch nachträglich zum Bewußtsein gekommen.

b) Vp. Frau v. W.

Wie schon die quantitative Betrachtung vermuten ließ (s. o. S. 164), zeigen die qualitativen Vorgänge bei dieser Vp. ein völlig andres Bild. Ein glatter Verlauf, bei dem sich ohne eingeschobene Zwischenglieder das RW an das Rzw. anschloß, kommt nur 1 mal vor, im kürzesten Versuch, Nr. 38, 2,0 sec. Sonst knüpfen sich dagegen in der Mehrzahl der Fälle an das Rzw. assoziativ bedingte Reproduktionen und erst dann setzt das Bewußtsein der Aufgabe ein. Die unter dieser Leitung zustande kommenden Vorstellungen werden dann erst ganz eingehend geprüft, oder die Hervorrufung dieser Vorstellungen geschieht in ganz bestimmter Richtung unter zahllosen Schwierigkeiten. Denn die Vp. nimmt es mit Erfüllung der Aufgabe sehr ernst: Eine ähnliche Vorstellung muß zwar mit der ersten bestimmte Züge gemeinsam haben, darf sich aber nicht völlig mit ihr decken und so werden viele Vorstellungen verworfen.

Als Beispiel sei der extreme Fall 37 mit der längsten Zeit (41,8 sec) mitgeteilt: Rzw. Gebirge: „Sofort akust. See. Dann mehrmals Rzw.

---

[1]) Wie weit die Synonymitätsreaktion als Ähnlichkeitsassoziation aufgefaßt werden kann, wird im III. Kap. behandelt werden. ·

wiederholt und Bewußtseinslage, daß die Aufgabe sehr schwer sei. Akustisch Landschaftsschönheit, dann Bewußtseinslage, wenn ich in diesem Sinne Gebirge fasse, könnte ich mir die Aufgabe erleichtern und u. a. auch mit See antworten. Aber die Aufgabe ist nicht so·gemeint, ich· will versuchen, ob ich nicht eine dem Gebirge ähnliche Vorstellung erzeugen kann. Dann ein Auf und Ab von verschiedenen visuellen Vorstellungen, die ich nicht beschreiben, wohl aber noch reproduzieren kann. Es sind lauter spitze fingerlange Erhebungen. Damit probiert, etwas zu machen. Dann akustisch Eisspitze und Stachelschwein. Dann Bewußtseinslage der Anstrengung, dann Bewußtseinslage, es muß sich doch etwas finden lassen, und Bewußtseinslage Frage: was ist das Charakteristische für einen Gebirgszug? die wellenförmige Erhebung des Erdbodens. Darauf Auftauchen eines schematischen Bildes von einem Stück Meeresfläche, wo ich deutlich Wellenberg und Tal wahrnehmen konnte. Innere Diskussion ob und inwiefern das als ähnliche Vorstellung anzusprechen wäre. Vorherrschender Gedanke, daß, wie die Berge wellenförmige Erhebung. vom Erdboden aus, so der Wellenberg vom Wasserspiegel aus. Reagiert mit Wellenberg."

Natürlich ist die Beschreibung eines so lange dauernden Vorganges nicht als ein wirklich treues Abbild hinzunehmen; es fehlen z. B. alle Aussagen über in den Bewußtseinslagen vorhandene akustomotorische Elemente. Trotzdem läßt sich diese Aussage zur allgemeinen Charakteristik sehr gut verwenden, wird sie doch in allen ihren Teilen durch die verschiedensten andern Aussagen bestätigt. Den Nachdruck legen wir darauf, was für verschiedene Prozesse im Verlauf überhaupt in Betracht kommen. Das sind:

1. Akustomotor.-reproduktive: Gebirge—See.
2. Wiederholen des Rzw. mit dem Bewußtsein der Aufgabe, gleichzeitiges Bewußtsein, daß es schwer sei[1]).
3. Akustische Reproduktion (Landschaftsschönheit) mit Beziehung zur Aufgabe (und dem Wort See).
4. Verwerfen der Auffassung und Vornehmen einer bessern Lösung.
5. Auftauchen schematischer Gegenstandsvorstellungen des Rzw. (als solche sind die beschriebenen Vorstellungen aufzufassen) wieder mit Beziehung zur Aufgabe.
6. Neue akustomotorische Reproduktion: Benennungen des Bildes.
7. Bewußtseinslage der Anstrengung mit starker Beziehung zur Aufgabe.

---

[1]) Die Bedeutung der Rzw.-Wiederholung für die Aufgabe lernten wir schon früher kennen.

8. Analyse des gegebenen Begriffs zum Zweck der Lösung der Aufgabe.

9. Auftauchen der visuellen RV.

10. Prüfung und Annahme mit Begründung.

11. Reaktion durch Benennung.

Sehr charakteristisch ist die starke Wirksamkeit der Aufgabe. Alle Prozesse, von Nr. 2 an, sind in diesem Sinne intentionale. Das Bewußtwerden der Aufgabe nach der 1. Vorstellung ist durchaus die Regel. Die Aufgabe kann dabei ausführlich bewußt werden oder auch nur als „nimm dich zusammen!" Sehen wir von den Komplikationen des zitierten Versuchs ab, so können wir als allgemeine Charakteristika die unter Nr. 1, 2, 9, 10 und 11 angeführten Vorgänge ansehen, zu denen meistens noch diese oder jene der übrigen Vorgänge hinzutreten.

Wir beschränken uns im folgenden darauf, die eigentliche Ähnlichkeitsbeziehung zu untersuchen. Auch in diesem Punkte sind die Vpp. v. W. und Dr. Be. stark verschieden. Am häufigsten findet sich bei der Vp. v. W. einfache Koordination und begrifflich bestimmte Ähnlichkeit.

Einfach verläuft Nr. 10, stehlen—verheimlichen, 5,0 sec, Nr. 25, Fahrrad—Automobil, 5,4 sec (die gleiche Reaktion bei Dr. Be. mit 1,8 sec!), und sehr kompliziert ist wieder Nr. 31, Gedeck—Schachteldeckel, 35,0 sec. Unterstützt durch Geläufigkeit der Verbindung ist dieses Koordinationsverhältnis nur in 4 Fällen; in 2 von diesen lieferte Vp. Dr. Be. die gleiche Reaktion. Nr. 35, Empfindung—Gefühl, 46, Kiefer—Tanne, aber wie anders diese Versuche bei Fr. v. W. verliefen, zeigt am einfachsten ein Vergleich der Zeitwerte, die im AM 12,5, im Z 10,3 sec betragen, bei Dr. Be. dagegen 1,3 resp. 1,2 sec (vgl. Tab. 26, S. 168).

Eine Reihe weiterer Beziehungen, wie Synonymität, Überordnung u. a. übergehen wir, da sie alle nur 1 oder 2 Fälle umfassen und betrachten eine Reaktionsweise, die uns bei Dr. Be. nicht begegnet ist.

Zunächst ein Beispiel, Nr. 8, Münze, 3,2 sec: „Bewußtseinslage der Spannung. Ganz schwaches visuelles Bild einer runden kleinen gräulichen Platte, etwa in der Größe von einem Nickel, 20-₰-Stück mit gezacktem Rand; deutlich nur der Umriß, die Mitte verschwommen. Dieses Bild wurde immer heller, bis es weiß wurde und die Form annahm von der größten Sorte Pfefferminzplätzchen, wobei mir noch die Dicke einfiel. Dabei RW Pfefferminzplätzchen eingefallen und ausgesprochen. Als Bewußtseinslage dabei, daß es etwas Richtiges war."

Die Ähnlichkeit liegt hier also rein im Optischen. Die Farbe verändert sich, die Form bleibt; und diese neue Vorstellung wird erkannt und benannt.

Analog ändert sich die Form bei gleicher Farbe, Nr. 18, Maß, 8,6 sec, wo zuerst wieder rein assoziative Faktoren eingeschoben sind. „.... darauf visuelles Bild, eines weißlich schimmernden, ziemlich langen Maßstabes, auf dem ich vereinzelte schwarze Striche gesehen habe. Dann Bewußtseinslage, die Aufgabe heißt „ähnliche Vorstellung". Darauf Verschwimmen des visuellen Bildes des eckigen Maßstabes und ein Bild von gleicher Farbe von einem runden Stock. Während dieser Vorstellung das RW Stange, und Bewußtseinlage: „na, das könnte gehen".

In Nr. 17 verwandelt sich in derselben Weise eine Holzplatte in eine Marmorplatte.

Diese 3 Fälle sind vom übrigen Reaktionstypus der Vp. durchaus verschieden. Die Ähnlichkeit ist hier nicht das Produkt von Überlegungen, event. unterstützt durch Berührungsassoziation, vielmehr erscheint der Prozeß dem der Ähnlichkeitsassoziation analog zu sein, wir werden daher später diese Fälle ausführlich berücksichtigen.

Damit schließen wir die Besprechung dieser Reihe mit einem wichtigen Ergebnis.

Reihe VII.

Die Instruktion dieser Reihe, die prinzipiell den Reihen II und V analog· ist, lautete: „Ich werde Ihnen ein Wort zurufen. Hören Sie es ganz passiv an und warten Sie auf die sich daran von selbst anschließende Vorstellung. Nun reproduzieren Sie eine d i e s e r Vorstellung ähnliche Vorstellung, und beenden Sie den Versuch in der üblichen Weise. Geben Sie wieder Ihre Beobachtungen zu Protokoll!"

1. Quantitative Analyse.

Tabelle 28 gibt in der üblichen Weise eine Übersicht über die quantitativen Ergebnisse.

Tabelle 28.

Tag	Vp. Dr. Be.				Vp. v. W.			
	AM	Z	mV	n	AM	Z	mV	n
I	4,7	4,7	2,10	2	12,3	14,3	5,64	10
II	3,5	3,6	0,59	7	14,4	8,4	10,46	10
III	7,4	6,7	1,88	8	11,6	8,4	6,42	9
IV	5,0	5,0	0,70	8	10,7	5,6	8,07	7
V	6,6	6,2	1,48	8	18,3	13,0	13,37	10
Alle	5,7	5,2	1,70	33	13,9	9,1	9,51	46

Die Zahlen für die Gesamtheit der Fälle sind bei beiden Vpp., besonders bei Dr. Be., gegenüber der Tabelle 24 (S. 164)

erheblich gestiegen. Bei Dr. Be. sind alle 3 Werte (AM, Z,
mV) etwa 3 mal so groß wie früher, bei der Vp. v. W. ist
die Zunahme besonders im Z sehr gering, dabei ist der Z
viel charakteristischer für diese Vp. als das AM, da vom
2. Tag an die sehr hohen Werte an Zahl hinter den normalen
zurückstehen. Nur am 1. Tage ist es umgekehrt. Auffallend
ist das starke Anwachsen der Werte von n, d. h. die Abnahme
der Fehlversuche, bei Dr. Be. vom 1. bis zum 3. Tage. Die
Maximalzone ist bei ihm 12,4 — 2,6 = 9,8, bei der Vp. v. W.
52,0 — 2,0 = 50,0. Daß Frau v. W. mit einem niedrigeren
Werte beginnt, ist ohne jede Bedeutung, denn ihr nächster
Wert ist 3,0, während Dr. Be. im ganzen 4 Werte hat, die
unter 3,0 liegen. An sich besagen natürlich alle diese Werte
nichts. Erst die qualitative Analyse kann sie erklären.

2. Qualitative Analyse.

Der Zweck dieser Reihe bestand darin, daß diesmal auf
eine Vorstellung statt auf eine Wahrnehmung eine Ähnlich-
keitsreproduktion stattfinden sollte. Durch diese Bedingung
war ein Verfahren eingeführt worden, das diese Versuchsreihe
von allen übrigen und wohl von allen überhaupt bisher ausgeführten unterscheidet: im selben Versuch finden sich nacheinander freie und eingeengte Reproduktionen. Unser Haupt-
augenmerk wollen wir also jetzt auf diese zwei Punkte richten:
die Ähnlichkeitsbeziehung zwischen V_1 und RV und die beiden verschiedenen Reproduktionsvorgänge.

a) Vp. Dr. Be.

Wir sehen zunächst zu, wie die Vp. der Aufgabe gerecht
wurde und werden dabei den zweiten Punkt berücksichtigen.

An jedem der 5 Versuchstage sind 10 Versuche ausgeführt worden, trotzdem finden wir in Tabelle 28 am 1. Tage
nur 2 verzeichnet; das liegt an der großen Zahl der Fehlversuche, die am 1. Tag auftraten.

Richtig ist an diesem Tag überhaupt nur Nr. 1, Lippe—Mund—Maul
(2,6 sec), der gleich auf das Verlesen der Instruktion folgte, und Nr. 7,
Brot—Hunger—faim (6,8 sec) nach einem erneuten Einschärfen der Instruktion.

An die Stelle der durch die Aufgabe vorgeschriebenen Prozesse
traten andere: In 5 Fällen (Nr. 2, 4, 5, 8, 10) folgte die RV ebenso auf
V_1 wie V_1 auf das Rzw. folgte, es fanden also 2 freie Reproduktionen
nacheinander statt; z. B. Bowle—Wein—Flasche (Nr. 5) oder Genick—
Hals—Starre (Nr. 3). In Nr. 9 schließlich war die RV zum Rzw. und nicht
wie in dieser Reihe vorgeschrieben zur V_1 ähnlich. Diese Versuche

brauchten sehr kurze Zeit: AM = 2,9, Z = 2,8, mV = 0,44. Das paßt sehr gut zu dem qualitativen Verhalten. Aus den Aussagen geht hervor, daß die Vp. sich nicht die Mühe nahm, wirklich ernsthaft die Aufgabe erfüllen zu wollen, vielmehr bestand, wie die Vp. nach dem 6. Versuch angab, die ganze Zeit die Einstellung, möglichst schnell zu reagieren.

Am 2. Versuchstag war wieder der erste Versuch richtig, der zweite ein Fehlversuch. Bei Nr. 12, Bahre, kamen hintereinander die Worte Leiche und Sarg, beide mit blasser Gegenstandsvorstellung. Es bestand nun die Tendenz Leiche auszusprechen, doch wurde dies verworfen, weil es der früheren Instruktion entspräche. „Von der neuen Instruktion nur gegenwärtig, d a ß e r s t d a s e i n e , d a n n d a s a n d e r e.“ Dann laut Sarg, und erst beim Ansetzen kommt zum Bewußtsein, daß die Instruktion Ähnlichkeit verlangt, „und daß ich es verfehlt habe“.

Der nächste Versuch ist wieder richtig. Nach V_1 kam das Bewußtsein: „ich will jetzt mal wieder etwas ähnliches suchen“ — während in Nr. 11 die Aufgabe so gegenwärtig war, „daß ich jetzt suchen muß“. Damit ist die Erfüllung der Aufgabe schon einigermaßen eingeübt, wie Nr. 14 zeigt: Rzw. Schnabel. „Motorisch kam V_1 Gans. Dann tauchte auf motorisch Federkiel o h n e A n s p r u c h a u f R e a k t i o n. Dann kam mit Richtigkeitsbewußtsein, ich schaute mich gewissermaßen um, motorisch RW Ente. Der Mechanismus des Vorgangs ist mir bewußt. Die Ähnlichkeit schien mir evident, gar nicht darüber reflektiert. [1]

Trotzdem ist Nr. 15 wieder ein Fehlversuch: kalt—warm—Wasser. Hier ist wohl die starke Geläufigkeit der Assoziation die Ursache.

Die 2 nächsten Versuche sind wieder richtig. In Nr. 16 tritt nach V_1 das Suchen auf, es ist aber „ziemlich passiv, gewissermaßen Neugierde, Erwartung. In Nr. 17 macht sich der Übungseffekt noch stärker bemerkbar. „Nach V_1, ohne daß ich besonders suchte, aber mit dem Bewußtsein, d a ß s i c h j e t z t d e r Ä h n l i c h k e i t s m e c h a n i s m u s a b s p i e l t, kam RW.“

Auf diesen halb mechanischen Ablauf folgt wieder ein Fehlversuch. Die beiden letzten Versuche sind richtig, das Suchen ist bewußt. In Nr. 19 gab die Vp. an: Das Suchen weit weniger mühevoll, als das Haschen nach der ersten Vorstellung. Etwa: na, wo ist denn jetzt das Ähnliche? Kommt's schon? Gewisse Sicherheit.“ Und in Nr. 20 beschrieb die Vp. das Suchen als „ziemlich gemütlich: es ist meine Aufgabe und sie wird sich schon lösen lassen“.

Die Zeiten der Fehlversuche liegen wieder unter dem Gesamtmittel des Tages, AM und Z = 2,4 sec, mV = 0,13. Der 3. Tag setzt mit 3 richtigen Versuchen ein. In Nr. 21 treten nach dem Rzw. Grab die Worte Schaufel und Erde auf, und die Vp. überlegt lange, an welches Wort anzuknüpfen sei: „Kaum hatte ich mich entschieden, da kam RW pelle (franz. Schaufel), o h n e V e r s t ä n d n i s , n u r m i t d e m B e w u ß t s e i n , d a ß e s d a s i n t e n d i e r t e W o r t i s t.“

Die am vorigen Versuchstag erlangte Übung hat sich also erhalten. Auch in Nr. 22 ist das Suchen in abgekürzter Form gegenwärtig: „Jetzt ist es also dran.“ Und ähnlich in Nr. 23.

Nr. 24 ist ein Fehlversuch: werfen—schleudern—Diskus. Die Vp. merkte, daß die V_1 schon dem Rzw. ähnlich sei und fürchtete, es würde

---

[1] Vgl. hierzu, was Ach über die Valenz sagt. l. c. S. 111, 288.

schwer sein, noch eine ähnliche Vorstellung zu finden, „da kam ganz
von selbst RW und hatte solche Gewalt, daß ich es aussprach. Der Inhalt des Intentionalen fehlte, aber auch das Gegenteil war nicht da". Die
der Vp. geläufige Verbindung führte hier zur Reproduktion im Zustand
einer Hemmung des Vorstellungsverlaufs, so daß die Unrichtigkeit nicht
sofort bewußt wurde.

Nr. 25 ist richtig, 26 wieder falsch, jambisch—trochäisch—Versmaß,
und zwar ist hier der Fehler wieder eine Folge der Übung. „Vor dem
RW Bewußtsein, etwas Richtiges finden zu müssen, als das Wort kam,
Vertrauen, daß es richtig sein wird. Erst beim Aussprechen gemerkt,
daß es nicht richtig ist"; ein sehr treffendes Beispiel von dem schädlichen
Einfluß der durch Übung entstehenden Mechanisierung.

Die übrigen Versuche, die alle richtig sind, werfen interessante Lichter
auf den eingeübten Prozeß. Bei Nr. 27 gab die Vp. an: „Das Suchen
gewissermaßen das Auftauchen eines Wortes mit dem Bewußtsein, d a ß
d e r M e c h a n i s m u s in der richtigen Weise ablaufen wird. In den
letzten Versuchen ein kolossales Vertrauen, auch ein gewisses désintéresse-
ment. Ich sehe Sie gewissermaßen durch das Rzw. als verantwortlichen
Redakteur an. Ich rege mich gar nicht auf." Bei Nr. 24 hatte die Vp.
über das Verhältnis von Rzw. und V_1 folgendes angegeben, was in diesem
Zusammenhang besonders verständlich wird: „Ich bin völlig passiv. Wenn
mir V_1 kommt, kommt sie ebenso wie das Rzw. Ich fühle mich ganz un-
beteiligt dabei."

Dies ist nicht so auszulegen, als ob ganz undeterminiert. Vgl. dazu
Nr. 29 und 19. Es handelt sich um einen eingeübten Vorgang, für den es
nach der Instruktion gerade charakteristisch ist, daß die Vp. nicht eingreift, sondern der Assoziation freien Lauf läßt.

Nr. 29, Ball, bringt etwas Neues. „Nach V_1, Tanz, während ich auf
das Abrollen des Mechanismus achte: Bär als Wortergänzung, w u ß t e
v o n v o r n h e r e i n , d a ß e s i m s e l b e n V e r h ä l t n i s z u T a n z
s t e h t w i e T a n z z u B a l l i n b e z u g a u f d i e E n t s t e h u n g .
D i e U n ä h n l i c h k e i t k a m n i c h t i n B e t r a c h t , s o n d e r n d i e
T a t s a c h e , d a ß e s n i c h t d e r r i c h t i g e M e c h a n i s m u s w a r ,
s o n d e r n e i n e n e u e R e a k t i o n a u f e i n R z w . T a n z . "

Diese wichtige Aussage zeigt mit voller Deutlichkeit, daß
selbst so eingeübte Prozesse nicht völlig ohne Einfluß auf
das Bewußtsein verlaufen. D i e b e i d e n P r o z e s s e , f r e i e
u n d g e b u n d e n e R e p r o d u k t i o n , s i n d d a n a c h a u c h
i n i h r e m e i g e n t l i c h e n A b l a u f (also n i c h t n u r
i n i h r e r V o r b e r e i t u n g u n d i h r e m E r g e b n i s) i m
B e w u ß t s e i n v e r s c h i e d e n r e p r ä s e n t i e r t .

Am 4. Tag finden sich 2 Fehlversuche, in Nr. 38 schließt sich RV
nicht an V_1, sondern an eine später auftauchende Vorstellung an, in
Nr. 40 tritt ein falsches Wort intentional auf. Der Verlauf ist durchweg
eingeübt und liefert ganz ähnliche Angaben wie früher. Der Wechsel
der Prozesse wird wieder mehrmals beschrieben, so in Nr. 35: „Jetzt also
Kapitel I zu Ende, es kommt Kapitel II." In Nr. 37: „Den Beginn des
neuen Stadiums weiß ich immer. Es ist so, als ob man eine neue Seite
aufschlägt."

Am 5. Tage findet sich keine eindeutige Angabe, es scheint aber, als ob die Übung wieder zurückgegangen wäre, d. h. nach V_1 wieder Suchen nach RV. In Nr. 41 heißt es: „RW kam nach einigem. beunruhigten Suchen." Wieder erfolgt eine Prüfung des RW nach sachlichen Gesichtspunkten. Nr. 47 und 48 sind Fehlversuche, in denen die Vp. sich beide Male der mangelhaften Erfüllung der Aufgabe bewußt war, aber doch reagierte. An diesem Tage scheint aus bestimmten Gründen die Vp. sehr abgespannt gewesen zu sein.

Zusammenfassend können wir sagen:

Anfänglich wird die Aufgabe überhaupt nicht wirksam (abgesehen von den 2 erwähnten Fällen S. 176), es folgen vielmehr 2 freie Reproduktionen aufeinander. Dann gelingt die Erfüllung so, daß nach der ersten freien Reproduktion die Aufgabe bewußt wird und die Vp. unter dem Einfluß der Aufgabe zu suchen anfängt. Durch Übung wird der Prozeß einfacher, zum Bewußtsein gelangt in den am meisten mechanisierten Fällen nur der Unterschied der beiden Vorgänge, der freien und eingeengten Reproduktion.

Eine so weitgehende Mechanisierung wie bei derselben Vp. in Reihe VI bildete sich in dieser Reihe überhaupt nicht aus[1]).

Für unser Problem: das Verhältnis zweier Reproduktionsvorgänge, ergibt sich, daß, wenn eine freie von einer gebundenen Reproduktion gefolgt ist, diese zwei Vorgänge auch für das Bewußtsein verschieden sind.

Was die Ähnlichkeitsbeziehung selbst anbetrifft, so handelt es sich in 23 von 33 richtigen Fällen um einfache Koordination. Z. B. Nr. 17, sinnlich—geistig—erotisch; Nr. 49, Hof—Jean Paul Richter—Iffland; Nr. 23, Socke—Strumpf—Stiefel. Nirgends handelt es sich hier um Ähnlichkeitsassoziation.

Die in der vorigen Reihe so starke Einstellung auf Synonymitätsreaktion hat hier für die Bildung der RV an Bedeutung verloren. Trotzdem findet sie sich noch in 9 Fällen

---

[1]) Diese Punkte, vor allem das Auftreten eines Willensentschlusses während der Hauptperiode und die Grenze, die der Mechanisierung gezogen ist, empfehlen eine Verwendung dieser Methode zu Willensuntersuchungen. Durch geeignete Synthese mit der Achschen kombinierten Methode ließe sie auch die gleichen Variationsmöglichkeiten zu wie das Verfahren von Ach.

(Nr. 1, 7, 19, 20, 21, 27, 36, 42, 44[1])). Ferner trat 5 mal nach V_1 ein Synonym intentional auf, wurde aber verworfen (Nr. 23, 34, 36, 39, 40[1])). Bemerkenswert ist, daß die beiden ersten richtig gelungenen Versuche Synonymitätsreaktionen sind (Nr. 1 und 7). Die V_1 wurde 13 mal als Synonym gebildet (Nr. 3, 9, 24, 28, 29, 30, 31, 32, 33, 44, 47, 48, 50).

So ergibt sich eine lange Reihe von aufeinanderfolgenden Synonymitätsfällen am 3. und 4. Tage: 14 von 20 Versuchen dieser Tage enthalten Synonyma, und zwar 7 als V_1, 3 als RW und 4 eingeschobene.

Am 5. Tage haben wir noch 5 Fälle (42, 44, 47, 48, 50), von denen in Nr. 44 sowohl als V_1 wie als RW ein Synonym auftritt (im ganzen 2 Fälle RW und 4 Fälle V_1).

Allgemein betrachtet gehen die RV-Fälle voran. Z. B. auf Nr. 1, Lippe—Mund—M a u l folgt in Nr. 3 Genick—H a l s—Starre. Oder auf Nr. 7, Brot—Hunger—f a i m. Nr. 9, Würfel—d é—Becher. Am 2. Tage sind die beiden letzten Versuche RV = synonym, (wie der Abkürzung halber gesagt werden soll, Symbol *rs*, entsprechend V_1 = synonym, *vs*, und eingeschoben = synonym, *es*). Am dritten Tage folgen auf *rs* 21 und 22 und *es* 23 die *vs* 24, 28, 29, 30. Im Anfang des 4. Tages beharren die *vs* (3 Versuche), darauf treten die *es* 34, 36, 39, 40 auf. Am letzten Tage endlich kommt zunächst eine *rs* 42, dann die *v rs* 44 und endlich noch 3 *vs*, so daß hier wieder die *rs* die Leitung haben. Es ist das ja auch ganz erklärlich. Die Synonymitätsreaktion hatte sich zur Lösung der Ähnlichkeitsaufgabe ausgebildet, wirkt zunächst dort, wird dann aber auch leicht auf den 1. Teil, die freie Reproduktion übertragen. Daß das kein Zufall, sondern wirklich Einstellung ist, beweist 1. die zu große Zahl der Fälle, 2. die zu regelmäßige Vetreilung und 3. das Vorkommen der *es*-Fälle. Am 4. Tag nämlich will die Vp. nicht mehr mit dem Synonym reagieren, und doch taucht zunächst ein Synonym mit Intentionalität auf. Schon am 3. Tag ein Ansatz dazu Nr. 23, Socke—Strumpf: „Darauf sogleich das Wort bas, das ich beinahe gesagt hätte. Bewußt verworfen, obwohl es Anspruch hatte als Übersetzung."

Charakteristisch ist Nr. 36, hören—sehen: „.... Dann blicken. Dies verworfen, weil d a s s e l b e wie s e h e n. Nun RW schauen. Gedacht, das muß ich wohl aus dem gleichen Grunde verwerfen, aber nein, es ist etwas andres... Ähnlichkeit beurteile ich nach Koordinationsmöglichkeit." Und Nr. 39, falsch—treu. „Darauf 2. Periode. Motorisch fidèle; einen Augenblick geprüft, aber als d a s s e l b e verworfen." Ähnlich auch 34.

Wenn trotzdem so oft ein Synonym auftauchte, dürfen wir mit Recht auf eine latente Einstellung schließen. Neu ist hier deren Ü b e r t r a g u n g von einem Teil der Aufgabe, für den sie sich ausgebildet hatte, auf einen völlig andern.

Wir lernen noch eine neue Wirkung der Aufgabe kennen:

---

[1]) Nummern, die unterstrichen sind, beziehen sich auf Übersetzungen, die andern auf eigentliche Synonyme.

Es kamen nämlich 2 Fälle vor, in denen RW erst dadurch V_1 ähnlich wurde, daß diese eine Bedeutungsändrung erfuhr.

Nr. 41, steif—hart. „Nun Ähnliches gesucht. Nach einigem beunruhigten Suchen kam RW roh. Darauf prüfte ich es ziemlich leicht und ruhig. Es wurde nun aus hart für mich, unter Einfluß des roh, ein moralischer Begriff; roh war von Anfang an nur als moralischer Begriff bewußt." Kürzer heißt es in Nr. 13, lesen—schreiben—dichten: „Sofort gebilligt, da schreiben auch literarisch aufgefaßt werden kann. Vorher schreiben n i c h t so aufgefaßt." Leider findet sich keine Angabe darüber, wie V_1 gegeben war, als die Bedeutungsänderung eintrat, ob akustomotorisch oder etwa rein gedanklich. Wichtig ist aber diese r ü c k · w i r k e n d e F u n k t i o n d e r A u f g a b e. Eine Betrachtung der Zahlenwerte wie in Reihe VI ergibt hier keine Aufschlüsse, wohl aber der Vergleich der Werte für die *rs*, *vs* und *es*, die in folgender Tabelle zusammengestellt sind (dabei ist der *vrs*-Fall 44 ausgelassen).

T a b e l l e 29.

Typus		AM	Z	mV	n	% unter AM	% unter Z
	rs	5,0	4,4	1,49	7	71,4	71,4
	es	5,0	5,0	0,28	5	100	60
vs {	alle	6,2	6,3	1,48	12	41,7	41,7
	richtige	7,1	6,6	1,56	7	16,7	16,7

Die Tabelle lehrt mancherlei: berücksichtigen wir die AM und Z gemeinsam, so brauchten die kürzeste Zeit die *rs*. Dann folgen die *es* und in weitem Abstand die *vs*. Die letzten 2 Rubriken, die angeben, wie viele Prozent der Einzelwerte jeweils unter die Gesamtmittel (AM und Z) der Tabelle 28 (S. 175) fallen, zeigen ein ähnliches Bild. Nur macht sich hier die größere Streuung der *rs*-Werte dadurch bemerkbar, daß der eine der Werte kleiner ist als bei *es*. Unter den *vs* befinden sich 3 Fehlversuche (die 3 ersten Fälle) Nr. 3, 9, 24, die sehr kurze Werte haben, nämlich AM $= 4,1$, Z $= 4,2$, mV $= 0,57$, die lange Dauer kann also nicht an diesem ersten Teil des Versuches liegen.[1] Die Ergebnisse deuten vielmehr auf folgendes hin: Die Reaktion mit einem Synonym ist sehr günstig. Durch Auftreten eines Synonyms an Stelle der V_1 wird sie aber gestört, so ergibt sich in der Regel eine zu lange Reaktion. Eine Übersetzung konnte auch dadurch störend wirken, daß die Vp. meinte, „nun würde es verzwickt, weil sie französisch antworten müßte" (Nr. 33 und 28). Dabei ist gerade Nr. 33 der kürzeste, richtige *vs*-Fall, 4,8 sec: ähnlich—ressemblant—pareil.

Für diesen direkt störenden Einfluß des als V_1 auftretenden Synonyms sprechen auch die Werte der *es*. Diese sind ja viel kürzer, obwohl bei

---

[1] Die 2 andern Fehlversuche (47 und 48) haben allerdings viel längere Werte: 6,2 und 6,4 sec. Sie sind aber in ihrem späten Verlauf völlig von den 3 ersten verschieden, während es bei V_1 auch hier heißt: „V_1 sofort motorisch."

ihnen doch jedesmal ein Glied absichtlich verworfen ist. Durch dies Verwerfen ist aber nun eine neue Bahn frei, da jetzt bewußtermaßen die Synonymität ausgeschaltet wird, was bei den *vs*-Fällen nicht zutrifft.

Damit können wir die Betrachtung schließen. Sie ergab wichtige Gesichtspunkte für die Wirkung von Aufgaben und lieferte auch zur Frage der latenten Einstellung Material. Eigentliche Ähnlichkeitsassoziation konnten wir nicht finden.[1])

b) Vp. Frau v. W.

Um die Reaktionsweise dieser Vp. zu charakterisieren, können wir beinahe das bei Reihe VI S. 172f. Gesagte wiederholen. Schon damals war es kennzeichnend gewesen, daß sich an das Rzw. assoziativ eine andre Wortvorstellung angeschlossen hatte und dann die Aufgabe zum Bewußtsein gekommen war, häufig mit Wiederholung des Rzw.

Ganz analog ist es diesmal, wo die erste assoziative Reproduktion ja sogar der Aufgabe entspricht. In diesem Punkte brauchte die Vp. sich gar nicht neu einzustellen. Nur insofern mußte sie anders verfahren, als sie statt an das erste (das Rzw.) an das zweite (reproduzierte) Wort anzuknüpfen hatte. Diese Übertragung vollzog sich aber sehr leicht, der Wiederholung des Rzw. dort entspricht eine Wiederholung des eingeschobenen Wortes hier. So sind diese Versuche von denen der Reihe VI nicht wesentlich verschieden, ja, ihnen kommt die ganze dort erworbene Übung zugute. Wenn man die Tabellen 24 und 28 (S. 164 und 175) vergleicht, sieht man auch, daß durchaus nicht alle Tageswerte in 28 höher sind als in 24, auch im Gesamtmittel ist der Z nur wenig erhöht.

Eine Kurve folgender Art ermöglicht einen genaueren Vergleich: Als Abszisse trägt man die Zeitwerte der Reaktionen nach ganzen Sekunden auf, als Ordinate die Zahl der Fälle, in denen die Reihe VI mehr Versuche der betreffenden Zeitdauer hat als die Reihe VII. Da es auch Werte geben muß, in denen diese Differenz negativ ist, d. h. wo Reihe VII mehr solche Fälle aufweist, so wird die Ordinate sowohl nach oben (+) wie nach unten (—) über die Abszisse hinausgehen. Die Kurve zeigt dann, wie sich die Werte der beiden Versuchsreihen zueinander verhalten. Ist die eine Reihe (k) kürzer als die andre Reihe (g), so muß die Kurve folgende Bedingungen erfüllen: Finden sich an beiden Enden solche Strecken, die nur einer Reihe zugehören, so zeigen die Endstrecken der Kurven lediglich die Verteilung der einzelnen Reihen. Im allgemeinen wird die Endstrecke der kleinern Reihe am Anfang, die der größern am Schluß liegen. Bei der Wahl eines Maßstabs, der Zufallswerte nach Möglichkeit ausschließt, läßt sich dann noch folgendes fordern: die Kurve soll im allgemeinen mit positiven Werten für k anfangen und mit negativen aufhören. Die Abszisse sollte

---

dabei nur einmal durchschnitten werden. Sollte indes einmal k zwischen
2 positiven Werten einen negativen annehmen, so müssen jedenfalls hohe positive Werte vorangegangen sein und hohe negative folgen.
Auch muß sich diese Verkehrtheit durch eine geringe Verkleinerung des
Maßstabs beseitigen lassen. Ist die Streuung der Werteschar g sehr viel
größer als die der Werteschar k, so
kann die Kurve auch mit negativen
Werten beginnen, für den weitern
Verlauf gelten dann aber die gleichen Regeln wie sonst. Da in unsern
Versuchen gegen Ende der Reihe
die Verteilung der Werte eine viel
ungleichmäßigere ist, als in der
Mitte, so können gegen Ende durch
Zufall noch positive k-Werte auftreten, d. h. die Abszisse von neuem
durchschnitten werden. — Die Kurve
bietet jedenfalls einen guten Anhalts-
punkt zur Beurteilung der Größen-
verhältnisse zweier Scharen von
Werten besonders, wenn man die
einzelnen Streuungskurven mitberücksichtigt. Vielleicht lassen sich
noch auf mathematischem Wege genauere Bestimmungen der Kurve
liefern.

Vergleichen wir nun die Kurven
der Vp. Dr. Be. und der Vp. v. W.[1])
Sofort sehen wir, daß die Kurve von
Dr. Be. alle Anforderungen erfüllt,
die man an 2 absolut verschiedene
Reihen stellen kann. Ganz im Gegenteil die Kurve der Vp. v. W.; hier
sind gerade alle Widersprüche, die
nur da sein könnten. Die Ordinate
geht erst unter die Abszisse, ehe sie
darüber geht, und überschreitet sie
auch sonst noch 3mal, ohne daß diese
Verkehrtheiten sich etwa durch kleinern Maßstab fortbringen ließen. Wir

Auf der Abszisse stehen die Zeiten in
Sekunden. Die Ordinaten geben die
Differenz der in Reihe VI u. VII
(Tab. 24, 28) in diese Zeiten fallende
Versuche. Nach oben (+) sind die
Fälle verzeichnet, in denen Reihe VI
den Überschuß hatte, entsprechend
umgekehrt nach unten.

ersehen daraus, daß in den kleinen Werten bis zu 4 sec Reihe VII einen
Überschuß hat, bis 5 sec hat dann Reihe VI Vorsprung, den sie aber
wieder bis zu 8 sec aufgibt. Der Bereich, in dem Reihe VI bevorzugt ist,
liegt zwischen 9—13 sec. Im spätern Verlauf hat Reihe VII fast durchweg Übergewicht. Die größern Mittelwerte liegen also hauptsächlich an
den sehr großen Werten, von denen bei Reihe VII mehr vorkamen als
bei Reihe VI. Sonst ist der Unterschied eher der umgekehrte. Das

---

[1]) Siehe das Diagramm, das jeweils das charakteristische Stück der
Kurven enthält.

zeigt sich auch, wenn wir wieder wie in Reihe VI die Durchschnittswerte für die Werte bis 15,0 sec berechnen. Wir erhalten AM = 6,8, Z = 5,8, mV = 2,31, die alle erheblich unter dem entsprechenden der Tab. 24 liegen, nur ist eben auch n kleiner: 30 gegenüber 39.[1])

Diese quantitative Untersuchung bestätigte unsere qualitative Analyse. Die Neuigkeit der Aufgabe gegenüber der der Reihe VI spielte bei der Vp. v. W. gar keine Rolle; sie legte jetzt einfach auf die V_1 statt auf das Rzw. das Hauptgewicht.

So gab sie in Nr. 20 gelegentlich meiner Frage, ob ihr der Zusammenhang zwischen Rzw. und V_1 bewußt sei, an: „N e i n, i c h a c h t e g a r n i c h t m e h r a u f d a s R z w." Erst gegen Ende der Versuche kommt auch zuweilen dieser erste Teil der Aufgabe zum Bewußtsein: In Nr. 30 zunächst eine Gegenstandsvorstellung des Rzw. (Buch), die nicht als V_1 aufgefaßt, aber doch beachtet wurde. Es kam dann der Gedanke: „Jetzt wäre es Zeit, daß irgendeine Vorstellung käme." Auch in andern Versuchen wird nicht mehr unbedingt jede Vorstellung als V_1 angenommen: Nr. 33, Bahn, wo zunächst akustomotorisch Eisenbahn auftrat: „Darauf Bewußtseinslage, daß ich noch auf eine nächste Vorstellung als V_1 warten muß, weil ich mit Eisenbahn nur das Rzw. wiederholt habe."

Endlich merkte die Vp. infolge schwieriger und mißlungener Lösungen, daß die V_1 von wesentlicher Bedeutung für die Lösung der Aufgabe ist. Nr. 40, Sprache: „Ich habe mehrmals hintereinander das Rzw. wiederholt, mit der Bewußtseinslage, das rasche Auftauchen einer Vorstellung zu hemmen, d a m i t n i c h t s U n g e e i g n e t e s k ä m e." Hier ist deutlich ein andrer Vorgang als der von uns als typisch hingestellte. Der Erfüllungscharakter von V_1 tritt mehr in den Vordergrund. Was schon aus der Wiederholung des

---

[1]) Die Anwendung des von Lipmann vorgeschlagenen Verfahrens zum Vergleich der beiden Reihen, hat sich hier nicht bewährt. (Vgl. O. Lipmann, Eine Methode zur Vergleichung von zwei Kollektivgegenständen, Ztschr. f. Psychol., Bd. 48, 1908, S. 421—431).

Der Quotient $\dfrac{n\,(I-II > o)}{n\,(I-II < o)}$ (l. c. 423), worin wir für I die Werte unserer Reihe VI, für II die der Reihe VII setzen, ergibt $\dfrac{13}{29} = \dfrac{44,8}{100}$, entspricht also dem 6. Fall in L's. Tabelle III (S. 427), so daß folgen würde II > I, und dies Resultat wird bestärkt, wenn man den Quotienten $\dfrac{\Sigma\,(I-II > o)}{\Sigma\,(I-II < o)}$ (l. c. 426) hinzuzieht. Betrachtet man dagegen den ersten Quotienten nur für die erste Hälfte der Werte, so erhält man den 1. Fall in L's. Tabelle III, nämlich $\dfrac{217}{100}$, und damit das Resultat I > II für diese erste Hälfte. Der Vorzug des von uns neu angewendeten Verfahrens besteht darin, daß es weniger summarisch ist.

Rzw. hervorgeht, die sonst nur noch 3 mal vorkam[1]), vor allem aber aus dem Zweck, der bewußtermaßen mit der Wiederholung verbunden wurde, nämlich die Beeinflussung der V_1 im Sinne einer leichten Lösung des zweiten Teils der Aufgabe. Dies führt auf ein neues Problem, das eine fruchtbare Untersuchung abgeben dürfte: die Beeinflussung einer früher zu erfüllenden Aufgabe durch eine später zu erfüllende[2]). A c h nennt in dem zitierten Buch die Bezugsvorstellung das Mittel zum Zweck, doch hat S e l z diese Ansicht bereits zurückgewiesen (s. u. S. 278). In unserm Fall, wo wirklich die Lösung der Aufgabe durch die Bezugsvorstellung erleichtert werden kann, geht aber tatsächlich etwas vom „Mittel" in die Bezugsvorstellung ein[3]).

In den späteren Versuchen tritt dieser Vorgang wieder zurück, V_1 schließt sich in der alten Weise wieder unmittelbar an das Rzw. an.

Noch einige Worte über das Bewußtwerden des 2. Teils der Aufgabe, die Bildung der ähnlichen Vorstellung. In den meisten Fällen trat, wie schon erwähnt, nach V_1 das Wissen um die Aufgabe ein, 22 Fälle, dazu kommen noch 7 Versuche, in denen V_1 nur wiederholt wurde, was ja auch auf intentionale Faktoren hinweist.

In einer Reihe von Fällen wurde die Aufgabe gleich in dem Sinn bewußt, daß ihre Erfüllung schwierig sein würde, und zwar 4 mal in Fällen, wo V_1 wiederholt wurde, und 6 mal ohne dies. Z. B. Nr. 25, Beweis, V_1 kräftig; „daraufhin Bewußtseinslage: das wird schwer sein, eine ähnliche Vorstellung zu finden."

Fälle, in denen die Aufgabe zunächst gar nicht zum Bewußtsein kam, waren nicht allzu häufig. In 11 Fällen schloß sich das RW an V_1 ohne eingeschobenes Aufgabebewußtsein an, die Aufgabe wurde aber dann durch die Prüfung und Billigung, resp. Verwerfung, wirksam. In einem Falle, Nr. 43, liegt es anders; Rzw. verbannt, V_1 exul. Hier fiel der Vp. sofort ein, „daß es im römischen Strafrecht eine Gattung von Verbannten gab, die nicht ganz verbannt waren. Das wollte ich, konnte aber das Wort nicht finden. Nun Weitersuchen." Hier kommt also zunächst der richtige Begriff direkt intentional, und erst als er zur Reaktion nicht benutzt werden kann, wird das Suchen bewußt.

Daß die Prüfung fortfiel, geschah überhaupt nur in 5 Fällen; in 4

---

[1]) Dies beweist wohl, daß auch sonst die Aufgabe wirksam war, eine V_1 anzuschließen, nur geht das fast immer so leicht, daß im allgemeinen nichts davon zum Bewußtsein kam.

[2]) Vgl. hierzu auch die oben S. 181 erwähnte Rückwirkung der Aufgabe in einem ganz andern Sinne.

[3]) Es ließe sich diese Tatsache wohl gleichfalls zur Untersuchung des Willensaktes mit Erfolg verwenden.

von diesen war dafür die Richtung, in der das Rzw. liegen sollte, vorher bewußt, so daß das RW gleich intentional auftrat, z. B. 36, Rzw. Aal, V_1 glatt: „Darauf Bewußtseinslage der Beziehung von glatt auf einen harten Gegenstand. Unmittelbar darauf RV: poliert und Reaktion." Nur in einem Falle fehlte die Prüfung gänzlich in der Hauptperiode und kam zu spät: Nr. 11, Rzw. Kupfer, V_1 Silber: „Dann sofort akustisch, RW Gold. Reaktion. Während der Reaktion auf einmal Bewußtseinslage des zu früh reagiert Habens..."

Mit dieser einen Ausnahme ist die Intentionalität in diesen Versuchen immer vorhanden, in der Mehrzahl der Fälle sogar das direkt gegebene Aufgabe-Bewußtsein, daß in einem bestimmten Zeitpunkt einsetzt[1]).

Die Betrachtung der Ähnlichkeitsbeziehung selbst lehrt uns nichts Neues. Die Koordination ist entweder durch Geläufigkeit unterstützt oder durch begriffliche Analyse hervorgerufen. Eine reine Ähnlichkeitsassoziation, wie sie in Reihe VI mehrfach auftrat, findet sich hier nur 1 mal.

Nr. 9, Würfel—Kegel. „Nochmals Anstrengung, das visuelle Bild des Kegels (von gelblicher Farbe) recht deutlich zu reproduzieren. Dann Versuch: ähnliches Bild zu erzeugen. Dann plötzlich visuelles Auftauchen eines weißen Zuckerhutes."

Die V_1 war im allgemeinen durch enge Berührungsassoziation mit dem Rzw. verbunden.

8 Fälle finden sich indes, in denen V_1 ein Synonym oder doch ein annähernd synonymes Wort war, z. B. Nr. 2, Gebrüll—Geschrei, Nr. 10, Harfe—Zither. 6 von den 8 Fällen treten in der ersten Hälfte der Versuche auf, so daß man wohl mindestens für diese an eine Nachwirkung der in Reihe VI erlangten Übung denken muß, während für die letzten Fälle auch eine Rückwirkung des zweiten Teils der Aufgabe in Betracht kommen kann.[2])

3. Zusammenfassung der Versuche mit gebundener Reproduktion.

Die wesentliche Ergebnisse der Versuchsreihen VI und VII liegen auf folgenden Gebieten. Es ließen sich bei einer Vp. in nicht allzu vielen Fällen richtige Ähnlichkeitsassoziationen erzeugen. Im übrigen war die Aufgabe keine leichte, wenn sie nicht durch eine latente Einstellung unterstützt wurde. Die Kombination einer freien und einer gebundenen Reproduktion erwies sich als äußerst fruchtbar. Die Wirkung der Aufgabe konnte eingehend untersucht werden, wobei sich für

---

[1]) Die in der Anm. auf S. 179 aufgestellte Behauptung bestätigt sich also durchaus.

[2]) Vgl. hierzu die analoge Beobachtung bei Dr. Be. auf S. 180.

das Auftreten der Intentionalität mehrere Gesichtspunkte ergaben. Es ließ sich ferner eine Rückwirkung der zweiten
Aufgabe auf die erste konstatieren: 1. so, daß die erste
Aufgabe ebenso gelöst wird wie die zweite, Übertragung der
Aufgabe; 2. so, daß eine vorangegangene Vorstellung V_1
durch eine folgende als RV intentional auftretende in ihrer
Bedeutung verändert werden kann, Anpassung der Lösung;
3. so, daß die Lösung der ersten Aufgabe im Hinblick auf
die möglichst leichte Lösung der zweiten ausgeführt werden
kann, Unterordnung der ersten Aufgabe, Mittel.

II. Kapitel.

Über Vorstellungen.

Im Jahre 1893 schrieb Külpe (Grundriß der Psychol.
S. 183): „daß wir über die Beschaffenheit der zentral erregten
Empfindungen ... gar keine zureichende Kenntnis besitzen, und
daß gewisse Tatsachen darauf hinweisen, daß sie in keiner einfachen Beziehung zu den peripherisch erregten stehen". Und
heute noch können diese Worte fast mit gleichem Recht gesagt werden. Vielleicht noch mit größerem, denn die Unklarheit
über das, was heute von den verschiedenen Autoren als Vorstellung bezeichnet wird, ist, auch wenn wir vom Wundt-
schen Gebrauch des Wortes absehen, größer als je zuvor.

Schon terminologisch herrscht Verwirrung, die vor allem
dadurch verschlimmert wurde, daß man von verschiedenen
Seiten (Wreschner[1]), Moskiewicz[2])) versuchte, den Begriff
über das Gebiet der zentral erregten Empfindungen (der optischen, akustischen, kinästhetischen Bilder) hinaus zu erwei-
tern und das Wort auf die einzelnen Bestandteile des Denk-
prozesses (Moskiewicz) anzuwenden. Eine derartige Erweiterung des Begriffes entspricht nicht den Forderungen der
Wissenschaft. Gerade zu einer Zeit, wo sich der Streit darum
dreht, ob Vorstellungen im Sinne zentral erregter Empfindungen neben den Wahrnehmungen die einzigen Bewußtseinsinhalte intellektueller Art sind, ist es nicht glücklich, diese
Schwierigkeit durch eine mangelhafte Terminologie zu ver-
decken. Denn dadurch wird eine quaternio terminorum nahe-
gelegt, in dem die für Vorstellungen im alten Sinne aufgestellten
Gesetze der Assoziation und Reproduktion auch ohne weiteres
auf die Vorstellungen im neuen Sinne übertragen werden, ob-
gleich für deren Gesamtheit (Bewußtheiten, Gedanken, Be-

---

[1]) l. c.
[2]) l. c.

wußtseinslagen) die Gültigkeit jener Gesetze gar nicht nachgewiesen ist, im Gegenteil sehr in Frage steht.[1])

Eine gründliche Analyse der Vorstellungen wird sich darum an den alten Gebrauch des Wortes halten müssen und Vorstellungen nur solche Gebilde nennen, die als Bilder (images) sinnlicher Art im Bewußtsein auftauchen. Nur insofern soll über die Definition der Vorstellung, wie sie sich etwa bei Hume findet, hinausgegangen werden, als das ganze Erlebnis, in dem das Bild auftritt, gemeint sein soll und nicht nur das rein anschaulich-sinnliche. Diese Definition scheint lückenhaft, vor allem dadurch, daß sie den Unterschied gegenüber den Wahrnehmungen unberücksichtigt läßt. Doch ist es schwer, einerseits rein im psychologischen zu bleiben ohne die ganze Untersuchung vorwegzunehmen, andererseits sich von unbewiesenen dogmatischen Behauptungen freizuhalten.

Wreschner bleibt nicht beim rein Psychologischen, wenn er Vorstellungen als neu ins Bewußtsein tretende Spuren früherer Empfindungserlebnisse definiert (l. c. S. 3). Hier liegt noch dazu eine Vermischung funktionaler und deskriptiver Gesichtspunkte vor, zudem ist gerade die Beziehung auf die Empfindung überflüssig, da ja nicht angegeben wird, welcher Art diese ist. Setzt man dies aber als bekannt voraus, so tut man das gleiche für die Vorstellungen selber und dann erübrigt sich die Beziehung zu den Empfindungen erst recht.

Den andern Fehler begeht Hume und mit ihm der Positivismus, wenn er Wahrnehmungen (impressions) alle Empfindungen und Gefühle nennt, wie sie zum ersten Male im Bewußtsein auftreten[2]), und Vorstellungen: die schwachen Bilder dieser Wahrnehmungen. Hier hat man zwar eine rein psychologische Definition — Hume lehnt es ja ausdrücklich ab, unter impressions die Ursachen der Wahrnehmung zu verstehen — aber die Folge ist einerseits die Aufstellung einer dogmatischen Behauptung, andererseits die Vermischung der Unterschiede zwischen Wahrnehmung und Vorstellung, auf die es ja gerade ankommt. Der Satz nämlich, daß alle einfachen Ideen aus Impressionen stammen, besagt dann nicht mehr, als daß ein Inhalt lebhafter gewesen sein muß, ehe

---

[1]) Inzwischen ist die auf S. 7 zitierte Arbeit von Michotte und Ransy erschienen, die sich mit diesem Problem befaßt. Im nächsten Kapitel werden wir auf deren Resultate eingehen.

[2]) Vgl. D. Hume, Treatise of Human Nature. ed. by T. H. Green & T. H. Grose. S. 311.

er schwächer geworden ist. Auch dies ist ein Dogma und noch dazu ein nichtssagendes[1]).

Wir werden also bei unserer Definition den Unterschied der Vorstellungen gegenüber den Wahrnehmungen vorläufig als gegeben hinnehmen und erst im weiteren Verlauf unserer Untersuchung auch auf ihn zu sprechen kommen.

Die Bedeutung einer genauen Analyse der Vorstellungen liegt auf der Hand, besonders im Rahmen unserer Versuche. Bei Besprechung der Versuchsresultate im vorigen Kapitel haben wir im Gedanken- und Vorstellungsverlauf sehr verwickelte Verhältnisse angetroffen, die wir weiterhin zur Untersuchung der diesen Ablauf bestimmenden Gesetze benutzen wollen. Dafür ist es aber äußerst wichtig, daß wir die Elemente kennen[2]), die diesen Gesetzen unterliegen[3]).

Es fragt sich nun noch: ist unser Material geeignet, eine solche Analyse zu ermöglichen? Waren die Instruktionen, die den drei Reihen zugrunde lagen, auch für diesen Zweck angemessen? Wäre es nicht besser gewesen, in der Instruktion einfach das Hervorbringen von Vorstellungen zu verlangen, wie es jüngst Perky[4]) getan hat? Ich habe schon an anderer Stelle (vgl. d. Referat i. d. Zeitschr. f. Psych. 59) darauf hingewiesen, daß eine solche Instruktion zurzeit nicht günstig ist, wo es darauf ankommen muß, möglichst viele verschiedene Merkmale der Vorstellungen voneinander zu trennen, und nicht so sehr darauf, ein bestimmtes möglichst genau zu beschreiben. Unsere Kenntnis ist für diese Problemstellung zu beschränkt, und nur eine allgemeinere Fragestellung wird imstande sein, Gesichtspunkte zur Klärung abzugeben.

---

[1]) Vgl. hierzu T. H. Green, Introduction to Hume's Works I. 163.

[2]) Die Untersuchung der Vorstellungen unter neuen Gesichtspunkten haben auch schon andre Forscher als notwendig erkannt. So Segal, der es bedauert, daß einzig und allein der Gesichtspunkt des Typus maßgebend gewesen ist und auf eine Reihe anderer hinweist (cf. Segal, Über den Reproduktionstypus und das Reproduzieren von Vorstellungen; Arch. f. d. ges. Psychol. XII, S. 229), die sich mit vielen decken, die wir weiter unten hervorgehoben haben.

[3]) Daß eine Untersuchung der Vorstellungen für die Entscheidung zwischen Erscheinungs- und Funktionspsychologie von fundamentaler Bedeutung werden kann, dafür vgl. Stumpf: Erscheinungen und psych. Funktionen. Abhandl. der Kgl. Preuß. Akad. d. Wissensch. 1906. S. 8, I. Abschn.

[4]) Ch. W. Perky: An Experimental Study of Imagination. Amer. Journ. of Psychol. XXI. S. 422—452.

Eine allgemeine Fragestellung wurde nun gerade durch unsere Instruktionen ermöglicht. Die Vorstellungen kamen als Erfüllungen von Aufgaben, sie traten meistens nicht vereinzelt, sondern in Zusammenhängen auf, so daß auch die Merkmale, die den Vorstellungen in bezug auf den Zusammenhang zukommen (Erfüllungsvorstellungen u. ä.), beobachtet werden konnten.

Gerade für einen ersten großen orientierenden Versuch muß eine Anordnung wie die unsere äußerst fruchtbar sein. Der Versuchsleiter stellt an seine Protokolle keine Erwartungen, die Gesichtspunkte, die sich ihm ergeben, sind aus dem Material selbst gewonnen, und so schön das entgegengesetzte Verfahren bei einer weiter fortgeschrittenen Disziplin auch ist, so notwendig war doch der von mir eingeschlagene Weg auf diesem allzu unerforschten Gebiet. Die Darstellung hat es in diesem Punkte leichter als die Forschung. Dort werden zunächst die Gesichtspunkte entwickelt und dann wird das Material daraufhin verarbeitet. Bei unserer Erforschung mußte der umgekehrte Weg betreten werden; selbst in den letzten Stadien der Bearbeitung, wo die Hauptgesichtspunkte schon feststanden, durfte nie die Möglichkeit außer acht gelassen werden, daß doch noch eine neue Tatsache neue Betrachtungsweisen nötig machen würde.

Daß unser Material quantitativ[1]) ausreichte, steht wohl außer Zweifel. Der Vollständigkeit halber sei noch erwähnt, daß allein in den Reihen I—III im ganzen 944 visuelle Sachvorstellungen beschrieben wurden, die sich auf die Vpp. wie folgt verteilen:

Vp. St.: 247	Vp. Og.: 137
Vp. Schr.: 185	Vp. B.: 165
Vp. Fr. K.: 109	Vp. P. R.: 50
	Vp. A.: 51.

Aber auch an der qualitativen Reichhaltigkeit dieses Materials wird der Leser nicht zweifeln, der sich durch das

---

1) Die quantitative Reichhaltigkeit, begründet durch Zahl der Vpp. und Einzelversuche, ist von großer Bedeutung für eine Analyse, die Einseitigkeit vermeiden will, und darum einer der großen Vorzüge, die dem methodisch durchgeführten Experiment gegenüber der bloßen Selbstwahrnehmung des betr. Autors zukommt. Man kann in der Literatur häufig finden, daß Forscher das, was sie an sich selbst zu finden glaubten, für allgemeine Wahrheit hielten. (Vgl. etwa Lotze, Medizin. Psychol. S. 480.)

Detail des ersten Kapitels durchgearbeitet hat. Natürlich
wurden nicht alle Vorstellungen gleich ausführlich beschrieben, tragen nicht alle zur Charakteristik bei, aber es bleiben
immerhin noch viel mehr vollwertige Angaben übrig, als
wir anführen konnten.

Bei der Untersuchung selbst werden wir uns anfänglich
allein mit optischen Vorstellungen befassen und erst dann
auf akustomotorische übergehen, deren Bildcharakter ja viel
weniger ausgeprägt und plastisch ist.

§ 1. Die visuellen Vorstellungen.

A. Sachvorstellungen.

Wie arm unsre Kenntnisse von den Eigenschaften sind,
die den Vorstellungen des Gesichtssinnes zukommen, davon
kann man sich leicht überzeugen. Man schlage die Grundzüge
von Ebbinghaus[1]) auf. Dort findet man die Vorstellungen
nach drei Richtungen hin charakterisiert: sie sind im Vergleich zu den Empfindungen 1. blaß und körperlos, 2. lückenhaft und ärmer an unterscheidbaren Merkmalen, 3. unbestän-
dig und flüchtig.

Wenn wir an die vielen Merkmale denken, die unsere
Vpp. für ihre Vorstellungen angaben, so werden wir jene
Beschreibung recht unvollständig finden; sie zeigt, daß eine
genauere Analyse überhaupt noch nicht versucht worden
war. Die 3 Merkmale sind jeweils durch 2 Adjektiva gekennzeichnet, aber nur beim 3. Paar können wir diese Zusammengehörigkeit als Identität festhalten. Die Merkmale
der ersten 2 Paare müssen wir trennen, so daß sich aus ihnen
4 Eigenschaften ergeben würden. Es ist nicht ganz klar, was
mit „körperlos" gemeint ist, ob es unräumlich, also flach,
ohne Tiefe, oder unwirklich, ohne Gegenstandscharakter,
heißen soll. Jedenfalls aber ist das Körperlose von dem
Blassen zu trennen, es kann körperlose Vorstellungen geben,
die nicht blaß sind und umgekehrt. Ebenso gibt es Vorstellungen, die keine Lücke aufweisen, aber äußerst arm an
Merkmalen sind und umgekehrt. Wir gewinnen demnach
5 Merkmale von Vorstellungen und wollen nun zusehen, wie

---

[1]) Vgl. H. Ebbinghaus: Grundzüge der Psychol. I. Bd. 2. Aufl. 1905.
S. 549.

diese Merkmale in unserm Material vertreten sind. Wir unterscheiden also: 1. blaß, verschwommen, 2. körperlos, unplastisch, 3. lückenhaft, 4. arm an Merkmalen, 5. flüchtig.

Dem letzten Merkmal, das eine zeitliche Bestimmung enthält, wollen wir noch ein weiteres über räumliche Bestimmung hinzufügen. Da wir hierüber keine Angabe bei Ebbinghaus vorfinden, wollen wir es neutral formulieren und 6. Größe und Lokalisation von Vorstellungen untersuchen.

Diese 6 Merkmale bilden auch sachlich betrachtet eine Gruppe. Sie kommen alle den anschaulichen Bewußtseinsinhalten mehr oder weniger zu und mögen daher „anschauliche Merkmale" genannt werden.

a) Die anschaulichen Merkmale.

1. Wir beginnen mit dem ersten Merkmal: blaß, verschwommen. Dies wird seit Humes[1]) Zeiten von vielen Forschern als das wichtigste angegeben, und die Vorstellungen werden geradezu durch ihre geringe Deutlichkeit, Intensität von den Empfindungen geschieden. Aber in der neueren Zeit erhoben sich Stimmen, die einen absoluten Intensitätsunterschied zwischen Empfindungen und Vorstellungen nicht gelten lassen (s. die zahlreiche Literat. bei Perky a. a. O. S. 433 ff.). Seit nun gar Perky gezeigt hat, daß Beobachter, die die Aufgabe hatten, Vorstellungen zu bilden, objektive und deutlich überschwellige Bilder für solche hielten, kann das Merkmal der Intensität nicht mehr die alte Stellung beibehalten. Die Versuche ergeben mit Evidenz, daß größere oder geringere Intensität nicht dasjenige ist, was für sich allein bestimmen könnte, ob ein Inhalt Vorstellung oder Empfindung ist.

Doch ist damit nicht gesagt, daß dieser Intensitätsunterschied etwa gar nicht besteht[2]). Vielmehr wird er gerade durch die eben zitierte Abhandlung·Perkys bestätigt, deren Vpp. höchst erstaunt waren über die Deutlichkeit und Stärke

---

[1]) Vgl. Hume: An Enquiry Concerning Human Understanding, Ed. Green-Grose S. 13: The most lively thought is still inferior to the dullest sensation.

[2]) Daß dies bei Kindern in der Tat nicht oder doch wenigstens nicht annähernd in dem Maße der Fall ist wie bei Erwachsenen, bemerkt Rusk l. c. S. 379. Auch unter diesem Gesichtspunkt erweist sich der Unterschied der Lebhaftigkeit als nicht entscheidend.

ihrer vermeintlichen Vorstellungen (vgl. das S. 190 zitierte Referat[1])).

Umgekehrt können auch subjektive Eindrücke für objektive gehalten werden. Bewiesen ist dies durch Versuche von Külpe[2]), in denen durch geeignete Versuchsanordnung zahlreiche falsche Objektivierungen erzielt wurden. Als besonders auffallend ergab sich eine Vermengung von Subjektivem und Objektivem, wobei aber die Erlebnisse in ihrer Totalität objektiviert oder subjektiviert wurden (S. 553)[3]).

Daß Vorstellungen, wenn sie gleichzeitig und in enger Verbindung mit Empfindungen auftreten für Wahrnehmungen gehalten werden, ist in Leseversuchen schon oft beobachtet worden. Bei kurzer Exposition wird für ein Wort ein anderes, ihm ähnliches, gelesen und häufig genug dazu angegeben, daß alle Buchstaben deutlich erkannt worden seien. Der Vorgang ist hier jedenfalls so zu denken, daß bestimmte, zunächst erkannte Buchstaben ein Wort assoziativ reproduzieren und daß die so aufsteigenden visuellen Buchstaben bei der Richtung des Bewußtseins ohne weiteres mit zum Wahrnehmungsmaterial gefaßt werden[4]).

I. Aus unserm Material werden wir nur indirekte Schlüsse über diesen Punkt ziehen können, da es sich ja bei unsern Versuchen nie um Vergleichung von Wahrnehmungen und Vorstellungen handelte. Wenn die Vpp. ihre Vorstellungen beschreiben, so sind die Prädikate „deutlich“, „undeutlich“ immer nur relativ zu andern Vorstellungen, nicht relativ zu Wahrnehmungen zu verstehen. Immerhin sind einige Be-

---

[1]) Vgl. hierzu auch die alten Statistiken von F. Galton: Inquiries into Human Faculty and its Development, 2nd Ed. Every Man's Library S. 616, und die neuen von G. H. Betts: „The Distribution and Functions of Mental Imagery“. Teachers College, Columbia University Contributions to Education. No. 26 New York 1901 S. 28, 35 u. a. Genauere qualitative Analysen fehlen, doch sind die quantitativen instruktiv genug.

[2]) O. Külpe: Über die Objektivierung und Subjektivierung von Sinneseindrücken, Phil. Stud. Bd. 19, S. 508—556.

[3]) Vgl. auch die Beobachtungen von Stumpf über leise Töne. Tonpsychologie I, 1883, S. 376.

[4]) Vgl. etwa Erdmann-Dodge: Psychologische Untersuchungen über das Lesen auf experimenteller Grundlage. 1898, S. 181. F. Schumann: Psychologie des Lesens, Bericht üb. d. 2. Kongreß f. exp. Psychol. 1904, S. 165ff. E. B. Huey: The Psychology and Pedagogy of Reading. New York. 1908, S. 105ff. Auch das hier wiedergegebene Zitat von Münsterberg, l. c. S. 79.

schreibungen auch für unsre Frage von Belang[1]). Den Vorstellungen werden solche Merkmale beigelegt, wie sie den Empfindungen eigentümlich sind: Die Vp. Schr. fühlte sich von der Sonne in der Vorstellung fast geblendet II 8 II[2]), Vp. A. sieht den Stamm der Birke ordentlich glänzen, I 20 I, beim gleichen Versuch heben die Vpp. P. R. und St. die weiße Farbe des Stammes hervor. Vp. Dr. B. sieht Silbermünzen so deutlich, daß ein Blinken daran war, II 12 I. Diese Angaben stellen eine Brücke zwischen Empfindungen und Vorstellungen her: Es können also auch unter normalen Umständen Vorstellungen in der Lebhaftigkeit der Empfindungen auftreten. Lotze hat sich in seinen sonst so trefflichen Ausführungen demnach allzu sehr von seiner eignen Selbstwahrnehmung leiten lassen, als er das Gegenteil jener Tatsache hervorhob (vgl. Lotze, Medizinische Psychologie S. 477 ff). Noch andere Angaben sprechen, wenn auch nicht so direkt, für die zuweilen sehr starke Lebhaftigkeit der Vorstellungen. So sagte Vp. St. einmal aus, die Vorstellung eines bestimmten Sofas sei höchst intensiv gewesen, ungewöhnlich sogar für ihn. II 34 II. Und Vp. A. stellt sich einmal eine Burg vor, von der er angibt: „ganz prachtvoll, glaube nicht, daß ich sie schon in Natur so schön gesehen habe". I 45 I.

Es gilt also für uns als bewiesen, daß der Unterschied in der Lebhaftigkeit, Deutlichkeit kein absoluter zwischen Empfindungen und Vorstellungen ist.

II. Wir wenden uns nun zum andern Extrem. Es ist von Interesse und nicht geringer Bedeutung auch zu wissen, wie weit sich Vorstellungen in bezug auf die anschaulichen Merkmale von den Empfindungen entfernen können.

Sehr häufig wurden Vorstellungen schlechthin als dunkel oder gar sehr dunkel und undeutlich beschrieben. Hier lassen

---

[1]) Als Belege für unsere Untersuchung der anschaulichen Merkmale könnten wir auch zahlreiche Angaben aus den Versuchen von Watt und Messer heranzuziehen. Vgl. die auf S. 22 zitierte Arbeit von Watt und A. Messer: Experimentell psychologische Untersuchungen über das Denken. Arch. f. d. ges. Psych. VIII, S. 59 ff.

[2]) Die erste Zahl bedeutet jeweils die Reihe, die zweite die Nummer des Versuchs, die dritte die in Frage stehende Vorstellung. Wenn außer den vorgeschriebenen Vorstellungen noch andre auftraten, mußten wir auch für diese Zeichen einführen; so heißt E I die vor V I eingeschobene Vorstellung, E II und E III entsprechend; II 8 II heißt also II. Reihe, 8. Versuch, II. Vorstellung.

wir diese Fälle, da sie nichts lehren, ganz unberücksichtigt. Wir teilen vielmehr nur solche mit, bei denen die Beschreibung weiter geht und erkennen läßt, wie ungefähr so eine Vorstellung tatsächlich beschaffen war.

Wenn wir uns auch auf die tiefsten Grade der Deutlichkeit beschränken, so finden wir hier noch 3 verschiedene Stufen verwirklicht.

Zunächst für die erste einige Beispiele:

Vp. A.: „Dreifarbige wehende Fahne; sehr dunkel, weiß nicht, ob die Farben vertikal oder horizontal angeordnet waren." I 33 I. (Rzw. Fahne).

Vp. O.: „Sort of landscape with the sea; but I could not say, on which side the land was." II 47 I. (Rzw. Land.)

Das Kennzeichen dieser Vorstellungen liegt also darin, daß Relationen, die notwendigerweise in ihnen enthalten sind, nicht erkannt werden. Das Bild ist zu verschwommen, als daß erkannt wird, wo See, wo Land liegt, und doch ist sich Vp. bewußt, eine Vorstellung von Land und See zu haben. Es ist bemerkenswert, daß es sich in allen zwei zitierten Fällen um Gegenstandsvorstellungen handelt.

Wir werden hier eigentlich schon dazu gedrängt, darauf hinzuweisen, welche Merkmale verschwinden, welche bleiben, also auf die Auswahl der Merkmale. Doch wird sich die bessere und sachlich richtige Gelegenheit dazu erst bieten, wenn wir die „Merkmalsarmut" besprechen. Die zwei erwähnten Fälle gehören auch dorthin.

Das zweite Stadium ist noch undeutlicher. Hier ist die gegenständliche Bestimmtheit selber ungewiß.

Vp. O.: „Irgend ein unklares Bild, das so aussah wie Schrot; gefragt, was das bedeuten kann, ob Pulver oder Schrot (Rzw. Pulver). Die Beziehung als Schrot ist eine nachträgliche." II 15 I.

Vp. O.: „Etwas Weißes, wohl ein Handschuh." III 13 I. (Rzw. weichlich.)

Vp. Schr.: „Vorstellung von etwas, was über der Hand ist, vielleicht Handschuh." IvEI. (Rzw. Finger.)

Vp. St. gibt einmal von mehreren eingeschobenen Vorstellungen an: „Ich hätte mich immer erst fragen müssen, was ist das eigentlich?" I 26. (Rzw. zeichnen.)

Diese Gruppe ist besonders interessant, da hier schon eine Zweiheit hervortritt, das sinnlich gegebene und das gegenständliche.

Das Extrem erreichen wir erst mit der dritten Stufe. Hier ist die Vp. im Zweifel, ob sie überhaupt visuelle Vorstellungen gehabt hat, während die Gegenstandsbestimmung diesmal feststeht.

Vp. St.: „Etwas Langes, Schmales, nicht sicher, ob überhaupt visuell, da gar nicht lokalisiert und ohne bestimmte Qualitäten. (Rzw. Band.) I 14 EI.

Vp. O.: „Ganz dunkle, wohl visuelle Vorstellung von Wald." I 3 I. (Rzw. Wald.) Vgl. hierzu auch oben S. 59.

Vp. Fr. K.: „Vielleicht ganz ungefähres Bild einer Nixengestalt." III 18 II. (Rzw. Quelle.)

Diese Gruppe zeigt also das umgekehrte Verhältnis wie die vorige. Das Anschauliche ist noch undeutlicher, es ist an der Schwelle angelangt, die Gegenstandsbestimmtheit dagegen ist klar. Sollte dies nach der Beschreibung der Fälle nicht völlig erwiesen scheinen, so darf ich wohl hinzufügen, daß ich selbst bei solchen Beobachtungen sowohl im gewöhnlichen Leben wie bei psychologischen Experimenten (tachistoskopische Leseversuche) häufig genug in die Lage kam, zu zweifeln, ob visuelle Elemente vorhanden waren oder nicht und in einigen Fällen absolut keine Entscheidung geben konnte.

Aus unserm Material haben wir noch einige Fälle zur Verfügung, die nicht ganz so bestimmt lauten:

Vp. O.: „Ziemlich dunkles Bild der alten Mainbrücke, mehr eine Hindeutung." I 34 I. (Rzw. Brücke.)

Vp. O.: „Klare Bilder nicht da, nur Andeutungen von Trauerkleidern und einem Sarge." III 6 I. (Rzw. traurig.)

Vp. St. (Rzw. meiden): „Zunächst begrifflich aufgefaßt, irgend einer Sache ausweichen, vielleicht mit schwachem visuellem Anklang: einen Bogen um etwas machen." III 8 I.

Bei unserm Überblick über die 3 Gruppen ist auffällig, und das sei besonders betont, wie blaß und undeutlich eine Vorstellung sein kann, ohne ihre gegenständliche Bestimmtheit einzubüßen, und, was damit zusammenhängt, daß die gegenständliche Bestimmtheit nicht direkt der Klarheit proportional ist.

In unsern Fällen war die ganze Vorstellung undeutlich, es kann aber auch vorkommen, daß sie zum Teil deutlich ist, zum Teil verschwommen. Eingehend sprechen wir von dieser Tatsache, wenn wir von der Auswahl der Merkmale handeln, hier seien nur 3 Beispiele angeführt:

Vp. A.: „Ein herunterhängendes Gewand, eine Art Talar mit Falten. Darüber ziemlich undeutlich ein Arm des Trägers dieses Gewandes. Der Ansatz des Armes noch deutlich." I 7 I. (Rzw. Ornat.)

Vp. Fr. K.: „Bild von der Geburt Jesu. Die Krippe ziemlich deutlich, das übrige nicht." III 30 I. (Rzw. Krippe.)

Vp. B.: In dem auf S. 195 zitierten Versuch II 12 I, in dem die
Münzen so besonders deutlich waren, war der Rest: 2 Personen, von
denen die eine das Geld der anderen bezahlte, ganz unbestimmt und
verschwommen.

Zusammenfassend läßt sich sagen: Im gewöhnlichen Verlauf der Vorstellungen sind diese nicht sehr deutlich und
stehen in diesem Punkte erheblich hinter den Empfindungen
zurück. Doch kommen Fälle vor, wo Vorstellungen direkt
die Merkmale von Empfindungen tragen. Andererseits können
Vorstellungen außerordentlich blaß und verschwommen
werden. Dabei kann ihre Gegenstandsbestimmung unsicher
werden, sie kann aber auch, und das wurde gerade in den
extremsten Fällen beobachtet, völlig eindeutig bleiben. Schließlich darf nicht vergessen werden, daß Vorstellungen aus deutlichen und undeutlichen Teilen bestehen können.

2. Wir wollen jetzt untersuchen, wieweit den Vorstellungen
Körperlichkeit im Sinne von plastischer Räumlichkeit zukommt.
Der andre oben von uns gekennzeichnete Sinn von körperlos
als gegenstandslos wird erst später behandelt werden. Denn
in ihm haben wir es nicht mehr mit einem rein anschaulichen
Merkmal zu tun.

Wir führen uns wieder Beispiele möglichst extremer Fälle
vor Augen. Dabei ist aber eine Tatsache von der größten
Bedeutung. In besonders hohem Grade scheint nämlich die
Körperlichkeit Sache der individuellen Natur der Vp. zu sein,
so daß also dieselbe Vp. im großen und ganzen in dieser
Hinsicht gleichartige Vorstellungen haben wird. Die Folge
davon ist, daß Beschreibungen nicht sehr häufig vorkommen,
denn das, was gewohnt ist, erscheint natürlich und wird
nicht besonders beschrieben. Dies gilt vor allem für das
Merkmal der Körperlosigkeit, während sich für das
Gegenteil mehr Angaben vorfinden. Es liegt dies wohl in
erster Linie daran, daß die Beobachter, die überhaupt körperlich vorstellen, größere Unterschiede beobachten können
als die, deren Vorstellungen mit nur geringer Körperlichkeit begabt sind.

I. Die 2 zu zitierenden Angaben über Körperlosigkeit
stammen denn auch von Vpp., die im großen und ganzen
sehr körperlich vorstellen, von denen die eine aber eben deshalb wenig Beschreibungen dieses Tatbestandes lieferte.

Vp. St. (Rzw. Tulpe): „Das erste, was sich einstellte, war eine intensive Vorstellung von rot und gelb, nebeneinander, formlos." II 33 EI.

Vp. Schr. (Rzw. Kellner): „Zuerst etwas im allgemeinen Schwarzes mit etwas Weißem, was ich Allgemeinvorstellung nennen würde. II 25 EI.

In diesen beiden Fällen fehlt in der Tat jede Körperlichkeit.

II. Betrachten wir nun das andre Extrem. Hier sind wir nicht auf so spärliche Angaben angewiesen. Auf 3 verschiedene Weisen wurde die Körperlichkeit beschrieben. Einmal, wenn es sich um größere Strecken handelte durch ausführliche Beschreibung des davor und dahinter oder durch diesbezügliche Hindeutungen.

Vp. A.: „Ausgedehnte Fläche in der Ferne, davor eine Strecke Feld, dahinter der Waldrand." I 3 I. (Rzw. Wald.)

Vp. P. R.: „Die Zwangsanstalt in Münster. Die ganze Gegend richtig abgeschattet." II 1 I. (Rzw. Zwang.)

Vp. Fr. K.: „Da sah ich in weiter Entfernung auf einem graubräunlichen Weg 2 Personen." II 8 II. (Rzw. Spielbank.)

Alle 3 Aussagen lassen eine deutliche Tiefenwirkung erkennen. Charakteristisch ist die dritte, da sie von einer Vp. stammt, deren Vorstellungen im allgemeinen durchaus nicht dies Merkmal zeigten.

Eine zweite Art der Beschreibung besteht darin, daß die Vp. bei einem Einzelding auf seine Plastizität hinweist:

Vp. St. (Rzw. Sattel): „Zunächst der Sattel selbst hellbraun, die Wölbung ganz deutlich gesehen." I 41 EI.

Vp. P. R.: „Ganz plastisches Bild einer Semmel mit Form, Größe, Einschnitt." I 11 I. (Rzw. Semmel.)

Endlich beschrieben die Vpp. die Tiefenwirkung dadurch, daß sie bei bewegten Dingen angaben, in welchem Winkel sich die Dinge von ihnen fortbewegten:

Vp. St.: „Ich sah zunächst einen Eisenbahnzug, auf einer freien Strecke fahrend. Der Zug fuhr auf einem Damm im Winkel von 30^0 von mir fort nach rechts mit ungefähr 10 Wagen. Personenzug." I 13 EI.

Vp. A. (Rzw. Gespann): „Dahinten steht die Quadriga ... Die Pferde laufen im Winkel von ca. 135^0 von mir fort." I 39 I.

Nach diesen Angaben wird man nicht mehr zweifeln, daß visuelle Vorstellungen eine deutliche Tiefendimension besitzen können[1]). Es fragt sich nur, wie ist es gewöhnlich?

---

[1]) Vgl. hierzu die Ausführungen von G. E. Müller in dem auf S. 4 zitierten Werk, die unsere Angaben noch in mancher Hinsicht ergänzen.

Wir haben schon auf die individuellen Unterschiede hingewiesen: bei einigen Beobachtern scheinen Vorstellungen gewöhnlich körperliche Merkmale zu haben, bei andern nicht. —
Es wird für die Räumlichkeit noch einiges in Betracht kommen,
wenn wir über die Lokalisation der Vorstellungen sprechen
werden.

3. Wir wenden uns jetzt zur Besprechung der Lückenhaftigkeit der Vorstellungen und verstehen hierunter nur das
Fehlen von selbständigen Teilen. Über diesen Punkt ist unser
Material äußerst reich, ein Hinweis darauf, daß wir es hier
mit einer schon tiefer im Wesen der Vorstellung gegrün-
deten Eigenschaft zu tun haben.

Auch hier werden wir Beispiele für möglichst extreme
Fälle anführen, wir beginnen dabei mit den lückenhaften
Vorstellungen und lassen erst später ihr Gegenstück, die vollständigen, folgen. Es hat das den Vorteil, daß wir die Vollständigkeit besser beurteilen können, wenn wir die Lückenhaftigkeit ausführlich kennen gelernt haben.

I. Wie bisher werden wir auch hier wieder verschiedene
Gruppen unterscheiden können, nach dem Gesichtspunkt, unter
dem die Vorstellung lückenhaft wurde.

A. Von einem einheitlichen Gegenstand werden nur Teile
vorgestellt:

a) Es gibt eine Reihe von Worten bzw. Begriffen, deren
Gegenstände Teile andrer Gegenstände sind, so daß diese
Teile erfahrungsmäßig immer (oder doch in der Regel) nur
am Ganzen auftreten. Die Vorstellung nun braucht sich an
diese Erfahrungen nicht zu halten, sie kann vielmehr die
Teilgegenstände für sich zur Anschauung bringen.

Bei den Rzwn. Finger (St. Schr.), Maul (St. B.), Dach (St. Schr.),
Brust (B. A.) hatten die in Klammern stehenden Vpp. visuelle Vorstellungen der durch das Rzw. bezeichneten Gegenstände, während erfahrungsmäßig der Finger mit der Hand, das Maul mit dem Tier, das
Dach mit dem Haus, die Brust mit dem ganzen Körper verbunden ist.
Als charakteristische Beschreibung für solche Vorstellungen sei die Angabe der Vp. A. angeführt: Rzw. Brust: „Sah eine Art Brustfläche mit
den beiden Armansätzen." I 26 I.

b) In ähnlicher Weise werden Teile vorgestellt, wenn das
Rzw. nicht diesen Teil bezeichnet:

Beine eines Menschen in Bewegung ohne den Menschen wurden
gesehen beim Rzw. laufen von den Vpp. St. (I v E I), B. (I 30 I) und
A. (I 26 I), beim Rzw. fallen von den Vpp. Schr. (I 36 I) und A. (I 34 I).

Nur der Kopf eines Menschen oder Tieres trat mehrfach auf. Wir
erwähnen: Rzw. dumm: „Eselskopf", Vp. Schr. (I 9 E I). Rzw. stutzig:

Pferdekopf, Vp. Fr. K. (III 43 II), Rzw. Horn: Kopf einer Kuh, Vp. O. (II 25 II), Rzw. Prüfung: Kopf eines bestimmten, als Examinator gefürchteten Herrn, Vp. P. R. (I 17 I). s. a. Vp. A. I 43 im I. Kap. S. 67!

Nur die Hände wurden zweimal von Vp. B. gesehen, und zwar bei den Rzwn. zeichnen und Pille, beide Male in den charakteristischen Bewegungen (des Zeichnens und des Pillendrehens).

Etwas komplizierter sind noch die folgenden Beobachtungen von Dr. B. Rzw. Lauheit: „Ein Mensch, der schlaff aussah, charakterisiert durch die Arme, die ohne Spannung herabhingen. Der Mensch stand, aber von Kopf und Beinen nichts gesehen. Arme und etwas Rumpf, alles wirklich optisch gegebene." I 6 I.

Rzw. weichlich: „Mann mit ganz weichen Händen, von dem übrigen Körper kaum etwas gesehen." III 14 I.

Rzw. Zucht: „Optisches Bild: Mann, der einen Jungen prügelt. Der Stock und der rechte Arm des Mannes bewegte sich auf und ab. Der Junge lag übers Knie. Kopf und Arme von dem Jungen und Kopf und linker Arm vom Manne nicht gesehen." I 10 I.[1])

Wir haben im Vorangehenden Beispiele für 11 Rzwe. gegeben und dazu im ganzen 14 Fälle herangezogen. Von diesen 11 Rzwn. sind 3 Verben, 3 Adjectiva, 3 abstrakte und 2 konkrete Substantiva. Berücksichtigen wir die Anzahl der Einzelversuche, so bleibt die Verteilung der Wortklassen im übrigen die gleiche wie bei den 11, nur fallen jetzt 6 Versuche auf Verbalformen. In diesen 6 Fällen ist nun immer ein Träger der Bewegung vorgestellt:

Die Beine laufen, sie haben die für das Laufen charakteristische Bewegung, während der übrige Körper, vor allem der Kopf, viel weniger daran teil nimmt. Ähnlich ist es bei Fallen. Die hierher gehörige Angabe der Vp. Schr. lautet: „Situation des Fallens als visuelles Bild. Irgend jemand fiel in sich zusammen, die Knie bogen sich ... den Menschen nicht deutlich gesehen, kein Gesicht".

Man erkennt aus dieser Aussage gleichzeitig die Verwandtschaft, die die Fälle von lückenhaften Vorstellungen mit denen haben, bei denen verschiedene Teile verschieden deutlich sind. Diese sind eine Vorstufe jener.

Es wurde also in diesen Fällen nicht mehr vorgestellt, als zur Charakteristik des Rzw. nötig war, die Vorstellung bedeutete gegenüber der Wahrnehmung eine Auswahl.

Ganz das gleiche gilt nun auch für die Adjektiva. Bei Dr. B. ist das „weichlich" in den Händen charakterisiert, der ganze übrige Körper wird nicht beachtet, ist bei den Vorstellungen nicht gegeben. Ganz deutlich zeigt das gleiche

---

[1]) Vgl. hierzu Messer, l. c. S. 56, Vp. III.

Verhalten die Vorstellung der Vp. Fr. K. beim Rzw. stutzig (Pferdekopf s. o.), Vp. sagt aus: „... am deutlichsten an dieser Vorstellung waren nämlich die großen Augen, ganz nebenher ging der Gedanke an ein scheuendes Pferd."

Nicht ganz so deutlich scheint es bei dem Eselskopf zu sein, den Vp. Schr. beim Rzw. dumm sah. Aber auch hier ist das Charakteristische für den dummen Esel sein Kopf, und dieser trat allein in der Vorstellung auf.

Die gleiche Selektion findet sich auch in den 5 andern Beispielen. Höchst charakteristisch sind die Versuche mit den Rzwn. Lauheit und Zucht. Aber auch im Versuch mit „Prüfung" genügt als Repräsentant des schweren Examinators das Brustbild. Hätte der Herr als Repräsentant eines gut gekleideten Mannes dienen sollen, so wäre er zweifellos in ganzer Figur erschienen; ein Fall, der nicht frei erfunden, sondern bei der Vp. O. III 29 III verwirklicht ist.

Schließlich gehören auch die konkreten Substantiva hierher. „Pille" wird quasi dynamisch aufgefaßt und ihre Entstehung ist im Verständnis mitgegeben und wird auch mit vorgestellt, das Drehen ist dabei und natürlich die drehenden Hände. Der übrige Mensch ist hierfür irrelevant und fehlt in der Vorstellung. Bei Horn (Kopf einer Kuh) liegt es ähnlich, hier werden wir auch an die unter a) angeführten Fälle erinnert.

c) Als dritte Gruppe fassen wir Fälle zusammen, die sich von den Gruppen a und b nur dadurch unterscheiden, daß diesmal die Teilvorstellungen nicht notwendig im Sinne einer ständigen Erfahrung zusammengehören.

Zum Beispiel: Vp. O. I 46 I Rzw. saddle: „A vague picture of a saddle; it was on a horseback, although I only saw a small portion of the horse"; ein Versuch, der der Gruppe a ähnlich ist. Mehr Ähnlichkeit mit Gruppe b hat der Versuch mit Dr. B., I 26 I Rzw. Brust: „Säugling an der Mutterbrust, in bestimmter Haltung an der linken Brust saugend. Der Säugling wieder unvollständig, von den Armen nichts und die Beine nur angedeutet."

Man kann zwar Sattel ohne Pferde, Brust ohne Säugling sehen, innerhalb dieser Komplexe ist aber jedenfalls die Selektion wieder wirksam.

Ähnlich mit beiden Gruppen ist die Vorstellung, die beim Rzw. Ornat bei den Vpp. B. und A. auftrat. Die Vorstellung der Vp. A. (I 7 I) haben wir schon auf S. 197 beschrieben als Beispiel für die verschiedene Deutlichkeit innerhalb einer Vorstellung, sie gehört aber auch hierher, da Teile des Trägers ganz fehlten. Ähnlich ist es bei Dr. B.

(I 8 I), der den Kopf des mit dem Ornat geschmückten Priesters gar nicht bemerkte.

Ganz spärlich sind die beiden folgenden Vorstellungen zum Rzw. Jurist:

Vp. A. (I 1 I): „Als Gerichtsgebäude eine Wand mit Fenstern."
Vp. St. (I 5 I): „Die Vorstellung eines Juristen, mit dem ich neulich zusammen war. Dabei ist das einzige, was ich gesehen habe, eine blaue Aktenmappe unter einem Arm."

Schließlich gehören zu dieser Gruppe noch zwei Vorstellungen von Vp. Fr. K. Beide Male (I 3 EI und II 33 II) wird ein Wald vorgestellt zu den Rzwn. Wald und Beere. Beide Male sieht Vp. nur wenige (5—6) Bäume. Die Anzahl der Teile, die eine Kollektivvorstellung ausmachen, ist also sehr herabgesetzt.

Wir haben damit eine große Gruppe A von Fällen kennen gelernt, in denen Vorstellungen starke Lücken aufweisen. Es war für diese Gruppe eine gewisse Selektion im Sinne des Rzw. charakteristisch, die als Ursache für die Lückenhaftigkeit und damit für die Verschiedenheit der Vorstellungen von den Wahrnehmungen angesehen werden muß. Wir sahen auch wie weit diese Lückenhaftigkeit gehen kann, wenn nur das tatsächlich Vorhandene im Sinne des Rzw. war.

Zum Schluß müssen wir noch eine Ergänzung hinzufügen, die sich auf eine Aussage der Vp. Dr. B. stützt: In I 8 (Rzw. Ornat) gab er zu Protokoll (s. o.): „Das Fehlen der notwendigen Teile nicht so, als ob sie nicht dran wären. Ein geköpfter Mensch würde ganz anders vorgestellt." Das heißt aber, für die Vorstellungen gelten die Verhältnisse der Wahrnehmungen, besser gesagt, der Dinge, nicht. Man kann Rümpfe vorstellen ohne Köpfe, und doch sind dies keine kopflosen Rümpfe[1]). Dies zeigt von einer neuen Seite die Abhängigkeit der Vorstellungen von den Worten, und zwar von ihren Bedeutungen. Die Vorstellungen treten häufig nur auf für das, was gemeint ist, alles übrige wird nicht vorgestellt, sein Fehlen fällt aber nicht auf, weil die Intention ganz erfüllt ist.

B. Die Vorstellung eines Gegenstandes ist ohne jede Lokalisation.

Zum besseren Verständnis seien gleich einige Beispiele gegeben:

---

[1]) Diese Inkongruenz gilt für die gewöhnliche, nicht geleitete Wahrnehmung. Daß aber auch in der Wahrnehmung Analoga sich finden, bei Abstraktion, darüber s. S. 208.

Vp. St. (Rzw. Semmel): „Zunächst die allgemeine, nicht näher spezialisierte Vorstellung einer Semmel, hell, viereckig mit abgerundeten Ecken. Der Mangel an Spezialisierung lag darin, daß sie keinen Platz hatte." I 12 E.

Vp. St. (Rzw. Fahne): „Zunächst allgemein etwas Flatterndes ohne nähere Lokalisation; es hatte für mich etwas Unbefriedigendes, daß ich nicht angeben konnte, wo die Fahne angebracht ist." I 33 EI.

Vp. Schr. (Rzw. Fell): „Fell, buntgefleckt, ausgebreitet, aber nicht auf dem Boden liegend." II 40 I.

Vp. B. (Rzw. rauben): „Eine Raupe ohne Unterlage, weiß gar nicht, worauf sie gesessen haben sollte; irgendwo im Raum." I 38 I.

Vp. B. (Rzw. Beutel): Vorstellung eines herunterhängenden Beutels. Wovon er herunterhing, visuell nicht gegeben. I 21 I.

Vp. B. (Rzw. Obst): „... herunterhängende Kugeln, kein Laub, nichts von einem Baum, sondern einfach in der Luft." I 47 I.

Die Beispiele werden genügen, um zu verdeutlichen, was gemeint ist. Wahrscheinlich haben weitaus die meisten Gegenstandsvorstellungen diesen Lokalisationsmangel an sich, doch gab die Vp. häufig genug nicht an, daß ihr die fehlende Lokalisation aufgefallen wäre, während die Beschreibung ihrer Vorstellung doch nichts von Lokalisation enthielt. Unsere Beispiele sind nur einige der extremsten Fälle.

Gruppe B bedeutet also eine Ergänzung der Gruppe A. Auch hier fehlen wieder Teile, die in der Wahrnehmung nie fehlen können. Auch hier handelt es sich um eine Selektion, bei der das für die Bedeutung irrelevante ausfällt.

C. In einer dritten Gruppe C tritt uns Lückenhaftigkeit in weniger bedeutender Form entgegen. Es handelt sich um Vorstellungen größerer Komplexe, in denen einige Teile fehlen.

Vp. St. (Rzw. Puppe): „Vorstellung eines bestimmten Puppenwagens mit zwei Puppen, der unter der Mitte der Schmalseite des Tisches in unserem Wohnzimmer stand. Alles übrige im Zimmer nicht gegenwärtig." I 1 I.

Vp. B. (Rzw. Grund): „Tiefer Brunnen. Rundes Loch. Die Mauer gehörte dazu, obwohl ich sie nicht gesehen habe; aber wenn keine dagewesen wäre, so wäre es mir aufgefallen." I 13 I.

Auch diese Gruppe von Vorstellungen läßt sich aus demselben Gesichtspunkt verstehen wie die früheren. Die Intention muß erfüllt sein, mehr ist nicht nötig. Die Aussage von Dr. B. entspricht ganz den oben zitierten. Wenn die Mauer auch nicht gegeben ist, so ist doch ein Brunnen mit einer solchen Mauer gemeint, und darum wird sie gar nicht vermißt.

D. Interessanter ist die letzte Gruppe D; hier handelt es sich um gedanklich ganz klar und eindeutig gegebene Situationen, in denen jedoch visuell sehr wenig vorhanden ist, ja wo häufig genug die Hauptsache im optischen Bilde ganz fehlt.

Wir beginnen mit den Fällen, in denen optisch noch am meisten gegeben ist:

Vp. Dr. B. (Rzw. Puppe): „Visuell eine Puppenwiege. Darin eine Puppe gewußt, nicht gesehen. Auch eine Kindergestalt in der Nähe gewußt. I 1 I.

Vp. Dr. B. (Rzw. Spielbank): „Eine Bank an einem Spielplatz, wo Kinder sich tummelten. Kinder nicht gesehen, nur hinzugedacht." II 8 I.

Vp. O. (Rzw. Schwert): Bild eines Ritters. „Er hatte das Schwert nicht in der Hand, aber er sollte es in der Hand haben." II 4 II.

Vp. v. W. VI 28 EI (Rzw. Kompot): „Bild eines gelblichen Haufens auf einem Teller, den Teller nicht gesehen, aber gewußt, daß es auf einem Teller lag."

Die Lückenhaftigkeit ist in diesen Fällen eine ganz andre als in den bisher besprochenen. Die Vorstellung ist lückenhaft in bezug auf einen Gedanken, besser ausgedrückt, von einer gedanklich gegebenen Situation ist nur ein Teil auch anschaulich gegeben. Dies wird immer deutlicher in den folgenden Fällen:

Vp. B. (Rzw. Ehre): „Kleines Situationsbildlein. Einem Mann wurde ein Ehrenzeichen an die Brust geheftet. Von dem Dekorierten ganz wenig, gar kein Gesicht, Zivilkleidung. Nichts über Kopfbedeckung. Im wesentlichen Brust und Rock, dazu eine Hand, die von der gegenüberstehenden Person erhoben war, um das Zeichen anzustecken, und das Zeichen in der Hand." II 22 I.

Vp. St. (Rzw. Löwe): Situation, wie ein Freund der Vp. einen Witz von einem Löwen erzählt. „Nicht genau visuell. Ich mit jemand gehend, von dem ich wußte, wer es war, und einer von uns hatte den Witz erzählt." II 46 I.

Am extremsten sind die folgenden Fälle:

Vp. B. (Rzw. Gedicht): „Situation: ein Herr und eine Dame, der Herr vorlesend, was ein Gedicht sein sollte ... Buch und Arme gesehen, sonst recht unbestimmt. Aus dem optischen Bild hätte ich gar nicht sehen können, daß es eine Dame ist." II 19 I.

Vp. St. (Rzw. kränken): „Die Situation von bestimmten Menschen, die sich mit Worten wehe getan haben. Dabei visuell die Umgebung, während die zwei Menschen selbst nicht gesehen wurden." I 27 I.

Vp. St. (Rzw. Sagen): „Vorstellungskomplex die Nibelungensage. Visuell insofern, als ich ein paar Helden in der Gegend vom Rhein gesehen habe oder eigentlich nur einen Helm in der Nähe von Wasser; alles übrige gewußt." I 37 I.

Vp. St. (Rzw. Gehalt): „Ein Wortstreit in einem Bureauzimmer des preußischen Kultusministeriums über das Gehalt eines Beamten. Ungefähr das Zimmer visuell; Phantasie. Das meiste gedanklich." II 11 II.

In den letzten 4 Fällen fehlt im anschaulich Gegebenen gerade das wesentliche[1]). Der Unterschied zwischen dem Gewußten und dem Gesehenen (auch andre anschauliche Inhalte waren nie vorhanden) ist außerordentlich groß. Das visuell Gegebene hat den Charakter des Nebensächlichen, das das eigentliche Erlebnis nur begleitet. Diese Fälle sind ähnlich denen, wo, wie in Versuchen von Marbe und Ribot (s. S. 261 f.), sehr abstrakte Begriffe vorgestellt werden sollten, nur sind sie eindeutiger, weil sie ohne jede Instruktion auftraten und ohne jede Frage beschrieben wurden.

So hat uns die Lückenhaftigkeit der Vorstellungen ein Stück weitergeführt, zu einem Punkte, wo die Betrachtung der anschaulichen Merkmale allein nicht mehr ausreicht. An späterer Stelle werden wir daher die Untersuchung wieder aufnehmen müssen.

II. Wir wenden uns jetzt zu dem andern Extrem, zu den Vorstellungen, die keine Lücken aufweisen, denen also dies Ebbinghaussche Merkmal nicht zukommt. Hier können wir uns aber kürzer fassen, brauchen nicht viele Beispiele anzuführen. Interessant scheint mir nur der Fall, wo der vorgestellte Gegenstand selbst viele Einzelheiten enthält, wie etwa ein Bild. Eine Angabe hierüber lautet:

Vp. Schr. (Rzw. Birke): „Böcklinsches Bild, ein Frühlingstag: die Wiese mit dem darauf sitzenden Paar und zwei Birken mit ziemlich dicken Stämmen." I 17 I.

Wir haben aber oben darauf hingewiesen, daß diese vollständigen Gegenstandsvorstellungen doch insofern meistens eine Lücke aufweisen, als die Umgebung fehlt, in der sie sich befinden. Es gibt aber auch wohl lokalisierte und vollständige Vorstellungen, z. B. die eines an der Wand lehnenden Besens (B. I 3 I, St. I VI I) und entsprechend viele andre. Uns speziell interessiert hier nur noch ein Versuch, der zeigt, wie relativ der Begriff der Lückenhaftigkeit für das erlebende Subjekt ist. Wir haben oben in Gruppe B eine Angabe der Vp. St. zitiert (S. 204), in der sie eine nicht lokalisierte Semmel beschrieb. Vp. bemerkte hier den Mangel an Spezialisierung, wie sie das Fehlen des Platzes nannte und wartete daher mit

---

[1]) Vgl. hierzu wieder Messer, l. c. S. 88.

der Reaktion bis sich die Vorstellung spezialisierte. Die Reaktionsvorstellung enthält nun die Lokalisation in einem Brotkorb.

Die Lückenhaftigkeit der ersten Vorstellung ist dadurch behoben, aber auch die neue Vorstellung ist noch lückenhaft, denn auch der Brotkorb müßte wieder seinen Platz haben. Dies kommt jedoch der Vp. gar nicht zum Bewußtsein, ihre erste Gegenstandsvorstellung ist bestimmter geworden und daher kann die Reaktion erfolgen. Im Sinne der Vp. ist also die Lückenhaftigkeit ein relatives Merkmal.

Wollen wir Beispiele für wirklich vollständige Vorstellungen geben, so müssen wir ganze Komplexe heranziehen. Wir können an den bei Besprechung der Körperlichkeit zitierten Versuch (S. 199) St. I 13 E I denken. Hier sei noch einiges Material hinzugefügt:

Vp. St. (Rzw. Birke): „Eine bestimmte Waldblöße, wo einzelne Birken stehen. Deutlich gesehen die Bahnlinie, die am Rand vorbeiführt." I 19 I.

Vp. St. (Rzw. Fahne): „Eine kleine Fahne, die wir als Studenten auf einem Felsen der Fränkischen Schweiz angebracht haben ... Die ganze Landschaft visuell mit gegenwärtig." I 33 I.

Auch diesen Versuch zitierten wir schon auf S. 204. Es war nämlich eine unlokalisierte Vorstellung vorausgegangen, die sich nun diesmal zu einer absolut genommen vollständigen entwickelte.

Vp. Schr. (Rzw. Brauerei): „Bestimmte Brauerei in Nürnberg, von einem bestimmten Fenster aus gesehen. ... deutlich in natürlicher Größe." I 5 I.

Vp. Schr. (Rzw. Wäsche): „Vorstellung einer ganzen Theaterszene aus dem Sommernachtstraum." II 28 II.

Vp. P. R. (Rzw. Obst): „Der väterliche Obstgarten mit der ganzen Umgebung und dem ganzen Detail, aber ohne Personen." I 33 I.

Vp. A. (Rzw. dumm): „Ich sah einen ziemlich blöden Menschen mit einer Kopfbedeckung ziemlich tief im Gesicht, der ca. 4,5 m entfernt von mir vorbeiging in einer Straße wie die Domerschulgasse." I 9 I. Endlich findet sich eine Vorstellung, die sogar m e h r Teile enthält, als in der Wahrnehmung gegeben sein können.

B. I 19 I (Rzw. Rübe): „Richtung zum Boden: Drinnen die Rübe, drüber das Kraut. I c h h a b e s i e i m B o d e n g e s e h e n, o h n e d a ß d e r B o d e n s i e v e r d e c k t e."

All den zitierten Beispielen ist es gemeinsam, daß ausgedehnte Gesichtsvorstellungen vorhanden sind, an denen bestimmte Teile nicht fehlen; wie es mit der Deutlichkeit oder Bestimmtheit der ·Teile beschaffen war, interessiert uns hier nicht, wir wollen lediglich die Lückenlosigkeit in unserm definierten Sinn konstatieren.

Unter Berücksichtigung unseres ganzen Materials ergibt sich, daß die Lückenlosigkeit sich bei Erinnerungsvorstellungen viel häufiger findet als bei Phantasievorstellungen.

Jedenfalls können wir jetzt auch den Charakter der Lückenhaftigkeit nicht mehr unter allen Umständen als entscheidende Differenz zwischen Wahrnehmungen und Vorstellungen ansehen. Einmal können, wie wir sahen, auch Vorstellungen lückenlos sein, dann aber sind auch viele Wahrnehmungen nur allzu lückenhaft. Wenn diese Lückenhaftigkeit der Wahrnehmung sich auch vielleicht noch mehr auf die Anzahl der Merkmale richtet, als auf die der Teile, so gibt es zweifellos auch genügend Fälle, wo Stücke der objektiven, kollektiven Wahrnehmung ausfallen, ihr entgehen. Besonders wird das dann eintreten, wenn wir mit Abstraktion, also unter einem bestimmten Gesichtspunkt wahrnehmen (beobachten). Hier wird die Analogie zur Lückenhaftigkeit der Vorstellungen noch größer; konnten wir doch in den meisten Fällen die Lückenhaftigkeit mit der Bedeutung des Rzw., das gewissermaßen eine Aufgabe repräsentiert, zusammenbringen.

4. Die Armut an Merkmalen, die Ebbinghaus den Vorstellungen zuschreibt, besprechen wir, indem wir wieder zunächst die Fälle charakterisieren, die diese Eigenschaft am hervorragendsten besitzen, und alsdann auch für das andre Extrem Beispiele anführen.

I. Auch für diesen Punkt ist unser Material äußerst reichhaltig.

A. Die vorhandenen Merkmale reichen nur aus, um das genus zu bestimmen, die spezifischen Merkmale fehlen mehr oder weniger. Es ist dies ein sehr allgemeines Kennzeichen von Vorstellungen, das auch historisch von Wichtigkeit ist (Streit Locke-Berkeley). So kann die visuelle Vorstellung eines Eisenbahnzuges es ganz unbestimmt lassen, ob der Zug ein Personen- oder ein Güterzug ist.

Vp. B. I 16 I und III 15 I. Rzw. Geschwindigkeit. Vp. A. I 15 I, der die Vorstellung folgendermaßen beschreibt: „Art Eisenbahnzug ... Lokomotive, Schornstein mit weißem Qualm, dahinter ein langes undifferenziertes Ding."

Es kann eine Münze gesehen werden, ohne daß die Vp. weiß, was für eine es ist.

Vp. O. II 39 II. ·Rzw. borrow: „a coin, not a peculiar kind", oder ohne Prägung, Vp. B. I 28 I. Rzw. Mark. Zum Rzw. Fell sah ferner Vp. B. ein Tier: „Was für eins, weiß ich nicht, jedenfalls eins, von dem man ein Fell haben konnte, und ein größeres." II 39 I. Von einem Wald konnte Vp. St. nicht angeben, ob es Laub- oder Nadelwald sei, I 3 EI. Ähnlich sind noch die folgenden Angaben: Vp. St. (Rzw. Bahnhof). „Zunächst ein allgemeines Stationsgebäude so im Prinzip, in der Mitte höher, an den Seiten niedriger." II 10 EI.

Vp. St. (Rzw. Attribut): „Irgendein Heiligenbild, könnte auch eine griechische Göttin gewesen sein, die an der Seite etwas hatte, was ein Attribut war." III 4 I.

Vp. O. (Rzw. Gehalt): „Visuelles Bild von 1000. Die Zahl der o unbestimmt." II 11 I.

Vp. v. W. VI 20 EI. (Rzw. Skizze): „Ich glaube, daß ich so eine ganz flüchtige Skizze gesehen habe, ohne daß ich gesehen habe, was sie darstellte."

Die Wichtigkeit dieser Angaben springt in die Augen. Berkeley hätte strikt geleugnet, daß man eine Zahl in Ziffern sehen könnte, ohne daß diese Zahl bestimmt sei.

Die gleiche Beobachtung hat übrigens schon Titchener bei der Beschreibung seines eigenen Typus angegeben (vgl. Titchener, Lectures on the Experimental Psychology of the Thought Processes S. 17, 18). Titchener spricht davon, daß er das Lockesche Dreieck, das weder spitz-, noch recht-, noch stumpfwinklig ist, ebenso wie das allgemeine Tier wohl vorstellen kann und beschreibt seine entsprechenden Vorstellungen[1]).

Wir fügen noch 2 Vorstellungen an, die den Übergang zwischen voll und teilweise bestimmten Vorstellungen charakterisieren.

Vp. St. (Rzw. Weizen): „Visuelles Bild von einigen Weizenähren. Kleines Stück eines Ackers ... gewußt, daß es Weizen ist; von Hafer verschieden, aber nicht von Korn." II 41 EI.

Vp. Schr. (Rzw. Stand): „Schießstand am Erlanger Militärschießplatz ... könnte nicht sagen, welcher von den verschiedenen dort befindlichen Schießständen; die Vorstellung war allgemeiner." I 16 I.

Im ersten Fall haben wir eine Vorstellung, die schon einen großen Teil der Spezies Merkmale enthält, wo nur noch die Individualitätsmerkmale fehlen. Beide Fälle sind interessant.

B. Die Merkmale, die eine Vorstellung ausmachen, können noch viel spärlicher sein als in Gruppe A, so daß auch das genus proximum nicht mehr bestimmt ist, sondern, logisch

---

[1]) Vgl. hierzu auch Watt, l. c. S. 364, wo auch das allgemeine Tier eine Rolle spielt.

gesprochen, ein in der Reihe der Überordnung sehr weit entfernt stehender Begriff.

Diese Beschreibung sagt schon, daß die Gruppen A und B nur graduell unterschieden sind, doch ist der Unterschied in den meisten Fällen so groß, daß ihre gesonderte Behandlung gerechtfertigt ist.

Vp. St. (Rzw. Berg): „Zunächst ganz unbestimmte visuelle Vorstellung von etwas, das auf beiden Seiten hinaufgeht." I 30 EI.

Vp. St. (Rzw. Orchester): „Queens Hall Orchestra in London ... Ich habe ganz allgemein etwas Ansteigendes gesehen." I 9 I.

Vp. St. (Rzw. Beere): „Ich sah zunächst eine ganz flüchtige Vorstellung von einer Beere ..., irgendeine grüne Umgebung mit etwas Dunklem daran." II 30 EI.

Vp. Schr. (Rzw. Schwert): „Allgemeine Vorstellung Schwert, visuell ganz unbestimmt, ein Etwas vor mir. Griff, wohl mit ganz kleiner Parierstange, doch ist mir sogar die Lage nicht mehr sicher. II 4 EI.

Vp. v. W. VII 16 EII (Rzw. hängen): „Dabei graue Fläche, die ein Brustkasten sein sollte."

Vp. B. (Rzw. Wald): „Vorstellung des Guttenberger Waldes an einer bestimmten Stelle ... ein dunkles Etwas im rechten Winkel herunterragend, sonst keine Einzelheiten." I 3 I.

Bei dieser Vorstellung können wir den Vergleich mit Gruppe A am besten durchführen. Die in dieser Gruppe enthaltene Waldvorstellung (S. 209) hatte doch noch deutlich den Gattungscharakter Wald, dem das Specificum, ob Laub-, ob Nadelwald fehlte. Hier in Gruppe B ist auch das Waldcharakteristikum nicht mehr im Bilde, nur noch die Fläche und Helligkeitsverteilung ist geblieben. Trotzdem ist in Gruppe B die Waldvorstellung gegenständlich bestimmter, weil individualisiert, als in Gruppe A, ein Punkt, auf den wir später zurückkommen werden.

Zum Schluß noch zwei extreme Angaben von Vp. A. (Rzw. Besen): „Ding, das ungefähr wie ein Besen aussieht, und von dem ich wußte, daß es ein Besen ist." I 27 I.

(Rzw. Dorf): „Feld; etwas Ausgedehntes, was nachträglich Feld zu nennen." II 2 II.

Diese Gruppe B entspricht den 2 ganz extremen Fällen der Gruppe A c der lückenhaften Vorstellungen (S. 203). Auch ist hier wieder eine gewisse Selektion zu bemerken, die allerdings diesmal hauptsächlich assioziativ bedingt sein wird. (Vgl. den spätern Abschnitt über Auswahl S. 255 ff.) Wichtig ist diese Gruppe dadurch, daß sie zeigt, wie spärlich eine Vorstellung bei voller Gegenstandsbestimmtheit mit Merkmalen ausgestattet sein kann.

Als Anhang besprechen wir Fälle, die eine Mittelstellung zwischen Gruppe A und B einzunehmen scheinen: die von den Vpp. so bezeichneten „schematischen" Vorstellungen (über eine andre Art schematischer Vorstellungen s. später S. 265).

Vp. Schr. (Rzw. Brust): „... Dann eine Art von schematischer Vorstellung eines menschlichen Körpers, nackt, in Umrißlinien, wie in einem anatomischen Lehrbuch; im Augenblick wußte ich nicht, ob Mann oder Frau, nachträglich kann ich sagen, daß es keine Frau war, da keine Polsterung der Brüste." I 20 E I.

Vp. B. (Rzw. Gehalt): „Eine Statue mit der Bedeutung, das ist etwas Gehaltvolles. Ganz schematisch, weiß nicht, ob Mann oder Frau." II 12 II.

In ähnlicher Weise wurde das Wort schematisch noch häufig gebraucht, wir haben nur die charakteristischsten Fälle herausgegriffen. Sehr bezeichnend ist die Aussage der Vp. Schr., die sich fast durchweg negativ ausdrückt; es sind eben keine positiven Anhaltspunkte in der Vorstellung vorhanden. Wichtig und klar ist in beiden Fällen dagegen die Intention, die gedankliche Beziehung.

C. Wir kommen zu einer neuen Gruppe von Fällen, die dadurch ausgezeichnet ist, daß es ganz besonders geartete Merkmale sind, die den Vorstellungen fehlen, während im übrigen die Armut an Merkmalen nicht hervortritt. Wir können 3 verschiedene Arten solcher Vorstellungen beschreiben, ohne damit ihrer wirklichen Mannigfaltigkeit gerecht zu werden.

a) Die Farbe fehlt.

Häufig genug kommt es vor, daß in den Vorstellungen von farbigen Gegenständen die Vorstellung der Farbe fehlt. Es scheint dies bei manchen Menschen überhaupt die Regel zu sein. Mir z. B. ist es unmöglich, willkürlich mir farbige Gegenstände, etwa eine grüne Wiese, ein rotes Kleid farbig vorzustellen, doch sind meine eignen visuellen Vorstellungen überhaupt sehr mangelhaft; größeres Interesse gewinnt die Tatsache erst bei Vpp., die häufig gute visuelle Vorstellungen haben. Eine ganz extreme Angabe liegt nur von Vp. Fr. K. vor, die zwar häufig mangelhafte Vorstellungen hatte, aber doch visuell genug ist:

(Rzw. Gespann): „Verschwommenes Bild eines Wagens mit zwei Pferden, ganz farblos." I 46 I.

In den übrigen Fällen sind die Angaben nicht so positiv; die Vpp. wissen nicht mehr, ob und wie die Vorstellungen gefärbt waren; jedenfalls aber trat die Farbigkeit also im Bewußtsein zurück.

Vp. Schr. (Rzw. Sichel): „Ährenleserin von Millet ... Weiß nicht, ob in den Farben oder nur als Stich." I 38 I.

Vp. Schr. (Rzw. Tulpe): „Tulpenbeet, ... wo die Farbe zurücktrat." II 35 I.

Vp. St. (Rzw. Ornat): „Mann mit großem Talar, dessen Farbe ich nicht angeben kann." I 8 I.

Es kann sein, daß die zitierten Fälle 2 verschiedene Phänomene darstellen. Im ersten Fall (Vp. Fr. K.) wäre die Vorstellung phänomenal farblos, in den übrigen Fällen wäre phänomenal vielleicht Farbe vorhanden und nur nicht beachtet. Der Unterschied ist übrigens nicht so groß, wie er zunächst zu sein scheint, denn auch im ersten Fall ist es Abstraktion, die die Farblosigkeit hervorruft, umgekehrt kann man im zweiten Fall zweifeln, ob tatsächlich die Vorstellung gefärbt war oder ob nicht die Abstraktion auch phänomenal wirksam geworden ist. Jedenfalls liegen keine essentiell verschiedenen Fälle vor[1]).

b) In 2 Vorstellungen der Vp. Schr. fehlte den bewegten Gegenständen das Merkmal der Bewegung, sie standen optisch still.

(Rzw. Gespann): „Hofwagen über die Brücke von Schwerin beim Schloß fahrend. Bewegung nicht gesehen." I 40 I.

(Rzw. Schwert): „Gestalt mit emporgehaltenem vorgestrecktem Schwert. Die Gestalt war in Bewegung, aber ich sah sie ruhig wie eine Statue, aber nicht als Statue bewußt." II 4 I.

Die Ähnlichkeit dieser 2 Fälle mit denen der Gruppe a ist deutlich.

c) Hier ist es umgekehrt wie in b: die Bewegung wird gesehen, aber nicht das Bewegte.

Vp. B. (Rzw. fallen): „Es ging gleich nach unten; erst unbestimmt, was es sein sollte, das da fiel." I 41 EI.

Vp. St. (Rzw. Geschwindigkeit): „Allgemeine Vorstellung einer Bewegung. Irgend etwas hat sich bewegt." III 21 II.

---

[1]) Über die theoretische Bedeutung später S. 258 ff. Vgl. auch schon hier die in Külpes Abstraktionsversuchen (Ber. über den I. Kongr. f. exp. Psych., hrsg. v. Schumann, S. 56—68) u. bei A. J. Schulz: Untersuchungen über die Wirkung gleicher Ringe auf die Auffassung bei momentaner Exposition, Zeitschr. f. Psychol. 52, S. 247/8, beschriebenen analogen Verhältnisse in der Wahrnehmung.

Leider läßt sich in allen drei Fällen nicht mit Sicherheit erkennen, ob farblos im Sinne von grau oder im Sinne des Fehlens jeder Farbe überhaupt zu verstehen ist. Auch das letzte scheint mir durchaus möglich.

Auch hier ist eine weitgehende Abstraktion zu bemerken, die auch phänomenal wirksam geworden ist. Der Begriff der Abstraktion ist es überhaupt, der zur Erklärung der ganzen Gruppe der Merkmalsarmut herangezogen werden muß. Aber dieser Begriff gehört nicht in das Gebiet des Anschaulichen, daher werden wir sein Problem erst später behandeln.

II. Vorstellungen, die reich an Detail sind.

A. Einzelne Gegenstände.

Sowohl Vorstellungen von Gegenständen als solchen (Phantasievorstellungen), als auch individualisierte (Erinnerungsvorstellungen) können mit einer Fülle von Merkmalen versehen sein. Folgende Beispiele, die bedeutend vermehrt werden könnten, werden dies klar machen.

Vp. St. (Rzw. Besen): „An eine Wand gelehnt, sah ich einen schneeweiß gescheuerten Besen in allen Einzelheiten." I VI.

Vp. St. (Rzw. Stern): „Zunächst habe ich einen Stern gesehen, aus Goldpapier geschnitten, ziemlich leuchtend, fünfzackig, ca. 40 cm groß." I 2 EI.

Vp. Schr. (Rzw. Bogen): „Visuelles Bild eines Bogens. Der Bogen war kolossal deutlich, eine ganz individuelle Form mit geschweiften Rändern und einem Kerb zum Auflegen des Pfeiles. Lebensgröße. I 19 I.

Vp. O. (Buch): „Dunkles visuelles Bild von einem Buch. Ziemlich dick, Rücken und Ecken gelb." I 19 I.

Dieser Fall zeigt, daß detaillierte Vorstellungen nicht deutlich zu sein brauchen. Weiter:

Vp. P. R. (Rzw. Rübe): „Visuelles Bild einer kräftigen Rübe, gelbliche Zuckerrübe, mit ganz individuellen Zügen, aber keine bestimmte." I 18 I.

Vp. P. R. (Rzw. Birke): „Visuelles Bild eines schönen Birkenbaumes aus dem Nachbargarten meiner Heimat ... Deutlich der schöne Stamm mit der weißen Farbe und der blättrigen Haut." I 21 I.

Diese Vorstellung war zugleich lückenhaft, da die Krone der Birke fehlte.

Diese Gruppe A also enthält in der Tat Vorstellungen, die an Detail den Wahrnehmungen nicht nachstehen.

B. Hier behandeln wir detaillierte Vorstellungen nicht mehr von einzelnen Gegenständen, sondern von größern Komplexen oder ganzen Situationen.

Vp. St. (Rzw. brav): „Visuelle Vorstellung eines sehr dicken alten Herrn, der seine sehr dicke Hand auf den Kopf eines Schülers legte und sagte brav." III 2 III.

Vp. Fr. K. (Rzw. Empfindung): „Sehr deutliches visuelles Bild: A. mit seinem Farbenkreisel und ich selbst als Vp. ... Auf dem Farbenkreisel rot und blau." III 48 III.

Vp. B. (Rzw. Maler): „Klares, deutliches Bildchen. Ein Maler in seiner Staffage an der Arbeit, mit Pinsel und Palette. Lange Leinwandjacke an, ich sah ihn von hinten, er schaute nach links." II 14 I.

Vp. P. R. (Rzw. Wald): „Der Wald meiner Heimat. Ich sah vollständig den Tannen- und Buchenwald, daran als fringes die Felder und ganz im Hintergrund das Dörflein." I 3 I.

In einer Gruppe C endlich behandeln wir solche Fälle, in denen bei auch sonst merkmalsreichen Vorstellungen ein Merkmal besonders betont ist, besondres Interesse der Vp. beansprucht. Diese Gruppe korrespondiert mit der Gruppe C der merkmalsarmen Vorstellungen, es kommen sogar zuweilen die gleichen Rzw. in Frage (z. B. Ornat).

Vp. St. (Rzw. Wald): „Vorstellung einer bestimmten Aussicht hier in der Nähe auf den Guttenbergwald. Das junge Grün im Sonnenschein." I 3 I.

Vp. Schr. (Rzw. Gamasche): „Herr mit sehr hellen Gamaschen. Der ganze Herr ziemlich auffallend, Dandy." II 19 II.

Vp. Schr. (Rzw. Ornat): „Ein katholischer Bischof in Regensburg, den ich im Ornat über die Straße gehen sah. Sehr deutlich die violette Farbe." I 6 I.

Vp. B. (Rzw. Ornat): „Ein Priester im Rauchmantel wie bei Prozessionen, ganz weites Gewand, merkwürdig steif, mit Gold gestickt. Die Steifheit lag im optischen Bild, sie war sinnlich gegeben." I 8 I.

(Vgl. hierzu die entsprechende Vorstellung der Vp. St., S. 212.)

Vp. A. (Rzw. Spatz): „Sofort die Vorstellung von einem Spatz mit keckem Schwanz und Schnabel." I 12 I.

Vp. A. (Rzw. Kuh): „Ein wirkliches Vieh, braun mit Hörnern, ziemlich gutmütig dreinschauend. Die Kopfpartie besonders aufgefallen, besonders die Nasenlöcher, die mir immer so gut gefallen haben." I 21 I.

Diese Gruppe hat gleichfalls große Ähnlichkeit mit den Wahrnehmungen. Unter der großen Zahl von vorhandenen Merkmalen sind es bestimmte, die besonders interessieren und für das Bewußtsein hervortreten. Wir dürften hier einen Anfang des Abstraktionsprozesses haben, der zu den merkmalsarmen Vorstellungen führt.

Im großen und ganzen hat aber unsere Betrachtung der merkmalsreichen Vorstellungen gezeigt, daß auch Vorstellungen eine Fülle von Detail besitzen können, daß es also nicht angeht, zu meinen, daß anschauliche Merkmalsarmut für sich allein den Unterschied zwischen Vorstellung und Wahrnehmung begründen könnte. Dazu kommt, daß auch hier wieder starke individuelle Verschiedenheiten vorliegen, während der von uns gesuchte Unterschied zwischen Wahrnehmung und Vorstellung kein individuell bedingter ist. Unsere Untersuchung des Ebbinghausschen Merkmals hatte also wieder ein negatives Ergebnis.

5. Daß Vorstellungen, wie es dem letzten von Ebbinghaus angeführten Merkmal entspricht, im allgemeinen wenig beständig sind, sondern plötzlich auftauchen und verschwinden und sich verändern, dürfte wohl zutreffen. Immerhin muß, selbst wenn wir unsere Behauptung so allgemein fassen, noch durch Berücksichtigung des individuellen Typus eine Einschränkung gemacht werden. Dann aber fragt es sich auch, ist diese Flüchtigkeit ein letztes schlechthin bestimmendes Merkmal der Vorstellung, das sie etwa von der Wahrnehmung unterschiede? Die Entscheidung dieser Frage im negativen Sinne ist nicht schwer, wir brauchen dazu nur an die flüchtigsten Wahrnehmungen zu erinnern, etwa an solche, die bei tachistoskopischen Versuchen mit sehr kurzer Expositionszeit gemacht werden. Die Flüchtigkeit eines Inhalts vermag in diesen Fällen nicht, ihn zur Vorstellung zu machen.

Obwohl damit schon die Tatsache feststünde, daß die Flüchtigkeit kein entscheidendes Merkmal der Vorstellung sein kann, soll auch unser Material über diesen Punkt herangezogen werden. Wir werden dadurch Ausgangspunkte finden für eine Erklärung dafür, warum Vorstellungen im allgemeinen flüchtig sind und warum sie dies nicht immer sind.

I. Wir besprechen zunächst die Fälle ausgesprochen flüchtiger Vorstellungen. Die Angaben sind relativ spärlich, und das ist verständlich, da ja Vorstellungen meist nicht sehr beständig sind (vgl. das unter 2 S. 198 Gesagte). So sind die Vorstellungen der Vp. Fr. K. eigentlich alle mehr oder weniger flüchtig und doch sind von ihr nur wenige Aussagen hierüber zu zitieren.

Interessant sind die Fälle, bei denen die flüchtigen Vorstellungen bestimmte Eigentümlichkeiten haben.   .

A. Gegenstandsvorstellungen.

Solche werden recht häufig, zumal bei den Vpp. St., Schr. und O. als flüchtig bezeichnet, oder ihre Flüchtigkeit geht aus der gemessenen Zeit hervor, z. B.:

Vp. St. (Rzw. Berg): 1, 2 Sek. I 30 EI, wo eine schematische Gegenstandsvorstellung eingeschoben war, die eine entsprechend kurze Zeit gedauert haben muß.

Vp. St. (Rzw. Beere): „Ich sah zunächst die ganz flüchtige Vorstellung von einer Beere, mehr die Aufnahme des Begriffes ..." II 20 EI.

Vp. Schr. (Rzw. Band) I 12 EI: „Zunächst ganz undeutlich und verschwommen die Vorstellung eines Stoffbandes, die gleich verschwand ..."

Schließlich gehören noch die Fälle hierher, in denen eine mehrfache Repräsentation vor V1 eingeschoben war, wie wir sie in Teil I bei den verschiedenen Vpp. kennen lernten.

Hier nur 2 Beispiele:

Vp. St. (Rzw. Dach) II 43 EI: „Ich sah eine ganze Masse Dächer nacheinander in großer Verschiedenheit ..."

Vp. St. (Rzw. Bahnhof) II 10 I: „... Dann kam mir unwillkürlich eine Reihe von englischen Bahnhöfen." Die Zeit betrug 2,4 Sek., dabei war vorher noch eine allgemeine Gegenstandsvorstellung eingeschoben, und als V2 trat eine individualisierte Vorstellung auf (vgl. o. S. 209 und S. 221).

Die zitierten Fälle waren mit einer Ausnahme eingeschobene Vorstellungen, doch kommen die gleichen Angaben auch bei Gegenstandsvorstellungen vor, die Erfüllungsvorstellungen sind. Immerhin ist zu bedenken, daß die Gegenstandsvorstellungen andern Vorstellungen gegenüber in gewisser Weise benachteiligt waren, weniger psychisches Gewicht hatten, ein Punkt, auf den wir später noch näher eingehen müssen.

B. Ganz ähnlich sind noch Fälle, in denen allgemeine, eingeschobene Vorstellungen als flüchtig bezeichnet wurden, oder wo aus der großen Zahl von sich ablösenden Vorstellungen ihre Flüchtigkeit ersichtlich ist.

Vp. Schr. (Rzw. dumm) I 9 EI: „Ziemlich bald tauchte ein Eselskopf ganz kurz auf und verschwand wieder."

Vp. Schr. (Rzw. Finger) I v E: „Visuelle Vorstellung Finger ..., die Hand, an der der Finger saß, dann eine unklare Vorstellung von etwas, was über der Hand ist, vielleicht Handschuh ..." Es schließen sich noch zwei weitere Erlebnisse an, und die Reaktionszeit betrug nur 2,8 Sek., so daß auf die einzelnen Vorstellungen eine sehr kurze Zeit fällt.

Vp. O. (Rzw. Schwank) II 1 EI: „Nach dem Verständnis kam eine Masse von Reklameanzeigen, dann gleich V1 ..."

II. Mehr als die Betrachtung der flüchtigen Vorstellungen wird uns die der länger dauernden lehren.

A. Wenn wir nämlich die Vorstellungen überblicken, bei denen ein langes Andauern hervorgehoben wurde, so haben die meisten ein Gemeinsames: In Reihe II oder III gerät der Prozeß, wie wir dies im Kap. I so oft gesehen haben, ins Stocken und die V1 bleibt solange im Bewußtsein, bis diese Stockung überwunden ist. 3 Vpp. kommen für solche Angaben in Betracht, in erster Linie Dr. B., dann Schr. und schließlich noch St. Wir geben einige Beispiele:

Vp. St. (Rzw. Pulver) II 16 I, von VI wird gesagt: „Es dauerte ziemlich lange, Bewußtsein eines ziemlichen Durcheinanders." Vp. war an diesem Tage schlecht disponiert.

Vp. Schr. (Rzw. Bahnhof) II 11 I: „... dann kam VI, und das blieb eine ziemlich lange Zeit; dann hatte ich ein Gefühl des Angetriebenseins, als sagte mir jemand ... eine zweite Vorstellung muß kommen ..."

Vp. Schr. (Rzw. Kanzel) III 9 I: „... VI blieb längere Zeit, ohne sich zu individualisieren, aber mit der starken Tendenz dazu; Verschiedenes wollte auftauchen ..."

Vp. B. (Rzw. rufen) II 11 I: „... Bei VI lange verharrt, Bewußtsein, gar keinen anderen Antrieb zu haben, nicht aus Interesse an dem Bildchen ..."

Vp. B. (Rzw. Beere) II 31 I: „Bei VI unendlich lange verweilt, Bewußtsein, du hast ja nichts anzufangen ..."

Solche Aussagen könnten wir in weit größerer Zahl anführen. Es handelt sich dabei immer um VI, im allgemeinen in Reihe II, nur einmal in Reihe III, was damit zusammenhängt, daß in Reihe III, wie wir gesehen haben, der Prozeß natürlicher verlief. Wir kommen nun zu 2 Fällen der Vp. St., bei denen der gleiche Vorgang bei der RV. der II. Reihe eintrat, die also scheinbar Ausnahmen bilden. Aber nur scheinbar, denn in dem einen Fall (Rzw. Polster) II 34 II wurde die RV. nur deshalb als solche betrachtet, weil keine andre Vorstellung kam, während sie ursprünglich nur als VI nach einer eingeschobenen Vorstellung auftrat (vgl. Kap. I S. 83). Hier ist also in dem zur Diskussion stehenden Vorgang überhaupt keine Abweichung vorhanden.

In dem andern Fall (Rzw. Spielbank) II 8 II dauerte V2 „sehr lange, weil Vp. wartete, ob sich nicht etwas Genaueres herausheben würde". Hier ist also auch das Fehlen der erwarteten abschließenden Vorstellung der Grund für die lange Dauer der Vorstellung. Diese Tatsachen sind für das Wesen und die Bedeutung der Vorstellungen sehr wichtig. Die Beständigkeit der Vorstellung ist in all diesen Fällen nicht ein Vorzug, sondern das Produkt einer Stockung im natürlichen Verlauf.

B. Zwei Vorstellungen, die sich durch lange Dauer auszeichneten, weisen auf andre Ursachen für diese Erscheinung hin. Das eine Mal scheint eine starke Lustbetonung in dieser Richtung wirken zu können, Vp. St. (Rzw. Bratwurst) III 20 III sah die Vorstellung einer Abschiedsfeier, die auf alle Teilnehmer sehr stark gewirkt hatte, lange an. Die andre Vorstellung weist darauf hin, daß Vorstellungen von Vorgängen länger dauern können als von Dingen.

Vp. Schr. (Rzw. fallen), I 36 I. Die oben (S. 200) beschriebene Vorstellung, dazu die Angabe: „Das Bild beanspruchte einige Zeit, an deren Ende ich erst reagierte."

C. Eine weitere Gruppe von Fällen ist dadurch ausgezeichnet, daß nicht die ganze Vorstellung lange erhalten bleibt, wohl aber bestimmte Teile, während sich andre verändern. Dies wurde nur bei Vp. Schr., vornehmlich in Reihe II, beobachtet.

Rzw. Grotte, II 21 I. Vp. sieht eine nicht tiefe Grotte, die später beim Gedanken an Höhlen der Fränkischen Schweiz eine viel größere Tiefe erhält. „Etwas Visuelles blieb konstant, doch ist es genau nicht mehr zu beschreiben."

Rzw. Gemeinde, II 42 I: V1 Vorstellung einer Kirche. „Dann wirkte die Vorstellung des Rzw. von neuem, und ich sah Leute in jene Kirche hinein kommen."

Vp. Schr. (Rzw. Abtei), II 26 I II: „V1 Vorstellung eines Klosters. Dann Gedanken an seine Bewohner, Mönche. Dann RV. In dem Portal des Klosters (von V1), das die ganze Zeit blieb, ein Geistlicher."

Rzw. Teich, III 12 I II: „V1 der Dutzendteich. Gedanke an Kahnfahren, darauf bei V2 eine Menge Boote."

Das gemeinsame bei all diesen Fällen ist, daß die Änderung unter Einwirkung von gedanklichen Elementen vor sich geht. Interessant ist dabei, daß die veränderte V1 als V2 gelten kann, aber nicht muß. Auch hierfür liegt das Maßgebende im Gedanken, der viel oder wenig Neues enthalten kann. Es sei noch hervorgehoben, daß ebenso wie die Veränderung bestimmter Teile das Verharren der andern durch den Gedanken determiniert ist. So hat uns die Betrachtung der beständigen Vorstellungen wichtige Ergebnisse geliefert. Und wir können hinsichtlich der verschiedenen Dauer von Vorstellungen nur bestätigen, was wir schon am Anfang dieses Paragraphen hinsichtlich der verschiedenen Dauer der Wahrnehmungen gesagt haben, daß nämlich auch die Flüchtigkeit kein entscheidendes Kriterium für den Unterschied zwischen Vorstellungen und Wahrnehmungen sein kann.

6. Als letztes anschauliches Merkmal wollten wir die Größe und Lokalisation der Vorstellungen behandeln.

I. Wir beginnen mit der Größe, was hier natürlich nichts andres heißen kann als Sehgröße (scheinbare Größe). Im allgemeinen und bei den meisten Vpp. scheinen die Vorstellungen die gleiche Größe zu haben wie die Wahrnehmungen, doch gibt es auch Personen, deren Vorstellungen gewöhnlich sehr viel kleiner sind. Angaben darüber, daß

Vorstellungen größer wären als die entsprechenden Wahrnehmungen, fehlen in meinen Protokollen. Ob sie überhaupt vorkommen, müssen weitere Untersuchungen ergeben.

Einige Beispiele, zunächst für die normal großen Vorstellungen:

Vp. St. gab nach Versuch I 9 an, die Gesichtsbilder hätten natürliche Größe, und dazu paßt eine Beschreibung, die Vp. vorher gab, I 2, von einem Stern aus Goldpapier, dessen Größe ca. 40 cm betragen haben soll.

Auch Vp. Schr. beschreibt (I 3) seine Vorstellungen als „in natürlicher Größe".

Vp. Dr. A. beschreibt zwei Vorstellungen mit genauen Größenangaben, eine Puppe, die 25 cm (I 1), und einen Busch, der 1 m groß ist (I 40).

Auch bei Dr. B. und P. R. läßt sich aus bestimmten Angaben auf eine normale Größe der Vorstellungen schließen.

Anders ist es bei Frau K. Zu I 3 beschreibt sie die Vorstellung von einigen Nadelbäumen:

„Die ganze Größe ca. 1 Fuß, etwa in Armeslänge vor den Augen."

Der zweite Teil der Angabe gehört eigentlich zur Lokalisation, ich habe ihn nur hierher gesetzt, um die Aussage eindeutig zu machen, es handelt sich danach wirklich um die Sehgröße.

In I 25 ist die visuelle Vorstellung einer Kuh nur ca. 10 cm groß, dabei gibt Vp. an, daß alle ihre visuellen Vorstellungen etwa diese Größe hätten.

Dazu paßt Vp. v. W., VII 12 I: „Schematisches Bild eines ausgestreckt liegenden Menschen, vielleicht 3 cm groß."

Es liegen also hier starke individuelle Unterschiede vor. Ich selbst kann hinzusetzen, daß meine Vorstellungen gleichfalls äußerst klein sind. Vorstellungen, die ich auch nur einigermaßen klar machen kann, sind höchstens 10 cm groß[1]). Die Unterschiede dürften mit bestimmten andern Eigenschaften der Vorstellungen zusammenhängen, über die wir später sprechen werden. Hier ist es nur wieder klar, daß auch die Größe kein Merkmal sein kann, das zu einer Scheidung zwischen Vorstellung und Wahrnehmung hinreicht.

II. Mehr Material werden wir zur Frage nach der Lokalisation beibringen können. Lokalisation heißt an dieser Stelle nicht Einordnung in seine Umgebung, sondern Einordnung

---

[1]) Die Ausdrucksweise könnte als prinzipiell falsch beanstandet werden, da sich die Sehgröße der Vorstellungen nicht durch wirkliche Größen (Zentimeter) messen ließe. Doch handelt es sich natürlich gleichfalls um „Seh"zentimeter, wenn dieser Ausdruck gestattet ist.

in den Sehraum des Beobachters. Diese Lokalisation nun kann von der verschiedensten Art sein.

A. Der gegenwärtige Standpunkt der Vp. bleibt voll erhalten, die Vorstellungen werden von diesem aus in einer bestimmten Entfernung gesehen.

Hierher gehört der soeben zitierte Versuch von Fr. K. I 3 (vgl. vorige Seite).

Die meisten Angaben hierfür liefert Vp. Dr. A.

I 39 (Rzw. Gespann): „Da hinten steht die Quadriga mit einem Lenker" (hinten soll heißen hinten im Zimmer). s. S. 199.

I 42 (Rzw. Pille): „Eine runde Schachtel hier auf dem Tisch (Tisch der Wahrnehmung) und einige Tabletten dazu."

Nicht ganz so extrem ist I 2 (Rzw. Stern): VI visuelle Vorstellung eines Sternes, „der sehr genau lokalisiert ist, soweit wie der Jupiter gestern abend".

Einen Grenzfall dieser Gruppe bildet:

Vp. Schr. I 17 (Rzw. Birke). VI Vorstellung eines Bildes von Böcklin: „Vor mir in normaler Entfernung, ohne doch in diesem Zimmer zu sein."

B. Der Standpunkt des Beobachters in bezug auf die Vorstellung ist klar gegeben, doch fehlt die Ich-Beziehung zu diesem Standpunkt. Anders ausgedrückt, die Vorstellung ist gegeben und dabei ist klar, von wo sie gesehen wird, ohne daß sich die Vp. auf diesen Standpunkt selbst begibt. Beispiele machen das klarer, sie stammen hauptsächlich von Dr. B.

Vp. Dr. B., I 20 (Rzw. Buch): „Buch auf dem Tisch aufgeschlagen. Ich stand etwa in der Entfernung vom Tisch, in der ich jetzt davor sitze. Das Ich bedeutet dabei aber nicht etwas Objektives, sondern das Vorstellende, den Standpunkt ... ohne jede Beziehung zu dem jetzigen Raum, nicht fortlokalisiert, in dem das eine Beziehung zu hier bedeutet, sondern absolut."

Man sieht, wie sich der letzte unter A zitierte Versuch diesem nähert. Beide Male fehlt die Beziehung zu dem Raum, in dem sich die Vp. befindet.

Ähnliche Angaben von Dr. B.:

I 41 (Rzw. Fahne): „... ich war nicht dabei, aber der Standpunkt war klar."

Dieselbe Angabe kehrt sehr häufig wieder.

II 51 (Rzw. Marmelade). VI Marmeladentopf auf einem Tisch: „Kein bestimmter Topf, auch kein bestimmter Tisch, aber ein Gesichtspunkt, von dem der Tisch gesehen wird."

Ähnlich ist die Angabe der Vp. Schr. II 12 I (Rzw. rufen), wo sie eine Plastik in einem Museumssaal sieht: „Deutlich der Saal von einem bestimmten Standpunkt, aber nicht dabei."

Vp. St. II 10 II (Rzw. Bahnhof). Caledonian Station in Glasgow: „So gesehen, als wenn ich hindurchginge, aber nicht dabei."

Vp. O. (Rzw. jewel), II 35 II: „Pearl ring; fairly clear ... can say, from which direction I saw it. It was by itself."

Es gehören wohl noch einige andere Angaben der Vpp. Schr. und St. hierher, die wir bei späterer Gelegenheit bringen werden (vgl. S. 227/8).

C. Der eigene Standpunkt ist dem Beobachter wieder völlig klar, nur ist er nicht der tatsächliche wie in Gruppe A, sondern die Vp. ist fortlokalisiert, in die Gegend, der die Vorstellung entstammt. Die einschlägigen Aussagen stammen alle von den Vpp. Schr., St., B. und A.

Vp. Schr. (Rzw. Brauerei), I 5: „Bestimmte Brauerei in Nürnberg, von einem bestimmten Fenster aus gesehen, vor dem ich stand, über den Hof weg ... Ich war weglokalisiert, mein hier sitzendes Ich verschwunden."

Vp. Schr. (Rzw. Ornat), I 6: „... Dabei wieder nach Regensburg fortlokalisiert."

Vp. St. (Rzw. Rübe), I 16: „Bestimmtes Rübenfeld, ich an dem einen Eck stehend ..."

So lautet eine große Reihe von Angaben der Vp., auf deren Wiedergabe wir verzichten. Besonders prägnant sind noch die folgenden Fälle:

I 11 (Rzw. dumm), bestimmte Schulklasse: „Ich ging auf die zwei Plätze zu und reagierte."

II 29 II (Rzw. fahren), Fahrt auf der Eisenbahn. „Die Situation ganz klar. Ich saß im Wagen und wußte, ich fahre nach Edinburgh. Visuell vielleicht die Schmutzigkeit der Polster."

Vp. B. I 9 (Rzw. Orchester). Orgel in einer Kirche. „Immer nur gewußt, daß ich in der Kirche bin und hinschaue."

Vp. B. II 30 II (Rzw. fahren): „Eisenbahnwagen, ich darin."

Vgl. auch S. 207. Vp. A. I 9[1]).

Die Gruppen A—C enthielten sämtlich sehr ausgeprägte, wahrnehmungsmäßige Lokalisation, und es waren sehr viele Versuche, die in diese Gruppe fielen. Aber wir dürfen darum nicht verallgemeinern und den Vorstellungen überhaupt eine so gute Lokalisation zuschreiben. Erstens waren uns schon in Gruppe A Fälle begegnet, Vp. Fr. K., in denen die Lokalisation in Beziehung auf die Wahrnehmung ganz willkürlich gewesen war, dann aber dürfen wir auch nicht vergessen, daß die Vpp., von denen wir überhaupt Aussagen über diesen Punkt haben, alle mehr oder weniger visuell waren. Meine eigenen Vorstellungen z. B. sind meist im Schädel, etwa in der Augengegend lokalisiert. Angaben über so mangelhafte Lokalisation stehen uns nur in geringer Zahl zur Verfügung.

____

[1]) Vgl. hierzu auch Messer, l. c. S. 166, Anm. 2 und G. E. Müller, l. c. S. 49.

Vp. Fr. K. lokalisierte einmal eine Gegenstandsvorstellung, Beutel, lediglich hinter die Wortvorstellung, ohne ihr einen absoluten Raum anzuweisen. Und Vp. St. beschrieb sogar einmal das Fehlen jeglicher Lokalisation:

I 14 (Rzw. Band): „Ich sah zunächst allgemein etwas Langes, Schmales, nicht sicher, ob visuell, denn gar nicht lokalisiert und ohne bestimmte Qualitäten."

Auch durch die Lokalisation können Vorstellungen also nicht letzten Endes von den Wahrnehmungen unterschieden sein, da ja oft die Vorstellungen ganz wahrnehmungsmäßig lokalisiert werden. Wichtig war die verschiedene Art der Lokalisation[1]). In Gruppe A richtete sich der Ort der Vorstellung nach dem des Subjekts, in Gruppe C umgekehrt der Ort des Subjekts nach dem der Vorstellung, Gruppe B stellte eine Zwischenstufe dar, indem hier jede absolute Raumbestimmung fehlte, wohl aber der Gesichtspunkt gegeben war, unter dem die Vorstellung gesehen wurde. Ob es sich in Gruppe B und C überhaupt noch um rein anschauliche Merkmale handelt, muß unentschieden bleiben.

7. Wir haben somit die Merkmale besprochen, die wir unter dem Gesichtspunkt des Anschaulichen zusammenfaßten. Wir sahen, daß keins von diesen Merkmalen allein genügt, um den Unterschied zwischen Vorstellungen und Wahrnehmungen zu begründen. Ehe wir nun den Schluß ziehen, daß der Unterschied überhaupt nicht im Anschaulichen liegen kann, müssen wir noch beweisen, daß auch eine Kombination mehrerer solcher Merkmale die Scheidung nicht zu fundieren imstande ist. Schon im Hinblick auf die Wahrnehmungen wäre das wenig wahrscheinlich. Unter dem Tachistoskop erhalten unsere Wahrnehmungen eine Reihe von den Eigen-

---

[1]) Eine eingehende Untersuchung der Lokalisation von Vorstellungen findet sich schon bei E. Milhaud, la Projection externe des images visuelles. Rev. Philos. 38, 1894, S. 210—222. M. unterscheidet nur 2 Hauptgruppen: 1. localisation par rapport à soi und 2. localisation par rapport à l'objet, was etwa unserer Gruppe A und C entspricht. Die Fälle der Gruppe B würden sich für ihn teilen, einige würden seiner ersten, andre seiner zweiten Gruppe zugeordnet werden müssen. Theoretisch können wir dem Autor, bei dem es z. B. auch an einer strengen Scheidung zwischen Individualisation und Lokalisation fehlt, nicht folgen (vgl. l. c. S. 210ff.); wir weisen nur darauf hin, daß er ein sehr interessantes Problem angeschnitten hat, nämlich die Abhängigkeit der Lokalisation einer Vorstellung von der Lokalisation der vorausgegangenen Vorstellungen (l. c. S. 218).

schaften, die den Vorstellungen zugeschrieben wurden. Die Wahrnehmungen werden flüchtig, lückenhaft, wenig lebhaft, arm an Merkmalen, da ja nicht alle Merkmale erfaßt werden können; kurz, es treten hier schon solche Merkmalskombinationen auf, und doch sind wir uns nie über den Wahrnehmungscharakter im Zweifel. Aber auch von der andern Seite her ist kein Zweifel darüber möglich, daß diese Annahme falsch ist. Es gibt in unserm Material eine Menge von Vorstellungen, die nur eins von den fraglichen Merkmalen besitzen, es gibt sogar solche, denen überhaupt keins in einigermaßen hohem Grade zukommt. Denken wir an die schon zitierte Vorstellung der Vp. A I 45 (vgl. S. 195): Eine Burg auf einem Berg, so klar und deutlich, daß die Vp. angibt, sie glaube nicht je in Natur eine so schöne gesehen zu haben.

Aber auch schon die Tatsache spricht gegen eine Rettung der anschaulichen Merkmalskombinationen als Unterschied zwischen Wahrnehmungen und Vorstellungen, daß wir ja bei jedem Merkmal die verschiedensten Erscheinungsweisen vorfanden. Wir sahen, daß alle diese Gruppen nicht eindeutig waren, daß sich vielmehr dahinter eine Reihe von Einzelmöglichkeiten verbarg, die durch weitere Untersuchung wohl noch vermehrt werden dürfte. Auch der Ausweg, die anschaulichen Merkmale genügten zwar nicht, um den Unterschied allgemein zu begründen, wohl aber um eine Vorstellung von der zu ihr gehörigen Wahrnehmung zu scheiden, kann nicht begangen werden. Denn 1. fehlen da die Phantasievorstellungen ganz, 2. ist auch die Tatsache selber nicht richtig. Sehr wohl kann die Vorstellung einer sehr flüchtigen Wahrnehmung dieser in allen anschaulichen Merkmalen gleichkommen, ja event. sie noch übertreffen. Wir weisen also die Annahme zurück und kommen nun zu dem Schluß:

Der Unterschied zwischen Vorstellung und Wahrnehmung ist kein anschaulicher. Um ihn zu bestimmen, müssen wir das Gebiet dieser Merkmale verlassen.

Auch Ebbinghaus kann sich nicht mit einer rein anschaulichen Scheidung zufrieden erklären (vgl. Grundzüge S. 552).

b) Individual- und Allgemein-Vorstellungen
(Erinnerungs- und Phantasievorstellungen.)

Ehe wir an die Aufgabe herangehen, den wahren Unterschied zwischen Wahrnehmung und Vorstellung zu bestimmen, müssen wir eine Reihe anderer Unterschiede, die sich im Reich der Vorstellungen selbst vorfinden, ausführlich behandeln.

Seit Hume ist der Unterschied zwischen Erinnerungsvorstellungen und Phantasievorstellungen gang und gäbe. Hume führt ihn mit den folgenden Worten ein: „We find by experience, that when any impression has been present with the mind, it again makes its appearance there as an idea; and this it may do after two different ways: either when in its new appearance it retains a considerable degree of its first vivacity, and is somewhat intermediate betwixt an impression and an idea; or when it entirely loses that vivacity, and is a perfect idea. The faculty by which we repeat our impressions in the first manner is called the Memory, and the other the Imagination."[1]

Außer diesem Unterschied der Lebhaftigkeit konstatiert Hume noch einen andern: die Erinnerungsvorstellungen nämlich seien an die räumliche und zeitliche Anordnung der Impressionen gebunden, die Phantasievorstellungen nicht. Durch diese zweite Bestimmung wird eigentlich erst das klar gemacht, was wir unter dem genannten Unterschied verstehen. Die erste Bestimmung behauptet Bewußtseinsinhalte von dreierlei Grad der Lebhaftigkeit, die stärkste, die Impressionen (Wahrnehmungen), die nächste die Erinnerungsvorstellungen, die schwächste die Phantasievorstellungen. Daß Wahrnehmungen und Vorstellungen nicht durch ihre Lebhaftigkeit unterschieden werden, haben wir schon gesehen. Wir werden jetzt zusehen müssen, ob sich wenigstens innerhalb der Vorstellungen selber Humes Behauptung aufrecht erhalten läßt.

Auch in neuester Zeit ist ein Versuch unternommen worden, auf experimenteller Basis den Unterschied zwischen Erinnerungs- und Phantasievorstellungen zwar nicht auf Lebhaftigkeit allein, wohl aber auf anschauliche Merkmale zu begründen. Perky, deren Arbeit über Vorstellungen wir schon oben zitiert haben (vgl. S. 190 Anm.), stellt folgende Unterschiede auf: Phantasievorstellungen verlangen Fixation, Erinnerungsvorstellungen Augenbewegungen[2]; Phantasievorstellungen nehmen die Helligkeit ihrer Umgebung an, Erinnerungsvorstellungen nicht. Phantasievorstellungen tauchen schneller und mehr als Ganzes auf, beharren häufiger im Bewußtsein und

---

[1] Treatise Vol. I, S. 317. Ed. Green & Grose.
[2] Külpe hatte schon auf Ähnliches hingedeutet. Grundriß, S. 189.

ändern sich nicht so leicht wie Erinnerungsvorstellungen. Zu diesen anschaulichen fügt Perky noch 2 andere Merkmale hinzu: Die Unterschiede in der Stimmung, Bewußtseinslage (mood) und im ganzen Verhalten des Bewußtseins.

Die Bewußtseinslage der Phantasievorstellung ist Überraschung, die der Erinnerungsvorstellung — Erkennung; bei der Phantasievorstellung ist die Aufmerksamkeit auf einen Punkt konzentriert, bei der Erinnerungsvorstellung wandert sie herum; dies wird gleich wieder anschaulich gefaßt und als große Klarheit und Intensität bei der Phantasievorstellung, Mangel dieser Eigenschaften bei der Erinnerungsvorstellung beschrieben, so daß in bezug auf das Merkmal der Lebhaftigkeit genau der entgegengesetzte Unterschied aufgestellt wird wie von Hume.

Eine direkte Entscheidung über alle diese Merkmale können wir aus unserm Material nicht geben. Wohl aber werden wir zeigen können, daß mit Merkmalen, wie sie Perky anführt, prinzipiell der Unterschied zwischen beiden Gattungen nicht zu beschreiben ist. Dazu kommt, daß mindestens einige dieser Merkmale der Instruktion zuzuschreiben sind, die Perky gab. Die Vorstellungen bestimmter Gegenstände traten nur auf, weil sie es der Aufgabe gemäß sollten, und wurden dann beobachtet, genau wie sonst Erscheinungen beobachtet werden. Da ist es sehr gut verständlich, daß die Vpp. über ihre Phantasievorstellungen überrascht waren und ihre Erinnerungsvorstellungen erkannten, an ihnen mit dem Blick herumwanderten, um immer neue Details herauszuheben. Beide Vorgänge kamen in unsern Versuchen nie zur Beobachtung. Wohl gaben die Vpp. zuweilen nachträglich ihrem Erstaunen über die absonderlichen Vorstellungen Ausdruck, doch trat dies Erstaunen immer erst in der Nachperiode, nie während der Hauptperiode auf.

Ehe wir uns nun an die Untersuchung unsres Materials begeben, sei noch eine andre Ansicht über den Unterschied zwischen Phantasie und Erinnerungsvorstellung hervorgehoben. Bei Külpe (Grundriß S. 189, 190) findet sich folgende Stelle: „An sich ist nichts eine Erinnerung oder eine Phantasie, und es gibt nicht bestimmte Empfindungen, die allein das Privilegium hätten im Dienste des Gedächtnisses verwertet zu werden. Vielmehr wird etwas erst zur Erinnerung durch ein Urteil, das sich mit ihm verbindet, und dieses Urteil kann außerordentlich verschiedene Anlässe haben. Ähnlich ist das Charakteristische für die Phantasie, nicht das Vorhandensein gewisser Reihen von Empfindungen oder Vorstellungen, sondern die Auffassung, daß sie etwas Neues, noch nicht in dieser Form Erlebtes darstellen und vielleicht in der Zukunft wahrnehmbar sein werden." Hier wird also das eigentlich Entscheidende nicht im Anschaulichen gesucht, vielmehr werden Vorgänge anderer Art, Urteile, Auffassungen dafür verantwortlich gemacht. Zwischen diesen 2 extremen Anschauungen zu entscheiden, wird unsere Hauptaufgabe sein, dabei werden wir aber auch deskriptiv einiges Material beibringen können, daß unsere Kenntnis von den Unterschieden bereichern dürfte.

1. Vom Unterschied der individualisierten Vorstellungen untereinander.

Perky weist in der schon häufig erwähnten Arbeit, als sie den Unterschied zwischen Erinnerungs- und Phantasievorstellung einführt, darauf hin, daß es eine Reihe verschiedener Grade gibt, in denen eine Vorstellung als Erinnerungsvorstellung auftreten kann. Bei ihrer Untersuchung beschränkt sie sich darauf, als Erinnerungsvorstellungen solche anzusehen, die einen bestimmten, der Vp. bekannten Gegenstand in seiner bestimmten räumlichen und zeitlichen Lokalisation und mit persönlicher Beziehung repräsentieren; als Phantasievorstellungen sieht sie die an, denen diese Merkmale sämtlich fehlen (l. c. S. 436). Alle die Zwischenstufen, die durch Kombination nur einiger dieser Merkmale entstehen, läßt sie völlig unberücksichtigt. Daß dies Verfahren unzweckmäßig gewesen ist, zeigte sich schon in dem zitierten Referat, hier sei noch eine Unklarheit in den Bestimmungen Perkys hervorgehoben. Der Ausdruck „persönliche Beziehung" („personal reference") ist nämlich durchaus nicht eindeutig, wie die folgenden Ausführungen zeigen werden, und es ist zu bedauern, daß Perky der reinen Deskription nicht mehr Raum gewidmet hat.

Wir werden also dem Sprachgebrauch Perkys nicht folgen. Wir werden zweckmäßig überhaupt nicht von Erinnerungs- und Phantasievorstellungen, sondern von Individual- und Allgemeinvorstellungen sprechen. Dabei verstehen wir unter Individualvorstellungen solche, die einen bestimmten Individualgegenstand (im weitesten Sinne) in irgendeiner Weise repräsentieren; unter Allgemeinvorstellungen solche, deren Gegenstand nicht ein bestimmtes Einzelding, Einzelvorgang usw. darstellt.

Unsere erste Frage lautet dann: Auf welche Weise können Individualgegenstände vorgestellt werden, anders ausgedrückt, wie viele Möglichkeiten der Individualisierung gibt es?

Indem wir uns bei der Beantwortung dieser Frage lediglich an unser eigenes Material halten, kommen wir dazu, zunächst einmal 4 Gruppen aufzustellen:

I. Vorstellungen individueller Gegenstände (wieder im allgemeinsten Sinne), bei denen die Vp. bewußtermaßen dabei ist.

II. Vorstellungen individueller Gegenstände, bei denen die Vp. zwar nicht mehr selbst dabei ist, wo ihr aber doch noch der sachlich zum Vorgestellten gehörige Standpunkt klar ist, von dem aus das Bild gesehen wird.

III. Vorstellungen von individuellen Objekten, bei denen die unter I und II vorhandenen Beziehungen fehlen.

IV. Vorstellungen von individuellen imaginären Gegenständen, die aber von den Vp. nie als Wahrnehmungen erlebt worden sind, also Phantasievorstellungen in einem ganz speziellen Sinn.

Der Leser des ersten Teils dieser Arbeit wird keine Mühe haben, zu verstehen, auf was für Unterschiede wir mit diesen Gruppen hinzielen. Der Übersicht halber seien aber noch einige Beispiele für jede Gruppe hierhergesetzt.

I.[1]) Vp. St. (Rzw. Kellner), II 22 II: „In einer Nische vom Grand Hôtel in London; ein deutscher Kellner steht am Tisch neben uns und sagt zu einem Deutschen am Nebentisch, der sich bemüht, englisch zu sprechen: ‚Reden's nur deutsch'. Nichts Akustisches, aber die ganze Situation gegenwärtig. Dabei."

Vp. Schr. (Rzw. Katalog), II 29 II: „Situation, wie ich neulich eine Karte in den Kasten warf, worauf Bücher bestellt waren. Visuell Straße und Kasten, mich dabei gewußt."

Vp. Fr. K. (Rzw. exakt), III 49 III: „Deutliches visuelles Bild von A., wie er mit mir Unter den Linden geht. Mich dabei nur gewußt."

Vp. Dr. B. (Rzw. ethisch), III 16 III: „Badekabine, wo ich ein bestimmtes Beispiel für Egoismus oder Altruismus gesucht habe. Mich darin gewußt."

Bei den Vpp. Prof. O. und P. R. kamen solche Vorstellungen nicht vor.

II.[2]) Vp. St. (Rzw. faul), II 31 I: „Faulheit in der Schule. Mein Blick auf die Fensterseite meiner Schulklasse gerichtet. Nicht dabei."

---

[1]) Hierher gehören sämtliche auf S. 221 unter C angeführten Beispiele, ausgenommen die beiden von Dr. B. Ferner auch Beispiele bei Segal, l. c. S. 232.

[2]) Hierher gehören die auf S. 220/1 unter B aufgeführten Beispiele von St. und Schr.

Vp. Schr. (Rzw. Maschine), I 21 I: „Maschinenhalle in der Ausstellung in Nürnberg 1906, ich selbst als Beschauer nicht dabei, aber der Blick, den ich auf die Halle hatte, war von rechts vorn."

Vp. Schr. (Rzw. Marmelade), II 5 I: „Bestimmte Situation in dem Hörsaal beim englischen Lektor in München, bestimmter Standpunkt, aber mich nicht dabei gewußt."

Vp. Dr. B. (Rzw. Abtei), II 24 I: „Kloster in der Nähe von Schönau. Erinnerungsbild. Nicht an meinen damaligen Zustand gedacht. Nicht dabei, aber der Standpunkt ganz klar. Nicht als mein damaliges Erlebnis erinnert, sondern das wohlbekannte Bild, das ich wohl temporalisieren konnte."

Bei den übrigen Vpp. lassen sich hierhergehörige Vorstellungen nicht auffinden, bei P. R. wenigstens nicht mit Sicherheit.

Überblicken wir die Beispiele dieser Gruppe noch einmal, so fällt außer dem charakteristischen noch ein anderer Unterschied gegenüber Gruppe I in die Augen. Die Vorstellungen dieser Gruppe haben nämlich zum größten Teil keine so bestimmte zeitliche Einordnung, Temporalisation, wie die der Gruppe I. Vp. Dr. B. weist ausdrücklich darauf hin, auch bei Vp. St. ist es klar. Eine Ausnahme bildet nur der zweite von Schr. zitierte Versuch; hier ist die Vorstellung auch genau temporalisiert; es kommt das bei dieser Vp. öfters vor, es geht also nicht an, in Gruppe II auch einen Unterschied der zeitlichen Bestimmtheit als charakteristisch anzunehmen.

III. Vp. Schr. (Rzw. laufen), I 25 I: „Antike Statue des Läufers, visuell deutlich, in normaler Entfernung von mir."

Vp. Schr. (Rzw. rauben), I 33 I: „Bild von Rubens: Der Raub. Vor mir lokalisiert."[1]

Vp. Fr. K. (Rzw. Dach), II 47 II: „Brand in Freiburg. Großes Haus und Menschen davor. Nicht dabei. Vor mir, anderer Standpunkt nicht klar."

Vp. Prof. O. (Rzw. Gehalt), II 11 II: „V_1 war visuelles Bild von 1000 ... V_2 das des Herrn K. V_2 kam örtlich an die Stelle von V_1 und drängte sie fort."

Vp. Prof. O. (Rzw. Gedicht), II 18 II: Hier kam ganz ähnlich V_2, ein Bild von Goethe, etwas oberhalb von V_1, der Vorstellung eines gedruckten Gedichtes und löschte diese nur teilweise aus.

Vp. Dr. B. (Rzw. Gericht), III 7 I: „Eine Vorstellung vom hiesigen Gerichtsgebäude, die gar nicht klar werden wollte, teils Gebäude, teils Inneres."

Die von den Vpp. Schr. und Fr. K. zitierten Vorstellungen sind gleichartig, der Standpunkt, wie er einem Ort der Vorstellung entsprechen würde, fehlt, und dies wird ausdrücklich angegeben. Bei Prof. O. müssen wir auf den gleichen Tat-

---

[1] Hierher gehört auch der ganz entsprechende Versuch I 17 I (vgl. S. 220 unter A).

bestand daraus schließen, daß die Vorstellungen nur orientiert waren in bezug auf beliebige andere. Bei Dr. B. endlich folgt es aus der Vorstellung selber, die eo ipso jeden Standpunkt ausschließt. Vorstellungen der Gruppe III waren natürlich sehr zahlreich, doch sind sie aus den Beschreibungen allein häufig nicht als hierhergehörig zu erkennen. Die Vpp. beschreiben einfach die Vorstellungen selber, lassen dabei aber jede Angabe über den eignen Standpunkt fort, und der Schluß vom Fehlen der Beschreibung auf das Fehlen des Tatbestandes scheint nicht ohne weiteres zulässig. Diesem Umstand ist es zuzuschreiben, daß unter den angeführten Beispielen sich keins von der Vp. St. befindet, der doch so häufig individualisierte Vorstellungen erlebte. Es sei darum noch an einigem für sich allein nicht eindeutigen Material gezeigt, daß auch die Vpp. St. und P. R. Individualvorstellungen der Gruppe III hatten.

Vp. St. Schon einige der vorgestellten Gegenstände sprechen dafür, daß vom Standpunkt nichts gegeben war, so die Seite eines Gedichtbuches (II 1 II), die Zeichnung auf dem Umschlag eines Buches (III 21 III), eine Karte der pyrenäischen Halbinsel (II 12 II), die Photographie eines Berges (II 47 II) usw.

Weiter spricht für unsere Annahme Versuch II 10 I, Rzw. Bahnhof. Hier trat als VI eine Reihe von englischen Bahnhöfen auf, die sehr rasch aufeinander folgten. Es ist nun äußerst unwahrscheinlich, daß, ohne daß die Vp. es ausdrücklich angegeben hätte, für jeden Bahnhof ein bestimmter Standpunkt klar gewesen wäre, um so mehr als Vp. bei V2 eines bestimmten Bahnhofs ausdrücklich den Standpunkt angibt.

Endlich sei hier noch II 34 II, Rzw. Sofa, angeführt, wo Vp. eine „ungewöhnlich so gar für mich" intensive Vorstellung eines Sofas hatte und dabei nichts über den Standpunkt angab.

Aus diesen Fällen dürfen wir auf das Vorkommen solcher Vorstellungen bei dieser Vp. schließen, und dann ergibt sich eine Menge hierhergehöriger Fälle.

Vp. P. R. Bei dieser Vp. werden wir vor allem an die Bedeutung denken müssen, die visuelle Vorstellungen für sie haben. Wir haben dies im ersten Teil der Arbeit ausführlich kennen gelernt. Es sind rein intellektuelle Gesichtspunkte, denen die Vorstellungen dienen, als selbständige Gegenstände interessieren sie nicht. Schon daraus würde mit Wahrscheinlichkeit hervorgehen, daß bei dieser Vp. dem Fehlen der Beschreibung das Fehlen des Merkmals entspricht. Charakteristisch ist aber auch noch folgende Angabe: I 5 I (Rzw. Jurist): „Ein Freund von mir, der Rechtsanwalt ist. Das Bild nur ziemlich schematisch, nur Brustbild." Ein gleiches Brustbild eines Menschen beschrieb Vp. auch in I 17 I (Rzw. Prüfung). Das Brustbild ist mit einem bestimmten Standpunkt schwer verträglich, vielmehr wird es einfach gesehen, sei es, daß die Lokalisation in bezug zum Kopf klar war oder nicht.

Die einzige Vp., bei der wir nicht entscheiden können, ob sie hierhergehörige Vorstellungen erlebte, ist Dr. A. Da bei ihm aber überhaupt

nur eine einzige individualisierte Vorstellung auftrat, so ist das ohne
Belang.

IV. Vp. St. (Rzw. Spielbank), II 8 II: „Monte Carlo. Visuell war
ein großer Saal mit irgend etwas Großem darin. Ich war nie dort und
kann es mir daher auch nicht vorstellen." `

Vp. Schr. (Rzw. Geschwindigkeit), III 22 II: „Der neuliche Unfall
in Berlin auf der Radrennbahn. Die Vorstellung, die ich mir bei den
Berichten darüber gemacht habe."

Vp. Fr. K. (Rzw. Empfindung), III 48 II: „Visuelles Bild der zwei
Helden eines Romans."

Vp. Dr. B. (Rzw. Spielbank), II 8 II: „Bank im Sinne wie Monaco.
Es sollte Monaco sein, ich war aber nie dort. Es war ein Haus, Hotel,
ein Raum darin, und darin sollte gespielt werden. Ich glaube nun auch
sagen zu können, daß es ein Erinnerungsbild des Kursaales in Luzern
ist. Dies nicht gewußt."

Bei den drei übrigen Vpp. kamen solche Fälle nicht vor.

Nehmen wir allein den Unterschied zwischen Phantasie-
und Erinnerungsvorstellung, wie ihn Hume definiert hat, so
hätten die unter IV besprochenen Vorstellungen wohl gar
keinen Platz. Denn einerseits sind die Vorstellungen in ganz
andrer Ordnung als irgendwelche Impressionen, was sie zu
Phantasievorstellungen stempeln würde, andererseits aber entspricht ihre Ordnung doch gewissen Impressionen, nämlich
denen, die der Vp. überhaupt die Kenntnis der betreffenden
Phantasiegegenstände vermittelt haben, so daß die Seele doch
nicht ganz ungebunden kombinieren kann. Damit würden diese
Vorstellungen auch nicht mehr eigentlich unter die Phantasievorstellungen fallen. Wir erkennen hier den Vorzug unserer
Definition. Was auch in Gruppe IV vorgestellt wird, ist ein
individueller Gegenstand und darum gehören die Vorstellungen
dieser Gruppe zu den Individualvorstellungen[1]).

Die Beispiele für unsere 4 Gruppen machen klar, was
unsere Einteilung meint: Wir haben es mit 4 verschiedenen
Arten der Individualisation zu tun, verschieden durch die
Art der persönlichen Beziehung. Die persönliche Beziehung
wird von Gruppe zu Gruppe lockerer. Eine ganz andre Frage
ist es, ob damit auch die Individualisation geringer wird. Wenn
wir nur einen flüchtigen Blick über die angeführten Beispiele
werfen, so möchte es wohl scheinen: In Gruppe I sind die Vorstellungen räumlich und zeitlich vollkommen bestimmt, in
Gruppe II wird schon die Temporalisation unbestimmter, in
Gruppe III wird von beiden Arten der Bestimmung ganz abge-

---

[1]) Vgl. hierzu auch Messer, l. c. S. 55.

sehen, in Gruppe IV endlich sind die Ortsmerkmale der Vp. sogar unbekannt.

Wir hätten also parallel den Arten der Individualisation eine Reihe von Graden der Individualisation.

Jedoch trügt dieser Schein. Wir haben schon im Anschluß an die Beispiele der Gruppe II betont, daß die geringere zeitliche Bestimmtheit diese Gruppe nicht gegenüber der Gruppe I auszeichnet. Auch in Gruppe II kann die Einordnung in Raum und Zeit vollkommen sein, nur die persönliche Beziehung ist schwächer ausgeprägt. Bei solchen Fällen zeigt sich die Zweideutigkeit der Perky schen Bestimmungen (s. o. S. 226).

Aber auch in Gruppe III, wo die persönliche Beziehung im Bewußtsein nicht mitgegeben ist, kann volle räumliche und zeitliche Bestimmung vorherrschen. Die Vorstellung der Vp. Fr. K. II 47 II (S. 228) bezieht sich auf ein ganz bestimmtes Erlebnis, ist damit voll bestimmt. Da Perky gar nicht näher angibt, was sie unter „personal reference" versteht, so wäre es auch denkbar, daß sie noch eine solche Vorstellung zu ihrer Gruppe von Individualvorstellungen gerechnet hat.

Das Extrem zu dieser Vorstellung in Gruppe III bildet etwa die Vorstellung der Vp. Schr. I 33 I (S. 228), wo jede Lokalisation und Temporalisation fehlt, während die Vorstellung von Dr. B. III 7 I (ebenda) insofern in der Mitte steht, als hier eine gewisse Lokalisation noch mitgegeben ist.

Das gleiche sehen wir aber auch in Gruppe IV. Die Vorstellung der Vp. Schr. III 22 II (S. 230) ist räumlich und zeitlich bestimmt, die der Vp. St. II 8 II und B. II 8 II nur räumlich, während die von Fr. K. III 48 II beide Bestimmungen fehlen. Es bestätigt sich also nicht, daß unsern 4 Arten der Individualisation auch 4 Grade entsprechen, vielmehr umfaßt jede Art viele Grade.

2. Übergangsstufen.

A. Übergänge im Grade der Individualisation.

Dieses Schwanken im Grade der Individualisation wird fernerhin deutlich, wenn wir einige Fälle heranziehen, die als Übergangsstadien aufzufassen sind. So kann in Gruppe I die zeitliche Bestimmung teilweise verloren gehen, obwohl die starke persönliche Beziehung (des Dabeiseins) erhalten bleibt.

Vp. Schr. (Rzw. Buch), I 15 I: „Bibliotheksausleihezimmer, einen Stock tiefer. Ich stand vor dem Tisch ..."

Die Vorstellung bezieht sich nicht auf eine bestimmte Situation, ist vielmehr für viele gleichartige Situationen charakteristisch.

Vp. Dr. B. (Rzw. Wäsche), II 26 I: „Meine Kommode mit der auf-
gehäuften Wäsche ... Erinnerungsbild, wie ich es täglich habe; war
auch dabei."

Vp. Dr. B. (Rzw. rufen), II 11 II: „Meine Mutter ruft meine kleine
Schwester; mit dem Haus und Garten. Bestimmte Situation, aber kein
bestimmtes früheres Erlebnis ... War auch dabei."

Diese beiden Versuche belegen den gleichen Tatbestand
wie der von Vp. Schr. Die Vorstellungen sind charakteristisch
für bestimmte, häufig auftretende Vorgänge, ohne doch ein
bestimmtes Temporalzeichen zu tragen.

Die direkteste Angabe hierüber stammt von Vp. Dr. Be. VI 2 I:
„Erinnerung an meine Familie an unserem Familientisch ... Kein ge-
naues Bild, sondern es vermischte sich mit den verschiedenen anderen
Zimmern, in denen ich mit meiner Mutter gesessen habe."

Es ist demnach auch Gruppe I, ebenso wie die übrigen
Gruppen, nicht durch einen einheitlichen Grad der Individuali-
sation charakterisiert, vielmehr kann auch schon hier eine
Unbestimmtheit in der zeitlichen Bestimmung einsetzen.

Die gleiche und noch eine andre Art des Übergangssta-
diums findet sich in Gruppe III. Zitieren wir zunächst ein Beispiel der gleichen Art.

Vp. Fr. K. (Rzw. Politik), III 10 III: „Sehr verschwommenes visuelles
Bild von unserem Haus an einem Sonntag Nachmittag, wo M. da ist.
M. und meine Mutter dabei, ich selbst nicht dabei. Kein bestimmter
Nachmittag."

Die Analogie zu den zuletzt besprochenen Fällen ist evident.
Etwas andrer Art sind die 2 folgenden Fälle:

Vp. Schr. (Rzw. Stand), I 16 I: „Scheibenstand am Erlanger Militärschießplatz. Selbst nicht dabei, könnte nicht sagen, welcher von den
verschiedenen dort befindlichen Ständen. Die Vorstellung war allgemeiner"
(vgl. S. 209).

Vp. St. (Rzw. Halle), III 15 I: „Halle der Gibichungen in der Götterdämmerung. Theaterbild. Wohl eine Mischung von Ausstattungen, die
ich gesehen habe."

Gemeinsam ist beiden Fällen eine stärkere Einschränkung
der Individualisation, als wie wir sie bisher kennen gelernt
haben. Die Identität der vorgestellten Gegenstände selber
ist nicht mehr voll garantiert. Die Individualisation geht selbst
in diesem Punkte nicht bis zu Ende, sondern läßt noch einige
Elemente unbestimmt. Hier scheinen schon Übergänge zu
Allgemeinvorstellungen angebahnt. Wir haben hier schon nicht
mehr den und den bestimmten Schießstand, die und die bestimmte Dekoration, sondern nur noch einen von einer Reihe
von Schießständen, eine aus Teilen verschiedener bestehende

Dekoration. Übrigens sind gerade in diesem Punkte alle bisher besprochenen Übergangsstufen der gleichen Art. Nur ist bei den früheren die zeitliche Identität das nicht mehr völlig Bestimmte — bei B. II 261 fällt dies am wenigsten auf, da es sich hier um ein in der Zeit konstantes Ding handelt —, in dem jetzt zur Diskussion stehenden Fall von Schr. ist es dagegen die räumliche Bestimmtheit, die mangelhaft bleibt, und in dem Fall von St. sind Elemente beider Arten von Bestimmung unvollständig.

Sehen wir den Verlauf der 2 Fälle an, so finden wir folgendes: Bei Vp. Schr. ist die beschriebene VI die erste auftauchende, als Gegenstandsvorstellung des Rzw. wirkende, bei Vp. St. ist noch eine allgemeine Gegenstandsvorstellung vorhergegangen, die sich dann in VI entdsprechend dem Typus dieser Vp. individualisiert hat. Der Nachdruck liegt also in beiden Fällen nicht auf der Beziehung der Individualisation, sondern auf dem Gegenstand, der individualisiert wird. Das eine Mal soll ein Stand vorgestellt werden, es taucht ein in gewisser Weise bestimmter auf, das andre Mal eine bestimmte Halle, und diese Bestimmung ist zwar der Bedeutung nach, nicht aber dem Material nach eindeutig. Wir versuchen also, diese Übergangsformen zu verstehen, aus dem Zweck, dem die Vorstellungen dienen sollen. Ist der Zweck die ausgesprochene Individualisation, so werden wir auch eine solche erwarten dürfen, treten indessen noch andere Faktoren hinzu, so ergeben sich die verschiedenen Stufen von streng individualisierten bis zu Allgemeinvorstellungen. Wir sind damit vorangeeilt und kehren nun wieder zu unserm Material zurück, das erst die vollen Beweise für die vorgeschlagene Erklärung liefern wird.

Wir fügen hier einige Fälle an, die wohl als Abart der Gruppe I aufzufassen sind:

Vp. P. R. (Rzw. Trinkgeld), II 27 I: „Ganz genau der Saal, wie wir gestern an der Tafel saßen, mich auch gesehen."

Vp. P. R. (Rzw. Puppe), I 1 I: „... Ich habe mich in der Umgebung mitgesehen als Dritten."

Vp. Fr. K. (Rzw. Attribut), III 3 III: „Visuelles Bild von einem Garten, an dem ich vorbeiging ... Mich selbst gesehen."

Die Vp. ist also auch bei diesen Vorstellungen dabei, aber nicht bloß durch ein Wissen, sondern rein anschaulich, sie sieht sich selbst[1]), so daß diese Vorstellungen auch zu.

---

[1]) Vgl. Millhaud, l. c. S. 216, und Rusk, l. c. S. 379.

Gruppe III eine Ähnlichkeit haben, eben ein Bild ohne Ich-
beziehung, in dem aber das Ich doch enthalten ist. Indem
wir auf diese positive Bestimmung den Nachdruck legen,
ziehen wir diese Fälle zu Gruppe I. Entspricht ihnen doch eine
geistige Verarbeitung des Materials im Sinne der Gruppe I,
da eine Wahrnehmung diesen Vorstellungen nicht entsprochen
hat. Sie kamen übrigens nur bei den 2 Vpp. Fr. K. und
P. R. vor.

B. Stereotype Vorstellungen.

Eine andre Übergangsart zwischen Individual- und Allgemeinvorstellungen bilden solche, die in bestimmten Zusammenhängen immer wieder bei der Vp. auftreten, die wir daher
stereotype Vorstellungen nennen wollen. Sie kamen nur bei
der Vp. Schr. zur Beobachtung.

II 26 I (Rzw. Abtei): „Klostergebäude, das ich mir in ganz früher
Schulzeit bei einem Lesestück vorgestellt habe."

I 26 I (Rzw. Besen): „Goethes Gedicht ‚Der Zauberlehrling'. Visuelle
Vorstellung, wie sie mir sonst bei dem Gedicht auftaucht: Hexenkabinet
eines alten Zauberers mit dem Lehrling, der darin hantiert."

I 28 I (Rzw. Meister): „Dasselbe Bild wie vorhin vom Zauberlehrling, nur daß jetzt außer dem Lehrling noch der Meister im Zimmer war."

Die zweite dieser Vorstellungen fällt auch unter Gruppe IV,
die erste wenigstens ihrem Ursprung nach gleichfalls. Diese
Beziehung zur Individualvorstellung bleibt zweifelhaft bei
III 22 II, wo Vp. eine Radrennbahn sieht, „keine bestimmte, aber
eine mir geläufige Vorstellung".

Wir betonen diese Fälle, da sie allein dem einfachen
Schema der Assoziationspsychologie entsprechen. Daß sie so
äußerst selten und nur bei bestimmten Individuen vorkommen,
weist allerdings schon darauf hin, daß auch sie nicht imstande
sind, diese Lehre zu stützen.

C. Mischung aus allgemeinen und individuellen Bestandteilen.

Eine neue Form der Übergangsstufen ergibt sich dadurch, daß Vorstellungen Elemente individualisierter und allgemeiner Qualität enthalten können. Dies ist wieder auf zwei
Weisen möglich (wenigstens soweit unser Material reicht):
1. Bestimmte Personen werden in neuer Umgebung, Beschäftigung usw. gedacht, 2. in eine bestimmte Gegend werden
irgendwelche Menschen, Tiere usw. hineingestellt.

1. Vp. St. (Rzw. Stand), I V a: „ ... Da fiel mir ein Jägerstand ein,
und ich sah einen Mann darauf zugehen. Kein bestimmter Stand, aber
ein bestimmter Mann."

Vp. Fr. K. (Rzw. Weizen), II 44 II: „Tina bäckt Brot" gesprochen und gesehen. Tina in gewöhnlichem Kleid, ein Faß wie unser Waschzuber und ein fertiges Stück Brot." Dazu ist zu bemerken, daß Vp. das Mädchen nie hatte Brot backen sehen.

2. Vp. St. (Rzw. Gespann), I 38 I: „Ein Bauer, der ... mit seinem Gespann vom Jahrmarkt heimfährt. Bestimmter Platz im Süden von München, aber kein bestimmter Bauer."

Vp. St. (Rzw. Existenz), III 13 II: „Salt Market in Glasgow. Bestimmte Schnapsbude und solche Existenzen davorstehend. Nicht dabei. Nicht genaues Erinnerungsbild, mehr Phantasie."

Vp. Schr. (Rzw. Spatz): „... dann sah ich einen einzelnen Spatz auf dem Boden und zwar auf dem Hof der Bibliothek." I IV EI.

Allen diesen Fällen ist ein auffallendes Merkmal gemeinsam. Derjenige Teil der Vorstellung nämlich, der durch das Rzw. veranlaßt ist, ist jeweils der nicht individualisierte, und nur die Zutaten zu diesem Hauptteil haben individuelle Züge. So ist bei Frau K. die Vorstellung des Brotbackens nicht die einer ihr bekannten Szene, wohl aber ist die Bäckerin, die an sich ganz irrelevant ist, individualisiert. In den übrigen Fällen bedarf dieser Sachverhalt noch weniger der Erklärung.

Es ist dies nicht unwichtig, da wir hier wieder auf den Zweck der Vorstellungen gewiesen werden, nach dem sich ihr Aussehen richtet. Wo es nötig ist, da wird eine Vorstellung beliebig verändert, da werden ganze Stücke hinzugefügt, sonst werden die assoziativ oder irgendwie anders entstandenen Bestandteile einfach verwertet.

D. Mischung von verschiedenen individualisierten Bestandteilen.

Endlich finden sich auch Vorstellungen, in denen individuelle Bestandteile, die wahrnehmungsmäßig gar nicht zusammengehören, vereinigt sind. Wir zitieren nur ein Beispiel:

Vp. P. R. (Rzw. Ornat), I 8 I: „Unser früherer Erzbischof in vollem Ornat. Dunkel das Innere des Domes zu P., in dem ich den Erzbischof nie gesehen habe. Wohl aber habe ich den Dom oft gesehen."

Hier findet schon eine Kompression verschiedener Wahrnehmungen zu einer einheitlichen Vorstellung statt, die wieder der Intention der Vp. entspricht. Auch hier haben wir es also mit einer Übergangsstufe zu tun.

Wir haben alle diese Vorstellungen so breit behandelt, weil ihre Kenntnis für den Prozeß der Begriffsbildung bedeutungsvoll ist.

3. Individualisation und Lokalisation.

Überschauen wir die Gruppen I—IV der Individualisation und die Gruppen A—C der Lokalisation, so springt eine Ähnlichkeit zwischen beiden Einteilungen in die Augen. Sowohl in Gruppe I der Individualisation wie in Gruppe C der Lokalisation ist der Standpunkt des Beobachters klar und vor der Vorstellung bestimmt. Der Beobachter ist fortlokalisiert. In gleicher Weise stimmen die Gruppen II und B überein, und bei der Gruppe III dürfte eine Lokalisation nach A, wenn auch häufig in wenig ausgeprägter Weise, vorliegen. Wir haben denn auch, als wir Beispiele für die Gruppen I—III anführten, auf Beispiele der Gruppen C—A verweisen können.

Unter diesen Umständen erhebt sich, wenn wir zunächst Gruppe IV aus dem Spiel lassen, die Frage, sind nicht vielleicht die angegebenen Unterschiede der Individualisation einfach Unterschiede der Lokalisation?

Es ist ohne weiteres ersichtlich, daß Individualisation überhaupt nicht mit bestimmter Lokalisation zusammenfallen kann. Die Gruppen A—C enthalten ja sämtlich neben individualisierten auch Allgemeinvorstellungen. Wir dürften also nur annehmen, daß, wenn eine Vorstellung einmal als Individualvorstellung auftritt, die Art ihrer Individualisation mit der Art ihrer Lokalisation zusammenhängt. So ausgesprochen, wird die Annahme wohl das Richtige treffen.

Wie steht es nun aber mit Gruppe IV der Individualisation? Von den andern 3 Gruppen scheint sie durch die Art der persönlichen Beziehung geschieden; dies ist in der Tat so, der Unterschied liegt aber hier im Gegenstand selber, nicht in der Art, wie er vorgestellt wird. So grenzt sich Gruppe IV gegen die 3 Gruppen gemeinsam ab. Zur Lokalisation verhält sie sich so, daß sie alle 3 Arten der Lokalisation zeigen kann, daß also auch zu der Vp. nicht bekannten Individualgegenständen jede Art der persönlichen Beziehung im Vorstellen möglich ist.

4. Noch einige Worte über das Vorkommen der Individualvorstellungen in den 3 Reihen. Bei den Vpp. St., Schr., B., P. R. ist ein erheblicher Unterschied in der Häufigkeit nicht zu konstatieren, bei Dr. A. kam überhaupt nur eine Individualvorstellung vor, in Reihe I. Bei den 2 übrigen Vpp. Fr. K. und Prof. O. ist das Verhältnis der visuellen Individual- zu den visuellen Allgemeinvorstellungen, wenn wir nur die Erfüllungsvorstellungen, nicht die eingeschobenen, zählen, wie 0:11 (Reihe I), 12:11 (Reihe II), 46:13 (Reihe III) bzw. 2:19 (Reihe I), 11:47 (Reihe II), 27:29 (Reihe III). Bei beiden Vpp. also eine stetige relative und absolute Zunahme der Indivi-

dualvorstellungen, die allerdings bei Frau K. viel stärker ist als bei Prof. O.

5. Vom Unterschied der Individual- und Allgemein-vorstellungen.

Ohne schon ausführlicher auf die Allgemeinvorstellungen einzugehen, wollen wir versuchen, den Unterschied herauszuarbeiten, der zwischen ihnen und den Individualvorstellungen besteht. Wir brauchen hier keine neuen Beispiele für Allgemeinvorstellungen anzuführen, denn wir haben sowohl im ersten Teil als auch bei Untersuchung der anschaulichen Merkmale so viele kennen gelernt, daß der Leser nicht im Zweifel sein wird, was er darunter zu verstehen hat; auch werden wir fortwährend auf die alten Fälle verweisen.

Bei Untersuchung des Unterschiedes der verschiedenen Individualisierungsarten hatte sich nicht entscheiden lassen, ob die differentia specifica im Anschaulichen liegt. Wie ist es nun mit dem viel allgemeineren und bedeutenderen Unterschied, den wir jetzt behandeln wollen? Läßt er sich auf anschaulichem Gebiet voll erklären?

Gehen wir die einzelnen Merkmale durch! Unter den lebhaften wie auch unter den blassen finden sich individualisierte und Allgemeinvorstellungen (vgl. S. 194—197). Allerdings unter den zitierten Beispielen für blasse Vorstellungen nur e i n e individuelle Vorstellung der Gruppe III Vp. O. I 34 I S. 197 als sehr undeutlich, verschwommen u. ä. wurden aber zahlreiche individuelle Vorstellungen aller Gruppen bezeichnet[1]).

Die extremen Fälle der undeutlichen Vorstellungen scheinen allerdings häufiger bei Allgemein- als bei Individualvorstellungen aufzutreten. Es widerspricht dies durchaus den Angaben P e r k y s, die das entgegengesetzte Verhältnis behauptet, und in der größeren Deutlichkeit und Bestimmtheit sogar ein Hauptkennzeichen der Phantasievorstellung gegenüber der Erinnerungsvorstellung sieht. Ich habe bereits darauf hingewiesen (S. 225), daß dieser Tatbestand auf die Instruktion zurückzuführen ist, mit der Perky arbeitete. Grade in diesem Punkte ist unser Material zweifellos zuverlässiger als das P e r k y s c h e. Es waren hier wirklich gleiche Bedingungen für Individual- wie für Allgemeinvorstellungen, was, wie ich gezeigt zu haben glaube, bei P e r k y nicht zutraf.

---

[1]) Vgl. hierzu auch A. Messer: Empfinden und Denken. Leipzig 1908, S. 91.

Sollte also etwa doch H u m e und damit die Popularpsychologie recht haben, und sollte der Unterschied zwischen Phantasie- und Erinnerungsvorstellungen darin bestehen, daß die Erinnerungsvorstellungen deutlicher als die Phantasievorstellungen sind? Auch diese Annahme wird durch unser Material widerlegt: Es kommen auch sehr undeutliche Erinnerungsvorstellungen vor, andererseits gibt es aber auch Phantasievorstellungen von hervorragender, gar nicht zu übertreffender Deutlichkeit (vgl. Vp. A. I 45 I S. 195).

Ein primäres Merkmal für den Unterschied zwischen Phantasie- und Erinnerungsvorstellung kann die Lebhaftigkeit also nicht sein — ebensowenig wie sie den allgemeineren Unterschied zwischen Vorstellung und Wahrnehmung fundieren konnte. Wenn trotzdem extreme Blässe und Undeutlichkeit bei Allgemeinvorstellungen häufiger zu sein scheint, so werden wir dies aus einem andern Unterschied ableiten müssen, und die Richtlinien dafür sind schon im ersten Kapitel gegeben. Davon jedoch erst später[1]).

Beim Merkmal der Körperlichkeit im Sinne der Plastizität stehen uns nur 2 Beispiele zur Verfügung, aus denen direkt ein völliges Fehlen dieser Eigenschaft hervorginge (vgl. S. 199). Beides sind Allgemeinvorstellungen. Wir haben aber schon damals gesagt, daß aus der Zahl der Angaben in diesem Falle keine Schlüsse auf die wirkliche Verteilung gezogen werden dürfen (vgl. S. 198). Unter den körperlichen Vorstellungen finden sich Individual- und Allgemeinvorstellungen, so daß auch dies Merkmal nicht entscheidend sein kann.

Auch bei der Lückenhaftigkeit finden wir nichts Neues. Das Verhältnis ist ähnlich wie bei der Lebhaftigkeit. An den sehr lückenhaften sind die Allgemeinvorstellungen, an den sehr vollständigen die Individualvorstellungen vornehmlich beteiligt, doch zeigt eine Durchsicht der zitierten Beispiele, daß der Unterschied nicht absolut ist, daß es vielmehr auch sehr lückenhafte Individualvorstellungen (etwa Vp. St. I 5 I S. 203) und vollständige Allgemeinvorstellungen (etwa Vp. A. I 9 I S. 207) gibt.

---

[1]) Mit der eben festgelegten Tatsache der Unabhängigkeit von Individualisation und Deutlichkeit korrespondiert die von Moore gefundene, daß auch jeder Grad der Gewißheit beim Wiedererkennen von Wahrnehmungen bei jedem Deutlichkeitsgrad vorkommen kann. (Vgl. Th. Moore, The Process of Abstraction, an Experimental Study. Univ. Calif. Publ. Psychol. Vol. I, Nr. 2. 1910. S. 162.)

Ganz besonders sprechen unsre Untersuchungen über die Merkmalsarmut gegen einen anschaulichen Unterschied zwischen Individual- und Allgemeinvorstellungen. Unter den allerärmsten, Gruppe B (S. 210 f.), finden sich beide Typen und das gleiche ist für die merkmalsreichen der Fall. Dieser kurze Hinweis genügt bei der Eindeutigkeit des in Frage kommenden Abschnittes. Nur auf eine schon oben bemerkte Tatsache sei noch einmal hingewiesen: Wir hatten bei Besprechung der Merkmalsarmut 2 Vorstellungen von Wald miteinander verglichen und dabei hatte sich gezeigt, daß die anschaulich ärmere individualisiert war, die reichere nicht (vgl. S. 210).

Auch auf die Beständigkeit und Flüchtigkeit der Vorstellungen brauchen wir hier nicht einzugehen. Wir lernten die Ursachen kennen, die diese Merkmale hervorriefen und sahen, daß sie mit einem Unterschied von Individual- und Allgemeinvorstellungen nichts zu tun haben.

Auf das letzte anschauliche Merkmal, die Lokalisation, sind wir schon bei Besprechung des Unterschiedes der verschiedenen Arten der Individualisation eingegangen. Wir sahen, daß sämtliche möglichen Arten der Lokalisation bei Individual- und bei Allgemeinvorstellungen vorkommen können, so daß auch in einer bestimmten Art der Lokalisation der Unterschied nicht liegen kann. Auch in diesem Punkte können wir also die Untersuchung von Perky nicht bestätigen: Perky gibt für Phantasiebilder eine Lokalisation entsprechend unserer Gruppe A an, die Erinnerungsbilder besaßen dagegen „eine bestimmte Orientierung zum Beobachter", fallen also in Gruppe B oder C. Dies ist leicht erklärlich bei der Auswahl, die Perky aus den Individualvorstellungen traf. Nicht zutreffend ist es jedoch, daß bei Phantasievorstellungen diese Orientierung fehlen muß (vgl. die Beispiele S. 221 f.).

Unsere Untersuchung führt also zu einem negativen Ergebnis: keins der von uns als anschaulich bezeichneten Merkmale ist imstande, den Unterschied zwischen Allgemein- und Individualvorstellungen zu begründen, ebensowenig aber alle zusammen, da ja, wie wir gesehen haben, gesetzmäßige Beziehungen zwischen den einzelnen Merkmalen direkt gar nicht obwalten.

Wie steht es aber mit den übrigen von Perky angegebenen Unterschieden? Einige können wir nicht kontrollieren, so die Angabe, daß Phantasiebilder strenge Fixation, Erinnerungs-

bilder ein Schweifen des Blicks und Hinzutreten von Organempfindungen bedingen.

Daß die Phantasiebilder die Helligkeit (Illumination) ihrer
Umgebung anzunehmen pflegen, die Erinnerungsbilder nicht,
scheint nach unsern Protokollen gleichfalls recht unwahrscheinlich:

Einmal kommen die Fälle, in denen die Farbe des Bildes
fehlt (vgl. S. 211 f.), bei Individual- und bei Allgemeinvorstellungen vor, zweitens wurde bei Reihe III mit geschlossenen, bei
Reihe I und II mit offenen Augen beobachtet und kein Unterschied in der Qualität der Vorstellungen angegeben.

Unsere Einwände gegen die Unterschiede in der Gefühlslage (mood) haben wir schon oben (S. 225) präzisiert. Über
die verschiedenen begleitenden Organempfindungen (empa-
thische, einfühlende bei Phantasie, nachahmende bei Erinnerungsvorstellungen) fehlen uns Angaben.

Daß endlich die Phantasiebilder beständiger und länger
anhaltend seien als die Erinnerungsbilder, widerspricht unsern
Erfahrungen auf das entschiedenste (vgl. S. 215 f.). Gerade Phantasievorstellungen waren besonders häufig durch ihre große
Flüchtigkeit ausgezeichnet, der Unterschied würde, wenn er
überhaupt vorhanden wäre, in der entgegengesetzten Richtung
liegen.

Wir können also den Resultaten Perkys einen über seine
speziellen Versuchsbedingungen hinaus gültigen Wert nicht
zuschreiben. Der Mißerfolg liegt an der begrenzten Fragestellung. Da es nach Perkys Ansicht nur anschauliche Merkmale gibt, so müssen eben auch anschauliche Merkmale diesen
wichtigen Unterschied fundieren, und die andere Alternative,
die sich uns mit Notwendigkeit ergeben hat, bleibt von vornherein ausgeschlossen.

Aber, wird man einwenden, wenn auch die anschaulichen
Unterschiede im bisher betrachteten Sinne den Unterschied
zwischen Individual- und Allgemeinvorstellungen nicht ausmachen, so ist doch der Schluß auf unanschauliche Merkmale
nicht zwingend. Die ganze Sache ließe sich viel einfacher
erklären. Humes zweites Merkmal ist es, das den Unterschied
begründet, bei Erinnerungsvorstellungen sind die einzelnen
Teile der Vorstellung ebenso angeordnet wie in der ursprünglichen Wahrnehmung, bei Phantasievorstellungen dagegen ist
diese Ordnung verändert.

So bestechend diese Annahme auf den ersten Blick er-

scheint, so wenig kann sie doch der wirklichen Erfahrung stand-
halten[1]).

Schon das Vorkommen der Individualisation nach dem
Schema der Gruppe IV würde sich so nicht erklären lassen,
und man müßte dann diese Art von Individualisation grund-
sätzlich von den übrigen Arten trennen, wozu jedoch sonst
gar kein Grund vorzuliegen scheint.

Aber auch die zahlreichen Fälle widerlegen die Annahme,
in denen das sinnliche Material, wie aus der Beschreibung hervorgeht, nicht genügt, um die Vorstellung bestimmt zu machen.

Vp. St. (Rzw. Maschine), I 23 I: „... Nun kam gänzlich ungesucht
die visuelle Vorstellung von einem großen Raum, in dem viele Menschen
zusammen sind, und auch eine blasse akustische Vorstellung von dem
damit zusammenhängenden Lärm. Dies war die Maschinenhalle auf der
Nürnberger Ausstellung 1906."

Vp. St. (Rzw. Schild), II 28 II: „... Dann auf einmal einen flachen
Schild gesehen. Dadurch bekam die Sache etwas Theatermäßiges. Damit war denn die RV. gegeben: Siegfried, wie er in der Götterdämmerung auf einem Schilde abgetragen wird. Gedanke, auf dem Schilde
könnte einer liegen, da lag einer drauf, alles übrige nur gewußt."

Hierher gehört noch Vp. Fr. K., II 47 II (S. 228).

Vp. v. W. VI 7 EI (Rzw. Heide): „Dann visuelles Bild einer Landschaft mit Heidekraut. Ich habe gewußt, daß ich damit Sylt meine."

Es ist diesen Fällen gemeinsam, daß das sinnliche Material
ganz allgemein ist, während es doch etwas ganz Individuelles
repräsentiert. Die von Vp. St. beschriebene Vorstellung der
Halle hat mit vielen Hallen gewiß dieselbe Ähnlichkeit wie
mit der, für die Vp. sie hält[2]).

In sehr charakteristischer Weise gehört hierher Vp. Schr. (Rzw.
schlimm), I 22 I: „In Kants Religion innerhalb der Grenzen ... die
Seite, auf der als Überschrift steht: ... ,oder vom radikalen Bösen',
ohne daß ich die Worte lesen konnte. Ich wußte, daß es die Seite war."

Ganz analog ist hier eine Vorstellung der Individualisationsgruppe IV:
Vp. St. (Rzw. Fell), II 38 II: „Das Fell der Löwin, die neulich in Dresden
durchgebrannt ist. Das Fell selbst gesehen, alles übrige nur gewußt."

Dieser Fall stimmt mit den andern so gut überein, daß
es nicht angeht, etwa die Gruppe IV von den übrigen abzu-
trennen, wofür ja auch sonst jetzt kein Grund mehr vorliegt.

---

[1]) Soviel ist natürlich an der Behauptung wahr, daß bei Erinnerungsvorstellungen häufiger die ursprüngliche Ordnung erhalten bleibt
als bei Phantasievorstellungen. Ein Blick auf unsere Beispiele zeigt dies
ja ohne weiteres. Nur ist dieser Unterschied kein entscheidender.

[2]) Als Beleg hierfür dienen übrigens auch Angaben von Titchener
über seine eigenen Vorstellungen (vgl. Lectures on the Experimental
Psychology of the Thought Processes, S. 17).

In einer zweiten Gruppe ist das sinnliche Material so außerordentlich spärlich, daß sich aus diesem Grund das zweite Humesche Merkmal nicht anwenden läßt.

Hierher gehören die bei Besprechung der Lückenhaftigkeit von Vp. St. auf S. 205f. angeführten Fälle, besonders I 37 I.

Von der negativen Seite ist damit der Beweis geliefert, daß auch nicht mit Hilfe des zweiten Humeschen Merkmals der Unterschied zwischen Allgemein- und Individualvorstellung im Anschaulichen gefunden werden kann. Es ist gezeigt worden, daß Individualisation auch dann eintrat, wenn die anschaulichen Inhalte so allgemein oder so lückenhaft waren, daß von einer Gleichheit der Anordnung mit der ursprünglichen Wahrnehmung nicht gesprochen werden kann.

Wir können aber auch von der entgegengesetzten Seite aus argumentieren. Da stehen uns zunächst 2 Fälle der Gruppe IV zur Verfügung, in denen das Material einer bestimmten Wahrnehmung entsprach, ohne daß das bemerkt wurde. Den einen Fall haben wir schon zitiert, Vp. B. II 8 II S. 230. Der andre ist vollständig analog:

Vp. St. (Rzw. Löwe), II 46 II: „Die Löwin in dem Wald bei Dresden ... Visuelles Bild ein Wald mit dem Bewußtsein, da darf man nicht hingehen; nachträglich erkenne ich, daß es ein Wald bei Augsburg war, wo sich der Schießplatz befindet.“

In beiden Fällen wurden Vorstellungen von entsprechenden, der Vp. bekannten Dingen, für die neuen gemeinten Dinge eingesetzt. Eine ganz bestimmte Anordnung von Teilen wird gar nicht als solche erkannt, sondern ersetzt eine ganz andre, durch gewisse inhaltliche Beziehungen ähnliche.

In 2 andern Fällen handelt es sich um Allgemeinvorstellungen, die aber, phänomenal betrachtet, individualisiert sind, indem sie bestimmten Wahrnehmungen entsprechen:

Vp. Schr. (Rzw. liegen), II 23 II: „Liegestuhl, ziemlich deutlich ... kein bestimmter, hatte aber die Form wie der meinige, ohne daß ich das bedacht hätte.“

Vp. Schr. (Rzw. vergessen), III 5 II: „Kirchhof. Nicht als bestimmter bewußt, sah aber so aus wie eine Stelle des Johannisfriedhofs in Nürnberg.“

Auch hier sind also die Bedingungen für eine Individualvorstellung nach dem zweiten Humeschen Merkmal gegeben und doch tritt keine auf. Damit scheint es evident erwiesen zu sein, daß auch auf diesem Wege sich ein rein anschaulicher Unterschied zwischen Individual- und Allgemeinvorstellung nicht nachweisen läßt. Diese Tatsache läßt sich auch dadurch nicht erschüttern, daß wir von den Perkyschen Angaben die eine oder andre nicht strikt widerlegen konnten. Es ist ja gezeigt worden, daß prinzipiell Anschauliches nichts darüber ausmacht, ob eine Vorstellung Allgemein- oder Individualvorstellung wird — konnte doch selbst in den phänomenal für Individualisierung günstigsten Fällen eine Allgemeinvorstellung auftreten — und damit ist die Frage für jedes einzelne Merkmal von vornherein erledigt. Es muß etwas Neues, nicht Sinnliches zu dem sinnlichen Material hinzukommen, damit entweder eine Allgemein- oder eine Individualvorstellung entsteht. Eine für diesen Tatbestand ganz typische Angabe findet sich bei Vp. P. R. (Rzw. Grotte) II 181:

> V1 das Bild einer berühmten Grotte im Teutoburger Wald. „Das optische Bild ganz deutlich mit allen Details ... Es ist das Bild da, es ist bekannt, und dann kommt die Beziehung als deutlich verschiedener Prozeß. Es ist ein Einordnen, ein Beziehen auf das frühere Erlebnis, wo und wie ich es gesehen habe."

Wir sind damit ein großes Stück weitergekommen.

Die Entscheidung zwischen den bestehenden Ansichten über den Unterschied von Allgemein- und Individualvorstellungen ist gefallen, und zwar ganz ohne Einschränkung zugunsten der von Külpe (vgl. S. 225) vertretenen, die wir als intentionale gegenüber den phänomenalen kennzeichnen können.

6. Von den Allgemeinvorstellungen.
Dingliche und nichtdingliche Vorstellungen.

Wir haben Allgemeinvorstellungen so definiert, daß sie Gegenstände darstellen, die als Einzeldinge der Vp. nicht bekannt sind (vgl. S. 226).

Die Analyse führte uns über die nicht entscheidenden anschaulichen Merkmale hinaus zu, um es mit einem Wort kurz zu sagen, verschiedenen Verhältnissen, in denen die Vorstellung zu dem, was sie vorstellt, steht, das heißt also zum Verhältnis des vorgestellten Inhalts (Vorstellungsinhalts) zum vorgestellten Gegenstand.

Von vornherein muß dabei der Einwand zurückgewiesen werden, die Unterscheidung, die wir hier einführen, sei nicht auf Bewußtseinstatsachen gestützt, sie sei vielmehr eine logische Spekulation, vielleicht im Hinblick auf bestimmte philosophische Systeme entworfen. Dies ist nicht der Fall. Wir treiben hier empirische Psychologie und nur auf Grund empirischer Daten stellen wir Sätze auf, und alle unsre Behauptungen werden empirisch abgeleitet und gestützt. Empirisch heißt dabei, „in irgendeiner Weise beobachtet", nur, wenn man psychologische Beobachtung und Wahrnehmung von Erscheinungen identifiziert, dann allerdings hören wir auf, empirisch zu sein. Daß aber eine solche Einschränkung des Begriffs der Empirie selbst nicht empirisch ist, sondern aus dogmatischen Verallgemeinerungen entspringt, ist evident.

A. Konkrete Gegenstände.

Wir greifen zunächst diejenigen Allgemeinvorstellungen heraus, deren Gegenstand (sc. nicht Inhalt[1])) ein Konkretum ist.

1. Wir fragen: was ist bei den vielen Allgemeinvorstellungen, die wir kennen gelernt haben, außer etwa der Komplexion, ihrer sinnlichen Eigenschaften gegeben?

Bei den meisten dieser Vorstellungen ergibt sich folgende Antwort[2]): Gegeben ist im Inhalt der Vorstellung ein wirkliches Ding, eine Semmel, ein Besen, ein Bogen usw. usw. Dies Verhältnis ist bei den Vpp. St., Schr. und B. besonders deutlich und häufig, bei Vp. B. aus einem andern Grund, wie später (S. 297) gezeigt werden wird, als bei St. und Schr.

Bei diesem Tatbestand aber ist doch die Vorstellung eine allgemeine, d. h. das vorgestellte Ding ist nicht ein bestimmtes, nicht als ein bestimmtes gemeint, sondern nur ein Ding der Art, die etwa das Rzw. angibt.

Ferner können die Vorstellungen dieses Typus in ganz verschiedenem Grade mit Merkmalen ausgestattet sein, also phänomenal ganz verschieden stark individuelle Züge tragen. Wir wollen nur für die beiden Extreme einige Beispiele zitieren, der Leser wird sich sowieso eine Reihe von Fällen vergegenwärtigen können.

Vorstellungen, die reich an Detail sind:

Vp. St. (Rzw. Birke), I 19 EI: „Zunächst sah ich eine Birke in ganz jungem Grün, die weiße Rinde fiel mir auf und zwar ganz rein optisch passiv."

Vp. Schr. I 19 I (vgl. S. 213), Vp. P. R. I 18 I (vgl. S. 213).

---

[1]) Für den Inhalt einer Vorstellung gibt es natürlich den Unterschied konkret und abstrakt nicht. Inhalte sind Gegebenheiten und nichts weiter.

[2]) Der Leser versuche nicht, an dieser Stelle in der eigenen Selbstwahrnehmung diese Behauptung nachzuprüfen. Wie er gleich sehen wird, sind die vorkommenden Typen stark vom Individuum abhängig. Wenn bei uns die meisten Vorstellungen dem einen Typ angehörten, so liegt das an der Wahl der Vpp. Die Frage, welcher Typ von Vorstellungen der häufigere sei, hat demnach keinen Sinn und muß verwandelt werden in die Frage: welcher Typ von Individuen ist der häufigere?

Vorstellungen, die arm an Detail sind:

Vp. Schr. (Rzw. Skelet), I 37 EI: „... Ganz unmittelbar darauf eine ziemlich blasse Allgemeinvorstellung von Skelett. Darum Allgemeinvorstellung, weil ich nicht irgendwelche Situation, keinen Raum dabei habe. Es liegt aber schon in der Richtung nach dem Individuellen hin."

Ich habe gerade dieses Beispiel zitiert, weil daraus hervorgeht, daß schon diese blasse Vorstellung das Dinglichkeitsmerkmal an sich trägt. Beim Übergang zur individuellen Vorstellung, die in diesem Falle ohne Zweifel dinglich ist, ändert sich in dieser Hinsicht nichts, es kommt nur die individuelle nicht dingliche Bestimmung hinzu.

Vp. O. (Rzw. shield), II 29 I: „Unclear picture of a shield. A real shield."

Wir könnten eine Reihe von passenden Beispielen anführen, doch fehlt bei den meisten ein ausdrücklicher Hinweis auf die Dinglichkeit der Vorstellung. Diese kann dann nur aus dem allgemeinen Habitus gefolgert werden, die Häufung der Beispiele würde also die Beweiskraft der 2 zitierten nicht vermehren.

2. Von dieser Art von Allgemeinvorstellungen ist eine andre wesentlich verschieden. Wir wollen einige Zitate voranstellen, damit von vornherein der Unterschied klar wird.

Vp. St. (Rzw. Spatz), I 1 EI: „Ich brauchte einige Zeit, um das Wort zu verstehen. Dann merkte ich, daß es ein Vogel ist. Gleichzeitig mit dem Gedanken ein allgemeines visuelles Gebilde, das Eigenschaften des Vogels hatte.

Vp. Fr. K. (Rzw. Abtei), II 25 EII: „Dann ein Bild von einem Kloster, ganz ungefähr ein Gemäuer, von dem ich wußte, daß es ein Kloster ist."

Vp. Fr. K. (Rzw. Beutel), I 30 EI: „... ein klein wenig die Form eines gelben Lederbeutels."

Vp. Prof. O. (Rzw. traurig), III 6 I II: „Klare Bilder nicht dabei, nur Andeutungen von Trauerkleidern und einem Sarge ... Die Vorstellungen spielen als Gegenstände gar keine Rolle, nur als Ergänzungen zum Begriff.

Vp. Prof. O. (Rzw. roof), II 42 I II: Visual pictures rather dim, but definetely indicative ... No particular sense of objective reality. Pictures more important as indicating something than for themselves.

Vp. v. W. VI 23 EI (Rzw. Spritze): „Visuelles Bild einer Spritze, nicht als real, halb schematischer Gegenstand, Linien und Zwischenräume."

Wir finden also das völlig umgekehrte Verhältnis. Die Vorstellungen haben gar keinen dinglichen Charakter, in ihnen ist überhaupt kein Ding gegeben. Es treten vielmehr phänomenal bestimmte Inhalte auf, die lediglich in Verbindung mit der Bedeutung (Vp. O. sagt dafür Begriff) betrachtet werden. Sie sind in gewisser Hinsicht Träger des Sinns, insofern, als sie beitragen, den Sinn herauszuheben, zu verdeutlichen (O. spricht von Ergänzungen).

Dieser Unterschied wird noch deutlicher, wenn wir einige andre Aussagen heranziehen. Zur Erklärung sei noch vorausgeschickt, daß einige Vpp. (besonders häufig Prof. O.) ihre Vorstellungen so beschrieben, daß als ihre Gegenstände nicht die in Frage kommenden Dinge selbst, sondern nur Bilder von ihnen vorlagen. Wir werden bald auf diesen Punkt zurückkommen, um jedes Mißverständnis auszuschließen, wollen wir hier nur ein Beispiel zitieren:

Vp. O. (Rzw. Zug), I 15 I: „Dunkles Bild von einem Eisenbahnzug; die Lokomotive gesehen, aber nicht die Lokomotive selbst, sondern nur ein Bild davon."

Es kam aber zuweilen und nicht gar zu selten vor, daß die Vp. angab, nicht entscheiden zu können, ob der Gegenstand ihrer Vorstellung das Ding selbst oder nur ein Bild davon gewesen sei, oder wo sie direkt beide Beziehungen bestritt.

Vp. O. (Rzw. castle), I 47 I: „Vague image of a castle. More probable like a postcard picture."

Vp. O. (Rzw. wheat), II 40 I: „Field of wheat; dim. Did not judge it either as picture or as real."

Eine solche Angabe ist an und für sich schon entscheidend. Ich möchte dazu noch folgendes bemerken. Im allgemeinen habe ich an die Vp. bezügliche Fragen nie gestellt. Bei Durcharbeitung der Protokolle der Vp. O. finde ich jedoch auffallend häufig Angaben darüber, ob die Vorstellungen das Ding selbst oder nur sein Bild darstellten, so daß es mir wahrscheinlich vorkommt, daß ich die Vp. über diesen Punkt befragt habe. Diese Frage, und das ist zu bemerken, enthält nichts über unser Problem, von schädlicher suggestiver Beeinflussung kann also keine Rede sein. Wenn die Fragestellung irgendeinen Einfluß gehabt hat, so könnte er nur in der Richtung liegen, daß durch Beachten der fraglichen Momente diese verstärkt worden wären. Die Vp. hätte also nur um so leichter die Vorstellung auf ein Ding oder ein Bild eines solchen beziehen müssen. Die eben zitierte Aussage gewinnt also noch an Wert. Sie ist kein Zufallsprodukt, auf das man sich nicht verlassen dürfte, sondern entspringt sorgfältigster Beobachtung. Wir können die Angabe aber noch gleich durch eine ganz analoge einer andern Vp. bekräftigen.

Vp. Schr. (Rzw. Dorf), II 2 EI: „Allgemeine Vorstellung Dorf. Häuser ohne Wirklichkeitsqualität, worunter zu verstehen ist, daß ich nicht sagen kann, ob es wirkliche Häuser oder nur Häuser aus einer Spielschachtel waren."

Hierher gehört wohl auch die folgende Angabe:

Vp. St. (Rzw. Land), II 12 I: „Ein nicht näher zu spezifizierendes, abgegrenztes Land, so undeutlich, daß ich nicht sagen kann, ob auf der Karte oder aus der Vogelschau." [1])

Existenz und Wesen der Vorstellungen vom zweiten Typus ist damit klargestellt. Dem Inhalt der Vorstellung entspricht als Gegenstand nicht mehr ein Ding, der Gegenstand dieses Inhalts ist vielmehr die Bedeutung. Die Vorstellungen sind „indikative", sie klären Bedeutungen, unterstützen das Verständnis. Sie sind nicht mehr dinglich, sondern symbolisch, ein Ausdruck, der sich auch in meinen Protokollen häufig findet, wie auch in anderer Weise die Beziehung der Vorstellung zur Bedeutung hervorgehoben wird.

Vp. O. (Rzw. Schwert), II 4 I II: „Die Bilder ziemlich dunkel, mehr als Symbole."

Vp. O. (Rzw. sea), II 38 I II: „The images very fleeting, but the meaning very clear. They were visual symbols; they came quite passively."

Vp. O. (Rzw. Dorf), II 2 II: „Kuh, visuell, nicht so klar. Mehr ein bildliches Symbol für Kuh."

Vp. St. (Rzw. Beere), II 30 EI: „Ich sah zunächst eine ganz flüchtige Vorstellung von einer Beere, mehr die Aufnahme des Begriffs, aber doch auch visuell. Irgendeine grüne Umgebung mit etwas Dunklem daran. Nicht mit einer speziellen Beere verknüpft."

Vp. Fr. K. (Rzw. Gespann), I 46 E I: „Ganz verschwommenes Bild eines Wagens mit zwei Pferden, ganz farblos. Rzw. in den Pferden repräsentiert."

Vp. Dr. B. (Rzw. Fell), II 39 I: „Ein Tier, was für eins, weiß ich nicht, jedenfalls eins, von dem man ein Fell haben kann und ein größeres. Es hatte die Bedeutung Haut."

Wir haben damit einen wichtigen Unterschied zwischen Allgemeinvorstellungen konstatiert.

Die Allgemeinvorstellung kann in zweierlei Weise fungieren. Entweder ist ihr Gegenstand ein wirkliches (d. h. eben als existierend vorgestelltes) Ding, oder aber ihr Gegenstand ist nur ein Komplex von soundso

---

[1]) Vgl. das ganz analoge Beispiel bei Messer, l. c. S. 58.

(d. h. in der Weise der Dinge) angeordneten Eigenschaften, ohne irgendwelche Beziehung auf Exi-
stierendes überhaupt. Dieser Unterschied gehört in die
Sphäre der von Husserl in seinen logischen Untersuchungen
II durchgeführten Begriffstrennungen. Sein näheres Verhältnis zu Husserls Aufstellungen wird jedoch erst an anderer
Stelle besprochen werden, s. u. Kap. IV.

B. Nicht-konkrete Gegenstände.

Bei der Ableitung dieses Unterschiedes hatten wir uns
eine Beschränkung auferlegt. Wir hatten nur solche Vorstellungen herangezogen, die sich auf konkrete Gegenstände
richteten, die also, wenn sie Gegenstandsvorstellungen von
Worten waren, konkrete Substantiva als Ausgangspunkte
hatten.

Wir müssen jetzt diese Beschränkung aufheben und zunächst untersuchen, wie es sich verhält, wenn Allgemeinvorstellungen anderer Wortklassen auftraten. Unserem Material
folgend, behandeln wir an dieser Stelle abstrakte Substantiva,
Verba und Adjektiva.

α) Voruntersuchung über die Vorstellungen nicht konkreter
Gegenstände.

Ehe wir an das eigentliche Problem herangehen, ob die
für Konkreta abgeleitete Unterscheidung der Allgemeinvorstellungen auch hier gültig ist, müssen wir fragen: In welcher
Weise können überhaupt die genannten Wortklassen Gegenstandsvorstellungen haben?

αα) Abstrakte Substantiva.

Am häufigsten erfüllt eine Vorstellung die Aufgabe, Gegenstandsvorstellung eines Abstraktums zu sein (und dies gilt
ebenso für Verba und Adjektiva) dadurch, daß sie ein Ding
vorstellt, das Träger dieses Begriffs bzw. dieser Tätigkeit,
Eigenschaft ist.

Vp. St. (Rzw. Zucht), I 10 EI: „Die erste Vorstellung die einer
Familie, bei der die Kinder in einer besonders guten Zucht leben. Ich
sah die Familie um den Tisch versammelt."

Vp. B. (Rzw. Gehalt), II 12 II: „... ich hörte noch einmal Gehalt,
und da hatte es den Sinn von Inhalt, Bedeutungsvollem, Gegensatz zur
Schale. Suchte nach einer Repräsentation dafür, da kam V2:
Eine Statue mit der Bedeutung, das ist etwas Gehaltvolles."

Eine weitere Art der Darstellung ist wohl am besten mit
dem Wort dynamisch zu kennzeichnen. Die Vorstellung gibt
irgendeine Szene, in der das, womit etwas geschieht, eben der
fragliche Begriff ist.

Vp. St. (Rzw. Gedicht), II 18 I: „Eine Haremsdame vor einem Sultan ein Reigengedicht mit Tanz deklamierend ..."

Vp. B. (Rzw. Gedicht), II 19 I: „Ein Herr und eine Dame. Der Herr vorlesend, was ein Gedicht sein sollte, nichts akustisch."

Vp. B. (Rzw. Gehalt): „Eine kleine Szene: ein Geld auszahlender Mensch und ein anderer, der es in Empfang nimmt. Sinn: ein Beamter erhält sein Gehalt ausgezahlt." II 12 I.

Eine dritte Art wollen wir die akzidentelle nennen. Hier tritt die Vorstellung von Gegenständen auf, die zwar deutlich mit dem Begriff in Beziehung stehen, wobei die Beziehung aber eine sehr äußerliche ist.

Vp. St. (Rzw. Chemie), II 3 E I: „Zunächst ein paar Gläser ganz unbestimmt."

Schließlich finden wir Fälle, wo ein Begriff, der etwa auf der Grenze zwischen konkreten und abstrakten steht, nur nach seiner konkreten Seite hin, vorgestellt wird, so, wenn Vpp. Schr. und O. beim Rzw. Gedicht (II 20 I, II 18 I) eine Druckseite mit einem darauf gedruckten Gedicht sehen.

An diese Stelle läßt sich vielleicht auch der Versuch von Prof. O. einschieben (II 11 I), wo er zum Rzw. Gehalt die Zahl 1000 mit unbestimmt vielen Nullen sah (vgl. S. 209).

Weitere Arten von Gegenstandsvorstellungen bei Abstrakten finden sich in meinem Material nicht, doch soll nicht behauptet werden, daß andre nicht vorkommen können.

ββ) Verba.

Wir hoben schon hervor, daß die häufigste Verbindung die ist, daß die Vorstellung den Träger der Tätigkeit darstellt. Dies gilt besonders für Verben, denn es finden sich hier nur 2 andre Arten und beide nicht sehr zahlreich belegt, während für die erste Art eine große Fülle von Beispielen zur Verfügung steht.

Wir müssen aber hier 2 Unterabteilungen machen. Wenn wir rein die sinnlichen Inhalte betrachten, so können diese nämlich entweder selbst mit der betreffenden Tätigkeit gesehen werden, und das ist der häufigere Fall, oder aber sie sind in völliger Ruhe, und die Beziehung zu dem Verbum ist der Vp. nur unanschaulich als Wissen gegenwärtig. Im ersten Falle entspricht die Vorstellung dem Begriff viel mehr als im zweiten, wo ja gerade das wesentliche fehlt.

a) Träger mit der Tätigkeit.

Vp. St. (Rzw. laufen), I V E I: „Ich sah zunächst die Beine eines Menschen in ganz rascher Bewegung." (Ganz ähnlich bei gleichem Rzw. Vp. B. I 30 I.)

Vp. Schr. (Rzw. fallen), I 36 I: „Situation des Fallens als visuelles Bild. Irgendjemand fiel in sich zusammen, die Knie bogen sich." Siehe S. 200. (Ähnlich bei gleichem Rzw. Vp. Dr. B. I 41 E I.)

Vp. O. (Rzw. liegen), II 21 I: „Dunkles Bildchen von einem Mann, der auf dem Boden liegt ... Das Liegen war betont als etwas Aktives." (Ähnlich bei gleichem Rzw. Vp. St. II 20 I, und B. II 21 I.)

Vp. Dr. B. (Rzw. zeichnen), I 32 I: „Vorstellung einer zeichnenden Hand. Blatt Papier, Hand mit etwas darin, womit sie zeichnete, sie bewegte sich." (Ganz ähnlich beim gleichen Rzw. Dr. A., I 44 I, der noch hervorhob, daß die Hand die Sache „recht künstlerisch" machte.)

Vp. Dr. A. (Rzw. rauben), I 46 I: „Da unten irgendein Wesen, das mit Gliedmaßen zugreift und irgendetwas faßt."

An all den zitierten Beispielen ist es deutlich, daß die Tätigkeit das wichtigste war. Selbst bei solchen Verben wie „liegen" war an dem Bild das Verbale besonders betont. Diese Betonung des rein Verbalen kann noch einen Schritt weitergehen, wie wir gleich sehen werden, vorher müssen wir aber uns erst zur zweiten Unterabteilung wenden.

b) Träger ohne Tätigkeit.

Vp. Schr. (Rzw. laufen), I 25 I: „Antike Statue des Läufers, visuell deutlich."

Dieser Fall gehört als Individualvorstellung (der Gruppe III) eigentlich nicht hierher, doch ist er in allem andern den übrigen Fällen so ähnlich, daß wir ihn mit aufführen wollen.

Vp. O. (Rzw. handeln), III 3 I: „Bild von einem Mann, der arbeitet. Bestimmte nach vorn gebeugte Haltung."

Vp. Dr. B. (Rzw. fahren), II 30 I: „Fuhrwerk ohne die Pferde auf der Straße."

Vp. Dr. A. (Rzw. laufen), I 26 I: „Zwei unbestimmte Beine, die im Winkel standen wie beim Laufen."

Vp. Dr. A. (Rzw. fallen), I 34 I: „Knie, die den Boden berührten; sie waren gefallen, dies gewußt. Der Oberkörper nur ganz dunkel, die Hacken in die Luft fliegend.

Auch in dieser Gruppe ist noch eine enge Beziehung zum verbalen Charakter des Rzw. gegeben. Die Haltung, Stellung, Lage der vorgestellten Dinge ist fast in allen Fällen für die gemeinte Tätigkeit charakteristisch. Ausgenommen ist nur der Fall von Dr. B., hier ist aber das vorgestellte Ding selbst sehr eng mit der entsprechenden Tätigkeit verknüpft.

Wir wenden uns jetzt zu der Gruppe, die wir oben schon kurz gekennzeichnet haben, bei der nämlich die Tätigkeit selber gegenüber dem Träger noch stärker betont ist als in den unter a aufgeführten Fällen. Wir haben hier sinnlich eigentlich nur noch die Tätigkeit, nicht mehr den Träger.

Vp. St. (Rzw. meiden), III 8 I: „Zunächst begrifflich aufgefaßt: irgend einer Sache ausweichen. Vielleicht mit schwachem visuellem Anklang: einen Bogen um etwas herum machen."

Vp. Dr. B. (Rzw. werden), I 31 I: „Das Verständnis hat sich an eine Bewegung von unten nach oben angeschlossen. Das war das Symbol von Werden im Sinne von Wachsen eines Baumes. Was sich bewegte, hatte etwas Majestätisches. Das Visuelle sehr unbestimmt. Deutlich nur die Richtung der Bewegung. Baum schon zu viel gesagt."

Das Merkmal, das Vp. dem Träger der Bewegung zulegt, ist selbst nur ein dynamisches, die Bewegung charakterisierendes (majestätisch). (Ähnlich bei gleichem Rzw. Dr. A., I 4 II.) Hierher gehört noch Dr. B., I 41 EI (vgl. S. 212).

Schließlich findet sich noch ein Fall, in dem für die Tätigkeit ihr Objekt, allerdings mit enger Beziehung zum Tätigsein vorgestellt wurde.

Vp. Dr. B. (Rzw. sehen), II 40 I: „Landschaft, die ich sah. Weite Landschaft, bei der man sich anstrengen muß, um alles zu überschauen."

γγ) Adjektiva.

Hier finden sich überhaupt am wenigsten Beispiele, was an der Verteilung des Materials liegt (in den beiden ersten Reihen nur je 3). Am häufigsten stellt die Vorstellung wieder den Träger der Eigenschaft dar.

Vp. St. (Rzw. dumm), I 11 EI: „Zunächst vergegenwärtigte ich mir das Wort in einer bestimmten Gesichtsphysiognomie. Bestimmtes Bubengesicht von einem Burschen, bei dessen Verurteilung ich gegenwärtig war." (Über diesen Fall als Individualvorstellung gilt das gleiche, was oben S. 250 über Vp. Schr., I 25 I, gesagt wurde.)

Vp. Fr. K. (Rzw. stutzig), III 43 II: „Dann Verständnis der Rzws. und V 2: Kopf eines Pferdes und dabei der Gedanke an ein scheuendes Pferd. Sehr deutlich die großen Augen."

Vp. Prof. O. (Rzw. startled), III 37 II, sah als Repräsentation Vögel.

Vp. Dr. B. (Rzw. faul), II 33 I: „Mensch, der auf dem Sofa liegt."

Analog wie bei den Verben ist hier die gemeinte Eigenschaft deutlich im gegebenen Inhalte enthalten.

Die einzige andre Art, in der Gegenstandsvorstellungen von Adjektiven auftraten, ist diejenige, die wir bei den abstrakten Substantiven die dynamische genannt haben.

Daß bei den Verben eine eigne spezifisch dynamische Gruppe nicht gebildet worden ist, liegt natürlich daran, daß die Verben selbst eben den dynamischen Charakter tragen. Die dort unter a beschriebenen Vorstellungen würden etwa den dynamischen bei Abstrakten und Adjektiven entsprechen. — .Hier können wir die dynamischen Vorstellungen dadurch kennzeichnen, daß wir sagen: die Vorstellung stellt ein Geschehen dar, auf das man das betreffende Adjektiv anwenden kann.

Vp. St. (Rzw. heimlich), III 19 I: „Zimmer, in dem zwei etwas Geheimes miteinander besprechen."

Vp. Dr. A. (Rzw. mächtig), I 43 I: „Ein Mann marschierend, mit großen Armen und Beinen. Schreitet kolossal gewichtig daher."

Das Ergebnis unsrer Darstellung der Gegenstandsvorstellungen von Abstrakten, Verben und Adjektiven ist nun klar. 2 Hauptgesichtspunkte ergeben sich uns: 1. Der Träger des betreffenden Begriffs wird vorgestellt, 2. der betreffende Begriff wird dynamisch vorgestellt. Wenn wir die Gruppen a und b der Verben auch so einteilen, also Nr. 2 bzw. Nr. 1 zuteilen, so können wir allgemein die statische und die dynamische Repräsentation dieser Wortklassen trennen, wobei wir immer im Auge behalten, daß es daneben noch andre Möglichkeiten gibt, deren Wesen eine Einordnung in unser Schema nicht voll gerecht wird. Wir haben eine Reihe solcher kennen gelernt und darauf hingewiesen, daß auch weitere durchaus nicht auszuschließen sind. Die gleiche Unterscheidung zwischen statischer und dynamischer Repräsentation läßt sich auch auf die konkreten Substantiva anwenden: Hier wird die statische vorwiegen, noch mehr als bei Abstrakten und Adjektiven, doch kommt auch die dynamische vor (vgl. etwa den auf S. 201 zitierten und S. 202 diskutierten Versuch I 48 I von Dr. B. mit dem Rzw. Pille).

β) Dinglichkeit und Nichtdinglichkeit bei nicht konkreten Gegenständen.

Wir schließen damit diese Voruntersuchung ab und gehen zu dem Hauptproblem über, ob nämlich die besprochenen Gegenstandsvorstellungen auch den Unterschied der Dinglichkeit und Nichtdinglichkeit aufweisen.

Wir können diese Frage jetzt ohne weiteres beantworten. Wenn man die zitierten Beispiele ansieht, so erkennt man sofort, daß bei allen 3 Wortklassen die Vorstellungen dinglich und nichtdinglich sein können. Für die dinglichen vgl. auf S. 248/9 die Beispiele: St. I 10 E I, Schr. II 20 I, O. II 18 I, B. II 12 II, II 19 I; auf S. 250: B. II 30 I, Dr. A. I 44 I; auf S. 252: St. III 19 I, Dr. A. I 43 I. Für die nichtdinglichen: St. II 3 E I, O. II 11 I auf S. 249; O. II 21 I auf S. 63 (Vp. sprach bei diesem „dunklen Bildchen" davon, daß „die Bedeutung da war, wie sie durch die Plastik ausgedrückt wird") und Dr. A. I 26 I, St. III 8 I auf Seite 250/51.

Wie bei den konkreten Substantiven, so überwiegt auch hier die dingliche Form. Dies könnte auffallen. Man könnte meinen, daß bei den 3 zur Diskussion stehenden Wortklassen, die an sich nichts Substantielles bezeichnen, Vorstellungen auch in erster Linie ohne Dinglichkeit auftreten müßten. Wenn es anders ist, so dürfen wir wohl den Grund in folgendem suchen: Nicht alle Individuen reagieren auf diese Worte mit visuellen Vorstellungen, sondern nur diejenigen, die am allermeisten auf dies Material angewiesen sind. Diese Vpp. nun stellen auch das Kontingent derjenigen, die vorwiegend mit dinglichen Vorstellungen reagieren. Es ist daher verständlich, wenn bei den 3 Wortklassen die dingliche Repräsentation die häufigere ist.

C. Anschaulicher Unterschied der dinglichen und nichtdinglichen Vorstellungen.

Auf einen Unterschied zwischen dinglichen und nichtdinglichen Vorstellungen machen wir noch aufmerksam: den nichtdinglichen haften phänomenologisch etwa die Merkmale an, die Ebbinghaus als für alle Vorstellungen charakteristisch angibt. Sie sind in der Tat blaß, flüchtig, lückenhaft, arm an Merkmalen; ja selbst bestimmte Größe kann ihnen fehlen, wie aus dem S. 247 zitierten Versuche der Vp. Schr. (II 2 E I), Rzw. Dach, hervorgeht: „Ganz allgemein vor mir lokalisiert, aber über die Tiefe nichts, dabei auch nichts über Größe zu sagen." Die dinglichen Vorstellungen dagegen können zwar in dieser Beziehung den nichtdinglichen gleichkommen — ein Beweis, daß dieser Unterschied nicht etwa ein rein anschaulicher ist —, müssen es aber nicht. Sie sind häufig sehr deutlich und mit Detail ausgestattet.

Wichtig für unsre Analyse ist hierbei, daß durch diese Dinglichkeit die Vorstellung nicht etwa aufhört, ihre Funktion in Beziehung zum Wort, zum Begriff zu erfüllen.

c. Vorstellung und Bedeutung.

I. Gegenstandsvorstellungen.

A. Direkte Angaben.

Wir wollen jetzt nachweisen, daß Beziehungen der Vorstellungen zur Bedeutung bewußt und intentional bestehen, und daß nicht etwa nur die Vorstellung auf das Wort rein mechanisch folgt. Doch werden unsre Aufstellungen über die Beziehungen des Vorstellungsinhalts zu seinem Gegenstand hiervon nicht tangiert. Wir haben die Tatsache aus den Vorstellungen selbst, unabhängig von ihrem Verhältnis zur Bedeutung, abgeleitet. Dabei ergab sich allerdings die

enge Beziehung, in der die nichtdinglichen Vorstellungen zur
Bedeutung stehen.

Wir haben über diesen Punkt aber bereits im ersten Teil
Klarheit gewonnen. Es waren vor allem die vorstellungs-
armen Vpp. O., B., P. R., bei denen sich mit großer Deutlichkeit ergeben hatte, daß die Vorstellungen für sie keinen
andern Zweck hatten, als den, die Bedeutung zu klären oder
nur zu veranschaulichen.

Vp. B. sprach in Reihe 1 davon, daß die Vorstellungen unter Leitung der Bedeutung zustande kämen (vgl. Kap. I, S. 65). In Reihe II
und III sucht er nach Repräsentation, nach Versinnlichung des Wortes
(vgl. Kap. I), oder aber der Zusammenhang zwischen Bedeutung und
Vorstellung wird dadurch klar, daß eine Vorstellung unter dem direkten
Einfluß der Bedeutung abgeändert wird, wie etwa in II 15 I (Rzw. Neumond); V1 war eine Mondlandschaft, in der der Mond die Hauptsache
war. „Erst ein nicht ganz voller (sc. Mond), dann kam mir zum Bewußtsein, das ist gar kein Neumond; dann wurde es erst eine zunehmende
Sichel, aber ziemlich viel davon, dann eine abnehmende, ganz im Schwin-
den, mit dem Bewußtsein, daß ich's erst jetzt richtig hätte."
Auch bei Vp. O. ließ sich der gleiche Beweis führen (vgl. Kap. I,
Reihe I und Reihe II). In Reihe III konnten wir sogar zeigen, daß
bei dieser Vp. die Bestimmtheit der Vorstellungen von der Sicherheit
der Bedeutung abhängig war (vgl. S. 141), eine Tatsache, die die Un-
selbständigkeit der Vorstellungen schlagend beweist.
Daß auch bei P. R. die Verhältnisse ganz ähnlich liegen, dafür
vgl. Kap. I, R. I u. II). Er spricht in Rzw. Skelett ausdrücklich davon, „daß
sich bei allen Versuchen die Assoziation am Verständnis orientiert", sagt also mit etwas anderen Worten das gleiche wie Vp. Dr. B.
Und ebenfalls bei Dr. A., der ja überhaupt in vieler Hinsicht zu
dieser Gruppe von Vpp. gehört, fand sich derselbe enge Zusammenhang
zwischen Bedeutung und Vorstellung (vgl. Kap. I, R. I).
Aber auch bei den vorstellungsreichen Vpp. St. und Schr., bei denen
die Verbindung zwischen Wort und visueller Gegenstandsvorstellung eine
viel geläufigere ist, und bei denen auch andere visuelle Vorstellungen
mit großer Leichtigkeit auftraten, läßt sich der leitende Einfluß auf
die Vorstellungen konstatieren. Vp. St. findet I 10 EI (Rzw. Zucht), „daß
die visuelle Vorstellung zu allgemein sei, um den Begriff Zucht wiederzugeben; bei I 4 EI (Rzw. Finger) macht die Vp. folgende Angabe: „Zunächst ein sehr starkes Unlustgefühl, weil ich nur einen einzelnen Finger
sah und mich unberechtigt fühlte, die ganze Hand in Betracht zu ziehen."
Ganz hervorragend bezeichnend ist endlich II 8 I (Rzw. Spielbank),
wo Vp. ihre alte Kinderschnitzbank sah und folgendes angab: „Die
Silbe Spiel hat einen ganzen begrifflichen Komplex ausgelöst von Spielsachen. Dies war noch nicht auf eine einzelne Vorstellung fixiert, aber
ich hatte den Trieb, eine einzelne Vorstellung zu gewinnen, und unwillkürlich mußte die zweite Silbe (Bank) in den Komplex von Spielsachen
eingereiht werden. Nun war die als V1 gesehene Bank die einzige unter
meinen Spielsachen, die ich als Bank bezeichnen kann. Dies nicht ge-

wußt, auch habe ich die Bank natürlich nie Spielbank genannt. Sofort das Bewußtsein, daß das Wort damit nicht richtig aufgefaßt ist, sondern daß es eigentlich etwas ganz anderes meint."

Diese Aussage läßt uns einen Blick in den Prozeß der Veranschaulichung selber werfen: Wie der eine Teil des Wortes das genus angibt, dem die Vorstellung angehört, und wie der andre die Spezies angeben muß, wie auf diese Weise ein ganz neuer Begriff zustande kommt, die Schnitzbank als Spielbank, wie dann das Ungewöhnliche dieser Auffassung erkannt wird, das alles zeigt die enge Verknüpfung, in der die Vorstellung auch bei dieser Vp. zur Bedeutung steht, und gleichzeitig auch die nicht zu unterschätzende Wichtigkeit, die der Vorstellung im Verständnisprozeß zukommen kann. Daß in diesem Falle die Vorstellung sogar individualisiert war, stärkt nur die Bedeutsamkeit dieser Angabe, denn gerade bei Individualvorstellungen, die doch auch, abgesehen von der Wortversinnlichung, ihren Wert haben (persönliche Beziehung), ist diese enge Verbindung mit der Wortbedeutung besonders auffallend.

Bei Vp. Schr. findet sich folgende Angabe, die zeigt, daß nicht nur die erste, sondern auch noch die folgenden Vorstellungen von der Bedeutung aus bestimmt wurden. I 38 I (Rzw. Sichel). Vorausgegangen das Bild einer Sichel und daß eines Menschen, der mit einer Sichel Gras mäht. VI Ährenleserin von Millet. „Im Augenblick des Aussprechens schoß mir der Gedanke durch den Kopf: das stimmt ja gar nicht, die hat ja gar keine Sichel."   .

Fast völlig negativ in dieser Beziehung ist nur Vp. Fr. K. Ihr Verhalten gegenüber der Instruktion hatte aber auch, wie wir gesehen haben, durchaus den Charakter des Gezwungenen, Unnatürlichen gehabt.

B. Auswahl der Teile.

Wir gehen jetzt zurück zur Betrachtung des Einflusses, den die Wortbedeutung auf die Vorstellung ausübt: Haben wir uns bis jetzt auf die bezüglichen Beobachtungen der Vpp. gestützt, so soll nun der objektive Tatbestand herangezogen werden. Wir werden die Vorstellungen selber mit den Worten vergleichen und kommen so zurück zu dem schon mehrfach berührten Gesichtspunkt der Auswahl. Wir werden hier ganz allgemein von Auswahl von Teilen der Vorstellungen sprechen und dann selbständige (gleich Lückenhaftigkeit) und unselbständige (gleich Armut an Merkmalen) unterscheiden. Schließlich sind auch noch jeweils die Fälle heranzuziehen, wo bestimmte Teile zwar nicht fehlen, aber doch mit viel geringerer Deutlichkeit gegeben sind. Vorher verweisen wir auf den Fall, in dem die Beziehung zur Bedeutung die Vorstellung allzu vollständig gemacht hatte (B I 19 S. 207).

Die Fälle, in denen sich die Selektion in der verschiedenen Deutlichkeit manifestierte, waren uns zuerst begegnet (vgl. S. 197 f.). Wir fügen hier noch folgende Beispiele hinzu:

Vp. Fr. K. (Rzw. Stiel), III 35 III: „Visuell unsere Sonnenblumen. Besonders die grünen Stiele."
Vp. Dr. B. (Rzw. Horn), II 25 I: „Rind, nur der Kopf deutlich."

Wir ziehen jetzt die Vorstellungen heran, in denen selbständige Teile fehlen. Bei den lückenhaften Vorstellungen hatten wir 4 Hauptgruppen A—D unterschieden (vgl. S. 200 bis 206), von denen A—C, und unter A wieder alle 3 Untergruppen a—c, auch wieder Selektion der Teile im Sinne der Bedeutung zeigten. In Gruppe A b speziell hatten wir es vor allem mit Bedeutungen von nicht konkreten Substantiven zu tun (vgl. S. 200 f.) und hatten auch dort ganz deutlich den Einfluß der Wortbedeutung auf die Vorstellung gefunden. In Gruppe A c finden sich scheinbar 2 Ausnahmen: die Kollektivvorstellungen der Vp. Fr. K. (vgl. S. 203) scheinen nicht aus der Bedeutung erklärbar zu sein, und doch läßt sich auch hier sagen, daß die Vorstellungen für die Bedeutung zum mindesten genügten.

Die Fälle der Gruppe D liegen, wie schon oben erwähnt (S. 205), etwas anders. Zwar finden sich auch hier Übergänge, so sind speziell die auf S. 205 zitierten Vorstellungen der Vp. B. denen der Gruppe C verwandt, doch wird der Unterschied bei den extremsten Fällen sehr deutlich. Hier können wir höchstens an ein Verhältnis denken, wie wir es eben bei den Kollektivvorstellungen der Fr. K. fanden: das sinnliche Material genügt für die Bedeutung des Gedankens. Dies gilt etwa für Vp. B. II 22 I, II 19 I, St. I 37 I, II 11 I. In diesen Fällen ist die Beziehung zum Rzw. noch deutlich. Bei Vp. St. II 46 I dagegen tritt durch das Rzw. veranlaßt eine Erinnerung auf, die intentional mit der Bedeutung des Rzw. nichts zu tun hat; dieser Fall gehört also nicht hierher.

Aber auch die andern Fälle, deren Zugehörigkeit wir dadurch gekennzeichnet haben, daß wir sie als genügende Träger der Bedeutung hinstellen, zeigen eben dadurch eine andre Art der Selektion wie die Gruppen A—C. Wir haben auch auf S. 206 schon darauf hingewiesen, daß hier von der Vorstellung nur relativ irrelevante Teile gegeben sind. Trotzdem aber sind die Teile auch nicht ganz willkürlich gewählt; sie stehen doch immer noch in deutlicher Beziehung zur Bedeutung, der Helm am Wasser (Rhein) zum Nibelungenkomplex, ferner die dynamische Vorstellung des Rzw. Gedicht bei Vp. B. II 191, wo Arme und Buch gegeben sind.

Das weist darauf hin, daß wir es nicht mit toto genere verschiedenen Prozessen zu tun haben, daß vielmehr nur ein gradueller Unterschied besteht.

Gehen wir jetzt zu den Fällen über, wo unselbständige Teile der Vorstellungen fehlten. Wir haben sie unter dem Gesichtspunkt der Merkmalsarmut besprochen und 3 Gruppen A—C unterschieden (vgl. S. 208 ff.). Gruppe A und B zeigen wieder deutliche Selektion im Sinne der Bedeutung.

Besonders charakteristisch sind in Gruppe A die 2 Fälle, wo Vp. B. zum Rzw. Fell ein Tier sieht, „was für eins, weiß ich nicht, jedenfalls eins, von dem man ein Fell haben kann" (S. 209) und wo Vp. St. zum Rzw. Attribut ein Heiligenbild sieht, „das auch eine griechische Göttin gewesen sein könnte, das aber jedenfalls an seiner Seite ein Attribut hatte", wobei wieder die Art des Attributs unbestimmt blieb (S. 209).

Aber auch die Vorstellungen der Gruppe B zeigen Selektion in diesem Sinne, ebenso die Fälle, die wir als Übergänge zwischen A und B charakterisiert hatten (S. 211).

In Gruppe C zeigen die Untergruppen a und b Selektion wieder nur in dem Sinne, daß die vorhandenen Merkmale genügen, Gruppe C c dagegen zeigt die volle Selektion sogar in ganz besonders deutlicher Weise (vgl. S. 225 f.).[1]

C. Schlußfolgerungen.

Die Untersuchung der Auswahl der Teile führt uns zu sehr wichtigen Schlußfolgerungen.

Bleiben wir zunächst bei dem Fehlen selbständiger Teile. Hier hatten uns Angaben von Dr. B. gelehrt (I 8 S. 203, I 13 S. 204), daß der Gegenstand in Vorstellungen mit lückenhaftem Inhalt nicht gleichfalls lückenhaft zu sein braucht: ein Mann, von dem der Kopf nicht gesehen wird, ist nicht etwa ein Mann ohne Kopf, sondern ein Mann, dessen Brust etwa bestimmte Eigenschaften hat. Entsprechend müssen wir die

---

[1] Vgl. auch Michotte und Ransy, l. c. S. 32.

Fälle auffassen, wo das sinnliche Material genügt für die Bedeutung. D. h. aber nichts andres als: Der Inhalt einer
Vorstellung ist nicht imstande, den Gegenstand dar-
zustellen[1]). Damit ein Gegenstand in der Vorstellung
gegeben ist, muß vielmehr etwas andres, nicht anschaulicher Art, dazukommen[2]). In engem Zusammenhang hiermit gilt der Satz der Selektion, der in Umkehrung
der Verhältnisse von der Bedeutung ausgeht: Die Gegenstandsvorstellung unterliegt in ihren selbständigen
Teilen einer Selektion, die durch die Bedeutung geleitet ist.

Übertragen wir diese Sätze jetzt auch auf die Fälle, wo
unselbständige Merkmale fehlen. Wir erhalten die Lösung
der Schwierigkeit, die in dem von Locke eingeführten Begriff
der Allgemeinvorstellung liegt. Der Inhalt gibt uns gar nicht
den Gegenstand, also entscheidet er auch nichts — und dies
haben wir oben schon auf anderm Wege bewiesen — darüber, ob der Gegenstand partikular oder universal ist. Es ist
wieder das, was dazu kommt, in Husserlscher Terminologie
jener objektivierende Akt, der dem Vorstellungsinhalt einen
Gegenstand gibt. Es folgt dies alles ohne weiteres aus der
Selektion. Die sinnlich gegebenen Merkmale enthalten das,
worauf der Nachdruck liegt. Ihr Fehlen allein deutet nicht
auf das Fehlen entsprechender Teile am Gegenstand. So
stützen und ergänzen die beiden Sätze sich gegenseitig.

------

[1]) Wir können also den Analysen von Twardowski nicht zustimmen.
(Über begriffliche Vorstellungen, Wissensch. Beil. z. 16. Jahresber. (1903)
d. Philos. Ges. a. d. Univ. Wien, Leipzig 1903, S. 1—28.) Der Begriff
der Substratvorstellung ist, wie T. ihn braucht, ein logisches Postulat,
keine empirisch-psychologische Gegebenheit. Bei der Vorstellung des
mathematischen Punktes z. B. (vgl. S. 17) ist der anschauliche Kreidepunkt gar nicht erst als solcher im Bewußtsein und eines vorgestellten
Urteils nicht bedürftig. Die rein anschaulichen Elemente bedürfen nach
unserer Ansicht zunächst gleichfalls einer Beziehung, damit die Vorstellung weißer Kreidepunkte zustande kommt. Statt dieser Beziehung
kann nun aber auch eine andre dazutreten, und so kann der Kreidepunkt
direkt der mathematische Punkt sein. Es kommt immer darauf an, welche
Eigenschaften des anschaulichen Inhalts als Angriffspunkte der Beziehung
dienen; im Gegensatz zu T. nehmen wir ja auch an, daß unselbständige
Teile gesonderte Inhalte des Bewußtseins werden können. Und hier
liegt vielleicht der wesentlichste Unterschied. Wie im übrigen die Genese
der Begriffe zustande kommt, ist eine andre Frage, deren Lösung allein
experimentellen Untersuchungen vorbehalten bleiben muß.
[2]) Vgl. Messer, Empfindung und Denken, S. 92.

Um den Sachverhalt ganz klarzulegen, wollen wir unsern Satz an einem Beispiel erproben: Wir haben eben als besonders charakteristisch die Vorstellung hervorgehoben, die Vp. B. zum Rzw. Fell gehabt hatte (vgl. S. 209 Gruppe A der Merkmalsarmut). Vp. hatte ein größeres Tier gesehen, von dem man ein Fell haben kann, sie hatte nicht etwa einen Löwen oder einen Tiger gesehen. Locke würde sagen: wir haben hier die Allgemeinvorstellung großes felltragendes Tier. Berkeley würde dagegen einwenden: das Tier, das in dieser Vorstellung (als Inhalt) gesehen wird, ist kein allgemeines Tier, das nur groß ist und ein Fell trägt, es muß vielmehr als Gesehenes auch alle übrigen Eigenschaften der Sehdinge haben, d. h. es muß vollkommen bestimmt sein, so wie jedes Einzelding, also etwa eine bestimmte Farbe, einen bestimmten Kopf, eine bestimmte Form usw. haben. Wenn man die Vorstellung eine allgemeine nenne, so heiße dies nichts andres, als daß der Betreffende, der die Vorstellung hat, dazu denkt, daß er dies Tier an Stelle einer Reihe andrer in bestimmter Weise ähnlicher sieht.

Man hat lange geglaubt, Berkeley recht geben zu müssen. Nach unsrer Analyse können wir ihm aber nicht beistimmen, sondern werden uns, wenn auch natürlich mit ergänzenden Modifikationen, der Anschauung Lockes zuwenden müssen[1]).

Wir sahen auf der einen Seite, daß der Gegenstand der Vorstellungen keineswegs durch ihren Inhalt bestimmt ist. Daraus, daß der Inhalt individuelle, d. h. genau bestimmte Merkmale hat, folgt dann noch nicht das gleiche für den

---

[1]) Husserls Kritik der Lockeschen Abstraktionstheorie unterschreiben wir natürlich vollkommen. Nur in der ganz rein psychologischen Frage nach der Möglichkeit der Lockeschen Allgemeinvorstellung möchten wir von Husserl abweichen. Daß es eine adäquate Anschauung des weder spitz- noch stumpf- noch rechtwinkligen Dreiecks nicht gibt, auch darin hat Husserl natürlich recht. Trotzdem kann aber durch Selektion eine Vorstellung zustande kommen, in der nur noch bestimmte Dreiecksmerkmale anschaulich sind. Die Vorstellung dieses Dreiecks könnte also weder spitzwinklig, noch stumpfwinklig, noch rechtwinklig sein. Wenigstens scheint uns die Möglichkeit nicht a priori auszuschließen, ganz besonders wenn man, was in der vorliegenden Arbeit nicht geschieht, auch noch zu den Vorstellungen die Gestaltqualitäten hinzuzieht. Da dieses äußerst schwierige Gebiet erst allmählich der Klärung nahe rückt, so genüge dieser kurze Hinweis (vgl. Husserl, Log. Untersuch. II, S. 125 bis 135).

Gegenstand. Auf der andern Seite kennen wir aber die Tatsache der Selektion. Darnach können tatsächlich auch unselbständige Teile in der Vorstellung fehlen, d. h. sie sind nicht Inhalt (erst recht natürlich nicht Gegenstand) des beachtenden Bewußtseins[1]).

Die Behauptung Berkeleys, daß man sich bei der Einzelvorstellung ihrer stellvertretenden Funktion bewußt sei, ist

------

[1]) Wir gehen in diesem Punkt also weiter als Cornelius, der dies Fehlen der unselbständigen Teile im strengen Sinne leugnet. Er meint, die scheinbar fehlenden Teile würden als vorhanden erkannt, sobald wir darauf achten. Damit kommen wir zur Lösung des Widerspruchs. Es war ja nach unserer Ansicht das Nichtachten gerade charakteristisch für die Vorstellungen, und was dem beachtenden Bewußtsein fehlt, fehlt darum für unsere Betrachtung dem Bewußtsein überhaupt, da ein diese Teile beachtendes Bewußtsein sofort ein anderes wird. Experimentelle Erfahrung, das zeigt auch wieder dieser Fall, kann doch nicht durch noch so genaue eigene phänomenologische Analyse ersetzt werden (vgl. H. Cornelius, Einleitung in die Philosophie, 1903, S. 181, 182). Auf nicht genügender qualitativer Analyse beruht gleichfalls die positive These von Betts, dem wir sonst in vielem sehr nahe stehen: „For whatever may be the outcome of the a priori reasoning about ‚generic images‘, the introspective testimony is to the effect, that all images even those accompanying concepts of the most abstract nature, are of specific objects, while the meaning of the concept must be general" (l. c. S. 64). Wie ganz anders klingen dagegen die folgenden Worte, die Külpe beim Bericht über seine Abstraktionsversuche in Gießen sprach (l. c. S. 67, 68): „... Die Vpp. glauben tatsächlich, die Eindrücke in der angegebenen Unbestimmtheit zu sehen, bzw. tatsächlich keine Farbe, kein Objekt usw. wahrgenommen zu haben, ... Die wirksamen Teilinhalte sind für unser Denken und Vorstellen die positiv abstrahierten, die unwirksamen aber diejenigen, von denen abstrahiert worden ist. Für unser Bewußtsein gibt es demnach abstrakte Vorstellungen, für die psychische Realität nur konkrete Vorstellungen." Die gleichen Verhältnisse, die wir für die Vorstellungen konstatiert haben, statuiert K. auch für die Wahrnehmungen: Ablösbarkeit unselbständiger Teile für das Bewußtsein. Der letzte Satz K.s über die psychische Realität geht auf psychologische Grundanschauungen, die wir füglich hier ausscheiden. Speziell für die Raumwahrnehmung ist diese Anschauung jetzt auch von E. Jaensch bestätigt worden. (Über die Wahrnehmung des Raumes, Zeitschr. f. Psychol. Erg.-Bd. 6, S. 464, 1911.) Der Gegensatz unserer Ausführungen gegenüber denen Bühlers (l. c. S. 363) dürfte weniger im Wesen als im Ausdruck zu suchen sein. Dadurch, daß wir die Vorstellung als ein aus anschaulichen und unanschaulichen Elementen bestehendes einheitliches Ganzes behandeln, fällt unser Urteil entschiedener für Locke aus als das B.s.

tatsächlich falsch[1]), aber nach unsrer Auffassung der Sachlage auch überflüssig. Das felltragende Tier kann ebensogut Gegenstand unsrer Vorstellung sein, wie etwa das bestimmte, das ich gestern an dem bestimmten Ort gesehen habe[2]). Dabei können, und auch das sei zum Überfluß noch einmal betont, die Inhalte dieser beiden Vorstellungen völlig gleich sein.

Genau ebenso müssen wir den Fall des allgemeinen Dreiecks entscheiden. Eine Annäherung an ihn stellt die auf S.209 zitierte Vorstellung der Vp. O. dar, die eine hohe Zahl sah, bei der die Anzahl der Nullen nicht gegeben war. Der Gegenstand dieses Vorstellungsinhalts war, der Rzw.-Bedeutung entsprechend, Gehalt, nicht ein bestimmtes Gehalt, und diese Allgemeinheit des Gegenstandes übertrug sich auf den anschaulichen Inhalt[3]).

Indem wir die Selektion der Vorstellungsteile im Sinne der Bedeutung darlegten, haben wir auch den Vorstellungen einen gewissen Anteil an dem gegeben, was man allgemein Begriff im psychologischen Sinne nennen könnte. Wir scheinen damit mit Ergebnissen in Widerspruch zu geraten, die von Ribot[4]) und nach ihm von Marbe[5]) erhalten worden sind. Diese Forscher riefen ihrer Vp. Worte und Sätze zu und ließen sich die Erlebnisse beim Auffassen dieser Worte berichten. Einmal scheint es, daß die beiden Autoren unsern Gesichtspunkt der Wahl gar nicht an ihr Material gelegt haben, dann aber dürfte auch die Instruktion, deren sich die Forscher bedienten, zur Entscheidung dieser Frage nicht günstig gewesen sein. Auf der einen Seite ist sie zu durchsichtig, die Vp. weiß sofort, worum es sich handelt, das Verfahren ist nicht unwissentlich und die Beeinflussung durch das Wissen wird schädlich gewesen sein, besonders wohl dadurch, daß die Vpp. schon während der Hauptperiode Introspektion

---

[1]) Über die so häufig wiederholte Behauptung dieses Tatbestandes vgl. etwa die Darstellung bei J. Schwiete, Über die psychische Repräsentation der Begriffe. Arch. f. d. ges. Psych. XIX, S. 475—83.

[2]) Vgl. die völlig übereinstimmenden Ausführungen von Husserl, l. c. S. 108ff.

[3]) Umgekehrt kann die Vorstellung auch mehr enthalten, als in der Wahrnehmung gegeben sein kann, z. B. alle sechs Seiten eines Würfels. Vgl. dazu F. Galton, l. c. S. 68 u. Vp. B. I 19 I S. 207.

[4]) Th. Ribot: Enquête sur les idées générales. Rev. Philos. XXXII, 1891, S. 376—388.

[5]) K. Marbe: Experimentell-psychologische Untersuchungen über das Urteil. Leipzig 1901, S. 100f.

trieben. Dazu kommt, daß der Prozeß bei diesen Versuchen ganz aus dem übrigen psychischen Zusammenhang herausgelöst ist. Bei uns, wo er in ganz bestimmtem Zusammenhange mit mehreren Vorstellungen auftritt, ist sein natürlicher Ablauf viel besser zu erkennen. Hier wurden die Gesetzmäßigkeiten wirksam, die auch in unserm Denken außerhalb des Laboratorium-Experimentes bestimmend sind, und wenn hier eine solche Selektion zur Erscheinung kam, so dürfen wir unsern Versuchen wohl mehr trauen als denen der beiden Forscher [1]).

Außerdem müssen wir noch hinzufügen, daß auch bei uns nicht alle Gegenstandsvorstellungen Selektion zeigten. Wir haben unter den nicht lückenhaften und merkmalsreichen solche kennen gelernt. Die meisten dort zitierten Fälle gehören allerdings nicht hierher, es handelt sich um individualisierte Vorstellungen, die einen andern Zweck als bloße Bedeutungsveranschaulichung zu erfüllen haben. Für das Nichtfehlen selbständiger Teile können wir etwa folgenden Fall zitieren:

Vp. St. (Rzw. Brust), I 22 I: „Die Vorstellung eines ganzen Körpers, zu dem die Brust gehört. Diese nicht besonders betont."

Hier war das Verständnis vorausgegangen „als Ausdruck für einen Teil des menschlichen Körpers". Das Wort ist zudem so geläufig, daß wir wohl das Fehlen der Selektion daraus erklären dürfen, daß sie überflüssig ist.

Anders steht es in dem auf S. 207 zitierten Fall der Vp. Dr. A. I 9 I. Hier enthält die Vorstellung in der Tat erheblich viel mehr, als für die Bedeutungsrepräsentation nötig wäre, ohne daß sie dabei individualisiert ist, oder sonst irgendwelche andre ersichtlichen Zwecke erfüllen müßte. Zum Verständnis derartiger Erscheinungen wird uns folgendes Prinzip helfen: Wenn der assoziativ-reproduktive Prozeß reichliche Vorstellungen ins Bewußtsein führt, so werden sie akzeptiert, wenn sie nicht schädlich sind, d. h. nicht der Bedeutung widersprechen. Die Selektion tritt dann ein, wenn das zugeführte Material spärlich kommt. Wir mußten mit diesem Prinzip über den Rahmen dieses Kapitels in das Gebiet des nächsten hinaus-

---

[1]) Daß unsere Vpp. teilweise durch die Instruktion nach der Richtung beeinflußt waren, Vorstellungen hervorzubringen, beeinträchtigte das Ergebnis nicht. Unser Satz gilt eben für Vorstellungen, wenn sie auftraten und er will natürlich auch nur einen wirksamen Faktor heraussondern.

greifen. Doch hat uns der Exkurs gezeigt, daß auch Vorstellungen, in denen keine Selektion eintritt, keinen Gegensatz zu unsern Hauptsätzen zu enthalten brauchen.

Gehen wir zu den unselbständigen Teilen über, so sehen wir, daß wir auf die hierhergehörigen (Allgemein-)Vorstellungen (S. 213 f.) der Gruppen A und B der merkmalsreichen dasselbe Prinzip anwenden können. Es handelt sich übrigens in allen in Frage kommenden Fällen um Konkreta (Stern, Bogen, Buch, Maler); ein Fall der selbständigen Teile; bei dem wir das Prinzip entwickelten, ist die einzige Ausnahme (Rzw. dumm).

Gruppe C dagegen, soweit sie hierhergehört, zeigt schon wieder deutliche Selektion (vgl. Dr. A. I 12 I S. 214), wo dasjenige Merkmal am meisten beachtet wird, das der Vp. wohl überhaupt das charakteristischste ist.

Diese Betrachtung hat uns also keinen wirklichen Gegensatz zu unsern Hauptsätzen gebracht; sie war durch ihr negatives Ergebnis vielmehr eine Bestätigung.

Ausdrücklich sei hier aber noch eine mögliche falsche Auffassung zurückgewiesen: die Auswahl der Teile einer Vorstellung vollzieht sich nicht ausschließlich nach dem Gesichtspunkt der Bedeutung; es können auch andre Faktoren in diesem Sinne wirken, etwa assoziative Begünstigung oder gefühlsmäßige Einflüsse.

Die Frage, zu deren Beantwortung wir die ganze letzte Untersuchung anstellten, läßt sich jetzt entscheiden. Die enge Beziehung zur Bedeutung findet sich, wenn wir uns auf Gegenstandsvorstellungen beschränken, nicht nur bei den nichtdinglichen, sondern auch bei den dinglichen Vorstellungen. Daraus folgt, daß die Bedeutung auf zweierlei Weise mit Anschauung erfüllt werden kann. entweder so, daß die Anschauung das soundso geartete der Bedeutung darstellt, oder so, daß sie ein soundso geartetes Ding darstellt, wobei dies Ding aber kein individuelles ist. Wir müssen diesen letzten Satz aber noch vervollständigen. Unter den zitierten Fällen befinden sich auch Individualvorstellungen (vgl. S. 250 Schr. I 25 I und St. I 11 E I S. 251).

Das Verhältnis der Bedeutung war in diesen Fällen, zu denen der Leser des Kap. I eine Reihe anderer wird hinzufügen können, genau das gleiche wie bei den allgemeinen dinglichen Vorstellungen. Wir müssen also als dritte Weise der erfüllenden Anschauung noch die durch ein individuelles Ding hinzufügen.

Die Unterschiede zwischen der ersten und zweiten und der zweiten und dritten Erfüllungsart sind aber durchaus nicht gleich groß. Von der Allgemeinvorstellung mit Dinglichkeit bis zur Individualvorstellung mit Dinglichkeit führt eine Reihe von Übergängen, die Individualisation kann mehr oder minder groß sein. Grundverschieden sind aber die Erfüllungen mit nichtdinglichen und dinglichen Vorstellungen[1]). Wir werden also so einteilen: A. nichtdingliche, B. dingliche, a) allgemeine, b) individuelle, wobei a und b nur Grenzfälle einer kontinuierlichen Reihe darstellen.

Es wäre jetzt zu untersuchen, ob diesen verschiedenen Arten der Anschauung auch in anderer Weise verschiedene Beziehungen zur Bedeutung entsprechen. Dies bleibt jedoch besser dem Kapitel über das Verständnis vorbehalten.

2. Ergänzungen.
A. Die andern Allgemeinvorstellungen.

Wir haben uns in den letzten Betrachtungen immer an Gegenstandsvorstellungen gehalten, d. h. an solche Vorstellungen, die einen dem Rzw. entsprechenden Gegenstand darstellten. Dabei war der Einfluß der Bedeutung auf die Vorstellung klar geworden. Wie steht es aber mit den andern im Verlauf des Versuchs auftretenden Allgemeinvorstellungen? Es genügt hier, auf die Untersuchungen des I. Kap. zu verweisen, um zu erkennen, daß die gleichen Gesetze dort gelten, wie hier. Wir hatten, besonders bei der Besprechung von Reihe II und III, immer von der repräsentativen Funktion der Vorstellungen gesprochen, und zwar nicht nur hinsichtlich des Rzw. Wenn im Verlauf ein Gedanke auftrat, so entsprach ihm in vielen Fällen eine darauffolgende visuelle Vorstellung. Diese visuelle Vorstellung nun verhielt sich zum Inhalt des Gedankens geradeso wie die Gegenstandsvorstellung zur Bedeutung des Rzw. Zum Beispiel:

Vp. Dr. B. II 28 II (Rzw. Trinkgeld): „Dann kam von der gedanklichen Bedeutung des Wortes aus das Bewußtsein, daß es unwürdig ist, und daß die Leute sich auch schon dagegen gesträubt haben. V2 Versammlung, ganz unbestimmter Haufen von Menschen, es waren Kellner, und die verlangten, daß man das abschafft."

---

[1]) Auch hier werden wir allerdings noch eine Zwischenstufe näher zu besprechen haben, die Fälle nämlich, wo statt der Dinge selbst Bilder von ihnen vorgestellt werden (vgl. S. 246), doch wird dadurch der prinzipielle Unterschied nicht verwischt.

Vp. O. III 29 III (Rzw. style): „Then thought, style has not merely to do with women, it has to do with men also. Then V2, friend who dresses rather well."

Dieser Fall enthält wieder eine Individualvorstellung, die jedoch ganz so fungiert wie eine allgemeine Vorstellung.

Vp. Schr. (Rzw. Schild), II 31 II: „... Dann kam der Gedanke, daß die Buckel oft mit Edelsteinen verziert waren, dann RV., ein roter, funkelnder Edelstein."

Für diese Vorstellungen gilt also das gleiche, wie für die Gegenstandsvorstellungen. Es sind damit aber noch nicht alle Vorstellungen untergebracht. Auch außer den individualisierten bleibt noch eine ganze Reihe übrig, die wir demnächst behandeln werden.

B. Visuelle Symbole für Bewußtseinslagen.

Vorher müssen wir aber noch andre Vorstellungen nachtragen, die in diesen Kreis gehören. Zunächst diejenigen, die im Anschluß an bestimmte Bewußtseinslagen auftreten und den Gegenstand dieser Bewußtseinslagen veranschaulichen. Die folgenden Beispiele werden gleich klar machen, was gemeint ist.

Vp. Fr. K. II 16 E II (Rzw. mahnen): „Darauf war eine Leere im Bewußtsein, nicht wie sonst, sondern ein graues, kantiges, visuelles Gebilde, von dem ich wußte, daß alle möglichen Vorstellungen darin enthalten seien."

Dieselbe Vp. sagte III 16 I (Rzw. Protektion), daß die Vorstellung aus dem Grauen auftauchte.

Vp. P. R. I 16 E I (Rzw. Band): „Zuerst eine kurze Erinnerung ohne sprechen, daß sehr vieldeutig. Sehr stark der Eindruck eines Unklaren, auch visuell, so ein brauner Nebel, aber sehr verschwommen und schwach."

Vp. P. R. I 4 E I (Rzw. Fahne): „Verständnis des Wortes. Als ob von einem Punkte viele Strahlen ausgingen, so war eine Fülle von Reproduktionen versinnlicht."

Vp. Dr. A. I 24 E I (Rzw. Mark): „Sofort das Bewußtsein, ja, das ist ja alles Mögliche. Zwei Richtungen, räumlich nach verschiedenen Seiten, die dritte im Ausgangspunkt."

Solche Angaben finden sich bei den übrigen 4 Vpp. nicht. Die Ähnlichkeit der von Fr. K. mit der ersten von P. R. und der von Dr. A. mit der zweiten von P. R. fällt ins Auge. Das gegenständliche Moment in der Bewußtseinslage, die Bestimmtheit, worum es sich handelt, ist visuell im Schema repräsentiert, ganz so, wie bisher Gegenstände in Vorstellungen gegeben waren, und zwar ist es diesmal wohl die nichtdingliche Art.[1])

---

[1]) Ähnliche visuelle Symbole für Relationen beschreiben Michotte und Ransy, l. c. S. 30 f.

C. Vorstellung von Bildern.

Eine letzte Ergänzung betrifft die Vorstellung von Bildern, für die wir schon ein Beispiel gegeben haben (Vp. O. vgl. S. 246 I 15 I. Wir fügen noch folgendes hinzu:

Vp. O. I 25 I (Rzw. Maschine): „Schwarzes Bild von einer Dampf-maschine, ganz klein, als ob es auf einem Zettel stünde."

Solche Fälle finden sich nur bei der Vp. O. Bei den Vpp. St. und Schr. treten zwar auch solche Bildvorstellungen auf, es handelt sich dann aber um Individualvorstellungen, die nicht ganz dieselbe Auffassung zulassen, wenn wir sie auch noch von den Vorstellungen wirklicher Bilder, wie wir sie besonders bei Vp. Schr. kennen gelernt haben, unterscheiden müssen.

Die Fälle, um die es sich für uns handelt, nehmen, wie schon gesagt, eine Zwischenstellung zwischen dinglichen und nichtdinglichen Vorstellungen ein. Das Bild eines Dinges ist schon nicht mehr das Ding selbst, sondern enthält nur bestimmte wesentliche Teile des Dinges. Insofern also entspricht die Vorstellung von Bildern von Dingen dem nichtdinglichen Charakter. Andererseits sind aber Bilder auch wieder Dinge, wenn sie vorgestellt werden, so hat die Vorstellung auch wieder dinglichen Charakter. Beide Tendenzen wirken also zusammen, wenn solche Bildvorstellungen auftraten. Die rein bedeutungsmäßige ist die primäre, so daß sich die eigentlich dingliche nicht voll durchsetzen kann. Sie läßt sich aber auch nicht ganz unterdrücken, und so entsteht ein neues Ding, das die Bedeutung des alten Dinges hat, eben ein Bildnis des ursprünglichen Dinges. Wir müssen in unser obiges Schema von möglichen Bedeutungserfüllungen unter A und B noch als C die Vorstellung von Bildern des Dinges einfügen, bei denen die Prinzipien von A und B gemeinsam wirksam werden.

Zum Schluß sei noch darauf hingewiesen, daß nicht etwa der Unterschied zwischen Bild und Dingvorstellung ein rein anschaulicher sei, so daß die Bilder undeutlich, die Dinge deutlich vorgestellt werden. In einem Versuch der Vp. O. II 29 I II (Rzw. shield) traten hintereinander 2 Vorstellungen von Schilden auf, die erste unklar und dinglich, die zweite bestimmter und bildlich. Daß der Unterschied natürlich auch nicht umgekehrt ist, versteht sich von selbst.

d) Die wichtigen Unterscheidungen.

1. Das Vorstellungs-Schema.

Wir kehren jetzt noch einmal zu unserer fundamentalen Unterscheidung der nichtdinglichen und dinglichen Vorstellungen zurück, um hier weitere Unterscheidungen durchzuführen. Während nämlich die nichtdinglichen Vorstellungen in den bisher besprochenen Fällen durchweg in engster Beziehung zur Bedeutung stehen, trifft dies nicht für alle dinglichen Vorstellungen zu. Daß es allerdings auch hier solche gibt, die als Bedeutungsträger fungieren, haben wir gesehen, und zwar galt das nicht nur für allgemein-, sondern auch u. a. Umständen für Individualvorstellungen. Der Nachdruck in diesen dinglichen Vorstellungen liegt also nicht auf ihrer Dinglichkeit, sondern auf ihrer Beziehung zur Bedeutung, sie sind eben Dinge der gemeinten Art. Der Nachdruck kann aber auch auf der andern Seite liegen, die Dinglichkeit kann das betonte oder überhaupt das alleinige Kennzeichen dieser Vorstellungen sein. Dies ist bei den meisten Individualvorstellungen der Fall, bei denen natürlich noch das persönliche Element eine große Rolle spielt, aber auch bei einigen Allgemeinvorstellungen. Das sind diejenigen, die uns noch übrig blieben, als wir auf S. 264/5 zu den Gegenstandsvorstellungen noch eine ganze Reihe anderer Allgemeinvorstellungen hinzuzogen. Sie traten häufig genug in unsern Versuchen auf und zwar besonders dann, wenn die Vp. infolge der Instruktion eine Vorstellung bildete, ohne irgendeinen Grund dafür einzusehen.

So fügte Vp. O. in Reihe III (Nr. 9, Rzw. Kanzel) zu V2 der Vorstellung einer Kanzel noch den Prediger hinzu, weil ihr einfiel, es wären erst zwei Vorstellungen statt der verlangten drei dagewesen. Oder folgendes Beispiel: Vp. B. II 32 (Rzw. Fliege): V1 eine Fliege. „Unter Wirkung der Instruktion zu dem zweiten: Unrat, der von Fliegen stammt."

Auch für die nichtdinglichen Vorstellungen müssen wir eine Ergänzung einführen. Es können nämlich auch nichtdingliche Individualvorstellungen auftreten, allerdings, wenigstens soweit unser Material reicht, nicht als Gegenstandsvorstellungen oder sonstige Bedeutungsträger. Vielmehr erfüllen sie dann die Individualisationstendenz ebenso, wie sie in den andern Fällen die Bedeutung erfüllt haben. Der Inhalt hat dieunddie individuellen Merkmale, sein Gegenstand wird nur als das bestimmte Ding, nicht aber als Ding vorgestellt.

Vp. Schr. (Rzw. Brücke), I 34 I: „Im Anfang eine Allgemeinvorstellung Brücke ... V1 Brücke bei Mergentheim, so wie sie neulich St. abgezeichnet hat. Weiß nicht, ob Zeichnung oder Original."

Schließlich können die Bilder individuell sein, bei denen ja, sofern sie allgemein sind, dingliche und nichtdingliche Tendenzen gleichzeitig wirksam werden. Dies bestärkt unsere

Auffassung vom Wesen der Bilder. Individualvorstellungen
haben an sich leicht ein dingliches Moment, das sie nur selten
verlieren, und so begreift man, daß, wenn Individualvorstellungen mit rein bedeutungserfüllender Funktion auftreten, das
Resultat ein Bild des Individuums ist.

Vp. P. R. 1 5 1 (Rzw. Jurist): „Ziemlich schematisches Brustbild eines
Freundes von mir, der Rechtsanwalt ist. Damit hatte ich das Wort erst
ganz erfaßt."

Aber auch noch aus anderm Grunde können Bilder vom
Individuellen auftreten. Der gemeinte individuelle Gegenstand
kann nämlich der Vp. nicht selbst, wohl aber aus Bildern bekannt sein, so daß in der Vorstellung auch ein Bild auftritt.

Vp. Schr. II 2 II: „Rathaus in Rothenburg, wie man es auf den
meisten Bildern sieht. Als Bild aufgefaßt in Hochformat."

Zu beachten ist, daß nicht etwa das Bild individualisiert
ist, sondern der im Bild dargestellte Gegenstand.

Wir können also das folgende Schema aufstellen:

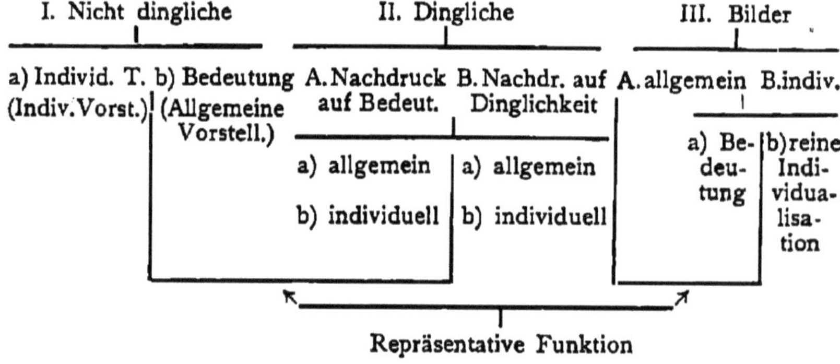

Es zeigt uns, welche Vorstellungen überhaupt repräsentative Funktion haben, welche nicht, und wie die verschiedene
Art der Repräsentation auftritt. Es ist ein Zeichen für die
ungeheure Mannigfaltigkeit der Beziehungen, die Vorstellungen
enthalten können, um so mehr, wenn wir bedenken, daß das
Schema in mehrfacher Hinsicht unvollständig ist, selbst wenn
wir davon absehen, daß alle von uns gefundenen Arten wohl
nur ein Teil der wirklich vorhandenen sein werden. Es fehlt
nämlich immer die verschiedene Art von Individualisation,
durchweg ist die Beziehung zu den möglichen Tendenzen sehr
vereinfacht. Wir haben überhaupt nur 2 herangezogen und
auch diese nicht immer scharf geschieden. Trotz aller dieser
Mängel scheint mir das Schema nicht ohne Bedeutung. Geht

doch aus ihm sehr klar die Vielfältigkeit im Verhältnis der All- gemein- zu den Individualvorstellungen hervor. Es gibt keine größere Gruppe von Vorstellungen, in der nicht sowohl Indivi- dual- wie Allgemeinvorstellungen auftreten, beide können also ziemlich dieselbe Funktion ausüben, wenn auch, wenigstens in unserm Material eine nichtdingliche Bedeutungserfüllung durch Individualvorstellungen fehlt. Im allgemeinen dürften die Individualvorstellungen leichter dinglich sein als Allgemein- vorstellungen, das Bestimmte wird gleich dinglich bestimmt, doch kann die dingliche Bestimmtheit bei voller räumlicher und zeitlicher, wie wir gesehen haben, auch fehlen.

Wir können, und das geht aus unserm Schema hervor, ebenso wie wir dingliche und nichtdingliche Vorstellungen unterschieden haben, auch repräsentative und nichtrepräsenta- tive unterscheiden, wobei wir unter Repräsentation immer Beziehung zur Bedeutung verstehen, so daß zu den nicht- repräsentativen sehr verschiedene Arten gehören. Die beiden Einteilungen kreuzen sich, jede wird einer Eigentümlichkeit der Vorstellungen gerecht.

2. Die Unterscheidungen bei Cornelius.

Wir müssen hier einige Worte über die Auffassung der Vorstellungen bei Cornelius hinzufügen. Ganz stimmen wir ihm in der Behauptung zu, daß Vorstellungen den Hinweis auf ein Nichtgegenwärtiges enthalten, wobei der Ausdruck „nicht gegenwärtig" allerdings vieldeutig ist. Der Leser wird verstehen, in welchem Sinne allein wir ihn anerkennen. Wir haben zur Charakterisierung dieses Tatbestandes den Unter- schied von Inhalt und Gegenstand der Vorstellungen einge- führt. Im übrigen aber ist die Analyse bei Cornelius nicht weit genug getrieben. Verfehlt ist es z. B., wenn er die Vor- stellungen Repräsentanten nicht gegenwärtiger Erlebnisse nennt. Was uns in der Vorstellung gegeben ist, sind Gegen- stände, nicht Erlebnisse, also Inhalte. Wenn ich die Vorstellung eines mir bekannten Stuhles habe, so ist das, worauf sie (in der Terminologie von Cornelius) hinweist, eben der betr. Stuhl, nicht aber meine frühere Wahrnehmung des Stuhles. Natürlich kann auch ein Psychisches, also ein Erlebnis, Gegenstand einer Vorstellung sein, dies ist aber ein Spezialfall, und nicht das Gesetz überhaupt. Ebenso einseitig ist bei Cornelius die Beziehung der Vorstellung auf ein Vergangnes. Auch dies haben wir nur als Spezialfall erkannt. Trotzdem bedeutet die

Auffassung von Cornelius einen gewaltigen Fortschritt gegen die in den meisten Lehrbüchern übliche (vgl. l. c. S. 210ff.).

3. Noch einmal der Unterschied von Individual- und Allgemeinvorstellung.

Wir kommen jetzt zu der wichtigen Frage nach dem Unterschied von Vorstellungen und Wahrnehmungen. Vorher sei nur noch einmal kurz der Unterschied zwischen Allgemein- und Individualvorstellungen erläutert. Es handelt sich hier lediglich um einen Unterschied des „Meinens", wie Husserl es ausdrückt, des Aktcharakters. Das eine Mal wird die Spezies, das andre Mal das Individuum gedacht, wobei diese Beziehung auf ein Individuum mehr oder weniger starke Beziehung zum eignen Ich trägt. Wir hatten hierfür die individualisierende Tendenz in Anspruch genommen, eine Tendenz, die eben das psychische Geschehen nach dieser Richtung lenkte. Das Individuum war eher gegeben als seine Bestimmtheit. Es kommen auch andre Fälle vor, wo die Bestimmtheit des Inhalts erst als Individuum erkannt wird. Beiden Fällen ist aber der Unter-schied im Aktcharakter gemeinsam.

Wie steht es nun mit der inhaltlichen Bestimmtheit? Sind Individual- oder Allgemeinvorstellungen phänomenologisch besser ausgestattet? Wir hatten oben gefunden, daß, wenn hier auch kein entscheidender Unterschied vorliegt, doch im allgemeinen die Individualvorstellungen besser ausgestattet waren. Diese Tatsache begreifen wir jetzt. Es ist die Selek-tion, die uns die Erklärung gibt: Bei Allgemeinvorstellungen kommt es nur auf den Gegenstand selbst, bei Individualvor-stellungen aber auf den soundso gearteten Gegenstand an. Durch Selektion werden sich dann auch die Inhalte diesem Unterschied der Gegenstände angleichen, so daß in der Tat die Individualvorstellungen, soweit eben die reine Selektion wirksam ist, die Allgemeinvorstellungen übertreffen müßten. Da aber ja nicht alle Vorstellungen repräsentativen Charakter haben, und da auch selbst wenn dies der Fall ist, viele andre Faktoren wirksam werden können, so können auch Allgemein-vorstellungen unter Umständen an anschaulichen Merkmalen sehr reich sein[1]).

4. Unterschied von Vorstellung und Wahrnehmung.

Wir schreiten jetzt zur Beantwortung unsrer Hauptfrage. Wir haben über das Wesen der Vorstellungen so viel kennen

---

[1]) Arme Individualvorstellungen erklären sich sowohl bei Wirkung von Selektion wie ohne solche.

gelernt, daß wir ihren Unterschied von der Wahrnehmung anzugeben imstande sein müssen. Was ist ihnen allen gemeinsam? Der Unterschied von Inhalt und Gegenstand, der zwar
in der verschiedensten Weise gegeben sein kann, findet sich
bei allen Vorstellungen; er findet sich auch bei allen Wahrnehmungen. Schwierigkeiten scheinen sich gegen diese Auffassung sowohl bei der Vorstellung wie bei der Wahrnehmung
von einzelnen Qualitäten, blau, Ton a, zu erheben: Hier scheint
es sich um reine Inhalte zu handeln, von denen ein Gegenstand
nicht mehr unterschieden werden darf. Trotzdem müssen
wir auch hier an der Unterscheidung festhalten. Nehmen wir
die Vorstellung blau. Als Gegenstand kann sie gar vielerlei
haben, etwa Aktenmappe, Blume, Meer usw. Sie kann aber
auch einfach blau bedeuten, d. h. aber ihr Gegenstand ist
ihr eigner Inhalt. Und bei der Wahrnehmung blau verhält es
sich gerade so: ich kann beim selben Inhalt (Farbenkreisel)
einmal einen blauen Kreis, das andre Mal blau sehen, das
zweite ist also nicht durch Fehlen eines Gegenstandes gekennzeichnet, sondern dadurch, daß der Inhalt selbst Gegenstand
geworden ist. Dies Zusammenfallen von Inhalt und Gegenstand bewirkt den Schein, als ob es hier den Unterschied
nicht gäbe, während er doch vorhanden ist.

Diese allen Vorstellungen wie allen Wahrnehmungen gemeinsame Eigenschaft, daß man ihren Inhalt von ihrem Gegenstand trennen muß, muß uns auch den Unterschied liefern.
Die Beziehung, die zwischen Inhalt und Gegenstand obwaltet,
ist verschieden, je nachdem wir es mit Wahrnehmung oder
Vorstellung zu tun haben[1]). „Eine Empfindung, und wäre
sie noch so schwach und wenig lebhaft, bleibt doch immer
ein Neues, nur dem gegenwärtigen Augenblick Angehöriges,
auf keine Vergangenheit Zurückweisendes; ihre Schwäche
könnte nimmermehr einen Ersatz bieten für jene, nur den
Gedächtnisbildern allein innewohnende Qualität, durch die
diese uns unmittelbar als Abbilder eines Nichtgegenwär-
tigen[2]) erscheinen“, sagt Cornelius (l. c. S. 177).

Wir können diese Beschreibung annehmen, wenn wir die
oben gegen Cornelius gemachten Einwände berücksichtigen.
Es handelt sich bei Wahrnehmungen um ein in andrer Weise

---

[1]) „An sich ist ein Eindruck weder subjektiv noch objektiv, ‚das
Denken macht ihn erst dazu‘“, sagt Külpe (Subj. u. Obj., l. c. S. 553).
[2]) Die Sperrung ist im Original.

Reales[1]) als bei Vorstellungen. Das Reale ist in der Wahrnehmung auch zeitlich und örtlich präsent[2]), während diese beiden Bestimmungen in der Vorstellung entweder ganz fehlen oder, wie in bestimmten Fälllen von Erinnerung, die Kontinuität der Wahrnehmung unterbrechen[3]).

Mehr als auf den Unterschied hinweisen, ihn durch bestimmte Eigentümlichkeiten kennzeichnen, können wir nicht. Wer ihn kennen will, muß ihn erleben, und wir können nur dies Erleben durch die gegebenen Bestimmungen erleichtern, d. h. wir können die Gesichtspunkte angeben, nach denen dann jeder die Analyse selbst vollziehen kann. Sowohl die Ähnlichkeit wie die Verschiedenheit begründet ein Bestehen gewisser Intentionen. Wir haben im allgemeinen bisher auf den

----

[1]) Vgl. hierzu auch Lotze, Med. Psych., S. 478, und Mach, Die Analyse der Empfindungen (5. Aufl. 1906), S. 163, heißt es dort: „.. Ich fühle, wie ich bei dem Übergang zur Vorstellung die Aufmerksamkeit von dem Auge abwende und anderswohin richte. Der auf der Tafel gesehene und an derselben Stelle vorgestellte Fleck unterscheiden sich durch diese Aufmerksamkeit wie durch eine vierte Koordinate." Wenn wir das Wort Aufmerksamkeit ersetzen, so paßt diese Beschreibung ganz zu der unserigen. Ferner F. Jodl (Lehrbuch der Psychologie II³, 1908), der den Unterschied in der verschiedenen Art der psychischen Tätigkeit sieht (S. 106). Wir müssen dabei nur betonen, daß die Tätigkeit jedenfalls zum bewußten Tatbestand, also zum Inhalt im weitesten Sinne, gehört.

[2]) Das Wort Eigenpräsenz, das Th. Conrad in seiner Arbeit: „Über Wahrnehmung und Vorstellung" (Münchner Philosophische Abhdl., Leipzig 1911, S. 51—76) braucht (S. 63), scheint mir sehr bezeichnend. Dagegen müssen wir den Satz dieses Autŏrs ablehnen, daß die Vorstellung ihren Gegenstand in Wahrnehmungsaspekt zeige. Alle die hierhergehörigen Bestimmungen sind, wie aus vielen unserer Beispiele hervorgeht, den Vorstellungen nicht wesentlich. Auch fanden wir im Vorangehenden einige Diskrepanzen zwischen Vorstellungen und Wahrnehmungen, die dem Satz geradezu widersprechen (vgl. o. S. 203 und vor allem die auf S. 207 zitierte Vorstellung von Dr. B. I 91, Rübe mit Kraut). Dies spricht doch dafür, daß die Vorstellungen den Wahrnehmungen nicht „nachgeordnet" sind, sondern ihre spezifische Gesetzmäßigkeit haben (vgl. Conrad S. 69 f.).

[3]) In dem Sinne allein können wir den Satz von Stout zugeben: „In a memory-train it is true, that one may refer each object as it emerges to a particular place and time; but this reference to ‚there and then‘ is distinct in nature from the perceptual ‚here‘ and ‚now‘ " (Analytic Psychology Vol. I, S. 33). Stout scheint etwas anderes zu meinen als wir, wie aus dem weiteren Text hervorgeht, doch scheint er mir nicht für alle Fälle recht zu haben.

Unterschied zwischen ihnen das Hauptgewicht gelegt und wollen dies noch kurz nach der andern Seite hin ergänzen. Wenn im intentionalen Erlebnis diejenige Seite nämlich die vorwiegende ist, die Vorstellung wie Wahrnehmung zukommt, d. h. wenn die Gegenständlichkeit beider Inhalte das maßgebende ist, dann kann der Unterschied für das Bewußtsein fast oder ganz verwischt werden. Das Bewußtsein ist dann mit Gegenständen beschäftigt, und zwar mit Hilfe anschaulicher Inhalte. Ob diese nun Vorstellungen oder Wahrnehmungen sind, bleibt unbeachtet. Solche in der Mitte zwischen den 2 Gruppen stehende Inhalte sind z. B. die von L. J. Martin untersuchten Pseudoempfindungen[1]). Hierher möchten wir auch die von Jaensch herangezogenen „Anschauungsbilder" rechnen, denen er Empfindungscharakter zuschreibt[2]).

Wie dieser Unterschied im Aktcharakter zustande kommt, ist eine andre Frage. Zu ihrer Klärung ist die unlängst erschienene Arbeit von Jaspers[3]) von der größten Bedeutung. Ausgehend von den Pseudohalluzinationen Kandinskys und ihrem Unterschied gegen die echten Halluzinationen gelangt der Autor zu einer Scheidung von Objektivität und Realität; nur die erste Beschaffenheit gehört zum direkten Wahrnehmungserlebnis, während sich die zweite erst daran anschließt: Auch an der Realität der echten Halluzinationen, die im ausgesprochensten Maße, ganz wie echte Wahrnehmungen, den Objektivitätscharakter — der Verfasser sagt dafür meistens Leibhaftigkeit — tragen, kann gezweifelt, auch die Pseudohalluzinationen, denen die Leibhaftigkeit fehlt, können für wirklich gehalten werden.[4])

Diese Scheidung scheint mir in der Tat fundamental. Der Unterschied zwischen Wahrnehmung und Vorstellung, der uns zunächst angeht, ist primär einer der Leibhaftigkeit, und wenn

---

[1]) Vgl. L. J. Martin, „Über ästhetische Synästhesie, Zeitschr. f. Psychol. 53, S. 1—60.

[2]) Vgl. E. R. Jaensch: Zur Analyse der Gesichtswahrnehmungen. Zeitschr. f. Psychol. Erzgbd. 4, S. 386f.

[3]) K. Jaspers: Zur Analyse der Trugwahrnehmungen (Leibhaftigkeit und Realitätsurteil) Zeitschr. f. d. ges. Neurol. und Psychiat. Orig.-Bd. 6, 1911, S. 460—536.

[4]) Methodologisch, meint der Verf., sei der Realitätscharakter aus Bewußtseinstatsachen zu verstehen, die Leibhaftigkeit aus Außerbewußtem zu erklären.

wir ihn in den Aktcharakter verlegen, so befinden wir uns in Übereinstimmung mit Jaspers[1]).

Die Behauptung dieses Forschers, daß man über die Ursache der Leibhaftigkeit nichts wisse, und auch kein Mittel habe, etwas darüber zu erfahren (S. 489), läßt sich vielleicht durch die folgenden Überlegungen einschränken: Wir greifen zurück auf die Fälle, in denen von geistig Gesunden zentral erregte Inhalte für Wahrnehmungen, peripher erregte für Vorstellungen gehalten wurden, s. o. S. 193 f. Bei einer Art des fehlerhaften Lesens und in dem Experiment von Perky handelt es sich augenscheinlich um Unterschide auch der Leibhaftigkeit, während die Versuche von Külpe möglicherweise, wie Jaspers es tut, rein als Versuche über Realitätscharakter bei konstanter Leibhaftigkeit aufgefaßt werden können.[2]) Das im Tachistoskop deutlich gesehene Wort ist eine leibhaftige Wahrnehmung, gleichviel ob es zum großen Teil oder gar nicht aus zentralen Zutaten besteht, die durch Laternenbilder in den Vpp. Perkys erzeugten Empfindungen sind nicht leibhaftig, sondern echte Vorstellungen, zum mindesten bei einigen Vpp. (Aussagen der folgenden Art lassen daran wohl keinen Zweifel aufkommen: „Feels, as if I was making them up in my mind" (S. 432), „could feel it formed in my mind — came right out of me" (S. 433) und viele andere, während die Erlebnisse bei anderen Vpp. wohl mehr oder weniger Leibhaftigkeitscharakter trugen). Beiden Gruppen von Fällen ist es nun aber gemeinsam, daß der Beobachter in eine bestimmte Richtung eingestellt ist, beim Lesen auf Wahrnehmungen, bei Perky auf Vorstellungen. In vielen Fällen dürfte also die Einstellung, d. h. die Wirksamkeit von determinierenden Tendenzen, als Ursache der Leibhaftigkeit bez. Nichtleibhaftigkeit anzusehen sein. So lassen sich auch die hierher gehörigen Erscheinungen der Hypnose deuten, und

---

[1]) Daß die Ursache der Halluzinationen nicht in einer Alteration der Sinnessphäre liegt, scheint jetzt die allgemein anerkannte Ansicht zu sein (vgl. Külpe, Subj. und Obj. S. 551 f.) und K. Goldstein, Zur Theorie der Halluzinationen, Arch. f. Psychiat. und Nervkrkht., S. 584—655 und 1036—1106 mit reichem Literaturverzeichnis, dessen Arbeit den äußeren Anlaß für den Aufsatz von Jaspers bot.

[2]) Wahrscheinlicher ist es, daß beide Faktoren in Betracht kamen, denn gerade Külpes Satz über die Einheitlichkeit der Subjektivierung oder Objektivierung, auf den wir gleich noch einmal zu sprechen kommen, dürfte für die Leibhaftigkeit, nicht aber für die Realität Geltung haben.

auch der von K ü l p e gefundene Satz, daß zentral und peripher erregte Inhalte in der Regel in ihrer Gesamtheit objektiviert oder subjektiviert werden, ordnet sich unter diesen Gesichtspunkt. [1])

Natürlich genügen diese Ausführungen nicht, um die echten Halluzinationen ganz zu erklären.

Die Pathologie hat uns in mehrfacher Hinsicht gefördert: Wir sahen, ganz in Übereinstimmung mit eigenen Ergebnissen, daß die Stärke und Deutlichkeit eines Inhalts für seinen Leibhaftigkeitscharakter nicht entscheidend ist[2]): die Pseudohalluzinationen können lebhafter sein als die echten. Wir wurden weiter in dem Rekurs auf unanschauliche Elemente zur Begründung des Unterschiedes von Vorstellung und Wahrnehmung bestärkt, und schließlich ergab sich, daß der Realitätscharakter äußerst kompliziert und von dem viel primitiveren Leibhaftigkeitscharakter zu scheiden ist. Dieser, nicht jener, trennt Wahrnehmungen und echte Halluzinationen von den Vorstellungen und Pseudohalluzinationen. Die Leibhaftigkeit ist aber auch nach J a s p e r s die wichtigste Voraussetzung für den Realitätscharakter, doch kann ihr Einfluß unter Umständen überdeckt werden durch andere Faktoren, die das Realitätsurteil bestimmen: Realität von Pseudohalluzinationen, die Tatsache, daß einige Vpp. P e r k y s leibhaftige Inhalte für Vorstellungen hielten (s. o.)[3]).

Für unsere Frage nach dem Zustandekommen des jeweiligen Aktcharakters ergab sich somit, daß dies Problem

---

[1]) Das naheliegendste Beispiel für diesen Satz sind die Illusionen, die, wie Külpe (l. c. S. 552 f.) nachweist, viel häufiger sind, als man gemeinhin annimmt. In der Pathologie dürfte die Wirksamkeit dieses Faktors noch höher anzusetzen sein. Es liegt z. B. sehr nahe, die Fälle Goldsteins auf S. 1068 und 1070 der zitierten Arbeit und Erscheinungen des vom gleichen Verf. in derselben Zeitschrift Bd. 43 ausführlich mitgeteilten Falls so zu erklären. Die Arbeiten Goldsteins enthalten überhaupt eine Fülle wertvollen Materials.

[2]) Andrerseits ist es wohl möglich, und Jaspers neigt zu dieser Ansicht, daß durch den Leibhaftigkeitscharakter auch der anschauliche Charakter des Erlebnisses verändert wird. Es handelt sich dann aber um noch unbekannte anschauliche Charaktere, und diese Änderung bleibt gegenüber der Verschiedenheit des Altcharakters sekundär, so daß unsere Aufstellungen nicht tangiert werden.

[3]) Goldstein untersucht in erster Linie die Wirkung dieser Faktoren, dringt aber, da er die Scheidung in Objektivität und Realität noch nicht kennt, nicht so in die Tiefe wie Jaspers.

noch nicht vollständig gelöst ist, doch konnten wir in gewissen Fällen die Abhängigkeit des Aktes von Einstellungen aufweisen und damit allgemein den Akt mit der Wirksamkeit von determinierenden Tendenzen in Beziehung bringen.

5. Die Einheit der Akte und Inhalte.

Zur Beschreibung der Vorstellungen müssen wir noch einen Nachtrag liefern. Denken wir etwa an die individuellen dinglichen Vorstellungen mit repräsentativer Funktion, so sehen wir sofort, daß in einer solchen Vorstellung außer dem Inhalt die verschiedensten Akte[2]) enthalten sein müssen: die Beziehung auf ein Ding, auf ein Bestimmtes, auf die Bedeutung, also mindestens drei. Nehmen wir dagegen die nichtdinglichen repräsentativen Vorstellungen, so ist als einziger Akt nur noch der bedeutungerfüllende nötig. Die verschiedenen Akte sind also unabhängig voneinander. Wenn aber, wie in unserm ersten Beispiel, mehrere bei gleichem Inhalt gegeben sind, so ist dieses Erlebnis als solches doch völlig einheitlich. Das Ganze, das hier entsteht, ist seinen Teilen in andrer Weise entgegengesetzt als etwa ein Scheffel Körner einem Korn, oder auch eine Melodie einem Ton. Es handelt sich um eine Einheit allerinnigster Art, eine Einheit, die als solche noch genauer erforscht werden muß.

e) Von der Wertigkeit der Vorstellungen.[3])

Im ersten Teil sind wir immer wieder der Tatsache begegnet, daß, im Gegensatz zur Instruktion mit der ersten bzw. zweiten und dritten Vorstellung zu reagieren, doch häufig vor der RV Vorstellungen auftraten, die nicht zur Reaktion benutzt wurden, und die wir daher als eingeschobene bezeichnet hatten. Wir hatten, von dieser Tatsache ausgehend, den Begriff der Erfüllungsvorstellung gebildet, d. h. der Vorstellung, die so beschaffen ist, daß sie als eine die Aufgabe erfüllende angesehen wird. Davon unterschieden waren dann die eingeschobenen Vorstellungen als Nichterfüllungsvorstellungen. Die Tatsache, daß nicht alle Vorstellungen als Erfüllungsvorstellungen auftreten können, hatten wir als Wahl

---

[1]) Die Bezeichnung Akt ist hier nicht im Gegensatz gebracht zu Inhalt in seiner allgemeinsten Bedeutung als Bewußtseinsinhalt. Es soll damit nur die unanschauliche, gedankliche Qualität dieser Inhalte betont sein.

[2]) Der hier besprochene Unterschied wird gleich für die Gesamtheit der Vorstellungen behandelt.

von Vorstellungen bezeichnet, und gesehen, daß diese Wahl
von den verschiedensten Gesichtspunkten geleitet werden kann.

Daß der Unterschied zwischen Erfüllungs- und Nichterfüllungsvorstellung als solcher kein anschaulicher sein kann,
liegt auf der Hand. Häufig genug wurde zwar ein bestimmtes
Maß der anschaulichen Bestimmtheit von der Erfüllungsvorstellung verlangt; Vorstellungen, die diesen Grad nicht erreichten, die also zu wenig lebhaft, zu lückenhaft usw. waren,
wurden nicht zur Erfüllungsvorstellung, d. h. aber keineswegs:
deutliche Vorstellung = Erfüllungsvorstellung, undeutliche =
eingeschobene Vorstellung. Dieser Unterschied liegt auf einem
ganz andern Gebiet. Konnten doch auch andre Umstände eine
Vorstellung von der Erfüllungsfunktion ausschließen, etwa
die nicht genügend adäquate Wiedergabe der Bedeutung (vgl.
etwa St. I 10, Rzw. Zucht, wo die erste Vorstellung, um den
Begriff Zucht wiederzugeben, als zu allgemein beurteilt wurde,
s. S. 248 u. 254).

Ob eine Vorstellung Erfüllungsvorstellung ist, sieht man
ihr nicht an. Es ist dies mehr ein Merkmal dynamischer Art,
wir wollen darum von der Wertigkeit der Vorstellungen
sprechen, und nach der Wertigkeit die Erfüllungs- von den
Durchgangsvorstellungen (nach G. E. Müller) scheiden. Wertigkeit wäre dann etwa zu definieren durch Bedeutung in bezug
auf die Aufgabe, man könnte darum wohl auch Intentionalität
sagen, doch scheint mir der erste Name besser.

Sobald bestimmte Aufgaben vorliegen, ist das Auftreten
dieses Unterschiedes in der Vorstellung kein Problem. Diejenigen Vorstellungen, die der Aufgabe genügen, werden eben
zur Reaktion benutzt, sie sind ihre Erfüllungsvorstellungen.
Anders bei uns, wo in Reihe I—V eine Aufgabe, der die Vorstellungen genügen mußten, nicht bestand. Wenn wir trotzdem auch hier immer wieder den Begriff der Erfüllungsvorstellung zur Beschreibung der Tatsachen brauchten, so weist
dies darauf hin, daß auch bei uns bestimmte Aufgaben wirksam wurden, und das wieder deutet auf das viel allgemeinere
Ergebnis, daß ohne Aufgabe überhaupt kein Reproduktionsvorgang zustande kommt. Doch davon im nächsten Kapitel.

Hier ist auf eine dritte Art von Wertigkeit zu verweisen,
die den Vorstellungen zukommen kann. Die Bezugsvorstellungen nämlich, die in allen Reaktionsexperimenten eine Rolle
spielen, unterscheiden sich von den andern in erster Linie
durch ihre Beziehung zur Aufgabe. Es sind diejenigen, auf

die sich die Aufgabe bezieht, an die sie anknüpft, durch die
die Aufgabe erst ihre letzte Bestimmtheit erhält[1]).

Auch diese Vorstellungen haben eine besondere Stellung.
Es wird auch nicht jede Vorstellung ohne weiteres als Bezugsvorstellung aufgefaßt. Die Vexierversuche, die man etwa bei
einfachen Reaktionen mit extrem muskulärer Einstellung
macht, beruhen auf dieser Überlegung. Aus unsern Versuchen
ein Beispiel:

Vp. O. (Rzw. where), I 48: „I understood this at once and instead
of reacting I stopped, because I thought, it could not be where."

Die Vp. hält also das Rzw., wie sie es, und zwar richtig,
verstand, nicht für das richtige, die Bezugsvorstellung war
eben für sie schon bestimmter geworden, gewisse Worte fallen
außerhalb des Kreises der möglichen Bezugsvorstellungen.

Ferner wird die Bezugsvorstellung nie als Erfüllungsvorstellung gebraucht. Wir erinnern uns, daß häufig, bei manchen
Vpp. in Reihe III sogar regelmäßig, im Verlauf des Prozesses
das Rzw. wieder auftauchte. Die Vorstellung des Rzw. kam
aber dann immer nur als wiederholte Bezugsvorstellung,
nie mit dem Anspruch darauf, als neue Vorstellung betrachtet
zu werden. Schließlich hatten wir früher (vgl. Kap. I) bei Besprechung der Resultate von P. R. Reihe II darauf hingewiesen,
daß auch die Wirkung der Bezugsvorstellung eine andre sein
kann, als die von Erfüllungsvorstellungen. Die Bezugsvorstellung wurde von Vp. P. R. zergliedert, ihr Verständnis wurde
zunächst begrifflich geklärt, worauf zuweilen noch eine Anschauung eintrat; bei Wortvorstellungen, die als Erfüllungsvorstellungen auftraten, genügte häufig eine bloße Anschauung
ohne vorausgegangene begriffliche Klärung.

Der Unterschied der Wertigkeit der Vorstellungen, den
wir hier eingeführt haben, ist aber kein willkürlicher, sondern
er ist in der Erfahrung gegeben. Wir haben dreierlei Arten
der Wertigkeit konstatieren können, unter andern Bedingungen
werden sich vermutlich noch viel mehr aufweisen lassen. Dieser
Unterschied ist übrigens nicht für die Vorstellung gegenüber
den Wahrnehmungen charakteristisch; die Bezugsvorstellung
ist vielmehr in allen Reaktionsversuchen zunächst eine Be-
zugswahrnehmung. So können auch Erfüllungsvorstellungen
eigentlich Erfüllungswahrnehmungen sein, z. B. bei Abstrak-

---

[1]) Vgl. hierzu O. Selz: Die experimentelle Untersuchung des Willensaktes, Zeitschr. f. Psychol. 57, S. 248, dessen Kritik Achs wir in diesem
Punkt ganz beipflichten.

tionsversuchen, wo die Aufgabe darin besteht, bestimmtes wahrzunehmen. Schließlich können auch zwischen Bezugs- und Erfüllungswahrnehmungen noch andre eingeschoben sein, die unseren eingeschobenen Vorstellungen entsprechen. Daß übrigens auch Erfüllungs- zu Bezugsvorstellungen werden können, leuchtet ein, etwa bei einer Aufgabe, die einer unserer Ergänzungsreihen zugrunde lag, und die von der Vp. verlangte, sie solle das Rzw. anhören, warten, bis sich daran eine Vorstellung anschlösse, und dann zu dieser Vorstellung eine ähnliche bilden[1]).

f) Abschluß der visuellen Sachvorstellungen.

Wir verlassen jetzt die visuellen Sachvorstellungen, um uns zu den übrigen zu wenden. Das Hauptergebnis unsrer bisherigen Untersuchung war, daß das Wesentliche der Vorstellung ihre Beziehung zu bestimmten Erlebnissen nicht anschaulicher Art war, daß sie sich durch diese Beziehung von der Wahrnehmung unterschied, und daß auch die Unterschiede in den Vorstellungen selbst in erster Linie hiervon abhingen. Sehr großes Gewicht legten wir auf die Selektion. Aus ihr ist es zu erklären, daß nicht etwa alle Vorstellungen a_1 bis a_n einer Wahrnehmung A gleichartig sind, vielmehr ist in den weitaus meisten Fällen jede Vorstellung ein ganz neues, auch in seiner qualitativen Bestimmtheit nur einmal auftretendes Erlebnis. Die Gegenstände der Vorstellungen können in der Tat die gleichen sein, die Inhalte sind es in der Regel nicht. Die Ausnahmen, die wir von diesem Satz kennen gelernt haben, die stereotypen Vorstellungen, fielen immer besonders auf, wenn sie auftraten. Damit gewinnt auch das Verhältnis der Vorstellungen zu den Wahrnehmungen ein ganz andres Gesicht. Die Anschauung, daß es sich um Abbilder handelt, muß bei der weitaus größten Zahl der Fälle aufgegeben werden. Die Wahrnehmung liefert nur das Material, aus dem dann in bestimmter, den Gesetzen der Determination und Assoziation unterliegender Weise die Vorstellung jeweils entsteht. Die Eindeutigkeit der Beziehung aber ist ein Wahn, der, aus philosophischem Vorurteil entsprungen, philosophische Vorurteile genährt hat.

---

[1]) Auf den gleichen Unterschied ist übrigens kürzlich G. E. Müller gekommen; l. c. S. 101 spricht er von Ausgangs-, Durchgangs- und End-erscheinungen, die (bes. auch S. 102, Anm.) ganz im Sinne unserer Unterscheidungen definiert werden.

Indem wir diese Folgerungen mehr dynamischer Natur ziehen, leiten wir zu den Gedankengängen des nächsten Kapitels über. Vorher müssen indes noch·die andern Vorstellungen besprochen werden.

B. Wortvorstellungen.

Als erste Ergänzung zu unsrer Besprechung der visuellen Sachvorstellungen fügen wir eine kurze Betrachtung über die visuellen Wortvorstellungen hinzu. Auf anschaulichem Gebiete werden sich für diese dieselben Unterschiede ergeben wie für jene.

Unser Material genügt indes nicht, alle Punkte zu belegen, wenn wir auch für einige der wichtigsten, wie für die Lückenhaftigkeit Beispiele haben. Zunächst muß aber festgestellt werden, wie die visuellen Wortvorstellungen überhaupt aussehen, wie ihre allgemeinste Form ist. Im allgemeinen haben wir es mit Vorstellungen einzelner Worte zu tun, es können aber auch ganze Sätze oder Satzfragmente in der gleichen Weise vorgestellt werden wie in Versuch III 40 I der Vp. Fr. K. (Rzw. Wissenschaft), wo visuell vorgestellt wurde: „Eifersucht ist eine Leiden...“

Die Buchstaben, aus denen die Worte bestehen, sind entweder Schrift- oder Druckbuchstaben.

Vp. Fr. K. gibt I 6 E an, die Worte seien in ihrer Handschrift, schwarz, auf mittelbraunem Grund in natürlicher Größe geschrieben. In anderen Versuchen sah sie die Worte auch gedruckt.

Vp. Dr. A. sah häufig die Worte in deutscher Schrift, obwohl er selber nie deutsch schreibt.

Mehr Material über die anschaulichen Merkmale werden wir bei der Besprechung der andern Gesichtspunkte kennen lernen.

Zunächst gibt es auch hier den Unterschied zwischen Individual- und Allgemeinvorstellungen, wobei aber der Unterschied je nach der Art der Individualisation ganz verschieden aufzufassen ist: Auf der einen Seite könnte man Allgemeinvorstellungen diejenigen Wortvorstellungen .nennen, die nicht in einer bestimmten Schrift geschrieben oder gedruckt sind, Individualvorstellungen die entgegengesetzten, so die meisten der Vp. Fr. K. Zweitens kann man darnach unterscheiden, ob das vorgestellte Wort eben nur als irgendein Wort, oder aber als Wort an einer bestimmten Stelle, sagen wir in einem bestimmten Buche aufgefaßt wird. Drittens kann man unter

den Worten selber sondern, die Klassennamen von den Eigennamen und unbekannte Sätze von bekannten (Zitate).

Auch der zweite und dritte Unterschied findet sich in
unserm Material vertreten. Für den zweiten, Individualisation
durch Beziehung auf ein bestimmtes Ding, folgendes Beispiel:

Vp. Fr. K. (Rzw. handeln), III 6 II: „Das Wort Lederstrumpf gedruckt auf dem roten Deckel des Buches."

Hier ist gleichzeitig eine Individualisation der dritten Art
gegeben, doch ist das für die zweite irrelevant; ebensogut
könnte etwa das Wort „Erzählung" auf einem Buchdeckel gesehen werden. Diese Art von Individualisation fand ich äußerst
selten, überhaupt nur bei dieser Vp.

Die der dritten Art findet sich häufiger, ein Beispiel ist
das oben angeführte Satzfragment der Vp. Fr. K., ein andres
ist folgendes:

Vp. St. (Rzw. Politik), III 10 I: „Das erste war VI, ‚Bülow' gedruckt
gesehen."

Diese Einteilung der Individualisation wird von der früher
gebrauchten gekreuzt, d. h. wir müßten auf unsere 3 Gruppen
die alten 4 Gruppen anwenden können. Daß aber Gruppe I
und II hier nicht auftreten, ist sehr wahrscheinlich, in unserm
Material auch nie der Fall. Denn wenn die starke persönliche
Beziehung wirksam würde, dann würde sie doch wohl in
erster Linie dem ganzen Komplexe, der die Schrift enthält,
zugewendet werden und damit hätten wir eben eine
Sach-, keine Wortvorstellung mehr. Die meisten hier behandelten Vorstellungen, und wohl alle unsres Materials,
fallen unter Gruppe III unsrer alten Einteilung, aber auch
Gruppe IV ist sehr wohl denkbar, wenn auch kein dahin ge-
höriger Fall in unserm Material vorkommt. Es könnte nämlich
etwa ein Wort vorgestellt werden in der Handschrift eines bestimmten Menschen, der jedoch der Vp. unbekannt ist, oder
es könnte ein Name, ein Satz, aus einem der Vp. unbekannten
Stück, schließlich ein Wort in einer unbekannten Schrift (etwa
arabisch) vorgestellt werden. Diese Fälle der Gruppe IV
würden ganz die gleiche Bedeutung haben wie die früher unter
dieser Gruppe behandelten, bei ihnen wäre wieder am klarsten,
daß der Inhalt und der Gegenstand der Vorstellung völlig
inadäquat sein könnten.

Wir wollen jetzt zusehen, wie sich das Schriftbild zur
Bedeutung des Wortes verhält. Es ergibt sich, daß auch die

Wortbilder häufig in enger Beziehung zur Bedeutung stehen. Zum Beispiel:

  Vp. Schr. (Rzw. laufen), I 25 EI: „Zuerst fiel mir auf, daß diesmal ein Verbum gekommen war. Bewußtsein, daß das Rzw. diesmal klein geschrieben wird, dies auch gesehen und zwar gedruckt, das ganze Wort, der Anfangsbuchstabe besonders betont."

Es ist dies das erste Mal, daß bei der Vp. ein Schriftbild auftrat.

  Vp. Fr. K. (Rzw. Bedenken), III 32 I: „Zuerst unterschied ich zwischen Substantiv und Verbum. VI visuell die Schriftbilder Bedenken und bedenken." s. S. 151.

Es ist gegen dies Beispiel kein Einwand, daß bei Vp. Fr. K. fast immer sich ein Schriftbild an das Rzw. anschloß. Unser Fall beweist gerade, daß die Aufeinanderfolge hier keine direkte war, sondern daß Bedeutungsbewußtheiten die Vorstellung vermittelten.

  Vp. Fr. K. (Rzw. dumm), I 15 I: „Hörte das Rzw., sagte darauf Kopf (RV.) mit dem Bewußtsein, daß es dazu gehört und ein Wort bildet. Daneben noch visuelles Bild von kopf, klein geschrieben."

Solche Fälle, in denen der zweite Teil eines zusammengesetzten Substantivs mit kleinem Anfangsbuchstaben vorgestellt wird, gibt es bei dieser Vp. noch mehrere, z. B. „stück" als zweiter Teil von „Schmuckstück" (II 39 I) und „tier" zu „Maultier" (II 40 II). Die Beschaffenheit des Schriftbildes ist also von der Bedeutung beeinflußt.

  Vp. Prof. O. (Rzw. Zucht), I 10 I: Das Wort war der Vp. zwar bekannt, sie verstand aber seine Bedeutung nicht. VI war das visuelle Bild des in deutschen Typen gedruckten Wortes. „Das visuelle Bild kam, als ich es präziser machen wollte."

Diese Angabe weist direkt auf das zwischen Bedeutung und Schriftbild obwaltende Verhältnis hin.

  Vp. St. (Rzw. wo), I 34 EI: „Zunächst sehr starkes Gefühl der Überraschung ... Ich sah es sofort geschrieben mit dem Fragezeichen."

Auch hier zeigt sich auf eine neue Weise diese Abhängigkeit.

Ganz anders endlich tritt sie in einem Versuch von Fr. K. auf. Hier erhält nämlich das Wortbild die Farbe des gemeinten Dinges und bewerkstelligt so die Repräsentation:

  Vp. Fr. K. (Rzw. Mark), I 29 I: RW. Pfennig, „begleitet von einem Schriftbild in der Farbe des Pfennigs".

  Analog Vp. Dr. Be. VII 35 EI: „Sah Eisen geschrieben, und zwar so wie Eis, nämlich weißlich, glitzernd, glatt."

Noch von einer andern Seite her läßt sich die Funktion des Schriftbildes beschreiben. Ebenso wie bei den Sachvorstellungen können wir nämlich auch hier von einer Auswahl sprechen. Es kommt vor, daß bestimmte Teile des Wortes andern gegenüber zurücktreten, ja, daß Teile ganz fehlen.

Hierher gehört der eben zitierte Versuch von Vp. Schr. (I 25 E), wo der klein geschriebene Anfangsbuchstabe besonders hervorgehoben wurde.

Hierher gehört auch der folgende Versuch:

Vp. Fr. K. (Rzw. Gut), II 29: „Rzw. als Gut aufgefaßt, wie Hab und Gut. Dann kam VI, Mut motorisch und visuell, ohne Sinnverständnis, d. h. ich dachte nicht an den Sinn, nur daß es ein Reimwort auf Gut ist. Dann Rzw. Stute, visuell und akustisch, als ob es eigentlich nur ein u wäre mit einigen Buchstaben daran, die gelesen das Wort Stute ergaben."

Der Nachdruck liegt hier auf dem letzten Satz. Es ist ein Buchstabe herausgehoben, gemäß der ganzen Haltung der Vp. Nicht die Bedeutung ist das maßgebende, sondern die Klangähnlichkeit zum Rzw. und dementsprechend ist der allen drei Worten gemeinsame Vokal auch visuell betont.

Es kommen aber auch Fälle wirklicher Lückenhaftigkeit vor:

Vp. Fr. K. (Rzw. Protektion), III 16 I: „Schützling motorisch und bis Schütz visuell."

Hier ist der wichtige Bestandteil des Wortes auch optisch gegenwärtig.

Lückenhaft ist ferner das auf S. 280 zitierte Satzfragment von Fr. K., wo das Ende des Satzes: „... schaft, die mit Eifer sucht, was Leiden schafft", schon motorisch vorausgegangen war. Hier trat also visuell nicht mehr auf als notwendig. Umgekehrt wurde nur das Mögliche, d. h. das wirklich Bekannte, vorgestellt von Vp. O.

Vp. O. (Rzw. fiddle), III 38 III: „... A reference to a german word, which I did not get quite clearly. RW. Fid visuell ..."

Schließlich gehören hierher sehr viele Fälle der Vp. Dr. A. Schon im I. Kap. hatten wir gezeigt, daß als Träger des Verständnisses sehr eigentümliche Zusammensetzungen von Vorstellungen auftraten (vgl. S. 66 Kap. I).

Die Elemente waren akustische Wortvorstellungen, visuelle Sach- und Wortvorstellungen und bestimmte Bewegungsvorstellungen. Die Schriftbilder zeigten dabei Verzerrungen, die wieder wesentlich mit der Wortbedeutung zusammenhingen. Wir zitieren noch einmal:

I 6 (Rzw. Brauerei): „Zuerst das Wortbild mit Hervorhebung des Brau und etwas des rei. Es ist so, daß ich vor mir die Stelle abgrenze, auf der das Wort stehen könnte. Es steht aber nicht da, sondern ist gleichzeitig mit eigentümlichen Verzerrungen akustomotorisch im Bewußtsein. Diese Verzerrungen nicht willkürlich, sondern in einem gewissen natürlich erscheinenden Zusammenhang zum Gegenstand."

Haben wir damit die enge Beziehung erwiesen, die das Wortbild so oft[1]) zur Bedeutung hat, so müssen wir jetzt an den wichtigen Unterschied denken, den wir bei den Sachvorstellungen fanden, nämlich den der Dinglichkeit und Nichtdinglichkeit, und zusehen, ob er sich auch hier findet. Wenn wir uns rein auf die Angaben beschränken, so steht es mit der Beantwortung dieser Frage sehr schlecht. Allerdings lernten wir schon eine Aussage kennen (Fr. K. III 6 II S. 281), in der die Dinglichkeit dem Wortbild zukam. Dadurch, daß das Wort seinen Platz auf einem Ding hatte, ist es selber dinglich aufgefaßt.

Ganz analog ist folgende Angabe der Vp. Schr. (Rzw. werden), I 42 I: „Irgendein Buchtitel, der so heißen muß. Ich sah ein Buch in einem bestimmten Format, darauf stand Werden."

Aber diese Angaben sind vereinzelt, bei den andern Vpp. fanden sich keine ähnlichen. Sollen wir daraus schließen, daß auch im allgemeinen die Wortbilder nichtdinglich sind? Ich glaube, daß dieser Schluß berechtigt ist. Dafür spricht allein schon das Wesen des Wortbildes; es besitzt den gleichen Sinn, ob es in deutschen oder lateinischen Lettern, auf weißem oder schwarzem Grunde steht, und dieser Sinn ist jeweils das maßgebende. Dazu kommt eine wohl in diesem Sinn deutbare Angabe der Fr. K.: Sie beschrieb I 29 (Rzw. Mark) die Schriftbilder als „in der Luft geschrieben". Dies schien sich mir auf Nichtdinglichkeit deuten zu lassen. Um ganz sicher zu gehen, rief ich während dieser Niederschrift (über $1\frac{1}{2}$ Jahre nach dem wirklichen Versuch) der Vp. das gleiche Rzw. zu und fragte sie sofort, was sie sich vorgestellt habe. Sie hatte wieder Schriftbilder gehabt, in bestimmter kleiner Entfernung vor dem Kopf lokalisiert und sie konnte mir dabei jetzt, wo sie

---

[1]) Daß es immer so ist, können wir nicht behaupten. Die Tatsache des ziemlich regelmäßigen Auftretens von Schriftbildern bei Fr. K. spricht zum mindesten nicht dagegen, obwohl keine positiven Angaben dazu vorliegen. Aber gerade eine geläufige Erscheinung wird der Analyse viel schwerer als eine auffallende. Weitere Untersuchungen müssen hier ansetzen.

mit dem Unterschied dinglich — nichtdinglich bekannt ist, mit voller Bestimmtheit versichern, daß diese Vorstellung, wie gewöhnlich ihre Schriftbilder, nichtdinglich gewesen sei.

Der Unterschied besteht also auch auf dem Gebiet der Schriftbilder, wir müssen annehmen[1]), daß hier die meisten Vorstellungen nicht dinglicher Natur sind.

Wir haben in unserm Material nur solche dinglichen Vorstellungen gefunden, die zugleich individualisiert waren. Das erklärt sich, bei der großen Seltenheit der Fälle, aus der schon bei den Sachvorstellungen konstatierten engen Verbindung zwischen Dinglichkeit und Individualisation. Möglich sind aber sicher auch Fälle von Dinglichkeit ohne Individualisation. Der Fall der Vp. Schr. I 42, der zur Gruppe IV der Individualvorstellungen gehört, steht dem schon sehr nahe: Ein Wort auf einem Buch. Es würde natürlich schon genügen, wenn das Wort auf einer Seite gesehen würde, oder überhaupt irgendwie so, daß es als Ding aufgefaßt wird.

Wir konnten also die Gesichtspunkte auf die visuellen Wortvorstellungen anwenden, die uns bei der Untersuchung der Sachvorstellungen geleitet hatten, wir fanden eine große innere Ähnlichkeit, trotz der so offen liegenden Verschiedenheit. Wir gehen jetzt noch auf die akustomotorischen Vorstellungen ein.

§ 2. Die akustomotorischen Vorstellungen.

Wir werden hier zwischen rein akustischen, rein motorischen und akustomotorischen Vorstellungen nicht scheiden, einmal, weil aus den Protokollen nicht immer mit genügender Deutlichkeit hervorgeht, ob wir es mit reinen oder gemischten Vorstellungen zu tun haben, dann aber auch vor allem, weil die Trennung prinzipiell schwierig zu vollziehen ist[2]). Wir werden also auch alle die Fälle hier behandeln, in denen die Vp. von innerm Sprechen berichtete. Ob hier, rein phänomenal gesprochen, noch die gleiche Erscheinungsweise vorliegt wie bei den visuellen oder rein akustischen Vorstellungen,

---

[1]) Da mir während der Versuche dieser Unterschied noch gar nicht bekannt war, konnte ich auch bezügliche Fragen nicht stellen. Daß von selbst keine einschlägigen Angaben auftraten, erklärt sich aus dem in der Anmerk. der vor. S. erwähnten Grund.

[2]) Vgl. R. Dodge: Die motorische Wortvorstellung. Abh. z. Philos. u. ihrer Gesch., her. v. B. Erdmann. Halle 1896.

bleibt dahingestellt. Ihrer Bedeutung nach sind die innerlich gesprochenen Worte gerade so gut Vorstellungen wie die gehörten, wurden sie doch häufig genug als Erfüllungsvorstellungen benutzt.

A. Die erste Unterscheidung.

Ehe wir die spezielle Untersuchung im einzelnen durchführen, müssen wir eine Unterscheidung vorwegnehmen, die im Gebiet der visuellen Vorstellungen selbstverständlich war, hier aber doch einiger Erklärung bedarf. Wir unterscheiden nämlich auch hier Sach- und Wortvorstellungen. Bei akustomotorischen Sachvorstellungen handelt es sich um Vorstellungen von Schallwahrnehmungen, die nicht Worte sind, also etwa Donnern, Rauschen usw. Aus unsern Protokollen ein Beispiel:

Vp. Dr. B. (Rzw. Orgel), I 9 I: Visuell war das Innere einer Kirche mit der Orgel. Dazu kam „akustische Vorstellung: ein Gewirr von Tönen, ich kann nicht sagen, ob die Orgel dabei war".

Diese Sachvorstellungen, die wohl rein akustisch sein dürften, traten relativ selten auf, wir werden sie in diesem Abschnitt übergehen und erst im nächsten auf sie zurückgreifen, wo wir komplexe Vorstellungen aus visuellen und akustomotorischen Elementen behandeln werden.

Wir beschäftigen uns im Folgenden nur mit den akustomotorischen Wortvorstellungen, und heben hier noch einmal den Unterschied hervor zwischen visuellen und akustomotorischen Vorstellungen, der darin besteht, daß bei den visuellen die Sachvorstellungen überwiegen, während die akustomotorischen weitaus in der Mehrzahl Wortvorstellungen sind.

B. Die Wortvorstellungen.

Wir werden hier eine Reihe von Unterschieden kennen lernen, die wir schon beim Studium der visuellen Sachvorstellungen entwickelt haben. Wir brauchen jetzt nicht mehr genau dem Gang unsrer Darstellung dort zu folgen, können vielmehr die Punkte herausheben, die aus unserm Material besonders deutlich hervorgehen und im übrigen Ergänzungen anbringen. Wir lassen darum zunächst alle die Merkmale fort, die wir als anschauliche gekennzeichnet haben, und beginnen mit dem

a) Unterschied der Allgemein- und Individualvorstellungen.

Der Unterschied gestaltet sich wie bei den visuellen Wortvorstellungen in dreierlei Weise (vgl. S. 280 f.).

1. Ist das rein Akustische individualisiert, d. h. der Klang, der Tonfall ist ein bestimmter. Z. B.:

Vp. Schr. (Rzw. Pulver), II 18 I: VI akustisch Pulverholz. „Speziell gehört in der Art eines meiner Lehrer."

Vp. B. (Rzw. Land), II 13 EII: „Dann kam noch mal akustisch, und zwar in Ihrer Stimme, das Rzw."

Fälle wie dieser sind sehr häufig, wir kommen später darauf zurück.

2. Das Wort wird als ein in bestimmter Situation gehörtes vorgestellt; dies tritt gewöhnlich in Verbindung mit der ersten Art der Individualisation auf.

Vp. St. (Rzw. Horn), II 24 II: „Hornochs, akustomotorisch; es hat gedröhnt. Situation, von der ich habe erzählen hören."

3. Ganz entsprechend den visuellen Wortvorstellungen können wir auch hier Eigennamen und Zitate von Klassennamen und neuen Sätzen unterscheiden. Wir geben nur für Zitate Beispiele. Eigennamen kamen so häufig vor: Darwin, Meran u. ä., daß einzelne Zitate überflüssig sein dürften.

Vp. Fr. K. (Rzw. lieblos), III 27 I: „Akustomotorisch: O lieb' so lang du lieben kannst ..."

Vp. P. R. (Rzw. Burg), I 29 I: „Innerlich gesprochen: Ein feste Burg ist unser Gott."

Solche Beispiele ließen sich häufen. Der Unterschied individuell-allgemein läßt sich also auf dem akustomotorischen Gebiet genau so konstatieren, wie auf visuellem.

b) Dingliche und nichtdingliche Vorstellungen.

Im allgemeinen werden Wortvorstellungen lediglich betrachtet im Hinblick auf das, was sie bedeuten, der rein anschauliche Inhalt tritt gänzlich zurück, kommt es doch öfters bei unsern Versuchen vor, daß die Vpp. gar nicht mehr imstande sind, genau die Worte anzugeben, die in der Hauptperiode in ihrem Bewußtsein waren, während sie sich doch über die Gedanken völlig im klaren sind.

Vp. O. (Rzw. duty), III 36: „Had however the definite meaning, that sometimes I find things to do, which appear to be my duty, without their giving me pleasure. Good many auditory images, which I can't remember."

Und ganz ähnlich gab Vp. B. III 4 (Rzw. Attribut) an, es wäre sehr schwer, die Worte festzuhalten, während er gar keine Schwierigkeit hatte, den Gedankengang zu beschreiben.

Die weitaus meisten akustomotorischen Vorstellungen sind demnach nichtdinglicher Natur. Ein Ding, das als Gegenstand dem phänomenalen Inhalt entspräche, ist nicht gegeben. Noch von einer andern Seite her wird der nichtdingliche Charakter der Wortvorstellungen klar. Wir erinnern uns an die vielen innerlich gesprochenen Definitionen der Vp. P. R. Ihr Vorkommen spricht schon allein für unsere These. Dazu kommen noch einige Aussagen, die wir im Kapitel IV ausführlicher besprechen werden (S. 376).

Sind also die meisten akustomotorischen Vorstellungen nichtdinglicher Natur, so lassen sich auch genug Beispiele dinglicher Wortvorstellungen aufführen, d. h. solcher, in denen das Wort als wirklich gehörtes Wort aufgefaßt wird. Drei Beispiele haben wir schon kennen gelernt, die unter 1 und 2 bei der Individualisation aufgeführten. Solche Fälle, wie B. II 13 E II, wo das Rzw. in der Stimme des Versuchsleiters mehrmals gehört wird, finden sich bei dieser Vp. besonders in Reihe II sehr häufig. Andre Fälle sind die folgenden:

Vp. Schr. (Rzw. Gut), II 37 E II: „... Dann wurde das Rzw. wieder akustisch hörbar. Es war wie ein Abbrechen, als wenn das Rzw. noch einmal ausgesprochen würde."

Vp. St. (Rzw. brav), III 2 E II: „Ich hörte das Rzw. mehrmals mit Pathos ausgesprochen."

Vp. B. (Rzw. Gericht), III 7 E II: „Habe das Rzw. noch ein paarmal ausgesprochen. Auf einmal hatte es einen spöttisch nachahmenden Klang, wie von jemand, der nachahmt, wie einer Gerücht statt Gericht sagt."

Alle diese Fälle haben etwas Gemeinsames, das Wort wird seiner akustischen Qualität nach als Wort beachtet, eben als ein Wortding aufgefaßt.

Eine andre Art dinglicher Beziehung findet sich noch mehrfach bei Vp. P. R.

I 32 I (Rzw. fallen): V1 Fallgesetze Galileis motorisch. „... Merkwürdig war die Beziehung der Reaktionsworte auf unser Lehrbuch, rein gedanklich." Vgl. S. 52 und 290.

II 10 II (Rzw. rufen): V2 „Innerlich gesprochen: es braust ein Ruf wie Donnerhall. Dies direkt auf das Buch, in dem es steht, bezogen. Das Buch visuell."

Daß auch hier eine Dinglichkeit vorliegt, ist wohl klar, sie ist nur im Anschaulichen weniger begründet, vielmehr eine gedankliche Zutat.

Die Beispiele machen klar, daß der Unterschied dinglichnichtdinglich auch im Gebiet der akustomotorischen Vorstellungen seine Geltung hat, und zwar beschränken sich die dinglichen Vorstellungen nicht auf die rein akustischen. Bei B. III 7 E II handelt es sich um eine akustomotorische, bei P. R. I 32 I und II 10 II sogar um vorwiegend motorische Vorstellungen. Gerade das beweist aber nun wieder aufs neue, daß Dinglichkeit und Nichtdinglichkeit ganz anderer Natur sind als die rein anschaulichen Merkmale.

c) Wortvorstellung und Bedeutung.

Wir können uns hier wieder kurz fassen. Denken wir zunächst an die nichtdinglichen Vorstellungen, so leuchtet es ohne weiteres ein, daß hier Worte nichts andres sind als Bedeutungen. Das andre, das Sinnliche an ihnen wird gar nicht beachtet, findet im Bewußtsein gar keine Stelle, und nur die Bedeutung, das, was die Worte meinen, bleibt bestehen. Die Verbindung zwischen Anschaulichem und Intentionalem ist hier eine noch weit innigere als beim Visuellen; drücken wir doch alle unsre Gedanken durch Worte, nicht durch Bilder aus. Besonders charakteristisch für diesen Tatbestand sind die Definitionen der Vp. P. R. An den Worten ist ihm nichts gelegen, sondern an ihren Bedeutungen, mit deren Hilfe er eine andre Bedeutung klären will. Analoge Fälle, wo an die Stelle der ausführlichen Definition einzelne Worte treten, fanden sich auch bei andern Vpp. Z. B.:

Prof. O. (Rzw. Geschwindigkeit), III 22 I: „Innerlich gesprochen: ‚wie Schnelligkeit'."

In diesen Fällen kann von einer Zweiheit, Wort-Bedeutung, eigentlich gar nicht mehr gesprochen werden. Das Wort ist nichts andres als seine Bedeutung.

Anders, dem Visuellen ähnlicher, ist das Verhältnis in einigen Fällen, wo das Wort Träger eines Gedankens ist, der über die bloße Bedeutung dieses Wortes weit hinausgreift. Zum Beispiel:

Vp. St. I 14 I (Rzw. Manen): „Gedanklich, daß der Kultus der Manen als eine Hypothese über den Ursprung der Religion aufgestellt ist. Dazu das Wort Ahnenkultus mit bewußter Verbindung zwischen Ahnen und Manen."

Vp. Schr. (Rzw. Trinkgeld), II 30 I: „Gedanke daran, daß man verschiedentlich das Trinkgeld abzustellen versucht hat, als Unsitte. Dies Wort (sc. Unsitte) trat als VI akustisch auf, sonst kein Wort."

Vp. B. (Rzw. Existenz), III 13 II: „Daran schloß sich, daß man früher die Begriffe Existenz und Essenz trennte mit V2 essentia, innerlich gesprochen."

Hierher gehören auch alle die Fälle, in denen die Vpp. sich in abgekürzter Form die Aufgabe wiederholen, wie das schon so oft von den verschiedenen Autoren beschrieben worden ist[1]) und wie es auch in unsern Versuchen häufig genug vorkam. „Andere Vorstellung" hat dann die Bedeutung: es soll eine andre Vorstellung auftreten.

Noch verwandter mit der Repräsentation des Gedankens durch einen visuellen Inhalt sind die Fälle, wo zur Erklärung einer Bedeutung Beispiele gegeben werden:

Vp. Fr. K. (Rzw. Laut), III 26 I: VI war akustisch a e i o u.

Im einzelnen werden wir auf das Verhältnis vom Sinnlichen zum Intentionalen erst im letzten Kap. dieser Arbeit eingehen, hier greifen wir noch einmal auf die an vorletzter Stelle behandelte Bedeutungsrepräsentation der Worte zurück. Von einem gewissen Gesichtspunkt aus betrachtet, zeigen sie nämlich eine Ähnlichkeit zu den extremen Fällen der Gruppe D der lückenhaften visuellen Sachvorstellungen (vgl. S. 205 f.).

Der volle Gedanke wird nur ganz lückenhaft und spärlich im sinnlichen Material niedergelegt, wir können also auch hier in gewissem Sinne von der Lückenhaftigkeit der Vorstellungen sprechen. Sehr schöne Beispiele für lückenhafte Wortvorstellungen liefert uns noch Vp. P. R., von der wir einige hierhergehörige Angaben zitieren:

I 6 EI (Rzw. Lauheit): „Innerlich gesprochen: ein Mensch, der in religiösen und wissenschaftlichen Dingen — wollte sagen indifferent ist, fand aber das Wort nicht. Der Gedanke schon da, ehe ich anfing zu sprechen."

I 9 EI (Rzw. Orchester): „Es kam keine Vorstellung, und ich suchte es mir zu definieren in innerem Sprechen: Vereinigung von Leuten, die Musik betreiben. Bis Musik die Worte deutlich, dann alles verschwommen."

I 32 EI (Rzw. fallen): „... Definition: Tätigkeit, die in der Physik behandelt wird. Von Worten nur: Tätigkeit, Physik, behandelt, aber nicht vollständig."

In all diesen Fällen ist der Gedanke nur lückenhaft repräsentiert, im letzten Beispiel sind überhaupt nur drei Worte sinnlich gegeben, die wichtigen Beziehungen haben gar keine anschauliche Repräsentation. Noch mehr können wir aber aus den Beispielen entnehmen; es scheint als ob hier gleichfalls wie im Visuellen ein Auswahl Platz griffe. Es sind doch immer, auch in den früher zitierten Beispielen (s. o.), für das Verständnis wichtige Teile auch in der Vorstellung ge-

---

[1]) Zuerst von Ach und Watt.

geben, das Gerippe ist da, auf dem sich der Gedanke nun vollständig aufbauen kann[1]).

d) Wertigkeit der Wortvorstellungen.

Wir hatten oben (vgl. S. 277) die Vorstellungen der Wertigkeit nach in Erfüllungs-, Durchgangs- und Bezugsvorstellungen eingeteilt. Dem dort Gesagten brauchen wir nur wenig hinzuzufügen. Wortvorstellungen traten häufig als Erfüllungsvorstellungen auf, noch häufiger waren sie vor solchen eingeschoben. Die wichtigste Rolle spielten sie in unsern Versuchen jedoch als Bezugsvorstellungen.

Hier sei nun noch einiges nachgetragen über die phänomenologische Erscheinungsweise der Bezugsvorstellungen. Wir wollen zusehen, wie sie im Verlauf der Hauptperiode auftraten. Wir haben bereits mehrere Möglichkeiten kennen gelernt:

1. Die Vorstellung ist dinglich individualisiert in der Stimme des Versuchsleiters (vgl. B. II 13 E II S. 287).

2. Die Vorstellung ist dinglich, aber nicht individualisiert (vgl. Schr. II 37 E II und St. III 2 E II S. 288).

Diese beiden Gruppen sind rein oder doch sehr vorwiegend akustisch.

3. Das Rzw. ist akustomotorisch dinglich (vgl. B. III 7 E II S. 288).

4. Es ist nicht dinglich akustisch.

Hierher gehört wohl der folgende Fall:

Vp. Fr. K. (Rzw. Beere), II 35 E II: V1 akustomotorisch Wald. „Der Übergang kam dadurch, daß noch einmal das Wort Beere kam, quasi um nachzusehen, ob es auch in den Wald paßt."

5. Vorwiegend motorisch, nicht dinglich.

Das Rzw. wird innerlich wiederholt, ein Vorgang, der bei allen Vpp. auftrat und für den spezielle Beispiele überflüssig sind.

Sehr schön wird hierbei der Unterschied zwischen dinglicher und nichtdinglicher akustomotorischer Wortvorstellung klar. Bei der dinglichen erscheint eben ein Hörding (analog gebildet zu Herings Sehding), das ein Rzw., eine Bezugsvorstellung ist. Bei der nichtdinglichen erscheint lediglich eine Bezugsvorstellung, von der Existenz eines Hördings ist nichts im Bewußtsein.

Dies möge zum Gesichtspunkt der Wertigkeit genügen. Wir haben nun noch einiges nachzutragen.

---

[1]) Vgl. hierzu die zit. Arbeit von Bühler.

e) Ergänzungen, die anschaulichen Merkmale.

Wir haben es bisher versäumt, uns um die anschaulichen Merkmale zu kümmern und haben nur bei Gelegenheit das Vorkommen lückenhafter Wortvorstellungen beschrieben.

Wie steht es mit den übrigen? Hier versagen unsere Protokolle zum großen Teil. Wir beschränken uns daher auf das Merkmal der Deutlichkeit, Lebhaftigkeit. Daß akustomotorische Wortvorstellungen sehr wenig deutlich sein können, dafür zeugen die beiden Beispiele P. R. I 9 und I 32 (S. 290). Aber auch das Umgekehrte kann in sehr hohem Maße der Fall sein, wie folgendes schon zitierte Beispiel lehrt:

Vp. St. (Rzw. Horn): „Akustomotorisch Hornochs. Es hat gedröhnt." II 24 II.

Es sei noch auf die Statistik von Betts verwiesen, aus der gleichfalls hervorgeht, daß akustomotorische Vorstellungen in allen Stufen von der deutlichsten bis zur verschwommensten vorkommen können. Im übrigen bleiben hier noch einige Fragen offen, von denen insbesondere die nach der Merkmalsarmut interessiert.

f) Abschluß der akustomotorischen Wortvorstellungen.

Die Untersuchung der akustomotorischen Wortvorstellung hat uns das wichtige Ergebnis geliefert, daß sich alle die Gesichtspunkte, die wir auf optischem Gebiet gewonnen hatten, auch auf das akustische übertragen lassen, daß sie somit etwas der großen Klasse der optischen und akustomotorischen[1]) Vorstellungen Gemeinsames umfassen. Wie es mit den übrigen Sinnesvorstellungen steht, darüber können wir nur Vermutungen aussprechen. Daß sich viele unserer Unterschiede auch dort wiederfinden, wie etwa allgemein-individuell, dinglich-nichtdinglich, ist wahrscheinlich, sicher werden wir den Unterschied in der Wertigkeit erwarten dürfen.

§ 3. Komplexe Vorstellungen.

Wir behandeln an dieser Stelle solche Vorstellungen, in denen mehrere Elemente verschiedener Art vereinigt sind, sei es, daß es sich um Sach- und Wortvorstellungen oder daß es

---

[1]) Für die akustomotorischen Vorstellungen haben wir den Beweis zwar nur in bezug auf Wortvorstellungen geführt; doch kann man schon a fortiori schließen, daß, was für diese gilt, auch für die Sachvorstellungen Geltung haben wird. Wir werden im folgenden Paragraphen noch

sich um visuelle und akustomotorische Vorstellungen handelt. Unberücksichtigt bleiben, entsprechend unserm Verfahren, alle Vorstellungen anderer Sinnesgebiete[1]), ebenso, weil nicht direkt zum Vorstellungsmaterial gehörig, Gedanken und Gefühle. Diejenigen Kombinationen, die wir hier behandeln werden und die allein in unsern Versuchen vorkamen, stellen natürlich nur eine Auswahl aus allen möglichen Kombinationen dar. Immerhin ergibt sich daraus schon ein Bild von der Kompliziertheit, die den Vorstellungen sehr häufig anhaftet.

A. Kombinationen von visuellen Sach- und Wortvorstellungen.

Daß zu einer Sachvorstellung noch eine visuelle Wortvorstellung hinzutritt, kommt bei einigen Vpp., besonders bei Fr. K., häufig vor. Einige Beispiele:

Vp. Fr. K. (Rzw. vergessen), III 4 II: „Visuell geschrieben Prof. K. und Prof. K. gesehen."

Vp. St. (Rzw. rauben), I 31 I: „Zwei gepanzerte Ritter, die an einem Waldessaume Kaufleuten auflauerten, im Hintergrund das Wort Raubritter."

Hierher gehört auch noch das folgende, etwas abweichende Beispiel der Vp. St. III 21 I (Rzw. Geschwindigkeit): „Eine schiefe Ebene mit hinabrollender Kugel. Dazu gehörte sofort eine Formel, auf einer Seite eines Physikbuches gedruckt."

B. Kombination von visuellen Sach- und akustomotorischen Wortvorstellungen.

Gerade so, wie zur visuellen Sachvorstellung eine visuelle Wortvorstellung hinzutritt, kann auch eine akustomotorische Wortvorstellung hinzutreten; ein Fall, der nur einmal im Protokoll zu finden ist.

Vp. St. (Rzw. Spielbank), II 8 II: „Monte Carlo (nur bis Carl … gegenwärtig), visuell großer Saal."

C. Visuelle Sach- und Wortvorstellungen, akustische Wortvorstellungen.

Vp. St. zeigt auch in einigen Fällen eine Kombination von A und B, wo zur visuellen Sachvorstellung noch Wortvorstellungen visueller und akustischer Qualität hinzutraten.

---

auf diese eingehen. Im übrigen spielen sie aber in unsern Versuchen eine so geringe Rolle, daß eine gesonderte Behandlung an dieser Stelle überflüssig gewesen wäre.

[1]) Über die merkwürdige Vereinigung von visuellen und Bewegungsvorstellungen bei Vp. Dr. A. s. die Besprechung seiner Versuchsergebnisse Kap. I, S. 66.

Vp. St. (Rzw. Ehre), II 21 II: Vp. sah visuell einen Ehrenhandel, der gerade durch die Zeitungen gegangen war, dabei war ihr der Name der Hauptbeteiligten visuell und akustisch gegenwärtig.

Komplizierter ist der folgende Versuch derselben Vp. II 1 II (Rzw. Zwang): „Gedicht von Liliencron Peter Lynn. Der Name nicht da; aber die visuelle Vorstellung von der letzten Szene ... ferner die visuelle Vorstellung von der Seite in dem Gedichtbuch, wo ich es kennen gelernt habe, und eine ganz blasse akustische Vorstellung vom Rhythmus. Dabei durchaus das ganze Gedicht gemeint."

Hier ist die Fülle wohl so zu erklären, daß der Gegenstand, das Gedicht, auf die verschiedenste Weise repräsentiert wird, inhaltlich durch die visuelle Sachvorstellung und formal, einmal durch das visuelle Bild der Seite und dann durch das akustische.

D. Visuelle und akustische Sachvorstellungen.

Wir kommen endlich noch zu den Fällen, in denen die Sachvorstellung visuelle und akustische Elemente enthielt.

Vp. St. (Rzw. Maschine), I 23 I: „Visuelle Vorstellung von einem großen Raum, in dem viele Menschen zusammen sind, und auch eine blasse akustische Vorstellung von dem damit zusammenhängenden Lärm."

Vp. Schr. (Rzw. Spatz), I 4 EI: „Ein Busch ganz voll Spatzen, die sehr lebhaft schrien. Akustische Vorstellung des Geschreis."

Vp. B. (Rzw. Sattel), I 50 I: „Sattel auf einem Pferd ... kein Reiter darauf ... Das eigentümliche Knistern, das man bei Bewegungen im Sattel hört."

Man sollte erwarten, daß solche Vorstellungen viel häufiger aufgetreten wären als es geschehen ist, sind doch erfahrungsgemäß die Gegenstände sehr vieler der beschriebenen Vorstellungen nicht nur visuell, sondern auch akustisch gegeben. Wenn trotzdem diese Fälle sehr selten sind, so liegt das an einer allgemeinen Eigenschaft der Vorstellungen: ihrer durch Auswahl bestimmten Lückenhaftigkeit. Das Visuelle ist gewöhnlich das weitaus wichtigere, es genügt vollkommen zur Veranschaulichung der Bedeutung, das Akustische fehlt daher in der Vorstellung. Einige Beispiele, in denen diese Lückenhaftigkeit besonders deutlich zum Ausdruck kommt, seien noch zitiert:

Vp. Dr. B. (Rzw. sagen), I 44 I: „Ich habe eine Person gesehen, von der ich wußte, daß sie sprach; aber die Sprachbewegungen nicht gesehen, auch nichts gehört."

Hier ist schon das Visuelle lückenhaft und das Akustische fehlt dementsprechend ganz.

Ferner der schon zitierte Versuch II 19 I derselben Vp., wo ein Herr einer Dame ein Gedicht vorliest, und das Akustische gar nicht gegeben ist bei großer Lückenhaftigkeit des Optischen (vgl. S. 205).

Vp. B. (Rzw. rufen), II 11 I: „Meine Mutter ruft meine kleine Schwester ... auch etwas Akustisches dabei, ich war wenigstens bereit, etwas zu hören."

Selbst hier, wo der Gegenstand des Rzw. ein akustischer ist, ist das Akustische nur als Bereitschaft gegeben und tritt nicht voll sinnlich auf.

Allgemein läßt sich sagen: in einem gewissen Sinne sind die meisten Vorstellungen lückenhaft insofern, als Elemente sehr vieler Qualitäten ausfallen, die erfahrungsgemäß immer vereinigt sind. Es liegt hier nur eine Steigerung des schon bei den Wahrnehmungen vorhandenen Prozesses vor. Auch in der Wahrnehmung sind viele Empfindungen nicht enthalten, deren Reize unausgesetzt wirken (Temperaturempfindung, Druckempfindung der Kleider usw.).

Zum Schluß noch ein paar Worte über die akustischen Sachvorstellungen. Alle, die sich in unsern Protokollen finden, sind wohl dinglicher Natur, doch werden nichtdingliche sehr gut möglich sein. Sonst läßt sich zu ihrer Charakteristik nichts sagen. So viel wird wohl zugegeben werden, daß wir bei den Verallgemeinerungen des vorigen Abschnittes berechtigt waren, sie mit einzubegreifen.

§ 4. Einiges zur Typenpsychologie.

Wir haben im Vorangehenden die Vorstellungen der verschiedenen Vpp. herangezogen, ohne auf den Vorstellungstypus dieser Vpp. einzugehen. Einige Worte mögen jetzt noch am Platz sein, über die Folgerungen, die sich für die Typenlehre aus unsern Resultaten ergeben.

Zunächst eine Reihe neuer Probleme! Es muß gefragt werden, ob nicht all den Unterschieden, die wir aufgestellt haben, Unterschiede in den Typen entsprechen. D. h.: 1. gibt es Individuen, die vorwiegend deutlich, körperlich, lückenlos usw. vorstellen im Gegensatz zu solchen, deren Vorstellungen vorwiegend blaß, körperlos, lückenhaft usw. sind? Diese Frage betrifft lediglich die anschaulichen Merkmale, ist also relativ leicht zu beantworten, fällt aber nicht, wie schon Segal (l. c. S. 230) und neuerdings wieder G. E. Müller (l. c. S. 22) betonen, mit der Frage nach dem Vorstellungstypus im gewöhnlichen Sinne zusammen. So ist z. B. Vp.

Dr. B. von Segal als visuell gekennzeichnet worden, seine
Vp. IV, während sie ja gerade sehr lückenhaft vorstellt.
2. Gibt es Individuen, die vorwiegend individuell, andre die
vorwiegend allgemein vorstellen? 3. Gibt es dingliche und
nichtdingliche Typen? Schließlich müßte noch untersucht werden, ob zwischen den verschiedenen, so aufgefundenen Typen
ein bestimmter Zusammenhang besteht.

Endlich aber, und das ist vielleicht das wichtigste, muß
untersucht werden, ob die Qualität (im weitesten Sinne) der
Vorstellungen abhängig ist von ihrem Zweck, etwa von ihrem
Verhältnis zur Bedeutung, oder auch von der Aufgabe.

Solche Untersuchungen, wie sie Segal bereits für die
zunächst liegende Frage nach visuellen, akustischen und
motorischen Vorstellungen ausgeführt hat, wären wohl die
unerläßliche Vorbedingung für alle Versuche, die Typenpsycho-
logie in die Praxis umzusetzen durch Einführung darauf ge-
bauter pädagogischer Grundsätze [1]).

Man wird von uns nun noch eine Charakteristik unserer
Vpp. verlangen, und dieser Forderung soll wenigstens in
einigen kurzen Bemerkungen, wennschon sie dem Leser nichts
Neues bringen, entsprochen werden. Zum Zweck einer genauen Beantwortung aller der oben aufgeworfenen Fragen
waren ja unsere Versuche nicht angestellt, es soll daher auch
nur das allercharakteristischste erwähnt werden, und viele
Punkte müssen unberücksichtigt bleiben.

Vp. St.: visuelle Sachvorstellungen, individuell, dinglich.

Vp. Schr.: visuelle Sachvorstellungen, individuell, dinglich.

Vp. Fr. K.: visuelle Wortvorstellungen, stark mit akustomotorischen und Sachvorstellungen gemischt.

Vp. Dr. B.: intellektuell, visuell lückenhaft, allgemein, etwas
akustisch, Komplexe.

Vp. Prof. O.: intellektuell, visuell, lückenhaft, nicht dinglich.

Vp. P. R.: intellektuell, visuell allgemein dinglich, akustomotorisch nichtdinglich.

Vp. Dr. A.: visuell, mit guter Lokalisation, dinglicher Komplex
mit Bewegungsvorstellungen.

---

[1]) Watt untersucht in sehr gründlicher Weise den Einfluß der
Aufgaben auf die Vorstellungen, l. c. S. 367, und auch Betts weist auf
die Abhängigkeit des Auftretens von Vorstellungen von der Aufgabe hin
und zieht auch schon Schlüsse für die Pädagogik, l. c. S. 70, 74, 94
und a.

Vp. Dr. B. war außerdem in seinen visuellen Vorstellungen ebenso wie Vpp. St. und Schr. dinglich. Wir haben dies in der Charakteristik fortgelassen und erinnern an unsre Bemerkung auf S. 244, wo wir darauf hinwiesen, daß die Dinglichkeit der Vorstellungen bei Vp. B. einen andern Grund habe als bei Vpp. St. und Schr., ohne daß wir damals den Grund nannten. Jetzt können wir den Tatbestand folgendermaßen aufklären: Die Vpp. St. und Schr. sind stark visuell, B. in erster Linie intellektuell veranlagt, er braucht an sich gar keine Vorstellung zum Verständnis des Rzw., und seine Vorstellungen treten im allgemeinen nur unter der Wirkung der Instruktion auf. Zu erwarten wäre, daß bei einer so stark intellektuellen Vp. die visuellen Vorstellungen nichtdinglich wären, wenn sie zum Verständnis gebraucht würden. Dies ist aber gerade nicht der Fall, die Vorstellung kommt mit einer ganz andern Intention und wird nun dinglich. Damit ist aber durchaus nicht gesagt, daß nicht unter ganz andern Bedingungen die Vorstellungen dieser Vp. nichtdinglich sein würden. Diese kurzen Bemerkungen liegen schon in der Richtung der oben angedeuteten Untersuchung über die Abhängigkeit der Vorstellungsqualität von ihrem Zweck.

III. Kapitel.

Über Determination und Assoziation.

§ 1. Beide Faktoren in unsern Versuchen wirksam.

Wir wenden uns jetzt dazu, einiges über die Gesetze, denen die Vorstellungen unterliegen, festzustellen. Nun folgen bekanntlich Vorstellungen aufeinander nach den Gesetzen der Assoziation und Reproduktion, und es wäre also die Aufgabe zu zeigen, in welcher Weise diese Gesetze in unsern Versuchen wirksam wurden. Dies soll allerdings ein Teil dieses Kapitels werden, aber eben nur ein Teil. Der Leser weiß schon lange, daß wir in den Assoziations- und Reproduktionsgesetzen nicht die einzigen, ja nicht einmal die maßgebenden Faktoren sehen, daß wir vielmehr außer den Reproduktionstendenzen (RT) die Wirksamkeit von determinierenden Tendenzen (DT) annehmen. Noch einmal wollen wir aber kurz die Gründe hierfür zusammenfassen:

1. Die Tatsache, daß die Erfüllung der Aufgabe in Reihe I—III einigen Vpp. (namentlich Dr. B.) so außerordentlich schwer wurde, läßt sich nicht erklären, wenn wir die bloße Wirksamkeit assoziativ reproduktiver Faktoren annehmen. Es ist gar nicht einzusehen, warum nicht die Vorstellungen, die doch eine Reihe von Assoziationen eingegangen sind, mit Leichtigkeit zu einer Reproduktion führen sollten. Denn der an sich ja sehr naheliegende Einwand, die Schwierigkeit läge nicht am Mangel, sondern an der Überfülle in Bereitschaft gesetzter Vorstellungen, versagt. Die Ansicht, daß durch die vielfachen Assoziationen, die jede Vorstellung mit unzähligen andern verbinden, eine starke, reproduktive (effektuelle) Hemmung hervorgerufen würde, die den von uns bezeichneten Tatbestand vollauf erkläre, muß sich leicht nach-

prüfen lassen. In einem größern Material müßte diese reproduktive Hemmung um so größer sein, je vieldeutiger ein Wort ist, wenn wir uns zunächst einmal auf Worte beschränken wollen. Denn in jeder der möglichen Bedeutungen ist das Wort zahlreiche verschiedene Assoziationen eingegangen, so daß nicht nur die einzelnen Assoziationen, sondern sogar die ganzen Assoziationsrichtungen in Widerstreit kommen müßten.

Sehen wir die Reihen I und II von Dr. B. unter diesem Gesichtspunkt an: In Reihe I finden sich 5 vieldeutige Worte: die Reaktionen hierauf ergeben AM = 3,4, Z = 3,2; schon diese Werte sind nicht nur nicht höher, sondern sogar etwas niedriger als die Gesamtwerte der Reihe (vgl. Tab. 1 S. 29). Dabei ist aber im letzten Fall das Rzw. Mark zunächst als Markt verstanden und erst nachdem eine entsprechende Vorstellung aufgetreten war, zum richtigen Wort zurückgekehrt worden. Lassen wir daher diesen Versuch unberücksichtigt, so ergibt sich AM = 3,05, Z = 3,0, beides Werte, die nicht unbeträchtlich unter dem Gesamtmittel liegen.

In Reihe II finden sich 7 mehrdeutige Rzwe., AM = 6,6, Z = 5,6, also wieder, erheblich unter dem Gesamtmittel (vgl. Tab. 4 S. 71). Daraus folgt also, daß die Vieldeutigkeit sicher keinen ungünstigen Einfluß gehabt hat. Wir können aber sogar in vielen Fällen das Gegenteil konstatieren. Unter den 7 Fällen der Reihe II befindet sich die zweitkürzeste aller Reaktionen mit 3,6 sec. Die kürzeste Nr. 44, Seil, mit 3,4 sec hat aber einen ganz ähnlichen Verlauf, nacheinander treten 2 verschiedene Seile als visuelle Vorstellungen auf. Hier ist also von reproduktiver Hemmung nichts zu merken. Schließlich aber zeigten sich auch im Bewußtsein Wirkungen, die dartun, daß es bei der Vp. B. in Reihe II geradezu günstig war, wenn mehrere Assoziationen vorlagen: in Nr. 25, Horn, sagte sie aus: Sofort doppelte Richtung .... Bewußtsein, diesmal ist's ganz einfach, ich nehme erst das eine, dann das andere" (vgl. hierzu die Ausführungen und das Zitat von II 8 in Kap. I S. 103 und Gruppe C in Tab. 10 auf S. 101).

Damit soll natürlich nicht geleugnet werden, daß in manchen Fällen die reproduktive Hemmung auch in die Erscheinung trat, gerade bei Dr. B. gab sie sich zuweilen zu erkennen [1]), doch ist sie unter unsern Versuchsbedingungen

---

[1]) Auch in einem Falle bei Vp. St. kam sie zur Geltung, III 9, Rzw. Kanzel: „Bekanntheitsqualität, aber ich konnte nicht zu einer bestimmten Vorstellung kommen, es waren zu viele, die kommen wollten."

jedenfalls nicht sehr mächtig gewesen, und kann sicher nicht
für die Schwierigkeit verantwortlich gemacht werden, die die
Erfüllung der Aufgabe der Vp. B. bereitete. Es ist hier doch
der Mangel, nicht der Überfluß die Ursache, und dieser
Mangel erklärt sich nicht aus den Assoziationsgesetzen. Wohl
aber versteht er sich sehr leicht, wenn wir annehmen, daß zur
Reproduktion, ganz allgemein verstanden, DT gehören, die
dem Prozeß eine Richtung geben, und daß unsere Aufgabe
der Vp. B. nicht genügte, um solche DT auszulösen.

2. In den Reihen I—III waren wir immer wieder der Tatsache begegnet, daß nicht jede Vorstellung als Erfüllungsvorstellung dienen konnte. Diese Tatsache, die wir Wahl
genannt hatten, läßt sich gleichfalls nicht durch Asssoziation
begründen. Wenn der Versuch so zu erklären wäre, daß sich
durch die Instruktion eine Assoziation zwischen der Reaktion
und der ersten auftretenden Vorstellung bildete — eine Art
der Assoziation, die natürlich selber mit der gewöhnlichen
nichts zu tun hätte — dann wäre die Tatsache der Durchgangsvorstellungen nicht zu begreifen. Wohl aber ist dies
möglich, wenn wir annehmen, daß sich mit den von der Aufgabe direkt ausgehenden Tendenzen andere verbunden hatten,
die gleichfalls realisiert werden mußten. Durch diese Annahme bringen wir unser Ergebnis auch in Zusammenhang
mit dem analogen Vorgang der Wahl, wie er sich vollzieht,
wenn die Aufgabe eine bestimmtere ist, wenn schon durch die
Instruktion eine besondere Art von Reaktionsvorstellungen
verlangt wird.

3. Die Erfüllungsvorstellungen unterschieden sich auch im
Bewußtsein von den Durchgangserscheinungen. Sie treten intentional auf, als Erfüllungen der oder jener DT, was bei den
Durchgangserscheinungen nicht der Fall ist. Dieser Unterschied nun ist gleichfalls auf dem Boden der Assoziationslehre nicht zu verstehen, wohl aber können wir ihm gerecht
werden, wenn wir von den RT, die nicht intentional wirken,
die intentional wirkenden DT trennen[1]).

4. Vorstellungen waren durchaus nicht die einzigen Be-
wußtsseinsinhalte, die im Laufe der Versuche auftraten. Sehr
häufig fanden wir auch rein unanschauliche Elemente, Gedanken, die überhaupt den ganzen Prozeß beherrschten. Auch
hier versagt die alte Auffassung, während wir mit Hilfe der

---

[1]) Vgl. dazu auch Kap. II, S. 253f.

DT wenigstens den zweiten Teil, den Einfluß der Gedanken auf die Vorstellungen zu erklären vermögen. Es steht für uns also fest, daß wir als wirksame Faktoren, die das Bewußtsein bestimmen und von ihm bestimmt werden, neben den RT die DT anzunehmen haben. Wir beginnen unsere Untersuchung mit den DT und fügen dann die Resultate an, die unsre Versuche für die Wirksamkeit der andern Faktoren ergeben haben.

§ 2. Die Wirkungen der DT.

Um die Wirkung von Tendenzen, also von nicht bewußten Faktoren zu studieren, stehen uns 2 Quellen zu Gebote: einmal rein objektive, nicht bewußte, in unsern Versuchen die Zeitmessung und der Vergleich der durch die Tendenzen hervorgerufenen Inhalte mit andern, also der Erfüllungsvorstellungen mit den Bezugs- und Durchgangsvorstellungen. Andrerseits ihre Wirkungen auf das Bewußtsein, und auch diese sind zweierlei, erstens die Bewußtseinsbeschaffenheit der determinierten Vorstellungen, und zweitens die vor der Lösung auftretenden Aufgabe-Bewußtheiten.

Wie diese beiden Quellen gemeinsam zur Bildung und Bestimmung von Funktionsbegriffen verwendet werden müssen, haben wir in der Einleitung gezeigt.

I. Die von der Aufgabe ausgehenden DT.

Bei der Analyse der in unseren Versuchen wirksamen DT finden wir 2 Gruppen, solche nämlich, die in direkter Abhängigkeit von der Aufgabe stehen und solche, die sich in weitem Maße von der Aufgabe unabhängig erweisen.

a) Wir beginnen mit der Tendenz, die auf den Abschluß des ganzen Prozesses gerichtet ist, und die wir R e a k t i o n s - t e n d e n z (RkT) nennen wollen. Sie bewirkt es, daß nach Erfüllung der Aufgabe die Reaktion erfolgt. Diese Tendenz dürfte wohl überall wirksam sein, wo es sich um die Lösung von Aufgaben und deren Kundgabe durch die Reaktion handelt. Normaliter setzt sie ein, wenn die Aufgabe intentional erfüllt ist, d. h. also in Reihe I nach der ersten, in Reihe II nach der zweiten und in Reihe III nach der dritten Erfüllungsvorstellung. Wir fanden denn auch häufig die Angabe, das „ja“ komme ganz automatisch (vgl. z. B. Schr. R. I S. 41). Doch ist ihre Wirksamkeit tatsächlich nicht immer gesondert zu konstatieren. In Reihe I bei Vp. Fr. K., die ja

bekanntlich durchweg WR lieferte, liegen auch die ·Bedin-
gungen für das Auftreten dieser Tendenz nicht vor: die Erfüllung der Aufgabe und ihre Kundgabe ist eins, es bedarf
hier keiner besondern RkT. Das gleiche gilt für alle einfachen Reaktionen.

Bestand die Anomalie in diesen Fällen darin, daß eine
gesonderte RkT fehlte, so kann auch, wenn sie vorhanden
ist, ihre Wirkungsweise von der normalen abweichen. So
reagierten die Vpp. B. und O. in Reihe III nicht mehr, wie
in den ersten Reihen, wenn die vorgeschriebene Zahl von Erfüllungsvorstellungen aufgetreten war, sondern wenn sie fanden, daß es genug sei (vgl. S. 130 und 136).

Eine andre Anomalie bei den gleichen Vpp., und zwar
bei O. in allen 3 Reihen (s. S. 61, 95, 136), bei B. vornehmlich in Reihe II (s. S. 106), bestand darin, daß die RkT
so stark war, daß sie schon vor der Lösung der Aufgabe
zum Durchbruch kam; wir konnten ein Wachsen der Stärke
der RkT mit der Zeit konstatieren, dergestalt, daß die Reak·
tion zuweilen durch einen Willensakt unterdrückt werden
mußte, zuweilen sogar durchbrach und Fehlreaktionen zur
Folge hatte.

b) Auch die von der Aufgabe ausgehende Tendenz, die
die richtige Reproduktion bewirkt und deren Nachweis zur
Aufstellung des Begriffs der DT geführt hat, kann während
des Versuchs eine Reihe von Wirkungen auf das Bewußtsein
ausüben. Wir wollen diese Tendenz L ö s u n g s t e n d e n z LT
nennen. Sie wirkt entweder so, daß an bestimmten Punkten,
etwa nach nicht-intentionalen Inhalten, die Aufgabe als Gegebenheit erlebt wird[1]); als Beispiel verweisen wir auf Vp.
v. W. VI 172f. Häufig ist die Wirkung aber nicht mehr
so gegenständlich bestimmt, die Vp. fühlt sich nur weiter getrieben, sie weiß, es muß noch etwas kommen (vgl. etwa
Schr. II S. 90, O. II S. 95, III 135, Fr. K. III 145, die von einer
q u ä l e n d e n L e e r e spricht). Ein gutes Beispiel für das
Verlorengehen des Gegenständlichen aus dem Aufgabebewußtsein ist das Verhalten von Dr. Be. in VII (177), wo von der
Instruktion nur gegenwärtig war: „erst das eine, dann das

---

[1]) Vgl. hierzu N. Ach, Über die Willenstätigkeit und das Denken,
Göttingen 1905 (zitiert als W und D), S. 232. Derselbe: Über den Willensakt und das Temperament, l. c. (zitiert als W und T), S. 260 f. Ferner
auch K. Bühler, Tatsachen, Probleme usw., II. Über Gedankenzusammen-
hänge. Arch. f. d. ges. Psychol. 1908, Bd. 12, S. 2.

andre!"[1]) Auch die weitere Abblassung ist bemerkenswert, wie überhaupt diese Versuchsreihe besonders viele Resultate für die Wirkung der Aufgabe enthält (vgl. 176ff.).

Weiter wurde die LT bei Dr. B., dem die Aufgabe unnatürlich war, dadurch bewußt, daß er bei den Vorstellungen so oft die Bewußtheit erlebte, sie kämen nur, weil sie in der Aufgabe verlangt würden (I S. 63, II S. 100, III S. 129).

Schließlich dürfen wir es wohl als eine Wirkung derselben Tendenz auffassen, wenn die Vp. sich überlegt, ob sie die Aufgabe schon erfüllt hat, oder noch nicht, also etwa ob sie schon zwei oder erst eine Erfüllungsvorstellung gehabt hat (O. II S. 95)[2]).

c) Eine dritte Tendenz, die bei allen Assoziationsversuchen mit etwas erschwerter Aufgabestellung wirksam sein dürfte, geht von dem Teil der Aufgabe aus, der eine genaue Beschreibung der Erlebnisse verlangt. Daß diese Tendenz methodisch von großer Wichtigkeit ist, indem die nachträgliche Wiedererweckung der Erlebnisse zum Zweck der Beschreibung dadurch erleichtert wird, hat zuerst Ach[3]) betont[4]).

Die gleiche Tendenz, die wir i n t r o s p e k t i v e oder D e s k r i p t i o n s - T e n d e n z (DsT) nennen wollen, kann aber auch äußerst schädliche Folgen haben. Sie kann nämlich, wenn die andern Tendenzen, die wirksam werden sollen, versagen, in der Hauptperiode einsetzen und bringt dann ein völlig fremdes unnatürliches Moment in die typischen Ablauflinien (vgl. O. III 136, Fr. K. III 146 f.)[5]).

d) Von allgemeiner Bedeutung sind endlich noch die r ü c k w i r k e n d e n F u n k t i o n e n d e r A u f g a b e. Zwei solche haben wir kennen gelernt, und zwar in Reihe VII, wo 2 verschiedene Aufgaben nacheinander zu erfüllen waren. Hier kam es vor, daß durch das intentionale Auftreten der 2. Erfüllungsvorstellung die Bedeutung der ersten verändert wurde (vgl. Be. VII S. 181). Eine vergangene Vorstellung wird also hier durch eine gegenwärtige beeinflußt.

---

1) Ein ähnliches Beispiel bei Ach, W und T, S. 300.
2) Bei Ach machte sich diese Tendenz auch dadurch geltend, daß nach dem Erfassen der Bezugsvorstellung das Bewußtsein der Schwierigkeit auftrat. W und D, S. 94.
3) W und D, S. 10 f.
4) Vgl. auch G. E. Müller, Gedächtnistätigkeit, l. c. S. 77.
5) Vgl. Ach, W. und D, S. 22, Messer, l. c. 20, Müller, l. c. S. 73.

Anders ist die rückwirkende Funktion bei Vp. v. W. Hier beeinflußt eine später zu erfüllende Aufgabe, die Erfüllung einer früheren. Die erste Vorstellung soll schon so kommen, daß die zweite möglichst leicht entsprechend der Aufgabe gebildet werden kann. Wir haben in diesem Fall nur die Bewußtseinswirkung der betr. Tendenz kennen gelernt, und es ist noch ein interessantes Problem, ob sich auch eine tatsächliche Wirkung solcher Tendenzen aufweisen läßt.

e) Außer diesen allgemein auftretenden Tendenzen zeigten sich noch einige andre, die spezielleren Teilen der Aufgabe entsprachen. So spielte bei Vp. B. die Forderung völliger Passivität eine große Rolle, indem die Tendenz, passiv zu bleiben mit der LT in Konflikt · kam (II S. 101).

Endlich kam auch der Teil der Aufgabe III, der ein energisches Erfassen des Rzw. vorschrieb, der Vp. Fr. K. in bestimmten Stellen zum Bewußtsein (vgl. S. 146).

Die von der Aufgabe ausgelösten DT sind also zahlreich. Einige sind auch gleich in bestimmter Weise zeitlich geordnet, LT—RkT—DsT, und nur ein mangelhafter Ablauf stört diese Ordnung dadurch, daß einige dieser Tendenzen frühzeitig zu stark werden, und daher an falscher Stelle wirken. Daß wir außer diesen auch noch eine Reihe anderer DT im Zusammenhang mit der Aufgabe annehmen müssen, werden wir bald bei Besprechung des Gesichtspunktes der Wahl sehen.

II. Die von der Aufgabe unabhängigen Tendenzen.

a) In unsern Versuchsreihen, besonders in I und II, hatten wird häufig genug die Aufeinanderfolge: Wortvorstellung (resp. -Wahrnehmung), visuelle Sachvorstellung gefunden. Diese Ideationstendenz hatte in Reihe I, vornehmlich bei den Vpp. Schr. und St. (40, 47), aber auch bei P. R., O. und B. eine große Rolle gespielt. Das scheint auch an sich gar nicht wunderbar. Die assoziative Verbindung zwischen Wort- und Sachvorstellung ist eben eine so enge, daß diese von jener ohne weiteres reproduziert wird. Danach handelt es sich in allen diesen Fällen um eine RT, nicht um DT. Es ergeben sich für diese Auffassung aber zahlreiche Schwierigkeiten. Jedes Wort und sei es an sich noch so eindeutig, hat je nach dem Zusammenhang, in dem es steht, sehr verschiedenen Sinn. Tritt es ohne Zusammenhang auf, so ist gänzlich unbestimmt, welche Bedeutung das Wort erhalten wird. Dazu kommt noch die Tatsache, der wir schon zuweilen begegnet sind, daß solche eindeutigen Worte auch noch dadurch verschieden aufgefaßt wurden, daß die Bedeutung, die sie in dem betr. Zeitmoment, in dem betr. Bewußtsein erlangen, eingeengt ist gegenüber der Bedeutung, die sie an sich haben (s. Kap. IV). Man könnte nun etwa meinen, daß in den von uns gekennzeichneten Fällen die Bedeutung durch die reproduzierte Sachvorstellung zustande kommt, und daß diese Reproduktion bedingt ist durch die stärkste oder frischeste Assoziation. In den allermeisten Fällen ist der Sachverhalt aber gerade umgekehrt: die Bedeutung ist da, und ihr entsprechend entwickelt sich die Vorstellung. Im vorigen Kapitel (S. 254f.) haben wir gerade diese Tatsache benutzt, um nachzuweisen, daß die Folge Wort—Bild keine rein mechanische ist. Wäre sie dies, so müßte auch auf dasselbe Wort zwar nicht immer die gleiche Vorstellung auftreten, aber doch ein numerisch beschränkter Kreis müßte sich wiederholen. Ein wichtiges Ergebnis des vorigen Kapitels bestand aber gerade darin, daß dieselbe Vorstellung, von Ausnahmen abgesehen, nie zweimal im Bewußtsein auftritt, daß vielmehr jede Vorstellung ein neues, eben entstandenes Gebilde ist.

Wir haben im vorigen Kapitel den Beweis für alle Vpp. der Reihe I—III, außer Frau K., geführt. War es bei dieser Vp. auch weniger deutlich, so glaubten wir doch in Reihe II und III das gleiche Verhalten nachweisen zu können (vgl. 116, 151). Die Vp. hatte das Bestreben, Beispiele zu finden, sie wollte mit dem Rzw. eine Vorstellung verbinden, und diese Tendenz zum Suchen lag im Wort selbst (151).

Eine weitere Tatsache, die aus der reinen Assoziationstheorie nicht erklärt werden kann, ist die, daß die „Abbildung" eines Wortes nicht an allen Stellen des Prozesses gleich oft vorkam. Wir fanden häufig in dieser Hinsicht die Bezugsvorstellung vor der Erfüllungsvorstellung stark bevorzugt und am meisten benachteiligt eingeschobene, Durchgangsvorstellungen[1]). Schließlich aber konnte auch die Gegenständlichkeit dieser Tendenz direkt im Bewußtsein reflektiert werden, so wenn im Bewußtsein die Frage auftrat: Was ist das?[2]), die von einer Repräsentation gefolgt wurde. Vgl. Vp. St. II S. 79, O. III S. 140.

---

[1]) Vgl. etwa Vp. Schr. III. 318, 327.
[2]) Vgl. hierzu auch Wreschner, l. c. S. 199.

Wir sahen uns aus all diesen Gründen veranlaßt, die Ideation zurückzuführen auf eine R e p r ä s e n t a t i o n s - T e n d e n z (RäsT) und erhalten somit eine neue Tendenz, die den Verlauf unserer Versuche stark beeinflußte. Durch die Annahme dieser Tendenz konnten wir die Resultate der Reihe I—III relativ einheitlich und einfach darstellen. Ehe wir die Wirkung dieser Tendenz des weitern überblicken, muß noch folgender Zusatz gemacht werden. Wenn wir auch viele Fälle kennen gelernt haben, in denen die Ideation bewußtermaßen als Repräsentation zustande kam, so wäre es doch völlig verfehlt zu behaupten, daß bei jeder Ideation solche Bewußtseinsinhalte hinzutreten. Schon die Betrachtung der positiven Angaben zeigte dies deutlich. So kam die Tendenz häufig erst dann zum Bewußtsein, wenn die Vorstellungen ihr nicht entsprachen. Es gibt also zweifellos Fälle, in denen für das Bewußtsein reine Ideation vorliegt, meistens allerdings wohl nur insofern, als der Einfluß, den die Bedeutung auf die Vorstellung ausübt, nicht gesondert bewußt wird, während die Vorstellung selber in den meisten Fällen wohl doch noch irgendwie ihre repräsentative Funktion behält, sie tritt nicht als etwas völlig Neues ins Bewußtsein, doch kommen auch völlig reine Fälle vor. Die Verbindung Wort—Bild ist hier also sehr eng, die Bahn sehr ausgefahren, und die Folge davon, wie überall, daß der Vorgang dem Bewußtsein entzogen ist. Daß dem so ist, daß es sich hier um so leichte Abläufe handelt, möchten wir aber gerade als Wirkung der RäsT erklären. Die Repräsentation ist für das Verständnis und damit für alles Intellektuelle überhaupt von großer Wichtigkeit, wenn auch nicht das Verständnis darin besteht; die RäsT wird sehr oft wirksam, und geht so unter Umständen in eine reine Ideations-Tendenz über.

Der Unterschied dieser Ableitung von der analogen im vorigen Kapitel, auf die wir uns mehrfach stützen konnten, liegt darin, daß wir dort eine bestimmte Eigenschaft von Vorstellungen, ihre repräsentative Funktion, als eine Bewußtseinstatsache beschreiben wollten, während hier das Bestehen einer Tendenz, eines nichtbewußten eben das Bewußtsein bestimmenden Faktors, zu beweisen war. Wir haben damit eine Tendenz kennen gelernt, die von der Aufgabe nicht direkt abhängt, sondern eine allgemeine Bedeutung hat.

Wie diese Tendenz in unsern Versuchen wirkte, ist ausführlich in dem ersten Kapitel dargelegt worden. Der ein-

fachste Fall war der, daß auf ein R zw. eine visuelle Gegenstandsvorstellung folgte. Dann kamen die Fälle, wo der gleiche
Vorgang bei andern irgendwann auftretenden Worten beobachtet wurde. Schließlich, und das begreift sich nach unsern
Ausführungen ohne weiteres, konnten Worte ganz fehlen und
reine Gedanken durch visuelle Vorstellungen repräsentiert
werden.

Wir haben bis jetzt nur die Fälle betrachtet, die uns den
Anlaß zu der ganzen Erörterung boten, die nämlich, in denen
die Repräsentation durch eine visuelle Vorstellung geleistet
wurde. Wir fanden aber früher, daß in vielen Fällen auch
Worte das gleiche leisten können. Die nähere Betrachtung
des Repräsentationsverhältnisses muß dem nächsten Kapitel
verbleiben, hier sei nur betont, daß wir nicht nur die Verbindung Wort—Bild, sondern auch die Verbindung Wort—
Wort vielfach aus der RäsT ableiteten[1]).

Eine sehr häufige Wirkung der RäsT in unseren Reihen
II und III hatten wir als mehrfache Repräsentation
bezeichnet. Sie brachte die Aufgabe so zur Lösung, daß für
denselben Begriff verschiedene Repräsentationen auftraten, die
als Erfüllungsvorstellungen dienten. Oder sie wirkte so, daß
nach der ersten Repräsentation mit dem Wort ein Bedeutungswechsel oder wenigstens eine Richtungsänderung vollzogen
wurde, die dann ihre Repräsentation fand. So erklärten sich
zahlreiche Reaktionen der Vpp. St., P. R., B, und O.

Schließlich ist noch zu bemerken, worauf wir oben (S. 305)
schon hingewiesen haben, daß diese Tendenz nicht an allen
Punkten des Prozesses gleichmäßig wirksam wurde. V_2 ist
demnach nicht nur die zweite, sondern auch eine andre Erfüllungsvorstellung als V_1, der Unterschied ist kein rein numerischer oder zeitlicher, sondern auch ein qualitativer, was ja
auch schon dadurch zum Ausdruck kam, daß Vorstellungen,
die in Reihe I als RV verworfen wurden, doch in Reihe II
als V_1 auftraten. Das gleiche gilt natürlich für die Beziehungen
von V_3 zu den beiden andern.

b) Wie auf ein Wort ein Bild folgte, so trafen wir auch
die Folge Bild—Wort, die wir als Benennung bezeichneten.
Indem wir dies tun, sagen wir wieder, daß es sich um mehr
als die bloße assoziative Aufeinanderfolge der 2 Inhalte handelt,
daß eben das Bewußtsein des Zusammengehörens dazu kommt.

---

[1]) Vgl. hierzu auch Wreschner, l. c. S. 596.

Wir nehmen aus diesem Grunde also auch das Bestehen einer
Benennungstendenz an, die unter bestimmten Bedingungen wirksam wird. Und auch diese Tendenz wäre als eine
allgemeine, dem Denken zukommende anzusehen. Ihr Wert
liegt darin, daß die Bedeutung des Bildes fixiert und präzisiert
wird und dadurch in den durch Worte festgehaltenen Zusammenhang der Begriffe eintritt. So hätten wir ein voll-
kommenes Analogon zur Repräsentation, in der die Bedeutung geklärt wird. Die Benennung käme dann unter Umständen an das Ende des Verständnisprozesses zu stehen.

Daß dies nun wirklich so ist, dafür stehen uns zwar
weniger Beweise zu Gebote wie bei der RäsT, doch dürfte
gerade im Hinblick auf diese das folgende Material genügen:
Von der positiven Seite aus gehört hierher die auf S. 115
zitierte Angabe der Fr. K. II 37, daß das Wort für sie mit
zum Bilde gehöre. Andere direkte Angaben finden sich nicht,
wohl aber können wir von der entgegengesetzten Seite noch
einiges beibringen. In Reihe IV und V kam es nämlich vor, daß
vor der Erkennung des Bildes doch schon Worte reproduziert
wurden. In diesem Falle war aber dafür auch immer der Eindruck des Nichtstimmens vorhanden.

Daß wir von der positiven Seite hier weniger Anhalte
für unsere Auffassung finden als bei der RäsT, ist ganz begreiflich. Denn der Übergang vom Bild zum Wort ist noch
viel häufiger in unserm Leben als der umgekehrte. Alle Beschreibung von Dingen beruht darauf, vor allem aber auch
die so ungeheuer eingeübte Tätigkeit des Lesens. Es ist daher verständlich, daß das Bewußtsein nur noch in sehr ge-
ringem Grade beteiligt ist, und vor allem, daß diese Beteiligung
nicht ausdrücklich bemerkt und beschrieben wird. Einen
weitern Einfluß der Übung, den wir auch bei der RäsT kennen
lernten, fanden wir darin, daß, wie schon kurz erwähnt, unter
Umständen wirklich die Folge rein mechanisch sein kann: der
optische Eindruck löst gleichzeitig mit den Erkennungsprozes-
sen schon akustomotorische Reproduktion aus. Wie bei der
RäsT werden wir wohl auch diesen Vorgang aus der Benennungstendenz erklären können. Die Benennung ist so
häufig determiniert worden, daß diese Reproduktionsrichtung
an sich bevorzugt ist und leicht anspricht.

Denken wir etwa an die Leseversuche, bei denen dieser
Vorgang am häufigsten beobachtet worden ist: hier ist die
Aufgabe der Vp. zu lesen und das Gelesene kundzugeben,

die akustomotorische Reproduktion ist also schon von der Aufgabe aus determiniert. Doch bedürfte es dessen gar nicht, denn schon beim Lesenlernen der Kinder wird diese Determination gesetzt, lesen ist von Anfang an akustomotorisches Lesen. So kommt's aber, daß in diesen Versuchen, wo es der Vp. um die richtige Benennung möglichst vieler Buchstaben zu tun ist, und bei schnellem Lesen, wo einem nur daran gelegen ist, sich schnell Bedeutungen anzueignen, in erster Linie die akustomotorische Reproduktion erfolgt und die visuelle Seite die Erregung der früheren Residuen vernachlässigt wird. Ebenso wie wir die Ideation als sekundäre Erscheinung auffaßten, fassen wir also auch die rein assoziative Wortreproduktion als Reduktionsform der Benennung auf.

Aber auch in der Wirkung der Benennungstendenz findet sich noch eine Analogie zu der der RäsT: wie es eine mehrfache Repräsentation gab, gibt es auch eine m e h r f a c h e B e n e n n u n g (vgl. Be. V S. 161).

Repräsentation und Benennung erweisen sich so als 2 ähnliche, in gewisser Hinsicht auch entgegengesetzte Tendenzen unsres Denkens.

c) Eine weitere Eigentümlichkeit des Vorstellungsablaufs, die wir in besonders hohem Maße bei den Vpp. St. und Schr., zuweilen aber auch bei andern Vpp. fanden, bestand darin, daß allgemeine Vorstellungen von individualisierten gefolgt waren, wobei aber das intentionale des Gegenstands (womit wir in Annäherung an H u s s e r l sche Terminologie die Beziehung zur Bedeutung des ausschlaggebenden Wortes oder Gedankens meinen), erhalten blieb. Es scheint nun nichts natürlicher, als das Auftauchen solcher Erinnerungsvorstellungen, und um diese handelt es sich gewöhnlich, rein aus assoziativen Grundlagen zu erklären. Was läge näher, als daß etwa die Vorstellung Haus die Vorstellung des Vaterhauses hervorruft? Wenn nun natürlich die Möglichkeit solcher rein assoziativen Erinnerungen in keiner Weise geleugnet werden soll, spielte sie doch auch in unsern Versuchen, besonders als Konstellationswirkung, eine Rolle, so halten wir es doch für richtig, eine große Anzahl solcher Fälle nicht so einfach zu erklären, sondern für ihre Entstehung eine eigene I n d i v i d u a l i s a t i o n s - T e n d e n z (IndT) verantwortlich zu machen.

Gestützt wird unsere Ansicht durch folgende Punkte. Erstens ergab der Gesichtspunkt der Wahl, daß bei den Vpp.

St. und Schr. die große Mehrzahl der RV und eine beträchtliche
Anzahl der andern Erfüllungsvorstellungen individualisiert war,
während andere allgemeine Vorstellungen nicht mit dem Anspruch auf Reaktion auftraten, zu Durchgangsvorstellungen
wurden[1]). Diese objektive Tatsache wird auch durch Aussagen der Vpp. St. und Schr. ergänzt, denen zufolge eine Vorstellung deshalb nicht als Erfüllungsvorstellung benutzt wurde,
weil sie keine individuellen Züge aufwies (vgl. S. 43, 50, 82).
Zweitens hat diese Tendenz einige Male auch eine Wirkung
auf das Bewußtsein ausgeübt, die Vp. St. fragte sich beim Rzw.
Trinkgeld: „Wo habe ich etwas mit Trinkgeld erlebt?" (vgl.
S. 80) und auch der Wortlaut des im vorigen Kapitel (254)
zitierten Versuches mit Spielbank deutet auf den gleichen Tatbestand, ganz deutlich endlich die S. 142 zitierte Angabe, daß
die Vp. sich nach einem bestimmten Teich gezogen fühle.
Drittens ist wesentlich, daß die Wirkung der IndT gewöhnlich
in einer bestimmten Stelle einsetzt, wie wir ausführlich auf
S. 83 besprochen haben, und daß die RV am meisten von
ihr bevorzugt wird. Aus allen diesen Gründen nehmen wir
das Bestehen einer IndT an. Diese Tendenz steht gleichfalls
in keinem direkten sachlichen Zusammenhang zur Aufgabe,
wirkt aber natürlich in unsern Versuchen zur Lösung der Aufgabe, verbindet sich also, ebenso wie die RäsT und Benennung
mit den von der Aufgabe ausgehenden Tendenzen. Mehr als
die beiden eben genannten scheint sie individuellen Unterschieden zu unterliegen.

III. Zwei Wirkungen aller DT.

a) Die Wirkung der von uns unter II beschriebenen DT
bestand darin, daß als Erfüllungsvorstellungen solche Vorstellungen auftraten, die dem Gegenstand der DT entsprachen.
Durch diese Wirkung sind die DT zu einer einheitlichen Klasse
zusammengeschlossen[2]), die einzelnen von uns herausgeson-
derten Arten sind einander alle wesensgleich und nur durch
ihr Ziel verschieden, wie auch die initiale RT wesentlich gleich
ist der auf die folgende Silbe gerichteten. Diese positive
Wirkung war aber nicht die einzige, vielmehr waren auch

---

[1]) So berichtet auch H. Kakise, daß Erinnerungsvorstellungen auf
Phantasievorstellungen folgten und das Ende der Reaktion darstellten.
Vgl. A Preliminary Experimental Study of the Conscious Concomitants of
Understanding. Amer. Journ. of Psychol. Vol. 22, 1911, S. 24.

[2]) Vgl. die Definition der DT bei Ach, W und D, S. 187.

Vorstellungen, die vor den determinierten auftraten, ohne der DT zu entsprechen, nicht zu Erfüllungsvorstellungen benutzt worden, obwohl dies doch der Aufgabe am meisten entsprochen hätte. Für solche Tatbestände hatten wir den Namen Wahl von Vorstellungen gebraucht und wir lernen diese Wahl hier als eine Wirkung der DT kennen. Diese Wahl nun kann als Bewußtseinstatsache die verschiedensten Grade haben. Von dem bloßen Fehlen der Intentionalität, demzufolge die Vorstellungen vorübergleiten, bis zur bewußten Ablehnung aus irgendeinem Grunde finden sich alle Übergänge.

Solche Wahlvorgänge konnten wir bei der IndT, wie besonders bei der RäsT, häufig konstatieren. Mangelnde Individualität oder Repräsentation waren aber nicht die einzigen Anlässe, aus denen Vorstellungen abgelehnt wurden, hierfür waren vor allem bei den Vpp. St. und Schr. in Reihe I Mangel an Intensität der Vorstellung verantwortlich. Wir können daher wohl auch schließen, daß eine DT auf deutliche, eindringliche Vorstellungen bestand, eine DT, die wohl unmittelbar aus der Aufgabe hervorgegangen sein wird, in der ja das Gewinnen von Vorstellungen so betont war [1]).

b) Wir müssen jetzt endlich auch jene Wirkung der DT auf das Bewußtsein besprechen, die wir mit A c h [2]) als In tentionalität bezeichnet haben und die darin besteht, daß Vorstellungen, die infolge einer DT auftreten, nicht eben nur einfach im Bewußtsein sind, sondern auch als der DT entsprechende bewußt werden. Sie sind nicht nur da, sondern sie sind als der und der Aufgabe entsprechend da. Jeder DT entspricht eine Intention, so der IndT der Individualcharakter der Vorstellungen, und auch den Wahrnehmungen und Vorstellungen scheidenden Aktcharakter der Objektivität hatten wir im vorigen Kapitel für manche Fälle auf die Wirksamkeit von DT zurückzuführen gesucht (s. S. 274). Der Grad der Intentionalität nun kann wieder sehr verschieden sein, entsprechend der oben S. 302 untersuchten Gegebenheiten der LT. Die Vorstellung kann auftreten etwa als ä h n l i c h e oder bloß als R e a k t i o n s vorstellung.

Sehr gut läßt sich die Veränderung der Intentionalität bei der Vp. Dr. Be. in Reihe VI und VII studieren (S. 166

---

[1]) Vgl. hierzu die treffenden Bemerkungen von Messer, l. c. 22 f., 32 f. und 69.

[2]) W und T, 259 f. In W und D spricht er von der Bewußtheit der Determinierung, 230 f.

und 176 ff.). In Reihe VI wird die Gegenständlichkeit der
Intention immer geringer. Schließlich tritt das Bewußtsein
der Richtigkeit überhaupt erst nach der Reaktion auf, so daß
viele Fehler vorkamen, in Reihe VII war die Gegenständlichkeit soweit abgeblaßt, daß nur noch das Bewußtsein vorhanden
war, daß sich jetzt der richtige Prozeß abspielt[1]). Kamen so
auch zuweilen Fehlreaktionen zustande (S. 177), so ist doch
ein bestimmtes Maß von Intentionalität in den meisten Fällen
noch vorhanden, wie aus den Fällen hervorgeht, wo die Aufgabe nicht erfüllt wird und die Vp. dies sofort merkt[2]). Hier
war der auf S. 178 zitierte Versuch VII 29 von besonderer
Bedeutung: die Nichtintentionalität bestand nur im Bewußtsein des Prozesses, „wieder eine freie statt einer gebundenen
Reproduktion". Es war also eine andere falsche Intentionalität
gegeben, die das Auftreten der richtigen verhinderte.

In dieser Betrachtung ist das Wort Intentionalität nicht
ganz eindeutig gebraucht. Einmal heißt es Beziehung zur
Aufgabe überhaupt, die Vorstellung ist eine richtige RV, das
andre Mal Beziehung zum Prozeß, und wir sahen, daß die erste
Art von Intentionalität durch die zweite zustande komme; vielleicht, besser gesagt, aus ihr bestehen kann. Es führt uns
dies also zur Frage nach der Verbindung der verschiedenen
Intentionen. Tritt eine Vorstellung mit den verschiedensten
Intentionen auf, etwa als ähnliche, als schnelle und als Reaktionsvorstellung, so sind diese Intentionen nicht etwa alle nebeneinander vorhanden, sie bilden vielmehr eine Einheit, die Ähnlichkeit hat mit der im vorigen Kapitel (S. 276) beschriebenen
Einheit der Akte und Inhalte, nur ist gewöhnlich, wie schon
erwähnt, in dem jetzt behandelten Fall, eine, die allgemeinste,
Aufgabe-Intention in gewisser Beziehung den andern über-
geordnet, sie besteht aus den andern.

Es ist nicht rein das Bewußtsein, die Vorstellung ist eine
ähnliche, sondern das Bewußtsein, die Vorstellung ist eine
richtige, denn sie ist ähnlich, aber natürlich nicht so explizit,
wie es mit diesen ungefügen Worten gesagt werden muß,
sondern in eins verschmolzen. Daß häufig gar nicht alle

---

[1]) Vgl. hierzu Westphal, l. c. S. 357: „Die Vp. will einfach eine zu-
sammengesetzte Handlung, deren beide Phasen, die zwei Aufgaben, ihr
nicht notwendig einzeln in der Vorbereitung gegeben sein müssen."

[2]) Nach Ach, W und T, S. 299, erfolgt das Auftreten der determinierten Vorstellung auch bei geübtem Wollen stets intentional.

möglichen Intentionen verwirklicht wurden, werden wir
bei der Besprechung der Verbindungen von mehreren DT
sehen[1]).

Ist die Intentionalität für determinierte Vorstellungen
charakteristisch[2]), so ist das Fehlen der Intentionalität ein Merkmal der nicht einer DT entsprechenden Vorstellung. So gibt
A c h als Kennzeichen der Determination gegenüber der assoziativen Reproduktion und Perseveration ihre intentionale Wirksamkeit an (W u. D S. 230, W und T S. 260). Auch hier sei auf
die Aussage von Dr. Be. VII S. 177, 178 verwiesen. Das Fehlen
der Intentionalität ist für das Bewußtsein aber nicht das gleiche
wie das Bestehen einer Nichtintentionalität, d. h. des Wissens,
daß die Vorstellung falsch ist. Auch dieses kann auftreten,
wie der schon besprochene Versuch VII 29 lehrt.

Die Intentionalität ist von der allergrößten Wichtigkeit
für unser Denken. Ohne sie würde sich auch das richtige, nach
bestimmten Zwecken determinierte, für das Bewußtsein von
einem rein assoziativ erzeugten Denken nicht unterscheiden.
Und auch bei diesem so enorm wichtigen Faktor fanden wir
wieder, daß er durch Übung dem Bewußtsein bis zu einem gewissen recht hohen Grade entzogen werden kann, ja, es kann
die Übung den Ablauf so mechanisieren, daß auch Fehlreaktionen intentional auftreten (Beispiele bei Ach, W und T S. 270
und in unserer Reihe VII Dr. Be. etwa Nr. 26 S. 178), wo die
Intentionalität allerdings nur eine sehr allgemeine Gegenständlichkeit enthält.

IV. Gedanke und Determination.

Indem wir über Intentionalität handelten, haben wir bereits
eine direkte Wirkung aufgezeigt, die die DT auf das Bewußt-

---

[1]) Ich verweise hier besonders auf die Arbeit von Westphal, die
mir noch vor der letzten Durchsicht in die Hände kam. Für diese Stelle·
kommen in erster Linie die Betrachtungen über d. verschied. Stufen des
Bewußtseins in Betracht, l. c. S. 228 f. Früher hat schon Grünbaum
analoge Tatsachen gefunden. Er spricht von „Erfüllungserlebnis" und
„Bedeutungserlebnis", l. c. S. 443.

[2]) Wenn Jacobson das leugnet, so übersieht er, daß seine eigenen
Versuche gegen ihn sprechen. Gerade die Tatsache, daß die Vpp.
zwischen Vorstellungen, die zum Verständnis gehörten, und. solchen, die
dies nicht taten, scheiden konnten, ist nichts anderes als unsere Intentionalität. Vgl. E. Jacobson: On Meaning and Understanding. Amer.
Journ. of Psychol. Vol. 22, 1911, S. 567.

sein ausüben. Eine andre solche Wirksamkeit war das plötzlich einsetzende Gegebensein des Gegenstandes der Tendenz; etwa nach dem Schema: „Was ist faul" oder „Es muß weitergehen" oder ähnlich. Wir haben hier zwei verschiedene Wirkungen der DT, eine vor, die andre mit der Lösung. Wir sahen, daß beide nicht unabhängig voneinander sind; daß ihre Gegenständlichkeit verschieden stark entwickelt sein kann, und daß die Art der Intentionalität abhängt von der Art der vorher auftretenden Gegebenheit. Doch ist diese Abhängigkeit keine vollständige. Die Gegebenheiten können ganz verschwinden, von Intentionalität wird wohl in allen Fällen ein Rest zurückbleiben. Daß nicht das umgekehrte Verhältnis obwaltet, daß also bei vorausgehender Gegebenheit die Intentionalität fehlen kann, erklärt sich aus der Ökonomie. Wenn sie vorhanden ist, ist ihre Antizipation überflüssig, nicht aber kann diese Antizipation die Intentionalität ersetzen. Dadurch, daß DT wirksam sind, wird also das Bewußtsein beeinflußt, und zwar nicht nur ebenso wie etwa bei reiner Perseverationswirkung, daß Vorstellungen auftreten, sondern so, daß mit dem Auftreten der Vorstellungen die Gegenständlichkeit der DT bewußt wird.

Aber dies Verhältnis läßt sich auch umkehren: Bewußtheiten, Gedanken lösen DT aus, die ihrer Gegenständlichkeit entsprechen. Der Tatbestand der Aufgabe ist das erste Beispiel. Die Aufgabe wird gedanklich erfaßt, und die Folge ist ihre Verwirklichung durch DT. Die Beschreibung dieses Tatbestandes ist zweifellos eine der wichtigsten Leistungen der neueren Psychologie.

Die Aufgabe-Bewußtheit ist nun von andern Gedanken dadurch unterschieden, daß sie den Charakter des „es soll" schon als Gegebenheit in sich trägt, daß sie also zu den volitionalen Gegebenheiten gehört. Vielleicht ist nun die Auslösung von DT auf solche volitionalen Bewußtheiten beschränkt? Wir glaubten diese Frage verneinen zu müssen[1]). Ganz allgemein schien uns der Tatbestand vorzuliegen, daß Gedanken, die im Bewußtsein auftauchen, sofern sie nicht selbst nur wieder Spiegelungen von DT sind, selber DT auslösen. Wir fanden so oft, daß Gedanken von Vorstellungen gefolgt waren

---

[1]) Auch Ach erweitert den Begriff von DT über den der Aufgabe hinaus, bleibt dabei allerdings noch auf volitionalem Gebiet (Suggestion, energischer primärer Willensakt), W und T, 285.

und sprachen auch hier von RäsT. Der Gedanke löst die Tendenz aus, Vorstellungen seiner Gegenständlichkeit zu erzeugen. Im Grunde ist die RäsT allgemein eine von Gedanken ausgelöste Tendenz. Wir sahen ja, daß die Wahl der Gegenstandsvorstellungen ganz von der Auffassung abhing, daß die **Auffassung** das primäre war. Der Gedanke ist in diesen Fällen rein intellektuell gegenständlich, Gedanke **v o n** etwas, nicht Gedanke, daß etwas sein soll; z. B. der Gedanke an Mensch enthält in seiner Gegebenheit nichts davon, daß eine Vorstellung auftreten soll, und doch treten häufig solche repräsentierenden Vorstellungen auf.

Und dies ist die andre Ursache, die unsern Bewußtseinsablauf zum **D e n k e n** macht[1]). Nicht die Vorstellungen sind allmächtig kraft ihrer Beharrungstendenzen oder der Verbindungen, die sie miteinander eingegangen sind: die Gedanken sind es, die die DT auslösen, denen die Vorstellungen folgen müssen. Oft würden die Vorstellungen Widerstand leisten: allzustarke Perseverationen, allzufeste Assoziationen können die Verwirklichung der DT verhindern. **A c h** spricht in diesem Sinne vom assoziativen Äquivalent der Determination. Aber auch im rein Intellektuellen gilt das Gleiche. Wie oft geht unser Denken trotz allem guten Willen die hergebrachten Bahnen! Warum wir dies nicht am Fehlen der Intentionalität merken? Die Frage ist wohl noch nicht zu beantworten. Vielleicht kommt eine Übertragung der Intentionalität vor, die nicht determinierte Vorstellung tritt als determinierte auf[2]), oder aber, trotz dem Fehlen der Intentionalität beruhigen wir uns wenigstens zeitweilig mit der Lösung, weil eine andere nicht möglich scheint[3]).

---

1) Vgl. hierzu auch Ach, W und D, 196, Watt, l. c. 422.

2) Dafür sprechen die intentional auftretenden Fehlreakt., s. o. S. 313.

3) Unter diesem Gesichtspunkte möchten wir auch die Ergebnisse von Michotte und Ransy auffassen. In den Fällen, in denen das Bewußtsein der beim Lernen hergestellten Relation also ein Gedanke vermittelnd in den Reproduktionsprozeß eingreift, möchten wir die Wirkung nicht aus der Assoziation dieses Gedankens mit den beiden Relationsgliedern erklären, sondern durch Determination, die die assoziative von einem Glied ausgehende Reproduktionstendenz unterstützt. Wir können also der Ansicht der Autoren nicht beistimmen, daß die Relationsbewußtheiten aus denselben Assoziationsgesetzen folgen wie die anschaulichen Inhalte (l. c. S. 25). Die Schwierigkeiten dieser Auffassung, die die Autoren durch Zurückführung auf reproduktive Hemmung lösen wollen, erklären sich nach unserer Auffassung in viel einfacherer Weise (l. c. S. 25/26). Die Ver-

Wir fanden demnach eine doppelte Beziehung zwischen Gedanken und DT, auf der einen Seite können DT Bewußtheiten hervorrufen, auf der andern lösen Gedanken DT aus. Beide Beziehungen greifen dann ineinander. Denken wir an die Gegebenheit einer Tendenz vor ihrer Verwirklichung: sie ist dann Gedanke und dieser müßte die gleiche Tendenz hervorrufen, der er seine Entstehung verdankt. Dies Bewußtwerden der Tendenz wirkt also zurück auf ihre Stärke, die Tendenz wird dadurch verstärkt.

V. Verbindung mehrerer DT.

Ganz kurz müssen wir auf die Verbindung eingehen, die zwischen mehreren DT bestehen können. Diese Verbindungen können entweder sukzessive sein, die eine Tendenz setzt ein, nachdem die andre verwirklicht ist — wofür unsere Versuche zahlreiche Beispiele bieten — oder simultane, mehrere Tendenzen sind gleichzeitig wirksam. Beide Arten sind sehr interessant. Bei der ersten ist die Sukzession mit determiniert, die Verbindung der Determinationen ist also selbst Determination; bei der simultanen liegt es dagegen so, daß hier gleichzeitig mehrere Tendenzen wirken und so die Wahl der Vorstellungen bestimmen. Das deutlichste Beispiel bot Vp. St. II S. 83, wo die Tendenz auf mehrfache Repräsentation mit der IndT zusammenwirkte. Nach welchen Gesetzen diese Verbindung erfolgt, können wir nicht angeben. Einiges, was wir bei Besprechung der LE zu sagen haben werden, mag auch hier schon Geltung haben. Nur auf eins sei auch an dieser Stelle schon hingewiesen: Nicht jede in einer solchen Verbindung mehrerer enthaltene Tendenz braucht gesondert in der Intentionalität zum Bewußtwerden zu kommen. Hier verschwindet vielmehr häufig die Gegenständlichkeit der meisten Tendenzen zugunsten der allgemeinsten Aufgabe-Tendenz, die Vorstellung tritt auf als Erfüllungsvorstellung. Es ist dies nur ein extremer Fall einer Reihe zahlreicher Übergänge. Wie es sich in den Fällen verhält, in denen mehrere Gegen-

---

fasser scheinen darum nicht an Determination zu denken, weil sie eine solche auf das Gebiet des Wollens beschränken (l. c. 73, Anm. 1). Nachdem wir diese Beschränkung aufgehoben haben, dürfte unsrer Auffassung auch von seiten dieser Forscher nichts entgegenstehen. — Eine ganz andere Frage ist die nach der Verknüpfung zweier Inhalte durch Relationen, und es ist vielleicht das wichtigste Ergebnis dieser Arbeit, daß gerade diese durch das Hinzutreten von Relationsbewußtheiten besonders innig wird.

ständlichkeiten in der Intention enthalten sind, darüber haben wir oben (S. 312) schon einige Worte gesagt[1]).

VI. Der Einfluß der Gedanken.

Unsre Aufgabe, die Tendenzen herauszulösen, denen die Vorstellungen ihr Auftreten verdanken, kann nicht abgeschlossen werden, ohne daß wir auf die Gedanken eingehen, die im Laufe der Versuche auftraten. Wir treten an das Problem unter dem Gesichtspunkt heran, was für eine Richtung der Vorstellungsentwicklung durch die Gedanken gegeben wurde. Dabei ist allerdings zu bedenken, daß bei freien, ungehemmten Gedankenabläufen, wie wir so oft gesehen haben, der Vorstellung eine sehr untergeordnete Bedeutung zukommt, und daß Gedanken nicht nur durch DT Vorstellungen, sondern auch nach eigenen Gesetzen neue Gedanken hervorrufen.

Ein häufiger Fall ist der, daß sich an den Begriff direkt oder durch Erinnerung vermittelt, Gedanken anschließen, die nur Wiederholungen früherer Gedanken sind (vgl. etwa B. III 11 S. 133 und III 13 ebda.; in diesen Fällen scheint die Vorstellungsbildung besonders spärlich zu sein.

Eine zweite Klasse von Gedanken bedeutet schon einen Fortschritt, eine Erweiterung des Gegebenen, doch ist sie nicht sehr originell, keine Neuschöpfung des Augenblicks, es werden vielmehr nur an sich mehr oder weniger naheliegende Gedanken oder Begriffe vereinigt, so daß diese Gruppe mit der ersten eine gewisse Verwandtschaft hat. Hierher gehören die Fälle, wo der neue Gedanke ein Gedanke an etwas Ähnliches ist, etwa wie bei Vp. B. III 10 (S. 133) „ein andrer Bülow ging". Ferner das Übertragen einer konkreten Bedeutung auf das geistige Gebiet, wie bei Schr. III 14 (Rzw. Fach), wo auch der Gedanke durch einen früheren ähnlichen nahe lag. Schließlich die Fälle, in denen an die Aufnahme des Begriffs sich Gedanken über seine Entstehung, seinen Zweck anschließen (vgl. Schr. III 18 S. 123, B. II 39 S. 105). Immerhin ist hier ein gewisses Suchen vorhanden, der Gedanke ist erst das Problem, dann kommt die Lösung, die immer mehr oder weniger Vorstellungselemente enthält.

---

[1]) An dieser Stelle weisen wir auf den von Westphal eingeführten Strukturbegriff hin, der ebensogut wie zu den Ergebnissen des Autors auch zu den unsrigen paßt, l. c. S. 305 f.

Dieses Suchen ist nun ganz besonders charakteristisch für eine dritte Gruppe, die wir analytische Gedanken nennen wollen. Sie fand sich vor allem bei Vp. v. W., die unter der Instruktion eine ähnliche Vorstellung zu erzeugen, ihre Bedeutungen oder Anschauungen analysierte, um das Charakteristische zu finden (vgl. Reihe IV S. 173). Hier treten dann als Lösungen immer Vorstellungen auf.

Eine letzte Gruppe, die wir unserm Material entnehmen, und die wohl für unser Denken den wertvollsten Fortschritt enthält, ist das urteilsmäßige Weitergehen über den Begriff. Trinkgeld wird als unwürdig beurteilt (B. II 28 Kap. II S. 264), Turnen der Damen führt zu dem Urteil über körperliche Übungen der Mädchen überhaupt (St. III 3 S. 142/3). Es handelt sich nun in den zitierten Fällen wieder nicht um völlig neue Urteile, auch hier leben nur alte Ansichten auf, und dies Erinnerungsmäßige kommt wohl auch beide Male im weitern Prozeß zum Durchbruch. Trotzdem sind diese Fälle von denen der ersten Gruppe geschieden, wo der Ausgangspunkt selbst nur der Anknüpfungspunkt eines jüngst gedachten Gedankens war, nicht aber die Materie eines Urteils bildete. Daß wir wirklich gedankliche Neuschöpfungen in unsern Versuchen nicht erwarten dürfen, ist klar. Einen einzigen Fall, der eine solche darstellt, haben wir allerdings kennen gelernt, es ist die so oft zitierte Neubildung des Begriffs Spielbank bei St. Aber auch die andern Fälle erlauben doch gewisse Schlüsse auf den Gedankenablauf in seiner höchsten Entwicklung.

VII. Zusammenfassung.

Die Faktoren, die das Auftreten von Vorstellungen in unsern Versuchen bestimmten, waren ungeheuer zahlreich. Wir lernten DT kennen, die direkt von der Aufgabe ausgingen und solche die allgemeine Bedeutung teils für das betreffende Individuum, teils für das Denken überhaupt zu haben scheinen, unter diesen hoben wir diejenigen besonders hervor, die von während der Versuche auftretenden Gedanken ausgelöst wurden. Das Zusammenwirken dieser verschiedenen Tendenzen ergab ein besonderes Problem, ebenso ihre Rückwirkungen auf das Bewußtsein. Zu den untersuchten Faktoren kommen aber auch noch alle die dem mehr mechanischen Gedächtnis zugehörigen, und ein Faktor, der die Komplikation noch erhöht, nämlich das Auftreten von DT ohne vorherigen Willensentschluß, die wir latente Einstellung genannt haben.

§ 3. Die latente Einstellung[1]).

Eine wichtige Rolle im Bewußtseinszusammenhang, wie er in der Hauptperiode unserer Versuche auftrat, hatten wir der Wirksamkeit latenter Einstellungen (LE) zugeschrieben. Wir hatten darunter (vgl. S. 37) determinierende Tendenzen verstanden, die den Vorstellungsablauf beeinflußten, ohne daß sie einem eigenen Willensentschlusse ihre Entstehung verdankten. Diese Trennung vom Willen hat hier natürlich einen ganz andern Sinn als oben, wo wir mit Rücksicht auf die RäsT die DT über das Gebiet des Volitionalen hinaus erweiterten, denn hier handelt es sich ja gerade um Tendenzen, die zur Lösung der Aufgabe in Beziehung stehen, also zum Volitionalen im weitesten Sinne gehören, und die trotzdem vom Willen losgelöst entstehen. Häufig waren sie auch als Gegebenheiten im Bewußtsein nicht vorhanden, während in andern Fällen ihre Gegenständlichkeit auch zum Erlebnis wurde. Doch ist diese Bewußtheit immer nur Folge, nie auslösende Ursache der LE, so daß wir diese auch als DT ohne auslösende Bewußtheit definieren könnten, wenn nicht die Bezeichnung „unwillkürliche DT" prägnanter wäre. Es gilt jetzt, diese latenten Einstellungen zusammenfassend zu behandeln. Erst so wird die Berechtigung dieser Begriffsbildung erwiesen, die Wirkung dieser Faktoren richtig verstanden, ihre Bedeutung voll erkannt werden können. Wir beginnen mit einer zusammenfassenden Rekapitulation des Tatbestandes.

I. Der Gegenstand der latenten Einstellungen.

Dem Gegenstand nach scheiden wir sämtliche in unsern Versuchen aufgetretenen latenten Einstellungen in zwei Gruppen, von denen die eine allgemein die Reaktionsweise betrifft, die andere spezielle Formung der Reaktionsvorstellung.

a) Allgemeine LE.

1. Wir beginnen hier mit der ersten Einstellung, die wir überhaupt antrafen, nämlich der auf schnelles Reagieren. Wir fanden, daß bei Fr. K. in Reihe I diese Tendenz wirksam wurde, obwohl die Instruktion eher das Gegenteil verlangte (vgl. S. 31 ff.).

2. Bei der gleichen Vp. fand sich in allen 3 Reihen die Einstellung deutlich ausgeprägt, mit WR zu reagieren (vgl. S. 34, 113, 148).

---

[1]) Vgl. hierzu meinen Vortrag Über latente Einstellung. Ber. über d. IV. Kongr. f. exp. Psych., hrsg. von Schumann 1911, S. 239—241.

3. Die entgegengesetzte Einstellung auf JR fand sich bei der Vp. Schr. in Reihe II (vgl. S. 90) und bei der Vp. St. in Reihe I und II (vgl. S. 50 und 82).

4. Gesondert von dieser aber doch mit ihr verwandt fand sich die Einstellung, mit visuellen Vorstellungen zu reagieren bei Vp. Schr. (vgl. S. 43 f.) und bei Vp. P. R. (vgl. S. 56).

5. In zwei Fällen, bei Vp. Schr. Reihe III (vgl. S. 127) und bei Vp. P. R. Reihe II (vgl. S. 96, 98) fanden wir eine Einstellung, die wir kurz als Einstellung auf formale Reaktion charakterisierten. Wir rechnen diese Einstellung der ersten Gruppe zu, weil ihr Gegenstand weniger ein statischer als ein funktioneller ist. Das heißt die Tendenz wirkt nicht so, daß Worte ausgesucht werden, die in formalen Beziehungen zum Rzw. stehen, sondern so, daß der Prozeß so verläuft, wie in den Fällen, in denen solche formale Reaktionen zustande kommen. Nicht das Resultat ist direkt determiniert, sondern der Weg, auf dem es erreicht wird[1]).

b) Spezielle LE.

1. Die Einstellung, mit einem dem Rzw. resp. einer ersten Erfüllungsvorstellung ähnlichen Wort (Synonymon) zu reagieren, fand sich bei Vp. Fr. K. Reihe I (vgl. S. 34 f.) und bei Vp. Dr. Be. in Reihe VI und VII (vgl. S. 170 und 179).

2. Unter dem Namen Kontiguitäts-Einstellungen vereinigen wir die auf Wortergänzungen wie auf Satzverbindungen gerichteten. Sie finden sich bei Fr. K. Reihe II und III (vgl. S. 113 f. und 149).

3. Die Einstellung formale Ähnlichkeit, speziell Klangähnlichkeit, zum Bedeutungswechsel zu benutzen, war bei der Vp. Dr. B. Reihe III im Entstehen begriffen (vgl. S. 134).

4. Die Einstellung mit der Bezugsvorstellung einen Bedeutungswechsel vorzunehmen, fand sich bei Vp. St. Reihe III (vgl. S. 144) und der Anfang einer ähnlichen auf Richtungsänderung bei Fr. K. am Ende von Reihe III (vgl. S. 150).

5. Bei einer Vp. ‚Schr. Reihe II (vgl. S. 90), bestand an einem Tage die merkwürdige Einstellung die V_2 so zu bilden, daß der Ort der V_1 erweitert wurde.

6. Schließlich sei auch hier noch einmal darauf hingewiesen, daß möglicherweise auch apperzeptive Einstellungen, die als solche ganz anderer Natur sind, unter Umständen der

---

[1]) Westphals Determination der Struktur.

latenten Einstellung nahestehen können (vgl. Vp. St. Reihe II S. 80).

So reichhaltig die Aufzählung geworden ist, so lückenhaft ist sie natürlich im Hinblick auf die Mannigfaltigkeit der möglichen Fälle. Wir werden später andere latente Einstellungen hinzufügen können und weisen hier nur darauf hin, daß die Einstellung b 3, die sachlich das Gegenstück zu b 2 bildet, in unsern Versuchen aber eine viel geringere Rolle spielte, doch häufig von großer Wichtigkeit sein kann.

II. Die Entstehung der latenten Einstellung.

Nachdem wir die verschiedenen LE kennen gelernt haben, die im Laufe unserer Versuche wirksam wurden, erhebt sich die Frage, wie kamen überhaupt solche determinierenden Tendenzen zustande? Denn die so wohl bekannte Entstehung der DT aus dem der Aufgabe entsprechenden Willensentschluß liegt ja gerade hier nicht vor. Die Aufgabe enthält explizite nichts vom Gegenstand der Einstellungen und auch ein anderer, von der Aufgabe unabhängiger Willensentschluß ist nicht vorhanden.

Wir haben nun im ersten Kapitel eine Reihe von Faktoren kennen gelernt, die uns die Entstehung der latenten Einstellung begreifen lassen:

a) Häufig kam es vor, daß die erste oder doch eine der ersten Reaktionen, die zu der betreffenden Einstellung gehörten, die Lösung der Aufgabe e r l e i c h t e r t e n oder gar e r m ö g l i c h t e n. Dies ließ sich vor allem bei den speziellen Einstellungen nachweisen (vgl. St. III S. 144, P. R. II S. 99, Dr. B. III S. 134, Fr. K. I S. 34, Be. VI S. 170f.). Doch konnten wir auch bei der allgemeinen Einstellung der Vp. Fr. K. auf schnelles Reagieren nachweisen, daß sie eine Erleichterung bedeutete (vgl. S. 34, 37). Diese Ermöglichung resp. Erleichterung der Reaktion durch ein bestimmtes Verfahren braucht dabei der Vp. nicht bewußt zu werden, und kann doch so wirken, wie wenn die Vp. sie gemerkt hätte und nun absichtlich daran festhielte. Auch wenn die ersten Fälle auf andere Weise entstanden sind, so kann eine später auftretende Erleichterung dahin wirken, daß die LE gefestigt wird (vgl. Fr. K. II S. 114).

b) In engem Zusammenhang mit diesem Faktor steht der andere, daß durch eine Einstellungsreaktion (wie wir jetzt

kurz sagen wollen, abgekürzt ER) die Dauer des Vorgangs
v e r k ü r z t wurde (vgl. Fr. K. I S. 34, II S. 114, Dr. Be. S. 170).

Eine Verkürzung ist eine Erleichterung schon insofern,
als die Aufgabe eher gelöst wird, eher abgetan ist. Wenn
nun gar noch, wie bei Fr. K. in Reihe I, die LE auf schnelles
Reagieren bestand, so sind die Reaktionsweisen, die eine kurze
Reaktionszeit ergeben, direkt als Erleichterung für die Verwirklichung dieser Tendenz anzusehen. Aus den beiden bisher besprochenen Gesichtspunkten läßt sich noch ein allgemeiner ableiten. Es ist zu erwarten, daß die LE vorzugsweise dann wirksam wurden, wenn die Lösung der Aufgabe
schwierig ist. Diese Schwierigkeit konnte verursacht sein entweder durch das Rzw. oder durch die Natur der Aufgabe.
Entsprechend konnten wir nachweisen, daß bei Fr. K. in
Reihe I die LE am häufigsten bei schwierigem Rzw. auftrat,
und daß bei P. R. Reihe II und Dr. B. Reihe III und Be. Reihe VI
die Schwierigkeit der Aufgabe die Ursache der LE bildete
(vgl. S. 35, 99, 134, 140).

c) Die Ausbildung der LE konnten wir weiter so verfolgen,
daß wir die V e r t e i l u n g der ER ins Auge faßten. Wir
fanden dann oft eine Häufung der Fälle an bestimmten Stellen.
Die günstige Lösung der Aufgabe in bestimmter Weise erzeugte nach unserer Auffassung die Tendenz, ähnliche Aufgaben in ähnlicher Weise zu lösen[1]), und diese Tendenz wird
durch jeden neuen Fall gestärkt. Sie kann natürlich durch
die Wirksamkeit anderer Faktoren durchbrochen werden, wenn
z. B. eine andere Reaktion in sehr hoher Bereitschaft steht.
Tritt sie dann aber wieder auf, so wird sie auch gern wieder
öfters wirksam (vgl. Fr. K. I S. 34, P. R. II S. 99, Schr. II
S. 90, Dr. Be. VI S. 169f.). So kann es sehr leicht kommen,
daß die LE immer stärker wird und auch dort wirkt, wo an
sich eine andere[2]) Lösung näher liegen würde, wie wir es
besonders gut bei Fr. K. Reihe III S. 149 nachweisen konnten. In einem Falle bei Dr. Be. Reihe VI S. 169f. hatte die
Verstärkung auch noch andere Folgen: die Zeiten wurden
nicht nur, wie schon erwähnt, kürzer, sondern auch gleichmäßiger, und parallel hiermit ging auch eine Mechanisierung
des Prozesses, er wird dem Bewußtsein immer mehr entzogen.

---

[1]) Vgl. hierzu meinen Vortrag, l. c. S. 240.

[2]) Westphal sagt: „das Erlebnis folgt den formalen Gesetzen der
Struktur, auch wenn die materiale Voraussetzung dafür fehlt", l. c. S. 326.

Die Punkte 1—3, die wir hier kurz zusammengefaßt haben, waren es, die uns im Vorangehenden den Beweis für die Existenz der LE führen ließen. Wir haben in ihnen allgemeine Kennzeichen der LE, nur kann natürlich nicht verlangt werden, daß etwa alle ER besonders kurze Zeiten haben, da eine Reihe von Faktoren die Reaktionszeit der durch LE bedingten Reaktionen verlängern kann.

d) Wir besprechen hier noch einmal gesondert eine Tatsache, auf die wir schon mehrfach hingewiesen haben, nämlich die V e r b i n d u n g, in der die LE zu andern DT stehen. Indem wir als eine der Hauptursachen der Entstehung der LE die Erleichterung kennen gelernt haben, die die Lösung der Aufgabe durch ER erfährt, haben wir bereits auf den Zusammenhang hingewiesen, der zwischen der allgemeinen, in d e r I n s t r u k t i o n e n t h a l t e n e n A u f g a b e und der LE besteht. Dabei kann nun die LE entweder zur g a n z e n Aufgabe in Beziehung stehen (z. B. Fr. K. Reihe I die E auf schnelles Reagieren S. 31, 37) oder nur mit e i n e m T e i l (so war die E der Vp. P. R in Reihe II zunächst nur auf die Erzeugung der V_2 gerichtet, vgl. S. 99).

In der gleichen Weise, wie mit der von der Aufgabe ausgehenden DT, können sich LE auch mit irgendwelchen a n d e r n w i r k s a m e n DT verbinden. Wir fanden zweimal eine Verbindung einer LE mit einer Repräsentationstendenz, bei Fr. K. in Reihe III (S. 151f.) und bei St. in Reihe III (S. 145). Hierher können wir auch die Verbindung einer LE mit der dieser Vp. natürlichen Einstellung auf JR bei P.R. in Reihe I rechnen (vgl. S. 56, bes. Anm.).

Die meisten Beispiele für die Verbindung von LE mit nicht direkt durch die Aufgabe ausgelösten DT bieten uns die Fälle der V e r b i n d u n g e i n e r LE m i t e i n e r o d e r m e h r e r e r a n d e r n. Solche Verbindungen hatten wir bei Fr. K. in allen 3 Reihen kennen gelernt, besonders kompliziert war die Verbindung in Reihe I gewesen, wo ja 3 LE gleichzeitig bestanden hatten. Die Verbindung in diesen Fällen ist immer so, daß die speziellere die allgemeinere unterstützt (vgl. Fr. K. S. 37, 113, 149).

Wir haben damit eine eigentümliche Art der Verbindung von LE kennen gelernt, die eine Ähnlichkeit hat mit der Verbindung Mittel und Zweck, nur daß sie ohne Willensimpuls entstand. Da trotzdem Willenshandlungen durch sie in hohem

Maße determiniert werden, so werden die LE bei künftigen Untersuchungen des Willens mit berücksichtigt werden müssen. Ebenso wie direkt die LE ohne Willensakt, so können sie auch ohne Bewußtsein entstehen.

e) Die Verbindung der LE mit andern DT muß sich zur Hervorrufung von LE benutzen lassen. Dieser Überlegung entsprang eine Ergänzungsreihe I a, die ich mit Fr. K. mehr als 3 Monate nach Beendigung der Versuchsreihen I—III[1]) anstellte. In Reihe I hatte sich die Vp., entgegen der Instruktion, die Einstellung gebildet, möglichst schnell zu reagieren, und diese Einstellung war durch eine Reihe anderer unterstützt worden. Ich wollte nun zusehen, ob sich ein ähnliches Verhalten einstellen würde, wenn ich das schnelle Reagieren in die Instruktion mit aufnähme, ja dort besonderes Gewicht darauf legte. Von einer Beeinflussung durch die vorausgegangenen Versuche kann schon darum nicht die Rede sein, weil die Vp. in den Reihen II und III, die außer dem versuchsfreien Intervall noch zwischen I und I a eingeschoben waren, nicht auf schnelles Reagieren eingestellt war, im Gegenteil sehr hohe Reaktionszeiten gehabt hatte (vgl. die Tab. 4 u. 13 S. 71 u. 119).

Reihe I a enthielt 51 Rzwe., die in der Auswahl denen von Reihe I möglichst ähnlich waren.

Tab. 30 enthält eine Übersicht über die quantitativen Ergebnisse:

Tabelle 30.

Tag	A M	Z	mV	n
1	0,93	1,0	0,13	18
2	1,09	1,0	0,22	17
3	0,76	0,80	0,18	12
Alle	0,94	1,0	0,22	47

Sämtliche in die Tabelle aufgenommenen Reaktionen sind WR, die einzige JR, Versuch 1, ist nicht mitberechnet worden. Sie hat den weitaus längsten Wert 2,4 sec und fällt völlig aus der Reihe der übrigen heraus, der nächste Wert ist 1,6 sec. 3 Fehlversuche kamen vor, Nr. 28, 45, 46. Im ersten fiel der Vp. nichts ein (Rzw. frei), in den beiden andern wurde eine perseverierende Reaktion absichtlich zurückgedrängt, es kam aber zu keiner andern. Die Werte liegen noch unter denen der Tab. 1 (s. S. 29), die Instruktion, schnell zu reagieren, ist also jedenfalls erfüllt worden. Dazu

---

1) Genau fiel der letzte Versuchstag der Reihe III auf den 15. Juli, während die Reihe Ia vom 26. bis 28. Oktober durchgeführt wurde. Der letzte Versuchstag der Reihe I war der 17. Mai.

kommt noch, daß die Vp. am zweiten Tag, der die längsten Werte enthält, schlecht disponiert war.

Wie steht es nun mit den Einstellungen? Ganz klar ist, daß die LE auf WR sofort wirksam wurde. Der erste Versuch allein bringt noch eine JR wohl noch unter dem Einfluß von Reihe III, die Zeit ist aber sehr lang und sinkt beim nächsten Versuch, der ersten WR, sofort um mehr als die Hälfte (von 2,4 auf 1,0 sec). Damit ist die Aufgabe richtig gelöst und es tritt nun überhaupt keine JR mehr auf. Das Bestehen der Einstellung war so deutlich, daß es der Vp. selbst zum Bewußtsein kam.

Fand sich also die eine der Einstellungen, die in Reihe I die auf schnelles Reagieren unterstützten, auch in Reihe Ia wieder, so trifft dies für die zweite, die Einstellung auf Synonymität, nicht zu. In Reihe Ia findet sich überhaupt nur ein Fall (Tanz—Ball 0,8 sec), der als Synonymität aufgefaßt werden kann.

Auch die Frage, ob die Einstellung auf Synonymität durch eine andre ersetzt sei, läßt sich nicht mit voller Sicherheit beantworten. Alles in allem möchte ich sie bejahen. Es handelt sich dabei um die Kontiguitätseinstellung spez. in der Form der Wortergänzung. Außer dem ersten Versuch Schaf—Herde finden sich noch 6 Fälle gleichmäßig auf die ersten beiden Tage verteilt, z. B.: Nr. 17 Druck—Knopf, Nr. 24 faul—Bett. Die Angabe der Vp. hierbei legt den Gedanken an LE nahe. Die Vp. wollte nämlich diesmal besonders schnell reagieren, vorausgegangen war eine relativ lange Reaktion von 1,6 sec. Daß gerade unter diesen Umständen eine Wortergänzung auftritt, kann natürlich Zufall sein, läßt sich aber gerade, wenn man den allgemeinen Habitus der Vp. und die nicht sehr naheliegende Reaktion in Betracht zieht[1]), für das Bestehen einer LE verwenden. Auch die zitierte Reaktion Nr. 17 ist nicht sehr gewöhnlich, ebensowenig liegt die Reaktion Nr. 32 Schlüssel—Bein besonders nahe. Wenn wir demnach auch guten Grund haben, das Bestehen einer LE auf Wortergänzung anzunehmen, so ist einerseits der strikte Beweis dafür nicht gelungen, andrerseits ist klar, daß die Einstellung, selbst wenn sie bestanden hat, keinen großen Einfluß ausgeübt haben kann.

---

[1]) Die häufigsten, d. i. geläufigsten Reaktionen auf Adjektiva sind wieder Adjektiva (vgl. Thumb-Marbe, Menzerath, Wreschner).

Wir fügen noch die Mittelwerte für die Zeiten der Wortergänzungen an:

Tabelle 31.

Tag	A M	Z	mV	n
1	0,87	1,0	0,18	3
2	1,13	1,2	0,09	3
Alle	1,0	1,0	0,13	6

Die absoluten Werte bedeuten gegenüber den Gesamtwerten keine
Verkürzung; der erste Tag hat fast genau dieselben Werte wie Tab. 30, am
zweiten weist der Z eine deutliche Verlängerung auf.

Wir müssen jetzt die übrigen Reaktionen betrachten, um
zu verstehen, warum die LE diesmal eine so geringe Rolle
spielte. Da finden wir zunächst einige Fälle, in denen das
RW besonders naheliegend war, 6 im ganzen, z. B. Nr. 2
groß—klein[1]), Nr. 38 dick—dünn[1]), Nr. 29 Lob—Tadel. Daß
besonders naheliegende Reaktionen durch die Tendenz schnell
zu reagieren begünstigt sind, folgt ohne weiteres aus dem
Geläufigkeitsgesetz. Es ist daher auffallend, daß nicht mehr
solcher Reaktionen vorliegen. Die Zeitwerte sind $AM = 0,9$,
$Z = 0,9$, $mV = 0,17$ $(n = 6)$.

Eine dritte Art von Reaktionen tritt dagegen in größerer
Zahl auf: die Perseverationen.

Ihre Verteilung auf die einzelnen Tage, verglichen mit
der der beiden andern Reaktionsformen, veranschaulicht
Tab. 32:

Tabelle 32.

Reaktionsform	1. Tag	2. Tag	3. Tag
Perseveration	3	5 (1)	7 (3)
Wortergänzung	3	3	0
Naheliegend	4	1	1

Die in den Klammern stehenden Zahlen bedeuten die Fälle, in denen
die Perseverationstendenzen zwar noch wirksam wurden, aber nicht zur
Reaktion führten, dazu gehören also, wie oben erwähnt, die 2 Fehlversuche,
in den 2 andern Fällen wurde nach Unterdrückung der Perseveration ein
andres RW gefunden. Die Tabelle zeigt ein ständiges Zunehmen der
Perseverationen parallel mit dem Ausfallen der andern Formen.

Tab. 33 enthält eine Übersicht über die Zeitwerte der Perseverationen,
wobei natürlich nur die Fälle mitberechnet sind, in denen die Perseveration
auch zur Reaktion führte.

---

[1]) Vgl. Thumb-Marbe.

Tabelle 33.

Tag	AM	Z	mV	n
1	0,87	0,8	0,04	3
2	0,92	0,8	0,14	5
3	0,77	0,8	0,15	7
Alle	0,84	0,8	0,14	15

Sehen wir die perseverierenden RW an, so finden wir mit Ausnahme des ersten Falles, nur 2 Wörter Geld und geben, die perseverieren. Beide haben dabei noch einen ganz ähnlichen Anlaut. Vernachlässigen wir den ersten Fall von Perseveration und fassen wir die Fälle, in denen „Geld" perseverierte als P_1, die, in denen „geben" perseverierte, als P_2 zusammen, so können wir in Tab. 34 noch tiefer in den Gang dieser Versuchsreihe blicken.

Tabelle 34.

Tag	AM		Z		mV		n	
	P_1	P_2	P_1	P_2	P_1	P_2	P_1	P_2
1	0,9	—	0,9	—	0,1	—	2	0
2	0,85	1,2	0,8	1,2	0,08	—	4	1
3	0,7	0,80	0,7	0,8	0,1	0,16	2	5
Alle	0,83	0,87	0,8	0,9	0,19	0,21	8	6

Aus der Tabelle ist zu ersehen, daß P_1 schon am ersten Tage auftrat, am zweiten den Höhepunkt erreichte und am dritten wieder zurückging. Der letzte Fall war Nr. 41. P_2 tritt zum erstenmal am zweiten Tag auf und verdrängt am dritten P_1. Zu den 5 Fällen in der Tabelle sind noch die 3 zu zählen, in denen die Perseveration unterdrückt wurde, so daß der dritte Tag mit seinen 14 Versuchen 57% P_1 und nur 28% perseverationslose Fälle besitzt, während am zweiten Tag noch 66,6% ohne Perseveration zustande kamen. Die Tabelle lehrt ferner, daß die Zeiten für die einzelnen PT mit der Zeit regelmäßig kürzer werden, die Verlängerung, die Tab. 33 am zweiten Tag aufwies, beruht auf der Interferenz von P_1 und P_2. Für uns ist es wichtig festzustellen, daß durch die Perseverationsreaktion nicht nur die ER, sondern auch die Reaktionen mit naheliegenden Worten verdrängt wurden. Der Prozeß wurde unter dem Einfluß der Instruktion, die immer sehr energisch verlesen wurde, schließlich so determiniert, daß die in größter Bereitschaft stehende Vorstellung überwertig wurde.

Daß unter diesen Umständen bei der schnellen Aufeinanderfolge der Versuche gerade die Perseveration diesen Einfluß
erhielt, ist nicht wunderbar. Dazu kommt auch noch, daß
die Reaktionszeiten der P. die kürzesten sind, daß diese
Fälle am meisten der Aufgabe entsprechen. Es ist daher verständlich, daß die im Entstehen begriffene LE gänzlich unterdrückt wurde.

Diese Tatsache ist nun wieder für das Wesen der LE sehr
wichtig. Nur dort bilden sie sich aus, wo sie nützen.

Noch ein andres wichtiges Resultat entnehmen wir den
Ergebnissen der Reihe Ia. Die Einstellung auf Synonymität,
die in Reihe I eine so große Rolle spielte, trat hier überhaupt
nicht auf. Es ist also klar, daß es nicht etwa eine Eigentümlichkeit gerade dieser Vp. ist, mit Synonymen zu reagieren. Vielmehr ist diese LE zufällig entstanden, weil sie
einmal die Lösung der Aufgabe erleichterte. Genau ebensogut hätte dies aber auch durch irgendeine andre Lösungsweise erreicht werden können, und dann · wäre eine entsprechend andre LE die Folge gewesen. Es handelt sich also
hier bei der LE, und dies geht ja vielfach auch aus ihrem
Gegenstand direkt hervor, nicht um alte Bahnen, sondern um
zufällig eingeschlagene neue Wege.

f) Es erhebt sich jetzt die Frage, worauf die günstige
Wirkung der LE beruht? Warum ist es so vorteilhaft, in
einer bestimmten Weise eine allgemeine Aufgabe zu lösen,
statt jeweils die einfachste Lösung anzuwenden? Die LE ist
eine determinierende Tendenz, deren Gegenstand spezieller
ist als der Gegenstand der in der Instruktion vorgeschriebenen
Aufgabe. Wir können die uns beschäftigende Tatsache also
auch so aussprechen: die Durchführung einer allgemeinen
Aufgabe wird durch das Auftreten spezieller DT erleichtert.
Das versteht sich am besten, wenn allgemein der Satz gilt,
daß speziellere Determinationen leichter verwirklicht werden,
als allgemeinere. Damit sehen wir uns auf das von A c h aufgestellte G e s e t z d e r s p e z i e l l e n D e t e r m i n a t i o n gewiesen: „Je spezieller die Determination, desto rascher und
sicherer wird die Verwirklichung erreicht“[1]).

In meinem Kongreßvortrag[2]) habe ich denn auch ohne
weiteres diese Zurückführung gemacht. Inzwischen ist aber

[1]) Vgl. W und T, S. 255.
[2]) l. c. S. 240.

das in Frage stehende Gesetz von S e l z[1] einer nicht unberechtigten Kritik unterzogen worden. Die Entgegnung A c h s[2] reicht nicht aus, die Einwände zu entkräften, es soll daher an dieser Stelle etwas ausführlicher auf dies Gesetz eingegangen werden, und dies um so mehr, als sich A c h auf meinen Kongreßvortrag beruft[3].

A c h folgert das Gesetz daraus, daß bei Reizsilben, die der Vp. unbekannt waren (n-Silben), die bestimmte Tätigkeit, reimen (r) und umstellen (u), schneller und leichter vollzogen wurde als die allgemeine Tätigkeit reproduzieren (rp), d. h. die erste ins Bewußtsein tretende Silbe zu nennen[4]. S e l z wendet ein, daß diese Deutung nicht berechtigt sei, weil die Aufgabe resp. die Tendenz bestand, die nächste reihenrichtige Silbe zu nennen, und daß diese Tendenz bei den n-Silben natürlich nicht verwirklicht werden konnte, so daß eine Verwirrung die Folge war. Der Einwand ist zweifellos berechtigt und A c h hätte zeigen müssen, wie weit er reicht. Wir sind bei Beurteilung der Frage natürlich ganz auf das Buch angewiesen. Immerhin scheint mir auch hier einiges wertvolle Material noch nicht genügend berücksichtigt worden zu sein. Es ist doch fraglich, ob die Aufgabe, eine reihenrichtige Silbe zu reproduzieren, immer gewirkt hat[5]. Wenn man die Protokolle (etwa auf S. 67 oder 73) ansieht, so scheint auch folgende Möglichkeit nicht ausgeschlossen: die Vp. erkannte die n-Silben als neue, daher das Erstaunen. Bei der Tätigkeit u und r folgt nun die prompte Reaktion, bei rp aber die Verwirrung und Ratlosigkeit „B e w u ß t h e i t, w a s s o l l g e s c h e h e n?" Es ist also das F e h l e n jeder Aufgabe charakteristisch für viele dieser Fälle. Daß aber ohne Aufgabe die Reproduktion nur sehr schlecht vor sich geht, haben wir schon kennen gelernt. Ohne Aufgabe heißt aber dabei nur: ohne genügend bestimmte Aufgabe, denn die Aufgabe, eine Silbe zu nennen, bestand ja. So lassen sich also vielleicht doch viele der fraglichen Fälle im Sinne des Gesetzes verwenden.

---

[1] l. c. S. 260 f.

[2] Willensakt und Temperament. Eine Widerlegung. Ztschr. f. Psychol., Bd. 58, S. 263—76.

[3] l. c. S. 274.

[4] Vgl. etwa W und T, S. 67, 72, 81 u. a. H. Hildebrandt: Über die Beeinflussung der Willenskraft durch den Alkohol. Unters. z. Philos. u. Psychol., her. von Ach, Heft 2, 1910.

[5] Dies ist kein Vorwurf gegen Selz. Als Kritiker hatte er nur die Aufgabe, die Schwäche der Beweisführung hervorzuheben.

Ein weiterer Gesichtspunkt scheint sowohl A c h wie S e l z entgangen zu sein. Von den zwei Tätigkeiten r und u ist die zweite die bestimmtere. Unter Annahme des Gesetzes der speziellen Determination müßten wir also folgern, daß die u-Reaktionen auf n- und g-Silben[1]) kürzer sind als die r-Reaktionen. Sieht man die Tabellen daraufhin durch, so findet sich diese Erwartung in der Regel bestätigt (vgl. Tab. 2 S. 35, Tab. 13 S. 80, Tab. 24 S. 170, ferner der Vergleich von Tab. 5 S. 59 mit Tab. 9 S. 72 und von Tab. 15 S. 87 mit Tab. 19 S. 106).

Die Ausnahmen in Tab. 24 S. 165 und Tab. 25 S. 175 beweisen nichts, denn einmal ist die Zahl der Versuche viel zu klein (jeweils nur 1 oder 2 Fälle) und außerdem war in beiden Fällen die Tätigkeit r durch eine eigene spezielle Determination (LE s. u. S. 342) bestimmter gemacht (vgl. S. 169 und 178f.)[2]).

Die quantitativen Ergebnisse stimmen auch gut zu den Angaben der Vpp., die das Umstellen leichter fanden als das Reimen (vgl. S. 47, 83, 122). Auch lieferte r mehr Fehlreaktionen als u (vgl. S. 50).

So sprechen denn die Ergebnisse A c h s doch weit mehr für die Gültigkeit des Gesetzes, als es nach der Kritik von S e l z den Anschein hatte. Der Beitrag, den unsre eigenen Ergebnisse dazu liefern[3]), ist schon oben angedeutet worden. Unsere Resultate erklären sich am einfachsten aus diesem Gesetze, die LE wird dadurch in einen größeren Zusammenhang von Erscheinungen gebracht, damit wird gleichzeitig die Gültigkeit des Gesetzes ausgedehnt und erhält durch diese erweiterte Anwendungsmöglichkeit einen höheren Grad von Wahrscheinlichkeit.

Jedenfalls bedarf es aber noch der näheren Bestimmung. Es gibt wohl sicher auch Fälle, in denen es nicht gilt, nämlich dann, wenn die speziellere Determination an und für sich sehr

---

[1]) D. h. Silben aus Reihen, die nach dem Prinzip von Normalreihen gebildet waren.

[2]) Das Gleiche findet sich bei Hildebrand, nur sind seine Resultate wegen der geringen Zahl von Versuchen viel weniger zuverlässig. Der Vergleich von Blatt II u. III der Tabellen ergibt, daß in den Alkoholversuchen alle Vpp., die überhaupt Werte lieferten, für r längere Zeit brauchten als für u, in den Normalversuchen ist das Verhältnis 3:3, n immer = 1.

[3]) Hier mag noch kurz auf die Angabe der Vp. Dr. Be. verwiesen sein, der in R. VII den zweiten bestimmteren Teil der Aufgabe leichter fand als den ersten (vgl. S. 177).

schwer zu erfüllen ist. Das Gesetz hat also seine Grenzen, die noch genau bestimmt werden müssen[3]).

III. Nachwirkungen der LE.

Wir behandeln jetzt den Einfluß, den eine LE, die sich bei einer bestimmten Aufgabe gebildet hat, auf die Lösung andrer Aufgaben ausübt.

a) Wir hatten gefunden, daß die LE einer Versuchsreihe auch noch in der folgenden Reihe beharrte. Dabei konnte die perseverierende Einstellung entweder schwächer sein als die ursprüngliche, wie bei Fr. K. in Reihe II (S. 112) oder bei Schr. Reihe II (S. 90), Reihe III (S. 128), oder stärker wie bei St. Reihe II (S. 82), oder etwa gleich, Dr. Be. VII (S. 179f.).

Die Perseveration ist keine Eigentümlichkeit der LE, vielmehr haben A c h und W a t t auch bei andern DT Perseverationserscheinungen nachgewiesen[2]).

b) Neben der einfachen Perseveration, bei der die LE immer in der gleichen Weise wirkt, finden sich auch Fälle, wo sie von einer Aufgabe auf eine prinzipiell andere übertragen wird. Beispiele liefern die Versuche mit Dr. Be. In Reihe VI hat sich die LE auf Synonymität ausgebildet, um die Bildung einer ähnlichen Vorstellung zu erleichtern. Allmählich übertrug sich diese LE aber auf die Reaktionstendenz, so daß sie wirksam wurde, auch wenn schon eine andre richtige Lösung der Aufgabe gefunden war (vgl. S. 171). Noch deutlicher ist die Übertragung in Reihe VII, wo die LE auf Synonymität, die V_2 erleichterte, auch auf die Bildung von V_1 übertragen wurde (vgl. S. 180). Dies ist ein Zeugnis dafür, wie viele Faktoren unser Bewußtsein beherrschen können, ohne je selbst zum Bewußtsein zu kommen.

c) Häufig bemerkte nach einiger Zeit die Vp. die Wirkung der LE und suchte dagegen anzukämpfen. Dieser W i d e r - s t a n d gegen die LE ist aber nur selten von Erfolg gekrönt. Meistens bleibt zunächst gegen den Willensimpuls die Einstellung siegreich und erst allmählich gewinnt die Vp. wieder die Macht über den Prozeß. Die Beispiele hierfür sind zahlreich: Schr. I S. 44, P. R. I S. 56. Besonders charakteristisch für

---

[1]) Die von Selz vorgeschlagene Fassung des Gesetzes steht in Widerspruch zu dem Resultat von Wreschner, daß die Reproduktion einer bestimmten assoziativen Beziehung bei freier Wahl schneller ist als bei ihrer Forderung", l. c. 501.

[2]) Vgl. W und T, S. 230 und Watt, l. c. 346.

den Kampf gegen die LE und ihre allmähliche Überwindung sind Fr. K. II S. 115, 116 und Dr. Be. VI und VII S. 171 und 180, bei Fr. K. bleibt die Einstellung zuerst noch in V_1 wirksam und wird nur in der RV durchbrochen; bei Dr. Be. tritt trotz dem starken Vorsatze immer noch eine Vorstellung durch Einstellung auf und wird nur nicht zur Reaktion benutzt. Da ferner infolge dieses Widerstandes gegen die LE die Zeiten verlängert werden, so könnte man daran denken, das auffallende Resultat W r e s c h n e r s , daß bei gebundener Reproduktion die durchschnittliche Reaktionszeit der zweiten Hälfte einer Versuchsreihe größer ist als die erste durch solch eine Annahme zu erklären, da die Erklärung des Autors wohl kaum ausreicht (vgl. l. c. S. 505 f.).

Wir gewinnen dadurch auch einen Einblick in die Stärke, die die LE erreichen können. Es handelt sich zweifellos in vielen unsrer Fälle um recht energische Willensentschlüsse, die an der Stärke der LE scheitern. Während in A c h s Versuchen Reproduktionstendenzen und DT in Konflikt kamen, konkurrieren bei uns mehrere DT miteinander, und es ergab sich, daß in diesem Falle durchaus nicht immer die willkürliche die unwillkürliche besiegen muß.

IV. Die Benutzung bewußter Handgriffe.

Ganz kurz wollen wir auf Erscheinungen hinweisen, die mit der LE große Ähnlichkeit haben, ja eventuell in solche übergehen können. Wir meinen die bewußte Benutzung von Handgriffen zur Lösung von Aufgaben, wie wir sie einmal bei St. III (S. 144) und häufiger bei Dr. B. II (S. 104) gefunden haben. Besonders in diesem Fall, wo der Kunstgriff immer häufiger und mit wachsendem Erfolg benutzt wurde, ist die Ähnlichkeit zur LE klar. Der ganze Unterschied liegt hier nur darin, daß der „Handgriff" als solcher mit Absicht verwendet wird, während die LE unabhängig vom Willen entstand.

V. Intentionalität.

Als ein besondres Kennzeichen der DT fanden wir in Übereinstimmung mit A c h ihre i n t e n t i o n a l e W i r k s a m - k e i t . Wir verstehen hier, indem wir etwas von der engeren Definition A c h s[1]) abweichen, unter Intentionalität jenes mit der Vorstellung auftretende (oder ihr vorangehende) Bewußt-

---

1) W und T, S. 259.

sein, daß sie die richtige, verlangte, intendierte ist[1]). Da die
LE eine DT ist, muß sie intentional wirken und es ist nun
der Gegenstand dieser Intentionalität zu untersuchen. Hier
gilt folgender Satz: die Intention der durch LE hervorgerufenen
Erfüllungsvorstellung kann die gleiche sein, wie die Intention
der direkt durch die Aufgabe ausgelösten Erfüllungsvorstellung.

Es braucht also keine Vermehrung, auch keine Spezialisierung der Intention aufzutreten, vielmehr kann die Intention
der allgemeinen Einstellung (Aufgabe) auch die Intention sämtlicher untergeordneter Einstellungen sein. Wir verweisen nur
auf die Synonymitätseinstellungen der Fr. K. in Reihe I, bei
der nur in 6 von 14 Fällen das RW als Synonym intentional
auftrat (S. 35).

Das Häufigere in unsern Versuchen ist wohl das Fehlen
der speziellen Intentionalität, wenn auch unsere Protokolle
hier eben nicht sehr ergiebig sind. Ganz klar ist der Fall
des Dr. Be. VII 21 (S. 177), wo die RV nicht nur zur LE,
sondern auch zur Aufgabe überhaupt, nicht intentional war,
sondern nur mit dem Bewußtsein auftrat, daß es das intendierte
Wort ist. Es handelt sich hier um sehr starke Determination.

Ein Fall nur mit Spezialisierung der Intention ist interessant, Dr. Be. in Reihe VI, wo zwar das RW intentional zur
LE auftrat mit einem Synonym zu reagieren, nicht aber zu der
Tendenz zu übersetzen, die. Übersetzungen traten durchweg
als Synonyma ins Bewußtsein (S. 171).

Die Intentionalität ist eine Wirkung, die die DT auf das
Bewußtsein ausüben; da nun die LE häufig dem Bewußtsein überhaupt entzogen sind[2]) und ohne Willensimpuls
auftreten, so ist es verständlich, daß bei ihnen diese Wirkung
fehlen kann. Bei stark ausgebildeten LE kann aber auch die
Wirkung auf das Bewußtsein, die wir Intentionalität nennen,
sehr stark sein, so daß Vorstellungen, die eigentlich nicht der
LE entsprechen, doch intentional als solche auftreten können.
Ein Beispiel wird klar machen, was wir meinen. In Reihe II
war bei Fr. K. die Einstellung auf Wortverbindungen sehr
stark geworden. Da trat in Nr. 33 zu dem Rzw. Beere als V_1
Wald hinzu und die Vp. wußte, daß es das Wort Waldbeere

---

[1]) Vgl. dazu auch oben S. 311.

[2]) Man verzeihe den laxen Ausdruck. LE haben wie alle DT als
solche mit Bewußtsein überhaupt nichts zu tun. Nur insofern besteht ein
Unterschied zwischen „bewußten" und „unbewußten" DT, als die ersten
von Bewußtseinstatsachen ausgehen, die letzten nicht.

gibt, während sie nachträglich merkt, daß das gar nicht der
Fall ist (vgl. S. 114). Unter dem Einfluß der LE wird also
hier eine Wortverbindung geschaffen, ohne daß die Vp. das
Schaffen bemerkt; der neue Begriff ist vielmehr fertig gegeben.
So kann also mit Hilfe der Intentionalität durch DT eine Ver-
bindung zwischen Vorstellungen hergestellt werden[1]).

VI. Individuelle Unterschiede.

Nicht bei allen Vpp. spielten LE die gleiche Rolle. Bei
Fr. K. die größte, wie wir schon S. 115 hervorhoben. Bei
Schr. und St. haben wir in allen 3 Reihen, bei P. R. in den
2 von ihm durchgeführten Reihen LE, doch nicht von der
Bedeutung wie bei Fr. K. Bei Dr. Be. spielten sie in Reihe VI
und VII eine sehr große Rolle, traten jedoch in Reihe IV und V
nicht auf. Gar keine LE konnten wir nachweisen bei den
Vp. O., Dr. A. und v. W.. Und Dr. B. endlich bildete sich
nur in Reihe III eine Einstellung, die aber bald unterdrückt
wurde.

Es bestehen also große individuelle Unterschiede in der
Leichtigkeit, wie sich LE ausbilden und in der Stärke, die sie
erreichen können. Ein solches individuelles Merkmal dürfte
wichtig sein für die ganze volitionale Seite eines Menschen.
Das, was man Anschmiegsamkeit nennt, könnte zum Teil darauf
beruhen. In der Verteilung der LE auf Vpp. und Aufgaben
könnte man noch das Resultat bestätigt sehen, daß sie bei
schwereren Aufgaben leichter auftraten als bei einfacheren.

VII. Zusammenfassung.

Es handelt sich also bei den LE um ohne Willensimpuls
auftretende DT, die häufig überhaupt keine Spiegelung im
Bewußtsein finden, aber die Durchführung der Aufgabe ermöglichen oder erleichtern. Ihre Entstehung läßt sich aus
dem Gesetze der speziellen Determination erklären. Das allgemeinste Resultat ist wohl folgendes: die Wirkung einer DT
auf den Vorstellungsverlauf besteht nicht nur in dem Einfluß,
den sie auf die assoziativ-reproduktiven Vorgänge direkt ausübt, sondern unter Umständen auch in der Bildung neuer

---

[1]) Ein Analogon hierzu bietet der im vorig. Kap. (S. 254 f.) zitierte Versuch von St. II 8 I, wo die Repräsentation die Stelle der LE einnimmt; vgl.
auch die Ausführungen Achs, über die Assoziationen stiftende Wirkung der
Determination, W und D 209, W und T 267.

DT, die ihrerseits sehr starken Einfluß auf den Vorstellungsablauf gewinnen. Dabei kann die Entstehung dieser neuen
DT entweder ganz dem Bewußtsein entzogen oder in ihm mehr
oder weniger stark reflektiert werden. Jedenfalls geht diese
Neubildung und Übertragung der DT ganz ohne Willensimpuls vor sich; da sie aber Einfluß auf das Handeln gewinnt,
bringt sie in die Willenstheorie eine neue Komplikation.

VIII. Die LE im Kreise ähnlicher Begriffe.

Nachdem der Tatbestand geschildert ist, dem wir den
Namen LE gegeben haben, muß zugesehen werden einerseits,
wie sich dieser neue Einstellungsbegriff zu ältern Einstellungs-
begriffen verhält, andrerseits wie man die von uns betrachteten
Tatsachengebiete früher erklärt hat.

a) Die cerebrale Einstellung bei v. Kries[1]).

Die Tatbestände, für die v. Kries den Namen konnektive
Einstellung gebraucht, sind folgender Art: ein und dasselbe
Notenzeichen kann die verschiedensten Bedeutungen haben,
je nach dem Schlüssel, der das ganze System kennzeichnet.
Der geübte Musiker wird aber ohne zwischengeschaltete Bewußtseinsinhalte jeweils die richtige Bedeutung mit jedem
Zeichen verbinden und wird jedem Wechsel des Schlüssels
ohne weiteres folgen. Die Notenzeichen sind mit verschiedenen
Noten assoziiert und der Schlüssel bestimmt, welche von den
verschiedenen Assoziationen zur Reproduktion führen soll, und
zwar bestimmt er das nicht für jede einzelne Note besonders,
sondern ein für alle Male für das ganze auf den Schlüssel
folgende System. Es ist so, als ob durch den Schlüssel eine
Reihe möglicher Reproduktionen hervorgerufen, alle übrigen
Reihen abgesperrt werden. v. Kries spricht vergleichsweise
von Weichenstellung. Der so gewonnene Begriff enthält zahlreiche Anwendungsmöglichkeiten. So erklärt er auch das
Wortverständnis: ausgehend von mehrdeutigen Worten, die
im Zusammenhang doch immer richtig verstanden werden,
zeigt v. Kries, daß das richtige Verständnis wieder nur
durch die konnektive Einstellung zu erklären ist. Wir wollen

---

[1]) Vgl. J. v. Kries: Über die Natur gewisser, mit den psychischen
Vorgängen verknüpfter Gehirnvorgänge. Zeitschr. f. Psychol., Bd. 8, 1895,
S. 1—33; und M. Levy-Suhl: Über Einstellungsvorgänge in normalen und
anormalen Seelenzuständen. Zeitschr. f. Psychother. und med. Psychol.,
Bd. 2, 1910, S. 141—164.

hier nicht weiter auf die äußerst fruchtbaren und anregenden
Ausführungen des Autors eingehen, sondern gleich zusehen,
wie dieser Einstellungsbegriff sich zu dem unsrigen der LE
verhält[1]).

Zunächst ist klar, daß der v. Kriessche Begriff viel
weiter ist; es fallen nämlich sämtliche DT überhaupt darunter.
Levy-Suhl vollzieht sogar eine Identifizierung beider Begriffe, obwohl manche seiner Beispiele sicher nichts mit DT
zu tun haben, er legt den Nachdruck darauf, daß ein ein-
maliger Eingriff die Gesamtleistung ändert (S. 146 und 154
Anm.). Es handelt sich bei der zerebralen Einstellung wie bei
den DT um Beeinflussung des Vorstellungsablaufs in dem
Sinne, daß von zahlreichen an sich gleich oder verschieden
möglichen Assoziationen nur ganz bestimmte überwertig werden. Warum ist aber dann überhaupt der Begriff der DT eingeführt worden, warum hat man sich nicht bei dem der
Weichenstellung beruhigt? Nehmen wir ein konkretes Beispiel,
etwa eine der Aufgaben, die Watt seinen Vpp. stellte, auf ein
Rzw. einen übergeordneten Begriff zu bilden. v. Kries würde
die Lösung dieser Aufgabe so erklären: durch die Aufnahme
der Instruktion wird das Zentralnervensystem so beeinflußt,
daß die Bahnen, die von dem betr. Wort zu Worten führen,
die übergeordnete Begriffe darstellen, gebahnt, alle übrigen
aber gehemmt werden. Wird nun ein Rzw. exponiert, so
pflanzt sich die Erregung in der offnenen Bahn fort und führt
zu einer richtigen Reproduktion. Damit ist die Wirkung der
Aufgabe erklärt, aber diese Erklärung selbst enthält doch
noch die Schwierigkeit, daß es physiologisch nicht leicht aus-
zudenken ist, was die Bahn zwischen unter- und übergeord-
netem Begriff bedeutet. Sehen wir aber einmal von dieser
Schwierigkeit ab, so bleibt noch eine Hauptfrage offen, wodurch nämlich diese Weichenstellung herbeigeführt wird? Und
in diesem Punkt vornehmlich liegt der Unterschied der DT
gegenüber dem Kriesschen Begriff. v. Kries will auf die
Entstehung der zerebralen Einstellungen dieselben Assoziationsgesetze anwenden wie für Bewußtseinselemente, Vorstellungen
(S. 201). Hier liegt der Kernpunkt: wie immer alle von v. Kries
und Levy-Suhl aufgeführten Vorgänge zusammenhängen,

---

[1]) Vor allem scheiden wir die räumlichen und zeitlichen Einstellungen aus, dann auch dispositive Einstellungen zur Erklärung des
Begriffs, gegen die schon Bühler, l. c. I, S. 325 f. treffende Argumente
vorgebracht hat.

eine gleiche Entstehungsursache läßt sich etwa für die motorische Einstellung und die Leistungen unsres Denkens nicht aufzeigen, und gerade mit Bezug auf diese Entstehung ist der Begriff der DT gebildet, er will die Tatsache fassen, daß von einem gedanklichen Inhalt aus der Vorstellungsablauf in bestimmter Weise beeinflußt werden kann. Gerade die nähere Ausgestaltung dieses Vorgangs, die ja Zweck der Einstellungshypothese ist, läßt er ganz unbestimmt. Andrerseits aber enthält der Begriff der konnektiven Einstellung auch weniger als der der DT. Als Kennzeichen der DT hatten wir die Intentionalität kennen gelernt. Wie dieser neue Bewußtseinsinhalt aber aus der zerebralen Einstellung erklärt werden soll, ist unverständlich. Das rein Einstellungsmäßige macht eine Reaktion noch nicht intentional, vielmehr hängt die Intentionalität davon ab, wie die Einstellung zustande gekommen ist, ob assoziativ oder durch eine Aufgabe.

Die beiden Begriffe DT und zerebrale Einstellung vertragen sich sehr wohl miteinander, solange man jedem seinen rechten Platz anweist und nicht den einen durch den andern zu verdrängen sucht. Die zerebrale Einstellung bezieht sich auf gewisse psychophysische Vorgänge, die sowohl bei DT wie auch bei vielen andern Erscheinungen eine Rolle spielen. Beide Begriffe stimmen darin überein, daß sie eine Reihe von Problemen in sich schließen und jeder in seiner Art die weitere Forschung in hohem Maße zu befruchten imstande ist.

Durch diese Begriffsabgrenzung haben wir auch schon entschieden, daß der Begriff der LE als einer DT nicht mit dem v. Kries schen Begriff zusammenfällt. Auch die hier gefaßten Tatbestände ließen sich in Terminis der konnektiven Einstellung ausdrücken, doch würden viele derselben Schwierigkeiten übrig bleiben, die wir bei der allgemeinen Diskussion kennen gelernt haben.

b) Die motorische und sensorische Einstellung.[1])

Viel leichter als von der cerebralen wird sich die LE von der motorischen und sensorischen Einstellung scheiden

---

[1]) Vgl. hierzu: G. E. Müller und F. Schumann: Über die psychologischen Grundlagen der Vergleichung gehobener Gewichte. Pflüg. Arch. 45, 1889, S. 47 f. Ferner Laura Steffens: Über die motorische Einstellung. Zeitschr. f. Psychol. 23, 1900, bes. S. 242. Ferner F. Schumann: Über die Schätzung kleiner Zeitgrößen. Zeitschr. f. Psychol., Bd. 4, 1893, bes. S. 18 f. Dslbe.: Zur Schätzung leerer von einfachen Schalleindrücken begrenzter Intervalle. Ztschr. f. Psychol. Bd. 18, 1898.

lassen. Zeigte unsre LE alle Merkmale der DT, so haben die motorischen und sensorischen Einstellungen eine Reihe von Eigenschaften, die in das Gebiet gehören, daß wir mit dem allgemeinen Namen des mechanischen Gedächtnisses umfassen. Speziell für die motorische Einstellung hat La. Steffens die Gültigkeit einer Reihe von Gesetzen des mechanischen Gedächtnisses bestätigen können. Es handelt sich hier um Reproduktionstendenzen auf assoziativer Grundlage, ja vielleicht um die primitivste Form von Assoziationen überhaupt, so daß ihr Sitz auch von Müller und seiner Schule in die subkortikalen Zentren verlegt wird. Die motorische Einstellung entsteht und wirkt daher ganz mechanisch, gerade die doppelte Beziehung zur Aufgabe, die für die DT charakteristisch war, fehlt hier wie bei der sensorischen ganz. Damit ist schon der Wesensunterschied zur Genüge dargetan.

c) Die Tatbestände der LE als Perseveration.

Die Tatsachen, die uns zur Aufstellung des Begriffs der LE führten, sind nicht von uns neu entdeckt worden, sondern haben wohl in allen umfangreichen Assoziationsexperimenten ihre Rolle gespielt. Wie haben sich nun andere Autoren mit diesem Tatbestande abgefunden, mit der Bevorzugung einer bestimmten Assoziationsrichtung, z. B. der Häufung von Synonymitäts- oder Klangassoziationen?

Wreschner[1]) bespricht diese Fälle als Perseveration der assoziativen Beziehung, die verschiedene Grade annehmen kann, bei Reinhold[2]) findet sich für den gleichen Tatbestand der Ausdruck: Perseveration der einmal eingeschlagenen Assoziationsrichtung. Wenn wir hier die Frage aufwerfen, was perseveriert, so zeigt sich gleich die Schwierigkeit dieser Auffassung. Bewußtseinstatsachen sind es nicht, Wreschner sagt, es perseveriert eine Beziehung zwischen Rzw. und RW (S. 237) und zwar ist diese Beziehung assoziativer, nicht reproduktiver Art. Wreschner sagt nicht, wie er sich diese Beziehung näher denkt[3]), wir wollen sie aber im Sinne einer später gebrauchten psychophysischen Hypothese

---

[1]) Vgl. l. c. S. 252 f.

[2]) Vgl. l. c. S. 214 Anm.

[3]) In der allgemeinen Diskussion der Resultate führt er allerdings die Iteration der assoziativen Beziehung darauf zurück, „daß man infolge einer gewissen Einseitigkeit oder Trägheit oder Befangenheit die verschiedensten Reizwörter immer unter demselben Gesichtswinkel beachtet" (l. c. S. 590).

ausgestalten [1]). Nehmen wir z. B. an, es bestünde nach unsrer Terminologie eine LE auf Wortergänzungen, also auf eine bestimmte Art von Berührungsassoziation. Wie ließe sich diese als Perseveration auffassen? Wir denken uns psychophysisch die Reproduktion aus Berührungsassoziation als das Ablaufen einer Gesamterregung durch Erweckung einer Phase dieser Gesamterregung (s. S. 344). Der Wortergänzung würde also an sich eine gewisse Form einer Gesamterregung entsprechen und die Perseverationstheorie würde behaupten, daß diese Erregungsform immer wieder sich an die Rzw.-Erregung anschließt. Sie könnte für sich die Tatsache in Anspruch nehmen, daß wirklich solche·Erregungsformen beharren (s. gleich den nächsten Abschnitt, insbesondere auch die dort erwähnten Befunde über Perseveration von Rhythmen). Trotzdem können wir uns der Auffasssung der LE als Perseveration nicht anschließen, weil sie nicht imstande ist, alle gerade für dies Phänomen charakteristischen Eigenschaften zu erklären. So vor allem nicht die Intentionalität, ferner die Tatsache, daß Reaktionen, die an sich einen ganz andern Weg gegangen sind, doch mit der gleichen Intention auftreten, ferner ihre enge Beziehung zu andern DT, wie der Repräsentationstendenz. Schließlich kommt für unsre Auffassung in Betracht, daß wir eine Vorstufe der LE in der willkürlichen Benutzung von Handgriffen fanden, bei der doch sicher DT wirksam waren. Unsre Auffassung der LE spricht ja aber auch gar nicht gegen die Wirksamkeit der übrigen Faktoren. Die DT ist ja nur ein Faktor, der zu den assoziativen und perseverativen hinzukommt. So werden wir etwa auch die eben skizzierte Hypothese unsrer LE zugrunde legen können, nur müssen wir sie ergänzt denken durch einen Faktor, der irgendwie bestimmend in den Verlauf eingreift und dem vor allen die sonst unerklärbaren Eigenschaften zugeschrieben werden müssen. Und dieser Faktor erweist sich auch dadurch unentbehrlich, daß ohne ihn die Entstehung der Perseveration nicht erklärt werden kann. Ein Fall würde an sich nicht für ihre Entstehung genügen, denn sonst würde überhaupt die ganze Reihe gleichförmig verlaufen, wohl aber kann der eine unter dem Gesichtspunkt der Aufgabe besonders günstige Fall bewirken, daß eine LE ausgelöst wird, die nun ihrerseits die Wiederholung, besonders in schwierigen Fällen, begünstigt. Dann können natürlich

---

[1]) Siehe den Abschnitt über Ähnlichkeitsassoziation, S. 344.

auch die reinen Perseverationswirkungen auftreten, und eine Reihe der von uns abgeleiteten Eigenschaften läßt sich wohl nur durch Mitwirkung dieser erklären[1]).

d) G. E. Müllers Beharrungstendenz einer Lernweise.[2])

Bei seinen ausgedehnten Gedächtnisversuchen fand G. E. Müller, daß wenn eine Vp. eine Reihe mit einer bestimmten Komplexbildung besonders gut gelernt hat, sie diese Komplexbildung nun auch leicht weiter anwendet, und zwar auch bei solchen Reihen, die sie vorher mit andern Komplexbildungen gelernt hatte, ja sogar auch bei solchen, bei denen diese Komplexbildung nicht günstig ist. Bei einem solchen Verfahren spricht Müller von der Beharrungstendenz der Lernweise. Diese Fälle haben auf den ersten Blick eine große Ähnlichkeit mit der LE. Eine gute Lösungsweise wird unwillkürlich fortdauernd angewendet, nachdem sie einmal günstig gewirkt hat. Trotzdem dürften sich diese Erscheinungen anders erklären und zwar wirklich als Perseverationstatsachen, wie es auch Müllers Ansicht ist. Daß es auch sonst Perseveration von Komplexbildung gibt, ist bekannt[3]). Sie allein genügt aber, um alle in Betracht kommenden Tatsachen zu erklären. Fassen wir aber diese Erscheinungen als Perseveration auf, so scheint uns der Name „Beharrungstendenz der Lernweise" nicht geschickt gewählt.

Was beharrt, ist direkt die Komplexbildung, und nur insofern, als ich sie als Lernweise auffasse, beharrt diese. Gerade der Name deutet darauf hin, daß ein Determinationsverhältnis vorliegt, die Vp. determiniert die Art ihres Verhaltens beim Lernen, das ist ja aber gerade nicht gemeint. So scheint für den fraglichen Tatbestand der Name Beharrungstendenz der Komplexbildung zutreffender.

IX. Anwendungen.

Der Begriff der LE muß seine Berechtigung auch durch das, was er leistet, beweisen. Die Gebiete, für die er in Be-

---

[1]) Von diesen fand Wreschner auch die Verkürzung der Reaktionszeiten mit der wachsenden Wiederholungszahl, die aber schließlich wieder durch eine Verlängerung abgelöst wird (S. 255 f.).

[2]) G. E. Müller, Analyse der Gedächtnistätigkeit ... I, S. 19, 261 f., 285, 304, 332.

[3]) Für die in Betracht kommende rhythmische vgl. K. Koffka: Experimentaluntersuchungen zur Lehre von Rhythmus, Zeitschr. f. Psychol. 52, 1909, S. 47, 58, bes. 74 f., wo durch Perseveration entstandene völlig anomale Komplexbildung beschrieben wird.

tracht kommt, sind keineswegs neu, es müßten sich ihm also manche bisher beobachteten Erscheinungen unterordnen. Im Hinblick auf unsre Versuche liegt es nahe, an die Untersuchungen von Meumann[1]) über den Einfluß der zeitlichen Einstellung auf die Reproduktion zu denken. Hier finden wir folgendes typische Beispiel (S. 135 f.). Unter der Instruktion A, d. h. möglichst schnell zu reagieren, liefert die Vp. I vorzugsweise exemplifizierende Reproduktionen. Unter der Instruktion B, d. h. die Bedeutung genau zu erfassen und die Reproduktion an diese anzuknüpfen, ändert sich der Charakter der Reproduktion nicht, trotz enormer Verlängerung der Zeiten: „Man sieht nun hier die merkwürdige Erscheinung, daß der Inhalt[2]) der Reproduktion bei der veränderten Instruktion ganz derselbe bleibt wie vorher, sie sind sämtlich exemplifizierend . . . Ich machte die Vp. mehrfach darauf aufmerksam, daß sie immer exemplifizierend reproduziere. Sie war sich dessen auch bewußt, verwendete diese Form der Reproduktion aber nicht etwa aktiv, wie ein absichtlich angewendetes Schema, sondern passiv, sie konnte keine andern Wege einschlagen" (S. 136). Dieser Fall zeigt eine Reihe von Merkmalen, die für die LE charakteristisch sind. Zunächst bildete sich die Einstellung unter der Aufgabe schnell zu reagieren, die, wie aus den Zeiten hervorgeht, der Vp. nicht leicht geworden ist. Sie ist, wie aus dem Zitat erhellt, nicht willkürlich gewählt; sie beharrt bei der neuen Instruktion, da sie schon sehr stark geworden ist, und schließlich wirkt sie scheinbar auch intentional[3]).

Gleichfalls durch den Begriff der LE erklärt wird eine Tatsache, auf die Reinhold[4]) hinweist. Er machte mit den gleichen Vpp. zu verschiedenen Zeiten Assoziationsversuche und fand dabei bei mehreren einen völlig veränderten Reaktionstypus. So hatte eine Vp. zuerst 2%, dann 75% Klangassoziationen, bei einer andern waltete das umgekehrte Verhältnis ob. Das erklärt sich ohne weiteres daraus, daß sich das eine Mal eine LE auf Klangassoziationen gebildet hat,

---

[1]) l. c.

[2]) Die Sperrungen sind im Original.

[3]) Nach den summarischen Angaben zu schließen, sind auch in den Versuchen mit gebundener Reproduktion von Wreschner LE wirksam gewesen (vgl. etwa S. 515). Messer beschreibt Reaktionsformen, die alle wesentlichen Merkmale der LE haben, sie sind unwillkürlich, spezialisiert und erleichtern die Aufgabe, l. c. S. 31/32.

[4]) l. c. S. 213 f.

das andre Mal nicht. Und gerade diese Auffassung der Sachlage begründet erst den Schluß, den R e i n h o l d aus diesen
Ergebnissen zieht, nämlich die Unzulässigkeit des einfachen
Schlusses aus der Qualität der Reproduktion auf die individuelle Begabung. Die Häufigkeit des Auftretens von Klangassoziationen ist viel diskutiert worden. Mit Hilfe des Begriffs der LE lösen sich viele Schwierigkeiten. Hat die Vp.
einmal mittels einer Klangassoziation eine Aufgabe besonders
leicht lösen können, so wird sie häufig wieder solche benutzen, besonders wenn die Aufgabe schwierig ist. So er-
erklärt sich der von M e n z e r a t h[1]) gefundene, neuerdings
von D a u b e r[2]) bestätigte Satz: „daß, je geläufiger das zugerufene Wort ist, je weniger darauf eine Klangassoziation
erfolgt."

Auch bei A c h[3]) gibt es Fälle, die als LE aufzufassen
sind. Es kam zuweilen vor, daß die Aufgabe, einen Reim
zu bilden, immer so gelöst wurde, daß ein und derselbe Anfangsbuchstabe für alle Reaktionssilben benutzt wurde, und
daß dies auch beharrte, wenn es der Vp. durch besondre
Instruktion verboten wurde. Dabei stellt A c h ausdrücklich
fest, daß eine b e w u ß t e Einstellung auf die betr. Buchstaben nicht bestanden hat (S. 204). In den Bezeichnungen
dieser Fälle schwankt A c h; auf S. 179 und 204 spricht er von
Einstellung, auf S. 55 von Perseveration; wir fassen sie als
LE auf.

Auch in den Versuchen von D a u b e r haben wir es mit
LE zu tun. Es hatte sich gezeigt, daß, wenn D a u b e r ganzen
Schulklassen sinnlose Silben zurief mit der Instruktion mit
einer andern sinnlosen Silbe innerlich zu antworten, so sehr
auch die Reaktionen der verschiedenen Schüler voneinander
abwichen, doch mit wenigen Ausnahmen jeder Schüler einen
einheitlichen Reaktionstypus zeigte. Entweder wurde der Vokal
oder der Anfangskonsonant verändert, oder eine Nachsilbe er,
en an die Reizsilbe angehängt, oder endlich die Reizsilbe
wiederholt. Von 30 Vpp. zeigten 26 einen dieser Typen, nur 4,
d. i. $13\frac{1}{3}\%$, zeigten kein regelmäßiges Verhalten[4]). Diese

---

[1]) l. c. S. 58.
[2]) Vgl. J. Dauber: Über bevorzugte Assoziationen und verwandte
Phänomene. Zeitschr. f. Psychol., Bd. 59, 1911, S. 198.
[3]) Vgl. W und T, S. 55, 179, 204.
[4]) Dauber, l. c. S. 219, Tab. 23. Den Schüler, der sinn v o l l reagierte,
haben wir bei unserer Berechnung nicht berücksichtigt.

Resultate lassen sich doch nur so deuten, daß die erste leichte Erfüllung der Aufgabe die LE auf gleiche Erfüllungsweisen ausgelöst hat.

Diese Bemerkungen mögen genügen. Bei der Besprechung der Ähnlichkeitsassoziation werden wir noch einmal die Wirkung der LE heranziehen bezüglich der Resultate von Peters.

§ 4. Die assoziativen Faktoren.

I. Allgemeines.

Daß unsre Versuch eine so reiche Ausbeute wie für die Determination für die Assoziation nicht liefern, liegt auf der Hand. Denn die assoziativen Faktoren, die bei den Reaktionen wirksam wurden, waren unserm Einfluß völlig entzogen. Nur dadurch, daß auf anderm Wege die Gesetze des mechanischen Gedächtnisses festgestellt worden sind, konnten wir bestimmte Arten der Wirksamkeit heraussondern, den Einfluß der Konstellation, der sprachlichen Geläufigkeit, der Perseveration, der reproduktiven Hemmung. In einem Punkte konnten wir eine Ergänzung anbringen, dadurch, daß wir zeigten: die Reproduktion des Namens wird vom optischen Zentrum aus ebenso direkt und schnell vermittelt wie die Erregung der optischen Residuen, auch wenn es sich nicht um Buchstaben und Worte, sondern um Bilder von Dingen handelt.

Wesentliche Resultate erhielten wir aber auf dem Gebiet der Ähnlichkeitsassoziation, und wir glauben im folgenden zur Klärung dieses so lange und heiß umstrittenen Problems einiges beitragen zu können.

II. Die Ähnlichkeitsassoziation.

a) Wir verzichten auf eine ausführliche Wiedergabe der reichen Literatur, die seit dem berühmten Streit zwischen Höffding und Lehmann über dies Problem entstanden ist [1]). Wir lassen uns vielmehr in erster Linie davon leiten, was in unserm Versuchsmaterial zu der Frage vorliegt. Wir stellten zur Erklärung des Vorstellungsablaufs die Wirkung von determinierenden und assoziativ reproduktiven Tendenzen nebeneinander, zu denen noch hemmend oder fördernd die

---

[1]) Sehr eingehend findet man eine solche Literaturangabe in dem in russischer Sprache erschienenen Buche von A. Netschajew, „die Ähnlichkeitsassoziation", dessen Inhalt mir durch ein von Dr. A. Gelb (Berlin) in liebenswürdigster Weise angefertigtes Referat zugänglich wurde.

perseverativen (PT) treten können, und fragen uns jetzt, läßt sich die Wirkung der assoziativen auf eine einzige Formel zurückführen oder nicht?

Es wird zweckmäßig sein, wenn wir gleich von Anfang an die Frage möglichst konkret gestalten. Was haben wir z. B. unter einer Berührungsassoziation zu verstehen? Nach den neuesten Ergebnissen G. E. Müllers[1]) über den Einfluß der Komplexbildung beim Lernen kann es nicht mehr zweifelhaft sein, daß es zum Zustandekommen einer Reproduktion durch Berührungsassoziation nicht genügt, daß reproduzierendes und reproduziertes Glied einmal nacheinander oder gleichzeitig im Bewußtsein gewesen sind, vielmehr müssen sie bei ihrem ersten Auftreten Glieder eines Komplexes gebildet haben, müssen zu einer Einheit verbunden gewesen sein. Psychophysisch[2]) wird sich das wohl am einfachsten so denken lassen, daß es nicht genügt, daß zwei Erregungen im Großhirn aufeinander folgten oder gleichzeitig auftraten, damit das neue Auftreten der einen das neue Auftreten der andern zur Folge hat, vielmehr muß, wenn die Reproduktion erfolgen soll, die eine Erregung mit der andern irgendwie verbunden gewesen sein, etwa so, daß die eine Erregung in die andre übergegangen ist, sodaß ein kontinuierlicher Erregungsablauf stattgefunden hat. Ein einzelner Komplex würde dann einem solchen Erregungsablauf korrespondieren, der Form des Komplexes die Form des Ablaufs, entsprechend wie sich die Elementarkomplexe zu Reihen- und Gruppenkomplexen zusammensetzen, würden sich die Erregungsabläufe aneinanderfügen zu langen, wohlgegliederten Erregungsmelodien. Das Gesetz der Berührungsassoziation würde dann besagen, daß, wenn immer eine Phase einer solchen Erregungsmelodie anklingt, die Tendenz besteht, daß die Melodie mehr oder weniger vollständig abläuft.[3]) Nach welchen Gesetzen dies im einzelnen geschieht, darüber belehren uns die zahlreichen Gedächtnisversuche.

Wie ließe sich unter den gleichen Voraussetzungen das Problem der Ähnlichkeitsassoziation (ÄA) formulieren? Der

---

[1]) l. c.

[2]) In den folgenden psychophysischen Hypothesen bin ich abhängig von den von M. Wertheimer über φ-Phänomene aufgestellten Theorien. Vgl. dessen demnächst im 61. Bd. der Zeitschrift f. Psychol. erscheinende Arbeit: Über das Sehen von Bewegungen, speziell den Abschnitt über ruhende φ-Phänomene.

[3]) Ohne physiologische Deutung findet sich die Auffassung der Berührungsassoziation aus Komplexen, z. B. bei Cornelius, l. c. 223 ff.

Satz, eine Vorstellung sei durch ÄA ins Bewußtsein getreten, wäre psychophysisch in unserm Sinn folgendermaßen auszudrücken: ein Erregungsablauf einer bestimmten Art ist dadurch entstanden, daß ein Erregungsablauf ähnlicher Art vorausgegangen ist. Die Ähnlichkeitsassoziation würde also darin bestehen, daß sich ein Vorgang in der psychophysischen Substanz in mehr oder weniger ähnlicher Weise wiederholt[1]). Es fragt sich nur, sind wir berechtigt, diese Annahme zu machen, und sind wir dazu gezwungen, um der Summe der Tatsachen gerecht zu werden?

Daß wir zu einer solchen Hypothese berechtigt sind, ergibt sich aus folgenden Überlegungen: 1. Die bekannte, zuerst von Müller und Pilzecker eingehender untersuchte Tatsache der Perseveration ist ein Beispiel für solchen Tatbestand. Hier tritt ein bestimmter Erregungsablauf, die perseverierende Vorstellung, nur deshalb auf, weil der gleiche oder äußerst ähnliche Vorgang kurz vorausgegangen ist.

2. Daß, wie immer man sich sonst zum Problem der ÄA stellt, das Erkennen und Wiedererkennen nicht durch Berührungsassoziation zu erklären ist, darin haben sich die spätern Psychologen gegen Lehmann entschieden. Vor allem waren es die tachistoskopischen Leseversuche, die hier weiter führten. Sie zeigten, daß ein optischer Reiz, ohne erkannt zu werden, direkt akustomotorische Reproduktionen auszulösen imstande ist, und daß auch diese Reproduktionen den Reiz nicht zu einem erkannten machen (analog fanden wir bei der Vp. Fr. K. in Reihe IV S. 155, daß optische Bilder noch vor oder ohne ihre Erkennung bereits ihren Namen akustomotorisch reproduzierten); andrerseits zeigte sich, daß auch die betr. visuelle Auffassung noch nicht zum visuellen Erkennen genügt, daß vielmehr hierzu nötig ist, daß, wie Schumann[2]) sich ausdrückt, eine Verschmelzung der gegenwärtigen Erregungen mit den Residuen der früheren Wahrnehmungen stattfindet. Damit eine solche Verschmelzung aber stattfinden kann, müssen diese Erregungen neu erregt worden sein, und zwar lediglich durch das Auftreten der gleichen oder sehr ähnlichen Erregungen[3]).

---

[1]) Dabei bleibt sowohl die Natur des psychophysischen Prozesses wie die Art der Ähnlichkeit zweier solcher völlig unbestimmt.

[2]) Sammelreferat, l. c. S. 170/71.

[3]) Auf Grund dieses letzten Tatbestandes deutet auch Messer eine der unsern analoge Theorie der ÄA an. Empf. und Denken, S. 33. Daß

Damit ist bewiesen, daß wir in der Tat berechtigt sind, die Möglichkeit der Hervorrufung eines Erregungsablaufes durch einen ähnlichen anzunehmen. Müssen wir es aber auch? Welche Tatsachen könnten uns dazu zwingen? In unsern Versuchen hätte auf vier verschiedene Fälle der Name ÄA Anwendung finden können: 1. die Klangassoziationen, 2. die optischen ÄA bei Dr. Be. in Reihe IV und V, 3. die optischen ÄA bei Fr. v. W. in Reihe VII, 4. die Synonymitätsreaktionen. Diese Fälle gehen wir der Reihe nach durch.

b) Klangassoziationen (KA).

Sie sind lange als das Prototyp der reinen ÄA betrachtet worden, doch hat es nicht an Versuchen gefehlt, auch sie auf die gewöhnliche Berührungsassoziation zurückzuführen. So sagt W r e s c h n e r [1]): „Die Assoziationen auf Grund formaler Ähnlichkeiten kommen durch v o r n e h m l i c h e Beachtung eines Teils des Reizwortes als sprachlichen Gebildes und Abstraktion von seinen übrigen Teilen, woran sich eine Ergänzung an der Hand der Erfahrungsassoziation anschließt, zustande. Wer also z. B. auf Tanne mit Teil wegen des gleichen Anklanges antwortet, stellt willkürlich oder unwillkürlich bei der Auffassung des Rzw. das T in den Vordergrund des Bewußtseins, um es auf Grund sprachlicher Assoziation zu ergänzen.''

Wir wollen das Beispiel hingehen lassen und uns fragen, ob allgemein jede Klangassoziation zo ausreichend erklärt werden kann. Wie würde sich diese Erklärung etwa bei der KA

---

diese Auffassung des Erkennungsvorganges die richtige ist, scheint mir durch die Versuche von Katzaroff und die sich daran anschließenden Mitteilungen von Claparède in keiner Weise widerlegt zu sein. Die dagegen angeführten Argumente richten sich nur gegen eine zu primitive Ausgestaltung dieser Hypothese, oder übersehen sehr naheliegende Annahmen, wie die, daß bei den Korsakoffkranken die subkortikalen Zentren noch richtig funktionieren und nur in der Hirnrinde Störungen eingetreten sind. Die Theorie der beiden Autoren, die die Bekanntheitsqualität durch Reproduktion des Ichgefühls (sentiment de moiïté) auf Grund einer bei der Wahrnehmung zwischen dem Wahrnehmungsinhalt und diesem entstandenen Assoziation zurückführt, scheint mir keine glückliche Lösung. Natürlich will ich nicht behaupten, daß die residuale Verschmelzung auch die hinreichende Bedingung des Erkennens, wohl aber, daß sie eine notwendige Bedingung davon ist. Vgl. D. Katzaroff: Contribution à l'étude de la récognition und E. Claparède: Récognition et moiïté. Arch. de Psychol., Vol. 11, 1911, S. 1—78 und 79—90.

[1]) l. c. S. 591. Sperrung im Original.

radeln—rodeln, Fr. K. III 34 II III, ausnehmen. Was war hier vornehmlich beachtet, um durch Erfahrungsassoziation ergänzt zu werden? Ganz ähnlich steht es bei O. I 38, wo auf Skelett mit einer visuellen Gegenstandsvorstellung reagiert wird und in der Nachperiode das englische Wort skillet auftritt (die Fälle ließen sich beliebig häufen). Man sieht, schon bei einem so einfachen Fall versagt die Theorie Wreschners, noch viel mehr bei dem S. 80 zitierten Versuch von St. II 19, der zum Rzw. Grotte 2 Höhlen als V_1 und RV sah und zwar als V_2 die Krottenseer Höhle, wobei er selbst diese Erinnerung auf die sprachliche Ähnlichkeit zurückführte. Hier, und in geringerem Grade auch schon in dem eben zitierten Versuch von Prof. O., sind schon die Voraussetzungen der Wreschnerschen Theorie nicht im entferntesten erfüllt. Die Vp. abstrahiert durchaus nicht vom Sinn des Rzw. und achtet vornehmlich auf den Klang. Die einfache Zurückführung der KA auf Berührungsassoziation wird also nicht der Fülle der Tatsachen gerecht[1]).

Auf dieser Voraussetzung beruhen die scharfsinnigen Versuche von Peters und die Auffassung der ÄA als partieller Perseveration:

„Wenn eine Wahrnehmung *a b c d* die ihr entsprechende Vorstellung *a b c d* ins Bewußtsein ruft, liegt eine reine Perseveration vor. Wenn nun aber eine Wahrnehmung *a b c d* eine Vorstellung *a b m n* ins Bewußtsein ruft, so können wir vielleicht sagen, daß hier eine Perseveration des Teiles *a b* der Wahrnehmung und eine Reproduktion des Teiles *m n* einer früheren Wahrnehmung vorliegt. Die Reproduktion der ähnlichen Vorstellung *a b m n* würde also durch ein Zusammenwirken der von *a b* ausgehenden auf *m n* gerichteten Reproduktionstendenz und der ebenfalls von *a b* ausgehenden Perseverationstendenz erklärt sein"[2]).

Dieser Theorie der ÄA liegen eine Reihe von Versuchsergebnissen zugrunde, von denen wir zunächst drei als typisch herausstellen wollen:

---

1) Andere Versuche, die Klangassoziationen speziell und die ÄA allgemein auf Berührungsassoziation zurückzuführen, werden von Peters genügend widerlegt. W. Peters: Über Ähnlichkeitsassoziation. Zeitschr. f. Psychol., Bd. 56, 1910, S. 163 ff. (Auch als Würzburger Habilit. Schr. erschienen.)

²) l. c. S. 200, 201. Die Sperrung im Original.

1. Auf ein sinnloses Wort wird im Reaktionsversuch in der Mehrzahl der Fälle mit einem andern sinnlosen oder sinnvollen Wort geantwortet, das mit ihm klangähnlich ist.

2. Im gewöhnlichen Assoziationsexperiment stimmen Rzw. und RW hinsichtlich der Silbenzahl in einer sehr großen Zahl von Fällen überein und diese Übereinstimmung wächst, wenn man sinnlose Rzw. benutzt, erreicht fast 100%, wenn man auch sinnlose RW verlangt.

3. Mehrere Versuchsreihen waren so beschaffen, daß die Vp. eine längere Reihe sinnloser Silben mehrere Male (bis 25) lesen mußte, und nach einer Pause so geprüft wurde, daß ihr eine ähnliche Silbe gezeigt wurde und sie die Aufgabe hatte, die von ihr gelernte, der gezeigten ähnliche Silbe zu nennen. Es ergab sich, daß, wenn in diesen Versuchen die gelernte Silbe von der vorgezeigten nur in einer der 3 Buchstaben verschieden war, die Beobachter zwischen 30 und 86% Treffer (einschließlich der Teiltreffer) lieferten. Ferner erwies sich die Trefferzahl als abhängig von der Ähnlichkeit, je ähnlicher 2 Silben oder Silbenkomplexe, um so mehr Treffer erfolgten und um so kürzer waren die Trefferzeiten.

Wie lassen sich nun die Resultate aus der skizzierten Theorie erklären? Beginnen wir mit dem dritten Punkt, der die Hauptversuche der Arbeit enthält. Nehmen wir ein beliebiges Beispiel aus der auf S. 20 angeführten Versuchsreihe, etwa die gelernte Silbe *raut* und die nachher vorgezeigte Silbe *naut*. Wenn die Vp. richtig reagiert, was ist dann in ihr vorgegangen: Der Bestandteil *aut* hätte erstens durch Berührungsassoziation das *r* reproduziert und hatte zweitens p e r s e v e r i e r t, das *n* wäre dagegen ganz wirkungslos geblieben. So einfach diese Erklärung zunächst auch zu sein scheint, so läßt sie doch einige wichtige Fragen offen. Der Nachdruck in dem ganzen Versuche liegt ja doch darauf, daß der r i c h t i g e Bestandteil perseveriert, der richtige, d. h. aber doch der, von dem die Reproduktion auszugehen hat. Es kommt also nicht darauf an, daß überhaupt ein Teil gleichzeitig perseverierend und reproduzierend wirkt, sondern daß ein ganz b e s t i m m t e r Teil erhalten bleibt. Was führt die Theorie nun zur Erklärung dieses Punktes an? P e t e r s stellt die Fragen etwas anders, er will erklären, warum nicht die ganze Vorstellung *a b c d* (in unserm Fall *naut*) perseveriert, so daß infolge der Reproduktion die Vorstellung *a b c d m n* oder *a b m n c d* (in unserm Fall *nautr* oder *naurt*) auftritt. Er führt zwei Gründe an: 1. sei der eine Teil in einem höheren Übungszustand, weil er ja durch die Lesungen der Reihe eingeprägt sei, 2. würden die von *a b* ausgehenden RT und PT die von *c d* ausgehenden PT hemmen.

Der erste Grund würde auch die von uns gestellte Frage lösen: der richtige Teil beharrt deshalb, weil er stärker eingeübt ist. Können wir uns damit zufrieden geben? Wir greifen ein andres Beispiel heraus, die Silben *geum* und *gaam*. Hier hätte an die Stelle des Bestandteiles *aut* im vorigen Beispiel der Bestandteil *g m* zu treten, und der Laut *eu* müßte durch das perseverierende *g m* reproduziert werden. In diesem Falle ist nun die Peterssche Theorie viel weniger ansprechend. Man wird mit Recht einwenden, daß die Bestandteile, die sich relativ unabhängig voneinander erhalten sollen, doch tatsächlich nicht einzelne Elemente sind, sondern nur als Teile des Ganzen ins Bewußtsein treten. Nicht ein *g*, ein *a a*, ein *m* sehe ich, sondern die einheitliche Silbe *gaam* und die beiden Elemente *g* und *m* sind nicht anders verbunden als durch das vermittelnde *aa*, daß sie also dadurch in höhere Bereitschaft gesetzt seien, daß in der Silbenreihe die Silbe *geum* eingeprägt worden ist, scheint recht bedenklich, um so mehr, wenn man die beim Lesen auftretende akustomotorische Reproduktion in Betracht zieht.

Der springende Punkt in diesen Versuchen kann also durch die vorliegende Theorie nicht ausreichend erklärt werden. Wie steht es nun mit dem an erster Stelle aufgeführten Ergebnis? Auch hier ist die partielle Perseveration leicht aufzuzeigen, wie aber steht es mit der RT aus Berührungsassoziation? Bei sinnlosen Silben, die als solche noch nie im Bewußtsein aufgetreten sind, kann man nicht mehr gut von Erfahrungsassoziation reden. Hier bliebe also nicht nur unerklärt, warum gerade der eine Teil perseverierte, sondern auch wie die Ergänzung erfolgte. Handelt es sich in den bisher behandelten Fällen um solche, in denen die Ähnlichkeit in partieller Gleichheit besteht, so ist in dem an zweiter Stelle aufgeführten Fall, nur eine relative Gleichheit vorhanden (l. c. S. 203). Peters faßt die relative Gleichheit aber auch als partielle auf, indem ein, freilich unselbständiger, gemeinsamer Bestandteil immer vorhanden sei, und er führt die relative Ähnlichkeit so auf Beharren dieses Bestandteils (Silbenzahl, Rhythmus u. ä.) zurück. Das ist ja aber nur ein Teil der Theorie, es fehlt wieder die Wirksamkeit

der RT, und es hätte in der Tat keinen Sinn auch hier annehmen, daß das perseverierende Moment auch gleichzeitig
das reproduzierende sei, vielmehr glauben wir uns mit Peters
darin in Übereinstimmung zu finden, daß in diesen Fällen
der Zusammenhang von RT und PT anders ist als sonst, indem sie von verschiedenen Angriffspunkten ausgehen[1]). Hier
beharrt die Form, die Gestaltqualität des Reizerlebnisses, sie
überträgt sich auch auf das Reaktionserlebnis, mag dieses
sonst beschaffen sein wie es will. Solche Formbeharrung ist
etwas ganz allgemeines, wir haben schon oben bei Besprechung
der Beharrungstendenz der Lernweise darauf hingewiesen. Wir
stimmen in diesem Punkt mit Peters völlig in Bezug auf
die partielle Perseveration überein, heben nur hervor, daß
die Reproduktion hier unabhänig von dieser vonstatten geht,
daß also diese Fälle streng genommen nicht mehr unter seine
Theorie fallen. Wie werden wir nun aber die Schwierigkeiten,
die auch nach der Perseverationstheorie noch übrig bleiben,
lösen können?

Setzen wir einmal die Peterssche Theorie in unsre
psychophysische Ausdrucksweise um und benutzen wir wieder
unser Beispiel *raut—naut*. Der Teil *aut* der Silbe *naut*
soll gleichzeitig PT und RT aussenden, d. h. ein Teil der
Gesamterregung von *naut* soll sich wiederholen, gleichzeitig
aber soll die Erregungsphase erweckt werden, die früher
mit *aut* zu einer einheitlichen Erregungsmelodie *raut* verbunden war. Das Resultat wäre aber danach nicht wirklich
das Auftreten von *raut*, sondern ein Konflikt zwischen *r* und
aut, von dem, je nachdem ob die RT oder die PT stärker ist,
das eine oder das andre allein übrig bleibt. Tatsächlich kommt
aber die Silbe *raut* zustande, also auch der Erregungsablauf
raut. Daß er nicht aus Zusammenwirken von RT und PT
entstehen kann, ist jetzt klar; wie aber sonst? Wir müssen
bedenken, daß die Vp. die Aufgabe hat, die betr. ähnliche
Silbe zu nennen. Vor dem Sehen der Rzw.-Silbe sind daher
wohl alle eingeprägten Silben mehr oder weniger in Bereitschaft gesetzt, d. h. sie lassen sich mehr oder weniger leicht
auslösen. Wenn wir nun die Annahme machen, daß tatsäch-

---

[1]) Denn wenn auf Messer mit Gabel reagiert wird, so kann man
doch nicht sagen, daß das „formale Element“, der Rhythmus, gleichzeitig perseverierend und reproduzierend wirkt, vielmehr wird die Reproduktion von dem andern, materialen Teil des Wortes ausgelöst. Über
Fälle andern Sachverhalts s. u.

lich ein Erregungsvorgang einen ähnlichen auszulösen imstande ist, so hätten wir alles erklärt. Denn dann würde ganz direkt durch das *naut* von allen in Bereitschaft stehenden Silben die ähnliche hervorgerufen.

Kann diese Annahme nun auch die übrigen Resultate von P e t e r s erklären? Die Abhängigkeit der Güte der ÄA vom Grade der Ähnlichkeit sehr wohl, denn es versteht sich, daß die Tendenz, die von einer Erregung auf die Erweckung einer ähnlichen ausgeht, einer andern Erregung um so weniger zugute kommen muß, je weniger diese Erregung mit der ersten ähnlich ist.

Wie erklärt sich aber die Tatsache, daß auf sinnlose Silben so häufig mit klangähnlichen geantwortet wird? Wir nehmen zwei Hauptarten von Reproduktionen an: Entweder die Erregung läuft in einer bestimmten, in der früheren Erfahrung gebildeten Form ab, Berührungsassoziation, oder aber sie wiederholt sich in mehr oder weniger gleicher Weise, Perseveration bez. ÄA. Wenn nun die Vp. eine sinnlose Silbe hört, so ist der erste Weg versperrt, es bleibt also nur der zweite offen. Hier wieder fällt die erste Form deswegen fort, weil die Vp. ihre Aufgabe so auffaßt, daß sie eine andre Silbe sagen soll (P e t e r s S. 204), die Erregung muß also irgendwie abgeändert werden. Wie dies geschieht, mag in den ersten Versuchen vom Zufall abhängen, bald wird sich aber eine LE ausbilden, die den Reaktionen der Vp. einen einheitlichen Charakter gibt [1]).

Daß übrigens auch in den Ähnlichkeitsversuchen von P e t e r s eine LE eine Rolle gespielt hat, scheint mir sehr wahrscheinlich. Der in § 15 „Ähnlichkeit und falsche Fälle" dargestellte Tatbestand legt diese Auffassung sehr nahe. Unter den falschen Fällen dominieren nämlich die, bei denen ein falscher Laut an falscher Stelle zu stehen kommt. D. h. die Vp. ändert sehr oft die Silbe so, daß sie etwa den Anfangskonsonanten wechselte, auch wo dies falsch war. Denken wir an das, was wir über die Entstehung der LE wissen: sie bildete sich aus, wenn die Lösung gut ging, nun hatte die Vp. zwar selber keine Kontrolle, ob ihre Antwort richtig oder falsch war, wohl aber konnte die Antwort mit mehr oder weniger großer Sicherheit auftreten, und zwar trat (Tab. 7, S. 183) die volle Sicherheit viel öfter bei den richtigen als bei den falschen Fällen auf (das AM für alle Vpp. zusammen ergibt 91,5% der richtigen und 24,3% der falschen Fälle). Wenn also das Gefühl der Sicherheit auftrat, ist es sehr wahrscheinlich wie 91,5 : 115,8, daß die Lösung auch richtig war. Andrerseits besteht die Tendenz, daß eine besonders gute Lösung leicht beharrt, daß sie zur LE wird. Nehmen wir dies einmal

---

[1]) S. o. das über Dauber Gesagte. S. 342.

als gegeben an, was würde dann daraus folgen: die LE sei etwa dadurch
entstanden, daß durch Änderung des Anfangskonsonanten eine besonders
leichte und sichere, also wahrscheinlich auch richtige Lösung erzielt
worden sei. Dann wird sich die LE dadurch offenbaren, daß der Anfangskonsonant auch da geändert wird, wo dies falsch ist. Wir werden
aber erwarten müssen, daß in den Fällen, in denen er wirklich geändert
werden muß, er unter der LE auch wirklich geändert wird, daß also alle
diese Fälle Treffer oder mindestens Teiltreffer lieferten. Tatsächlich
ergab sich, „daß ausnahmslos die Veränderung desjenigen Lautes, der
von der Vp. selbst am seltensten fälschlich geändert wird, am meisten
falsche und Nullfälle bedingt".... und „daß die Veränderung
desjenigen Lautes, der von der Vp. am häufigsten
fälschlich geändert wird, am wenigsten falsche und
Nullfälle bei der betreffenden Vp. aufweist".[1]

Die Vermutung, die uns aus der Annahme der LE folgte, hat sich
also glänzend bestätigt. Aber wir können noch weiter gehen. „Derjenige Laut einer Silbe wird am häufigsten fälschlich
geändert, durch dessen Änderung eine der vorgeleg-
ten am meisten ähnliche Silbe entsteht.[2]

Auch dies erklärt sich ohne weiteres aus der Annahme einer LE.
Denn der Eindruck, die Aufgabe besonders gut erfüllt zu haben, wird
dann am leichtesten eintreten, wenn die zwei Silben wirklich maximal
ähnlich waren, der Prozeß also, der in diesem Fall zur Lösung geführt
hat, wird sehr häufig angewendet werden. Peters selbst hebt hervor,
daß die Fehler auf das Vorhandensein einer Tendenz hinweisen, auf
die vorgelegte Silbe mit einer ihr maximal ähnlichen zu reagieren (S. 196);
da nun die Aufgabe der Vp. darin bestand, die gelernte ähnliche Silbe
und nicht eine möglichst ähnliche zu reproduzieren, so ist diese Tendenz
nicht recht erklärlich, wird es aber durch Annahme einer LE.

Nach diesem Exkurs kehren wir zum Hauptthema zurück
und fragen uns, ob unsre Hypothese auch das dritte von
Peters zugrunde gelegte Resultat erklären kann, die ÄA
bei relativer Ähnlichkeit. Hier sind nur wenige Worte nötig.
Wir wiesen oben schon darauf hin, daß die Fälle, auf die
Peters sich stützt, sich in einem wesentlichen Punkt von
den übrigen unterscheiden, es findet hier ein Zusammenwirken
von Perseveration des formalen und Assoziation des materialen Teiles statt. Es gibt aber auch Fälle, die anders liegen.
Wenn einem z. B. die Worte eines Gedichtes nicht einfallen
wollen, so kann man sich dadurch helfen, daß man im richtigen Rhythmus des Gedichtes irgendwelche andern Worte
wiederholt. Wenn man dies durch partielle Perseveration und
Berührungsassoziation erklären wollte, müßte man annehmen,
daß zwischen dem Rhythmus und den Worten eine Berüh-

---

[1] l. c. S. 195. Die Sperrung ist von mir.
[2] l. c. S. 196. Die Sperrung ist im Original.

rungsassoziationen bestände, eine Annahme, die große Schwierigkeiten hätte. Durch unsre Hypothese sind aber auch diese Fälle leicht verständlich. Wenn ich statt des richtigen Gedichtes andre Worte im gleichen Rhythmus hersage, dann läuft eine Erregung im Großhirn ab, die jedenfalls mit der Gedichterregung in bestimmter Weise ähnlich ist, also eine Tendenz auf die Erweckung dieser Erregung auszuüben imstande ist, die durch beliebige Wiederholung meiner Worte verstärkt werden kann.

So hat uns denn die Betrachtung der Petersschen Theorie dazu geführt, unsre eigene zu stützen und zu bestätigen. Aber noch mehr. Wenn wir uns auch mit der Reduktion der ÄA auf partielle Perseveration und Reproduktion nicht zufrieden geben konnten, so fanden wir doch den Gedanken, daß die ÄA mit Perseverationserscheinungen zusammenhängt, sehr fruchtbar. Dies hervorgehoben zu haben, ist unstreitig ein großes Verdienst von Peters[1]). Nur faßt er die Beziehung zu einseitig auf. Perseveration ist für ihn der übergeordnete Begriff, während dieser Zusammenhang nach unsrer Ansicht anders ist: Die allgemeine Gesetzmäßigkeit, daß eine Erregung die Tendenz hat, eine andre mehr oder weniger gleiche hervorzubringen, umfaßt eine Reihe von Einzelfällen, in denen die drei wichtigsten die Perseveration, der Erkennungsvorgang und die Ähnlichkeitsassoziation sind.

Wir betrachten jetzt noch das Material, daß unsre Versuche zu der Frage lieferten. Es kam eine Reihe von KA vor, besonders häufig bei Fr. K. Fragen wir uns jetzt, wann die KA vorwiegend auftraten. Sehr oft dann, wenn aus irgendeinem Grunde der normale Ablauf gestört war, so bei Fr. K. I 22, wo die Vp. unaufmerksam war und den Sinn des Rzw. gar nicht verstand (vgl. S. 33), oder bei St. II 45 wie—oui wo die Vp. unfähig war, etwas mit dem Rzw. anzufangen (vgl. S. 80), oder bei der Vp. O., bei der in Reihe II bei ihr unbekannten Rzw. KA auftraten (Gamasche—Wasche). Diese Fälle machen es deutlich, warum man die KA eine Verlegenheitsassoziation genannt hat, der Tatbestand ist so, daß der

---

[1]) G. Cordes hat früher einmal eine ähnliche Theorie für die Assoziation ganz allgemein und die mittelbaren Assoziationen im besondern gebildet, doch fehlt dieser Theorie gerade der Hinweis auf den Zusammenhang zwischen ÄA und Perseveration. Vgl. Experimentelle Untersuchungen über Assoziationen. Phil. Stud., Bd. 17, 1901, S. 30—77, bes. S. 58.

Mechanismus der Berührungsassoziation aus irgendwelchen
Gründen nicht abläuft, und daher, weil nach einem andern
Wort gesucht wird, der Ähnlichkeitsmechanismus zum Durchbruch kommt. Auch dieser Tatbestand dürfte zur Erklärung
des gelegentlich der Besprechung von LE erwähnten Satzes
von Menzerath beitragen (s. o. S. 342). Was für ein Wort
so zustande kommt, hängt dann von einer Reihe andrer Umstände ab, wie der mehr oder weniger großen Ähnlichkeit
und Bereitschaft[1]); ein Hineinwirken der KA in einen ganz
andern (Repräsentations-)Prozeß haben wir in dem Versuch
von St. Grotte kennen gelernt.

Klangassoziationen traten ferner zur Unterstützung der
LE auf WR bei Fr. K. in Reihe III auf, und auch das ist
wieder sehr verständlich, denn wenn auf V_1 nicht gleich durch
Berührungsassoziation ein andres Wort auftrat, sondern etwa
eine visuelle Vorstellung im Entstehen begriffen war, so konnte
durch den Ähnlichkeitsmechanismus leicht ein solches Wort
ergänzt werden. Daß auch KA sich durch Einstellungen gut
herbeiführen lassen, liegt auf der Hand. Trotzdem fanden
wir in unserm Material nur einmal eine solche (bei B. Reihe III
s. S. 134) und auch hier kam sie über das erste Stadium
nicht heraus, sondern wurde bald unterdrückt. Wohl aber
teilt Reinhold, wie oben bereits erwähnt, Versuchsergebnisse mit, aus denen eine LE auf KA hervorgeht (75% KA).

Wenn wir allgemein die KA im Assoziationsexperiment
überblicken, so können wir nicht davon absehen, daß sie
unter der Wirkung von Aufgaben zustande kommen. Wäre
diese Aufgabe anders, oder anders aufgefaßt, so würden wohl
häufig einfache Wiederholungen des Rzw. auftreten, worauf
auch Peters (S. 204) hinweist. Da aber die Aufgabe ein
solches Verhalten ausschließt, so werden zum Zustandekommen
des ähnlichen Wortes, wie schon bemerkt, gewöhnlich mehrere
Faktoren mitwirken. Ganz besonders günstig muß es dabei
sein, wenn die betr. Worte oder sinnlosen Silben nicht nur
ähnlich, sondern auch durch Berührungsassoziation verbunden
sind, wie in Wendungen wie pitsch—patsch, tik—tak, kuddel—
muddel. Sie müssen besonders geläufig sein und sind es tatsächlich, wie die Untersuchung von Menzerath beweist
(vgl. den Anfang der gr. Tab. I. c. S. 26).

---

[1]) Hierher gehört die KA style-Stein bei der Vp. O III 29, wo die
deutschen Worte noch relativ nahe lagen.

Die Unterstützung der beiden Assoziationsformen ist dabei natürlich gegenseitig: ebenso wie ihre Verknüpfung das Ablaufen des Ähnlichkeitsmechanismus erleichtert, so erleichtert auch ihre Ähnlichkeit ihre Verknüpfung. Psychophysisch besteht ja die Gesamterregung einer solchen Lautverbindung aus zwei ineinander übergehenden ähnlichen Erregungen; die zweite Erregung ist also schon von vornherein begünstigt, so daß die Verbindung der beiden Teilerregungen zur Gesamterregung besonders leicht vonstatten geht. Menzerath sagt: „Reim und Alliteration haben eine assoziationsstiftende Kraft"[1]). Diese Wirkung ist also aus unsrer Theorie wieder erklärbar, wenn auch beim Endreim zweier Verse noch gewisse andre kompliziertere Phänomene hinzutreten mögen.

c) Die visuellen Ähnlichkeitsassoziationen der Vp. Be. in den Reihen IV und V.

Wir haben im 1. Kapitel gesehen, daß die Vp. Be. in Reihe IV und seltener in Reihe V sich so verhielt, daß die ihr vorgezeigten Bilder die Erinnerungsvorstellungen von ähnlichen Gegenständen auslösten. Hier wollen wir drei Formen trennen: a) das vorgezeigte Bild wird erst erkannt, dann tritt eine ähnliche Erinnerungsvorstellung auf (so in Versuch IV 4 S. 157).

b) Wieder wird das Bild erst erkannt, dann sieht es aber aus wie ein ganz bestimmtes Ding (Versuch IV 8 S. 157).

c) Endlich wird das Bild sofort als der so und so geformte mehr oder weniger individuelle Gegenstand erkannt (z. B. IV 12, 2,2 sec) sehr schematisches Bild eines Baumes: „Ich sah, als ich ja sagte, so eine Kiefer oder Weide, wie sie am Strand in Norddeutschland wachsen ... Zuerst die Zeichnung gesehen und gleich nicht so sehr als Zeichnung, sondern als Weide aufgefaßt" und noch markanter V 6 Tempelfassade: „Sofort als Chambre des Députés aufgefaßt."

Bei der Niederschrift dieses Abschnittes hätte ich gern noch mehr Material gehabt. Ich stellte darum noch einige orientierende Versuche mit der Vp. Fr. K. an, in Ermanglung eines Projektionsapparates auf sehr primitive Weise: aus den Bildern, die ich in den Reihen IV und V verwendet hatte, wurden einige passende ausgewählt und jeweils eins vor die

---

mit geschlossenen Augen dasitzende Vp. gelegt. Die Zeit zwischen dem Hinblicken der Vp. auf das Bild und ihrer Reaktion wurde mit der Fünftelsekundenuhr gemessen. Zuerst gab ich dabei die Instruktion, die Vp. solle einen ihr bekannten Gegenstand der Art, wie ihn das Bild zeigte, vorstellen und sobald dies gelungen sei, mit Ja reagieren. Im ganzen wurden 12 Versuche mit dieser Instruktion gemacht, die aber insofern ergebnislos verliefen, als keiner der bei Dr. Be. beobachteten Fälle auftrat. Vielmehr wurde das Bild erkannt und benannt, und danach ein Individualgegenstand der Gattung gesucht. Die RV kam also nicht unter dem Einfluß der Bilder, vielmehr unter dem des Namens und der Bedeutung zustande. Ich machte dann noch 10 Versuche mit einer andern Instruktion, und zwar legte ich der Vp. jedesmal, ehe sie die Augen öffnen mußte, die Frage vor: „Welcher dir bekannte Gegenstand ist das?" Diese Methode erwies sich als viel geeigneter. Alle drei Formen, die wir bei Dr. Be. unterschieden, kamen auch hier vor: am häufigsten a dreimal, zweimal b und nur einmal c, ein Versuch verlief so wie die mit der ersten Instruktion, die übrigen waren Fehlversuche. Je ein Beispiel mag angegeben sein, von denen das erste besondere Beachtung verdient:

a) (Schematisches Bild eines Baumes, viele Äste und Zweige, aber keine Blätter): „Erst als Baum erkannt und benannt, dann gefunden, daß ein Baum in B. (wo wir lange wohnten) so ähnlich aussieht. Den gesehen. Der Baum in der Vorstellung war dem des Bildes ähnlich, nur viel reicher, z. B. mit Blättern. Nachträglich fällt mir ein, daß wohl gar kein solcher Baum in B. war.

b) (Bild eines von oben gesehenen Kopfes mit kahler Platte): „Da dachte ich, so ein Gesicht sieht man öfter, der Herr L. sieht so ähnlich aus. Ich sah im Bild jetzt Herrn L., dadurch hatte das Bild eine gewisse Bekanntheitsqualität."

c) (Schematisches Bild von einem langen Herrn aufrecht mit Spazierstock und Zigarette): „Sah gleich aus wie St."

Die drei unterschiedenen Gruppen bilden eine Reihe. Gruppe a ist den KA analog, während Gruppe c dem eigentlichen Wiedererkennen sehr nahe steht.

Wie verhalten sich diese Fälle nun zu unserer Theorie der ÄA?

Die Fälle a erklären sich analog den KA. Die bei der Wahrnehmung und Erkennung ablaufende Erregung löst eine ähnliche Erregung aus und zwar eine in relativ hoher Bereitschaft liegende. Es kamen immer Erinnerungen aus größeren naheliegenden Komplexen zustande, bei Vp. Dr. Be. an seine Pariser Zeit, die in seinen Versuchen überhaupt eine große Rolle spielte; bei Fr. K. an den Ort, an dem wir längere Zeit, von Bäumen umgeben, gewohnt hatten[1]).

In der Form b wiederholt sich nach der Erkennung eine ähnliche Erregung, diese verschmilzt aber nun nachträglich mit der ersten, sodaß das Bild seine Bekanntheitsqualität erhält. Die Gründe, warum diese Verschmelzung stattfindet, dürften für die beiden zitierten Fälle verschieden sein: bei Fr. K. liegt es wohl daran, daß ihre Aufmerksamkeit auf das Bild gerichtet war, daß sie wissen wollte, wem es ähnlich sieht, sodaß dieser Prozeß starke Intensität besaß, bei Dr. Be. dürfte es wohl in dem leichten und schnellen Ablauf begründet sein, die Erkennung ist kaum fertig, als auch schon die Individualisation eintritt, die vom Reiz ausgelösten Prozesse haben gerade erst die residualen allgemeinen „Gitter"-prozesse aktiviert, als auch schon der sehr nahe liegende Erinnerungsprozeß wieder erregt wird und so mit dem ersten zusammenfällt.

In Gruppe c brauchen wir nur noch einen Schritt weiter zu gehen, es wird gleich der individuelle Residualprozeß neu erregt, so daß gleich bei der Erkennung das Individualmoment enthalten ist.

Bei der eigentlichen Wiedererkennung ist es schließlich gerade so, nur ist hier die Aktivierung der individualen Residuen das natürliche und liegt näher als das Erwecken der allgemeinen Residuen.

Damit haben wir also auch sämtliche hierher gehörigen Fälle erklären können. Unsre Theorie erwies sich gerade dadurch, daß sie die ÄA und die Erkennung als Spezialfälle einer allgemeinen Gesetzmäßigkeit auffaßte, als den Erscheinungen adäquat.

---

[1]) Der Versuch bestätigt übrigens wieder unsere Auffassung vom i n t e n t i o n a l e n Unterschied der Individual- und Allgemeinvorstellungen. Die reproduzierte Vorstellung entspricht tatsächlich keinem Individualgegenstand, wird vielmehr — unter dem Einfluß der Aufgabe — so bezogen.

d) Die visuellen Ähnlichkeitsassoziationen der Vp. v. W.
in den Reihen VI u. VII.

In Kap. I fanden wir, daß die Vp. v. W. einige Male
der Aufgabe eine ähnliche Vorstellung zu bilden, so nachkam,
daß auf eine visuelle Allgemeinvorstellung eine andre ähnliche visuelle Allgemeinvorstellung folgte. Wir unterscheiden
zwei Gruppen, analog den zwei ersten eben besprochenen.

a) Versuch VII 9 gehört hierher. Auf die Vorstellung eines
großen gelben Kegels folgt unter dem Bemühen, eine ähnliche Vorstellung zu finden, die eines weißen Zuckerhutes.
Der Versuch erklärt sich analog der früheren Gruppe a. Die
Wirksamkeit der ÄA ist hier noch insofern begünstigt, als
infolge der Aufgabe determinierende Tendenzen wirksam
waren, die einen Ähnlichkeitsablauf erleichterten.

b) In den Fällen der Reihe VI ist es anders: hier tritt
nicht nach einer Vorstellung eine neue ähnlich auf, sondern
die erste Vorstellung verwandelt sich allmählich in eine andre.
Diese Fälle haben eine gewisse Ähnlichkeit mit der vorigen
Gruppe b, unterscheiden sich aber von diesen dadurch, daß
die Veränderung hier eine viel größere ist. Dort trat zum
anschaulichen Bestand nur eine Bekanntheitsqualität hinzu,
während hier bestimmte Elemente, Form oder Farbe, sich
verändern. Trotzdem dürften wir es auch hier nicht mit
prinzipiell verschiedenen Fällen zu tun haben. Auch hier ist
die erste Vorstellung durchweg von der Aufmerksamkeit betont, sie ist es, zu der die RV ähnlich sein soll. Dadurch
ist auch hier die Erregung besonders stark und die neue Erregung ist nicht imstande, sie zu verdrängen, sie verbindet
sich auch hier mit ihr, die gleichen Teile verschmelzen und
nur die ungleichen werden von der neuen Erregung verdrängt.

Diese Fälle sehen vielleicht so aus, als ob sie durch die
Theorie der partiellen Perseveration besser erklärt werden
könnten. Man könnte sagen, gewisse Teile der Vorstellungen
perseverieren und reproduzieren die andern durch Berührungsassoziation. Übersetzen wir diese Theorie wieder ins Physiologische. Von der Gesamterregung AB bleibt ein Teil A erhalten und ergänzt sich zur Gesamterregung AC. Dabei bleibt
aber unerklärt, warum dann der eine Teil ausfällt und durch
den andern ersetzt werden muß, wenn die in sich geschlossene
Gesamterregung AB plötzlich ihre Bahn ändert. Gerade dies
ist aber nach unsrer Theorie wieder verständlich: AB er-

regt direkt AC, die beiden Komponenten A · verschmelzen
wegen der Begünstigung von AB durch die Aufmerksamkeit,
und nur die Teilerregung B muß der Teilerregung C weichen.
Übrigens kommt hier schon das Identitätsproblem mit in Frage,
das wir aber außer acht lassen müssen.

e) Die Synonymitätsreaktionen.

Wenn wir an die Reihen VI und VII denken, in denen
die Vpp. die Aufgabe hatten, mit einer ähnlichen Vorstellung
zu reagieren, so erinnern wir uns, daß diese Aufgabe im
allgemeinen schwer zu erfüllen war, ausgenommen die Fälle,
in denen mit einem Synonym reagiert wurde. Zwar hatten
wir gezeigt, daß die häufigen Synonyme bei der Vp. Dr. Be.
auf einer LE beruhten, aber gerade, daß sich die LE auf
Synonyma so leicht zu dieser Aufgabe ausbildete, während
eine andre nicht auftrat, spricht doch auch dafür, daß die
Synonymitätsreaktion der Lösung in diesem Falle sehr günstig
ist. Dazu kommt noch, daß dieselbe Einstellung auch bei
der freien Instruktion bei Vp. Fr. K. in Reihe I auftrat, und
zwar dadurch entstand, daß sie einmal eine sehr schwierige
Reaktion erleichterte. Sahen wir doch, daß, wenn der Weg
der Berührungsassoziation versagt, leicht der andre der ÄA
beschritten wird. So wird es denn wahrscheinlich, daß die
Synonymitätsreaktion als ÄA aufzufassen ist. Wir müssen
also wohl auch annehmen, daß Worten ähnlicher Bedeutung
irgendwie ähnliche Erregungen entsprechen. Diese Annahme
würde es plausibel machen, warum sich die LE auf Synonyme
so leicht ausbilden konnte; es handelt sich bei ihr um eine
der Hauptarten der Reproduktion überhaupt und zwar um
eine spezielle Art dieser. Nun könnte man von diesem Gesichtspunkt aus gegen eine unsrer Ableitungen in Kap. I
Reihe VI und VII Einwendungen erheben, dagegen nämlich,
daß wir bei Dr. Be. die Übersetzungen durchweg den Synonymen gleich geordnet haben. Denn man wird geneigt sein,
die Verbindung zwischen zwei gleichbedeutenden Wörtern
verschiedener Sprachen auf Berührungsassoziation zurückzuführen. Entweder ist also diese Gleichsetzung von Synonymen
und Übersetzungen falsch oder die Auffassung der Synonyma
als ÄA. Dies werden wir nicht ohne zwingende Gründe zugeben, aber auch jene Gleichstellung scheint uns nach wie
vor durchaus berechtigt, und zwar aus folgenden Gründen:
1. traten die Übersetzungen intentional als Synonyma, nicht

als Übersetzungen auf, 2. gab es Mittelglieder zwischen beiden
Formen, die Fremdwörter. Zweifellos ist der Tatbestand doch
so, daß wir eine homogene Reihe haben, an deren einem
Ende die Synonyma, an derem andern Ende die Übersetzungen
stehen, während die Fremdwörter eine Mittelstellung einnehmen
und beweisen, daß wesentliche Unterschiede nicht bestehen.
Da wir also beide Glieder der Alternative ablehnen, so müssen
wir die ganze Alternative als unberechtigt zurückweisen und
damit die Voraussetzung, von der sie aussging, die Zurückführung der Übersetzung auf Berührungsassoziation. Für den,
der eben anfängt, eine Sprache durch Vokabeln zu lernen,
trifft jene Auffassung wohl zu, nicht aber für den, der eine
fremde Sprache auch nur einigermaßen beherrscht. Denn
für den sind die fremden Worte gar nicht mehr mit den Worten
der Muttersprache direkt und erst indirekt mit der Bedeutung
verbunden, vielmehr sind sie genau so selbständige Bedeutungsträger wie die Worte der eigenen Sprache [1]). Man kann
daher auch die Erfahrung machen, daß man aus einer Sprache
oft schlechter in die Muttersprache übersetzen kann, wenn
man sie beherrscht, als wenn man dabei ist, sie zu lernen.
Das liegt eben daran, daß die Worte im ersten Fall direkt Bedeutungen hervorrufen und zwar häufig solche Bedeutungen,
für die der ganz adäquate Ausdruck in der eigenen Sprache
fehlt, da die Nuancen fast durchweg verschieden sind. Der
Anfänger, für den das eigene Wort mit dem fremden verknüpft
ist, übersetzt fließend und wortgetreu, der Kenner stockt,
weil er Schwierigkeit hat, nicht für die fremden Worte, sondern
für die fremden Bedeutungen eigene Worte zu finden. So ist
also tatsächlich das Verhältnis zweier gleichbedeutender Worte
verschiedener Sprachen ein ganz analoges wie die Synonymität.
Es ist daher auch gerechtfertigt, daß wir bei Dr. Be., der das
Französische wie seine Muttersprache beherrschte, beide gleich
behandelten.

Anhang.

Ranschburgs Versuche und eine Erfahrung des täglichen Lebens.

Unsere Theorie der ÄA ist auch imstande, die von Ranschburg [2]) gefundenen Resultate über Hemmung durch Ähnlichkeit beim

---

[1]) Diese verschieden enge Verbindung ergab sich auch in den
Versuchen von G. Gräfin v. Wartensleben: Beiträge zur Psychologie des
Übersetzens. Zeitschr. f. Psychol., Bd. 57, 1910, S. 114.

[2]) Vgl. P. Ranschburg: Über die Bedeutung der Ähnlichkeit beim
Erlernen, Behalten und bei der Reproduktion. Journ. f. Psychol. u.
Neurol., Bd. 5, 1905, S. 93—127.

Erlernen und Behalten zu erklären. Resultat 1 [1]): „Homogene Doppel-
reihen von 8 Silbenpaaren — deren Konsonantenpaare in vier zu vier
Paaren identisch sind — ergeben bei geringer Wiederholungszahl weniger Treffer bei bedeutend längerer Re-
produktionsdauer als durchweg heterogene Reihen gleicher Länge. Das Erlernen der ersteren ist also meist
schwieriger, ihre Reproduktion gehemmter." Auch
„stellt sich das Behalten erlernter homogener Reihen
für längere Dauer ungünstiger als dasjenige hetero-
gener."

Unsere Theorie sagt dazu: Von den 8 Silbenpaaren der homogenen
Reihe sind je 2 ähnlich, nennen wir das erste Paar $a_1 b_1$, das entsprechende fünfte $a_2 b_2$. Wenn nun a_2 gelesen wird, wird die Tendenz
bestehen, daß a_1 erregt wird und die Erregung a_1 wird die Tendenz
haben sich in b_1 fortzusetzen; dann wird aber auch b_2 wieder einen Einfluß
auf b_1 ausüben. Die Vorgänge im Zentralorgan sind demnach nicht
nur komplizierter, sondern durch Hervorrufung von generativer Hemmung für das Lernen ungünstiger als bei heterogenen Reihen. Sehr
gut zu unsern Ausführungen paßt es, daß auch die Reproduktionszeiten
länger sind, effektuelle Hemmung. Auch das schlechtere Behalten der
homogenen Reihe erklärt sich so, da selbst bei vollständigem Erlerntsein
die verschiedenen Teile verschieden fest haften, und dabei verschieden
schnell abklingen müssen, was eine Reihe von Fehlern bei Trefferver-
suchen ergibt.

Wir übergehen Ranschburgs Resultat 2, da seine Erklärung
nichts mit der ÄA zu tun hat.

Resultat 3: Einzelne erlernte heterogene Teilreihen können relativ
leicht, homogene äußerst schwer zu Gesamtreihen zusammengefaßt werden. Es kommt eben wieder und zwar in besonders hohem Grade sowohl generative wie effektuelle Hemmung ins Spiel. Aus der Verstärkung
der hemmenden Wirkungen folgt denn auch tatsächlich, daß selbst durch
größere Wiederholungszahl die Trefferzahl nicht zu, sondern abnimmt.
Das 4. Resultat ist die große subjektive Unsicherheit bei den homogenen Reihen. Das 5. ist die Verschiedenheit der Fehler bei heterogenen
und homogenen Reihen. Nach unserer Theorie muß die Mehrzahl der
Fehler darin bestehen, daß nicht die gleichen Bestandteile, die Konso-
nanten, sondern die verschiedenen, die Vokale, falsch reproduziert werden. Dies ist auch der Fall (s. S. 122). Falls bei homogenen Reihen
ein Fehler nachträglich richtig korrigiert wird, so ist dies nur
durch Hilfsassoziation möglich. Es sind eben so viele Erregungen in
annähernd gleicher Bereitschaft, daß das Gefühl der Sicherheit nicht
einer Reproduktion in höherem Grade zukommt als einer andern. So
macht unsere Theorie die Annahme Ranschburgs, daß die identischen
Teile der homogenen Vorstellungen zu einem Ganzen verschmelzen
(s. S. 124) überflüssig.

Die störende Wirkung, die die Ähnlichkeit zuweilen auf die Reproduktion ausüben kann, ist ja eine bekannte Sache. Wir wissen, das
ein Name ähnlich ist wie ein Wort, das wir gerade hören, aber so sehr

---

[1]) l. c. S. 119 f. Alle Sperrungen im Original.

wir uns auch auf den Namen besinnen mögen, immer kommt nur wieder das erste Wort ins Bewußtsein. Solch einen Fall haben wir auch einmal in unsern Versuchen, Vp. Schr. III 25 s. S. 124. Die Erklärung ist nicht schwer: die erste Erregung löst die andre ähnliche aus, daher der Bekanntheitseindruck. Diese zweite Erregung ist imstande weiter abzulaufen, daher die Einordnung, wir wissen, was wir meinen. Die erste direkt erregte Phase dieser 2. Erregung kann sich aber wegen der zu starken ursprünglichen nicht durchsetzen. Später, wenn diese verschwunden ist, fällt einem oft ganz plötzlich der richtige Name ein, die entsprechende noch in labilem Zustande befindliche Erregung wird aus irgendeinem Grunde aktiviert und kann jetzt voll zum Durchbruch gelangen.

§ 5. Das Zusammenwirken von assoziativer Reproduktion und Determination.

Wenn auch der Begriff der DT schon von A c h in dem Sinne aufgestellt worden ist, daß wir in den DT ein Mittel besitzen, das uns eine gewisse Unabhängigkeit vom assoziativen Zusammenhang des aufgenommenen Erfahrungsmaterials ermöglicht [1]), so ist das doch nicht so zu verstehen, daß durch Determination die assoziative Gesetzmäßigkeit einfach durchbrochen würde. Wir haben vielmehr allen Grund zu der Annahme, daß die Determination ein Faktor ist, der sich der Wirkung der Assoziation superponiert, fördernd, richtend, hemmend. Allerdings werden auch durch DT neue Assoziationen gebildet, und auch dies ist, wie schon A c h hervorhob, von wesentlichem Werte für unser geistiges Leben. Beispiele hierfür fanden wir gelegentlich einiger LE.

Der Anteil, den beide Faktoren an der Reproduktion haben, kann sehr verschieden sein, und es sind auch die beiden extremen Fälle möglich, das einer der beiden Faktoren allein das Feld beherrscht; so sind die Fehlversuche in der kombinierten Methode A c h s sogar gegen die Determination auf Grund zu starker Assoziation zustande gekommen, und für das Umgekehrte dürften sich wohl manche gedanklichen Neuschöpfungen anführen lassen. Im allgemeinen wirken aber beide Faktoren in gleichmäßigerer Weise und ihre gesonderte Untersuchung bestand bisher darin, daß man unter Konstanthaltung des einen den andern variierte. Aus dieser Konstanz des einen der beiden Faktoren darf aber nicht geschlossen werden, daß er gar nicht wirksam ist. So darf man nicht etwa glauben, daß die über das mechanische Gedächtnis angestellten

---

[1]) W und D, S. 196.

Versuche ohne jede Determination ausgeführt seien. Nehmen wir nur das Trefferverfahren. Die Vp. hat dabei die Aufgabe, auf eine ihr zugerufene Silbe mit der in der gelernten Reihe darauf folgenden zu antworten. Nur in bezug auf die Aufgabe gelten die Resultate, gibt man der Vp. eine andre Aufgabe, z. B.: diejenige Silbe zu nennen, die zuerst ins Bewußtsein tritt, so erhält man, wie **Müller und Pilzecker** gezeigt haben, abweichende Ergebnisse[1]). **Müller und Pilzecker** unterscheiden daher ein Trefferverfahren mit intentionellen Assoziationen von einem solchen mit freien Assoziationen[2]). Dabei ist aber das zweite Verfahren auch nicht etwa in dem Sinne frei, daß gar keine Determination wirksam wäre, vielmehr soll die Vp. ja auch hier eine Silbe nennen. Versuche ohne jede Determination sind eben ein Unding, da Vorstellungsverlauf ohne Determination, normaliter wenigstens, ein Unding ist.

Bei allen Gedächtnisversuchen sind also Determinationen als wirksam anzunehmen, die aber im großen und ganzen konstant bleiben oder nur zufälligen Schwankungen unterworfen sind, so daß die resultierenden Gesetzmäßigkeiten unbedenklich den Assoziationen zugeschrieben werden können. Den bisher bei Gedächtnisversuchen angewendeten Aufgabedeterminationen ist es übrigens gemeinsam, daß sie den Prozeß der Assoziation fördern, es wäre eine an sich denkbare Methode, auch solche Gedächtnisversuche anzustellen, bei denen die Determinationen ganz anders gerichtet wären, mit andern Worten, eine Versuchsanordnung wie die von **Ach** auch zur Untersuchung des Gedächtnisses anzuwenden. Es ist ja nicht von vornherein ausgemacht, daß diejenigen RT, die sich einer fördernden Determination gegenüber als die stärksten erwiesen auch einer hemmenden gegenüber am leichtesten durchdringen[3]).

---

[1]) l. c. Versuchsreihe 38—40 a, S. 200 ff.

[2]) l. c. S. 282.

[3]) Vgl. zu diesen Ausführungen auch Peters, l. c. S. 180/81. Daß in pathologischen Fällen die Determinationen geschwächt werden oder ganz ausfallen können, dafür ist die Ideenflucht das beste Beispiel. Besonders für diese Auffassung spricht die von Goldstein (Monatschr. Bd. 43) mitgeteilte Tatsache, daß Ideenflucht auch bei schwerer motorischer und intrapsychischer Hemmung auftritt, bei der der Assoziationsvorgang also erschwert ist, so daß die Sinnlosigkeit nicht auf eine Übererregbarkeit der Assoziationsbahnen zurückgeführt werden kann.

Viel größer aber als bei der Untersuchung des mechanischen Gedächtnisses ist der Einfluß des Zusammenwirkens
beider Faktoren in Versuchen, wie wir sie angestellt haben,
und in noch viel höherem Grade natürlich im Leben[1]).

Im Zusammenhang hiermit scheint uns jetzt auch die
Doppelnatur der Vorstellungen, ihre Konstitution aus anschaulichen und unanschaulichen Elementen, verständlich. —
In den Gedanken sahen wir die Ausgangspunkte der DT,
in unanschaulichen intentionalen Erlebnissen sahen wir die
eine Seite des Erfolgs der DT. So schließt sich uns jetzt der Vor-
stellungs- und Gedankenablauf einheitlich zusammen. Die anschaulichen Elemente sind zahlreiche Assoziationen eingegangen,
die unanschaulichen determinieren die Reproduktion so, daß
unter der Menge der Assoziationen bestimmte gefördert, andre
gehemmt werden, und der Erfolg, die neu auftretende Vorstellung, trägt wieder als Intention die gedankliche Beziehung
an sich. So kommen Erfahrung und Denken beide zu ihrem
Recht, so kommt die große Einheitlichkeit zustande, die tatsächlich als bewußtes Merkmal den geordneten Vorstellungs-
abläufen eigen ist[2]).

Durch unsre Auffassung, nach der assoziative und determinierende Tendenzen beide in eng verwobener Weise unser
geistiges Geschehen bestimmen — von dem Einfluß der Gefühle haben wir hier ganz abstrahiert — ist nun auch das
Verhältnis von Vorstellung und Gedanken klar geworden. Beide
sind notwendig, beide, wieder zu enger Einheit verschmolzen,
stellen sich als Träger der geistigen Prozesse dar, beide haben,
jedes in seiner Weise, Einfluß auf die Richtung, in der sich
der Verlauf fortsetzt[3]).

---

[1]) Implizite ist dies Resultat auch in den Schlußausführungen
Wreschners enthalten. Er drückt sich so aus: „Assoziationsgesetze
gibt es also nicht, das allgemeine Assoziations- oder Reproduktionsgesetz
ist eine leere Formel, die Sinn und Bedeutung erst dadurch erhält, was
der Mensch aus seinen Eindrücken und Erlebnissen macht..." Damit
ist ja einerseits zu viel, andrerseits zu wenig gesagt, dieser Kompromiß
war aber nötig für einen Autor, der direkt weder Gedanken noch DT
anerkennt. Gerade das Resultat W.'s zeigt aber schlagend, daß wir mit
der Annahme der Assoziationspsychologie nicht auskommen können,
l. c. Kap. 28, bes. S. 599.

[2]) Unsere Ausführungen sind sachlich Fortführungen der von Watt
(l. c. S. 419 f.) begründeten Anschauungen.

[3]) Für Beispiele solcher Einheiten von Gedanken und Vorstellung
vgl. auch Bühler, l. c. S. 353.

Damit stehen sich aber Vorstellungen und Gedanken gleichwertig gegenüber und es geht nicht an, die Gedanken als aus Vorstellungen entstanden aufzufassen, etwa so, daß durch Übung die Vorstellungen in Gedanken übergehen, daß die Gedanken nur eine rudimentäre Form der Vorstellungen seien. Wir können uns also auch nicht der ursprünglich von A c h [1]) und M e s s e r [2]) vertretenen Ansicht anschließen, nach der die Bewußtheiten durch das Anklingen nicht zum Bewußtsein kommender RT erklärt werden. Schon K ü l p e hatte in seiner Besprechung des A c h schen Buches [3]) diese Anschauung abgelehnt [4]).

Wir nehmen vielmehr an, daß schon jede Vorstellung ihren unanschaulichen Gehalt hat und daß dieser allein auftreten kann ohne das anschauliche Fundament, mit dem er ursprünglich vereint war. So lassen sich auch die Ergebnisse von T a y l o r [5]), daß beim wiederholten Lesen desselben Textes immer weniger Vorstellungen auftreten, am besten erklären. Dabei hat die Annahme viel für sich, daß der unanschauliche Bestandteil ursprünglich nur in Verbindung mit anschaulichen auftreten kann. Unsre Theorie ist auch nicht ohne Analogon in andern Teilen der Psychologie; so entstehen Gestalten zunächst auch nur in Verbindung mit Empfindungen, können aber in der Erinnerung und in der Abstraktion auch getrennt bewußt werden. Mit diesem Hinweis haben wir auch gleich eine Brücke zu einer neuen psychophysischen Auffassung gewonnen, auf die nur hingedeutet sei, um zu zeigen, daß auch in diesem Punkte unsre Auffassung hinter der älteren nicht zurückzustehen braucht, während wir eigentlich den Zeitpunkt für eine solche Fragestellung noch nicht für gekommen erachten. Ebenso wie bei der Gestalt zu den Empfindungsprozessen sekundäre Prozesse hinzutreten, die dann später auch

---

[1]) W und D, S. 217 f.

[2]) l. c. S. 85 f. und 187. Daß Messer diesen Standpunkt verlassen hat, geht aus der späteren Publikation, Empf. und Denken, deutlich hervor.

[3]) Gött. gel. Anz. 1907.

[4]) Noch weniger vermögen wir natürlich der von H. M. Clarke vertretenen Anschauung beizupflichten, die die Bewußtseinslagen mit vagen und kondensierten Bewußtseinsinhalten, die von expliziten Vorstellungen nur graduell verschieden sind, indentifiziert. Vgl. Conscious Attitudes. Amer. Journ. of Psychol. Vol. 22, S. 214—249, bes. 248.

[5]) Vgl. Cl. Taylor: Über d. Verstehen von Worten und Sätzen. Zeitschr. f. Psychol., Bd. 40, 1905.

selbständig erweckt werden können, könnte man sich die Sache auch bei den Vorstellungen denken. Auch hier wären außer den Empfindungsprozessen noch andre, zunächst durch diese ausgelöste Prozesse zu postulieren, die später auch selbständig in Aktion treten können. Diese Hypothese ist jedenfalls weniger rätselhaft, als die andre, nach der die gleichen Prozesse je nach ihre Intensität so wesensverschiedenen Erlebnissen entsprechen sollen, wie anschaulichen und unanschaulichen Inhalten.

IV. Kapitel.

Über das Wortverständnis.

In den beiden vorangehenden Kapiteln haben wir immer
wieder von der repräsentierenden Funktion der Vorstellungen
gesprochen. Einer der Hauptfälle (Gegenstandsvorstellung)
war der gewesen, daß die Vorstellung die Bedeutung eines
Wortes darstellte, und wir hatten gezeigt, daß die Vorstellung
in solchen Fällen nicht rein assoziativ auf das Wortbild
folgte, sondern eben unter Leitung des Verständnisses, wie es häufig von den Vpp. bezeichnet wurde. Wir
wollen jetzt dieses Verständnis selbst untersuchen; zusehen,
was für Bewußtseinsinhalte mit diesem Worte bezeichnet werden, ob immer genau dieselben oder verschiedene, ob im
letzten Falle allen diesen ein Element gemeinsam ist. Kurz,
es soll eine möglichst genaue Deskription des Verständnis-
bewußtseins auf Grund unserer Versuchsergebnisse versucht
werden.

§ 1. Stufen des Vertändnisses.

Wir beginnen mit einer Betrachtung der verschiedenen
Bewußtseinsgegebenheiten, die mit dem Namen Verständnis
belegt werden, ziehen aber auch solche heran, die zwar nicht
vom erlebenden Individuum als Verständnis bezeichnet werden, aber doch mit solchen Erlebnissen eine gewisse Verwandtschaft haben oder aber häufig dem Verständnis voraus-
gehen, wie etwa der Bewußtseinsinhalt der Bekanntheit. Es
ist dabei methodologisch zu beachten, daß diese verschiedenen
Verständnisarten, oder, wie wir sagen dürfen, Stufen des Verständnisses nicht etwa auch da angenommen werden können,
wo sie nicht beobachtet worden sind. Unbemerkte Stufen
sind für uns nicht vorhanden. Wir vergleichen die Stufen
in bezug auf mehr oder weniger reiches Verständnis; tatsäch-

lich kommt ja eine Entwicklung von weniger reichem zu reicherem Verständnis vor, es kann aber auch das volle Verständnis sogleich einsetzen oder es kann eine Stufe ohne Entwicklung vorübergehen[1]). Andrerseits lehrt die Stufenbetrachtung auch, daß solche Inhalte, die getrennt vorkommen können, nicht identisch sind, was wichtige Beiträge zur Verständnistheorie liefert.

a) So vertraut es uns auch im allgemeinen ist, gesprochene Worte zu verstehen, und so wenig Bewußtsseinserlebnisse hierbei auch im allgemeinen beobachtet werden können[2]), so können doch Störungen eintreten, die diesen so geübten Vorgang zerspalten. So ergibt sich, daß die Auffassung des rein Klanglichen noch nichts mit Verständnis zu tun hat, denn sie kann zuweilen deutlich dem eigentlichen Verständnis zeitlich vorangehen (vgl. hierzu Schr. I S. 45)[3]). Untersuchungen, die das rein lautliche Wortverständnis zum Gegenstand hätten, würden zweifellos manch wichtigen Beitrag zu dieser Frage liefern[4]).

b) Es ist nun durchaus nicht immer zum Zustandekommen einer RV nötig, daß das Rzw. wirklich v e r s t a n d e n wird, vielmehr kann durch die bloße akustische Aufnahme direkt ein andres Wort reproduziert werden. Die Vp. ist dann völlig überrascht. Derartige Abläufe kommen unter der Instruktion, schnell zu reagieren, häufig vor, doch muß man bei Auswahl der Fälle vorsichtig sein, da in den meisten, scheinbar hierhergehörigen, wohl doch ein geringer Grad von Verständnis dagewesen ist; denn sehr oft fehlt die Überraschung und an ihrer Stelle hat der Vorgang eine andre Färbung, ein schwaches Bewußtsein der Zusammengehörigkeit von Rzw. und RW tritt auf (vgl. Kap. I Fr. K. I S. 32, II 117)[5]).

---

[1]) Vgl. hierzu die entsprechenden Ausführungen von Westphal, Über die Bewußtseinsstufen. l. c. S. 402 f.

[2]) Vgl. die Kap. II, S. 261 zitierten Ergebnisse von Ribot und Marbe.

[3]) Vgl. Messer, l. c. S. 71—93.

[4]) Wir verdanken ihnen schon den Beweis der auch sonst leicht zu beobachtenden Tatsache, daß, wo es sich um die zusammenhängende Rede handelt, das Verständnis günstig auf die rein klangliche Wahrnehmung wirkt. Vgl. K. Bühler: Über das Sprachverständnis vom Standpunkt der Normalpsychologie aus. Ber. über d. 3. Kongr. f. exper. Psychol., herausg. v. Schumann, 1908, S. 103.

[5]) Wir erinnern an die im III. Kapitel besprochenen Versuche, in denen die Benennung eines Bildes vor seiner Erkennung erfolgte.

c) Ist das Wort richtig aufgefaßt, so kann es zunächst der Vp. unbekannt vorkommen. Darauf kann dann das Erlebnis der Bekanntheit einsetzen. Derselbe Inhalt der Bekanntheit kann auch sofort bei der Auffassung eintreten. Diese Bekanntheit aber ist kein Verständnis. Sie findet sich häufig bei solchen Worten, deren Sinn die Vp. vergessen hat. Material hierzu liefert uns unsre Vp. O., die häufig mit der bloßen Bekanntheit reagierte. Diese Bekanntheit fehlt beim gewöhnlichen glatten Verständnis vollständig. Sie ist auch ein Abweg: nicht auf das Wort als solches kommt es an, und darauf bezieht sich ja die Bekanntheit, sondern auf seine Bedeutung, abgesehen vom erlebenden Individuum. Der Abweg wird zum Umweg, wenn sich an die Bekanntheit das richtige Verständnis anschließt. Diese Bemerkungen sollen nur davor warnen, die mit der ausländischen Vp. gewonnenen Resultate so zu verallgemeinern, daß man annimmt, alles Verständnis müsse auf dem Wege der Bekanntheit zustande kommen. Ob dies genetisch so ist, wird sich wohl kaum je mit Sicherheit entscheiden lassen, für den Erwachsenen ist es in seiner Muttersprache jedenfalls nicht so.

d) Obwohl die Bekanntheit vom Verständnis wesensverschieden ist, kann sie doch wohl zuweilen denselben Zweck erfüllen. Wir sahen, daß die Vp. O. in Reihe I mit dem expliziten Verständnis des Rzw. reagierte. Nach einigen Angaben setzte nun diese Tendenz zur Reaktion schon vor dem Verständnis ein, wegen der großen Bekanntheit; aus diesem Grund, gab die Vp. einmal an, habe sie keine Vorstellung gebraucht (vgl. Kap. I S. 59). Wir dürfen hierher wohl auch viele der automatischen Reaktionen rechnen, die unter dem Einfluß der Aufgabe, schnell zu reagieren, zustande kamen. Die Einstellung der Vp. ist auf Reproduktion eines andern Wortes gerichtet, die äußere Seite des Prozesses ist bevorzugt, aber es fehlt meistens doch nicht jede Spur von Vertrautheit. Wir werden also annehmen dürfen, daß unter dieser Einstellung die bloße Erkennung, deren Bewußtseinsreflex die Bekanntheit ist, kurz vor oder auch gleichzeitig mit der Reproduktion vonstatten geht, die Erkennung, die ja selbst ein assoziativ-reproduktiver Vorgang ist. Unter dieser Einstellung genügt nun der Inhalt der Bekanntheit vollkommen, ja in extremen Fällen mag er sogar fehlen.

Während wir also unter c) die Bekanntheit als Abweg kennen lernten, treffen wir sie hier als Ausweg an.

Auch im gewöhnlichen Leben mag zuweilen das Verständnis durch bloße Bekanntheit ersetzt werden.

e) Noch andre Inhalte können vor dem eigentlichen Verständnis auftreten, so bei vieldeutigen Worten das Bewußtsein dieser Vieldeutigkeit, ohne daß das Inhaltliche der Bedeutungen schon irgendwie gegeben wäre[1]). Wir haben im II. Kapitel einen Fall von P. R. bereits zitiert (S. 78), dort ist dies Bewußtsein der Vieldeutigkeit auch noch anschaulich repräsentiert. Es gibt aber auch Fälle ohne solche Versinnlichung, z. B. P. R. I 13: „Sofort die Vieldeutigkeit bemerkt, gesprochen ‚verschiedener Sinn‘.“ Auch bei Vp. O. und Vp. St. findet sich eine ähnliche Angabe. In andern hierher gehörigen Fällen ist es die grammatische Form oder die Kategorie, die zunächst erfaßt wird, z. B. St. I, 5 laufen: „Es fiel mir zuerst auf, daß das Wort kein eigentliches Substantiv ist.“ Auch St. II 15, Maler, läßt sich hier anführen, wo die Vp. durch den letzten Versuch des vorhergehenden Versuchstages (Manen—mahnen) konstelliert, zunächst wußte, daß es mit oder ohne h geschrieben werden kann. Ferner Vp. Schr. I 22, schlimm: „Zuerst Bewußtsein, daß es abstrakt ist.“

f) Hatten wir es bisher mit Vorstufen des Verständnisses zu tun, so kommen wir jetzt zu den niedrigsten Stufen des Verständnisses selbst. Hierher gehören einige Fälle der Vp. O., in denen außer Bekanntheit auch noch irgendeine Art von Verständnis da war. Leider fehlen positive Angaben über die Art dieses Verständnisses, und es lassen sich auch aus andern Angaben nur wenige Schlüsse ziehen. So muß in einem Versuch I 5, Rzw. Jurist, nach Aussage der Vp. die Beziehung zum Justizgebäude irgendwie schwach angeklungen haben, und in I 35, Rzw. dumm, heißt es: „. . . . es war mir bekannt und ich habe darauf reagiert und zwar zu rasch . . . aber verstanden war es doch.“ Zu rasch kann nur heißen: zu rasch für ein volles Verständnis, es kann sich nur um ein sehr vages Verständnis handeln.

g) Das Verständnis kann immer stärker gegenständlich bestimmt sein und wir greifen einige prägnante Grade aus der Stufenleiter heraus: Ziemlich weit unten stehen noch die Fälle, in denen die Vp. den übergeordneten Begriff kennt, zu dem das Wort gehört; z. B. Vp. P. R. I 2, Stern: „Ein halbdunkles

---

[1]) Vgl. Messer, l. c. S. 89.

Wissen, daß es sich um eine ponderable Masse handelt"[1]). Vp. St. III 13, Existenz: „Zunächst gedankliches Wissen, daß es ein philosophischer Begriff." Vp. Fr. K. III 34, Imperialismus: „Sofort das Wissen, daß es ein politischer Begriff."

h) Eine andre Stufe des Verständnisses findet sich bei der Vp. P. R. (s. S. 53). Das Verständnis besteht hier zunächst nur darin, daß die Vp. weiß, in welcher Richtung sie suchen muß. Unter der bestehenden Instruktion wird dann diese Richtung auch in einer Vorstellung aktualisiert, es ist aber sehr wohl möglich, daß in andern Gedankengängen diese Art des Verständnisses häufig allein vorhanden ist[2]).

i) Das reine Verständnis ohne Vorstellungen irgendwelcher Art ist die nächste Stufe. Es kann völlig genügen und wurde von Vp. O. häufig zur Reaktion benutzt, z. B. I 28, laufen: „Diesmal schien es mir, daß ich zu früh reagiert habe, obwohl ich das Verständnis im Kopfe hatte als gehen." Hier ist also das Gegenständliche der Bedeutung bewußt und das Bewußtsein muß daher durch seinen Gegenstand beschrieben werden.

Handelt es sich um mehrdeutige Worte, so kann entweder nur eine Bedeutung ins Bewußtsein treten, oder aber mit dem Bewußtsein der Vieldeutigkeit mehrere gleichzeitig. Dieser Fall des Mehrdeutigkeitsbewußtseins ist aber durchaus verschieden von dem oben unter e) geschilderten, bei dem ja der Gegenstand der verschiedenen Bedeutungen keine Bewußtseinstatsache war[3]).

k) Wenn das Verständnis nicht sogleich vorhanden ist, so kann es mit einer Vorstellung so kommen, daß die Vorstellung zum eigentlichen Bedeutungsträger wird. Wir haben dies Verhältnis ausführlich bei der Vp. O. S. 58 besprochen. Zitiert sei hier eine Angabe der Vp. Schr. I 2, Schach: „Beim Hören zunächst nur ein Laut ohne Verständnis. Dann Verständnis simultan mit der visuellen Vorstellung eines Schachbrettes.'

In diesen Fällen dienen die Vorstellungen nicht dazu, ein schon vorhandenes Verständnis zu illustrieren, sondern

---

[1]) Vgl. Messers Sphärenbewußtsein, l. c. S. 78 f., auch bei Bühler, l. c. S. 111.

[2]) Vgl. Bühler, l. c. S. 112.

[3]) Vgl. wieder Messer, l. c. S. 89 f.

an ihnen erst vollzieht sich das Verständnis. Dies setzt voraus, daß die Verbindung zwischen Wort- und Sachvorstellung noch fest genug ist. Trifft dies nicht zu, so führt das gleiche Streben nach Verständnis zu einem Schriftbild, wodurch natürlich nichts erreicht wird, z. B. Vp. O. I 10 s. S. 60. Charakteristisch ist aber auch hier, daß eine Vorstellung Bedeutungsträger werden soll. Die Vorstellungen brauchen dabei nicht immer wirklich aufzutreten, häufig genügt die bloße Richtung auf Vorstellungen, oder unter Umständen auch Wahrnehmungen. Zahlreiche Beispiele hierfür bot wieder Vp. O. S. 59. Wir zitieren hier noch I 13, Grund, wo die Richtung auf eine Wahrnehmung, die Erde, das Verständnis ausmachte. Ganz ähnlich bei gleichem Rzw. Vp. B. I 13.

l) Ist schon ein einigermaßen volles Verständnis vorhanden, so kann dies noch durch alle möglichen Arten von Vorstellungen gehoben werden, von denen aber den visuellen Sach- und den akustomotorischen Wortvorstellungen eine besondre Bedeutung zukommt.

Wir haben schon im ersten und zweiten Kapitel gesehen, daß die Vorstellungen sehr häufig den Zweck hatten, die Bedeutung zu klären (vgl. Kap. II S. 253 f. und die Besprechung der Resultate von P. R. S. 51 f. und O. S. 91), das Verständnis abzuschließen. Die Vorstellung braucht auch hier nicht immer voll entwickelt zu sein, es genügt zuweilen schon die bloße Richtung auf eine solche. Das durch eine Vorstellung geklärte abgeschlossene Verständnis dürfen wir als die vollste Form des Verständnisses ansehen[1]).

Diese Untersuchung hat uns gezeigt, daß wir, wie so häufig in der Psychologie, mit einem Namen sehr verschiedene Bewußtseinszustände bezeichnen, die diese gemeinsame Bezeichnung nur dadurch rechtfertigen, daß sie praktisch den gleichen Zweck erfüllen[2]). Daß es für das Behalten nicht gleichgültig ist, wie das Verständnis beschaffen war, ist sehr wahrscheinlich, und es würde sich wohl lohnen, unter diesem Gesichtspunkt Versuche anzustellen[3]).

---

[1]) Vgl. hiermit d. Reihenfolge, die H. Kakise kürzlich aufgestellt hat und die mit der unsrigen in vielem übereinstimmt. l. c. S. 50 ff.

[2]) Vgl. Bühler, l. c. 109.

[3]) Auch hierauf weist Westphal mit Bezug auf seine Bewußtseinsstufen hin, l. c. 407.

§ 2. Verständnis und Vorstellung.

I. Scheidung in Sach- und Wortvorstellungen.

Untersuchen wir jetzt die Beziehungen, die zwischen Verständnis und den damit auftretenden Vorstellungen obwalten! Schon im II. Kap. hatten wir hiervon ausführlich gehandelt, als wir die repräsentative Funktion der Vorstellungen nachwiesen. Dort gingen wir von den Vorstellungen aus, jetzt schlagen wir den umgekehrten Weg ein und untersuchen, was es für das Verständnis ausmacht, wenn Vorstellungen hinzutreten.

Was sind es nun für Vorstellungen, die beim Verständnis eine Rolle spielen? Wir unterscheiden am zweckmäßigsten, wie auch schon im II. Kap. Sach- und Wortvorstellungen, von denen uns die optischen Sachvorstellungen und die akusto-motorischen und optischen Wortvorstellungen am meisten interessieren. Doch treten, wie schon bemerkt, alle übrigen Arten von Sachvorstellungen auf, insbesondere kinästhetische Vorstellungen häufig zusammen mit Inhalten andrer Art.

II. Verständnis und Gegenständlichkeit.

a) Vorbemerkung.

Wir kommen jetzt zum Kern der ganzen Betrachtung, zur Deskription des eigentlichen Verständniserlebnisses, besser der prägnanten Verständniserlebnisse. Die Schwierigkeiten dieser Aufgabe sind sehr groß; erhöht werden sie ganz besonders durch die Schwierigkeiten der Verständigung, die bei so diffizilen Beschreibungen sich besonders stark geltend macht, und die noch dadurch erhöht wird, daß mir zur Zeit der Durcharbeitung der Protokolle der persönliche Kontakt mit meinen Vpp. fehlte. Wenn also den folgenden Ausführungen naturgemäß der Charakter des Hypothetischen in gewissem Maße zukommen muß, so waren doch die folgenden Gründe für mich ausschlaggebend, sie nicht fortzulassen: Auf der einen Seite sind schon Messer[1]) und Bühler[2]) auf analoge Gesichtspunkte gekommen, so daß die Wahrscheinlichkeit durch die unbeeinflußte Übereinstimmung wächst — ich fand die hier dargestellte Tatsache, ohne die Angaben der beiden Autoren gegenwärtig zu haben —; andrerseits wird durch die folgenden Betrachtungen mancher unsrer früheren

---

[1]) l. c. S. 148 ff.
[2]) Über Gedanken l. c. 358 f.

Aufstellungen ein neuer innerer Zusammenhang zuteil. Im Hinblick auf diese Vorbemerkung soll die Darstellung nicht mehr durch Hervorhebung des jeweils vorhandenen, mehr oder weniger hypothetischen Charakters unterbrochen werden.

Daß die verschiedenen Protokolle für unser Problem nicht gleichviel beitragen, ist von vornherein zu erwarten. Zwei Vpp. hoben sich durch die Fülle des beigebrachten Materials von den übrigen ab, Vp. P. R. und Vp. Prof. O. Sie nehmen daher auch im folgenden eine dominierende Stellung ein. Dabei habe ich mich aber durchweg bemüht, ihre Aussagen durch die von andern Vpp. zu stützen. Der Unterschied zwischen ihnen und den andern liegt weniger in der Zahl als in der Art der Angaben: dadurch, daß bei ihnen sich der Verständnisvorgang komplizierter gestaltete, sind mehr bestimmende Faktoren zu erkennen, und da diese Faktoren unabhängig voneinander variierten, konnten sie besonders leicht herausgearbeitet werden. Bei den andern Vpp. verlief der Prozeß vielmehr in gewohnten ausgeschliffenen Bahnen, es traten viel weniger Formen des Prozesses auf. Daher sind ihre Beschreibungen viel weniger ausführlich. Gerade viele ihrer Angaben aber lassen sich dann in Hinblick auf die Beschreibungen der beiden Vpp. verwerten. Theoretische Anschauungen haben die Aussagen sicher nicht beeinflußt.

b) Gegenständliches und Nichtgegenständliches Verständnis.

Im eigentlichen Verständniserlebnis können wir zwei Typen voneinander unterscheiden, die entweder nacheinander auftreten, so daß der eine als die Vorstufe des andern erscheint, oder auch ganz gesondert voneinander vorkommen. .

1. Das Verständniserlebnis kann darin bestehen, daß die Bedeutung des Wortes als solche erlebt wird, daß man weiß, ein Stern ist ein Himmelskörper, ein Schwert, eine Waffe usw. Nicht vorhanden ist in diesem Erlebnis der gemeinte Gegenstand. Nicht im Erlebnis gegeben ist das Ding, das Stern oder Schwert genannt wird. Wir wollen diesen Typus darum den nichtgegenständlichen nennen.·

2. Diesem Erlebnis steht diametral gegenüber dasjenige Verständniserlebnis, bei dem der Gegenstand gerade das Gegebene ist. Stern ist in diesem Erlebnis das, was ich am Himmel sehen kann, oder in allerextremsten Fällen gar der Herr mit dem Namen Stern (beides verwirklicht bei B. I 2 s. u. S. 378). Diesen Typus nennen wir darum den gegenständlichen[1]).

---

[1]) Messer unterscheidet begriffliches und gegenständliches Denken, doch scheint uns der Ausdruck „begrifflich" mißverständlich, Bühler, direktes und indirektes Meinen, das „dies" und das „dasjenige welches". Wir beschränken uns hier auf das eigentliche Wortverständnis, während besonders bei Bühler das Problem viel weiter gefaßt ist.

Wir erwähnten bereits, daß diese Typen. nacheinander auftreten können. In unsern Versuchen findet sich lediglich die Reihenfolge nichtgegenständlich—gegenständlich, sie hat eine besondre Bedeutung. Ob die umgekehrte Reihenfolge auch vorkommen kann, wagen wir nicht zu entscheiden, doch dürfte dies wohl wahrscheinlich sein und von der Aufgabe abhängen, die dem Denken gestellt ist.

Häufig trat aber eine solche Entwicklung des Verständnisses nicht ein. Die Vpp. hatten entweder die eine oder die andre Art und gingen dann weiter. Gerade hier nimmt Vp. P. R. seine Ausnahmestellung ein. Bei ihm ist die Entwicklung das Normale. Wir charakterisieren jetzt die einzelnen Typen und verwerten dabei Verständniserlebnisse, gleichviel ob sie die einzigen Erlebnisse oder ob vor ihnen noch andre aufgetreten waren.

1. Bei allen Vpp. trat das nichtgegenständliche Erlebnis mehr oder minder häufig auf.

Vp. St. I 10, Rzw. Zucht: „Zunächst der Wortbegriff rein gedanklich gegenwärtig wie Ordnung." Vp. Schr. I 24, Rzw. Beutel: „Zuerst ein Wissen, daß Beutel etwas S a c k a r t i g e s."

Vp. Fr. K. II 32, Rzw. faul: „Es war zuerst ein Gedanke erforderlich, daß faul den Sinn ‚verdorben' hat."

Diese drei Beispiele mögen genügen, sie zeigen deutlich, was für Erlebnissse gemeint sind.

Diese Art des Verständnisses, die zwischen den verschiedensten Graden der Bestimmtheit schwanken kann, ist nun auch die des ersten Stadiums bei Vp. P. R. Da diese Vp. aber nicht mit einer beliebigen geringen Bestimmtheit zufrieden ist, sondern sich den Begriff vollständig vergegenwärtigen will, schreitet sie zu ihren Definitionen, in denen also andre Worte auftreten. Es ist nun charakteristisch, daß auch dieses Definitionsverständnis dem gleichen nichtgegenständlichen Typus angehört.

Z. B.: II 5, Rzw. Fusel: „Sofort verstanden. Ich suche danach, mir das Verständnis irgendwie klar zu machen. V_1 eine Art Schnaps, innerlich gesprochen. B e z i e h u n g a u f d e n G e g e n s t a n d f e h l t e, Verständnis war vollständig da." [1]

II 19, Rzw. liegen: „Zuerst Verständnis . . . ich suchte nach Analyse. V_1 Tätigkeit, innerlich gesprochen. Dies zurückgewiesen. Dann innerlich gesprochen ‚gleich ausruhen'. Hiermit kein optisches Bild verbunden. Keine Beziehung."

Der letzte Versuch zeigt deutlich, worin der Fortschritt im Verständnis

---

[1] Messers Vp. VI sagt „keine Beziehung auf einen wirklichen Gegenstand". l. c. 164.

besteht, der durch eine Definition erreicht wird. Alle Beispiele bewiesen aber, daß auch dies ausgeprägte Verständniserlebnis noch nicht gegenständlich ist.

Wir haben es also mit Fällen zu tun, in denen zum rein gedanklichen Verständnis, Erlebnisse anschaulicher Art, Wortvorstellungen hinzutreten, ohne daß das Erlebnis dadurch gegenständlich wird.

Es drängt sich nun sofort die Frage auf, ist dies eine besondre Eigentümlichkeit der Wortvorstellungen, oder kann das gleiche auch bei anderm Material vorkommen, kann also etwa, wenn optische Inhalte zum Verständniserlebnis hinzutreten, dieses seinen nichtgegenständlichen Charakter bewahren?

Wir erinnern uns an einige im II. Kap. zitierte Angaben von nichtdinglichen Vorstellungen, speziell Vp. St. I 1 E I (S. 245) und II 30 E I (S. 247), ferner Vp. O. III 6 I II (S. 245). In allen drei Fällen wird die Beziehung zum Verständnis besonders hervorgehoben, und zwar so, daß an ein gegenständliches Verständnis nicht gut gedacht werden kann. So deutet doch wohl bei Vp. St. die Analogie in der Beschreibung des Verständnisses, „daß es (sc. das Wort) ein Vogel ist" und des Bildes „das Eigenschaften des Vogels hatte" darauf hin, daß auch durch das Auftauchen des Bildes nichts am Verständnis geändert ist. Und auch der besondre Hinweis von Vp. O., daß die Vorstellungen als Gegenstände gar keine Rolle spielten, nur als Ergänzungen zum Begriff, macht es unwahrscheinlich, daß es sich um gegenständliches Verständnis gehandelt habe.

Endlich zitieren wir ausführlich den Versuch von P. R. II 18, Rzw. Grotte (ein Teil davon ist schon in Kap. II S. 243 wiedergegeben): „Zunächst wieder unmittelbar das Verständnis und das Bedürfnis, es zu analysieren ... V_1 am Berge, innerlich gesprochen. Dabei das Bild einer berühmten Grotte im Teutoburger Walde. Es kam nachträglich hinzu. Beim Sprechen kein Bedürfnis, den Inhalt bestimmt zu beziehen, sobald ich aber das optische Bild hatte, wurde es bestimmt mit der wirklichen Höhle verbunden ... Das optische Bild ganz deutlich mit allen Details ... Es ist das Bild da, es ist bekannt, und dann kommt die Beziehung als deutlich verschiedener Prozeß."

Klar ist, daß das Definitionsverständnis zunächst nichtgegenständlich war und daß zum Schluß gegenständliche Momente da waren. Wenn man aber die Aussage genau prüft, so scheint es, daß doch zunächst auch die optische Vorstellung noch nicht bezogen, noch nicht dinglich war, und daß wohl auch das ganze Verständniserlebnis erst gegenständlich wurde, als diese Beziehung auf ein Ding eintrat. Danach scheint es uns allerdings prinzipiell möglich, daß ein nichtgegenständliches Verständnis auch noch diesen Charakter bewahren kann, wenn optische Sachvorstellungen hinzutreten; diese optischen Vorstellungen müssen aber dann nichtdinglich sein[1]). Diese letzte Bestimmung legt es nahe, auch die zum Verständnis hinzutretenden Wortvorstellungen unter diesem Gesichtspunkt zu betrachten. Wir fanden denn auch hier, daß die Wortvorstellungen, die zum Verständnis hinzutreten können, ohne seinen nichtgegenständlichen Charakter zu zerstören, nichtdinglich sein müssen. So kommen wir zu dem viel allgemeineren Satz, der die tiefere Bedeutung unsrer Unterscheidung erkennen läßt, daß nichtdingliche Vorstellungen den nichtgegenständlichen Charakter von Verständniserlebnissen nicht ändern.

2. Das gegenständliche Verständnis ist dann das primäre, wenn das Verständnis erst mit der visuellen Vorstellung kommt, wie wir es besonders oft bei der Vp. O. gefunden haben (vgl. o. § 1 k). (Verwiesen sei hier auf den Versuch St. I 11 Kap. II S. 251.) Im allgemeinen geht ihm aber ein gedankliches Erlebnis voraus, in dem das Verständnis mindestens schon angebahnt ist, s. St. II 81 (im II. Kap. S. 254f.), wo das eigentliche Verständnis — in diesem Falle eine Art Begriffsneubildung — erst mit Hilfe der visuellen Vorstellung in gegenständlicher Weise zustande kommt.

In der Mehrzahl der Fälle ist aber dem gegenständlichen Verständnis ein nichtgegenständliches vorausgegangen. Es liegt nahe, hier an alle Fälle mit Gegenstandsvorstellung zu denken, für die wir ja das Repräsentationsverhältnis nachweisen konnten (II. Kap. S. 253ff.), doch muß es zweifelhaft erscheinen, ob es sich dabei wirklich noch um ein einheitliches Verständniserlebnis handelt. Viel wahrscheinlicher ist es, daß der eigentliche Verständnisprozeß in den meisten Fällen für die betr. Vpp. schon erledigt war, ehe sie die Vorstellungen bildeten, daß für sie das Verständnis nichtgegen-

---

[1]) Hierin weichen unsere Befunde von denen Messers ab. Für ihn war das Fehlen, oder doch das Nebensächliche der optischen Inhalte gerade für das begriffliche Denken charakteristisch.

ständlich war und nur in enger Beziehung zu diesem Verständnis die Vorstellung auftrat.

Anders ist es aber bei der Vp. P. R., bei der nach der Definition noch eine Veranschaulichung auftrat, die das Verständnis erst vollständig machte (I. Kap. S. 51).

Der einfachste Typus des gegenständlichen Verständnisses ist also der, in dem visuelle dingliche Sachvorstellungen im Mittelpunkt stehen.

Dies ist aber wieder durchaus nicht die einzige Art. Das visuelle Moment kann fast oder völlig verschwinden, ohne daß die Gegenständlichkeit leidet. Wir verweisen auf den in Kap. I S. 59 zitierten Versuch O. I 3, wo die Vp. mit Sicherheit nur angeben konnte, daß das Verständnis gegenständlich war, ohne sich entscheiden zu können, ob sie eine visuelle Vorstellung gehabt hat. (Die Aussage ist natürlich gänzlich unbeeinflußt, wie schon aus der Ordnungszahl des Versuchs hervorgeht!) An Stelle von richtigen optischen Vorstellungen traten bei Vp. B. sehr häufig bloße Richtungserlebnisse; z. B. I 2, Rzw. Stern: „Ich war zunächst auf d a s gerichtet, was am Himmel steht, dann auf den Psychologen ... Beide Male keine Vorstellung, nur so eine Richtung nach." In andern Fällen war wenigstens zunächst eine bloße Richtung gegeben und erst dann bildete sich „unter dem Einfluß der Instruktion" eine Vorstellung, z. B. I 44, Rzw. sagen: „Zunächst Richtung auf Sie als den Sprecher und das gerade Gehörte."

Daß es sich durchweg um wirklich gegenständliches Verständnis handelt, ist klar. Sehr deutlich wird der Unterschied zwischen gegenständlichem und nichtgegenständlichem Erfassen in folgender Angabe der gleichen Vp. I 46, Rzw. mächtig: „... Nun gedanklich Richtung auf die Sphäre, dann räumliche Richtung nach einem erhöhten Ort, dort wollte etwas erscheinen, das mächtig war" [1]).

Aber auch akustomotorische Wortvorstellungen können unter Umständen das Verständnis gegenständlich machen. Wir sahen früher, daß zuweilen der Vp. P. R. die optische Veranschaulichung nicht gelang und daß sie dann an ihre Stelle ein Wort setzte, das mit dem Rzw. in Bedeutungszusammenhang stand (S. 52). Diese Worte sind nun als dingliche

---

[1]) Daß diese Richtungserlebnisse oft oder meistens doch auch ein anschauliches Element enthalten, scheint mir aus der Hervorhebung der r ä u m l i c h e n Richtung in diesem Zitat hervorzugehen.

Vorstellungen aufzufassen. Hierher gehört der S. 52 zitierte Versuch I 32 I

Das Hauptmerkmal des gegenständlichen gegenüber dem nichtgegenständlichen Verständnis liegt also, wie auch Messer hervorhebt, in dem Bewußtsein der wirklichen Existenz.

c) Übergänge.

Wir haben bisher bei Betrachtung der Angaben der Vp. P. R. folgende Entwicklung des Verständnisses als charakteristisch gefunden: rein gedankliches, nichtgegenständliches Verständnis — Klärung durch Worte, Definitionen ohne Aufgeben des nichtgegenständlichen — Veranschaulichung durch Sach- oder Wortvorstellungen mit dem Umschlag ins Gegenständliche. In dieser reinen Form aber kommt der Prozeß nun durchaus nicht immer vor, vielmehr findet sich schon früher ein gegenständlicher Einschlag ein, „vages unausgefülltes Beziehungsbewußtsein" tritt oft schon zur Definition selbst hinzu. Daß das Beziehungsbewußtsein wirklich das ist, was wir Gegenständlichkeit nennen, daß wir es also hier mit Formen schwächster Gegenständlichkeit zu tun haben, geht aus einigen Aussagen hervor:

Z. B. II 17, Rzw. Gedicht: V_1 ist die innerlich gesprochene Definition „in der Literaturgeschichte". „In diesem Stadium ganz schwaches Beziehungsbewußtsein da, irgendwie auf Buch oder Bücher gerichtet."

Anders drückt sich die Vp. I XIII, Rzw. ·Pille, aus, meint aber augenscheinlich ein ganz ähnliches Erlebnis: „Wird als Medikament gebraucht, innerlich gesprochen. Beziehung wollte eintreten, fand aber kein Objekt." Schließlich wird dies unausgefüllte Beziehungserlebnis bei einer andern Vorstellung in II 15, Rzw. Pulver, beschrieben: „Daran schloß sich noch eine dritte Assoziation: Preußen, innerlich gesprochen, mit einem Beziehungsbewußtsein, das nicht erfüllt war: dunkles Bestreben, ein Objekt dafür zu haben." Es handelt sich also wohl in allen Fällen um eine gewisse unbestimmte Gegenständlichkeit, das Verständnis soll so beschaffen sein, wie dann, wenn es an einem Objekt, wenn es gegenständlich vollzogen wird, es findet sich aber kein bestimmtes Objekt, so daß dies Erlebnis auch unlustbetont ist, die Vp. war meistens von diesen Erlebnissen unbefriedigt.

Diesem Erlebnis nahe, steht wohl ein andres, auf das O. I 43 hinzielt: Rzw. powerful: „This word was very easily understood, but then there was a gap, an expectancy, what it should refer to." Auch hier die noch unbestimmte Gegenständlichkeit.

d) Ergänzungen.

In den bisherigen Darlegungen sind noch nicht alle Arten von Vorstellungen, die Bedeutungen repräsentieren können, berücksichtigt worden. Betrachten wir das Schema auf S. 268, so sehen wir, daß die Bildvorstellungen noch ganz fehlen und daß auch bei den andern der Unterschied der individuellen und allgemeinen noch nicht behandelt worden ist. Wir beginnen mit dem zuletzt angeführten Punkt. Es ist für das Erlebnis des gegenständlichen Verständnisses völlig irrelevant, ob es sich um allgemeine oder individuelle dingliche Vorstellungen handelt. P. R., der hier die individuellen Vorstellungen bevorzugt, hat zuweilen auch allgemeine; und auch bei den andern Vpp. treten beide Formen auf. Daß die individuellen Vorstellungen hier häufig sind, liegt wohl daran, daß sie den Charakter der Dinglichkeit in noch höherem Maße besitzen als die allgemeinen (vgl. S. 268), und daher für das gegenständliche Verständnis besonders gut geeignet sind.

Konnten wir so die eine Lücke leicht ausfüllen, so muß die andre noch offen bleiben. Wie die Bildvorstellungen im Verständniserlebnis fungieren, läßt sich meinen Protokollen nicht entnehmen. Weitere Versuche müssen dies klarstellen.

e) Kurzer Hinweis auf Gedankengänge von E. Husserl.

Die logischen Untersuchungen von Husserl behandeln die Fragen, auf die wir hier auf Grund unsrer Versuche gekommen sind, in äußerst eingehender und umfassender Weise. Allerdings sind seine Ausführungen, wie er auch seither mehrmals betont hat[1]), nicht eigentlich psychologisch gemeint, können also auch nicht direkt mit unsern Ergebnissen verglichen werden. Andrerseits stehen sie aber auch in enger Beziehung zur Psychologie, wobei die Art der Beziehung sowohl für die Erkenntnisquelle und den Geltungsbereich seiner Sätze mir auch nach dem eben zitierten Aufsatz noch problematisch erscheint; jedenfalls müssen sich gewisse Verbindungen zwischen Husserls und unsern Ergebnissen herstellen lassen. Wir begnügen uns dabei mit allgemeinsten Verweisen.

Es springt die Ähnlichkeit in die Augen, die unser Unterschied von gegenständlichem und nichtgegenständlichem Verständnis mit dem Husserlschen der bedeutungverleihenden und bedeutungerfüllenden Akte hat (S. 37 ff.). Daß aber eine Deckung der beiden Unterschiede nicht statthat, ergibt sich daraus, daß wir gegenständliches Verständnis auch ohne irgendwelche erfüllende Anschauung kennen lernten. Husserl behandelt dann später (in der VI. Untersuchung) die Verhältnisse zwischen diesen beiden Arten von Akten, die jetzt

---

1) Vgl. etwa seinen Artikel „Philosophie als strenge Wissenschaft" in Logos Bd. I, S. 289—341.

als signitive und intuitive bezeichnet werden. In diesem Teil findet sich eine Reihe von Berührungspunkten mit unsern Ausführungen, so die wichtige Feststellung, „daß derselbe (z. B. sinnliche) Inhalt einmal als Träger einer Signifikation, das andre Mal als Träger einer Intuition dienen kann" (561/2), für die das nichtgegenständliche Verständnis mit nichtdinglicher Sachvorstellung ein Beispiel ist. Die Sachvorstellung ist in diesem Falle signitiv, während sie in andern Fällen, eben wenn sie in unsrer Terminologie dinglich ist, intuitiv repräsentieren kann. Auch der Satz auf S. 567 gehört hierher: „Gegenstand zu sein, ist kein positives Merkmal eines Inhalts, es bezeichnet den Inhalt nur als intentionales Korrelat einer Vorstellung." Übrigens glaube ich nicht, daß H u s s e r l selbst die von uns angeführten Tatbestände im Auge gehabt hat; die Existenz der nichtdinglichen Sachvorstellung ist ihm wohl kaum bekannt gewesen, einen gewissen Ansatz dazu finde ich auf S. 265 in dem Absatz über die gemischten Akte, wo gezeigt wird, daß derselbe repräsentierende Inhalt teils intuitiv, teils signitiv fungiert. Gerade hier erkennen wir aber auch wieder den Unterschied zwischen der Methode H u s s e r l s und der unsrigen. Als tatsächliche Erlebnisse werden sich diese signitiven Elemente 'der Repräsentanten neben den intuitiven kaum je nachweisen lassen, der Idee nach, rein gegenständlich logisch betrachtet sind aber die Ausführungen H u s s e r l s ganz richtig.

Diese wenigen Hinweise sollen genügen. Der Unterschied unsrer Betrachtungsweise von der H u s s e r l s geht wohl daraus hervor: wir wollen die wirklich auftretenden, im Bewußtsein vorfindbaren E r l e b n i s s e beim Verständnis aufzeigen und zwar alle, die wir nur finden können, H u s s e r l will immer etwas O b j e k t i v e s, was zur Erkenntnis gehört, was eine höhere, eine tiefere Stufe der Erkenntnis ist; und dazu untersucht er nicht das individuelle, zeitlich bestimmte Erlebnis, sondern das Erlebnis, das eben die bestimmten Bedingungen erfüllt, als solches. Das ergibt sich aus der Lektüre der Logischen Untersuchungen und soll wohl auch mit dem Ausdruck Wesensforschung gemeint sein, den er in dem Logosaufsatz gebraucht [1]).

---

[1]) Vgl. hierzu auch A. Messer: Husserls Phänomenologie in ihrem Verhältnis zur Psychologie, Arch. f. d. ges. Psychol., Bd. 22, 1911, S. 117 bis 129. Messer sucht mit Recht, aber wohl kaum im Sinne Husserls die Trennung der beiden Betrachtungsweisen aufzuheben.

III. Was leisten die Vorstellungen für das Verständnis?

Nach dem Vorangehenden ist es klar, daß die Bedeutung der Vorstellung für das Verständnis darin besteht, daß dieses durch hinzutretende Vorstellungen in irgendwelcher Weise vollkommener wird. Dabei werden wir zwei Hauptarten unterscheiden, je nachdem das Verständnis nichtgegenständlich bleibt oder gegenständlich wird. Für das erste ist besonders charakteristisch der Versuch P. R. II 6, Rzw. schneiden: „Verständnis war da. Suchte wieder nach einer Definition. So V_1 eine Art Tätigkeit, innerlich gesprochen. Dabei gemerkt, daß das zu vag sei, und gesucht, es näher zu bestimmen; da kam von selbst RW, Messer, innerlich gesprochen. Rzw. und RW verschmolzen in ihren Bedeutungen. Dadurch der Sinn viel klarer. Keine Beziehung auf einen individuellen Gegenstand. Nur ein Meinen." Daß hier das Erlebnis ganz im nichtgegenständlichen bleibt, ist nicht zu bezweifeln. Die Klärung des Verständnisses besteht hier in der Heranziehung neuer Bedeutungen, die mit der alten eine Einheit abgeben[1]). Ähnlich dürfte es auch in O. III 6 liegen (S. 245). Hier spricht vor allem die Bezeichnung der Bilder als „Ergänzungen zum Begriff" für unsre Auffassung. In den andern zitierten Fällen mit nichtdinglichen visuellen Sachvorstellungen ist es nicht möglich zu entscheiden, weil die Bilder gleichzeitig mit dem Verständnis kamen wie bei St. oder weil eine Angabe fehlt wie bei P. R.

Daß durch Hinzutreten dinglicher Vorstellungen und dadurch bewirkter Vergegenständlichung des Verständnisses dieses, wenigstens für bestimmte Individuen, erhöht wird, hatten wir schon bei P. R. in Reihe I gesehen (s. d. Aussagen I 5 S. 51 und I 4 S. 53). Endlich paßt hierzu auch dessen ausdrückliche Angabe II 5, Rzw. faul, wo die Gegenständlichkeit im Verständnis fehlt: „Verständnis war vollständig da. Durch die gegenständliche Beziehung wird aber alles viel klarer, deutlicher."

Die große Bedeutung der dinglichen Vorstellungen für das Verständnis ersahen wir auch aus den Fällen, wo, wie häufig bei der Vp. O., das Verständnis erst mit den Vorstellungen kam. Hier bewirkten also diese überhaupt, daß eine Art von Verständnis zustande kommt. Daß aber trotzdem auch hier nicht Verständnis mit Vorstellung identisch ist,

---

1) Vgl. hierzu Bühlers indirektes Meinen l. c.

läßt sich beweisen. Es kann nämlich erstens eine Vorstellung auftreten und die Vp. dabei wissen, daß diese Vorstellung falsch ist, d. h. der Bedeutung, ob zwar sie diese nicht kennt, nicht entspricht.

Zweitens können Vorstellung und Meinung auseinandergehen, wie bei der Vp. P. R. I 43, die als RV das Wort Ursache aussprach, aber Folge meinte, oder bei der Vp. St. II 43, vgl. S. 78. Hier wird eine Vorstellung auf einen individuellen Gegenstand bezogen und es tritt akustisch der Name eines solchen Gegenstandes auf, während ein ganz andrer Gegenstand gemeint ist. Der Fall, der sich ja in mancher Hinsicht vom eigentlichen Verständnis unterscheidet, ist doch gerade in den Punkten, die uns interessieren, dem Verständnis analog, und das Auseinanderfallen von Vorstellung und Meinen ist als Argument von Bedeutung[1]).

Wir ergänzen unsre Ausführungen dahin, daß auch nicht das Auftreten eines Gedankens allein das Verständnis ausmacht. So verstand Vp. O. I 12 das Rzw. Spatz nicht. Es trat zwar im Laufe des Versuches der r i c h t i g e G e d a n k e auf, er wurde aber nicht für r i c h t i g g e h a l t e n. Es gehört eben noch ein bestimmtes positives Merkmal dazu, damit die Vorstellung, resp. der Gedanke wirklich dem Verständnis dienen kann[2]).

Die Leistungen, die die Vorstellungen durch Klärung für das Verständnis vollbringen, haben wir damit noch einmal kurz überblickt.[3]) Wir fügen hinzu, daß häufig, besonders im

---

[1]) Eine ähnliche Dissoziation von Bedeutung und Vorstellung tritt häufig im Traum ein. Vgl. hierzu F. Hacker: Systematische Traumbeobachtungen. Arch. f. d. ges. Psych., Bd. 21, 1911, S. 27 und bes. S. 31 f.

[2]) Analog ist ja auch bei tachistokopischen Leseversuchen die Reproduktion der akustomotorischen Wortvorstellung von dem Bewußtsein der Zusammengehörigkeit dieser mit dem gesehenen zu trennen. Vgl. Schumann, Kongr. Ber. II 179.

[3]) Kakise definiert das feeling of content die reinste Form des Verständnnisses ohne visuelle Vorstellungen, als awareness of numerous simultaneously excited incipient images. Was für ein Erlebnis dieses Gewahrsein von aufsteigenden Vorstellungen, — denn um solche handelt es sich im eigentlichsten Sinn, K. spricht von direct awareness of images themselves —, sein soll, ist mir wenigstens unverständlich. In welcher Weise werde ich diese Vorstellungen gewahr, ohne Vorstellungen zu haben? K. sagt wohl darauf, eben in dem Inhalt, den ich feeling of content nenne. Dieser Inhalt ist nun aber etwas total andres, eben das Bedeutungsbewußtsein, mit dem wir uns schon so lange beschäftigen.

gewöhnlichen Leben diese Leistung nicht erforderlich ist, das Verständnis genügt auch ohne Vorstellung für den Zweck, der gerade erreicht werden soll. Auch in unsern Versuchen war ja diese Klärung nicht Regel, selbst die Vp. P. R., die ja im allgemeinen bis zur gegenständlichen Erfüllung vordrang, gab II 21, Rzw. faul, an, diese gegenständliche Beziehung zur Erfüllung des sehr schwachen Beziehungsbewußtseins (vgl. o. S. 379) zum Verständnis erlebnismäßig gar nicht bedurft zu haben.

So ist es also natürlich nicht notwendig, beim Lesen eines Buches, und sei es auch eine Dichtung, das Dargestellte vorstellungsmäßig zu erleben. Wir stimmen darum ganz den hierauf bezogenen Ausführungen von Theodor Meyer[1]) bei, der radikal gegen die gegenteilige, in der Poetik herrschende Lehre vorgeht.

Noch von einem andern Gesichtspunkt aus kommen wir auf den Unterschied von gegenständlichem und nichtgegenständlichem Verständnis. Mit ihm steht nämlich der Unterschied in der Klärung durch Wort- und Sachvorstellungen in enger Beziehung, ohne sich mit ihm zu decken. Aus zahlreichen Angaben der Vp. P. R. geht hervor, daß die Worte, die das Verständnis veranschaulichen, viel weniger beziehungsbedürftig sind als die Bilder. Es ist nicht so, daß sich hier eine Kluft auftäte, die diese beiden Vorstellungsklassen scharf voneinander trennte, wir lernten ja vielmehr auch gegenständliches Verständnis mit reinen Wortvorstellungen und nichtgegenständliches mit Sachvorstellungen kennen. Aber die Worte begünstigen mehr als das erste, die Bilder mehr das zweite Verständnis. Das paßt zu unsrer Feststellung in Kap. II, daß die Wortvorstellungen meist nichtdinglicher Natur sind.

Daß schließlich auch die Wortklassen die Art der Klärung beeinflussen, ist schon an und für sich wahrscheinlich und

---

Die Definition ist also keine Deskription, sondern eine Erklärung, dabei aber den Aussagen von Vpp. direkt entnommen. Daraus geht wohl mit Sicherheit hervor, daß die Vpp. nicht beschrieben, sondern interpretierten. l. c. S. 57 f. Das auch andre Aussagen vorlagen, beweist z. B. die auf S. 50/51 zum Rzw. heaven angegebene. Vgl. zu diesen Ausführungen auch die im gleichen Sinne gehaltenen von R. M. Ogden: Knowing and Expressing. Ped. Sem. 1911, S. 47—53.

[1]) Das Stilgesetz der Poesie, Leipzig 1901. Vgl. auch das Referat von Bühler, S. 31. Besonders auch für die Bildersprache ist dieser Gesichtspunkt betont von Mira Koffka. Jean Pauls Bildersprache im Hesperus. Münchn. Dissert. 1910, bes. S. 14—21.

läßt sich noch durch Aussagen von P. R. belegen, so sagte er I 34, Rzw. zeichnen: „Keine Beziehung. Überhaupt treten die Beziehungen bei Tätigkeiten zurück." Einzelheiten über diese Verhältnisse lassen sich leider nicht ableiten.

Es fragt sich, ob die Vorstellungen, um überhaupt das Verständnis stützen zu können, auch in ihren anschaulichen Merkmalen besondre Bedingungen erfüllen, also etwa besonders klar und deutlich sein müssen. Dies ist durchaus nicht der Fall. Wir verweisen auf P. R. I 4 S. 53, wo die Vp. ausdrücklich angibt, daß das visuelle Bild, so wenig klar es auch war, doch das Verständnis befestigt und erhöht hat. Auch sonst finden sich oft genug, das haben wir ja im Kap. II genügend hervorgehoben, bei klarem Verständnis völlig mangelhafte Vorstellungen. Es scheint also für die Leistung der Vorstellungen ihre Ausgestaltung von untergeordneter Bedeutung zu sein. Das gilt nicht für alle Leistungen. So fand Betts[1]), daß es den sukzessiven Streckenvergleich fördert, sowohl wenn gute wie wenn gar keine Bilder auftreten, gegenüber dem Fall, wo mäßige Vorstellungen da sind.

Zum Schluß noch ein Hinweis genetischer Art. Es scheint mir wahrscheinlich, daß das ursprüngliche Verständnis das gegenständliche ist, das erst im Lauf der Entwicklung dem nichtgegenständlichen den Platz räumt. Ursprünglich werden also auch die Vorstellungen einen größeren Raum im Verständniserlebnis eingenommen haben als jetzt. Wahrscheinlich waren sie einmal dazu nötig, während sie jetzt nur noch in verschiedener Weise zur Erhöhung und Vertiefung beitragen können. Unentbehrlich sind sie für das Verständnis im entwickelten Leben aber jedenfalls nicht.

IV. Ergänzungen.

Wir bringen an dieser Stelle noch einige Ergänzungen über die Mannigfaltigkeit der Verständniserlebnisse, die zur Erweiterung unsres ersten Paragraphen beitragen.

Das Verständnis kann außer in einem der früheren Inhalte auch noch in andrer Weise gegeben sein.

1. Das primäre im Erlebnis kann unter Umständen nicht das wahre Bedeutungsbewußtsein sein, sondern eine Rückbeziehung auf Erlebtes, in erster Linie wohl kürzlich Erlebtes. So gab die Vp. O. III 10 zum Rzw. Politik an: „Politik bekannt.

---

[1]) l. c. S. 75.

Dabei: wir haben eben von Politik gesprochen. Kanzler und chancellor — (was der Anlaß und Gegenstand des Gesprächs gewesen war, d. Vf.) — dabei nicht im Bewußtsein, auch keine Bilder." Und ganz ähnlich sagt dieselbe Vp. III 42, Rzw. sensation: „Very well known, special tinge, that I had had it in my mind recently, did not quite find out, what it was."

Die beiden Fälle unterscheiden sich wohl insofern, als der zweite der bloßen Bekanntheit schon sehr nahe steht, während der erste schon einen Übergang zum Verständnis darstellt. Und solche Verständniserlebnisse dürften im gewöhnlichen Leben nicht allzu selten sein. Auch sie werden eventuell ökonomisch wirken.

2. Als Träger des Verständnisses kann unter Umständen ein Gefühl mitwirken. So gab P. R. II 19, Rzw. liegen, an: „Zuerst Verständnis sehr stark gefühlsbetont: Behaglichkeit, Gemütlichkeit. Dadurch das Verständnis charakterisiert . . . das Gefühl der Hauptrepräsentant des Verständnisses." Und im nächsten Versuch, Rzw. Ehre, bemerkte er: „Anklänge der Stimmung als Träger des Verständnisses"[1]).

§ 3. Wortverständnis und Wortbedeutung.

Zum Schluß noch wenige Worte über das Verhältnis, das das Verständniserlebnis als psychologischer Begriff zur Bedeutung als logischem Begriff hat. Wir verstehen hier unter Bedeutung die in einer vollständigen Definition niedergelegten Merkmale des Begriffs, sei es, daß er durch genus proximum und differentia specifica oder durch eine genetische Definition gegeben ist: klar ist, daß wir von der Beziehung zwischen einem Erlebnis und einem Nichterlebnis handeln, denn das Bedeutung im eben angegebenen Sinne kein Erlebnis ist, leuchtet ein. Andrerseits spielen die Bedeutungen nur insofern eine Rolle, als sie in Bedeutungserlebnissen erfaßt werden, ganz analog der Tatsache, daß auch die Dinge nur insofern für uns in Betracht kommen, als wir sie in Erscheinungen, also Erlebnissen, fassen. Und ganz analog wie ein Ding nie mit einer seiner unzähligen möglichen Erscheinungen identisch ist[2]), ist auch das Bedeutungserlebnis nie eine adäquate

---

[1]) Diese Fälle unterscheiden sich prinzipiell von denen, die Bühler, Sammelref. S. 112/13, erwähnt. Dort soll das Gefühl mit verstanden werden.

[2]) Vgl. Cornelius, l. c. S. 60.

Fassung der Bedeutung, so daß alle Merkmale gleichmäßig und gleichzeitig dem Bewußtsein gegenwärtig wären [1]). Wir gehen auf diesen Punkt nur deshalb ein weil wir an einigen Beispielen zeigen wollen, wie weit diese Inadäquatheit gehen kann, wie klein der Teil der Bedeutungsmerkmale sein kann, der das Erlebnis ausmacht [2]).

Vp. P. R. II 12 II, Rzw. Land: „V_2 Volk. Mit Volk nur Landvolk gemeint."

Vp. Schr. II 29, Katalog: „Das Wort sofort als gedruckten Bücherkatalog aufgefaßt, die Bedeutung Zettelkatalog kam mir gar nicht."

Vp. Schr. III 16, Halle: „Das Wort gleich im Sinne einer großen weiten eisenkonstruierten Halle aufgefaßt."

Vp. St. II 18, Gedicht: „Von vornherein unter dem Gesichtspunkt, daß das Gedicht einem andern gesagt werden kann." Oder auch der auf S. 77 zitierte Versuch der gleichen Vp. II 4.

In dem Versuch von P. R. ist die eingeengte Bedeutung aus dem Zusammenhang zu verstehen, wie dieser überhaupt gewöhnlich den Grund für die spezielle Auffassung abgibt. So sind die Bedeutungserlebnisse ganz verschieden, je nachdem ein Landmann oder ein Zoologe vom Rind spricht. In den andern zitierten Fällen aber setzt gleich von vornherein die enge Bedeutung ein. Und zwar scheint dies nicht nur bei gegenständlichem Verständnis der Fall zu sein, wie es wohl in den beiden Versuchen von Vp. Schr. vorliegt, sondern auch bei nichtgegenständlichem, wie bei St. II 4.

Auch in der Einengung des Verständnisses sehen wir wieder eine Wirkung des Ökonomieprinzips. Nur soviel von der wirklichen Bedeutung ist gegenwärtig, wie gerade nötig ist. Das kann aber unter Umständen auch schädlich sein, indem etwa Überlegungen, die für ganz spezielle, grade im individuellen Erlebnis erfaßte Bedeutungen Erkenntnisse geliefert haben, auch ohne weitres auf die logische Gesamtbedeutung übertragen werden. Der Fehler ist in der Logik als quaternio terminorum wohl bekannt, wir konnten ihn von psychologischer Seite aus beleuchten.

---

[1]) Vgl. Husserl, l. c. S. 549.

[2]) Vgl. hierzu auch die Ausführungen von Wreschner, l. c. S. 125 f. und Jacobson, l. c. S. 564 f.

Anhang.

A. Verzeichnis der Reizworte.

Reihe I

1. Puppe
2. Stern
3. Wald
4. Schach
5. Jurist
6. Lauheit
7. Brauerei
8. Ornat
9. Orchester
10. Zucht.
11. Semmel
12. Spatz
13. Grund
14. Finger
15. Zug
16. Band
17. Prüfung
18. Rübe
19. Buch
20. Stand
21. Birke
22. Kuh
23. schlimm
24. Brust
25. Maschine
26. Mark
27. Beutel
28. laufen
29. Besen
30. Meister
31. kränken
32. Berg
33. Bogen
34. Brücke
35. dumm
36. Fahne
37. fallen
38. Skelett
39. Sichel
40. sagen
41. Obst—fruit
42. werden—become
43. mächtig—powerful
44. Pille—pill
45. zeichnen—sketch
46. Sattel—saddle
47. Burg—castle
48. wo—where
49. rauben—rob
50. Gespann—engine

Reihe II

1. Zwan   (Schwank, Vp O
2. Dorf
3. Chemie
4. Schwert
5. Marmelade
6. schneiden
7. Spielbank
8. Zeug
9. Bahnhof
10. rufen
11. Gehalt
12. Maler
13. Neumond
14. mahnen
15. Pulver
16. faul
17. Gamasche
18. Gedicht
19. Grotte
20. streng
21. liegen
22. Ehre
23. Kellner
24. Abtei
25. Horn
26. Wäsche—washing
27. Katalog—catalogue
28. Trinkgeld—tip
29. Schild—shield
30. Beere—grape
31. Fliege—fly
32. Tulpe—tulip
33. Polster—bolster
34. gut—good
35. Schmuck—jewel
36. Maul—mouth
37. Fell—skin
38. sehen—see
39. Gemeinde—borough (borrow)
40. Weizen—wheat
41. Seil—rope
42. Dach—roof
43. Gelenk—joint
44. Löwe—lion
45. klimmen—climb
46. Tonne—tun
47. Land—land
48. fahren—work
49. wie
50. Fusel

Reihe III

1. Streichholz
2. brav
3. handeln
4. Attribut
5. vergessen
6. traurig
7. Gericht
8. meiden
9. Kanzel
10. Politik
11. lernen
12. Teich
13. Existenz
14. weichlich
15. Halle
16. Fach
17. Anstand
18. Protektion
19. Quelle
20. heimlich
21. Bratwurst
22. Geschwindigkeit

23. ethisch
24. häßlich
25. bedenken—consider
26. Glocke—clock
27. Imperialismus—imperialism
28. Stil—style
29. Wissenschaft—science
30. tragen—bear
31. intensiv—intensive
32. Schulbank—schoolbench
33. Zoll—custom
34. Pflicht—duty
35. stutzig—startled
36. fiedeln—fiddle
37. Gletscher—glacier
38. Empfindung—sensation
39. lieblos—amiable
40. enträtseln—puzzle
41. gelten—law
42. Stumpf—Seashore
43. Meißel
44. lassen
45. Laut
46. Vererbung
47. Krippe
48. hobeln
49. exakt
50. Protokoll

Reihe VI

1. Zahn
2. Münze
3. Schiene
4. Sporn
5. faul
6. Wirtschaft
7. verlassen
8. Heide
9. Sammlung
10. stehlen
11. Zelle
12. Corps
13. Maß
14. theoretisch
15. Bruch
16. Taille
17 Brett
18. Butter
19. falten
20. Skizze
21. wann
22. Hering
23. Spritze
24. setzen
25. Fahrrad
26. Geige
27. Sekunde
28. Kompott
29. öde
30. Harem
31. Gedeck
32. Arznei
33. beschauen
34. Himmel
35. Empfindung
36. springen
37. Gebirge
38. Stanze
39. neigen
40. Friseur
41. stolz
42. Vogel
43. Hals
44. Stahl
45. komisch
46. Sultan
47. Kiefer
48. fett
49. Stiefel
50. falsch

Reihe VII

1. Lippe
2. Gebrüll
3. Genick
4. Pastete
5. Bowle
6. Beilage
7. Brot
8. Bremse
9. Würfel
10. Harfe
11. Kupfer
12. Bahre
13. lesen
14. Schnabel
15. kalt
16. hängen
17. sinnlich
18. Flasche
19. blaß
20. Biene
21. Grab
22. spät
23. Socke
24. werfen
25. Mönch
26. iambisch
27. Beweis
28. schmerzhaft
29. Ball
30. pfeifen
31. Vorhang
32. Schmöker
33. ähnlich
34. trinken
35. Bahn
36. hören
37. schlau
38. Aal
39. falsch
40. Bürste
41. steif
42. Sprache
43. Erde
44. schlagen
45. verbannt
46. Stein
47. Schaffner
48. Schraube
49. Hof
50. komisch.

B. Proben der Bilder.

Reihe V Nr. 4

Reihe IV Nr. 7

Namenregister.

(Die fett gedruckten Zahlen beziehen sich auf ausführliche
Literaturangaben.)

A.

Ach, N., S. 22, **171**, 177, 179, 185,
290, **302**, 303, 310ff., 328, **329ff.**,
342, 362, 365.

B.

Becher, E., S. **15**.
Berkeley, G., S. 208f., 259f.
Betts, G. H., S. **194**, 260, 292, 296,
385.
Bleuler, S. **23**.
Bühler, K., S. **39**, 69, 260, 291,
302, 336, 364, **368**, 371, 372, 373f.,
382, 384, 386.

C.

Claparède, E., S. **346**.
Clarke, H. M., S. **365**.
Conrad, Th., S. 272.
Cordes, G., S. **353**.
Cornelius, H., S. 260, 269ff., 344,
386.

D.

Dauber, J., S. **342**, 351.
Dodge, R., S. **285**; s. a. Erdmann.
van Dyck, J., S. **153**.

E.

Ebbinghaus, H., S. 7, 10, **192f.**,
206, 208, 214, 215, 223, 253.
Erdmann, B., und Dodge, R.,
S. **194**.

G.

Galton, F., S. **194**, 261.
Goldstein, K., S. **274**, **275**, 363.
Green, T. H., S. **190**.
Grünbaum, A., S. **153**, 313.

H.

Hacker, F., S. **383**.
Heilbronner, K., S. **153**.
Hering, E., S. 291.
Hildebrandt, H., S. **329f.**
Höffding, H., S. 343.
Huey, E. B., S. **194**.
Hume, D., S. 189, **193**, 224f., 230,
238ff.
Husserl, E., S. 248, 258, 259, 261,
270, 309, **380f.**, 387.

I.

Isserlin, S. **20**.

J.

Jacobson, E., S. **313**, 387.
Jaensch, E., S. **260**, **273**.
Jaspers, K., S. **273ff.**
Jodl, F., S. **272**.

K.

Kakise, H., S. **310**, 372, 383f.
Kandinsky, S. 273.
Katzaroff, D., S. **346**.
Koffka, K., S. **190**, 194, **319**, 322,
328, **340**.
Koffka, M., S. **384**.
Köhler, W., S. **4**.
v. Kries, J., S. **335ff.**
Külpe, O., S. 10, 21, 188, **194**, 212,
224, 225, 243, 260, 271, 274f.,
365.

L.

Langfeld, H. S., S. **156**.
Lehmann, A., S. 343, 345.
Levy-Suhl, M., S. **335ff.**